2026년 소방공무원 채용시험 완벽대비

SONICE 119
백소나 소방

소방직을 합격으로 이끌다.
나만 알고 싶은

소방학개론 기출문제집

백소나 편저

도서출판 더은

프/롤/로/그

나의 소방 이야기

"모집전형에 불합격하셨습니다."

19살, 멋진 대학생활을 꿈꾸던 저에겐 수시전형 전체 불합격이라는 소식이 앞길을 막막하게 만들었습니다. 운동선수로 중, 고등시절의 절반이상을 보내버린 저에겐 원하는 대학의 문턱은 너무나도 높았고, 그 앞에서 좌절하였습니다. 원하는 대학의 원하는 학과를 가지 못할 바에는 대학교를 가지 않는 것이 낫지 않을까라는 생각이 들 때, 고등학교 담임 선생님께서 운동을 좋아했던 저에게 소방관이 잘 어울릴 것 같다며 소방공학과를 추천해주셨습니다. 그렇게 목표가 사라졌던 저에게 다시 화재현장에 제일 먼저 뛰어들어 불을 끄는 소방관이 되고 싶다는 목표가 생겼습니다.

"나는 소방관이 되어야겠다."

그런데 소방공학과에 진학하고 보니, 소방관은 단순히 체력만 좋아서 될 수 있는 것이 아니었습니다. 그 때 처음 알았습니다. 내가 생각했던 소방관의 모습은 정말 일부분에 불과했구나.
그렇게 저는 불을 끄는 법을 알기 위해 물질이 불에 태워져가는 과정을 공부해야 했고,
건물의 사람을 구조하기 위해 건물의 구조, 화재 성상, 붕괴과정을 공부해야 했으며,
사람을 살리기 위해 화재로 사람들이 피해를 입는 과정을 공부해야 했습니다.
저에게 대학생활이 쉽지만은 않았습니다. 운동선수로 지내오던 날들이 쌓여 다른 친구들에 비해 필요한 기초지식들이 많이 부족했고, 소방에 필요한 내용을 배우는 화학, 기계, 전기, 각종 역학 수업에선 매일 어려운 단어들이 제 귓속을 스쳐지나가기 바빴습니다. 그렇게 매번 아무생각 없이 교수님의 필기를 받아 적기만 하였습니다. 그러던 어느 날 그 노트의 내용을 다시 "내가 이해한 말"과 "내가 이해한 내용"들로 노트를 만들기 시작하며, 처음 "내 것"이 된 지식을 마주하였습니다. 처음으로 공부하는 방법을 터득한 순간이었으며, 그 때 처음 하고 싶은 공부가 생기기 시작하였습니다.
그렇게 대학생활 내내 만들어간 노트가 수십 권이 쌓여갈 때쯤 저는 처음 소방관이 되기 위한 꿈을 갖고 있던 것과는 달리, 23살에 소방공학을 전공한 석사가 되었습니다. 이 과정을 글로 적으니 단 한 줄의 문장으로 완성되지만, 저는 이 과정을 해내는 동안 단 한순간도, 단 한 시기도 놓치지 않기 위해 정말 아등바등 달렸습니다.

"소방의 전문가가 되어야겠다."

그러던 어느 날 석사학위를 취득할 쯤, 우연치도 않게 친구가 듣던 소방설비기사 자격증 강의를 보게 되었습니다. 저는 그 강의를 보면서 소방시설의 실무에 대해 내가 잘 알고 있지 못했구나. 라는 무지함과 그리고 내가 아닌 누군가에게 설명한다는 것에 대해 매력을 느꼈습니다. 저는 다시 목표를 정했습니다. 내가 알고 있는 소방에 대해 누구보다 쉽고, 정확하게, 알려줄 수 있는 사람이 되기 위해 내가 직접 몸으로 느끼고 배워야겠다. "목표가 정해지면 그 목표를 향해 달려가야 하는 법!" 그렇게 저는 긴 고민 없이 정한 목표를 달성하기 위해 무작정 소방시설관리사가 되기로 마음을 먹었습니다. 마음을 먹은 그 날부터 매일 같이 아침 6시에 일어나 학교도서관으로 향했고, 매일 같이 읽고 쓰고를 반복하였습니다. 그리고 꼭 하루에 8시간 이상의 순공시간(순수 공부시간)을 만들기 위해 일주일 단위로 첫 주에는 4시간, 그 다음 주는 5시간… 늘려나갔습니다. 처음부터 의자에 오래 앉아 있는 것이 쉽지 않았기에, 하루 단위, 주 단위로 꼭 계획을 짜며, 공부가 잘 되는 아침시간, 저녁시간을 최대한 활용하였고, 공부가 잘 되지 않는 점심 이후의 식곤증 타이밍엔 운동을 하며 시간을 활용하였습니다. 어느새 핸드폰에는 공부사진으로 가득했고, 정리한 노트는 쌓여 갔고, 대량 구매했던 펜들이 A4박스를 가득 채울 정도로 가득해졌으며, 제 오른손에는 팔목보호대와 함께 휘어버린 손가락은 제 트레이드마크가 되었습니다.
물론 공부를 하며 힘든 날도 많았습니다. 문뜩 불안감으로 가득 찬 밤을 지내는 날도 일도 많았으며, 불안감을 견디지 못하고 도서관에서 울며 뛰쳐나온 날들도 많았습니다. 혹시 내가 이번 시험에 떨어지면, 혹시 내가 모르는 문제만 나온다면, 혹시 내가 실수한다면, "나는 다시 1년을 참고 보낼 수 있을까?" 이렇게 불안감이 밀려올 때마다 저는 마음을 다잡기 위해 개인 SNS에 하고 싶은 것, 목표하는 것들을 해두었습니다. 그리고 괜찮다. 잘하고 있다. 조금만 더 참고 하면 꼭, 반드시 좋은 결과가 있을거야. 또 믿고, 또 믿었습니다. 이런 날들이 반복에 반복을 거듭할 때쯤,

SONICE 소방학개론 기출문제집

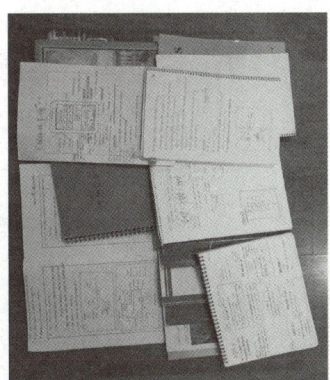
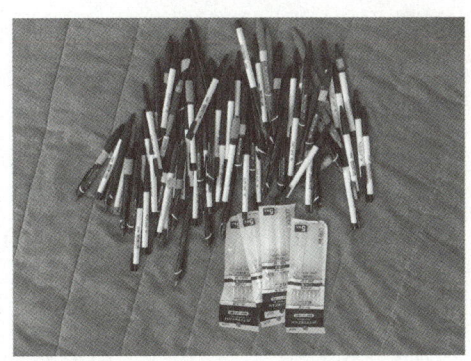

저는 24살, 전국 최연소 소방시설관리사가 되었습니다.

소방에 대해 아무것도 모르던 그 순간부터 시작해 소방시설관리사가 되는 그 날까지 정말 "간절함"이라는 단어 하나만으로 열심히 달려왔습니다. 그리고 지금 처음 공부를 시작하는 수험생 여러분들도 마음 속 깊이 소방공무원이 되고 싶다는 "간절함"을 안고 이 자리에 왔을 것을 잘 알고 있습니다. 비전공자인데 할 수 있을까, 수포자인데 가능할까, 기초 지식이 없는데 가능할까, 이런 의문들이 든다면, 제 이야기를 한번 들어보시기 바랍니다. 저도 그랬고, 여러분들이 어떤 것을 궁금해 할지, 어떤 것을 헷갈려 할지 누구보다 잘 알고 있습니다. 그리고 소방공무원이 되는 길을 여러분들의 간절함과 굳은 의지만 있다면 충분히 해낼 수 있습니다. 할 수 있습니다.

"나는 왜 소방공무원이 되어야만 하는가?"

지금부터 여러분들은 마음속의 소방공무원이 되고 싶은 간절함과 "간절함만큼의 노력"을 채워 넣을 준비만 하시기 바랍니다. 지금의 이 간절함이 1년이라는 긴 수험생활 속에서 여러분들의 길이 되어줄 것입니다. 그리고 여러분들의 그 길을 환하게 밝혀드리도록 하겠습니다.

여러분들의 소중한 꿈,
소방공무원이 되는 그 날까지 함께 걸어가며, 응원하겠습니다.

P.S. 교재 출간에 도움을 준 박범성, 우선주, 전진환, 이지호, 김종서님께 감사인사를 드립니다.

백소나 드림

교/재/의 특/징

POINT 01

효율적인 회독을 위해 **문제편**과 문제가 포함된 **해설편**으로 교재를 구성하였습니다. 해설편에 반복수록 한 문제에는 선지분석을 위한 필기를 할 수 있도록 구성해두었습니다.

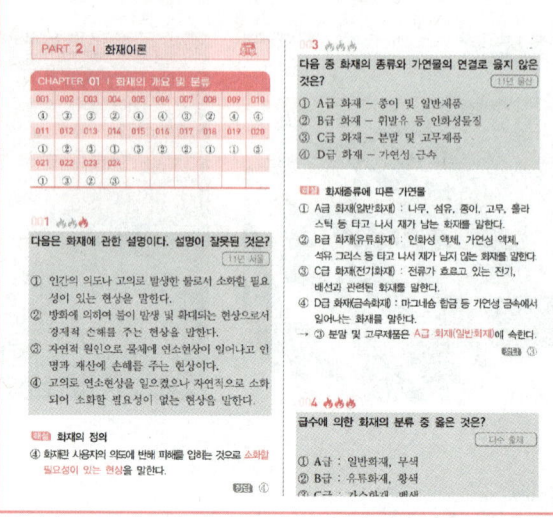

POINT 02

모든 문항에 효율적인 N회독을 위한 **오답체크박스**를 구성하였으며, 기출문항의 중요도를 한눈에 확인할 수 있도록 **"불모양"** 아이콘으로 중요도를 표시하였습니다.

POINT 03

소방학개론의 핵심사항인 비교정리, 대소관계를 쉽게 정리할 수 있도록 **비교표 및 항목정리**를 하였습니다.

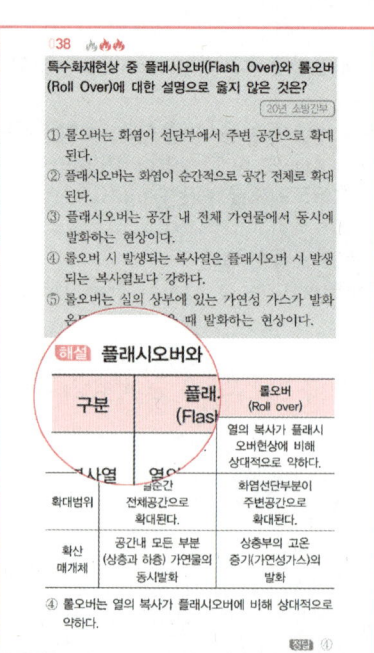

SONICE 소방학개론 기출문제집

POINT 04

SONICE 기본서를 통해 학습한 **암기법**을 함께 수록하였습니다.

해설 대형소화기의 소화약제 충전량

구분	충전량
포(기계포)	20ℓ 이상
강화액	60ℓ 이상
물	80ℓ 이상
분말	20kg 이상
할로겐화합물	30kg 이상
이산화탄소	50kg 이상

암기법 포강물 분할이 268 235

정답 ②

POINT 05

힘든 수험생활을 함께 견뎌내고자 교재 중간 **Mind Control**을 수록하였습니다. 여러분들의 마음을 탄탄하게 잡아줄 수 있도록 교재를 구성하였습니다.

힘들 때 스스로에게 반드시 되뇌어야 할 말.
난 무조건 승리한다
난 꼭 된다.   성공할 사람이라는 걸.
반드시 보여준다.

C/O/N/T/E/N/T/S

단원별 기출문제

PART 1 | 연소이론

CHAPTER 01 기초과학이론   10
CHAPTER 02 연소   12
CHAPTER 03 폭발   52

PART 2 | 화재이론

CHAPTER 01 화재의 개요 및 분류   68
CHAPTER 02 건축물의 화재   75
CHAPTER 03 화재조사 관련 법령   90

PART 3 | 소화이론

CHAPTER 01 소화방법   104
CHAPTER 02 수계 소화약제   109
CHAPTER 03 비수계 소화약제   118

PART 4 | 건축방재 및 피난

CHAPTER 01 건축방재   132
CHAPTER 02 피난   135

PART 5 | 위험물 및 특수가연물

CHAPTER 01 위험물의 종류 및 특성   140
CHAPTER 02 위험물제조소등의 관련 규정   158
CHAPTER 03 특수가연물   163

PART 6 | 소방시설

CHAPTER 01 소방시설의 분류   168
CHAPTER 02 소화설비   173
CHAPTER 03 경보설비   188
CHAPTER 04 피난구조설비, 소화용수설비, 소화활동설비   194

PART 7 | 소방행정 및 조직

CHAPTER 01 우리나라 소방의 시대별 발전과정   200
CHAPTER 02 소방행정체제 및 소방조직   207
CHAPTER 03 소방자원관리   212

PART 8 | 소방기능

CHAPTER 01 소방활동, 화재의 예방·경계·진압   222
CHAPTER 02 화재진압 및 소방전술, 화재조사   227
CHAPTER 03 구조·구급의 행정관리   229

PART 9 | 재난관리론

CHAPTER 01 재난관리이론   238
CHAPTER 02 재난 및 안전관리 기본법   243

부록

전범위 기출문제

제1회 전범위 기출모의고사	272
제2회 전범위 기출모의고사	277
제3회 전범위 기출모의고사	282

정답 및 해설

단원별 기출문제

Part 01. 연소이론	344
Part 02. 화재이론	404
Part 03. 소화이론	439
Part 04. 건축방재 및 피난	464
Part 05. 위험물 및 특수가연물	471
Part 06. 소방시설	498
Part 07. 소방행정 및 조직	536
Part 08. 소방기능	554
Part 09. 재난관리론	568

최신 기출문제

2022년 소방공무원 공채/경채 기출문제	288
2023년 소방공무원 공채/경채 기출문제	292
2024년 소방공무원 공채/경채 기출문제	298
2025년 소방공무원 공채/경채 기출문제	303
2022년 소방공무원 간부후보생 기출문제	309
2023년 소방공무원 간부후보생 기출문제	315
2024년 소방공무원 간부후보생 기출문제	321
2025년 소방공무원 간부후보생 기출문제	328

부록

전범위 기출모의고사	608
최신 기출문제	621

SONICE
단원별
기출문제집
소방학개론

PART 01

연소이론

CHAPTER 01 기초과학이론
CHAPTER 02 연소
CHAPTER 03 폭발

CHAPTER 01 기초과학이론

▶ 정답 및 해설 p.344
▶ 기본서 p.15

001 '온도와 분자수가 일정할 때 기체의 압력과 부피는 서로 반비례한다.'는 어떤 법칙을 의미하는가?

[07년 대전]

① 에너지 보존법칙
② 샤를의 법칙
③ 질량보존의 법칙
④ 보일의 법칙

002 다음 그래프는 1기압에서 −20℃의 얼음 1g이 가열되는 동안의 온도변화를 나타낸 것이다. 그래프에 대한 설명으로 옳지 않은 것은?

[18년 소방간부]

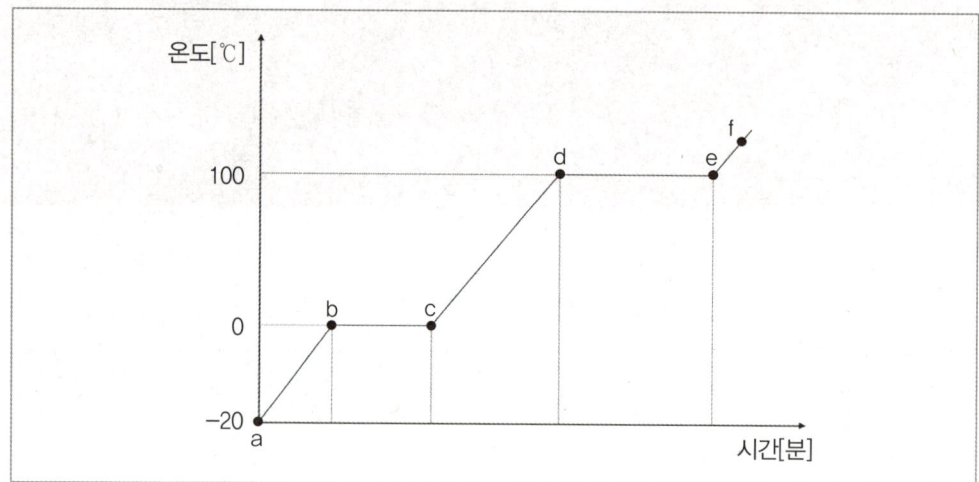

① 구간 b~c, 구간 d~e에서 잠열을 흡수한다.
② 구간 a~b, 구간 c~d, 구간 e~f에서 현열을 흡수한다.
③ 구간 b~c에서 흡수하는 열량은 약 80cal이다.
④ 구간 c~d에서 흡수하는 열량은 약 100cal이다.
⑤ 구간 b~e에서 소요되는 열량은 약 619cal이다.

003 0℃ 얼음 1kg이 수증기 100℃가 되려면 몇 kcal가 필요한가?　　　　　13년 광주

① 619kcal　　　　② 639kcal
③ 719kcal　　　　④ 1278kcal

004 다음은 물질과 열의 정의에 관한 설명이다. 옳지 않은 것은?　　　　　11년 통합

① 현열은 온도의 변화를 수반하지 않고 상의 변화로 생성되는 에너지이며 잠열은 상의 변화를 수반하지 않고 온도를 1℃ 상승시킬 때 필요한 에너지를 말한다.
② 비열은 단위질량의 물질 1g을 1℃ 올리는데 필요한 열량과 물 1g의 온도를 1℃ 올리는데 필요한 열량과의 비율을 말한다.
③ 1[Btu]는 1[Lb]의 물을 1[°F] 높이는데 필요한 열량을 말한다.
④ 융점은 대기압에서 고체가 용융하여 액체가 되는 온도를 말한다.

005 0℃ 1기압(atm)인 밀폐된 지하실에서 화재가 발생하였다. 화재로 인해 화재실의 온도가 400℃로 증가하였다. 화재로 인한 공기와 연기의 평균 분자량은 동일하고, 모두 이상기체로 거동하게 될 때, 화재로 인한 화재실의 압력은 몇 배 증가하는가?(소수점 둘째자리에서 반올림한다.)　　　　　18년 공개

① 2.1　　　　② 2.3
③ 2.5　　　　④ 2.7

006 800℃, 1기압에서 황(S) 1kg이 공기 중에서 완전 연소할 때 발생되는 이산화황의 발생량(m^3)은? (단, 황(S)의 원자량은 32, 산소(O)의 원자량은 16이며, 이상기체로 가정한다.)　　　　　22년 공개

① 2.00　　　　② 2.35
③ 2.50　　　　④ 2.75

CHAPTER 02 연소

▶ 정답 및 해설 p.347
▶ 기본서 p.33

007 다음은 연소반응에 대한 정의이다. 빈칸에 들어갈 내용으로 옳은 것은? 🔥🔥🔥 [15년 경기]

> 연소란 가연물이 공기 중에서 (㉠)와 화합하여 (㉡)과 (㉢)을 수반하는 (㉣)반응이다.

① ㉠: 질소, ㉡: 열, ㉢: 빛, ㉣: 산화
② ㉠: 산소, ㉡: 열, ㉢: 빛, ㉣: 산화
③ ㉠: 질소, ㉡: 빛, ㉢: 색, ㉣: 환원
④ ㉠: 산소, ㉡: 빛, ㉢: 색, ㉣: 환원

008 다음은 연소에 관한 설명이다. 옳지 않은 것은? 🔥🔥🔥 [11년 제주]

① 연소란 빛과 발열반응을 수반하는 산화반응이다.
② 연소의 3요소란 가연물, 산소공급원, 점화원을 말한다.
③ 가연물, 산소공급원, 점화원, 순조로운 연쇄반응을 연소의 4요소라 한다.
④ 산소는 가연성 물질로서 그 양이 많을수록 연소반응을 잘 일으킨다.

009 연소의 3요소로 옳은 것은? 🔥🔥🔥 [다수 출제]

① 가연물, 산소공급원, 점화원
② 가연물, 수소, 점화원
③ 가연물, 산소, 순조로운 연쇄반응
④ 가연물, 산소공급원, 촉매

010 연소의 정의에 대한 설명이다. 다음 중 가장 옳은 것은? 🔥🔥🔥 〔07년 강원〕

① 물질이 산소와 반응하여 산화물을 생성하는 반응이다.
② 물질이 가연성가스를 발생시키는 화학반응을 말한다.
③ 물질이 산화제와 화합하여 열과 빛을 발생하는 급격한 산화반응을 말한다.
④ 물질이 열을 발생하는 반응을 말한다.

011 다음 중 연소반응으로 가장 옳지 않은 것은? 🔥🔥🔥 〔18년 공개〕

① $C + O_2 \rightarrow CO_2$
② $N_2 + O_2 \rightarrow 2NO$
③ $2NH_3 + 3.5O_2 \rightarrow 3H_2O + 2NO_2$
④ $2HCN + 2.5O_2 \rightarrow H_2O + N_2 + 2CO_2$

012 다음의 프로판의 완전연소반응식이다. a에 들어가야 할 숫자로 옳은 것은? 🔥🔥🔥 〔12년 전북〕

$$C_3H_8 + aO_2 \rightarrow bCO_2 + cH_2O$$

① 2   ② 3
③ 5   ④ 6

013 프로판(C_3H_8)의 1몰이 완전연소할 때 필요한 산소몰수는 얼마인가? 🔥🔥🔥 〔15년 소방간부〕

① 1   ② 2
③ 3   ④ 4
⑤ 5

014 20℃, 1기압의 프로판(C_3H_8) 1m^3를 완전연소시키는데 필요한 20℃, 1기압의 산소 부피는 얼마인가? 〔19년 공개〕

① 1m^3　　　　　　② 3m^3
③ 5m^3　　　　　　④ 7m^3

015 1기압, 20℃인 조건에서 메탄(CH_4) 2m^3가 완전 연소하는데 필요한 산소 부피는 몇 m^3인가? 〔21년 공개〕

① 2　　　　　　② 3
③ 4　　　　　　④ 5

016 표준상태에서 공기 중 산소농도(부피비)가 21%일 때 메테인(CH_4)이 완전연소하는데 필요한 이론공기량은 메테인(CH_4)이 차지하는 체적의 몇 배인가? 〔17년 공개〕

① 약 2배　　　　　　② 약 2.5배
③ 약 7배　　　　　　④ 약 9.5배

017 부탄(Butane)이 완전연소할 때의 연소반응식이다. a+b+c의 값은? 〔21년 소방간부〕

$$2C_4H_{10} + (a)O_2 \rightarrow (b)CO_2 + (c)H_2O$$

① 10　　　　　　② 17
③ 24　　　　　　④ 31
⑤ 36

018 마그네슘(Mg) 24g을 완전연소하기 위해 필요한 이론 산소량은 얼마인가?
(단, 마그네슘(Mg)의 원자량은 24, 산소(O)의 원자량은 16이다.) 〔18년 공개〕

① 8　　　　　　② 16
③ 24　　　　　　④ 32

019 프로판(C_3H_8)의 연소반응식에 대한 설명으로 옳지 않은 것은?
(단, 공기 중 산소의 비율은 20% 존재한다.) 🔥🔥🔥 [15년 소방간부]

① 프로판(C_3H_8)이 완전 연소반응을 하는 경우 이산화탄소(CO_2)와 수증기(H_2O)가 발생한다.
② 프로판(C_3H_8) 2mol이 완전연소하기 위해 필요한 산소의 양은 10mol이다.
③ 프로판(C_3H_8) 2mol이 완전연소하기 위해 필요한 공기의 양은 50mol이다.
④ 프로판(C_3H_8) 100mol이 완전연소하기 위해 필요한 공기의 양은 500mol이다.
⑤ 프로판(C_3H_8) 200mol이 있으면 공기가 1,000mol로 하는 불완전연소를 한다.

020 0℃, 1기압인 조건에서 프로페인(C_3H_8)의 완전연소조성식으로부터 얻을 수 있는 내용으로 옳지 않은 것은? (단, 공기의 조성비는 질소(N_2) 79vol%, 산소(O_2) 21 vol%이다.) 🔥🔥🔥 [24년 소방간부]

① 프로페인 1mol이 완전연소하면 약 72g의 물이 생성된다.
② 프로페인 0.5mol이 완전연소하는 데 약 2.5mol의 산소가 필요하다.
③ 프로페인 44g이 완전연소하면 약 132g의 이산화탄소가 생성된다.
④ 프로페인 1mol이 완전연소하는 데 약 23.8mol의 공기가 필요하다.
⑤ 프로페인 0.5mol이 완전연소하는 데 필요한 공기 중 질소의 양은 약 18.8mol이다.

021 표준상태에서 메테인(CH_4) 2mole이 완전연소할 때 필요한 산소의 부피[L]는? 🔥🔥 [25년 공개]

① 11.2 ② 22.4
③ 44.8 ④ 89.6

022 불완전연소에 관한 설명으로 옳지 않은 것은? 🔥🔥🔥 [다수 출제]

① 산소 과잉 상태에서 발생한다.
② 불꽃이 저온 물체와 접촉하여 온도가 내려갈 때 발생한다.
③ 일산화탄소, 그을음과 같은 연소생성물이 발생한다.
④ 연소실 내 배기가스의 배출이 불량할 때 발생한다.

023 실내 화재 시 연소 등에 관한 이론에서 그 내용이 옳지 않은 것은? 〔13년 소방간부〕
① 감광계수 0.1은 연기감지기가 작동할 수 있을 정도이다.
② 소실정도에서 반소란 30% 이상 70% 미만의 소실을 말한다.
③ 산화열, 분해열, 중합열, 흡착열, 발효열은 자연발화를 일으킬 수 있는 열이다.
④ 화재 시 연기는 공기보다 고온이기 때문에 일반적으로 하층에서 상층으로 올라간다.
⑤ 연기가 인체에 미치는 영향으로 불완전연소 시 이산화탄소 증가와 산소의 감소가 있다.

024 다음 중 기체의 연소가 아닌 것은? 〔13년 전북〕
① 폭발연소   ② 확산연소
③ 자기연소   ④ 예혼합연소

025 고체연료의 연소형태로 옳은 것은? 〔12년 경기〕
① 표면연소   ② 확산연소
③ 예혼합연소 ④ 분무연소

026 다음 중 질산에스테르류의 연소형태로 옳은 것은? 〔11년 서울〕
① 자기연소   ② 표면연소
③ 불꽃연소   ④ 증발연소

027 고체 가연물인 피크르산(Picric Acid)의 연소 형태로 옳은 것은? 〔25년 공개〕
① 훈소   ② 자기연소
③ 표면연소   ④ 증발연소

028 다음 고체, 액체, 기체의 연소 중 불꽃의 연소형태가 다른 하나는? [11년 통합]

① 촛불
② 가스버너
③ 모닥불
④ 연탄불

029 다음 중 양초와 가장 유사한 연소형태로 옳은 것은? [17년 공개]

① 섬유
② 나프탈렌
③ 하이드라진 유도체
④ 목탄

030 가연물이 공기와 접촉해 열분해와 증발을 하지 않고 불꽃 없이 연소하는 현상으로 옳은 것은? [12년 통합]

① 증발연소
② 표면연소
③ 자기연소
④ 분해연소

031 다음 중 표면연소에 해당하는 것은? [13년 경기] [18년 공개]

| ㉠ 숯 | ㉡ 목탄 |
| ㉢ 코크스 | ㉣ 플라스틱 |

① ㉠, ㉡, ㉢
② ㉠, ㉡, ㉣
③ ㉠, ㉢, ㉣
④ ㉡, ㉢, ㉣

032 가연성 물질의 연소형태로 옳은 것은? 🔥🔥🔥 [13년 소방간부] [20년 소방간부]

> ㉠ 분해연소 : 목재, 종이
> ㉡ 확산연소 : 나프탈렌, 황
> ㉢ 표면연소 : 코크스, 금속분
> ㉣ 증발연소 : 가솔린엔진, 분젠버너
> ㉤ 자기연소 : 질산에스터류, 나이트로화합물류

① ㉠, ㉡, ㉣
② ㉠, ㉢, ㉣
③ ㉠, ㉢, ㉤
④ ㉡, ㉣, ㉤
⑤ ㉢, ㉣, ㉤

033 상온에서 고체 상태로 존재하는 가연물의 연소 형태에 해당하는 것만을 〈보기〉에서 고른 것은? 🔥🔥🔥 [24년 소방간부]

| 보기 |

ㄱ. 표면연소
ㄴ. 분무연소
ㄷ. 폭발연소
ㄹ. 자기연소
ㅁ. 예혼합연소

① ㄱ, ㄴ
② ㄱ, ㄹ
③ ㄴ, ㄷ
④ ㄴ, ㄹ
⑤ ㄹ, ㅁ

034 고체 가연물의 연소 중 연소형태가 다른 것은? 🔥🔥🔥 [24년 소방간부]

① 목재
② 종이
③ 석탄
④ 파라핀
⑤ 합성수지

035 연소에 관한 설명으로 옳은 것은? 　　　　　　　　　　　　　　　　　24년 공개

① 작열연소 : 화염이 없는 표면연소이다.
② 분해연소 : 황이나 나프탈렌이 열분해되면서 일어나는 연소이다.
③ 증발연소 : 액체에서만 발생하는 연소형태로서 액면에서 비등하는 기체에서 발생한다.
④ 자기연소 : 제3류 위험물과 같이 물질 자체 내의 산소를 소모하는 연소로서 연소속도가 빠르다.

036 기체연소와 액체연소에 관한 설명으로 옳은 것만을 〈보기〉에서 고른 것은? 　　25년 소방간부

| 보기 |

ㄱ. 분해연소하는 물질로는 아세톤, 휘발유, 알코올류 등이 있다.
ㄴ. 확산연소는 예혼합연소에 비해 연소속도가 빠르다.
ㄷ. 확산연소는 예혼합연소에 비해 화염온도가 낮다.
ㄹ. 예혼합연소는 역화(back fire)가 발생할 우려가 있다.

① ㄱ, ㄴ　　　　　　　　　　② ㄱ, ㄷ
③ ㄴ, ㄷ　　　　　　　　　　④ ㄴ, ㄹ
⑤ ㄷ, ㄹ

037 고체상태의 연소형태에 대한 설명으로 옳지 않은 것은? 　　　　　　　　　18년 소방간부

① 셀룰로이드, 트리나이트로톨루엔은 분자 내에 산소를 가지고 있어 가열 시 열분해에 의해 가연성 증기와 함께 산소를 발생하여 자신의 분자 속에 포함되어 있는 산소에 의해 연소한다.
② 목재, 석탄, 종이, 플라스틱은 가열하면 열분해 반응을 일으키면서 생성된 가연성 증기와 혼합하여 연소한다.
③ 황, 나프탈렌은 가열하면 열분해를 일으키지 않고 증발하면서 증기와 공기가 혼합하여 연소한다.
④ 숯, 코크스, 목탄, 금속분은 열분해 반응에 의한 휘발성분이 표면에서 산소와 반응하여 연소한다.
⑤ 파라핀, 유지는 가열하면 융해되어 액체로 변하게 되고 지속적인 가열로 기화되면서 증기가 되어 공기와 혼합하여 연소한다.

038 액체연료와 고체연료의 연소형태에 대한 설명으로 옳지 않은 것은? 🔥🔥🔥 [16년 소방간부]

① 액체연료의 가장 일반적인 연소 형태인 증발연소란 에테르, 석유류, 알코올 등의 인화성 액체에서 발생한 가연성 증기가 공기와 혼합된 상태에서 연소하는 것이다.
② 고체연료의 표면연소(surface combustion)란 가연성 고체가 열분해하여 증발하지 않고 그 고체의 표면에서 산소와 반응하여 연소되는 현상으로 불꽃을 동반하여 황, 나프탈렌, 요오드 등도 이 연소형태에 속한다.
③ 고체연료의 분해연소란 목재, 종이, 섬유, 플라스틱, 고무류 등과 같은 고체가연물에 충분한 열이 공급되면 복잡한 연소메카니즘을 거쳐 열분해에 의하여 발생된 가연성가스가 공기와 혼합되어 연소하는 형태를 말한다.
④ 고체연료의 증발연소란 그 물질 자체가 타는 것이 아니라 물질 표면에서 증발한 가연성 증기와 공기 중의 산소가 화합하여 이것에 적당한 열에너지를 주는데 따라 일어나는 연소를 말한다.
⑤ 고체연료의 자기연소(self combustion)란 질산에스터류, 셀룰로이드류, 나이트로화합물류, 하이드라진유도체 등은 가연성물질이면서 자체 내에 산소를 함유하고 있어 외부에서 열을 가하면 분해되어 가연성 기체와 산소를 발생하게 되므로 공기 중의 산소를 필요로 하지 않고 그 자체의 산소에 의해서 연소된다.

039 다음 중 역화(Back fire)의 원인으로 옳지 않은 것은? 🔥🔥🔥 [다수 출제]

① 연소속도보다 가스분출속도가 클 때
② 혼합가스의 압력이 비정상적으로 낮을 때
③ 버너가 과열되었을 때
④ 노즐의 부식 등으로 분출 구멍이 커진 경우

040 연료가스의 분출속도가 연소속도보다 클 때, 주위 공기의 움직임에 따라 불꽃이 노즐에서 정착하지 않고 떨어져 꺼지는 현상은? 🔥🔥🔥 [17년 공개]

① 불완전연소(Incomplete combustion)
② 리프팅(Lifting)
③ 블로우오프(Blow off)
④ 역화(Back fire)

041 연소 시 발생하는 이상 현상으로, 연료가 연소될 때 연료의 분출속도가 연소속도보다 느려 불꽃이 염공(焰孔) 속으로 빨려 들어가 혼합관 속에서 연소하는 현상으로 옳은 것은?

[25년 소방간부]

① 불완전 연소(incomplete combustion)
② 선화(lifting)
③ 블로우 오프(blow off)
④ 황염(yellow tip)
⑤ 역화(back fire)

042 가스 연소 시 발생되는 이상현상에 대한 설명으로 옳지 않은 것은?

[20년 소방간부]

① 불완전연소란 공기의 공급량이 부족할 때 일산화탄소, 그을음 등이 발생하는 현상이다.
② 연소소음이란 가연성 혼합가스의 연소속도나 분출속도가 대단히 클 때 연소음 및 폭발음 등이 발생하는 현상이다.
③ 선화란 연료가스의 분출속도가 연소속도보다 빠를 때 불꽃이 노즐에 정착되지 않고 떨어져서 연소하는 현상이다.
④ 역화란 기체연료를 연소시킬 때 혼합가스의 압력이 비정상적으로 높거나 혼합가스의 양이 너무 많을 때 발생되는 이상 연소현상이다.
⑤ 블로우오프란 선화상태에서 연료가스의 분출속도가 증가하거나 공기의 유동이 강하여 불꽃이 노즐에서 정착되지 않고 떨어져서 꺼져버리는 현상이다.

043 기체상 연료노즐에서의 연소에 대한 일반적인 설명으로 옳은 것을 있는 대로 모두 고른 것은?

22년 공개

ㄱ. 역화는 연료의 연소속도가 분출속도보다 빠를 때 불꽃이 연료노즐 속으로 빨려 들어가 연료노즐 속에서 연소하는 현상이다.
ㄴ. 선화는 불꽃이 연료노즐 위에 들뜨는 현상으로 연료노즐에서 연료기체의 연소속도가 분출속도보다 느릴 때 발생하는 현상이다.
ㄷ. 황염은 분출하는 기체연료와 공기의 화학양론비에서 공기량이 적을 때 발생한다.
ㄹ. 연료노즐에서 흐름이 난류(turbulence)인 경우, 확산연소에서 화염의 높이는 분출속도에 비례한다.

① ㄱ, ㄴ
② ㄷ, ㄹ
③ ㄱ, ㄴ, ㄷ
④ ㄱ, ㄴ, ㄷ, ㄹ

044 다음 중 가연물의 구비조건과 거리가 먼 것은?

다수 출제

① 활성화 에너지가 커야 한다.
② 화학적 활성도가 커야 한다.
③ 열전도율이 작아야 한다.
④ 발열량이 커야 한다.

045 가연성물질이 되기 쉬운 조건에 해당하지 않는 것은?

16년 통합 23년 소방간부

① 열전도도 값이 작아야 한다.
② 연쇄반응을 일으킬 수 있어야 한다.
③ 활성화에너지가 크고 발열량이 작아야 한다.
④ 조연성 가스인 산소와의 결합력이 커야 한다.
⑤ 산소와 접촉할 수 있는 표면적이 커야 한다.

046 연소를 증대시키는 가연물의 특성 중 옳지 않은 것은? [10년 충남]

① 온도 또는 압력이 상승할수록 위험하다.
② 열의 축적이 용이할수록, 열전도율이 높을수록 위험하다.
③ 온도, 압력, 발열량, 연소속도, 폭발범위가 클수록 위험하다.
④ 인화점, 착화점, 점성, 비점, 융점은 작을수록 위험하다.

047 가연성 물질의 화재위험성에 대한 설명으로 옳은 것은? [22년 공개]

① 비열, 연소열, 비점이 작거나 낮을수록 위험하다.
② 증발열, 연소열, 연소속도가 크거나 빠를수록 위험하다.
③ 표면장력, 인화점, 발화점이 작거나 낮을수록 위험하다.
④ 비중, 압력, 융점이 크거나 높을수록 위험하다.

048 다음 중 불연성 물질에 해당하지 않는 것은? [22년 소방간부]

① He(헬륨)
② CO_2(이산화탄소)
③ P_2O_5(오산화인)
④ HCN(시안화수소)
⑤ SO_3(삼산화황)

049 다음 중 가연성물질로 가장 옳은 것은? [09년 경기]

① 삼산화크롬(CrO_3)
② 일산화탄소(CO)
③ 산화알루미늄(Al_2O_3)
④ 규조토(SiO_2)

050 가연성 가스를 점화하기 위한 최소발화에너지는 물질의 종류, 혼합기의 온도, 압력, 농도에 따라 변화한다. 최소발화에너지와 가연물의 위험도에 대한 설명 중 옳지 않은 것은? 🔥🔥🔥

16년 소방간부

① 최소발화에너지는 온도와 압력이 상승하면 작아진다.
② 가연물은 연소범위가 넓을수록, 연소범위 하한계가 작을수록 위험하다.
③ 최소발화에너지의 단위는 통상적으로 [mJ]단위를 사용한다.
④ 최소발화에너지는 연소속도가 클수록 작아진다.
⑤ 최소발화에너지는 가연성 가스의 조성이 화학양론적 조성 부근일 경우 최대가 된다.

051 다음은 가연성 혼합기의 최소발화(점화)에너지(MIE, Minimum Ignition Energy)에 영향을 주는 요인에 관한 설명으로 옳지 않은 것은? 🔥🔥🔥

17년 공개 / 23년 공개

① 온도가 상승하면 최소발화에너지는 작아진다.
② 압력이 상승하면 최소발화에너지는 작아진다.
③ 열전도율이 낮아지면 최소발화에너지는 커진다.
④ 화학양론비 부근에서 최소발화에너지는 최저가 된다.

052 다음 중 점화원의 종류로 옳지 않은 것은? 🔥🔥🔥

12년 세종

① 분해열
② 저항열
③ 압축열
④ 기화열

053 열에너지원의 종류에서 화학열로 옳은 것만을 〈보기〉에서 있는 대로 고른 것은? 🔥🔥🔥 [23년 소방간부]

| 보기 |
ㄱ. 분해열   ㄴ. 연소열
ㄷ. 압축열   ㄹ. 산화열

① ㄹ
② ㄱ, ㄴ
③ ㄷ, ㄹ
④ ㄱ, ㄴ, ㄹ
⑤ ㄱ, ㄴ, ㄷ, ㄹ

054 자연발화를 일으키는 원인이 아닌 것은? 🔥🔥🔥 [12년 경기] [17년 공개]

① 분해열
② 흡착열
③ 산화열
④ 중화열

055 자연발화가 되기 쉬운 가연물의 조건으로 옳은 것은? 🔥🔥 [18년 공개]

① 발열량이 적다.
② 표면적이 작다.
③ 열전도율이 낮다.
④ 주위의 온도가 낮다.

056 자연발화 방지대책에 대한 설명으로 옳지 않은 것은? 🔥🔥 [13년 광주] [19년 소방간부]

① 공기의 유통을 방지한다.
② 황린은 물속에 저장한다.
③ 저장실의 온도를 낮게 유지한다.
④ 열의 축적이 용이하지 않도록 한다.
⑤ 발열반응에 정촉매작용을 하는 물질을 피해야 한다.

057 자연발화에 대한 설명으로 옳지 않은 것은? 🔥🔥🔥 〔21년 소방간부〕

① 열축적이 용이할수록 자연발화가 쉽다.
② 열전도율이 높을수록 자연발화가 쉽다.
③ 발열량이 큰 물질일수록 자연발화가 쉽다.
④ 주위 온도가 높을수록 자연발화가 쉽다.
⑤ 표면적이 넓을수록 자연발화가 쉽다.

058 다음 중 자연발화에 대한 설명으로 옳지 않은 것은? 🔥🔥🔥 〔16년 소방간부〕

① 발열량이 클수록 열축적이 잘 이루어져 자연발화가 용이하다.
② 주위온도가 높을수록 반응속도가 빠르기 때문에 열의 발생이 증가하여 자연발화를 촉진시킨다.
③ 열전도율이 작아야 하고, 저온·건조하며 비표면적이 작을수록 자연발화가 용이하다.
④ 공기의 유통이 안 될수록 열축적이 용이하여 자연발화 하기 쉽다.
⑤ 자연발화의 원인이 되는 축적열원으로 중합열, 발효열, 흡착열, 산화열 등이 있다.

059 자연발화에 관한 설명으로 옳지 않은 것은? 🔥🔥🔥 〔25년 소방간부〕

① 자연발화는 가연물의 열전도율이 낮을수록 발생하기 쉽다.
② 저장공간의 온도가 높으면 자연발화가 촉진될 수 있다.
③ 황린의 자연발화를 방지하기 위해서는 물 속에 저장해야 한다.
④ 유지류의 경우 아이오딘값(Iodine value)이 작을수록 자연발화하기 쉽다.
⑤ 자연발화를 방지하기 위해서는 저장공간의 공기 순환이 잘되게 해야 한다.

060 다음 중 정전기 발생 방지대책으로 거리가 먼 것은? 🔥🔥🔥 〔12년 울산〕

① 부도체를 사용한다.
② 접지시설을 한다.
③ 공기를 이온화한다.
④ 상대습도를 70% 이상 높인다.

061 다음 중 정전기 예방대책으로 옳지 않은 것은? [11년 울산]

① 공기를 이온화한다.
② 피뢰설비를 한다.
③ 접지시설을 한다.
④ 상대습도를 70% 이상으로 한다.

062 다음 중 정전기 방지를 위한 예방대책으로 옳지 않은 것은? [15년 통합]

① 정전기 발생이 우려되는 장소에 접지시설을 설치한다.
② 공기를 이온화하여 정전기 발생을 예방한다.
③ 공기의 상대습도를 70% 이상으로 한다.
④ 전기의 저항이 큰 물질은 대전이 용이하므로 부도체 물질을 사용한다.

063 다음 중 연소이론 등에 관련된 내용에 대하여 옳지 않은 것은? [13년 통합]

① 정전기를 방지하려면 접지를 하고, 공기를 이온화하며 상대습도를 60% 이하로 한다.
② 자연발화를 방지하기 위해서는 저장실의 온도를 낮게 하며 실내 수납 시 열축적이 용이하지 않도록 하고, 적당한 습기는 물질에 따라 자연발화의 촉매작용을 하므로 습도가 높은 곳을 피한다.
③ 자연발화는 밀폐된 공간 등에서 외부로부터 점화원 등 인위적인 열원의 공급을 받지 않고 물질 자체적인 열의 축적으로 온도가 서서히 상승하는 현상으로, 유기물질은 대기에 노출되면 산화하여 물질의 온도가 발화점 이상이 되면 자연발화를 하게 된다.
④ 정전기의 방지대책으로는 유속을 제한하고 이물질을 제거하며 유체의 분출을 방지한다.

064 정전기 예방대책으로 옳은 것만을 〈보기〉에서 있는 대로 고른 것은? [22년 소방간부]

| 보기 |
ㄱ. 공기를 이온화한다.
ㄴ. 전기전도성이 큰 물체를 사용한다.
ㄷ. 접촉하는 전기의 전위차를 크게 한다.

① ㄱ
② ㄷ
③ ㄱ, ㄴ
④ ㄴ, ㄷ
⑤ ㄱ, ㄴ, ㄷ

065 불꽃을 접하여 연소를 시작할 수 있는 최저온도는? 🔥🔥🔥 [11년 제주]
① 인화점 ② 발화점
③ 연소점 ④ 착화점

066 가연성 액체의 인화점에 대한 설명으로 옳은 것은? 🔥🔥🔥 [19년 공개]
① 증기가 연소범위의 하한계에 이르러 점화되는 최저온도
② 증기가 발생하기 시작하는 최저온도
③ 물질이 자체의 열만으로 착화하는 최저온도
④ 발생한 화염이 지속적으로 연소하는 최저온도

067 연소점(fire point)에 대한 설명으로 옳은 것은? 🔥🔥🔥 [17년 소방간부]
① 가연물에 점화원을 제거한 후에도 계속적인 연소를 일으킬 수 있는 온도를 말한다.
② 외부로부터 에너지를 받아서 착화가 가능한 가연물질의 최저온도를 말한다.
③ 외부로부터의 직접적인 점화에너지 공급 없이 물질자체가 스스로 착화되는 최저온도를 말한다.
④ 물질의 위험성을 평가하는 척도로 쓰이며, 위험물안전관리법에서 석유류를 분류하는 기준으로도 사용한다.
⑤ 고체의 연소점은 물질에 따라 차이가 있지만, 액체는 인화점과 연소점이 같다.

068 다음 중 발화점에 대한 설명으로 가장 옳은 것은? 🔥🔥🔥 [13년 전북]
① 물질이 외부의 점화원 접촉 시 연소를 시작할 수 있는 최저온도이다.
② 물질이 내부의 점화원 접촉 없이 연소를 시작할 수 있는 최저온도이다.
③ 물질이 외부의 점화원 접촉 없이 연소를 시작할 수 있는 최저온도이다.
④ 인화점 이후 점화원 제거 후에도 지속적인 연소작용을 일으킬 수 있는 최저온도이다.

069 다음 중 발화점에 대해 옳은 것은? 🔥🔥🔥 [12년 울산]

① 인화점 이후 점화원 제거 후에도 연소가 지속될 수 있는 온도이다.
② 외부로부터 에너지를 받아 화염이 꺼지지 않고 지속되는 가연성 물질의 최저온도이다.
③ 인화성 액체 위험성 판단 기준으로 이용한다.
④ 착화원이 없는 상태에서 가연성 물질자체의 열로서 공기 또는 산소 중에서 가열하였을 때 발화되는 최저온도이다.

070 다음 중 발화점이 낮아지는 조건이 아닌 것은? 🔥🔥🔥 [12년 경기]

① 열전도율이 크고 습도가 높을수록 발화점이 낮아진다.
② 분자구조가 복잡할수록 발화점이 낮아진다.
③ 산소와 친화력이 좋을수록 발화점이 낮아진다.
④ 압력·화학적 활성도가 클수록 발화점이 낮아진다.

071 그림에서 'A'에 대한 설명으로 옳지 않은 것은? 🔥🔥🔥 [22년 공개]

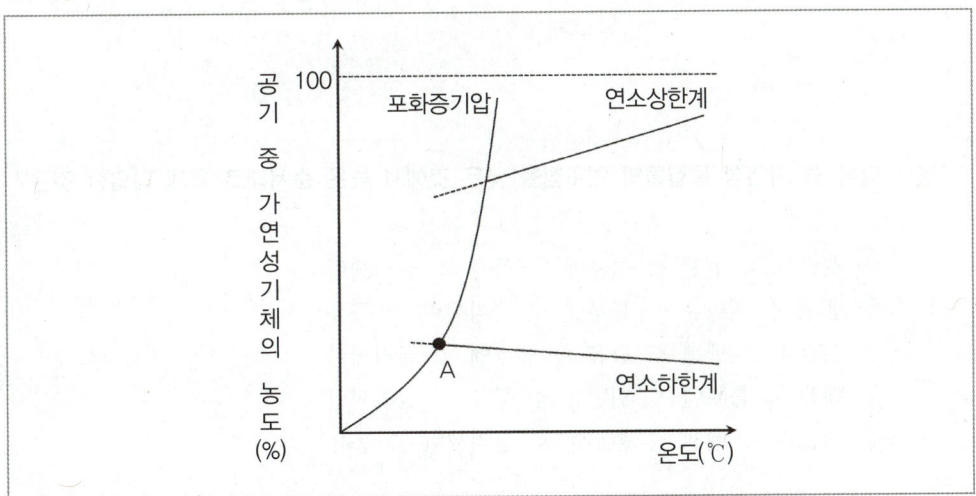

① 외부에너지에 의해 발화하기 시작하는 최저연소온도이다.
② 물질적 조건과 에너지 조건이 만나는 최저연소온도이다.
③ 화학양론비(stoichiometric ratio)에서의 최저연소온도이다.
④ 가연성 혼합기를 형성하는 최저연소온도이다.

072 가연성 액체의 연소현상에 관한 설명으로 옳지 않은 것은? 🔥🔥🔥 〔23년 공개〕

① 가연성 액체의 연소와 관련된 온도는 발화점, 연소점, 인화점 순으로 높다.
② 인화점과 발화점이 가까운 액체일수록 재점화가 어렵고 냉각에 의한 소화활동이 용이하다.
③ 인화점과 연소점의 차이는 외부 점화원을 제거했을 경우 화염 전파의 지속성 여부에 따라 구분된다.
④ 연소반응은 열생성률(heat production rate)이 외부로의 열손실률(heat loss rate)보다 큰 조건에서 지속된다.

073 다음 중 연소에 관한 정의로서 옳지 않은 것은? 🔥🔥🔥 〔13년 소방간부〕

① 증기비중 : 같은 온도, 같은 압력 하에서 같은 부피의 공기의 무게를 비교한 것
② 잠열 : 기화나 액화처럼 상의 변화로 온도를 수반하지 않고 흡수 또는 방출하는 열
③ 발화점 : 외부의 직접적인 점화원이 없이 열의 축적에 의하여 연소가 되는 최저의 온도
④ 인화점 : 연소범위 내에서 물질의 직접적인 점화원이 없이 인화될 수 있는 최저 온도
⑤ 연소범위 : 가연성가스와 공기가 혼합되어 연소를 일으킬 수 있는 적정 농도범위

074 다음 중 가연성 물질들의 인화점을 낮은 것에서 높은 순서대로 옳게 나열한 것은? 🔥🔥🔥 〔17년 소방간부〕

① 휘발유 < 벤젠 < 톨루엔 < 등유 < 글리세린
② 벤젠 < 휘발유 < 톨루엔 < 글리세린 < 등유
③ 휘발유 < 벤젠 < 등유 < 톨루엔 < 글리세린
④ 벤젠 < 톨루엔 < 휘발유 < 등유 < 글리세린
⑤ 휘발유 < 벤젠 < 톨루엔 < 글리세린 < 등유

075 ㉠~㉤의 물질을 인화점이 낮은 것부터 높은 순으로 옳게 나열한 것은?
[23년 소방간부]

㉠ 아세톤	㉡ 글리세린
㉢ 이황화탄소	㉣ 메틸알코올
㉤ 다이에틸에터	

① ㉠ - ㉤ - ㉢ - ㉡ - ㉣
② ㉢ - ㉠ - ㉤ - ㉡ - ㉣
③ ㉢ - ㉤ - ㉠ - ㉣ - ㉡
④ ㉤ - ㉠ - ㉢ - ㉣ - ㉡
⑤ ㉤ - ㉢ - ㉠ - ㉣ - ㉡

076 연소에 대한 설명으로 옳지 않은 것은?
[20년 상반기]

① 액체가연물의 인화점은 액면에서 증발된 증기의 농도가 연소하한계에 도달하여 점화되는 최저온도이다.
② 연소하한계가 낮고 연소범위가 넓을수록 가연성 가스의 연소위험성이 증가한다.
③ 액체가연물의 연소점은 점화된 이후 점화원을 제거하여도 자발적으로 연소가 지속되는 최저온도이다.
④ 파라핀계 탄화수소화합물의 경우 탄소수가 적을수록 발화점이 낮아진다.

077 연소이론에 관한 일반적인 설명으로 옳은 것은?
[18년 소방간부]

① 가연물 종류에 따라 연소속도에 영향을 받지 않는다.
② 작열연소란 열과 빛을 발하는 것으로, 육안으로 보이는 현상이다.
③ 탄화수소화합물의 완전연소 시 생성물은 물과 일산화탄소이다.
④ 연소속도는 온도와 압력이 높을수록 빨라진다.
⑤ 표면연소는 기체 또는 액체 가연물의 전형적인 연소형태이다.

078 발화점 및 최소발화에너지(MIE, Minimum Ignition Energy)에 관한 설명으로 옳지 않은 것은?

24년 소방간부

① 발화점은 발화지연시간, 압력, 산소농도, 촉매물질 등의 영향을 받는다.
② 파라핀계 탄화수소는 분자량이 클수록 발화온도가 높아진다.
③ 최소발화에너지는 가연성 혼합기를 발화시키는데 필요한 최저에너지를 말한다.
④ 압력이 상승하면 최소발화에너지는 작아진다.
⑤ 발화점이 낮을수록 발화의 위험성은 커진다.

079 가연물의 발화온도와 발화에너지에 관한 설명으로 옳은 것은?

24년 공개

① 점화원에 의해서 가연물이 발화하기 시작하는 최저 온도를 발화점(ignition point)이라고 한다.
② 점화원을 제거해도 자력으로 연소를 지속할 수 있는 최저온도를 연소점(fire point)이라고 한다.
③ 가연물의 최소발화에너지가 클수록 더 위험하다.
④ 가연물의 연소점은 발화점보다 높다.

080 연소속도에 영향을 미치지 않는 것은?

16년 충남

① 가연물의 종류와 온도
② 산소 농도에 따라 가연물과 접촉하는 속도
③ 산화반응을 일으키는 속도 및 가연성과 산화성 물질의 혼합비율
④ 촉매 및 완전연소 시에 생성된 가연성물질

081 다음 중 연소속도의 영향인자로 옳은 것은? [21년 공개]

> ㉠ 가연성 물질의 종류
> ㉡ 촉매의 존재 유무와 농도
> ㉢ 공기 중 산소량
> ㉣ 가연성 물질과 산화제의 당량비

① ㉠, ㉡
② ㉠, ㉡, ㉢
③ ㉡, ㉢, ㉣
④ ㉠, ㉡, ㉢, ㉣

082 다음 중 연소이론 및 화재이론에 관한 설명으로 옳지 않은 것은? [13년 충북]

① 반응에너지가 생성에너지보다 더 크게 나타나는 반응을 발열반응이라고 한다.
② 연소속도란 화염속도에서 미연소가스의 이동속도를 더한 값이다.
③ 연소 시 액체는 뜨거운 열을 만나면 액면에서 증기가 생성되는데 연소는 그 증기가 타는 것이므로 가연성 증기가 연소범위 하한계에 도달할 때의 온도를 인화점이라 한다면 연소점은 가열된 증기의 발생속도가 연소속도보다 빠를 때이다.
④ 플래시오버의 지연대책은 냉각지연법, 배연지연법, 공기차단지연법이 있다.

083 다음 중 연소범위가 옳지 않은 것은? [13년 경기]

① 일산화탄소 : 12.5 ~ 74%
② 메탄 : 5 ~ 15%
③ 프로판 : 2.1 ~ 9.5%
④ 아세틸렌 : 4 ~ 75%

084 공기 중 가연물에 대한 연소범위가 넓은 순서로 옳게 되어 있는 것은? [11년 부산]

① 아세틸렌 > 이황화탄소 > 수소 > 가솔린 > 메탄
② 이황화탄소 > 아세틸렌 > 수소 > 메탄 > 가솔린
③ 아세틸렌 > 수소 > 이황화탄소 > 메탄 > 가솔린
④ 이황화탄소 > 아세틸렌 > 수소 > 가솔린 > 메탄

085 〈보기〉에서 공기 중 연소범위가 가장 넓은 것(㉠)과 위험도가 가장 낮은 것(㉡)을 순서대로 나열한 것은? 🔥🔥🔥 [22년 소방간부]

| 보기 |
| 수소, 아세틸렌, 메탄, 프로판 |

① ㉠: 수소, ㉡: 메탄
② ㉠: 수소, ㉡: 아세틸렌
③ ㉠: 아세틸렌, ㉡: 메탄
④ ㉠: 아세틸렌, ㉡: 프로판
⑤ ㉠: 아세틸렌, ㉡: 아세틸렌

086 다음 중 위험도(H) 값이 가장 큰 것은? (단, 1기압, 25℃ 공기 중의 연소범위를 기준으로 한다.) 🔥🔥🔥 [23년 소방간부]

① 수소
② 메탄
③ 아세틸렌
④ 이황화탄소
⑤ 산화에틸렌

087 다음 연소가스의 연소범위를 나타낸 것이다. 연소가스의 위험도가 낮은 순서대로 배열한 것은? 🔥🔥🔥 [15년 소방간부]

| A : 5 ~ 15 [vol%] | B : 15 ~ 75 [vol%] | C : 10 ~ 40 [vol%] |

① A < B < C
② B < C < A
③ B < A < C
④ A < C < B
⑤ C < A < B

088 표준 상태에서 공기 중 가연물의 위험도가 높은 순으로 나열된 것은? 🔥🔥🔥 [19년 소방간부]

가연물	㉠	㉡	㉢	㉣
연소범위(%)	4~16	3~33	1~14	6~36

① ㉡ > ㉣ > ㉠ > ㉢
② ㉡ > ㉣ > ㉢ > ㉠
③ ㉢ > ㉡ > ㉠ > ㉣
④ ㉢ > ㉡ > ㉣ > ㉠
⑤ ㉣ > ㉡ > ㉠ > ㉢

089 공기 중 가연성 가스의 연소범위에 관한 내용이다. 다음 중 위험도가 가장 높은 가연성 가스는? (단, 위험도는 가연성 가스의 위험한 정도를 나타내는 척도이다.) 🔥🔥 [24년 소방간부]

가연성 가스	연소범위(%)
A	3 ~ 12.5
B	4 ~ 75
C	5 ~ 15
D	1.2 ~ 44
E	2.5 ~ 81

① A
② B
③ C
④ D
⑤ E

090 다음의 가연성 가스(A, B, C) 중 위험도가 낮은 것에서 높은 순서로 옳게 나열한 것은? 🔥🔥🔥 [24년 공개]

A : 연소하한계 = 2 vol%, 연소상한계 = 22 vol%
B : 연소하한계 = 4 vol%, 연소상한계 = 75 vol%
C : 연소하한계 = 1 vol%, 연소상한계 = 44 vol%

① A, B, C
② A, C, B
③ B, A, C
④ C, B, A

091 위험도(H) 값이 옳은 것만을 〈보기〉에서 모두 고른 것은? (단, 계산 결과는 소수점 둘째 자리에서 반올림한다.) 🔥🔥🔥 [25년 공개]

보기
ㄱ. 수소(H_2) : 17.8   ㄴ. 프로페인(C_3H_8) : 3.5
ㄷ. 일산화탄소(CO) : 4.5   ㄹ. 아세틸렌(C_2H_2) : 31.4

① ㄱ, ㄹ
② ㄴ, ㄷ
③ ㄱ, ㄷ, ㄹ
④ ㄱ, ㄴ, ㄷ, ㄹ

092 가연성 기체의 연소범위에 관한 설명으로서 가장 옳지 못한 것은? [13년 전북]
① 연소범위는 상한계과 하한계를 가지며, 연소범위를 연소한계, 폭발한계, 폭발범위라고도 한다.
② 산소의 농도가 높아지면 하한계보다는 상한계가 크게 변해 연소범위가 커진다.
③ 연소범위 값은 가연성 기체의 종류에 따라 다른 값을 갖는다.
④ 연소범위는 넓을수록, 하한계와 상한계가 높아질수록 위험성은 증가한다.

093 연소범위에 대한 설명으로 옳지 않은 것은? [20년 소방간부]
① 산소농도가 높아지면 연소범위가 넓어진다.
② 불활성 가스의 농도가 높아지면 연소범위가 좁아진다.
③ 가연성 가스의 온도가 높아지면 연소범위는 넓어진다.
④ 가연성 가스의 압력이 높아지면 연소범위는 좁아진다.
⑤ 일산화탄소(CO)는 압력이 높아지면 연소범위가 좁아진다.

094 가연성가스의 연소범위에 영향을 미치는 인자에 관한 설명이다. 다음 중 옳지 않은 것은? [14년 통합]
① 온도가 높아지면 연소범위는 좁아진다.
② 산소가 공급되면 연소범위가 넓어진다.
③ 불활성기체를 첨가하면 연소범위가 좁아진다.
④ 압력이 높아지면 연소범위가 넓어진다.

095 연소범위에 관한 설명으로 옳은 것만을 〈보기〉에서 있는 대로 고른 것은? 🔥🔥🔥

[22년 소방간부]

| 보기 |

ㄱ. 연소범위는 물질이 연소하기 위한 물적 조건과 관련이 크다.
ㄴ. 온도가 높아지면 연소범위는 넓어진다.
ㄷ. 일산화탄소는 압력이 증가하면 연소범위가 넓어진다.
ㄹ. 불활성기체가 첨가되면 연소범위가 좁아진다.

① ㄱ, ㄹ
② ㄱ, ㄴ, ㄷ
③ ㄱ, ㄴ, ㄹ
④ ㄴ, ㄷ, ㄹ
⑤ ㄱ, ㄴ, ㄷ, ㄹ

096 가연성 가스를 공기 중에서 연소시키고자 할 때 공기 중의 산소농도가 증가하면 발생하는 현상으로 옳은 것을 모두 고른 것은? 🔥🔥🔥

[19년 공개]

㉠ 연소속도가 빨라진다.　　㉡ 발화점이 높아진다.
㉢ 화염의 온도가 높아진다.　　㉣ 폭발범위가 좁아진다.
㉤ 점화에너지가 작아진다.

① ㉠, ㉡, ㉢
② ㉠, ㉢, ㉣
③ ㉠, ㉢, ㉤
④ ㉡, ㉢, ㉤

097 다음 조건에 따라 계산한 혼합기체의 연소하한계는? 🔥🔥🔥

[22년 소방간부]

- 르샤틀리에 공식을 이용한다.
- 혼합기체의 부피비율은 A기체 60%, B기체 30%, C기체 10%이다.
- 연소하한계는 A기체 3.0%, B기체 1.5%, C기체 1.0%이다.

① 1.0%
② 1.5%
③ 2.0%
④ 2.5%
⑤ 3.0%

098 가연성 가스 3종이 다음과 같이 혼합되어 있을 때 르샤틀리에(Le Chatelier)식에 따라 부피비로 계산된 혼합가스의 연소하한계[vol%]는? 🔥🔥🔥 [24년 공개]

- 혼합가스 내 각 성분의 체적(V) :
  V_A = 20 vol%, V_B = 40 vol%, V_C = 40 vol%
- 각 성분의 연소하한계(L) :
  L_A = 4 vol%, L_B = 20 vol%, L_C = 10 vol%

① 약 4.3
② 약 9.1
③ 약 11.0
④ 약 12.8

099 에테인(C_2H_6)이 완전연소한다고 가정했을 때 존스(Jones) 식에 따라 산출된 연소하한계(LFL)는? (단, 계산 결과는 소수점 둘째 자리에서 반올림한다.) 🔥🔥🔥 [25년 공개]

① 1.7　　② 2.2
③ 3.1　　④ 5.2

100 최소산소농도(MOC : Minimum Oxygen Concentration)에 대한 설명으로 옳지 않은 것은? 🔥🔥🔥 [21년 공개]

① 연소상한계에 의해 최소산소농도가 결정된다.
② 연소할 때 화염이 전파되는데 필요한 임계산소농도를 말한다.
③ 완전연소반응식의 산소몰수에 의해 최소산소농도가 결정된다.
④ 프로판(C_3H_8) 1몰(mol)이 완전연소하는데 필요한 최소산소농도는 10.5%이다.

101 메틸알코올(CH_3OH)의 최소산소농도(MOC: Minimum Oxygen Concentration, %)로 옳은 것은? (CH_3OH의 연소상한계는 37%, 연소범위의 상·하한 폭은 30%이다.) [22년 공개]

① 5.0　　② 8.5
③ 10.5　　④ 14.0

102 에틸알코올(C_2H_5OH)의 최소산소농도(MOC)는? (단, 에틸알코올의 연소범위는 4.3 ~ 19Vol%이며, 완전연소생성물은 CO_2와 H_2O이다.) [23년 소방간부]

① 8.6　　② 10.8
③ 12.9　　④ 15.1
⑤ 17.2

103 화재 시 발생되는 연소생성물의 종류로서 옳지 않은 것은? [13년 소방간부]

① 불꽃　　② 연소가스
③ 연기　　④ 열
⑤ 폭발

104 건물 내 연기의 수직방향의 유동속도로 옳은 것은? [12년 경기]

① 0.5~1.0[m/sec]
② 1.0~2.0[m/sec]
③ 2.0~3.0[m/sec]
④ 3.0~4.0[m/sec]

105 화재 시 발생하는 연기에 대한 설명으로 옳지 않은 것은? [16년 소방간부]

① 연기는 다량의 유독가스를 함유하며, 화재로 인한 연기는 고열이며 유동 확산이 빠르다.
② 연료 중에 수소가 많으면 흑색연기, 탄소수가 많으면 백색연기로 변한다.
③ 일반적으로 연기의 유동속도는 수평방향으로 0.5~1[m/s], 수직방향으로 2~3[m/s], 계단실 내에서는 3~5[m/s]이다.
④ 화재 시 연기는 처음에는 백색이며 시간이 흐를수록 흑색으로 변한다.
⑤ 연기의 조성은 연료의 성질과 연소조건에 의해 각기 다르며 액체의 입자는 수증기 외에 알데히드, 알코올 등의 탄화수소의 응고로 인한 타르분의 것, 기체의 성분은 CO, CO_2, HCl, HCN, $COCl_2$, SO_2 등이다.

106 연기의 유동효과에 영향을 미치지 않는 것은 무엇인가? [13년 경기]

① 부력
② 굴뚝효과
③ 외부바람
④ 공기 중의 산소농도

107 고층건축물에서 연기유동을 일으키는 요인을 모두 고른 것은? [20년 공개]

| ㉠ 부력효과 | ㉡ 바람에 의한 압력차 |
| ㉢ 굴뚝효과 | ㉣ 공기조화설비의 영향 |

① ㉠, ㉡
② ㉠, ㉢
③ ㉡, ㉢, ㉣
④ ㉠, ㉡, ㉢, ㉣

108 다음 중 굴뚝효과와 관련되는 것 중에서 그 내용이 아닌 것은? [다수 출제]

① 층의 면적
② 층의 높이
③ 외벽의 기밀도
④ 건물 내·외 온도차

109 건물화재 시 실내·외의 정압이 같아지는 경계면은?   16년 통합
① 중심점   ② 중성대
③ 삼중점   ④ 불연속선

110 다음 중 빌딩 화재 시 발생하는 연기의 유동에 대하여 옳지 않은 것은?   13년 충북
① 빌딩 화재 시 온도가 상승하면서 공기의 부피는 커진다.
② 건축물 상·하층의 내부와 외부 온도·기압차로 인해 찬 공기가 하부에서 유입된다.
③ 건물 내부 더운 공기가 굴뚝과 같은 긴 통로를 따라 올라가는 강한 통풍현상을 일으킨다.
④ 빌딩 화재 시는 실내 공기의 무게와 밀도는 증가된다.

111 다음은 연기에 대한 설명이다. 가장 옳은 것은?   18년 공개
① 수평방향보다 수직방향으로 더 빠르게 이동한다.
② 수소가 많으면 흑색 연기가 발생이 되고, 탄소가 많으면 백색 연기가 발생된다.
③ 연기는 가연물이 연소할 때 생성되는 물질로서 기체상의 미립자이다.
④ 연기의 이동과 굴뚝효과는 전혀 관계가 없고 온도와 관계가 깊다.

112 다음 설명으로 옳지 않은 것은?   15년 소방간부
① 중성대 위쪽으로 배연하는 것이 적당하다.
② 중성대는 외부의 압력과 내부의 압력이 같아 공기이동이 없는 지점을 말한다.
③ 굴뚝효과에 관련된 식은 $(\frac{1}{T_1} - \frac{1}{T_2}) \times h$으로 h는 중성대의 높이이다.
④ 겨울철, 외부의 온도가 낮을 때 '역굴뚝효과(Reverse stack effect)'가 잘 발생한다.
⑤ 굴뚝효과는 초고층건축물의 화재 시에 잘 발생된다.

□□□
113 다음 중 연기에 관하여 가장 옳지 않은 것은? 🔥🔥🔥 [13년 광주]

① 연기의 유동속도는 수평일 때 0.5~1[m/sec], 수직일 때 2~3[m/sec]이다.
② 연기는 공기보다 고온이기 때문에 일반적으로 천장을 따라 순방향으로 이동한다.
③ 저층건물에서는 굴뚝효과에 의하여 연기는 상승하고 고층건물에서는 열, 대류이동, 화재압력과 같은 영향 및 바람의 영향으로 통로 등에 따라 연기 이동을 일으키는 원인이 된다.
④ 외기가 건축물 내부의 공기보다 따뜻할 때는 건축물 내부에서 하향으로 공기가 이동하며 이러한 하향 공기의 흐름을 역굴뚝효과라고 한다.

□□□
114 건축물 화재 시 나타나는 중성대에 관한 설명으로 옳지 않은 것은? 🔥🔥🔥 [20년 소방간부]

① 건물 내부의 압력이 외부의 압력과 일치하는 수직적인 위치가 생기는데, 이 위치를 중성대라 한다.
② 중성대 상부는 기체가 실내에서 외부로 유출되고 중성대 하부는 외부에서 실내로 기체가 유입된다.
③ 중성대 상부는 열과 연기로부터 생존이 어려운 지역이고 중성대 하부는 신선한 공기로 인해 생존가능성이 높은 지역이다.
④ 중성대 하부 개구부를 개방하면 공기가 유입되면서 연기가 외부로 배출되어 중성대가 위로 상승하고 중성대 하부 면적이 커져 소화활동이 용이하게 한다.
⑤ 현장 도착 시 하부 출입문으로 짙은 연기가 배출된다면 상부 개구부 개방을 강구하고, 하부 개구부에서 연기가 배출되고 있지 않다면 상부 개구부가 개방되어 있다고 판단한다.

115 건물에 화재가 발생했을 때, 중성대에 관한 설명으로 옳은 것만을 〈보기〉에서 고른 것은? [25년 소방간부]

| 보기 |

ㄱ. 중성대의 하부 개구부로 외부 공기가 유입되면, 중성대는 위쪽으로 상승한다.
ㄴ. 중성대의 상부 면적이 커질수록 대피자들의 활동공간과 시야가 확보되어 신속히 대피할 수 있다.
ㄷ. 중성대의 상부에서는 실내에서 외부로 기체가 유출되고, 중성대의 하부에서는 외부에서 실내로 기체가 유입된다.
ㄹ. 중성대의 상부 개구부를 개방한다면 연소는 확대될 수 있지만, 연기가 빠른 속도로 상승하여 외부로 배출되므로, 중성대의 상부 면적은 감소하고 중성대의 하부 면적은 증가한다.

---

① ㄱ, ㄴ ② ㄱ, ㄷ
③ ㄴ, ㄷ ④ ㄴ, ㄹ
⑤ ㄷ, ㄹ

116 화재 시 발생하는 연기에 대한 설명으로 옳지 않은 것은? [25년 소방간부]

① 연기의 농도가 높으면 피난과 소방활동에 현저한 장해가 된다.
② 감광계수와 가시거리는 반비례 관계이다.
③ 감광계수가 $0.5m^{-1}$이면 어두침침한 것을 느낄 정도의 상황이다.
④ 건축물 내에서 연기의 유동속도는 수직방향보다 수평방향이 빠르다.
⑤ 연기의 제어 원리에는 희석, 배기, 차단이 있다.

117 화재 시 발생하는 연기(smoke)에 대한 설명으로 옳지 않은 것은? [21년 공개]

① 연기의 수직 이동속도는 수평 이동속도보다 빠르다.
② 연기의 감광계수가 증가할수록 가시거리는 짧아진다.
③ 중성대는 실내 화재 시 실내와 실외의 온도가 같은 면을 의미한다.
④ 굴뚝효과는 건축물의 내부와 외부의 온도차에 의해 내부의 더운 공기가 상승하는 현상이다.

118 건축물 내부화재 시 발생하는 열과 연기의 특성에 대한 설명으로 옳지 않은 것은?

[19년 소방간부]

① 감광계수가 증가할수록 가시거리는 증가한다.
② 연기의 수직방향 유동속도는 수평방향보다 빠르다.
③ 굴뚝효과는 건축물의 내부와 외부의 온도차에 의해 발생할 수 있다.
④ 화재실 내부에서 중성대의 상부 압력은 실외 압력보다 높게 나타난다.
⑤ 열의 전달 방법 중 복사는 중간 매개체 도움 없이 발생하는 전자파에 의한 에너지의 전달이다.

119 감광계수가 $0.3m^{-1}$이며 가시거리는 5m일 때 맞는 상황은?

[15년 통합]

① 어두침침한 것을 느낄 정도의 농도
② 연기감지기가 작동할 정도
③ 건물 내부에 익숙한 사람이 피난할 때 약간 지장을 느낄 정도
④ 화재 최성기 때의 농도로 유도등이 보이지 않을 경우

120 다음 설명에 해당하는 연소가스는?

[19년 공개]

> 청산가스라고도 하며, 인체에 대량 흡입되면 헤모글로빈과 결합되지 않고도 질식을 유발할 수 있다.

① 암모니아(NH_3)   ② 시안화수소(HCN)
③ 이산화황(SO_2)   ④ 일산화탄소(CO)

121 무색·무취·무미의 환원성이 강한 가스로서 상온에서 염소와 작용하여 유독 독성가스인 포스겐을 형성하기도 하며 인체 내의 헤모글로빈과 결합하여 산소 운반기능을 저지하여 질식 사망하게 하는 가스를 무엇이라 하는가?

[12년 울산] [17년 소방간부]

① 일산화탄소   ② 황화수소
③ 아황산가스   ④ 시안화수소

122 다음과 관계있는 연소생성가스로 옳은 것은?

> 질소 함유물인 열경화성 수지 또는 나일론 등의 연소 시 발생하고, 냉동시설의 냉매로 많이 쓰이고 있으므로 냉동창고 화재 시 누출가능성이 크며, 허용농도는 25ppm이다.

① 포스겐($COCl_2$) ② 암모니아(NH_3)
③ 일산화탄소(CO) ④ 시안화수소(HCN)

123 질소가 함유된 물질이 연소할 때 발생하며, 헤모글로빈과 결합하지 않고 사망에 이르게 하는 연소가스로 가장 옳은 것은?

① 시안화수소 ② 일산화탄소
③ 암모니아 ④ 염화수소

124 PVC, 전선의 피복 등이 연소할 때 주로 생성되고 허용농도가 5ppm인 독성가스로, 기도와 눈 등을 자극하며 금속에 대해 강한 부식성이 있는 물질은?

① HCN ② NH_3
③ H_2S ④ HCl
⑤ CH_2CHCHO

125 연소 시 발생하는 황화수소(H_2S)에 대한 설명으로 옳은 것은?

① 계란 썩는 냄새가 나는 가연성가스이다.
② 폴리염화비닐 등이 연소할 때 발생되는 맹독성가스이다.
③ 청산가스라고도 하며 동물의 털이 불완전연소할 때 발생한다.
④ 황(S)을 포함하고 있는 유기화합물이 완전연소할 때 발생한다.

126 연소생성물 중 발생하는 연소가스에 관한 설명으로 옳지 않은 것은? 🔥🔥🔥 [17년 공개]

① 일산화탄소(CO)는 가연물이 완전연소할 때 발생하는 것으로 유독성 기체이며 가연성이 없다.
② 시안화수소(HCN)는 모직, 견직물 등의 불완전연소 시 발생하며 독성이 커서 인체에 치명적이다.
③ 염화수소(HCl)는 폴리염화비닐 등과 같이 염소가 함유된 수지류가 탈 때 주로 생성되며 금속에 대한 강한 부식성이 있다.
④ 황화수소(H_2S)는 수소의 황화물로 악취를 가진 무색의 유독한 기체이며, 살충제의 원료로 사용된다.

127 다음 중 연소생성물에 대한 설명 중 틀린 것은? 🔥🔥🔥 [11년 서울]

① 일산화탄소는 헤모글로빈과 결합력이 극히 강하여 인체에 질식작용에 의한 독성을 나타낸다.
② 이산화탄소는 비가연성물질로서 연소가스 중 가장 많은 양을 가지고 있으며 인체 허용농도가 5% 이상이면 사망한다.
③ 독성가스인 암모니아는 냉동공장 등에서 온도를 낮추는 가스, 즉 냉동시설의 냉매로 사용된다.
④ 시안화수소는 동물 털의 불완전연소 시 또는 인조견 등의 직물류, 목재, 종이 등이 탈 때 발생한다.

128 연소가스에 관련하여 가장 옳지 않은 것은? 🔥🔥🔥 [11년 서울]

① 일산화탄소가 인체에 흡입될 때는 헤모글로빈과 결합하여 질식하게 된다.
② 황화수소는 털, 고무, 나무 등이 탈 때 발생하며 물질의 불완전연소 시 발생한다.
③ 암모니아는 수지류, 나무 등이 탈 때 악취가 나는 무색기체로서 인체의 자극이 크다.
④ 시안화수소는 합성수지, 동물의 털 등 섬유가 완전연소할 때 발생하는 무색의 맹독성 가스이며 가연성이다.

129 다음 중 연소가스에 관한 내용으로 옳지 않은 것은? [13년 소방간부]

① 불화수소는 무색의 기체로서 모래, 유리를 부식시키는 성질이 있다.
② 이산화탄소의 허용농도가 9%이면 중추신경 마비로 사망한다.
③ PVC가 탈 때 염화수소가 발생한다.
④ 아황산가스는 고무, 나무, 가죽소파 등 황이 함유된 물질의 완전연소 시 발생하는 무색 가스이다.
⑤ 암모니아는 질소함유물인 수지류, 나무 등이 탈 때 악취가 나는 무색기체로서 눈, 코, 폐의 자극이 크다.

130 다음 연소가스의 설명 중 옳지 않은 것은? [18년 공개]

① 포스겐($COCl_2$)은 폴리염화비닐(PVC), 수지류 등이 연소할 때 발생한다.
② 이산화질소(NO_2)는 냄새가 자극적인 적갈색의 기체로써 아질산가스라고도 한다.
③ 황화수소(H_2S)는 고무나 동물 털 등이 연소할 때 발생하는 무색의 기체이다.
④ 염화수소(HCl)는 석유제품, 유지류 등이 연소할 때 발생되는 연소생성물로 맹독성 가스이다.

131 화재 시 발생하는 유독가스에 대한 설명으로 옳은 것은? [20년 소방간부]

① 황화수소(H_2S) : 질소 성분을 가지고 있는 합성수지, 동물의 털, 인조견 등의 섬유가 불완전연소할 때 발생하는 맹독성 가스로, 0.3%의 농도에서 즉시 사망할 수 있다.
② 암모니아(NH_3) : 질소 함유물이 연소할 때 발생하고, 냉동시설의 냉매로 많이 쓰이고 있으므로 냉동창고 화재 시 누출 가능성이 크며, 독성의 허용 농도는 25ppm이다.
③ 염화수소(HCl) : 열가소성 수지인 폴리염화비닐(PVC), 수지류 등이 연소할 때 발생되는 연소생성물로서 발생량은 적지만 유독성이 큰 맹독성 가스이며, 독성의 허용 농도는 10ppm이다.
④ 포스겐($COCl_2$) : 폴리염화비닐(PVC)과 같이 염소가 함유된 수지류가 탈 때 주로 생성되는데 독성의 허용 농도는 5ppm이며 향료, 염료, 의약, 농약 등의 제조에 이용되고 있고, 자극성이 아주 강해 눈과 호흡기에 영향을 준다.
⑤ 시안화수소(HCN) : 황을 포함하고 있는 유기화합물이 불완전연소하며 발생하는데 계란 썩은 냄새가 나며, 0.2% 이상 농도에서 냄새 감각이 마비되고, 0.4~0.7%에서 1시간 이상 노출되면 현기증, 장기혼란의 증상과 호흡기의 통증이 일어난다.

132 가연물이 연소할 때 발생하는 독성가스에 대한 설명으로 옳지 않은 것은?

21년 소방간부

① 일산화탄소(CO)는 인체 내의 헤모글로빈과 결합하여 산소의 운반기능을 약화시켜 질식하게 한다.
② 시안화수소(HCN)는 질소성분을 가지고 있는 섬유류가 불완전연소할 때 발생하는 무색의 맹독성 가스로서 청산가스라고도 불린다.
③ 염화수소(HCl)는 염소성분이 함유되어 있는 염화비닐수지, 전선 피복 등이 연소할 때 발생하며, 물에 녹아 염산이 된다.
④ 브롬화수소(HBr)는 방염수지류 등이 연소할 때 발생하며, 상온·상압에서 물에 잘 용해되지 않는다.
⑤ 아크로레인(CH_2CHCHO)은 석유제품·유지류 등이 연소할 때 발생하며, 공기와 접촉하면 아크릴산이 된다.

133 화재 시 연소생성물에 관한 설명으로 옳지 않은 것은?

23년 공개

① 황화수소는 썩은 달걀과 비슷한 냄새가 난다.
② 연기로 인한 빛의 감소를 나타내는 감광계수는 가시거리와 반비례한다.
③ 일산화탄소는 산소와 헤모글로빈의 결합을 방해하여 질식에 이르게 할 수 있다.
④ TLV(Threshold Limit Value)로 측정한 독성가스의 허용 농도는 불화수소, 시안화수소, 암모니아, 포스겐 순으로 높다.

134 OO은(는) 물질이동 없이 고온에서 저온으로 이동하는 현상으로 고체가 일반적으로 기체보다 더 크다. 다음 중 OO안에 들어갈 말은?

12년 세종

① 복사　　　　　　② 전도
③ 대류　　　　　　④ 비화

135 하나의 물체가 다른 물체와 직접 접촉하여 분자충돌 등에 의해 전달되는 열의 현상은?

13년 충북

① 대류　　　　　　② 복사
③ 비화　　　　　　④ 전도

136 가열된 공기나 유체가 움직이면서 열이 전달되는 현상을 다음 중 무엇이라 하는가? [12년 경기]

① 전도　　　　　　② 대류
③ 복사　　　　　　④ 비화

137 화재 시 불꽃이 직접 전달되지 않고 간접적으로 열기만 전달되는데 이 열이 가연물에 직선으로 흡수되어 그 표면온도가 발화점에 도달하면 연소가 시작된다. 이러한 현상은? [11년 서울] [13년 대전]

① 대류　　　　　　② 전도
③ 복사　　　　　　④ 비화

138 체육관 화재 시 천정의 높이가 높아 화재감지기의 작동을 어렵게 하고, 초기화재 시 연기감지기에 감지가 되지 않는 원인으로 가장 옳은 것은? [14년 통합]

① 열전도　　　　　② 열대류
③ 열복사　　　　　④ 열비화

139 다음은 열의 전달 형태에 대한 설명이다. ㉠, ㉡ 안에 들어갈 내용으로 옳은 것은? [18년 공개]

　가. 일반적으로 화재의 초기단계에서 열의 전달은 (㉠)에 기인한다.
　나. 화재 시 연기가 위로 향하는 것이나 화로에 의해 실내의 공기가 따뜻해지는 것은 (㉡)에 의한 현상이다.

	㉠	㉡		㉠	㉡
①	전도	대류	②	복사	전도
③	전도	비화	④	대류	전도

140 대류(convection)에 의한 열전달에 관한 일반적인 설명으로 옳은 것은? [18년 소방간부]
① 고체 또는 정지상태의 유체 내에서 매질을 통한 열전달을 말한다.
② 전도현상에 비해 가연성 고체에서의 발화, 화염확산, 화재저항과 관련성이 크다.
③ 원격 발화의 열전달로 작용하고 특히 플래시오버를 일으키는 조건을 형성한다.
④ 열복사 수준이 낮은 화재초기 상태에서 중요한 현상으로 부력의 영향을 받는다.
⑤ 전달 열량은 온도차, 열전도도에 비례하고 물질의 두께에는 반비례한다.

141 복사열전달 현상에 관한 설명으로 옳은 것은? [22년 소방간부]
① 열에너지가 전자기파의 형태로 전달되는 현상이다.
② 푸리에의 법칙을 따른다.
③ 열전달이 고체 또는 정지상태의 유체 내에서 매질을 통해 이루어진다.
④ 유체입자의 유동에 의해 열에너지가 전달되는 현상이다.
⑤ 진공상태에서는 복사열은 전달되지 않는다.

142 전도(Conduction) 열이동에서 단면적이 일정한 도체일 경우 열전달량에 대한 설명으로 옳은 것은? [16년 소방간부] [25년 공개]
① 전열면적에 비례하고 온도차와 두께차에 반비례한다.
② 전열면적과 온도차에 반비례하고 두께차에 비례한다.
③ 전열면적과 두께차에 비례하고 온도차에 반비례한다.
④ 전열면적과 온도차에 비례하고 두께차에 반비례한다.
⑤ 전열면적에 반비례하고 온도차와 두께차에 비례한다.

143 스테판 – 볼츠만법칙에서 복사에너지는 열전달면적에 비례하고 절대온도 몇 승에 비례하는가? [13년 소방간부]

① 2　　　　　　　　　② 4
③ 5　　　　　　　　　④ 7
⑤ 0

144 열전달 방법에 관한 설명으로 옳지 않은 것은? 〔25년 소방간부〕

① 열전달 방법에는 전도, 대류, 복사가 있다.
② 전도는 뉴턴의 냉각법칙을 따르며, 고체 표면과 움직이는 유체 사이에서 일어난다.
③ 대류는 유체의 유동이 외부로부터 작용하는 힘에 의해 이루어지는 강제대류와 온도차로 인한 부력에 의해 이루어지는 자연대류로 구분할 수 있다.
④ 복사에너지는 스테판-볼츠만(Stefan-Boltzmann)의 법칙을 따른다.
⑤ 복사는 열에너지가 복사체로부터 대상물에 전자기파 형태로 전달되는 현상이다.

145 화염의 직경이 0.1m 인 화원의 중심으로부터 1m 떨어진 물체에 전달되는 복사열유속[kW/m²]은? (단, 화염의 열방출률은 120kW, 총 열방출에너지 중 복사된 열에너지 분율은 0.5, 원주율은 3으로 계산한다.) 〔24년 공개〕

① 3.5　　　　　　　　　② 4.0
③ 4.5　　　　　　　　　④ 5.0

146 다음 중 천장제트흐름(Ceiling Jet Flow)에 대한 설명으로 가장 옳지 않은 것은? 〔17년 공개〕

① 화재 플럼의 부력에 의하여 발생되며 천장면을 따라 빠르게 흐르는 기류이다.
② 화원의 크기와 위치 그리고 화원에서 천장까지의 높이에 영향을 받는다.
③ 스프링클러헤드와 화재감지기는 이 현상의 영향범위를 피하여 부착한다.
④ 흐름의 두께는 천장에서 화염까지 높이의 5~12% 내외 정도의 범위이다.

147 연소의 색상과 온도로서 옳지 않은 것은? 〔13년 광주〕〔13년 경기〕

① 적색 - 850℃
② 암적색 - 700℃
③ 황적색 - 1,100℃
④ 휘백색 - 1,300℃

CHAPTER 03 폭발

▶ 정답 및 해설 p.389
▶ 기본서 p.81

148 폭발 등급 중 1등급인 것은? 🔥🔥 [16년 충남]

① 메탄 ② 수소
③ 에틸렌 ④ 이황화탄소

149 폭발은 화염의 전파속도가 음속 이하일 수도 있고 음속 이상이 되어 폭발의 충격파를 형성할 수도 있다. 충격파가 동반되지 않는 것은? 🔥🔥 [13년 대전]

① 폭굉 ② 폭연
③ 폭효 ④ 폭명

150 다음 중 폭연과 폭굉의 차이를 나누는 기준은? 🔥🔥🔥 [12년 세종]

① 압력의 상승량 ② 에너지 전달량
③ 화염의 전파속도 ④ 발생된 화염의 온도

151 폭굉 및 폭연에 관한 내용 중 옳지 않은 것은? 🔥🔥🔥 [12년 경기] [14년 통합]

① 폭연은 화염의 전파속도가 폭굉보다 느리다.
② 폭연은 충격파가 아닌 열에 의해 이동한다.
③ 폭연과 폭굉을 나누는 기준은 생성에너지를 기준으로 한다.
④ 폭굉의 속도는 약 1,000m/s 이상 ~ 3,500m/s 이하이다.

152 다음 중 폭연과 폭굉에 대한 설명 중 옳은 것은? 〔17년 공개〕
① 폭굉은 화염면에서 상대적으로 완만한 에너지 변화에 의해 온도, 압력, 밀도가 연속적이다.
② 폭연은 열에 의한 전파보다는 충격파에 의한 압력에 영향을 받는다.
③ 폭굉은 반응 또는 화염면의 전파가 물질의 분자량이나 공기의 난류확산에 영향을 받는다.
④ 폭연은 물질의 전달속도에 영향을 받는다.

153 폭굉 현상에 대한 일반적인 설명으로 옳지 않은 것은? 〔18년 소방간부〕
① 전파에 필요한 주된 에너지원은 연소열이다.
② 압력상승이 폭연의 경우보다 10배 또는 그 이상으로 크다.
③ 충격파가 음속보다 빠르게 전파된다.
④ 화염면에서 온도, 압력, 밀도가 불연속적으로 나타난다.
⑤ 폭굉 시의 온도 상승은 열에 의한 전파보다 충격파의 압력에 기인한다.

154 폭굉(Detonation)에 대한 설명으로 옳은 것을 모두 고른 것은? 〔16년 소방간부〕

> ㉠ 화염전파속도가 음속보다 빠르다.
> ㉡ 충격파가 발생하지 않는다.
> ㉢ 에너지 방출속도는 열전달속도에 큰 영향을 받는다.
> ㉣ 파면(화염면)에서 온도, 압력, 밀도가 불연속적으로 나타난다.
> ㉤ 온도의 상승은 충격파의 압력에 기인한다.

① ㉠, ㉣, ㉤
② ㉡, ㉢, ㉣, ㉤
③ ㉠, ㉡, ㉢, ㉣, ㉤
④ ㉡, ㉢
⑤ ㉡

155 폭연(Deflagration)에 관한 설명으로 옳지 않은 것은? 🔥🔥🔥 〔23년 소방간부〕

① 충격파를 형성하지 않는다.
② 에너지 방출속도가 물질전달속도에 영향받지 않고 매우 빠르다.
③ 화염의 전파속도가 음속보다 느린 것을 말하며, 그 화염의 전파속도는 0.1 ~ 10m/sec 정도이다.
④ 반응 또는 화염면의 전파가 분자량이나 공기 등의 난류확산에 영향을 받는다.
⑤ 화염면에서 상대적으로 완만한 에너지 변화에 의해서 온도, 압력, 밀도 변화가 연속적으로 나타난다.

156 폭연(deflagration)과 폭굉(detonation)에 관한 설명으로 옳은 것은? 🔥🔥🔥 〔23년 공개〕

① 예혼합가스의 초기압력이 높을수록 폭굉유도거리가 길어진다.
② 화염전파속도는 폭연의 경우 음속보다 느리며, 폭굉의 경우 음속보다 빠르다.
③ 폭연은 폭굉으로 전이될 수 없으나 폭굉은 폭연으로 전이될 수 있다.
④ 폭연은 화염면에서 온도, 압력, 밀도의 변화가 불연속적으로 나타난다.

157 폭굉(Detonation)에 관한 설명으로 옳지 않은 것은? 🔥🔥🔥 〔24년 소방간부〕

① 폭굉은 급격한 압력의 상승 또는 개방에 의해 가스가 격한 음을 내면서 팽창하는 현상이고, 화염의 전파속도는 약 0.1 ~ 10 m/s이다.
② 압력이 높을수록 폭굉으로의 전이가 쉬운 조건이 된다.
③ 최초의 완만한 연소에서 격렬한 폭굉으로 발전하는 데 필요한 거리를 폭굉유도거리라 한다.
④ 폭굉유도거리가 짧아질수록 위험도는 커진다.
⑤ 관경이 가늘수록 폭굉유도거리는 짧아진다.

158 다음은 폭연에서 폭굉으로 전이되는 과정이다. ( ) 안에 들어갈 단계로 옳은 것은?

착화 → (ㄱ) → (ㄴ) → (ㄷ) → 폭굉파

	ㄱ	ㄴ	ㄷ
①	화염전파	압축파	충격파
②	화염전파	충격파	압축파
③	압축파	화염전파	충격파
④	압축파	충격파	화염전파

24년 공개

159 다음 중 폭연에서 폭굉으로 발전할 수 있는 폭굉유도거리가 짧아지는 조건으로 옳지 않은 것은?

18년 공개

① 관의 내경이 클수록
② 압력이 높을수록
③ 연소속도가 큰 가스일수록
④ 관내가 좁아지거나 관내 표면이 거칠어진 경우

160 다음 중 화학적 폭발에 해당하지 않는 것은?

22년 소방간부

① 수증기폭발   ② UVCE
③ 분해폭발   ④ 분진폭발
⑤ 분무폭발

PART 1. 연소이론   55

161 물질의 상 변화에 의해 에너지 방출이 짧은 시간에 이루어지는 폭발에 해당하지 않는 것은?

[20년 소방간부]

① 분해폭발   ② 압력폭발
③ 증기폭발   ④ 금속선폭발
⑤ 고체상 전이폭발

162 화학적 폭발에 대한 설명으로 관계없는 것은?

[16년 소방간부]

① 수증기폭발은 밀폐공간 속의 물이 급속히 기화되면서 많은 양의 수증기가 발생함으로써 증기압이 높아져 이것이 공간을 구획하고 있는 용기나 구조물의 내압으로 초과하여 파열되는 현상이다.
② 분해폭발은 산소에 관계없이 단독으로 발열 분해반응을 하는 물질에 의해서 발생하는 폭발이다.
③ 중합폭발은 단량체의 축합반응에 따른 발열량에 의한 폭발로 대표적인 예로는 산화에틸렌, 시안화수소, 염화비닐 등이 있다.
④ 가스폭발은 가연성 가스가 폭발범위 내의 농도로 공기가 조연성가스 중에 존재할 때 점화원에 의해 폭발하는 현상이다.
⑤ 분진폭발은 공기 중에 부유하고 있는 가연성 분진이 주체가 되는 폭발이다.

163 다음 중 화학적 폭발을 〈보기〉에서 있는 대로 고른 것은?

[21년 소방간부]

| 보기 |
| ㉠ 중합폭발   ㉡ 수증기폭발 |
| ㉢ 산화폭발   ㉣ 분해폭발 |

① ㉠, ㉢   ② ㉢, ㉣
③ ㉠, ㉡, ㉢   ④ ㉠, ㉢, ㉣
⑤ ㉡, ㉢, ㉣

164 폭발에 대한 설명으로 옳지 않은 것은? 🔥🔥🔥 [17년 소방간부]

① 폭발은 밀폐공간에서 급격한 압력상승으로 에너지가 외부로 전환되는 과정에서 파열, 후폭풍, 폭음 등을 동반하는 현상을 말한다.
② 폭발이 일어나기 위해서는 밀폐된 공간, 점화원, 폭발범위와 같은 조건이 구비되어야 한다.
③ 물리적 폭발은 물질의 상태(기체, 액체, 고체)가 변하거나 온도, 압력 등의 조건의 변화에 의한 폭발이다.
④ 화학적 폭발은 화학반응의 결과로 압력이 발생하여 유발되는 폭발이다.
⑤ 폭발의 발생원리에 따른 폭발의 분류 중 가스폭발, 분무폭발, 분진폭발은 물리적 폭발에 속한다.

165 폭발에 대한 설명으로 옳지 않은 것은? 🔥🔥 [21년 공개]

① 폭연은 폭굉보다 폭발압력이 낮다.
② 분해폭발은 산소에 관계없이 단독으로 발열 분해반응을 하는 물질에서 발생한다.
③ 물리적 폭발은 물질의 상태(기체, 액체, 고체)가 변하거나 온도, 압력 등 조건의 변화에 따라 발생한다.
④ 중합폭발은 가연성 액체의 무적(霧滴, mist)이 일정농도 이상으로 조연성 가스 중에 분산되어 있을 때 착화하여 발생한다.

166 액화가스탱크에 외부에서 가해지는 열에 의해 액체가 비등하면서 내부의 압력이 상승하여 용기가 파열되는 현상을 무엇이라고 하는가? 🔥🔥🔥 [17년 공개]

① 보일오버 ② 블레비
③ 플래시오버 ④ 슬롭오버

167 블레비(BLEVE : Boiling Liquid Expanding Vapor Explosion)현상의 특징으로 옳지 않은 것은? 🔥🔥🔥 [21년 상반기]

① 액화가스 저장탱크에서 일어날 수 있다는 점에서는 증기운 폭발과 같다.
② 액화가스 저장탱크에서 물리적 폭발이 순간적으로 화학적 폭발로 이어지는 현상이다.
③ 블레비의 규모는 파열 시 액체의 기화량에는 차이가 있으나 탱크의 용량에 따른 차이는 없다.
④ 직접 열을 받은 부분이 액화가스 저장탱크의 인장강도를 초과할 경우 기상부에 면하는 지점에서 파열하게 된다.

168 다음 중 BLEVE 현상에 관한 설명으로 틀린 것은? 🔥🔥🔥 [13년 충북]

① 과열상태의 탱크에서 내부의 액화가스가 분출되어 착화되었을 때 폭발하는 현상이다.
② 블레비 현상은 물리적 폭발이 가연성 가스인 경우는 순간적으로 화학적 폭발로 이어질 수 있다.
③ 옥외의 가스 저장탱크지역의 화재발생 시 저장탱크의 외부가 가열되어 탱크 내 액체부분은 급격히 증발하고 가스부분은 온도상승과 비례하여 탱크 내 압력의 급격한 상승을 초래하게 된다.
④ 천장에 열과 가스가 축적되면 복사열에 방해가 되는 두텁고 진한 연기가 아래로 쌓이는 현상으로 폭발적인 착화현상이다.

169 다음 중 BLEVE 현상으로 옳지 않은 것은? 🔥🔥🔥 [13년 통합]

① 가연성 액체탱크가 가열되어 폭발하기 전에 또한 10분이 경과하기 전에 냉각조치를 하지 않으면 폭발이 발생할 수 있다.
② 저장탱크 내에서 유출된 가연성 가스가 대기 중에 공기와 혼합하여 구름을 형성하는데 거기에 점화원이 다가가면 폭발하는 현상이다.
③ 가스 저장탱크지역의 화재발생 시 저장탱크가 가열되어 탱크 내 액체부분은 급격히 증발하고 가스부분은 온도상승과 비례하여 탱크 내 압력의 급격한 상승을 초래하게 된다.
④ 탱크가 계속 가열되면 용기강도는 저하되고 내부 압력은 상승하여 어느 시점이 되면 저장탱크의 설계압력을 초과하게 되고 탱크가 파괴되어 급격한 폭발현상을 일으킨다.

170 BLEVE(Boiling Liquid Expanding Vapor Explosion)현상에 대한 설명으로 옳지 않은 것은?

〔17년 소방간부〕

① 액화가스탱크 등 외부에서 가해지는 열에 의하여 액체가 비등하면서 내부의 압력이 증가하여 용기가 파열되는 현상을 말한다.
② BLEVE 현상은 비등하는 액체가 팽창하여 용기가 파손되면서 분출하는 화학적 폭발 현상이며, 이때 분출되는 가스가 가연성이면 가스가 폭발적으로 연소하는 물리적인 폭발이 이어질 수 있다.
③ 탱크가 계속 가열되면 용기강도는 저하되고 내부 압력은 상승하여 어느 시점이 되면 저장탱크의 설계압력을 초과하게 되고 탱크가 파괴되어 급격한 폭발현상을 일으킨다.
④ BLEVE 현상에 영향을 주는 인자로는 저장된 물질의 종류와 형태, 저장용기의 재질, 주위의 온도와 압력상태 등이 있다.
⑤ 냉각살수장치 설치, 용기 내압강도 유지, 감압시스템 설치 등이 BLEVE 현상 방지에 도움이 된다.

171 블레비(BLEVE)에 관한 설명으로 옳지 않은 것은?

〔24년 공개〕

① 가연물이 비점 이상으로 가열될 때 발생한다.
② 저장탱크의 기계적 강도 이상의 압력이 형성될 때 발생한다.
③ 저장탱크 균열로 인한 액상, 기상의 동적 평형 상태가 유지된다.
④ 저장탱크의 외부 표면에 열전도성이 작은 물질로 단열조치하여 예방한다.

172 폭발을 기상 폭발과 응상 폭발로 분류할 때, 폭발의 종류가 다른 것은?

〔24년 소방간부〕

① 분무 폭발
② 분진 폭발
③ 분해 폭발
④ 증기운 폭발
⑤ 증기 폭발

173 다음 중 기상폭발이 아닌 것은?

〔15년 통합〕

① 분무폭발
② 분해폭발
③ 분진폭발
④ 증기폭발

174 기상폭발에 해당하는 현상으로 옳은 것은? ⟨20년 소방간부⟩

> ㉠ 고체인 무정형 안티몬이 동일한 고상의 안티몬으로 전이할 때 발열함으로써 주위의 공기가 팽창하여 폭발한다.
> ㉡ 가연성 가스와 조연성 가스가 일정 비율로 혼합된 가연성 혼합기는 발화원에 의해 착화되면 가스폭발을 일으킨다.
> ㉢ 기체 분자가 분해할 때 발열하는 가스는 단일성분의 가스라고 해도 발화원에 의해 착화되면 혼합가스와 같이 가스폭발을 일으킨다.
> ㉣ 공기 중에 분출된 가연성 액체가 미세한 액적이 되어 무상으로 공기 중에 부유하고 있을 때 착화에너지가 주어지면 폭발이 발생한다.
> ㉤ 보일러와 같이 고압의 포화수를 저장하고 있는 용기가 파손 등의 원인으로 동체의 일부분이 열리면 용기 내압이 급속히 하락되어 일부 액체가 급속히 기화하면서 증기압이 급상승하여 용기가 파괴된다.

① ㉠, ㉡, ㉢　　② ㉠, ㉡, ㉣
③ ㉡, ㉢, ㉣　　④ ㉡, ㉢, ㉤
⑤ ㉢, ㉣, ㉤

175 다음 보기에서 설명하는 것은? ⟨18년 공개⟩

> 가연성 고체의 미분이 공기 중에 부유하고 있을 때에 어떤 점화원에 의해 에너지가 주어지면 폭발하는 현상을 말한다.

① 가스폭발　　② 분무폭발
③ 분해폭발　　④ 분진폭발

176 다음 중 분진의 발화폭발조건이 아닌 것은? ⟨12년 울산⟩

① 가연성 물질이어야 한다.
② 공기 중에서 부유하고 있어야 한다.
③ 점화원이 존재하지 않아도 된다.
④ 분진입자의 크기는 76(μm) 이하여야 한다.

177 분진의 폭발성에 영향을 미치는 인자에 관한 내용으로 옳지 않은 것은? 🔥🔥🔥 [12년 통합]

① 분진 속에 존재하는 수분량이 증가할수록 폭발성이 둔감하게 된다.
② 평균 입자직경이 작고 밀도가 작을수록 폭발이 용이해진다.
③ 분진의 표면적이 입자체적에 비하여 작아지면 폭발이 용이해진다.
④ 분진의 발열량이 클수록 폭발성이 크며 휘발성분의 함유량이 많을수록 폭발하기 쉽다.

178 다음 중 분진폭발에 대한 설명 중 옳지 않은 것은? 🔥🔥🔥 [13년 소방간부] [15년 소방간부]

① 분진폭발은 가스폭발에 비하여 발생에너지가 크다.
② 분진 내 수분은 불활성가스의 역할을 하게 되어 점화온도를 높여준다.
③ 분진 입자와 밀도가 작을수록 표면적이 커서 폭발성이 강하다.
④ 활성화에너지가 클수록 분진폭발이 잘 일어난다.
⑤ 분진이 발화·폭발하기 위한 조건은 가연성 미분상태, 점화원의 존재, 폭발범위 이내, 공기 중에서 교반과 운동이 있다.

179 분진폭발에 영향을 미치는 인자에 관한 설명으로 옳지 않은 것은? 🔥🔥🔥 [23년 공개]

① 분진의 발열량이 클수록 폭발하기 쉽다.
② 분진의 부유성이 클수록 폭발이 용이해진다.
③ 분진폭발은 분진의 입자직경에 영향을 받는다.
④ 분진의 단위체적당 표면적이 작아지면 폭발이 용이해진다.

180 분진폭발에 영향을 미치는 인자에 관한 설명으로 옳지 않은 것은? 🔥🔥🔥 [24년 소방간부]

① 분진의 발열량이 클수록, 휘발성분의 함유량이 많을수록 폭발하기 쉽다.
② 입자의 크기가 작고 밀도가 클수록 표면적이 크고 폭발이 용이해진다.
③ 열분해가 용이할수록, 기체 반응속도가 빠를수록 폭발하기 쉽다.
④ 알루미늄과 마그네슘 금속분진의 경우 분진 속 수분량이 증가하면 폭발성이 증가한다.
⑤ 평균 입경이 동일한 분진일 경우 분진의 형상에 따라 폭발성이 달라진다.

181 다음 중 가스폭발과 분진폭발을 비교할 때 분진폭발에 대한 설명으로 적합하지 않는 것은?

[15년 경기]

① 분진폭발은 연소시간이 길고, 발생에너지가 크기 때문에 파괴력이 크다.
② 분진폭발의 연소속도나 초기 폭발압력은 가스폭발에 비해 적다.
③ 분진폭발은 가스폭발보다 최소발화에너지는 크나 발생에너지는 작다.
④ 분진폭발의 최초 폭발압력은 가스폭발보다 작다.

182 대기 중 대량의 가연성 액체유출에 의해 발생된 증기와 공기가 혼합되어 가연성 기체를 형성하여 폭발하는 현상은?

[16년 통합]

① 보일오버　　　　　② 블레비
③ 슬롭오버　　　　　④ 증기운폭발

183 다음 중 폭발물질의 물리적 상태에 따라서 기상폭발과 응상폭발로 구분할 때 응상폭발의 종류가 아닌 것은?

[12년 경기]

① 증기운폭발　　　　② 수증기폭발
③ 증기폭발　　　　　④ 혼합위험에 의한 폭발

184 다음 중 응상폭발에 해당하는 것은?

[19년 소방간부]

① 저온의 액화가스가 상온의 물 위에 분출되었을 때와 같이 액상에서 기상으로의 급격한 상변화에 의해 발생하는 폭발현상
② 공기 중에 분출된 가연성 액체의 미세한 액적이 무상으로 되어 공기 중에 있을 때 점화원에 의해 착화되어 일어나는 현상
③ 가연성 고체의 미분이 공기 중에 부유하고 있을 때에 착화원에 의해 발생하는 폭발현상
④ 공기나 산소가 섞이지 않더라도 가연성 가스 자체의 분해 반응열에 의해 발생하는 폭발현상
⑤ 대기 중에 기화하기 쉬운 가연성 액체가 유출되어 가연성 혼합기체가 대량으로 형성되었을 때 점화원에 의해 착화되어 일어나는 폭발현상

185 폭발에 대한 설명으로 옳지 않은 것은? 　　　　　　　　　　　　　　　　　　　　　　　　20년 공개

① 증기폭발은 폭발물질의 물리적 상태에 따른 분류 중 기상폭발에 해당한다.
② 폭굉은 연소반응으로 발생한 화염의 전파속도가 음속보다 빠른 것을 말한다.
③ 블레비(BLEVE)는 액화가스저장탱크 등에서 외부열원에 의해 과열되어 급격한 압력상승의 원인으로 파열되는 현상이며, 폭발의 분류 중 물리적 폭발에 해당한다.
④ 폭발은 물리적, 화학적 변화의 결과로 발생된 급격한 압력상승에 의한 에너지가 외계로 전환되는 과정에서 파열, 폭음 등을 동반하는 현상을 말한다.

186 폭발에 대한 일반적인 설명으로 옳은 것은? 　　　　　　　　　　　　　　　　　　　　　　　　22년 공개

① 아세틸렌과 산화에틸렌은 분해폭발을 일으키기 쉬운 물질이다.
② 상온에서 탱크에 저장된 중유가 유출되면 자유공간 증기운폭발이 일어난다.
③ 밀폐공간에서 조연성가스가 폭발범위를 형성하면 점화원에 의해 가스폭발이 일어난다.
④ 다량의 고온물질이 물 속에 투입되었을 때 물의 갑작스러운 상변화에 의한 폭발현상을 반응폭주라 한다.

187 다음의 구분에 따른 폭발종류로서 옳지 않은 것은? 　　　　　　　　　　　　　　　　　　　　　　　　13년 경기

① 분해폭발 : 아세틸렌, 산화에틸렌
② 산화폭발 : 과산화수소, 하이드라진유도체
③ 중합폭발 : 염화비닐, 시안화수소
④ 분진폭발 : 금속분, 밀가루

188 폭발에 관한 설명으로 옳은 것만을 보기에서 있는 대로 고른 것은? 　　　　　　　　　　　　　　　　　　　　　　　　23년 공개

ㄱ. 증기폭발은 액체의 급속한 기화로 인해 체적이 팽창되어 발생하는 현상이다.
ㄴ. 가스폭발은 분진폭발보다 최소발화에너지가 크다.
ㄷ. 분해폭발은 공기나 산소와 섞이지 않더라도 가연성 가스 자체의 분해 반응열에 의해 폭발하는 현상이다.
ㄹ. 폭발(연소)범위는 초기온도 및 압력이 상승할수록 분자간 유효충돌할 가능성이 높아지기 때문에 넓어진다.

① ㄱ, ㄴ
② ㄷ, ㄹ
③ ㄱ, ㄴ, ㄹ
④ ㄱ, ㄷ, ㄹ

189 유류저장탱크 및 위험물 이송배관 등에서 발생하는 화재 현상에 관한 설명으로 옳지 않은 것은?

[25년 소방간부]

① 블레비(BLEVE)는 물리적 폭발에 해당한다.
② 증기운폭발(UVCE)은 저장탱크에서 유출된 가스가 증기운을 형성하여 떠다니다가 점화원과 접촉하여 발생하는 누설착화형 폭발에 해당한다.
③ 보일오버(boil over)는 상부가 개방된 저장탱크의 하부에 존재하던 물 또는 물-기름 에멀젼이 뜨거운 열류층의 온도에 의해 급격히 부피가 팽창되어 다량의 불이 붙은 기름을 저장탱크 밖으로 분출시키는 현상이다.
④ 오일오버(oil over)는 저장된 유류 저장량이 내용적의 70%를 초과하여 충전되어 있는 저장탱크에서 발생한다.
⑤ 분출화재(jet fire)는 탄화수소계 위험물의 이송배관이나 저장용기로부터 위험물이 고속으로 누출될 때 점화되어 발생하는 난류확산형 화재이다.

190 전기설비의 방폭구조 중 전기설비 용기 내부의 공기, 질소, 탄산가스 등의 보호가스가 대기압 이상으로 봉입하여 당해 용기 내부에 가연성 가스 또는 증기가 침입하지 못하도록 한 구조는 무엇인가?

[16년 충남]

① 압력방폭구조
② 안전증가방폭구조
③ 유입방폭구조
④ 본질안전방폭구조

191 다음 보기에서 설명에 해당하는 방폭구조는?

[22년 소방간부]

> 정상시 및 사고시(단선, 단락, 지락 등)에 발생하는 전기불꽃, 아크 또는 고온에 의하여 폭발성 가스 또는 증기에 점화되지 않는 것이 점화시험 및 기타에 의하여 확인된 방폭구조

① 내압방폭구조
② 압력방폭구조
③ 안전증가방폭구조
④ 유입방폭구조
⑤ 본질안전방폭구조

192 다음 보기에서 설명하는 전기방폭구조의 종류로 옳은 것은? 🔥🔥🔥 [18년 공개]

> - (가)는 점화원이 될 우려가 있는 부분을 용기 내에 넣고 불연성 가스인 보호기체를 용기의 내부에 넣어 줌으로써 용기 내부에는 압력이 발생하여 외부로부터 폭발성 가스가 침입하지 못하도록 한 구조이다.
> - (나)는 정상시 및 사고시 발생하는 전기불꽃, 아크 또는 고온에 의하여 폭발성 가스 또는 증기에 점화되지 않는 것이 점화시험 및 기타에 의하여 확인된 구조를 말한다.
> - (다)는 전기기기의 불꽃 또는 고온이 발생하는 부분을 절연유 속에 넣고 기름면 위에 존재하는 폭발성 가스 또는 증기에 인화될 우려가 없도록 한 구조이다.

① (가) 내(耐)압방폭구조
　(나) 본질안전방폭구조
　(다) 유입방폭구조

② (가) 압력방폭구조
　(나) 안전증가방폭구조
　(다) 유입방폭구조

③ (가) 압력방폭구조
　(나) 본질안전방폭구조
　(다) 유입방폭구조

④ (가) 내(耐)압방폭구조
　(나) 안전증가방폭구조
　(다) 압력방폭구조

SONICE
단원별
기출문제집
소방학개론

PART 02

화재이론

CHAPTER 01 화재의 개요 및 분류
CHAPTER 02 건축물의 화재
CHAPTER 03 화재조사 관련 법령

CHAPTER 01 화재의 개요 및 분류

▶ 정답 및 해설 p.404
▶ 기본서 p.96

001 다음은 화재에 관한 설명이다. 설명이 잘못된 것은? [11년 서울]
① 인간의 의도나 고의로 발생한 불로서 소화할 필요성이 있는 현상을 말한다.
② 방화에 의하여 불이 발생 및 확대되는 현상으로서 경제적 손해를 주는 현상을 말한다.
③ 자연적 원인으로 물체에 연소현상이 일어나고 인명과 재산에 손해를 주는 현상이다.
④ 고의로 연소현상을 일으켰으나 자연적으로 소화되어 소화할 필요성이 없는 현상을 말한다.

002 A급, B급, C급, D급으로 분류한 급수별에 의한 화재의 기준으로 가장 적합한 것은? [11년 전남] [13년 전북]
① 연소대상물의 종류와 인화점
② 가연물의 대상물과 연소상황
③ 가연물의 성상
④ 연소대상물의 인화점과 발화점

003 다음 중 화재의 종류와 가연물의 연결로 옳지 않은 것은? [11년 울산]
① A급 화재 – 종이 및 일반제품
② B급 화재 – 휘발유 등 인화성물질
③ C급 화재 – 분말 및 고무제품
④ D급 화재 – 가연성 금속

004 급수에 의한 화재의 분류 중 옳은 것은? [다수 출제]
① A급 : 일반화재, 무색
② B급 : 유류화재, 황색
③ C급 : 가스화재, 백색
④ D급 : 금속화재, 청색
⑤ C급 : 전기화재, 황색

005 화재의 구분 및 표시색상과 소화방법에 관하여 다음 중 옳지 않은 것은? [14년 통합] [16년 통합]

① 백색 – 일반화재 – 냉각소화
② 황색 – 유류화재 – 질식소화
③ 청색 – 전기화재 – 제거소화
④ 무색 – 금속화재 – 주수소화

006 가연물의 종류에 따른 화재별 특징으로 옳지 않은 것은? [19년 소방간부]

① 일반화재는 보통화재라고도 하며, 화재 발생 시 주로 백색 연기가 생성되며 연소 후에는 재를 남긴다.
② 유류화재는 화재 시 일반화재보다 진행속도가 빠르고 주로 흑색 연기가 생성되며 연소 후에는 재를 남기지 않는다.
③ 전기화재는 C급 화재로서 통전 중인 전기시설물로부터 유도되며, 원인으로는 합선(단락), 과부하, 누전, 낙뢰 등이다.
④ 금속화재는 D급 화재로서 금속작업 시 열의 축적 등의 원인으로 발생하며, 건조사, 건조분말 등을 이용한 질식·피복 효과와 물을 이용한 냉각효과를 이용해 소화한다.
⑤ 가스화재는 가스가 누설되어 공기와 일정 비율로 혼합된 상태에서 점화원에 의하여 착화되어 발생하며, 주된 소화방법은 밸브류 등을 잠그거나 차단시킴으로 인한 제거소화법이다.

007 화재의 분류에 대한 설명으로 옳지 않은 것은? [17년 소방간부]

① 화재의 분류는 가연물의 종류와 성상, 대상물의 종류 등에 따라 일반화재, 유류화재, 전기화재, 금속화재, 가스화재 등으로 구분된다.
② 일반화재는 산소와 친화력이 강한 물질에 의한 화재로 연소 후 재를 남길 수 있는 대상물 화재를 말한다.
③ 유류화재는 화재성장속도가 일반화재보다 느리며, 생성된 연기는 백색으로 연소 후에는 재를 남긴다.
④ 전기화재는 그 형태가 아주 다양하며 원인규명이 상당히 어려운 화재로 주로 누전, 과전류, 합선 혹은 단락 등의 발화가 그 원인이다.
⑤ 금속화재는 물과 반응하여 수소(H_2)등 가연성 가스를 발생시키는 것이 대부분이며, 물이나 물을 포함한 소화약제를 사용하면 오히려 위험할 수 있다.

008. 일반화재에 해당하는 것만을 〈보기〉에서 있는 대로 고른 것은? 〔24년 공개〕

| 보기 |

ㄱ. 통전 중인 배전반에서 불이 난 경우
ㄴ. 외출 시 전원이 차단된 콘센트에서 불이 난 경우
ㄷ. 실외 난로가 넘어지면서 새어 나온 석유에 불이 붙은 경우
ㄹ. 실험실 시험대 위 나트륨 분말에서 불이 난 경우

① ㄱ
② ㄴ
③ ㄴ, ㄹ
④ ㄱ, ㄷ, ㄹ

009. 전기화재의 직접적인 요인으로 가장 옳지 않은 것은? 〔17년 공개〕

① 누전
② 지락
③ 과전류
④ 역기전력

010. 다음 중 금속류와 물이 혼합될 때 생기며 폭발성이 강한 기체인 것은? 〔13년 충북〕

① 질소
② 탄소
③ 산소
④ 수소

011. 유류저장탱크 내 유류 표면에 화재 발생 시 뜨거운 열류층이 형성되고 그 열파가 장시간에 걸쳐 바닥까지 전달되어 하부의 물이 비점 이상으로 가열되면서 부피가 팽창해 저장된 유류가 탱크 외부로 분출되었다. 이에 해당하는 현상으로 옳은 것은? 〔24년 공개〕

① 보일오버(boil over)
② 슬롭오버(slop over)
③ 프로스오버(froth over)
④ 오일오버(oil over)

012 유류의 액표면 온도가 물의 비점 이상으로 상승되고 소화용수 등이 뜨거운 액표면에 유입되게 되면 물이 수증기화 되면서 갑작스러운 부피 팽창에 의해 유류가 탱크 외부로 분출되는 현상을 무엇인가? 〔12년 울산〕

① 보일오버 ② 슬롭오버
③ 프로스오버 ④ 플래시오버

013 다음에서 설명하는 위험물화재 특수현상으로 옳은 것은? 〔13년 통합〕

> 물에 의해 탱크 내 유류가 넘치는 현상으로 고온에서도 끈끈한 점성을 유지하고 있는 고점도 중질유 유류가 저장탱크 속에 물과 섞여 들어가 있을 때, 또는 유류 표면 아래로 물이 유입되면서 물이 고점도 유류 아래에서 비등할 때, 기름과 섞여 있는 물이 갑자기 수증기화 되면서 탱크 내부에서 탱크내의 일부 내용물을 넘치게 하는 현상으로서 직접적으로 화재발생을 하지 않는다.

① 슬롭오버 ② 보일오버
③ 프로스오버 ④ 오일오버

014 다음 설명에 해당하는 것은? 〔13년 경기〕〔14년 통합〕

> 유류탱크화재 시 탱크 유면에서부터 고온층이 확대되어, 고온층이 탱크 하부에 있는 물을 급속히 가열, 비등시켜 발생된 수증기가 체적팽창에 의해 상층의 유류를 탱크 밖으로 분출시키는 현상

① 보일오버 ② 플래시오버
③ 풀파이어 ④ 프로스오버

015 중질유 탱크에 화재가 발생하면 액표면 온도가 수백도로 올라가고 탱크 바닥에 물과 기름의 에멀젼이 존재할 때 물의 비등으로 탱크 내의 유류가 급격히 분출하는 현상을 무엇이라 하는가? 〔13년 소방간부〕

① 오일오버 ② 프로스오버
③ 슬롭오버 ④ 링파이어
⑤ 보일오버

016 다음에서 설명하는 것은 무엇인가?
[15년 통합] [15년 소방간부]

> 저장탱크 내에 저장된 제4류 위험물의 양이 내용적의 1/2 이하로 충전되어 있을 때 화재로 인하여 저장탱크 내의 유류가 외부로 분출하면서 탱크가 파열되는 것을 말한다.

① 보일오버 ② 오일오버
③ 슬롭오버 ④ 프로스오버
⑤ 플레임오버

017 유류저장탱크 속의 물이 점성을 가진 뜨거운 기름의 표면 아래에서 끓을 때 화재를 수반하지 않고 기름이 넘쳐흐르는 현상은?
[17년 소방간부]

① 슬롭오버(slop over)
② 프로스오버(froth over)
③ 오일오버(oil over)
④ 보일오버(boil over)
⑤ 플래시오버(flash over)

018 유류화재의 이상현상에 대한 설명으로 옳은 것은?
[20년 소방간부]

① 프로스오버(Froth over) : 점성이 큰 뜨거운 유류표면 아래에서 물이 끓을 때 화재를 수반하지 않고 유류가 넘치는 현상
② 슬롭오버(Slop over) : 탱크 내의 유류가 50% 미만 저장된 경우, 화재로 인한 내부 압력 상승으로 인해 탱크가 폭발하는 현상
③ 오일오버(Oil over) : 중질유 탱크 화재 시 액면의 뜨거운 열파가 탱크 하부로 전달될 때, 탱크 하부에 존재하고 있던 에멀션(emulsion) 상태의 물을 기화시켜 물의 급격한 부피 팽창으로 탱크 내의 유류가 분출하는 현상
④ 링파이어(Ring fire) : 액화가스저장 탱크의 외부화재로 탱크가 장시간 과열되면 내부 액화가스의 급격한 비등·팽창으로 탱크 내부 압력이 급격히 증가되고, 최종적으로 탱크의 설계압력 초과로 탱크가 폭발하는 현상
⑤ 보일오버(Boil over) : 중질유 탱크 내에 화재로 연소유의 표면온도가 물의 비점 이상 상승했을 때, 물분무 또는 폼(foam) 소화약제를 뜨거운 연소유 표면에 방사하면 물이 수증기가 되면서 급격한 부피 팽창으로 연소유를 탱크 외부로 비산시키는 현상

019 위험물화재의 특수현상 중 슬롭오버(slop over) 현상으로 옳은 것은? 〔18년 소방간부〕

① 점성이 큰 유류에서 화재가 발생했을 때 소화용수의 유입에 의한 갑작스러운 부피 팽창으로 탱크 내의 유류가 끓어 넘치는 현상
② 저장탱크 속의 물이 점성을 가진 뜨거운 기름의 표면 아래에서 끓을 때 화재를 수반하지 않고 기름이 넘쳐흐르는 현상
③ 가연성 가스가 연소하면서 바람을 타고 흘러가는 현상
④ 석유화재에서 저장탱크 하부에 고인 물이 격심한 증발을 일으키면서 불붙은 석유를 분출하는 현상
⑤ 과열상태의 탱크 내부에서 액화가스가 분출하여 기화되어 착화되었을 때 폭발하는 현상

020 특수화재현상의 대응절차에 관한 설명으로 옳은 것은? 〔20년 소방간부〕

① 비등액체팽창증기폭발(BLEVE) : 탱크의 드레인(drain) 밸브를 개방하여 탱크에 고인 물을 제거한다.
② 보일오버(boil over) : 소화수를 이용하여 개방된 탱크의 상부 냉각을 최우선으로 하고, 탱크 주변의 화재 진화를 병행한다.
③ 파이어볼(Fire ball) : 밸브나 배관에서 누출되는 가스가 연소하는 화염은 소화하지 않고, 그 화염에 의해서 가열되는 면을 냉각한다.
④ 백드래프트(back draft) : 지붕 등 상부 개방은 금지하고, 하부를 파괴하여 폭발적인 화염과 연소 확대에 따른 대피방안을 강구한다.
⑤ 플래임오버(flame over) : 폭발력으로 건축물 변형·강도약화로 붕괴, 비산, 낙하물 피해와 방수모 등 개인보호 장구 이탈에 대비, 자세를 낮추고 대피방안을 강구한다.

021 다음 화재의 설명 중 옳은 것은? 〔18년 소방간부〕

① 석유류나 식용유의 표면에 물이 접촉될 때 물이 표면 온도에 의해 급격히 증발하여 비산하며 석유류·식용유와 함께 분출하는 현상을 슬롭오버라 한다.
② 제4류 위험물의 양이 내용적 1/2 이하로 충전되어 있을 때 화재로 인하여 저장탱크 내의 유류를 외부로 분출하면서 탱크가 파열되는 현상을 보일오버라 한다.
③ 비점이 큰 중질유의 저장탱크 속 수분(또는 에멀젼)이 장기간 열을 공급받아 유류를 밀어 올리고 기름과 함께 비산하는 현상을 프로스오버라고 한다.
④ 점성을 가진 뜨거운 유류 표면의 아래 부분에서 물이 비등할 경우 비등하는 물이 저장탱크 내의 유류를 화재를 수반하지 않고 외부로 넘쳐흐르게 하는 현상으로 다른 현상에 비해 발생횟수가 많으나 직접적으로 화재를 발생시키지 않는 것을 오일오버라고 한다.
⑤ 식용유화재에서 소화약제는 비누화작용을 하는 제2종 분말소화약제가 주로 사용된다.

022 다음 설명 중 옳은 것은? 🔥🔥🔥 [11년 서울]

① 원유를 분별증류하면 끓는점이 높은 휘발유 성분이 먼저 분리되고 하부쪽으로 갈수록 끓는점이 낮은 등유, 경유, 중유 순으로 분리된다.
② 슬롭오버는 탱크의 벽면이 가열된 상태에서 포를 방출하는 경우 가열된 벽면 부분에서 포가 열화되어 안정성이 저하된 상태에서 증발된 유류가스가 발포되어 있는 거품층을 뚫고 상승되어 유류가스에서 불이 붙는 현상이다.
③ 보일오버는 서로 다른 원유가 섞여있거나 중질유 탱크에서 오랜시간동안 연소와 함께 탱크 내 잔존기름이 바닥에 있는 물의 비등으로 탱크 밖으로 분출하는 현상이다.
④ 프로스오버는 유류 액표면 온도가 물의 비점 이상으로 상승되고 소화용수 등이 뜨거운 액표면에 유입되게 되면 물이 수증기화 되면서 갑작스러운 부피팽창에 의해 유류가 탱크 외부로 분출되는 현상이다.

023 불완전한 연소상태로서 불꽃이 없고 느린 연소이며 화재초기에 고체 가연물에서 많이 발생하는데 열축적이 계속되어 외부 공기가 갑자기 유입될 때 급격한 연소가 일어날 수 있는 상태를 말하며 다음 중 이와 관련된 내용은? 🔥🔥🔥 [13년 통합] [14년 공개]

① 화염연소   ② 훈소화재
③ 백열현상   ④ 내부연소

024 전기화재(C급화재) 및 주방화재(K급화재)에 관한 설명으로 옳지 않은 것은? 🔥🔥🔥 [23년 공개]

① 주방화재의 가연물 중 하나인 식용유의 발화점은 비점보다 낮다.
② 도체 주위의 자기장 변화에 의해 발생된 유도전류는 전기화재의 점화원으로 작용할 수 있다.
③ 식용유로 인한 화재 시 유면상의 화염을 제거하면 복사열에 의한 기화를 차단하여 재발화를 방지할 수 있다.
④ 전기화재 발생 원인 중 누전은 전류가 전선이나 기구에서 절연 불량 등의 원인으로 정해진 전로(배선) 밖으로 흐르는 현상이다.

CHAPTER 02 건축물의 화재

▶ 정답 및 해설 p.412
▶ 기본서 p.109

025 다음 중 실내건축물 화재 시 진행단계로 옳은 것은? 🔥🔥 [13년 전북]

① 성장기 → 발화기 → 최성기 → 플래시오버 → 감쇠기
② 발화기 → 성장기 → 최성기 → 플래시오버 → 감쇠기
③ 발화기 → 성장기 → 플래시오버 → 최성기 → 감쇠기
④ 성장기 → 최성기 → 플래시오버 → 발화기 → 감쇠기

026 화재 성장기(중기)에 대한 설명으로 옳은 것은? 🔥🔥🔥 [13년 경기]

① 화세가 감퇴한다.
② 초기를 거치며 크게 상승하지 않는 발화단계, 백색연기가 나온다.
③ 산소가 소진되어 다량의 불완전가스가 발생되며 물질이 흘러내린다.
④ 화재의 상황변화가 가장 격렬하고 다양하다.

027 실내 화재의 진행 과정을 설명한 내용으로 옳지 않은 것은? 🔥🔥🔥 [21년 공개]

① 발화기 : 건물 내의 가구 등이 독립 연소하고 있으며 다른 동(棟)으로의 연소 위험은 없다.
② 성장기 : 화재의 진행이 급속히 이루어지고 개구부에서는 검은 연기가 분출된다.
③ 최성기 : 산소가 부족하여 연소되지 않은 가스가 다량 발생된다.
④ 감퇴기 : 지붕이나 벽체, 대들보나 기둥도 무너져 떨어지고 열발산율은 증가하기 시작한다.

028 다음 중 실내화재에서 최성기의 특성으로 옳지 않은 것은? 🔥🔥🔥 [17년 공개]

① 다량의 흑색 연기가 점차 분출되고 연기농도가 짙다.
② 실의 연기량은 적어지고 화염이 확대되고 개구부 밖으로 분출한다.
③ 연소가 가장 격렬한 시기이며 불완전 연소가스가 발생하기도 한다.
④ 강력한 복사열로 인해 인근 건물로 연소위험이 증대된다.

029 실내 일반화재 진행 과정에 관한 설명으로 옳은 것은? [24년 공개]
① 화재 초기에는 실내 온도가 급격하게 상승하기 시작한다.
② 성장기에는 급속한 연소 진행으로 환기지배형 화재 양상이 나타난다.
③ 최성기에는 실내 화염이 최고조에 도달하나 실내 산소부족으로 연소속도가 느려진다.
④ 감쇠기에는 화염의 급격한 소멸로 훈소 상태가 되어 백드래프트(back draft)의 위험이 없다.

030 다음은 시간과 온도변화에 따른 실내건축물 화재 시 특수현상에 관한 내용이다. ㉠~㉤에 들어갈 내용으로 옳게 연결된 것은? [13년 통합]

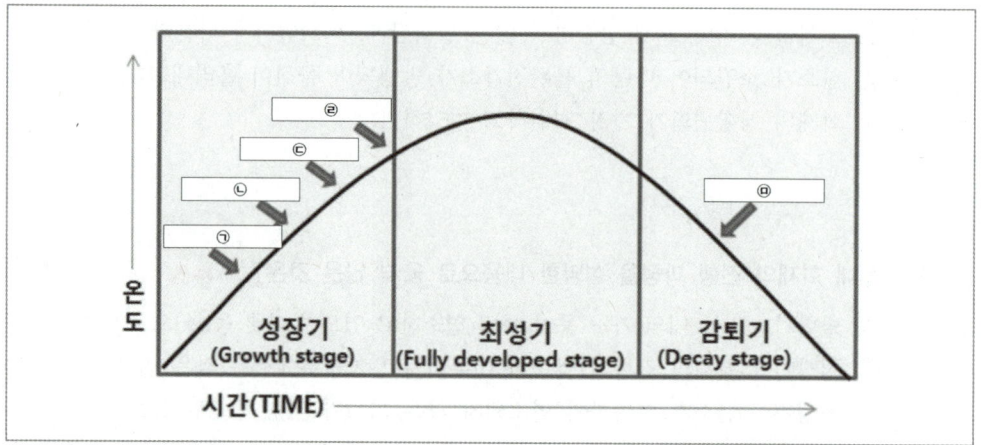

① ㉠ 롤오버(Roll over), ㉡ 백드래프트(Back draft), ㉢ 플래시오버(Flash over), ㉣ 플래임오버(Flame over), ㉤ 백드래프트(Back draft)
② ㉠ 롤오버(Roll over), ㉡ 플래시오버(Flash over), ㉢ 플래임오버(Flame over), ㉣ 백드래프트(Back draft), ㉤ 플래시오버(Flash over)
③ ㉠ 플래임오버(Flame over), ㉡ 플래시오버(Flash over), ㉢ 백드래프트(Back draft), ㉣ 롤오버(Roll over), ㉤ 플래시오버(Flash over)
④ ㉠ 플래임오버(Flame over), ㉡ 백드래프트(Back draft), ㉢ 롤오버(Roll over), ㉣ 플래시오버(Flash over), ㉤ 백드래프트(Back draft)

031 다음 중 실내화재인 플래시오버의 발생시기는 어디에 해당되는가? 〔13년 대전〕

① 최성기 ② 말기
③ 중기 ④ 초기

032 다음 중 플래시오버가 일어나는 시기는? 〔15년 소방간부〕

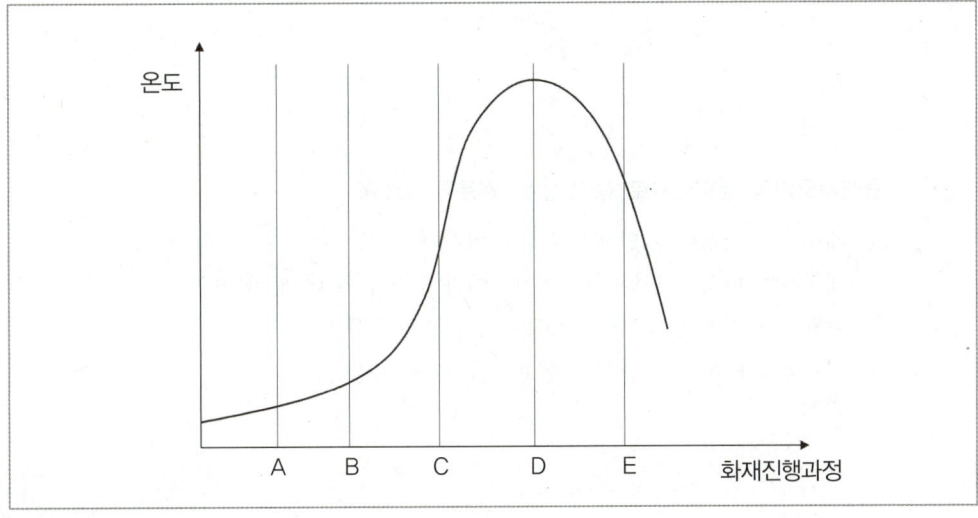

① A ② B
③ C ④ D
⑤ E

033 가연성가스 농도가 증가하여 연소범위 내의 농도에 도달하면 곧 착화하여 화염에 덮이게 되고 복사열에 의하여 바닥면 위의 가연물이 급속히 가열 및 착화되어 구획 내 가연성 재료의 전 표면이 불로 덮이는 전이현상을 무엇이라 하는가? 〔13년 소방간부〕

① 훈소화재 ② 플래시오버
③ 슬롭오버 ④ 백드래프트
⑤ 롤오버

034 일반 주택에서 플래시오버에 대한 설명으로 틀린 것은? 〔12년 경기〕

① 일반적으로 환기지배화재로부터 연료지배화재로 전이된다.
② 실내의 가연물이 연소에 의해서 온도를 높이고 동시에 다량의 가연성가스를 수반하는 연기를 방출한다.
③ 어느 시간 그 실내의 온도 상승에 의해 동시에 연소하여 화재의 진행을 순간적으로 실내 전체에 확산시키는 현상이다.
④ 플래시오버 시점에서 실내의 온도는 약 800~900℃가 된다.

035 플래시오버의 영향인자로 옳지 않은 것은? 〔12년 울산〕

① 개구부가 작을수록 발생시각이 늦어진다.
② 내장재에 따라서 달라지며 천장높이가 낮을수록 더 빨라진다.
③ 화원의 크기가 클수록 도달하는 시각이 짧아진다.
④ 연기농도에 따라서 발생 원인효과를 크게 미친다.

036 다음 중 플래시오버에 대한 설명으로 가장 틀린 것은? 〔13년 전북〕

① 플래시오버는 화염이 확대되는 순발적인 연소확대현상이라 한다.
② 일정 공간 안에 가연성 가스가 축적된 상태에서 개구부가 개방되면 폭발적으로 전체가 화염에 휩싸이는 화재현상으로 주로 성장기에 발생한다.
③ 실내화재 시 천장류에서 방출되는 복사열에 의하여 실내에 있는 모든 가연성 물질이 분해되어 가연성 증기가 발생하게 됨으로써 실내 전체가 순간적으로 연소가 확대되는 현상이다.
④ 화재로 인하여 실내 상부쪽으로 고온의 기체가 축적되고 온도가 높아져 기체는 팽창하고 산소가 부족한 건물 내에 갑자기 산소가 새로 유입될 때 발생하는 현상이다.

037 플래시오버(Flash over)현상에 대한 설명으로 옳지 않은 것은? 🔥🔥🔥   [17년 소방간부]

① 플래시오버 현상은 점화원의 위치와 크기, 가연물의 양과 성질, 개구부의 크기, 실내 마감재 등에 영향을 받는다.
② 열전도율이 작은 내장재일수록 플래시오버 현상을 촉진시킬 수 있다.
③ 플래시오버 현상은 건축물 실내화재에서 볼 수 있는 현상이다.
④ 산소가 다량으로 유입되어 일어나는 현상으로 천장재보다 벽이 크게 영향을 받으며, 개구부의 크기가 작을수록 플래시오버 현상을 촉진시킨다.
⑤ 천장부근에 가연성 가스가 축적되어 어느 시기에 이르러 폭발적으로 연소하는 현상이다.

038 특수화재현상 중 플래시오버(Flash Over)와 롤오버(Roll Over)에 대한 설명으로 옳지 않은 것은? 🔥🔥🔥   [20년 소방간부]

① 롤오버는 화염이 선단부에서 주변 공간으로 확대된다.
② 플래시오버는 화염이 순간적으로 공간 전체로 확대된다.
③ 플래시오버는 공간 내 전체 가연물에서 동시에 발화하는 현상이다.
④ 롤오버 시 발생되는 복사열은 플래시오버 시 발생되는 복사열보다 강하다.
⑤ 롤오버는 실의 상부에 있는 가연성 가스가 발화온도 이상 도달했을 때 발화하는 현상이다.

039 구획실 화재에 관한 설명으로 옳은 것은? 🔥🔥🔥   [24년 공개]

① 플래시오버(flash over)는 최성기와 감쇠기 사이에서 발생하며 충격파를 수반한다.
② 굴뚝효과가 발생할 때는 개구부에 형성된 중성대 상부에서 공기가 유입되고, 중성대 하부에서 연기가 유출된다.
③ 연료지배형 화재는 환기지배형 화재보다 산소 공급이 원활하고 연소속도가 빠르다.
④ 화재플룸(fire plume)은 실내 공기의 압력 차이로 가연성가스가 천장을 따라 화재가 발생하지 않은 복도 쪽으로 굴러다니는 것처럼 뿜어져 나오는 현상이다.

040 다음 중 플래시오버를 지연시키기 위한 소방관의 전술 3가지로 옳지 않은 것은?

[13년 통합] [16년 통합]

① 공기차단 지연법
② 제거소화 지연법
③ 냉각 지연법
④ 배연 지연법

041 화재 시 구획실에서 발생하는 현상에 관한 설명으로 옳은 것은?

[23년 공개]

① 개구부의 크기는 플래시오버 발생과 관련이 없다.
② 구획실의 창문과 문손잡이의 온도로 백드래프트의 발생 가능성을 예측할 수 없다.
③ 준불연성이나 불연성의 내장재를 사용할 경우 플래시오버 발생까지의 소요시간이 길어진다.
④ 구획실 내의 산소가 부족하여 훈소 상태에서 공기가 갑자기 다량 공급될 때 가연성 가스가 순간적으로 폭발하듯 발화하는 현상은 플래시오버이다.

042 불완전 연소된 가연성가스와 열이 집적되고 적절하게 배연되지 않는 상태의 산소가 결핍된 실내에 소방관이 소화활동이나 구조 활동 중에 문을 갑자기 개방함으로써 신선한 공기가 유입되며 실내의 화염이 폭발과 함께 분출하는 현상은?

[12년 세종]

① Back draft
② Flash over
③ Smoldering
④ Fire ball

043 다음 중 백드래프트(Back draft)의 폭발이 일어나기 전 잠재적 징후로 옳지 않은 것은?

[12년 통합]

① 짙은 황회색으로 변하는 검은 연기
② 과도한 열의 축적
③ 개구부를 통하여 분출되는 화염
④ 연기로 얼룩진 창문

044 백드래프트(Back draft) 징후에 대한 설명으로 옳지 않은 것은?

[13년 경기]

① 연기가 건물 내에서 빠르게 소용돌이치거나 건물 내로 되돌아가거나 맴도는 연기가 관찰된다.
② 창문에 농연 검은색 액체의 응축물이 흘러내리거나 얼룩이 진 자국이 관찰된다.
③ 개방된 공간에서 훈소연소를 말한다.
④ 화염은 보이지 않으나 창문이나 문손잡이가 뜨겁다.

045 백드래프트(back draft)의 발생 징후로 옳지 않은 것은?

[24년 공개]

① 유리창 안쪽에 타르와 유사한 물질이 흘러내려 얼룩진 경우
② 창문을 통해 보았을 때 건물 내에서 연기가 소용돌이치는 경우
③ 화염은 보이지 않지만 창문과 문손잡이가 뜨거운 경우
④ 균열된 틈이나 작은 구멍을 통하여 건물 밖으로 연기가 밀려 나오는 경우

046 백드래프트(Back draft) 현상에 관한 일반적인 설명으로 옳은 것은?

[18년 소방간부]

① 화재성장기에 주로 발생하는 급격한 가연성가스 착화현상이며, 충격파는 발생되지 않는다.
② 공기부족으로 훈소상태에 있을 때 밀폐된 실내의 축적된 가연성가스가 신선한 공기의 유입으로 인하여 폭발적으로 연소하는 현상이다.
③ 가연성 증기가 연소점에 도달하여 불덩어리가 천장을 따라 굴러다니는 현상이다.
④ 연료지배연소에서 환기지배연소로 급격하게 전이되는 과정으로, 구획 전체로 연소가 확대된다.
⑤ 천장의 복사열로 주변 가연물이 자연발화에 도달하는 현상으로, 이 현상이 발생되기 전에 피난이 종료되어야 한다.

047 백드래프트(Back draft)에 대한 설명으로 옳은 것은? 🔥🔥🔥 [21년 공개]

① 불완전연소에 의해 발생된 일산화탄소가 가연물로 작용하여 폭발하는 현상이다.
② 화재진압 시 지붕 등 상부를 개방하는 것보다 출입문을 먼저 개방하는 것이 효과적인 전술이다.
③ 밀폐된 실내에서 발생되는 현상으로, 출입문을 한 번에 완전히 개방하여 연기를 일순간에 배출해야 폭발력을 억제할 수 있다.
④ 연료지배형화재가 진행되고 있는 공간에 산소가 일시적으로 다량 공급됨에 따라 가연성가스가 폭발적으로 연소하는 현상이다.

048 다음 중 플래시오버(Flash over)와 백드래프트(Back draft)에 관한 설명 중 가장 옳은 것은? 🔥🔥🔥 [12년 전북]

① 플래시오버는 일정비율 벽 면적에 대한 창 비율이 클수록 그 상황이 빠르다.
② 백드래프트는 실내 전 표면이 불로 덮이는 현상이다.
③ 플래시오버는 가연성가스가 순식간에 연소함으로써 화재가 폭풍을 동반하여 실외로 분출하는 현상이다.
④ 백드래프트가 발생하기 전에도 농연, 벽면파괴 현상 등이 발생한다.

049 플래시오버와 백드래프트에 대한 설명으로 옳은 것은? 🔥🔥🔥 [17년 공개]

① 플래시오버는 훈소현상 다음에 발생하고 백드래프트는 롤오버현상 다음에 발생한다.
② 플래시오버는 감퇴기에서 발생하지만 백드래프트는 성장기에서 발생한다.
③ 플래시오버는 충격파가 발생하지 않지만, 백드래프트의 결과는 충격파를 동반한다.
④ 플래시오버의 악화원인은 공기의 공급이지만, 백드래프트의 악화원인은 열의 공급이다.

050 백드래프트(back draft)와 플래시오버(flash over)에 대한 설명으로 옳은 것은?

[25년 소방간부]

① 플래시오버의 전조 현상으로 롤오버(roll over) 현상이 관찰될 수 있다.
② 백드래프트는 연료지배형 화재에서 발생한다.
③ 백드래프트가 플래시오버보다 발생 빈도가 높다.
④ 플래시오버는 폭발의 일종이지만 백드래프트는 폭발이 아니다.
⑤ 백드래프트의 발생원인은 열이며, 플래시오버는 공기가 원인으로 작용한다.

051 구획된 건물 화재현상으로 가장 옳지 않은 것은?

[11년 통합]

① 건물 화재현상으로 환기지배형과 연료지배형이 있다.
② 연료지배형 화재는 환기지배형 화재에 비해 폭발성 및 역화현상이 작다.
③ 환기지배형 화재는 연료지배형 화재보다 연소가스가 더 많이 생성된다.
④ 개구부 면적이 작으면 화재가 빠르고 개구부 면적이 크면 화재가 느리다.

052 구획된 건물 화재현상으로 환기인자에 대한 설명 중 옳은 것은?

[12년 전북]

① 개구부면적의 제곱근과 높이에 비례한다.
② 개구부의 면적이 반비례하고, 높이에 비례한다.
③ 면적과 높이의 제곱근에 모두 비례한다.
④ 개구부의 면적에 비례하고 개구부 높이의 제곱에 반비례한다.

053 구획실 화재에 관한 설명으로 옳지 않은 것은?

[23년 공개]

① 플래시오버 이후에는 연료지배형 화재보다 환기지배형 화재가 지배적이다.
② 환기가 잘되지 않으면 환기지배형 화재에서 연료지배형 화재로 바뀌며 연기 발생이 줄어든다.
③ 연료지배형 화재는 구획실 내 가연물의 연소에 필요한 산소가 충분히 공급되는 조건의 화재이다.
④ 성장기에는 천장 부분에서 축적된 뜨거운 가스층이 발화원으로부터 떨어져 있는 가연성 물질에 복사열을 공급하여 플래시오버를 초래할 수 있다.

054 다음 중 구획된 건물 화재현상으로 환기지배형 화재의 영향요소가 아닌 것은?

12년 전북

① 개방된 공간으로 가연물의 양이 영향을 미친다.
② 환기지배형 화재는 환기량에 비해 연료량이 충분하다.
③ 환기요소에 영향을 받아 실내의 공기부족으로 화염이 외부로 분출되기도 한다.
④ 연료지배형 화재에 비하여 산소의 공급이 원활하지 못한 상태이다.

055 다음 중 일반적인 내화건축물 화재발생 시 과정별 순서가 맞는 것은?

14년 통합

① 연료지배형 – 복사 – 대류 – 환기지배형
② 연료지배형 – 대류 – 복사 – 환기지배형
③ 환기지배형 – 복사 – 대류 – 연료지배형
④ 환기지배형 – 대류 – 복사 – 연료지배형

056 연료지배형화재와 환기지배형화재에 대한 설명으로 옳지 않은 것은?

19년 공개

① 환기지배형화재는 공기공급이 충분하지 않으므로 불완전연소가 심하다.
② 연료지배형화재는 공기공급이 충분한 조건에서 발생한 화재가 일반적이다.
③ 연료지배형화재는 주로 큰 창문이나 개방된 공간에서, 환기지배형화재는 내화구조 및 콘크리트의 지하층에서 발생하기 쉽다.
④ 일반적으로 플래시오버 전에는 환기지배형화재가, 이후에는 연료지배형화재가 지배적이다.

057 다음 건물화재에 관한 설명 중 옳지 않은 것은? 🔥🔥🔥 [17년 소방간부]

① 화재 초기 단계에서는 가연물이 열분해되어 가연성가스가 발생하는 시기이다.
② 화재 성장기 단계에서는 실내에 있는 내장재에 착화하여 롤오버 등이 발생하며 개구부에 진한 흑색연기가 강하게 분출된다.
③ 최성기 이후에 플래시오버 현상이 발생하며, 이후 실내에 있는 가연물 또는 내장재가 격렬하게 연소되는 단계로서 실내온도가 최고온도에 이르는 시기이다.
④ 목조건축물은 건축물 자체에 개구부가 많아 공기의 유통이 원활하여 격심한 연소현상을 나타내며, 내화건축물에 비해 고온단기형이다.
⑤ 내화건축물은 목조건축물에 비해 공기 유통조건이 일정하며 화재진행시간도 길고, 저온장기형이다.

058 다음 중 목재건축물 화재 진행 과정을 순서대로 나열한 것은? 🔥🔥 [15년 통합] [18년 소방간부]

① 무염착화 – 발염착화 – 화재원인 – 최성기 – 발화
② 화재원인 – 무염착화 – 발염착화 – 발화 – 최성기
③ 화재출화 – 무염착화 – 발화 – 화재원인 – 최성기
④ 화재원인 – 발염착화 – 무염착화 – 최성기 – 발화
⑤ 무염착화 – 발염착화 – 화재원인 – 발화 – 최성기

059 목조건축물 화재의 진행 과정에 관한 설명 중 〈보기〉의 내용에 해당하는 것은? 🔥🔥🔥 [24년 소방간부]

| 보기 |
연기의 색이 백색에서 흑색으로 변하며, 개구부가 파괴되어 공기가 공급되면서 급격한 연소가 이루어져 연기가 개구부로 분출하게 된다.

① 화재의 원인에서 무염착화
② 무염착화에서 발염착화
③ 발염착화에서 발화
④ 발화에서 최성기
⑤ 최성기에서 연소낙하

060 목조건축물과 내화건축물의 화재성상에 대한 설명 중 틀린 것은? 🔥🔥🔥 [14년 통합]

① 내화건축물이 목조건축물보다 장기간 연소한다.
② 내화건축물의 화재성상은 저온장기형이다.
③ 내화건축물이 목재건축물보다 화재 시 최고온도가 높다
④ 목조건축물 화재 시 최고온도는 약 1,100℃ 이상이다.

061 화재에 대한 옳은 설명을 모두 고른 것은? 🔥🔥 [20년 공개]

> ㉠ 낮은 산소분압에서 화재가 발생하였을 때 초기에 화염 없이 일어나는 연소를 훈소 연소라 한다.
> ㉡ 목조건축물 화재는 유류나 가스화재와는 달리 일반적으로 무염착화 없이 발염착화로 이어진다.
> ㉢ A급 화재는 일반화재로 면화류, 합성수지 등의 가연물에 의한 화재를 말한다.
> ㉣ 전소란 건물의 70% 이상이 소실된 화재를 말한다.

① ㉠, ㉡   ② ㉢, ㉣
③ ㉠, ㉡, ㉢   ④ ㉠, ㉢, ㉣

062 화재의 발생으로 건물 내 수용재산 및 건물 자체에 손상을 입히는 정도를 나타내는 용어로 최고온도 × 연소(지속)시간으로 화재심도라고도 하는 것은? 🔥🔥🔥 [17년 공개] [18년 공개]

① 화재강도   ② 탄화심도
③ 화재가혹도   ④ 화재하중

063 화재가혹도(fire severity)에 관한 설명으로 옳지 않은 것은? 🔥🔥🔥 [25년 소방간부]

① 화재가혹도는 발생한 화재가 당해 건물과 그 내부의 수용재산 등을 파괴하거나 손상을 입히는 정도를 말한다.
② 화재가혹도의 주요 요소에는 화재강도와 화재하중이 있다.
③ 화재강도가 크면 열축적이 크므로 주수율이 높아져야 한다.
④ 화재하중은 입체면적(m^3)당 중량(kg)이다.
⑤ 화재가혹도에 영향을 주는 환기요소는 온도와 비례 관계이고, 시간과 반비례 관계이다.

064 화재가혹도에 관한 설명으로 옳지 않은 것은? [20년 공개]

① 화재가혹도란 화재발생으로 당해 건물과 내부 수용재산 등을 파괴하거나 손상을 입히는 정도를 말한다.
② 최고온도는 화재가혹도의 질적 개념으로 화재강도와 관련이 있다.
③ 지속시간은 화재가혹도의 양적 개념으로 화재하중과 관련이 있다.
④ 화재가혹도에 영향을 미치는 환기요소는 개구부 면적의 제곱근에 비례하고 개구부 높이에 비례한다.

065 다음 중 화재에 대한 특성으로 맞는 것은? [13년 소방간부]

① 훈소화재 : 단위면적당 등가가연물량의 발열량 및 화재의 위험성
② 화재가혹도 : 건물에 재산 및 건물에 손상을 입히는 정도로 최고온도 × 지속시간이다.
③ 화재강도 : 화재의 발생으로 가연물의 양에 대한 최고온도와 연소시간
④ 화재심도 : 가연물이 불꽃 없이 약한 불기운이나 열기만으로 타 들어가는 연소현상
⑤ 화재하중 : 단위시간당 축적되는 열의 값

066 화재가혹도(Fire severity)에 대한 설명으로 옳지 않은 것은?
(A는 개구부의 면적, H는 개구부의 높이이다.) [22년 공개]

① 화재가혹도의 크기는 화재강도와 화재하중의 영향을 받는다.
② 화재실의 최고온도와 지속시간은 화재가혹도를 판단하는 중요한 인자이다.
③ 화재실의 환기요소($A\sqrt{H}$)는 화재가혹도에 영향을 준다.
④ 화재가혹도는 화재실이나 화재구획의 단열성에 영향을 받지 않는다.

067 바닥면적이 10[m^2]인 구획 내에 가연물이 고무 5[kg]만 존재할 때 화재하중[kg/m^2]은 얼마인가?
(단, 단위발열량은 목재 4,500kcal/kg, 고무는 9,000kcal/kg) [17년 공개]

① 1 ② 2
③ 3 ④ 4

068   바닥면적이 200[m²]인 구획된 창고에 의류 1,000[kg], 고무 2,000[kg]이 적재되어 있을 때 화재하중은 약 몇 [kg/m²]인가? (단, 의류, 고무, 목재의 단위 발열량은 각각 5,000[kcal/kg], 9,000[kcal/kg], 4,500[kcal/kg]이고, 창고 내 의류 및 고무 외의 기타 가연물은 존재하지 않으며, 화재 시 완전연소로 가정한다.) 20년 공개

① 15.56   ② 20.56
③ 25.56   ④ 30.56

069   그림은 구획실의 크기가 가로 10,000mm 세로 8,000mm 높이 3,000mm이며 가연물 A와 가연물 B가 놓여 있는 상태를 나타낸다. 다음과 같은 조건일 때 구획실의 화재하중(kg/m²)은? (단, 주어지지 않은 조건은 무시하고, 소수점 셋째 자리에서 반올림한다.) 23년 공개

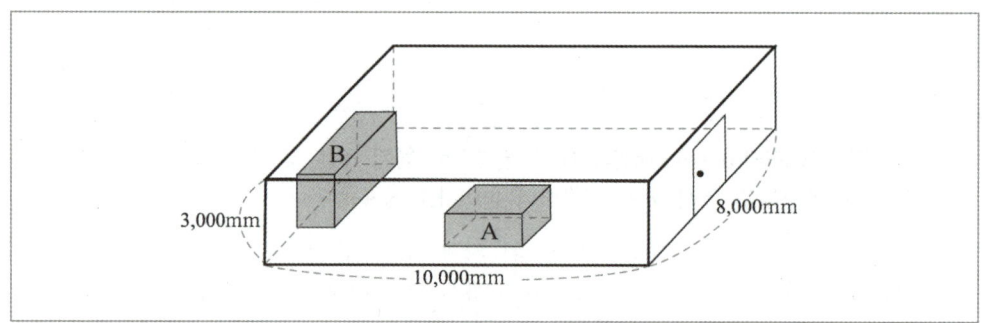

	단위발열량[kcal/kg]	질량[kg]
목재	4,500	–
가연물A	2,000	200
가연물B	9,000	100

① 1.20   ② 2.41
③ 3.61   ④ 7.22

070 건축물의 지하층에서 화재가 발생한 경우, 화재하중 산정 시 필요하지 않은 항목을 〈보기〉에서 있는 대로 모두 고른 것은? 🔥🔥🔥 [25년 공개]

보기
ㄱ. 각 가연물의 양 [kg]
ㄴ. 건축물의 연면적 [m²]
ㄷ. 목재의 화재하중 [4,500kg/m²]
ㄹ. 가연물의 단위 발열량 [kcal/kg]

① ㄱ, ㄴ   ② ㄱ, ㄹ
③ ㄴ, ㄷ   ④ ㄴ, ㄷ, ㄹ

071 화재용어에 대한 설명으로 옳지 않은 것은? 🔥🔥🔥 [20년 소방간부]

① 가연물의 비표면적이 클수록 화재강도는 증가한다.
② 화재실의 열방출률이 클수록 화재강도는 증가한다.
③ 화재강도와 화재하중이 클수록 화재가혹도는 높아진다.
④ 최고온도에서 연소시간이 지속될수록 화재가혹도는 높아진다.
⑤ 전체 가연물의 양(발열량)이 동일할 때 화재실의 바닥면적이 커지면 화재하중은 증가한다.

072 내화구조물의 화재가혹도 판단을 위한 주요 요소 중 화재지속시간을 산정하기 위한 인자로 옳지 않은 것은? (단, 환기지배형 화재로 가정한다.) 🔥🔥🔥 [25년 공개]

① 화재실의 바닥면적
② 화재실의 최고온도
③ 화재실의 개구부 높이
④ 화재실의 개구부 면적

CHAPTER 03 화재조사 관련 법령

▶ 정답 및 해설 p.428
▶ 기본서 p.126

073 「소방의 화재조사에 관한 법률」에서 뜻하는 화재의 정의이다. 빈칸에 들어갈 단어를 순서대로 나열한 것은? [12년 울산] [15년 경기]

> "화재"란 사람의 의도에 반하거나 고의 또는 과실에 의하여 발생하는 연소 현상으로서 (㉠)할 필요가 있는 현상 또는 사람의 의도에 반하여 발생하거나 확대된 (㉡) 폭발 현상을 말한다.

① ㉠ : 연소, ㉡ : 화학
② ㉠ : 소화, ㉡ : 물리
③ ㉠ : 소화, ㉡ : 화학
④ ㉠ : 연소, ㉡ : 물리

074 「소방의 화재조사에 관한 법률」상 화재원인, 피해상황, 대응활동 등을 파악하기 위하여 자료의 수집, 관계인등에 대한 질문, 현장 확인, 감식, 감정 및 실험 등을 하는 일련의 행위를 무엇이라 하는가? [13년 대전]

① 감식
② 감정
③ 수사
④ 화재조사

075 「화재조사 및 보고규정」에 따른 용어의 정의로 옳지 않은 것은? 〔13년 경기〕

① 감정 : 화재와 관계되는 물건의 형상, 구조, 재질, 성분, 성질 등 이와 관련된 모든 현상에 대하여 과학적 방법에 의한 필요한 실험을 행하고 그 결과를 근거로 화재원인을 밝히는 자료를 얻는 것을 말한다.
② 발화지점 : 열원과 가연물이 상호작용하여 화재가 시작된 지점을 말한다.
③ 발화열원 : 발화열원에 의하여 발화로 이어진 연소현상에 영향을 준 인적·물적·자연적인 요인을 말한다.
④ 감식 : 화재원인의 판정을 위하여 전문적인 지식, 기술 및 경험을 활용하여 주로 시각에 의한 종합적인 판단으로 구체적인 사실관계를 명확하게 규명하는 것을 말한다.

076 「화재조사 및 보고규정」에 따른 화재조사의 용어 설명으로 옳은 것은? 〔18년 공개〕

① "최초착화물"이란 연소가 확대되는데 있어 결정적인 영향을 미친 가연물을 말한다.
② "동력원"이란 발화에 관련된 불꽃 또는 열을 발생시킨 기기 또는 장치나 제품을 말한다.
③ "발화요인"이란 발화의 최초원인이 된 불꽃 또는 열을 말한다.
④ "잔가율"이란 화재 당시에 피해물의 재구입비에 대한 현재가의 비율을 말한다.

077 「화재조사 및 보고규정」에 따른 화재조사의 용어 설명 중 옳은 것은? 〔15년 소방간부〕

① "최초착화물"은 발화열원에 의해 불이 붙은 최초의 가연물을 말한다.
② "동력원"은 발화에 관련된 불꽃 또는 열을 발생시킨 기기 또는 장치나 제품을 말한다.
③ "최종잔가율"은 화재 당시에 피해물의 재구입비에 대한 현재가의 비율을 말한다.
④ "내용연수"는 화재 당시의 피해물과 같거나 비슷한 것을 재건축(설계 감리비를 포함한다) 또는 재취득하는데 필요한 금액을 말한다.
⑤ "감식"은 화재와 관계되는 물건의 형상, 구조, 재질, 성분, 성질 등 이와 관련된 모든 현상에 대하여 과학적 방법에 의한 필요한 실험을 행하고 그 결과를 근거로 화재원인을 밝히는 자료를 얻는 것을 말한다.

078 「화재조사 및 보고규정」에 따른 화재조사의 용어 설명 중 옳지 않은 것은?

[18년 소방간부]

① "잔가율"은 화재 당시에 피해물의 재구입비에 대한 현재가의 비율을 말한다.
② "반소"란 건물의 입체면적에 대한 비율이 30% 이상 70% 미만이 소실된 것을 말한다.
③ "재발화감시"란 화재를 진화한 후 화재가 재발되지 않도록 감시조를 편성하여 일정 시간 동안 감시하는 것을 말한다.
④ "감식"은 화재와 관계되는 물건의 형상, 구조, 재질, 성분, 성질 등 이와 관련된 모든 현상에 대하여 과학적 방법에 의한 필요한 실험을 행하고 그 결과를 근거로 화재원인을 밝히는 자료를 얻는 것을 말한다.
⑤ 화재조사는 화재조사관이 화재발생 사실을 인지하는 즉시 화재조사를 시작해야 한다.

079 「화재조사 및 보고규정」과 관련된 용어의 정의로 옳지 않은 것은?

[19년 소방간부]

① 감식 : 화재와 관계되는 물건의 형상, 구조, 재질, 성분, 성질 등 이와 관련된 모든 현상에 대하여 과학적 방법에 의한 필요한 실험을 행하고 그 결과를 근거로 화재원인을 밝히는 자료를 얻는 것을 말한다.
② 재구입비 : 화재 당시의 피해물과 같거나 비슷한 것을 재건축(설계 감리비를 포함한다) 또는 재취득하는데 필요한 금액을 말한다.
③ 내용연수 : 고정자산을 경제적으로 사용할 수 있는 연수를 말한다.
④ 손해율 : 피해물의 종류, 손상 상태 및 정도에 따라 피해금액을 적정화시키는 일정한 비율을 말한다.
⑤ 잔가율 : 화재 당시에 피해물의 재구입비에 대한 현재가의 비율을 말한다.

080 소방기관에서 실시하는 화재조사에 대한 일반적인 설명으로 옳지 않은 것은?

[22년 공개]

① 화재조사는 관계 공무원이 화재사실을 인지하는 즉시 실시한다.
② 화재조사는 강제성을 지니며, 프리즘식으로 진행한다.
③ 화재조사 시 건축·구조물 화재의 소실정도는 입체면적에 대한 비율을 적용하여 구분한다.
④ 화재조사 및 보고규정에 따라 화재의 유형을 구분하는 것에는 임야화재가 포함되지 않는다.

081 「화재조사 및 보고규정」상 조사업무처리의 기본사항 등에 관한 설명으로 옳지 않은 것은?

[20년 소방간부]

① 소방청장, 소방본부장 또는 소방서장은 조사 시 전문지식과 기술이 필요하다고 인정되는 경우 한국소방산업기술원 또는 화재감정기관 등에 감정을 의뢰할 수 있다.
② 발화지점이 한 곳인 화재현장이 둘 이상의 관할구역에 걸친 화재는 발화지점이 속한 소방서에서 1건의 화재로 산정한다.
③ 동일대상물의 발화점이 2개소 이상 있는 지진, 낙뢰 등 자연현상에 의한 다발화재는 1건의 화재로 한다.
④ 건축·구조물의 소실정도는 3종류로 구분하며, 그 중 전소는 건물의 70% 이상(입체면적에 대한 비율을 말한다.)이 소실되었거나 또는 그 미만이라도 잔존부분을 보수하여도 재사용이 불가능한 것을 말한다.
⑤ 발화일시의 결정은 관계인등의 화재발견 상황통보(인지)시간 및 화재발생 건물의 구조, 재질 상태와 화기취급 등의 상황을 종합적으로 검토하여 결정한다.

082 「화재조사 및 보고규정」상 조사업무처리의 기본사항 등에 관한 설명으로 옳지 않은 것은?

[18년 소방간부]

① 사상자는 화재현장에서 사망한 사람과 부상당한 사람을 말하며, 화재현장에서 부상을 당한 후 72시간 이내에 사망한 경우에는 당해 화재로 인한 사망으로 본다.
② 건축·구조물의 소실정도 중 전소는 건물의 70% 이상(입체면적에 대한 비율을 말한다.)이 소실되었거나 또는 그 미만이라도 잔존부분을 보수하여도 재사용이 불가능한 것을 말한다.
③ 화재조사 및 보고규정에 따라 화재의 유형을 구분하는 것은 건축·구조물화재, 자동차·철도차량화재, 위험물·가스제조소등 화재, 선박·항공기화재, 임야화재, 기타화재가 있다.
④ 1건의 화재란 1개의 발화지점에서 확대된 것으로 발화부터 진화까지를 말하며, 동일 소방대상물의 발화점이 2개소 이상 있는 경우라도 지진, 낙뢰 등 자연현상에 의한 다발화재는 1건의 화재로 한다.
⑤ 동일범이 아닌 각기 다른 사람에 의한 방화, 불장난은 동일 대상물에서 발생한 경우에는 1건의 화재로 한다.

083 「화재조사 및 보고규정」상 동일 소방대상물로서 1건의 화재로 취급하는 기준에 대한 설명으로 옳지 않은 것은? 🔥🔥🔥 [22년 공개]

① 1개의 발화지점에서 확대된 것
② 누전점이 다른 누전에 의한 화재로서 발화점이 2개소 이상인 것
③ 지진, 낙뢰 등 자연현상에 의해 발생한 다발 화재로서 발화점이 2개소 이상인 것
④ 동일범에 의한 방화 또는 불장난으로 발생한 화재

084 「화재조사 및 보고규정」상 화재건수 결정에 관한 설명으로 옳지 않은 것은? 🔥🔥🔥 [24년 소방간부]

① 1건의 화재란 1개의 발화지점에서 확대된 것으로 발화부터 진화까지를 말한다.
② 동일 소방대상물의 발화점이 2개소 이상 있는 지진, 낙뢰 등 자연현상에 의한 다발화재는 1건의 화재로 한다.
③ 동일 소방대상물의 발화점이 2개소 이상 있는 누전점이 동일한 누전에 의한 화재는 1건의 화재로 한다.
④ 동일범이 아닌 각기 다른 사람에 의한 방화, 불장난은 동일 대상물에서 발화했더라도 각각 별건의 화재로 한다.
⑤ 발화지점이 한 곳인 화재현장이 둘 이상의 관할구역에 걸친 화재에 대해서는 소방서마다 각각 별건의 화재로 한다.

085 「화재조사 및 보고규정」상 건축구조물 화재의 소실정도에 따른 화재의 구분으로 옳지 않은 것은? (단, 소실정도는 입체면적에 대한 비율을 말한다.) 🔥🔥🔥 [13년 통합]

① 70% 이상이 소실되었을 때는 전소라 한다.
② 30% 이상 70% 미만이 소실되었을 때는 반소라 한다.
③ 30% 미만의 소실 또는 그 미만이라도 잔존부분을 보수하여도 재사용이 불가능한 것은 부분소라 한다.
④ 전소 및 반소에 해당하지 않은 때는 부분소라 한다.

086 「화재조사 및 보고규정」상 전소란 건물의 70% 이상이 소실되었거나 또는 그 미만이라도 잔존부분을 보수하여도 재사용이 불가능한 것이다. 이 때, 70%는 어떤 면적의 비율을 의미하는가?

[11년 통합]

① 바닥면적
② 입체면적
③ 연면적
④ 화재층의 면적

087 「화재조사 및 보고규정」상 건물의 입체면적에 대한 비율로 70%가 소실되었다. 이때, 해당하는 소실 정도는?

[16년 통합]

① 전소
② 반소
③ 부분소
④ 즉소

088 「화재조사 및 보고규정」상 화재조사 시 건물의 동수 산정기준에 대한 설명 중 옳지 않은 것은?

[16년 소방간부]

① 구조에 관계없이 지붕 및 실이 하나로 연결되어 있는 것은 같은 동으로 본다.
② 건물의 외벽을 이용하여 실을 만들어 헛간, 목욕탕, 작업실, 사무실 및 기타 건물 용도로 사용하고 있는 것은 주건물과 다른 동으로 본다.
③ 목조 또는 내화조 건물의 경우 격벽으로 방화구획이 되어 있는 경우도 같은 동으로 한다.
④ 독립된 건물과 건물 사이에 차광막, 비막이 등의 덮개를 설치하고 그 밑을 통로 등으로 사용하는 경우는 다른 동으로 한다.
⑤ 주요구조부가 하나로 연결되어 있는 것은 1동으로 한다. 다만 건널 복도 등으로 2 이상의 동에 연결되어 있는 것은 그 부분을 절반으로 분리하여 각 동으로 본다.

089 「화재조사 및 보고규정」상 소실면적의 산정에 대한 설명이다. 괄호 안에 들어갈 내용으로 옳은 것은? 🔥🔥🔥 [20년 소방간부]

> 건물의 소실면적 산정은 소실 (㉠)으로 산정한다.

① 바닥면적 ② 입체면적
③ 연면적 ④ 벽면적
⑤ 화재층의 면적

090 「화재조사 및 보고규정」상 화재피해금액 산정에 관한 내용으로 옳은 것은? 🔥🔥🔥 [25년 소방간부]

① 화재피해금액은 화재 당시의 피해물과 동일한 구조, 용도, 질, 규모를 재건축 또는 재구입하는데 소요되는 가액에서 경과연수 등에 따른 감가공제를 하고 현재가액을 산정하는 실질적·구체적 방식에 따른다. 다만, 회계장부상 구매가격이 입증된 경우에는 그에 따른다.
② 정확한 피해물품을 확인하기 곤란한 경우에는 소방청장이 정하는 「화재피해금액 산정매뉴얼」의 간이평가방식으로 산정해야 한다.
③ 건물 등 자산에 대한 내용연수는 「화재피해금액 산정매뉴얼」에서 정한 바에 따른다.
④ 건물 등 자산에 대한 최종잔가율은 건물·부대설비·구축물·가재도구는 10%로 하며, 그 이외의 자산은 20%로 정한다.
⑤ 관계인은 화재피해금액 산정에 이의가 있는 경우 별지 서식에 따라 관할 소방관서장에게 재산피해신고를 할 수 있으며, 신고서를 접수한 관할 소방관서장은 화재피해금액을 재산정할 수 있다.

091 화재 피해조사 시 〈보기〉와 같은 조건의 '건물 피해산정' 추정액은? 🔥🔥🔥 [25년 공개]

| 보기 |

ㄱ. 용도 및 구조 : 아파트, 철근콘크리트 구조
ㄴ. 신축단가(m^2 당) : 1,000,000원
ㄷ. 경과연수 : 10년
ㄹ. 내용연수 : 40년
ㅁ. 소실면적 : $50m^2$
ㅂ. 손해율 : 50%
ㅅ. 잔가율 : 80%

① 16,000,000원
② 20,000,000원
③ 24,000,000원
④ 28,000,000원

092 소방의 화재조사 시 소방관서장이 화재합동조사단의 단원으로 임명 또는 위촉할 수 있는 사람에 해당하지 않는 것은? 🔥🔥 [25년 공개]

① 화재조사관
② 화재조사 업무에 관한 경력이 4년인 소방공무원
③ 국가기술자격의 직무분야 중 안전관리 분야에서 기능사 자격을 취득한 사람
④ 「고등교육법」 제2조에 따른 학교 또는 이에 준하는 교육기관에서 화재 조사, 소방 또는 안전관리 등 관련 분야에 조교수로 4년 재직한 사람

093 〈보기〉는 「화재조사 및 보고규정」상 대통령령으로 정하는 대형화재가 발생한 경우, 소방관서장의 화재합동조사단 구성과 운영에 관한 기준의 일부이다. ( ) 안에 들어갈 내용으로 옳은 것은? (단, 임야화재는 제외한다) 🔥🔥🔥   25년 소방간부

| 보기 |

- 소방서장: 사상자가 (가)명 이상 발생한 화재
- 소방본부장: 사상자가 (나)명 이상이거나 2개 시·군·구 이상에 발생한 화재
- 소방청장: 사상자가 (다)명 이상이거나 2개 시·도 이상에 걸쳐 발생한 화재

	가	나	다
①	5	10	20
②	5	10	30
③	10	20	30
④	10	20	50
⑤	20	30	100

094 「화재조사 및 보고규정」상 소방관서장이 화재합동조사단을 구성하여 운영할 수 있는 것으로 옳은 것은? 🔥🔥🔥   17년 소방간부   19년 공개

ㄱ. 사망자가 5명 발생한 화재
ㄴ. 이재민이 100인 발생한 화재
ㄷ. 재산피해액이 50억원 발생한 화재
ㄹ. 사상자가 10인 발생한 화재
ㅁ. 학교의 화재

① ㄱ, ㄴ
② ㄱ, ㄴ, ㄷ
③ ㄱ, ㄷ, ㄹ
④ ㄱ, ㄴ, ㄷ, ㄹ
⑤ ㄱ, ㄴ, ㄷ, ㄹ, ㅁ

095 「화재조사 및 보고규정」상 화재조사에 관한 설명으로 옳지 않은 것은? 〔19년 공개〕
① 재산피해액이 100억원 이상 발생한 임야화재는 소방서장이 화재합동조사단을 구성하여 운영하는 것을 원칙으로 한다.
② 경상이란 중상 이외의 부상(입원치료를 필요로 하지 않는 것도 포함한다)을 말한다. 다만, 병원 치료를 필요로 하지 않고 단순하게 연기를 흡입한 사람은 제외한다.
③ 화재조사관은 화재발생 사실을 인지하는 즉시 화재조사를 시작해야 한다.
④ 화재현장에서 부상을 당한 후 72시간 이내에 사망한 경우에는 당해 화재로 인한 사망으로 본다.

096 「화재조사 및 보고규정」에 관한 내용으로 옳지 않은 것은? 〔23년 공개〕
① 건물의 소실면적 산정은 소실 입체면적으로 산정한다.
② 건물의 소실정도에서의 반소는 건물의 30% 이상 70% 미만이 소실된 것을 말한다.
③ 건물 등 자산에 대한 최종잔가율은 건물·부대설비·구축물·가재도구는 20%로 하며, 그 이외의 자산은 10%로 정한다.
④ 발화일시의 결정은 관계인의 화재발견 상황통보(인지) 시간 및 화재발생 건물의 구조 재질 상태와 화기취급 등의 상황을 종합적으로 검토하여 결정한다. 다만 자체진화 등 사후인지 화재로 그 결정이 곤란한 경우에는 발화시간을 추정할 수 있다.

MEMO

99도까지 온도를 올려놓아도 마지막 1도를 넘기지 못하면
영원히 물은 끓지 않는다.
물을 끓이는 건 마지막 1도.
포기하고 싶은 바로 그 1분을 참아내는 것이다. -피겨스케이팅 김연아-

MEMO

모든 기회에는 어려움이 있으며
모든 어려움에는 기회가 있다. -작자미상-

SONICE
단원별
기출문제집
소방학개론

PART 03

소화이론

CHAPTER 01 소방방법
CHAPTER 02 수계 소화약제
CHAPTER 03 비수계 소화약제

CHAPTER 01 소화방법

▶ 정답 및 해설 p.439
▶ 기본서 p.155

001 화재의 소화방법으로 옳지 않은 것은? [11년 제주]

① 냉각소화 ② 질식소화
③ 촉매소화 ④ 연쇄반응차단

002 다음 중 촛불을 입으로 불었더니 소화되었다. 어떤 소화방법에 해당하는가? [12년 세종]

① 억제소화 ② 질식소화
③ 냉각소화 ④ 제거소화

003 다음 설명에 해당하는 소화방법으로 옳은 것은? [13년 소방간부] [17년 공개] [18년 공개]

> 일반적으로 공기 중의 산소농도 21%를 15% 이하로 희석하거나 저하시키면 연소 중인 가연물은 산소의 양이 부족하여 연소가 중단된다.

① 냉각소화 ② 질식소화
③ 제거소화 ④ 유화소화

004 포(Foam)을 방사하여 화원의 표면을 덮음으로써 유류표면에 물로 형성된 층은 물과 기름의 얇은 막을 만들며 곧 공기차단 효과를 나타내기도 하며, 일반적으로 연소의 확대 우려가 큰 가연성 액체의 화재 등에 사용하는 것으로서 연소의 4요소 중 산소를 공급하는 물질을 차단하여 소화하는 방법은? [13년 통합]

① 냉각소화 ② 부촉매소화
③ 질식소화 ④ 제거소화

005 가스화재 시 밸브를 차단시켜 가스공급을 중단시키는 소화방법의 소화원리로 옳은 것은?

[17년 소방간부]

① 냉각소화
② 질식소화
③ 제거소화
④ 억제소화
⑤ 희석소화

006 다음에서 설명하는 소화방법으로 옳은 것은?

[19년 소방간부]

> 비중이 물보다 큰 중유 등 비수용성 유류화재 시 무상 주수하거나 포소화약제를 방사하여 유류 표면에 엷은 층이 형성되어 공기 중의 산소공급을 차단시켜 소화하는 방법을 말한다.

① 제거소화법
② 유화소화법
③ 억제소화법
④ 방진소화법
⑤ 피복소화법

007 알코올 화재 시 다량의 물로 소화하는 방법은?

[13년 경기]

① 냉각소화
② 유화소화
③ 희석소화
④ 질식소화

008 중질유화재 시 무상주수를 함으로써 기대할 수 있는 소화효과로 올바르게 묶인 것은?

[22년 공개]

① 질식소화, 부촉매소화
② 질식소화, 유화소화
③ 유화소화, 타격소화
④ 피복소화, 타격소화

009 소화약제로 팽창질석 또는 팽창진주암을 사용하였을 때, 적응성이 가장 좋은 화재로 옳은 것은?

[11년 통합] [18년 하반기]

① 일반화재
② 전기화재
③ 금속화재
④ 가스화재

010 제거소화방법으로 옳은 것은?

[20년 소방간부]

㉠ 전기화재 시 전원 차단
㉡ 가스화재 시 가스공급 차단
㉢ 일반화재 시 옥내소화전 사용
㉣ 유류화재 시 포소화약제 사용
㉤ 산불화재 시 방화선(도로) 구축

① ㉠, ㉡, ㉣
② ㉠, ㉡, ㉤
③ ㉡, ㉢, ㉣
④ ㉡, ㉣, ㉤
⑤ ㉢, ㉣, ㉤

011 소화원리 중 제거소화의 사례에 해당하지 않는 것은?

[24년 소방간부]

① 촛불을 입으로 불어 소화하는 방법
② 식용유 화재 시 주변의 야채를 집어 넣어 소화하는 방법
③ 전기화재 시 신속하게 전원을 차단하여 소화하는 방법
④ 산림화재 시 화재 진행 방향의 나무를 벌목하여 소화하는 방법
⑤ 가스화재 시 밸브를 차단시켜 가스공급을 중단하여 소화하는 방법

012 다음 중 가연물을 냉각하는 냉각소화에 대한 설명으로 가장 틀린 것은?

[11년 부산]

① 봉상주수는 냉각소화 효과가 있는 주수방식이다.
② 열을 흡수하는 가연성 연소생성물의 생성을 억제한다.
③ 냉각소화는 화학적 소화이다.
④ 인화점 이하의 에너지 상태로 가연물을 유지하기 위함이다.

013 다음 중 질식소화에 대한 설명으로 가장 옳은 것은? [17년 공개]
① 연소가 진행되고 있는 계의 열을 빼앗아 온도를 떨어뜨림으로써 불을 끄는 방법이다.
② 가연물을 제거하여 연소현상을 제어하는 방법이다.
③ 화염이 발생하는 연소반응을 주도하는 라디칼을 제거하여 중단시키는 방법이다.
④ 연소의 물질조건 중 하나인 산소의 공급을 차단하여 소화의 목적을 달성하는 방법이다.

014 다음 소화방법에 대한 설명 중 옳지 않은 것은? [16년 소방간부]
① 질식소화는 연소하기 위해서 반드시 필요한 산소공급원의 공급을 차단하여 연소를 중단시키는 방법으로 물질마다 차이는 있지만 액체의 경우는 산소 농도가 15% 이하일 때 불이 꺼진다.
② 냉각소화로 많이 이용되는 물은 비열, 증발잠열의 값이 다른 물질에 비해 커서 가연성 물질을 발화점 혹은 인화점 이하로 냉각하는 효과가 있다.
③ 제거소화는 연소반응이 일어나고 있는 연소물이나 화원을 제거하여 연소반응을 중지시켜 소화하는 방법을 말한다.
④ 억제소화(부촉매소화)는 연소의 4요소 중 연쇄반응의 속도를 빠르게 하는 부촉매를 억제시키는 것으로 화학적 소화방법이다.
⑤ 유화효과는 물보다 비중이 큰 중유 등 비수용성의 유류화재 시 포소화약제를 방사하거나 무상주수로 유류표면을 두드려서 증기발생을 억제함으로써 연소성을 상실시키는 소화효과이다.

015 다음 중 부촉매소화효과를 가장 기대하기 힘든 물질은 무엇인가? [17년 공개]
① 강화액 소화약제
② 할론소화약제
③ 수성막포
④ 제3종 분말소화약제

016 가연물의 화학적 연쇄반응 속도를 줄여 소화하는 방법으로 옳은 것은? [20년 공개]
① 다량의 물을 주수하여 소화한다.
② 할론소화약제를 사용하여 소화한다.
③ 연소물이나 화원을 제거하여 소화한다.
④ 에멀션(emulsion) 효과를 이용하여 소화한다.

017 소화방법에 대해 옳은 설명만을 모두 고른 것은? 〔21년 공개〕

㉠ 질식소화는 일반적으로 공기 중 산소 농도를 낮추어 소화하는 방법을 말한다.
㉡ 냉각소화가 가능한 약제로서 물, 강화액, CO_2, 할론 등이 있다.
㉢ 피복소화는 비중이 물보다 큰 비수용성 유류화재 시 무상 주수하여 소화하는 방법을 말한다.
㉣ 부촉매소화는 가스화재 시 가스공급을 차단하여 소화하는 방법을 말한다.

① ㉠, ㉡
② ㉠, ㉡, ㉢
③ ㉡, ㉢, ㉣
④ ㉠, ㉡, ㉢, ㉣

018 다음은 강화액 소화약제에 대한 설명이다. 빈칸에 들어갈 단어로 옳은 것은? 〔18년 공개〕

탄산칼륨을 함유한 강화액은 (　)(으)로 인해 부촉매 소화효과를 가진다.

① K^+
② CO_3^{2-}
③ H^+
④ OH^-

019 소화방법에 관한 설명으로 옳은 것만을 〈보기〉에서 있는 대로 고른 것은? 〔23년 공개〕

| 보기 |
ㄱ. 산림화재 시 화재 진행방향의 나무를 벌목하는 것은 제거소화의 방법 중 하나이다.
ㄴ. 물은 비열, 증발잠열의 값이 작아서 주로 냉각소화에 사용된다.
ㄷ. 부촉매 소화는 화학적 소화에 해당한다.
ㄹ. 유류화재는 포 소화약제를 방사하여 유류 표면에 얇은 층을 형성함으로써 공기 공급을 차단해 소화한다.
ㅁ. 물에 침투제를 첨가하는 이유는 표면장력을 증가시켜 소화능력을 향상하기 위함이다.

① ㄱ, ㄷ, ㄹ
② ㄴ, ㄹ, ㅁ
③ ㄱ, ㄴ, ㄷ, ㄹ
④ ㄱ, ㄷ, ㄹ, ㅁ

CHAPTER 02 수계 소화약제

▶ 정답 및 해설 p.445
▶ 기본서 p.160

020 소화약제로서 갖추어야 할 조건으로 옳지 않은 것은? 　　[17년 소방간부]
① 연소의 요소 중 한 가지 이상을 제거 또는 차단할 수 있을 것
② 가격이 고가일 것
③ 인체에 독성이 없을 것
④ 환경에 대한 오염이 적을 것
⑤ 저장에 있어 변질이 발생하지 않고 안정성이 있을 것

021 물을 분무주수 할 때 얻을 수 있는 가장 큰 소화효과는? 　　[다수 출제]
① 질식소화　　　　　　② 냉각소화
③ 제거소화　　　　　　④ 부촉매소화

022 다음 중 분무방수에 대하여 옳지 않은 것은? 　　[11년 서울]
① 분무방수는 유류화재에 적용이 가능하다.
② 물분무는 입자가 적당할수록 질식소화에 용이하다.
③ 분무방수는 화점에 대한 명중률이 좋다.
④ 분무방수는 단거리 공격에 해당되며, 실외 등 개방된 공간에는 효과가 없다.

023 물의 소화효과에 대한 설명으로 옳지 않은 것은? 　　[11년 부산]
① 수용성 액체는 희석하여 소화하는 희석작용을 나타낼 수 있다.
② 무상주수는 열의 차폐에도 유효하여 가스화재 및 폭발제어 설비로도 사용된다.
③ 냉각소화와 질식소화에 큰 효과를 낼 수 있는 것은 봉상주수이다.
④ 기름표면 등에 방사되어 유화층을 형성하여 유면을 덮는 유화작용을 갖는다.

024 물이 소화약제로 사용되는 장점으로 옳은 것은? [12년 세종] [15년 통합]

① 증발잠열이 커 냉각효과가 크다.
② 압력을 가하면 압축이 가능하다.
③ 피연소물에 대한 수손피해가 작다.
④ 동절기에 동결될 우려가 없다.

025 물 소화약제의 물리적·화학적 특성으로 옳은 것만을 〈보기〉에서 있는 대로 고른 것은? [25년 소방간부]

| 보기 |

ㄱ. 물은 수소 원자 2개와 산소 원자 1개가 극성공유결합을 하고 있다.
ㄴ. 물의 비중은 1기압, 0℃에서 가장 크다.
ㄷ. 물의 표면장력은 온도가 상승하면 작아진다.
ㄹ. 물의 비열은 대기압 상태에서 0.5cal/g·℃이다.

① ㄱ, ㄴ   ② ㄱ, ㄷ
③ ㄷ, ㄹ   ④ ㄱ, ㄴ, ㄷ
⑤ ㄴ, ㄷ, ㄹ

026 다음 중 물로서 소화가 가능한 것은? [11년 서울]

① 과산화나트륨   ② 알킬알루미늄
③ 휘발유   ④ 나이트로셀룰로오스

027 물소화약제에 대한 설명으로 옳지 않은 것은? 〔17년 소방간부〕

① 물이 소화약제로서 많이 사용되고 있는 것은 구입하기 손쉽고 가격이 비교적 저렴하기 때문이다.
② 물의 입자크기가 크게 되면 표면적이 증가해서 열을 흡수하여 기화가 용이하게 되므로 입경이 클수록 냉각효과가 크다.
③ 소화효과를 높이기 위해서는 증발률을 증가시켜야 하는데 이 경우는 물의 입자를 분무상으로 하는 것이 효과적이다.
④ 물은 A급 화재(일반화재)에서는 우수한 소화능력이 발휘되나, B급 화재(유류화재)에서는 오히려 화재가 확대될 수 있고, C급 화재(전기화재)에서는 소화가 가능 하지만 감전사고의 위험성이 있으므로 주의하여야 한다.
⑤ 물소화약제를 무상주수 하게 되면 냉각효과 뿐만 아니라 수증기의 급격한 팽창에 의한 산소농도를 감소시켜 질식효과를 기대할 수 있다.

028 물소화약제에 대한 일반적인 설명으로 옳지 않은 것은? 〔18년 소방간부〕

① 물소화약제는 자연으로부터 쉽게 얻을 수 있으며, 저장 및 취급이 용이하고 간단한 조작 및 방법에 의하여 사용이 가능하여 빠른 시간 내에 화재를 소화할 수 있는 장점이 있다.
② 물소화약제는 자기 자신이 가지고 있는 비열 및 기화열의 값이 다른 소화약제에 비하여 높고, 장기간 저장해도 소화약제로서의 기능이 상실되지 않는다.
③ 물소화약제는 제4류 위험물 중 중질유인 중유 화재 시 봉상주수에 의해서 유화층을 형성하여 질식·냉각 및 유화소화작용을 일으켜 신속하게 소화하는 기능을 갖는다.
④ 물소화약제는 화재에 대하여 냉각·질식·유화·희석소화 작용과 고압으로 주수 시 화재의 화세를 제압하거나 이웃한 소방대상물로서 연소방지기능 등 여러 가지의 소화작용을 가지고 있다.
⑤ 물소화약제는 수용성 가연물의 화재 시 소화약제로 이용할 경우 알코올포소화약제와 함께 우수한 소화작용과 소화능력을 발휘한다.

029 물소화약제에 대한 설명으로 옳은 것은? 〔21년 공개〕

① 질식소화 작용은 기대하기 어렵다.
② 분무상으로 방사 시 B급화재 및 C급화재에도 적응성이 있다.
③ 물은 비열과 기화열 값이 작아 냉각소화 효과가 우수하다.
④ 수용성 가연물질인 알코올, 에테르, 에스테르 등으로 인한 화재에는 적응성이 없다.

030 물 소화약제에 관한 설명으로 옳지 않은 것은? 🔥🔥🔥 [24년 소방간부]

① 물은 분자 내에서는 수소결합을, 분자 간에는 극성공유결합을 하여 소화약제로써의 효과가 뛰어나다.
② 물의 증발잠열은 100℃, 1기압에서 539kcal/kg이므로 냉각소화에 효과적이다.
③ 물의 주수형태 중 무상은 전기화재에도 적응성이 있다.
④ 물 소화약제를 알코올 등과 같은 수용성 액체 위험물 화재에 사용하면 희석작용을 하여 소화효과가 있다.
⑤ 중질유화재에 물을 무상으로 주수 시 급속한 증발에 의한 질식효과와 함께 에멀션(emulsion) 형성에 의한 유화효과가 있다.

031 물소화약제 첨가제 중 주요 기능이 물의 표면장력을 작게 하여 심부화재에 대한 적응성을 높여 주는 것은? 🔥🔥🔥 [20년 공개]

① 부동제
② 증점제
③ 침투제
④ 유화제

032 〈보기〉에서 설명하는 물소화약제의 첨가제로 옳지 않은 것은? 🔥🔥🔥 [25년 공개]

| 보기 |
물의 어는점(1기압, 0℃) 이하에서 동파 및 응고현상을 방지하기 위하여 첨가하는 물질

① 염화칼슘(Calcium Chloride)
② 글리세린(Glycerin)
③ 프로필렌글리콜(Propylene Glycol)
④ 폴리에틸렌옥사이드(Polyethylene Oxide)

033 다음에서 설명하는 물의 첨가제로 가장 옳은 것은? 🔥🔥🔥 [12년 전북]

> 화재에 방사되는 물소화약제가 가연물에 대한 접착성질을 강화시키기 위하여 첨가하는 물질로써 물의 사용량을 줄일 수 있고 높은 장소에서 사용 시 물이 분산되지 않으므로 목표물에 정확히 도달할 수 있어 소화효과를 높일 수 있는 장점이 있어 산림화재 진압용으로 많이 사용된다.

① Wetting Agent
② Viscosity Water Agent
③ Loaded stream
④ Antifreeze Agent

034 다음은 수성막포에 관한 설명이다. (   ) 안에 들어갈 내용으로 옳은 것은? 🔥🔥🔥 [22년 소방간부]

> 수성막포는 (㉠)이 강하여 표면하 주입방식에 효과적이며, 내약품성으로 (㉡) 소화약제와 Twin Agent System이 가능하다. 반면에 내열성이 약해 탱크 내벽을 따라 잔불이 남게 되는 (㉢)현상이 일어날 우려가 있으며, 대형화재 또는 고온 화재 시 수성막 생성이 곤란한 단점이 있다.

	㉠	㉡	㉢
①	점착성	강화액	윤화
②	점착성	분말	선화
③	내유성	분말	선화
④	내유성	강화액	선화
⑤	내유성	분말	윤화

035 포소화약제 중 분말과 병용하면 소화효과가 7~8배 증가되는 약제로 옳은 것은?

[17년 공개]

① 화학포
② 수성막포
③ 알코올형포
④ 합성계면활성제포

036 수성막포 소화약제에 관한 내용으로 옳은 것만을 〈보기〉에서 있는 대로 고른 것은?

[23년 소방간부]

| 보기 |
ㄱ. 불소계 계면활성제를 주성분으로 한 것으로 안정성이 좋아 장기보존이 가능하다.
ㄴ. 알코올류, 케톤류, 에스테르류 등과 같은 수용성 위험물 화재에 소화적응성이 아주 우수하다.
ㄷ. 내유성이 있어 탱크 하부에서 발포하는 표면하 주입방식이 가능하며 분말소화약제와 함께 사용 시 소화능력이 강화된다.
ㄹ. 유류의 표면에 거품과 수성막을 형성함으로써 질식과 냉각 소화 작용이 우수하며 '라이트워터(Light Water)'라고도 불린다.

① ㄱ
② ㄴ, ㄷ
③ ㄱ, ㄴ, ㄹ
④ ㄱ, ㄷ, ㄹ
⑤ ㄴ, ㄷ, ㄹ

037 고발포인 제2종 기계포의 팽창비에 해당하는 것은?

[11년 서울] [20년 공개]

① 10배 이상 20배 이하
② 100배 이상 200배 이하
③ 300배 이상 400배 이하
④ 500배 이상 600배 이하

038 포(foam)에 대한 일반적인 설명으로 옳은 것은?　　　22년 공개

① 불화단백포 및 수성막포는 표면하 주입방식에 사용할 수 있다.
② 불소를 함유하고 있는 합성계면활성제포는 친수성이므로 유동성과 내유성이 좋다.
③ 단백포는 유동성은 좋으나, 내화성은 나쁘다.
④ 알콜형포 사용 시 비누화현상이 일어나면 소화능력이 떨어진다.

039 포 소화약제에 관한 설명으로 옳지 않은 것은?　　　24년 공개

① 불화단백포 소화약제는 불소계 계면활성제를 첨가하여 단백포 소화약제의 단점인 유동성을 보완하였다.
② 알콜형포 소화약제는 케톤류, 알데히드류, 아민류 등 수용성 용제의 소화에 사용할 수 있다.
③ 단백포 소화약제는 단백질을 가수분해 한 것을 주원료로 하며 내유성이 뛰어나 소화속도가 빠르다.
④ 합성계면활성제포 소화약제는 유동성과 저장성이 우수하며 저팽창포부터 고팽창포까지 사용할 수 있다.

040 기계포 소화약제 중 단백포 소화약제에 관한 설명으로 옳은 것만을 〈보기〉에서 있는 대로 고른 것은?　　　24년 소방간부

| 보기 |

ㄱ. 유동성이 좋다.
ㄴ. 내열성이 나쁘다.
ㄷ. 유류를 오염시킨다.
ㄹ. 유면 봉쇄성이 좋다.

① ㄱ, ㄷ
② ㄷ, ㄹ
③ ㄱ, ㄴ, ㄹ
④ ㄴ, ㄷ, ㄹ
⑤ ㄱ, ㄴ, ㄷ, ㄹ

041 다음 중 나머지 셋과 거리가 먼 것은?

① Aqueous Film Forming Foam
② Fluoro Chemical Foam
③ Loaded Stream
④ Light Water

12년 세종

042 가연성 물질의 화재 시 소화방법으로 옳은 것은?

① 탄화칼슘은 물을 분무하여 소화한다.
② 아세톤은 알콜형포 소화약제로 소화한다.
③ 나트륨은 할론 소화약제로 소화한다.
④ 마그네슘은 이산화탄소 소화약제로 소화한다.

22년 공개

043 다음 그림의 주입 방식에 가장 적합한 포 소화약제로만 짝지어진 것은?

23년 공개

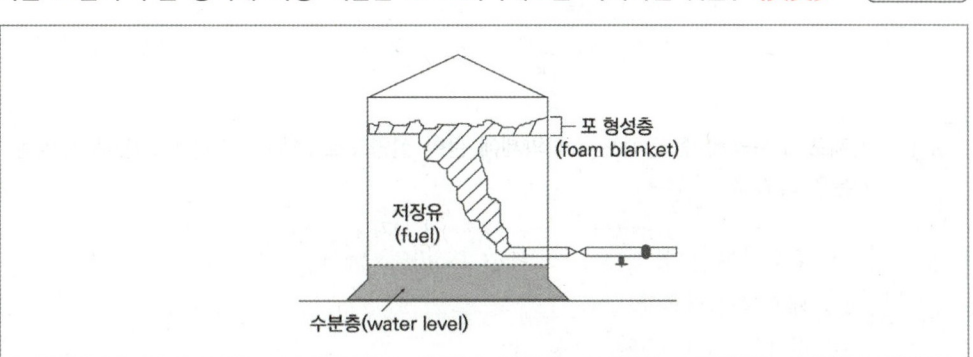

① 단백포, 불화단백포
② 수성막포, 불화단백포
③ 합성계면활성제포, 수성막포
④ 단백포, 수성막포

044 플로팅루프탱크(floating roof tank)의 측면과 굽도리판에 의하여 형성된 환상부분에 포를 방출하여 소화작용을 하도록 된 포소화설비의 고정포 방출구는? 23년 소방간부

① 특형 방출구
② Ⅰ형 방출구
③ Ⅱ형 방출구
④ Ⅲ형(표면하 주입 방출구)
⑤ Ⅳ형(반표면하 주입 방출구)

CHAPTER 03 비수계 소화약제

▶ 정답 및 해설 p.453
▶ 기본서 p.169

045 다음 중 가스계 소화약제의 종류로 옳지 않은 것은? [15년 경기]

① 분말 소화약제
② 이산화탄소 소화약제
③ 할론 소화약제
④ 공기포 소화약제

046 다음 특성에 해당하는 소화약제는? [19년 공개]

- 소화 후 소화약제에 의한 오손이 없고, 비전도성이다.
- 장기보존이 용이하고, 추운 지방에서도 사용가능하다.
- 자체 압력으로 방출이 가능하고, 불연성 기체로서 주된 소화효과는 질식효과이다.

① 이산화탄소 소화약제
② 산알칼리 소화약제
③ 포소화약제
④ 할로겐화합물 소화약제

047 이산화탄소 소화약제에 관한 설명으로 가장 거리가 먼 것은? [12년 울산]

① 유류화재 및 전기화재에 주로 사용되며 일반화재에는 사용이 불가능하다.
② 이산화탄소는 최종산화물로서 더 이상 연소반응을 일으키지 않기 때문에 소화약제로 쓰인다.
③ 표면화재에 우수한 효과를 나타내며 심부화재에도 효과가 크다.
④ 소화 후 소화약제에 의한 손실은 없으나 방출 시 인명피해가 우려되는 밀폐된 지역에는 사용을 제한하고 있다.

048 다음 중 이산화탄소 소화약제에 대한 설명으로 틀린 것은? 　　　　　12년 경기
① 공기보다 2.52배 정도 무거운 기체이다.
② 상온에서는 기체이지만 압력을 가하면 액화되기 때문에 고압가스 용기 속에 액화시켜 보관한다.
③ 전기적으로 비전도성으로 전기화재에 적응성이 있다.
④ 주로 B급 및 C급 화재에 사용되고, 밀폐될 경우 A급 화재에도 적응성을 갖는다.

049 이산화탄소 소화약제의 특징으로 옳은 것은? 　　　　　24년 공개
① 무색, 무취로 전도성이며 독성이 있다.
② 질식소화 효과와 기화열 흡수에 의한 냉각효과가 있다.
③ 제3류 위험물, 제5류 위험물의 소화에 사용한다.
④ 자체 증기압이 매우 낮아 별도의 가압원이 필요하다.

050 전기실에 사용하는 이산화탄소 소화약제의 주된 소화방법으로 옳은 것은? 　　　　　12년 통합
① 희석소화　　　　　② 질식소화
③ 부촉매소화　　　　④ 냉각소화

051 전기화재에 적응성이 있는 소화약제 해당하지 않는 것은? 　　　　　21년 소방간부
① 이산화탄소 소화약제
② 인산염류 소화약제
③ 중탄산염류 소화약제
④ 고체에어로졸화합물
⑤ 팽창질석·팽창진주암

PART 3. 소화이론　119

052 공기 중 산소농도가 20%일 때, 이산화탄소를 방사해서 산소농도 10%가 되었다면 이때 이산화탄소 농도는?

① 50 ② 25
③ 20 ④ 15

053 연소하한계(LFL)가 2.1[vol%]인 프로페인(C_3H_8)가스 화재 시 소화할 때 필요한 이산화탄소 소화약제의 농도는 최소 몇 [vol%]를 초과해야 하는가? (단, 공기 중 산소농도는 21[vol%]로 한다)

① 25 ② 34
③ 50 ④ 67
⑤ 75

054 다음 중 오존층 파괴지수(ODP)가 큰 순서대로 된 것은?

| ㉮ IG-541 | ㉯ 할론1211 |
| ㉰ 할론2402 | ㉱ 할론1301 |

① ㉱ - ㉰ - ㉯ - ㉮ ② ㉱ - ㉰ - ㉮ - ㉯
③ ㉱ - ㉯ - ㉮ - ㉰ ④ ㉱ - ㉮ - ㉯ - ㉰

055 다음 중 오존파괴지수(ODP)의 기준물질로 가장 옳은 것은?

① CFC - 12
② CFC - 11
③ CFC - 111
④ CFC - 1301
⑤ CFC - 1211

056 다음 중 주거에서 사람이 상주하는 공간에 독성이 없는 정도를 나타내는 용어는? [15년 소방간부]

① ODP
② GWP
③ ALT
④ NOAEL
⑤ MIE

057 다음 할론 소화약제 중 할론 1301에 함유되어 있지 않은 성분으로 옳은 것은? [14년 전북]

① 탄소
② 불소
③ 염소
④ 브롬

058 표준 상태에서 Halon 1301 소화약제가 공기 중으로 방사되어 균일하게 혼합되어 있을 때 Halon 1301의 기체 비중은 얼마인가? (단, 공기의 분자량은 29, F의 원자량은 19, Br의 원자량은 80이다. 소수점 셋째자리에서 반올림할 것) [17년 공개]

① 2.76
② 4.92
③ 5.14
④ 9.34

059 할론(Halon) 소화약제에 관한 설명으로 옳은 것은? [24년 공개]

① 지방족 탄화수소, 메테인, 에테인 등의 수소 원자 일부 또는 전부가 할로젠 원소(F, Cl, Br, I)로 치환된 화합물이며 메테인, 에테인과 물리·화학적 성질이 비슷하다.
② Halon 1301과 Halon 1211은 모두 상온, 상압에서 기체로 존재하며 유류화재, 전기화재, 금속의 수소화합물, 유기과산화물에 적응성이 있다.
③ Halon 2402는 상온, 상압에서 액체로 존재하며 자체적인 독성은 없지만 열분해 시 독성가스를 발생시킨다.
④ Halon 1211은 자체 증기압이 낮아 저장용기에 저장할 때 소화약제의 원활한 방출을 위해 질소가스로 가압한다.

060 할로겐화합물 소화약제가 갖추어야 할 일반적인 조건으로 옳지 않은 것은? [22년 공개]
① 독성이 적을수록 좋다.
② 지구온난화에 끼치는 영향이 적을수록 좋다.
③ 대기 중에 잔존 시간이 길수록 좋다.
④ 오존층 파괴에 끼치는 영향이 적을수록 좋다.

061 할로겐화합물 및 불활성기체 소화약제에 대한 설명으로 옳지 않은 것은? [18년 소방간부]
① 전기적으로 비전도성이며 휘발성이 있거나 증발 후 잔여물을 남기지 않는 소화약제이다.
② 오존파괴지수와 지구온난화지수가 할론과 이산화탄소에 비해 무시할 수 있을 정도로 낮다.
③ 화재에 대하여 질식·냉각소화기능 및 부촉매소화기능이 우수하다.
④ 화재를 소화하는 동안 피연소물질에 물리적·화학적 변화나 재산상의 피해를 주지 않으며, 소화가 완료된 후 특별한 물질이나 지방성 부산물을 발생시키는 단점이 있다.
⑤ 소화약제 방출 시 할론이나 이산화탄소와 같이 산소의 농도를 급격하게 저하시키지 않는다.

062 할로겐화합물 및 불활성기체 소화약제에 관한 설명으로 옳지 않은 것은? [23년 공개]
① IG-01, IG-55, IG-100, IG-541 중 질소를 포함하지 않은 약제는 IG-100이다.
② 할로겐화합물 소화약제 중 HFC-23(트리플루오르메탄)의 화학식은 CHF_3이다.
③ 부촉매 소화효과는 불활성기체 소화약제에는 없으나 할로겐화합물 소화약제는 있다.
④ 할로겐화합물 소화약제는 불소, 염소, 브롬 또는 요오드 중 하나 이상의 원소를 포함하고 있는 유기화합물을 기본 성분으로 하는 소화약제를 말한다.

063 다음은 불활성기체 소화약제 중 IG-541에 대한 설명이다. 옳지 않은 것은? [18년 공개]
① 사람의 호흡에 문제가 없으므로 사람이 있는 곳에서도 사용할 수 있다.
② 할론이나 분말소화약제와 같이 화학적 소화특성을 지니고 있다.
③ 오존층파괴지수(ODP)가 0이다.
④ IG-541은 질소 52%, 아르곤 40%, 이산화탄소 8%로 이루어진 혼합소화약제이다.

064 불활성기체 소화약제의 표기와 화학식의 연결이 옳지 않은 것은? [19년 공개]

① IG-01 : Ar 100%
② IG-100 : N_2 100%
③ IG-541 : N_2 52%, Ar 40%, Ne 8%
④ IG-55 : N_2 50%, Ar 50%

065 "할로겐화합물 및 불활성기체 소화약제" 중 불활성기체 소화약제를 구성할 수 있는 물질에 해당하지 않는 것은? [21년 소방간부]

① 헬륨   ② 네온
③ 염소   ④ 질소
⑤ 아르곤

066 할로겐화합물 소화약제 중 'HCFC BLEND A'의 구성요소가 아닌 것은? [22년 소방간부]

① HCFC-123   ② C_3HF_7
③ HCFC-22   ④ HCFC-124
⑤ $C_{10}H_{16}$

067 다음 중 분말소화약제의 종류에 속하지 않는 것은? [12년 경기]

① 탄산수소나트륨   ② 탄산수소칼륨
③ 인산암모늄   ④ 인산나트륨

068 다음 중 분말소화약제의 종류와 약제성분이 바르게 연결된 것은? 〔13년 대전〕

① 제1종 분말소화약제 – 중탄산칼륨
② 제2종 분말소화약제 – 중탄산나트륨
③ 제3종 분말소화약제 – 제1인산암모늄
④ 제4종 분말소화약제 – 중탄산나트륨 + 요소

069 제1종 분말 소화약제의 주성분으로 옳은 것은? 〔25년 소방간부〕

① $KHCO_3$
② $NaHCO_3$
③ NH_4HCO_3
④ $NH_4H_2PO_4$
⑤ $KHCO_3 + (NH_2)_2CO$

070 다음 중 분말소화약제에 대하여 옳지 않은 것은? 〔11년 서울〕

① 분말소화약제 제1종과 제2종은 B급, C급 화재에 사용된다.
② 분말소화약제 제1종과 제2종, 제4종은 B급, C급 화재에 사용된다.
③ 제3종 분말소화약제는 A급, B급, C급 화재에 사용된다.
④ 제4종 분말소화약제는 A급, B급, C급 화재에 사용된다.

071 분말소화약제 중에서 질식소화, 냉각소화, 비누화현상이 나타나는 것은? 〔12년 통합〕

① 제1종 분말소화약제
② 제2종 분말소화약제
③ 제3종 분말소화약제
④ 제4종 분말소화약제

072 분말소화약제 중에서 제1종 분말소화약제와 제2종 분말소화약제가 방사되었을 때 함께 생성되는 물질은? 〔11년 통합〕

① N_2, O_2
② N_2, CO_2
③ H_2O, CO_2
④ O_2, CO_2

073 제3종 분말소화약제에 대한 설명으로 옳지 않은 것은? 〔18년 공개〕

① 백색으로 착색되어 있다.
② ABC급 분말소화약제라고도 부른다.
③ 주성분은 제1인산암모늄($NH_4H_2PO_4$)이다.
④ 현재 생산되고 있는 분말소화약제의 대부분을 차지하고 있다.

074 제3종 분말소화약제가 열분해될 때 생성되는 물질로써 방진작용을 하는 물질은? 〔22년 소방간부〕

① N_2(질소)
② H_2O(수증기)
③ K_2CO_3(탄산칼륨)
④ HPO_3(메타인산)
⑤ Na_2CO_3(탄산나트륨)

075 다음 중 HPO_3가 일반 가연물질인 나무, 종이 등의 표면에 피막을 이루어 공기 중의 산소를 차단하는 방진작용과 관련이 있는 것은? 〔19년 공개〕

① 제1종 분말소화약제
② 제2종 분말소화약제
③ 제3종 분말소화약제
④ 제4종 분말소화약제

076 제3종 분말소화약제의 열분해 결과로 생성되는 물질의 소화효과로 옳지 않은 것은? [25년 공개]

① H_2O : 냉각작용
② HPO_3 : 방진작용
③ NH_3 : 부촉매작용
④ H_3PO_4 : 탈수탄화작용

077 다음은 제1종 분말소화약제의 열분해반응식(270℃)이다. A~D에 들어갈 숫자로 옳게 연결된 것은? [15년 소방간부]

$$(A)\ NaHCO_3 \rightarrow (B)\ Na_2CO_3 + (C)\ CO_2 + (D)\ H_2O$$

	A	B	C	D
①	1	2	1	1
②	2	1	1	1
③	1	1	1	1
④	1	2	2	1
⑤	1	2	3	2

078 다음 중 분말소화약제에 대하여 가장 옳지 않은 것은? [13년 소방간부]

① 전기가 통하지 않는 비전도성이고, 독성이 없다.
② 자기연소, 내부연소에 소화효과가 있다고 할 수 있다.
③ 제4종 분말소화약제는 중탄산칼륨과 요소가 조합되어 있다.
④ 제3종 분말소화약제의 착색은 담홍색이다.
⑤ 제1종 분말소화약제의 성분은 중탄산나트륨이다.

079 분말소화약제에 대한 일반적인 설명으로 옳지 않은 것은? 〔18년 소방간부〕

① 피연소 물질에 영향을 끼치는 단점을 가지고 있다.
② 전기절연성이 높아 고전압의 전기화재에도 적합하다.
③ 제3종 분말소화약제의 착색은 담홍색이다.
④ 자기연소성 물질의 화재에 강한 소화력을 가지고 있다.
⑤ 습기의 흡입에 주의하여야 한다.

080 다음 중 분말소화약제에 대한 설명으로 틀린 것은? 〔15년 소방간부〕

① 입자가 미세할수록 소화효과가 좋은 것은 아니고, 적당한 20~25 마이크론 정도가 가장 좋다.
② 제3종 분말소화약제는 식용유 비누화효과가 있다.
③ 제1종 분말의 색은 백색이다.
④ 소화성능은 제4종 분말소화약제가 가장 우수하다.
⑤ 제3종 분말소화약제는 일반, 유류, 전기화재에 사용이 가능하다.

081 분말소화약제의 소화효과로 옳지 않은 것은? 〔16년 통합〕

① 질식소화효과
② 냉각소화효과
③ 방사열의 차단효과
④ 희석소화효과

082 분말소화약제에 관한 설명으로 옳지 않은 것은? 〔23년 공개〕

① 제2종 분말소화약제의 주성분은 $KHCO_3$이다.
② 제1·2·3종 분말소화약제는 열분해 반응에서 CO_2가 생성된다.
③ $NaHCO_3$이 주된 성분인 분말소화약제는 B·C급 화재에 사용하고 분말 색상은 백색이다.
④ $NH_4H_2PO_4$이 주된 성분인 분말소화약제는 A·B·C급 화재에 유효하고 비누화현상이 일어나지 않는다.

MEMO

별은 밤에 빛났다,
해는 낮에 빛났고,
낮과 밤으로 노력한 너는 이제 빛날 차례다. -글배우-

MEMO

별은 밤에 빛났다,
해는 낮에 빛났고,
낮과 밤으로 노력한 너는 이제 빛날 차례다. -글배우-

SONICE
단원별
기출문제집
소방학개론

PART 04

건축방재 및 피난

CHAPTER 01 건축방재
CHAPTER 02 피난

CHAPTER 01 건축방재

▶ 정답 및 해설 p.464
▶ 기본서 p.180

001 다음 중 건축법에서 건축물의 주요구조부가 아닌 것은? 🔥🔥 [11년 제주]

① 내력벽
② 바닥
③ 옥외계단
④ 보

002 다음 중 건축법령상 건축물의 주요구조부들로만 구성된 것은? 🔥🔥🔥 [13년 충북]

① 보, 최하층 바닥, 주계단, 지붕틀
② 지붕, 주계단, 내력벽, 기둥
③ 기둥, 주계단, 작은 보, 내력벽
④ 지붕틀, 기둥, 바닥, 내력벽

003 다음 중 방염성능 기준에 관하여 옳지 않은 것은? 🔥🔥🔥 [12년 전북]

① 버너의 불꽃을 제거한 때부터 불꽃을 올리며 연소하는 상태가 그칠 때까지 시간은 20초 이내일 것
② 탄화한 면적은 50cm^2 이내, 탄화한 길이는 20cm 이내일 것
③ 불꽃에 의하여 완전히 녹을 때까지 불꽃의 접촉횟수는 3회 이상일 것
④ 발연량을 측정하는 경우 최대연기밀도는 500 이하일 것

004 다음 중 방화구획에 대한 설명으로 가장 적합하지 않은 것은? 🔥🔥🔥 [09년 제주]

① 매층마다 구획할 것. 다만, 지하 1층에서 지상으로 직접 연결하는 경사로 부위는 제외한다.
② 필로티나 그 밖에 이와 비슷한 구조(벽면적의 2분의 1 이상이 그 층의 바닥면에서 위층 바닥 아래면까지 공간으로 된 것만 해당한다)의 부분을 주차장으로 사용하는 경우 그 부분은 건축물의 다른 부분과 구획할 것
③ 스프링클러 기타 이와 유사한 자동식 소화설비가 설치되어 있고 내장재가 불연재료로 된 11층 이상의 층은 600제곱미터 이내마다 구획할 것
④ 스프링클러 기타 이와 유사한 자동식 소화설비가 설치되어 있지 않은 10층 이하의 층은 바닥면적 1천제곱미터 이내마다 구획할 것

005 다음 중 방화벽을 설치해야 하는 건축물로써 옳은 것은? 🔥🔥🔥　　[16년 충남]

① 주요구조부가 내화구조로 된 연면적 1,000m² 이상의 건축물
② 불연재료로 된 연면적 1,000m² 이상의 건축물
③ 목조건축물로 된 연면적 1,000m² 이상의 건축물
④ 주요구조부가 내화구조로 된 연면적 3,000m² 이상의 건축물

006 다음은 「소방시설 설치 및 관리에 관한 법률 시행령」상 무창층의 개구부 조건으로 옳지 않은 것은? 🔥🔥🔥　　[07년 광주]

① 개구부의 크기는 지름 20센티미터 이상의 원이 통과할 수 있을 것
② 해당 층의 바닥면으로부터 개구부 밑부분까지의 높이가 1.2미터 이내일 것
③ 도로 또는 차량이 진입할 수 있는 빈터를 향할 것
④ 화재 시 건축물로부터 쉽게 피난할 수 있도록 창살이나 그 밖의 장애물이 설치되지 아니할 것

007 다음은 「소방시설 설치 및 관리에 관한 법률 시행령」상 무창층이란 지상층 중 개구부 면적의 합계가 해당 층 바닥면적의 30분의 1 이하가 되는 층을 말한다. 이때 개구부가 갖추어야 할 요건으로 옳지 않은 것은? 🔥🔥🔥　　[21년 소방간부]

① 크기는 지름 50센티미터 이상의 원이 통과할 수 있을 것
② 해당 층의 바닥면으로부터 개구부 밑부분까지의 높이가 0.8미터 이내일 것
③ 도로 또는 차량이 진입할 수 있는 빈터를 향할 것
④ 내부 또는 외부에서 쉽게 부수거나 열 수 있을 것

008 다음은 건축방재 기능에 대한 설명이다. 공간적 대응에 대한 설명으로 옳지 않은 것은? 🔥🔥🔥　　[10년 전남]

① 도피성
② 대항성
③ 회피성
④ 설비성

009 벽의 내화구조에 해당하지 않는 것은? (단, 외벽 중 비내력벽인 경우는 제외한다.)

23년 소방간부

① 벽돌조로서 두께가 19cm 이상인 것
② 철근콘크리트조 또는 철골철근콘크리트조로서 두께가 10cm 이상인 것
③ 골구를 철골조로 하고 그 양면을 두께 4cm 이상의 철망모르타르(그 바름바탕을 불연재료로 한 것으로 한정)로 덮은 것
④ 철재로 보강된 콘크리트블록조·벽돌조 또는 석조로서 철재에 덮은 콘크리트블록 등의 두께가 5cm이상인 것
⑤ 고온·고압의 증기로 양생된 경량기포 콘크리트패널 또는 경량기포 콘크리트 블록조로서 두께가 5cm 이상인 것

010 「소방시설 설치 및 관리에 관한 법률 시행령」상 건축물 등의 신축·증축·개축·재축·이전·용도변경 또는 대수선의 허가·협의 및 사용승인을 할 때 미리 소방본부장 또는 소방서장의 동의를 받아야 하는 건축물 등의 범위로 옳은 것만을 〈보기〉에서 고른 것은?

23년 소방간부

| 보기 |

ㄱ. 노유자시설 및 수련시설 : 100제곱미터 이상
ㄴ. 항공기 격납고, 관망탑, 항공관제탑, 방송용 송수신탑
ㄷ. 승강기 등 기계장치에 의한 주차시설로서 자동차 15대 이상을 주차할 수 있는 시설
ㄹ. 차고·주차장으로 사용되는 바닥면적이 200제곱미터 이상인 층이 있는 건축물이나 주차시설
ㅁ. 지하층 또는 무창층이 있는 건축물로서 바닥면적이 150제곱미터(공연장의 경우에는 100제곱미터) 이상인 층이 있는 것

① ㄱ, ㄴ, ㄷ
② ㄱ, ㄴ, ㄹ
③ ㄱ, ㄷ, ㄹ
④ ㄴ, ㄷ, ㅁ
⑤ ㄴ, ㄹ, ㅁ

CHAPTER 02 피난

▶ 정답 및 해설 p.469
▶ 기본서 p.193

011 건축물의 피난계획에 대한 설명으로 옳은 것은? 〔14년 통합〕
① 피난수단은 복합적 방법에 의한 것을 원칙으로 한다.
② 모든 피난동선은 건물중심부 한 곳으로 향하고 중심부에서 지면 등 안전한 장소로 피난할 수 있도록 하여야 한다.
③ 피난동선은 그 말단이 길수록 좋다.
④ 어느 곳에서도 2개 이상의 방향으로 피난할 수 있으며, 그 말단은 화재로부터 안전한 장소이어야 한다.

012 피난계획에 대한 설명으로 옳지 않은 것은? 〔16년 충남〕
① 모든 피난경로는 건축물의 중앙으로 집중시켜 누구나 쉽게 알 수 있도록 한다.
② 피난경로는 간단명료하게 해야 한다.
③ 피난수단은 원시적 방법에 의한 것을 원칙으로 한다.
④ 어느 곳에서도 2개 이상의 방향으로 피난할 수 있으며, 그 말단은 화재로부터 안전한 장소이어야 한다.

013 화재가 발생한 곳을 반사적으로 도망가려 하며 피하는 본성은? 〔11년 서울〕
① 귀소본능
② 퇴피본능
③ 좌회본능
④ 지광본능

014 화재가 발생하였을 때 평상시 사용하는 출입구나 통로를 사용하려는 경향을 이르는 용어는?

[12년 세종]

① 추종본능　　　　　　　② 지광본능
③ 귀소본능　　　　　　　④ 퇴피본능

015 다음 중 피난본능에 대한 설명으로 틀린 것은?

[13년 전북]

① 추종본능 : 혼란 시 판단력 저하로 최초로 달리는 앞사람을 따르는 습성
② 우회본능 : 오른손잡이는 오른발을 축으로 우측으로 행동하는 습성
③ 지광본능 : 어두운 곳에서 밝은 불빛을 따라 행동하는 습성
④ 귀소본능 : 무의식 중에 평상시 사용한 길, 원래 온 길을 가려하는 본능

016 피난행동에서 말하는 인간의 본능 중 옳지 않은 것은?

[11년 제주]

① 귀소본능 - 무의식 중에 평상 시 사용한 길, 원래 온 길로 가려고 하는 본능
② 퇴피본능 - 반사적으로 화염·연기 등 위험으로부터 멀리 하려는 본능
③ 좌회본능 - 오른손잡이는 오른발을 축으로 좌측으로 행동하는 습성
④ 추종본능 - 어두운 곳에서 밝은 불빛을 따라 행동하는 습성

MEMO

아무리 죽을 것 같이 힘이 들어도 1미터는 더 갈 수 있지 않을까
우리가 정말 포기하는 이유는
불가능해서가 아니라 불가능할 것 같아서라고
-지금 꿈꾸라, 사랑하라, 행복하라-

SONICE
단원별
기출문제집
소방학개론

PART 05

위험물 및 특수가연물

CHAPTER 01 위험물의 종류 및 특성
CHAPTER 02 위험물제조소등의 관련 규정
CHAPTER 03 특수가연물

CHAPTER 01 위험물의 종류 및 특성

▶ 정답 및 해설 p.471
▶ 기본서 p.199

001 「위험물안전관리법」상 위험물에 대한 정의이다. ( ) 안에 들어갈 내용으로 옳은 것은?

[20년 소방간부]

> 위험물이라 함은 (ㄱ) 또는 (ㄴ) 등의 성질을 가지는 것으로서 (ㄷ)이 정하는 물품을 말한다.

	ㄱ	ㄴ	ㄷ
①	가연성	발화성	국무총리령
②	가연성	폭발성	대통령령
③	인화성	폭발성	대통령령
④	인화성	발화성	대통령령
⑤	인화성	발화성	국무총리령

002 위험물의 성질에 대해서 올바른 것은?

[12년 울산] [13년 통합]

① 제1류 위험물 – 가연성고체
② 제2류 위험물 – 자기반응성물질
③ 제4류 위험물 – 인화성액체
④ 제6류 위험물 – 산화성고체

003 다음 중 위험물에 대한 설명 옳은 것은?

[15년 소방간부]

① 제3류 위험물은 자기반응성물질이다.
② 제1류 위험물에는 질산염류와 염소산염류가 있다.
③ 염소산염류는 제3류 위험물이다.
④ 과염소산은 제1류 위험물이다.
⑤ 가연성고체는 제3류 위험물이다.

004 다음 중 산소공급원 역할을 하는 위험물의 종류가 아닌 것은? [다수 출제]

① 제1류 위험물 ② 제2류 위험물
③ 제5류 위험물 ④ 제6류 위험물

005 가연성고체에 대한 설명이다. 옳은 것은? [11년 서울]

> "가연성고체"라 함은 고체로서 (　　　) 또는 (　　　)을 판단하기 위하여 고시로 정하는 시험에서 고시로 정하는 성질과 상태를 나타내는 것을 말한다.

① 화염에 의한 발화의 위험성, 인화의 위험성
② 충격에 의한 충격의 위험성, 인화의 위험성
③ 화염에 의한 발화의 위험성, 충격의 위험성
④ 충격에 의한 발화의 위험성, 인화의 위험성

006 「위험물안전관리법 시행령」상 제1류 위험물에 관한 내용이다. (　) 안에 들어갈 내용으로 옳은 것은? [22년 소방간부]

> 고체로서 (㉠)의 잠재적인 위험성 또는 (㉡)에 대한 민감성을 판단하기 위하여 소방청장이 정하여 고시하는 시험에서 고시로 정하는 성질과 상태를 나타내는 것을 말한다.

	㉠	㉡
①	폭발력	발화
②	산화력	충격
③	환원력	분해
④	산화력	폭발
⑤	환원력	연소

007 「위험물안전관리법 시행령」상 제5류 위험물에 대한 정의이다. ( ) 안에 들어갈 내용으로 옳은 것은?   〔13년 대전〕

> ( ) 물질이라 함은 ( ) 또는 액체로서 폭발의 위험성 또는 ( )의 격렬함을 판단하기 위하여 고시로 정하는 시험에서 고시로 정하는 성질과 상태를 나타내는 것을 말하며, 위험성 유무와 등급에 따라 제1종 또는 제2종으로 분류한다.

① 자기반응성, 고체, 가열분해
② 산화성액체, 기체, 가열분해
③ 금수성, 고체, 폭발분해
④ 자연발화성, 고체, 폭발분해

008 「위험물안전관리법」상 산화성고체에 맞는 위험물은?   〔13년 전북〕

① 유기과산화물   ② 과염소산
③ 과염소산염류   ④ 글리세린

009 「위험물안전관리법 시행령」상 위험물의 분류 중 가연성고체가 아닌 것은?   〔18년 공개〕

① 황린   ② 적린
③ 황   ④ 황화인

010 다음 제4류 위험물에 대한 설명 중 틀린 것은?   〔13년 광주〕

① 알코올류란 1분자를 구성하는 탄소원자의 수가 1개부터 3개까지인 포화1가 알코올을 말한다.
② 특수인화물이란 1기압에서 발화점이 50℃ 이하인 것을 말한다.
③ 제1석유류란 인화점이 섭씨 21℃ 미만인 것을 말한다.
④ 제3석유류란 1기압에서 인화점이 섭씨 70℃ 이상 200℃ 미만인 것을 말한다.

011 「위험물안전관리법 시행령」상 제1석유류로 옳은 것은? [18년 소방간부]

① 경유
② 등유
③ 휘발유
④ 중유
⑤ 크레오소트유

012 「위험물안전관리법 시행령」상 제3석유류에 해당되는 것은? [11년 전남]

① 휘발유
② 알코올
③ 동식물유류
④ 중유

013 다음은 제1석유류에 대한 설명이다. ( ) 안에 들어갈 내용으로 옳은 것은? [19년 공개]

제1석유류는 아세톤, 휘발유 그 밖에 1기압에서 (가)이 섭씨 (나)도 미만인 것이다.

	(가)	(나)
①	발화점	21
②	발화점	25
③	인화점	21
④	인화점	25

014 제4류 위험물 중 제2석유류에 대한 설명이다. (ㄱ)~(ㄷ)에 알맞은 것은? [19년 소방간부]

제2석유류는 등유, 경유 그 밖에 1기압에서 인화점이 섭씨 (ㄱ)도 이상 70도 미만인 것을 말한다. 다만, 도료류 그 밖의 물품에 있어서 가연성 액체량이 (ㄴ)중량퍼센트 이하이면서 인화점이 섭씨 40도 이상인 동시에 연소점이 섭씨 (ㄷ)도 이상인 것은 제외한다.

	ㄱ	ㄴ	ㄷ
①	18	10	40
②	20	10	45
③	20	25	50
④	21	30	55
⑤	21	40	60

015 다음 중 위험물의 지정수량으로 옳은 것은? 🔥🔥🔥 [17년 공개]

① 다이크로뮴산염류 – 10kg   ② 알킬리튬 – 10kg
③ 나이트로화합물(제1종) – 100kg   ④ 질산 – 100kg

016 위험물 지정수량이 다른 하나는? 🔥🔥🔥 [19년 공개]

① 탄화칼슘   ② 과염소산
③ 마그네슘   ④ 금속의 인화물

017 「위험물안전관리법 시행령」상 위험물 및 지정수량이 올바르게 짝지어진 것은? 🔥🔥🔥 [19년 소방간부]

	유별	품명	지정수량
①	제1류	과망가니즈산염류	300kg
②	제2류	마그네슘	100kg
③	제3류	과염소산	300kg
④	제4류	알코올류	200kg
⑤	제6류	과산화수소	300kg

018 「위험물안전관리법 시행령」상 유별 위험물의 품명과 지정수량을 옳게 연결한 것은? 🔥🔥🔥 [22년 소방간부]

	유별	품명	지정수량
①	제2류	적린, 황, 마그네슘	100kg
②	제3류	알킬알루미늄, 유기과산화물	10kg
③	제4류	제4석유류	10,000L
④	제5류	하이드록실아민, 하이드록실아민염류(제2종)	100kg
⑤	제6류	과염소산염류, 나트륨	200kg

019 「위험물안전관리법 시행령」상 제3류 위험물의 품명 및 지정수량으로 옳은 것은? 20년 소방간부

① 나트륨 − 5kg
② 황린 − 10kg
③ 알칼리토금속 − 30kg
④ 알킬리튬 − 50kg
⑤ 금속의 인화물 − 300kg

020 「위험물안전관리법 시행령」상 지정수량이 가장 적은 것은? 23년 소방간부

① 금속분
② 질산염류
③ 과산화수소
④ 무기과산화물
⑤ 하이드라진유도체(제2종)

021 「위험물안전관리법 시행령」상 자연발화성 물질 및 금수성 물질 중 지정수량이 다른 것은? 24년 소방간부

① 황린
② 칼륨
③ 나트륨
④ 알킬리튬
⑤ 알킬알루미늄

022 「위험물안전관리법」및 같은 법 시행령, 시행규칙상 위험물의 지정수량과 위험등급의 연결이 옳지 않은 것은? 24년 공개

① 황린 −20kg − Ⅰ등급
② 마그네슘 −500kg − Ⅲ등급
③ 유기금속화합물 −50kg − Ⅱ등급
④ 과염소산 −300kg − Ⅱ등급

023 「위험물안전관리법 시행령」상 위험물에 대한 규정으로 옳지 않은 것은? 🔥🔥🔥 [23년 소방간부]

① "인화성고체"라 함은 고형알코올 그 밖에 1기압에서 인화점이 섭씨 40도 미만인 고체를 말한다.
② "철분"이라 함은 철의 분말로서 53마이크로미터의 표준체를 통과하는 것이 50중량퍼센트 미만인 것은 제외한다.
③ "황"은 순도가 60중량퍼센트 이상인 것을 말하며, 순도측정을 하는 경우 불순물은 활석 등 불연성물질과 수분으로 한정한다.
④ "금속분"이라 함은 알칼리금속·알칼리토류금속·철 및 구리외의 금속의 분말을 말하고, 마그네슘분·니켈분 및 150마이크로미터의 체를 통과하는 것이 50중량퍼센트 미만인 것은 제외한다.
⑤ "제3석유류"라 함은 중유, 크레오소트유 그 밖에 1기압에서 인화점이 섭씨 70도 이상 섭씨 200도 미만인 것을 말한다. 다만, 도료류 그 밖의 물품은 가연성 액체량이 40중량퍼센트 이하인 것은 제외한다.

024 위험물의 성질 및 품명의 정의로 옳지 않은 것은? 🔥🔥🔥 [25년 공개]

① "인화성고체"라 함은 고형알코올 그 밖에 1기압에서 인화점이 섭씨 40도 미만인 고체를 말한다.
② "제1석유류"라 함은 아세톤, 휘발유 그 밖에 1기압에서 인화점이 섭씨 21도 미만인 것을 말한다.
③ "특수인화물"이라 함은 이황화탄소, 디에틸에테르 그 밖에 1기압에서 발화점이 섭씨 100도 이하인 것 또는 인화점이 섭씨 영하 20도 이하이고 비점이 섭씨 40도 이하인 것을 말한다.
④ "자연발화성물질 및 금수성물질"이라 함은 고체 또는 액체로서 공기 중에서 발화의 위험성이 있거나 산과 접촉하여 발화하거나 고압 수증기를 발생하는 위험성이 있는 것을 말한다.

025 「위험물안전관리법 시행령」상 위험물에 관한 설명으로 옳지 않은 것은? 〔25년 소방간부〕

① "철분"이라 함은 철의 분말로서 53마이크로미터의 표준체를 통과하는 것이 50중량퍼센트 미만인 것은 제외한다.
② "인화성고체"라 함은 고형알코올 그 밖에 1기압에서 인화점이 섭씨 40도 미만인 고체를 말한다.
③ 1분자를 구성하는 탄소원자의 수가 1개부터 3개까지인 포화1가 알코올(변성알코올을 포함한다)의 함유량이 60중량퍼센트 미만인 수용액은 알코올류에서 제외한다.
④ 과산화수소는 그 농도가 36중량퍼센트 이상인 것에 한하며, 산화성액체의 성상이 있는 것으로 본다.
⑤ "제2석유류"라 함은 등유, 경유 그 밖에 1기압에서 인화점이 섭씨 21도 이상 70도 미만인 것을 말한다. 다만, 도료류 그 밖의 물품에 있어서 가연성 액체량이 40중량퍼센트 미만이면서 인화점이 섭씨 40도 이상인 동시에 연소점이 섭씨 50도 이상인 것은 제외한다.

026 자기 자신이 연소에 필요한 산소를 가지고 있기 때문에 외부로부터 산소의 공급이 없어도 점화원만 있으면 연소 또는 폭발을 일으킬 수 있는 자기연소성물질은? 〔12년 경기〕

① 알코올 ② 이황화탄소
③ 유기금속화합물 ④ 질산에스터류

027 다음은 염소산염류에 대한 설명이다. 옳지 않은 것은? 〔18년 공개〕

① 제1류 위험물에 해당한다.
② 지정수량은 50kg이다.
③ 산화성액체이다.
④ 가열·충격·강산과의 혼합으로 폭발한다.

028 제1류 위험물의 특징이 아닌 것은? 〔11년 전남〕

① 모두 불연성이며, 그 자체에 산소를 가지고 있다.
② 가열·충격·마찰 등으로 분해되어 쉽게 산소를 발생한다.
③ 대부분 무색결정이거나 백색분말이다.
④ 무기과산화물 중 알칼리금속의 과산화물은 물과 반응하고 수소를 발생한다.

029 다음 중 제1류 위험물에 대한 설명으로 가장 옳은 것은? 〔17년 공개〕

① 산화성고체이며 대부분 물에 잘 녹는다.
② 가연성고체로서 강산화제로 작용을 한다.
③ 무기과산화물은 물 주수를 통한 냉각소화가 적합하다.
④ 과산화수소, 과염소산, 질산, 유기과산화물이 제1류 위험물에 해당한다.

030 제2류 위험물의 성질로 가장 옳은 것은? 〔13년 경기〕

① 자신은 불연성이나 산소를 방출하여 다른 가연물의 연소를 돕는 조연성 물질이다.
② 산소를 가지고 있지 않는 강력한 환원성 물질이다.
③ 물과 접촉 시 조연성 가스가 발생한다.
④ 가열·충격·마찰에 의해 분해하고 주변 가연물이 혼합하고 있을 때는 연소·폭발할 수 있다.

031 다음 중 제2류 위험물의 예방대책 및 진압대책으로 옳지 않은 것은? 〔12년 전북〕

① 저장용기를 밀폐하고 위험물의 누출을 방지하며 통풍이 잘 되는 냉암소에 저장한다.
② 철분, 금속분, 마그네슘은 물로 주수소화하면 안 된다.
③ 금속분의 경우는 물 또는 묽은 산과의 접촉을 피한다.
④ 인화성고체는 위험물게시판에 주의사항으로 '화기주의'라고 표기를 한다.

032 제2류 위험물 중 주수소화가 가능한 위험물은? 〔16년 통합〕

① 금속분
② 철분
③ 마그네슘
④ 적린

033 제3류 위험물(금수성 물질)의 특성으로 옳은 것은? 〔12년 울산〕

① 물과 접촉 시 가연성가스를 발생한다.
② 물과 반응하지 않는다.
③ 상온에서 액체상태로 존재한다.
④ 나트륨, 칼륨에 주수 시 산소가스가 발생한다.

034 위험물 중 황린(P_4)에 관한 설명으로 옳지 않은 것은? 24년 공개

① 제3류 위험물이다.
② 미분상의 발화점은 34℃이다.
③ 연소할 때 오산화인(P_2O_5)의 백색 연기를 낸다.
④ 물에 대해 위험한 반응을 초래하는 물질이다.
⑤ 백색 또는 담황색의 고체이다.

035 물과 반응하여 산소를 발생시키는 위험물로 옳은 것은? 24년 공개

① 칼륨
② 탄화칼슘
③ 과산화나트륨
④ 오황화인

036 위험물과 물이 반응할 때 발생하는 가스로 옳지 않은 것은? 22년 공개

	위험물	가스
①	탄화알루미늄	아세틸렌
②	인화칼슘	포스핀
③	수소화알루미늄	수소
④	트리에틸알루미늄	에테인

037 화재진압 시 주수소화에 적응성이 있는 위험물로 옳은 것은? 20년 공개

① 황화인
② 질산에스터류
③ 유기금속화합물
④ 알칼리금속의 과산화물

038 「위험물안전관리법」에 의한 제4류 위험물의 공통성질에 대한 설명으로 옳지 않은 것은?

[12년 통합] [12년 경기]

① 물에 녹지 않는 것이 많다.
② 전기의 부도체로 정전기가 축적되기 쉽다.
③ 증기비중은 공기보다 작은 것이 많다.
④ 액체는 유동성이 있고 물보다 가벼운 것이 많다.

039 「위험물안전관리법」에서 규정하고 있는 제4류 위험물의 공통성질이 아닌 것은?

[16년 소방간부]

① 전기적으로 부도체이므로 정전기 축적이 용이하며 정전기가 점화원으로 작용할 수 있다.
② 증기는 공기와 약간만 혼합되어도 연소의 우려가 있으며, 비교적 낮은 발화점을 가진다.
③ 대부분 물보다 가벼우며, 물에 잘 녹지 않는다.
④ 대부분 증기는 공기보다 무거우며 체류하기 쉽다. 단, 시안화수소는 제외한다.
⑤ 모두 가연성의 고체(결정이나 분말) 및 액체로서 연소할 때는 많은 가스를 발생한다.

040 제4류 위험물에 대한 설명으로 옳지 않은 것은?

[20년 공개]

① 물보다 가볍고 물에 녹지 않는 것이 많다.
② 일반적으로 부도체 성질이 강하여 정전기 축적이 쉽다.
③ 발생 증기는 가연성이며, 증기비중은 대부분 공기보다 가볍다.
④ 사용량이 많은 휘발유, 경유 등은 연소하한계가 낮아 매우 인화하기 쉽다.

041 다음 설명에 해당하는 위험물은? 〔21년 소방간부〕

- 물질 자체에 산소가 함유되어 있어 외부로부터 산소 공급이 없어도 점화원만 있으면 연소·폭발이 가능하다.
- 연소속도가 빠르며 폭발적이다.
- 가열, 충격, 타격, 마찰 등에 의해서 폭발할 위험성이 높으며 강산화제 또는 강산류와 접촉 시 연소·폭발 가능성이 현저히 증가한다.

① 유기과산화물 ② 이황화탄소
③ 과염소산 ④ 염소산염류
⑤ 알칼리금속

042 제5류 위험물의 소화대책으로 옳지 않은 것은? 〔18년 공개〕

① 외부로부터의 산소 유입을 차단한다.
② 화재 초기에는 다량의 물로 냉각소화하는 것이 효과적이다.
③ 항상 안전거리를 유지하고 접근할 때에는 엄폐물을 이용한다.
④ 밀폐된 공간에서 화재 시 공기호흡기를 착용하여 질식되지 않도록 주의한다.

043 다음에 해당하는 위험물은? 〔11년 서울〕

- 물질의 분해에 의해서 산소를 발생하는 산화성액체이며 불연성이다.
- 모두 산소를 함유하고 있으며 물보다 무겁다.

① 제1류 위험물 ② 제2류 위험물
③ 제3류 위험물 ④ 제6류 위험물

044 제6류 위험물에 관한 설명으로 옳지 않은 것은? 🔥🔥🔥 [18년 소방간부]

① 과산화수소는 물과 접촉하면서 심하게 발열한다.
② 불연성 물질이다.
③ 산소를 함유하고 있다.
④ 대표적 성질은 산화성 액체이다.
⑤ 물질의 액체 비중이 1보다 커서 물보다 무겁다.

045 제6류 위험물의 일반적 성질로 옳지 않은 것은? 🔥🔥🔥 [21년 소방간부]

① 불연성물질로 산소공급원 역할을 한다.
② 증기는 유독하며 부식성이 강하다.
③ 물과 접촉하는 경우 모두 심하게 발열한다.
④ 비중이 1보다 크며 물에 잘 녹는다.
⑤ 다른 물질의 연소를 돕는 조연성 물질이다.

046 제6류 위험물의 취급 시 유의 사항으로 옳지 않은 것은? 🔥🔥🔥 [25년 공개]

① 유출사고 시에는 건조사 및 중화제를 사용한다.
② 불연성 물질로 분해 시 산소가 발생하며 대부분 염기성이다.
③ 저장하고 있는 용기는 파손되거나 액체가 누설되지 않도록 한다.
④ 소량 화재 시에는 다량의 물로 희석하는 소화방법을 사용할 수 있다.

047 「위험물안전관리법 시행령」상 위험물에 관한 설명으로 옳은 것은? 🔥🔥🔥 [22년 소방간부]

① 제1류 위험물 중에 무기과산화물은 주수를 이용한 냉각소화가 적합하다.
② 제2류 위험물은 다른 가연물의 연소를 돕는 조연성 물질이다.
③ 제3류 위험물 중 황린은 공기 중 산화를 방지하기 위해 물 속에 저장한다.
④ 제4류 위험물은 수용성 액체로 물에 의한 희석소화가 적합하다.
⑤ 제5류 위험물은 포, 이산화탄소에 의한 질식소화가 적합하다.

048 다음 중 위험물 분류별 소화방법이 옳은 것은? 〔18년 공개〕

> 가. 제1류 위험물 중 무기과산화물은 마른모래 등을 사용한 질식소화가 적합하다.
> 나. 제2류 위험물 중 철분, 황화인은 주수소화가 가장 적합하다.
> 다. 제3류 위험물 중 황린을 제외한 제3류 위험물은 주수소화가 적합하다.
> 라. 제5류 위험물은 모두 다량의 물을 이용한 주수소화하는 것은 적당하지 않다.

① 가, 나
② 가, 나, 다
③ 가
④ 나, 다, 라

049 위험물의 종류에 따른 소화방법으로 옳지 않은 것은? 〔21년 공개〕

① 제1류 위험물인 알칼리금속의 과산화물은 물을 사용한다.
② 제2류 위험물인 마그네슘은 건조사를 사용한다.
③ 제3류 위험물인 알킬알루미늄은 건조사를 사용한다.
④ 제4류 위험물인 알코올은 내알코올포를 사용한다.

050 위험물의 소화방법에 관한 내용으로 옳은 것만을 〈보기〉에서 있는 대로 고른 것은? 〔24년 공개〕

> | 보기 |
> ㄱ. 황린 : 물을 이용한 냉각소화
> ㄴ. 황 : 물을 이용한 냉각소화
> ㄷ. 경유, 휘발유 : 포 소화약제를 이용한 질식소화
> ㄹ. 탄화알루미늄, 알킬알루미늄 : 건조사, 팽창질석을 이용한 질식소화

① ㄱ, ㄷ
② ㄴ, ㄹ
③ ㄱ, ㄷ, ㄹ
④ ㄱ, ㄴ, ㄷ, ㄹ

051 〈보기〉는 위험물과 해당 물질의 화재진압에 적응성이 있는 소화 방법을 연결한 것이다. 바르게 연결된 것만 모두 고른 것은? 🔥🔥🔥 〔25년 공개〕

| 보기 |

ㄱ. 황린(P_4) - 물을 사용한 냉각소화
ㄴ. 과산화나트륨(Na_2O_2) - 물을 사용한 냉각소화
ㄷ. 삼황화린(P_4S_3) - 팽창질석 등을 사용한 질식소화
ㄹ. 아세톤(CH_3COCH_3) - 알코올포소화약제에 의한 질식소화
ㅁ. 히드록실아민(NH_2OH) - 이산화탄소소화약제에 의한 질식소화
ㅂ. 과염소산($HClO_4$) - 다량의 물에 의한 희석소화(소량 화재 제외)

① ㄱ, ㄷ, ㄹ ② ㄱ, ㄹ, ㅁ
③ ㄴ, ㄷ, ㅂ ④ ㄴ, ㄷ, ㄹ, ㅂ

052 위험물의 소화방법으로 옳은 것만을 〈보기〉에서 고른 것은? 🔥🔥🔥 〔25년 소방간부〕

| 보기 |

ㄱ. 무기과산화물은 물과 반응하기 때문에 마른 모래(건조사) 등을 사용한 소화가 유효하다.
ㄴ. 적린 화재에는 물을 사용한 소화가 유효하다.
ㄷ. 황린 화재의 소화에는 물을 사용해서는 안되며, 모래, 흙 등을 사용한 소화가 유효하다.
ㄹ. 알킬알루미늄은 물과 반응하며 이산화탄소를 활용한 소화가 유효하다.
ㅁ. 제5류 위험물 화재에는 이산화탄소를 활용한 소화가 유효하다.

① ㄱ, ㄴ ② ㄱ, ㄷ
③ ㄴ, ㄹ ④ ㄷ, ㅁ
⑤ ㄹ, ㅁ

053 위험물의 유별 특성에 대한 설명으로 옳지 않은 것은? 〔17년 소방간부〕

① 제1류 위험물은 인화성액체로 인화위험이 높고, 비교적 발화점이 낮으며 증기비중이 공기보다 무겁다.
② 제2류 위험물은 가연성고체로 비교적 낮은 온도에서 착화하기 쉬운 환원성 물질이다.
③ 제3류 위험물은 자연발화성 및 금수성 물질로 자연발화성 물질 및 물과 반응하여 가연성 가스를 발생하는 물질이다.
④ 제5류 위험물은 자기반응성 물질로 외부로부터 산소의 공급 없이도 가열, 충격 등에 의해 연소폭발을 일으키는 물질이다.
⑤ 제6류 위험물은 산화성액체로 불연성이지만 산화성이 커서 다른 물질의 연소를 돕는다.

054 다음 중 물질의 보관방법 중 틀린 것은? 〔13년 소방간부〕

① 칼륨, 나트륨은 등유 속에 저장한다.
② 황린은 수조의 물 속에 저장한다.
③ 이황화탄소는 등유 속에 저장한다.
④ 아세트알데히드·산화프로필렌은 알루미늄이나 철의 용기에 저장한다.
⑤ 아세틸렌은 다공성 용기의 용제에 넣고 아세톤, DMF에 용해시켜 저장한다.

055 위험물의 소화방법 중 옳지 않은 것은? 〔13년 소방간부〕

① 황화인 및 금속분은 건조사, 건조분말로 질식소화한다.
② 제2류 위험물인 적린 및 제3류 위험물인 황린은 물로 냉각소화를 한다.
③ 알코올화재는 내알코올포로 질식소화하거나 다량의 물로 희석소화를 한다.
④ 중유 등 물보다 무거운 수용성 석유류 화재는 에멀견효과를 이용한 유화소화를 한다.
⑤ 칼륨, 나트륨은 초기에 마른모래, 건조석회 등의 성분으로 질식 및 피복소화를 한다.

056 다음 위험물에 대한 설명 중 옳지 않은 것은? 🔥🔥🔥 [17년 공개]

① 제1류 위험물은 불연성이다.
② 제2류 위험물 중 마그네슘, 황, 적린은 주수소화한다.
③ 제3류 위험물에는 칼륨, 나트륨 등 자연발화성물질이 있다.
④ 제4류 위험물에는 휘발유 등 인화성액체가 있다.

057 위험물의 종류에 따른 일반적 성상을 나타낸 것으로 옳은 것은? 🔥🔥🔥 [19년 공개]

① 산화성고체는 환원성물질이며 황린과 철분을 포함한다.
② 인화성액체는 전기 전도체이며 휘발유와 등유를 포함한다.
③ 가연성고체는 불연성물질이며 질산염류와 무기과산화물을 포함한다.
④ 자기반응성 물질은 연소 또는 폭발을 일으킬 수 있는 물질이며 유기과산화물, 질산에스터류를 포함한다.

058 위험물에 대한 일반적인 설명으로 옳은 것은? 🔥🔥🔥 [22년 공개]

① 제1류 위험물 중 질산염류는 연소속도가 빨라 폭발적으로 연소한다.
② 제3류 위험물 중 황린은 가열, 충격, 마찰에 의해 분해되어 산소가 발생하므로 가연물과의 접촉을 피한다.
③ 제4류 위험물 중 제1석유류는 인화점 및 연소하한계가 낮아 적은 양으로도 화재의 위험이 있다.
④ 제5류 위험물 중 유기과산화물은 공기 중에 노출되거나 수분과 접촉하면 발화의 위험이 있다.

059 위험물의 유별 소화방법으로 옳지 않은 것은? 🔥🔥🔥 [23년 공개]

① 탄화칼슘 화재 시 다량의 물로 냉각소화할 수 있다.
② 수용성 메틸알코올 화재에는 내알코올포를 사용한다.
③ 알킬알루미늄은 마른모래, 팽창질석, 팽창진주암으로 소화한다.
④ 적린은 다량의 물로 냉각소화하며, 소량의 적린인 경우에는 마른모래나 이산화탄소 소화약제도 일시적인 효과가 있다.

060 위험물의 유별 특성 중 옳은 것만을 〈보기〉에서 있는 대로 고른 것은? 　23년 공개

| 보기 |
ㄱ. 아염소산나트륨은 불연성, 조해성, 수용성이며, 무색 또는 백색의 결정성 분말 형태이다.
ㄴ. 마그네슘은 끓는 물과 접촉 시 수소가스를 발생시킨다.
ㄷ. 황린은 공기 중 상온에 노출되면 액화되면서 자연발화를 일으킨다.

① ㄱ, ㄴ
② ㄱ, ㄷ
③ ㄴ, ㄷ
④ ㄱ, ㄴ, ㄷ

CHAPTER 02 위험물제조소등의 관련 규정

▶ 정답 및 해설 p.489
▶ 기본서 p.216

061 다음은 위험물안전관리법의 용어에 대한 설명이다. 가장 옳지 않은 것은? [11년 서울]

① "지정수량"이라 함은 위험물의 종류별로 위험성을 고려하여 대통령이 정하는 수량으로서 규정에 의한 제조소등의 설치허가 등에 있어서 최저의 기준이 되는 수량을 말한다.
② "제조소"라 함은 위험물을 제조할 목적으로 지정수량 이상의 위험물을 취급하기 위하여 허가를 받은 장소를 말한다.
③ "취급소"라 함은 지정수량 이상의 위험물을 저장외의 목적으로 취급하기 위한 대통령령이 정하는 장소로서 규정에 따른 허가를 받은 장소를 말한다.
④ "저장소"라 함은 지정수량 이상의 위험물을 저장하기 위한 대통령령이 정하는 장소로서 규정에 따른 허가를 받은 장소를 말한다.

062 「위험물안전관리법」상 제조소등의 종류로 옳게 짝지어진 것은? [06년 대전]

① 제조소, 처리소, 저장소
② 제조소, 처리소, 운반소
③ 제조소, 저장소, 취급소
④ 제조소, 운반소, 운전소

063 「위험물안전관리법」상 취급소의 분류로 옳지 않은 것은? [14년 통합]

① 주유취급소
② 일반취급소
③ 판매취급소
④ 이동취급소

064 위험물시설의 허가를 받지 않고 위험물을 취급할 수 있는 곳이 아닌 것은? [11년 부산]

① 수산용 난방시설을 위한 지정수량 20배 이하의 저장소
② 축산용 건조시설을 위한 지정수량 10배 이하의 저장소
③ 공동주택 중앙난방시설을 위한 저장소 또는 취급소
④ 주택의 난방시설을 위한 저장소 또는 취급소

065 다음에 해당하는 제조소등의 경우에는 허가를 받지 아니하고 당해 제조소등을 설치할 수 있다. 다음에 해당하는 조건이 아닌 것은? [13년 대전]

① 수산용으로 필요한 난방시설 또는 건조시설을 위한 지정수량 20배 이하의 저장소
② 축산용으로 필요한 난방시설 또는 건조시설을 위한 지정수량 20배 이하의 취급소
③ 농예용으로 필요한 난방시설 또는 건조시설을 위한 지정수량 20배 이하의 저장소
④ 주택의 난방시설(공동주택의 중앙난방시설을 제외한다)을 위한 저장소 또는 취급소

066 「위험물안전관리법」상 위험물안전관리에 관한 설명으로 옳지 않은 것은? [13년 충북]

① 관계인은 그 안전관리자를 해임하거나 안전관리자가 퇴직한 때에는 해임하거나 퇴직한 날부터 30일 이내에 다시 안전관리자를 선임하여야 한다.
② 관계인은 안전관리자가 여행·질병 등으로 일시적으로 직무를 수행할 수 없거나 해임 또는 퇴직과 동시에 다른 안전관리자를 선임하지 못하는 경우에는 위험물의 취급에 관한 자격취득자나 또는 위험물안전에 관한 기본지식과 경험이 있는 자를 대리자로 지정하여 30일을 초과하는 범위에서 그 직무를 대행하여야 한다.
③ 제조소등의 관계인은 위험물의 안전관리에 관한 직무를 수행하기 위하여 제조소등마다 위험물안전관리자를 선임하여야 한다(단, 이동탱크저장소를 제외한다).
④ 제조소등의 관계인은 안전관리자를 선임한 경우에는 선임할 날부터 14일 이내에 소방본부장 또는 소방서장에게 신고하여야 한다.

067 「위험물안전관리법」상 위험물안전관리자의 선임에 관한 내용이다. (ㄱ),(ㄴ)에 알맞은 것은? [19년 소방간부]

> 안전관리자를 선임한 제조소등의 관계인은 그 안전관리자를 해임하거나 안전관리자가 퇴직한 때에는 해임하거나 퇴직한 날부터 (ㄱ)일 이내에 다시 안전관리자를 선임하여야 한다. 안전관리자를 선임한 경우에 선임한 날부터 (ㄴ)일 이내에 행정안전부령으로 정하는 바에 따라 소방본부장 또는 소방서장에게 신고하여야 한다.

	ㄱ	ㄴ
①	7	14
②	14	7
③	30	7
④	30	14
⑤	30	30

068 「위험물안전관리법」상 위험물안전관리자에 대한 내용으로 옳지 않은 것은? [21년 소방간부]

① 안전관리자를 선임한 제조소등의 관계인은 그 안전관리자를 해임하거나 안전관리자가 퇴직한 때에는 해임하거나 퇴직한 날부터 30일 이내에 다시 안전관리자를 선임하여야 한다.
② 제조소등의 관계인은 관련 법령에 따라 안전관리자를 선임한 경우에는 선임한 날부터 14일 이내에 행정안전부령으로 정하는 바에 따라 소방본부장 또는 소방서장에게 신고하여야 한다.
③ 제조소등의 관계인이 안전관리자를 해임하거나 안전관리자가 퇴직한 경우 그 관계인 또는 안전관리자는 소방본부장이나 소방서장에게 그 사실을 알려 해임되거나 퇴직한 사실을 확인받을 수 있다.
④ 안전관리자를 선임한 제조소등의 관계인은 안전관리자의 해임 또는 퇴직과 동시에 다른 안전관리자를 선임하지 못하는 경우에는 국가기술자격법에 따른 위험물의 취급에 관한 자격취득자 또는 위험물안전에 관한 기본지식과 경험이 있는 자로서 소방본부장이나 소방서장이 정하는 자를 대리자로 지정하여 그 직무를 대행하게 하여야 한다.
⑤ 제조소등의 종류 및 규모에 따라 선임하여야 하는 안전관리자의 자격은 대통령령으로 정한다.

069 위험물 제조소의 표지 및 게시판의 색으로 옳은 것은? [11년 통합]

① 백색바탕에 흑색문자
② 흑색바탕에 백색문자
③ 황색반사도료에 흑색문자
④ 황색바탕에 백색문자

070 위험물의 운반에 관한 기준에서 제1류 위험물 중 알칼리금속의 과산화물 또는 이를 함유한 것에 있어서 수납하는 위험물에 따라 규정에 의한 주의사항으로 옳은 것은? [13년 대전]

① 화기엄금
② 물기주의
③ 물기엄금
④ 공기접촉엄금

071 위험물의 운반에 관한 기준에서 수납하는 위험물에 따라 규정에 의한 주의사항으로 화기엄금을 표기하지 아니할 수 있는 것은? [13년 광주]

① 제2류 위험물 중 인화성고체
② 제3류 위험물 중 금수성물질
③ 제4류 위험물의 인화성액체
④ 제5류 위험물의 자기반응성물질

072 「위험물안전관리법 시행규칙」상 수납하는 위험물의 종류에 따라 운반용기의 외부에 표시하여야 할 주의사항으로 옳지 않은 것은? 🔥🔥🔥   ㅤ21년 소방간부

① 제1류 위험물 중 알칼리금속의 과산화물 또는 이를 함유한 것에 있어서는 "화기·충격주의", "물기엄금" 및 "가연물접촉주의"
② 제2류 위험물 중 철분·금속분·마그네슘 또는 이들 중 어느 하나 이상을 함유한 것에 있어서는 "물기엄금"
③ 제3류 위험물 중 자연발화성물질에 있어서는 "화기엄금" 및 "공기접촉엄금", 금수성물질에 있어서는 "물기엄금"
④ 제4류 위험물에 있어서는 "화기엄금"
⑤ 제5류 위험물에 있어서는 "화기주의" 및 "충격주의"

073 「위험물안전관리법 시행령」상 운송책임자의 감독·지원을 받아 운송하여야 하는 위험물을 있는 대로 고르면? 🔥🔥🔥   ㅤ19년 소방간부

㉠ 알킬알루미늄	㉡ 마그네슘
㉢ 하이드록실아민	㉣ 다이크로뮴산염류
㉤ 알킬리튬	㉥ 적린

① ㉠, ㉢   ② ㉠, ㉤
③ ㉢, ㉣   ④ ㉢, ㉤
⑤ ㉡, ㉥

074 다음 중 「위험물안전관리법」상 위험물제조소등에 지정수량 10배 이하일 경우 3m 이내에 반드시 건축물이 들어갈 수 없도록 한 공간에 해당하는 것은? 🔥🔥🔥   ㅤ11년 서울

① 안전거리   ② 피난거리
③ 보유공지   ④ 피난구역

075 위험물 시설에 대한 탱크안전성능검사 중 기초·지반검사 대상이 되는 탱크의 기준으로 옳은 것은?

[16년 소방간부]

① 옥내저장소의 액체위험물탱크 중 그 용량이 100만리터 이상인 탱크
② 옥내탱크저장소의 액체위험물탱크 중 그 용량이 500만리터 이상인 탱크
③ 옥외탱크저장소의 액체위험물탱크 중 그 용량이 500만리터 이상인 탱크
④ 옥내탱크저장소의 액체위험물탱크 중 그 용량이 100만리터 이상인 탱크
⑤ 옥외탱크저장소의 액체위험물탱크 중 그 용량이 100만리터 이상인 탱크

076 「위험물안전관리법」상 탱크안전성능검사의 종류로 옳지 않은 것은?

[11년 통합]

① 기초·지반검사
② 충수·수압검사
③ 재질·강도검사
④ 용접부검사

077 「위험물안전관리법」상 관계인이 예방규정을 정하여야 하는 제조소등으로 옳지 않은 것은?

[13년 광주]

① 지정수량의 10배 이상의 위험물을 취급하는 제조소
② 암반탱크저장소
③ 지정수량의 150배 이상의 위험물을 저장하는 옥내저장소
④ 지정수량의 100배 이상의 위험물을 저장하는 옥내탱크저장소

078 위험물안전관리법령상 자체소방대를 설치하여야 하는 사업소로 옳은 것은?

[24년 소방간부]

① 용기에 위험물을 옮겨 담는 일반취급소
② 이동저장탱크 그 밖에 이와 유사한 것에 위험물을 주입하는 일반취급소
③ 보일러, 버너 그 밖에 이와 유사한 장치로 위험물을 소비하는 일반취급소
④ 제4류 위험물을 취급하는 제조소 또는 일반취급소에서 취급하는 제4류 위험물의 최대수량의 합이 지정수량의 3천배 이상인 경우
⑤ 제4류 위험물을 저장하는 옥외탱크저장소에 저장하는 제4류 위험물의 최대수량이 지정수량의 30만배 이상인 경우

CHAPTER 03 특수가연물

079 「화재의 예방 및 안전관리에 관한 법률 시행령」상 화재가 발생하는 경우 불길이 빠르게 번지는 고무류·플라스틱류·석탄 및 목탄 등 대통령령으로 정하는 것을 무엇이라 하는가?

① 인화성물질
② 특수인화물
③ 특수가연물
④ 가연성물질

080 「화재의 예방 및 안전관리에 관한 법률 시행령」상 특수가연물에 속하지 않는 것은?

① 황
② 면화류
③ 석탄·목탄류
④ 목재가공품 및 나무부스러기

081 「화재의 예방 및 안전관리에 관한 법률 시행령」상 화재의 확대가 빠른 특수가연물의 품명 및 수량으로 옳은 것은?

① 넝마 : 500킬로그램 이상
② 사류 : 1,000킬로그램 이상
③ 면화류 : 100킬로그램 이상
④ 가연성고체류 : 2,000킬로그램 이상
⑤ 석탄·목탄류 : 3,000킬로그램 이상

082 「화재의 예방 및 안전관리에 관한 법률 시행령」상 특수가연물의 저장 및 취급기준으로 옳지 않은 것은? (단, 석탄목탄류를 발전용으로 저장하는 경우는 제외하며, 살수설비 또는 대형수동식소화기는 설치하지 않은 것으로 가정한다.) 23년 소방간부

① 품명별로 구분하여 쌓는다.
② 쌓는 높이는 10m 이하가 되도록 한다.
③ 쌓는 부분의 바닥면적은 50m² (석탄·목탄류의 경우에는 200m²) 이하가 되도록 한다.
④ 쌓는 부분의 바닥면적 사이는 실내의 경우 3m 또는 쌓는 높이 중 큰 값 이상으로 간격을 두어야 한다.

MEMO

순간을 미루면 인생마저 미루게 된다. -마틴 베레가드-

SONICE
단원별
기출문제집
소방학개론

PART 06

소방시설

CHAPTER 01 소방시설의 분류
CHAPTER 02 소방설비
CHAPTER 03 경보설비
CHAPTER 03 피난구조설비, 소화용수설비
　　　　　　소화활동설비

CHAPTER 01 소방시설의 분류

▶ 정답 및 해설 p.498
▶ 기본서 p.232

001 다음 소방시설의 종류 중 설비가 다른 하나는? [14년 통합]

① 비상방송설비
② 단독경보형감지기
③ 제연설비
④ 비상경보설비

002 「소방시설 설치 및 관리에 관한 법률 시행령」상 소방시설의 설비 분류가 다른 것은? [다수 출제]

① 상수도소화용수설비
② 연결송수관설비
③ 연결살수설비
④ 연소방지설비
⑤ 무선통신보조설비

003 소방시설의 종류에 따른 분류가 옳게 짝지어진 것은? [19년 공개]

① 경보설비 – 비상조명등
② 소화설비 – 연소방지설비
③ 피난구조설비 – 비상방송설비
④ 소화활동설비 – 비상콘센트설비

004 다음 중 물분무등소화설비에 해당하지 않은 것은? [다수 출제]

① 옥내소화전설비
② 강화액소화설비
③ 포소화설비
④ 분말소화설비
⑤ 할로겐화합물 및 불활성기체 소화설비

005 「소방시설 설치 및 관리에 관한 법률 시행령」에 따라 경보설비가 아닌 것은?

① 가스누설경보기 ② 비상콘센트설비
③ 비상방송설비 ④ 비상경보설비

006 <보기>에서 피난구조설비에 해당하는 것만 고른 것은?

| 보기 |
ㄱ. 방열복 ㄴ. 제연설비
ㄷ. 공기호흡기 ㄹ. 비상조명등
ㅁ. 연소방지설비

① ㄱ, ㄴ, ㄷ ② ㄱ, ㄷ, ㄹ
③ ㄴ, ㄷ, ㅁ ④ ㄴ, ㄹ, ㅁ

007 피난구조설비 중 인명구조기구에 해당하지 않은 것은?

① 공기호흡기 ② 방열복
③ 비상조명등 ④ 인공소생기

008 화재를 진압하거나 인명구조활동을 위하여 사용하는 설비로서 옳은 것은?

① 연소방지설비 ② 공기호흡기
③ 통합감시시설 ④ 소화용수설비

009 다음은 소방시설의 분류에 관한 설명에서 옳은 것은? 🔥🔥🔥 [11년 서울]

① 경보설비 – 비상벨설비 및 자동식 사이렌설비, 비상방송설비, 통합감시시설
② 피난구조설비 – 비상조명등, 유도등 및 유도표지, 피난기구, 제연설비
③ 소화용수설비 – 상수도소화용수설비, 저수조, 소화수조, 무선통신보조설비
④ 소화설비 – 소화기구, 옥내소화전설비, 스프링클러설비, 연결살수설비

010 소방시설의 분류와 해당 소방시설의 종류가 옳게 연결된 것은? 🔥🔥🔥 [20년 공개]

① 소화설비 – 옥내소화전설비, 포소화설비, 간이스프링클러설비
② 경보설비 – 자동화재속보설비, 자동화재탐지설비, 제연설비
③ 소화용수설비 – 상수도소화용수설비, 소화수조, 연결살수설비
④ 소화활동설비 – 시각경보기, 연결송수관설비, 무선통신보조설비

011 「소방시설 설치 및 관리에 관한 법률 시행령」상 소방시설의 연결이 옳은 것만을 〈보기〉에서 있는 대로 고른 것은? 🔥🔥🔥 [22년 소방간부]

| 보기 |
ㄱ. 소화설비 : 자동소화장치, 옥내소화전설비, 물분무등소화설비
ㄴ. 경보설비 : 통합감시시설, 시각경보기, 단독경보형 감지기
ㄷ. 피난구조설비 : 피난기구, 인명구조기구, 제연설비
ㄹ. 소화활동설비 : 연결송수관설비, 비상콘센트설비, 무선통신보조설비

① ㄱ, ㄴ ② ㄷ, ㄹ
③ ㄱ, ㄴ, ㄹ ④ ㄴ, ㄷ, ㄹ
⑤ ㄱ, ㄴ, ㄷ, ㄹ

012 다음 중 소방시설에 대한 설명이다. 옳지 않은 것은? 〔18년 공개〕

> 가. 소화활동설비에는 연소방지설비, 제연설비, 비상콘센트설비, 비상경보설비 등이 있다.
> 나. 소화용수설비에는 상수도소화용수설비, 소화수조, 저수조, 정화조가 있다.
> 다. 피난구조설비 중 피난기구에는 피난사다리, 구조대, 완강기가 있다.
> 라. 소화설비에는 소화기구, 자동소화장치, 옥내소화전, 스프링클러설비 등이 있다.

① 가
② 가, 나
③ 가, 나, 다
④ 가, 나, 다, 라

013 소방시설에 대한 설명으로 옳지 않은 것은? 〔17년 소방간부〕

① 소화설비란 물 또는 그 밖의 소화약제를 사용하여 소화하는 기계·기구 또는 설비로서 소화기구, 자동소화장치, 옥내·외소화전설비, 스프링클러설비 등이 있다.
② 경보설비란 화재발생 사실을 통보하는 기계·기구 또는 설비로서 단독경보형감지기, 비상경보설비, 자동화재탐지설비 등이 있다.
③ 피난구조설비란 화재가 발생할 경우 피난하기 위하여 사용하는 기구 또는 설비로서 피난기구, 인명구조기구, 유도등, 비상조명등 및 휴대용비상조명등이 있다.
④ 소화용수설비란 화재진압에 필요한 물을 공급하거나 저장하는 설비로서 상수도소화용수설비, 소화수조, 저수조 등이 있다.
⑤ 소화활동설비란 화재를 진압하거나 인명구조활동을 위하여 사용하는 설비로서 비상방송설비, 자동화재속보설비, 피난사다리, 완강기 등이 있다.

014 「소방시설 설치 및 관리에 관한 법률 시행령」상 특정소방대상물에 설치하는 소방시설에 대한 설명으로 옳은 것은? 〔20년 소방간부〕

> ㉠ 주택용 소방시설이란 소화기 및 단독경보형감지기를 말한다.
> ㉡ 비상콘센트설비, 제연설비는 소방시설 중 소화활동설비에 포함된다.
> ㉢ 스프링클러설비, 연결송수관설비는 소방시설 중 소화설비에 포함된다.
> ㉣ 분말형태의 소화약제를 사용하는 소화기의 내용연수는 10년으로 한다.
> ㉤ 옥내소화전설비, 자동화재탐지설비, 스프링클러설비, 물분무등소화설비는 내진설계 대상 소방시설이다.

① ㉠, ㉡, ㉢
② ㉠, ㉡, ㉣
③ ㉠, ㉣, ㉤
④ ㉡, ㉢, ㉣
⑤ ㉡, ㉣, ㉤

015 소방시설은 소화설비, 경보설비, 피난구조설비, 소화용수설비, 소화활동설비로 분류된다. 다음 정의로 분류되는 소방시설로 옳지 않은 것은? 🔥🔥🔥 [23년 공개]

> 화재를 진압하거나 인명구조활동을 위하여 사용하는 설비

① 제연설비 ② 인명구조설비
③ 연결살수설비 ④ 무선통신보조설비

016 「소방시설 설치 및 관리에 관한 법률 시행령」상 소방시설의 내용으로 옳은 것만을 〈보기〉에서 고른 것은? 🔥🔥🔥 [24년 소방간부]

| 보기 |

ㄱ. 소화설비 : 소화기구, 스프링클러설비등, 연소방지설비 등
ㄴ. 경보설비 : 자동화재속보설비, 누전경보기, 가스누설경보기 등
ㄷ. 피난구조설비 : 유도등, 비상조명등 및 휴대용비상조명등, 비상방송설비 등
ㄹ. 소화용수설비 : 상수도소화용수설비, 소화수조·저수조, 그 밖의 소화용수설비
ㅁ. 소화활동설비 : 비상콘센트설비, 제연설비, 연결살수설비 등

① ㄱ, ㄴ, ㄷ
② ㄱ, ㄴ, ㄹ
③ ㄱ, ㄷ, ㅁ
④ ㄴ, ㄷ, ㅁ
⑤ ㄴ, ㄹ, ㅁ

CHAPTER 02 소화설비

017 다음 중 대형 소화기의 성능으로 옳은 것은?

① A급 1단위 이상, B급 5단위 이상
② A급 10단위 이상, B급 10단위 이상
③ A급 20단위 이상, B급 10단위 이상
④ A급 10단위 이상, B급 20단위 이상

018 다음 중 대형소화기 약제 충전량으로서 옳은 것은?

① 물 소화기 : 50L
② 이산화탄소 소화기 : 50kg
③ 강화액 소화기 : 50L
④ 분말 소화기 : 10kg

019 소화기의 설치기준에 대한 설명 중 옳지 않은 것은?

① 각 층마다 설치하되 특정소방대상물의 각 부분으로부터 1개의 소화기까지 보행거리가 소형소화기의 경우 20m 이내, 대형소화기의 경우에는 30m 이내가 되도록 배치한다.
② 소화기는 바닥으로부터 1.7m 이하의 높이에 설치할 것
③ 특정소방대상물의 각 층이 2이상의 거실로 구획된 경우에는 각 층마다 설치하는 것 외에 바닥면적이 33m^2 이상으로 구획된 각 거실에도 배치한다.
④ 능력단위가 2단위 이상이 되도록 소화기를 설치하여야 할 특정소방대상물에는 간이소화용구의 능력단위가 전체 능력단위의 2분의 1을 초과하지 않도록 한다.
⑤ 대형소화기는 A급 10단위 이상, B급 20단위 이상으로 운반대와 바퀴가 설치된 것이다.

020 소화기의 설치 및 유지관리에 대한 설명으로 가장 옳지 않은 것은? [11년 부산]

① 소화기의 능력단위에 따라 보행거리를 고려하여 중요 위치에 분산시켜 배치한다.
② 손쉽게 사용할 수 있는 장소에 바닥으로부터 높이 1.5m 이하의 곳에 비치한다.
③ 사용할 때는 바람을 등지고 서서 호스를 불쪽으로 향하게 한다.
④ 소화기를 지정구역 내에 비치해두고 사람들의 통행에 방해되는 곳에 설치한다.

021 소화기구의 능력단위를 바닥면적 100제곱미터마다 1단위 이상으로 해야 할 특정소방대상물은? [23년 소방간부]

① 문화재
② 판매시설
③ 의료시설
④ 장례식장
⑤ 위락시설

022 화재 발생 초기에 소방대상물의 관계인에 의하여 신속하게 화재를 진압할 수 있도록 건축물 내에 설치하는 고정식, 수동식 수계 소화설비의 종류로 옳은 것은? [12년 세종]

① 옥내소화전설비
② 옥외소화전설비
③ 분말소화설비
④ 이산화탄소소화설비

023 지하층이 없는 지상 5층 건물이 있다. 1층에 옥내소화전이 6개, 2층에 5개, 3층에 4개, 4층에 3개, 5층에 1개가 설치되어 있다. 옥내소화전설비 수원의 양[m^3]은 얼마인가? [10년 경북]

① 15.6m^3
② 13m^3
③ 10.4m^3
④ 5.2m^3

024 다음 중 옥내소화전의 가압송수방식 중 가장 일반적으로 가장 많이 사용되는 방식은 무엇인가? [16년 충남]

① 가압수조
② 고가수조
③ 압력수조
④ 펌프

025 다음 중 옥내소화전설비에 대한 설명으로 가장 적합하지 않은 것은? 06년 전북

① 가압송수장치에는 고가수조방식, 압력수조방식, 가압수조방식, 펌프방식이 있다.
② 각 소화전의 노즐 선단에서의 방수량은 130ℓ/min 이상이어야 한다.
③ 각 소화전의 노즐 선단에서의 방수압력은 0.17MPa 이상 0.7MPa 이하이어야 한다.
④ 펌프의 토출량은 옥내소화전이 가장 많이 설치된 층의 설치개수가 6개 이상 설치된 경우에는 6개에 130ℓ/min를 곱한 양 이상이 되도록 한다.

026 다음 중 옥내소화전설비에 대한 설명으로 가장 옳은 것은? 07년 강원

① 펌프의 토출측에는 압력계를 흡입측에는 진공계 또는 연성계를 설치한다.
② 진공계는 펌프의 체절운전상태에서 배관의 정압을 측정하기 위하여 설치한다.
③ 기동용수압개폐장치를 압력챔버로 사용할 경우 그 용적은 50ℓ 이상의 것으로 한다.
④ 고가수조의 토출압력은 호스의 마찰손실수두와 배관의 마찰손실수두 그리고 낙차의 환산수두를 고려하여 결정한다.

027 옥내소화전설비 가압송수장치의 체절운전 시 수온의 상승을 방지하기 위해 설치하는 것은? 21년 소방간부

① 연성계   ② 물올림장치
③ 압력챔버   ④ 순환배관
⑤ 스트레이너

028 가압송수장치인 소방펌프의 체절운전으로 인한 수온상승과 과압으로 배관이 파손되는 경우를 방지하기 위하여 설치하는 것은? 12년 통합

① 순환배관 및 릴리프밸브   ② 물올림장치
③ 압력챔버   ④ 수격방지기

029 옥내소화전설비의 가압송수장치 펌프성능시험에 관한 설명이다. ( ) 안에 들어갈 내용으로 옳은 것은? 🔥🔥🔥   [23년 소방간부]

> 펌프의 성능은 체절운전 시 정격토출압력의 (㉠)[%]를 초과하지 않고, 정격토출량의 (㉡)[%]로 운전 시 정격토출압력의 (㉢)[%] 이상이 되어야 하며, 펌프의 성능을 시험할 수 있는 성능시험배관을 설치할 것

	㉠	㉡	㉢
①	65	150	140
②	140	65	150
③	140	150	65
④	150	65	140
⑤	150	140	65

030 다음 중 공동현상(Cavitation)의 대책으로 옳지 않은 것은? 🔥🔥🔥   [17년 공개]

① 흡입관의 길이를 짧게 하거나 배관의 굴곡부를 줄인다.
② 펌프의 흡입측 수두를 낮게 하여 마찰손실을 줄인다.
③ 펌프의 설치높이를 수원보다 낮게 설치한다.
④ 흡입관의 구경을 작게 한다.

031 〈보기〉의 현상을 방지하기 위한 대책으로 옳지 않은 것은? 🔥🔥🔥   [25년 공개]

| 보기 |

> 소방펌프 내부 유속의 급속한 변화 또는 와류의 발생 등에 의해 액체의 압력이 증기압 이하로 낮아져 기포가 생성되고, 이로 인해 펌프의 성능이 저하되고 진동과 소음이 발생하는 현상

① 흡입관의 마찰 손실을 최대한 적게 한다.
② 펌프의 임펠러의 회전 속도를 낮게 한다.
③ 펌프의 흡입관의 관경 크기를 크게 한다.
④ 펌프의 설치 위치를 수원보다 높게 한다.

032 소화펌프에서 공동현상(cavitation)이 발생하였을 때 그 원인으로 볼 수 없는 것은?

[25년 소방간부]

① 펌프의 위치가 수원의 위치보다 높은 경우
② 펌프의 임펠러 회전속도가 큰 경우
③ 펌프의 흡입측 수두가 큰 경우
④ 펌프의 토출측 관경이 작은 경우
⑤ 펌프에 흡입되는 수원의 온도가 높은 경우

033 소방펌프 및 관로에서 발생되는 수격현상(Water hammering)의 방지대책으로 옳지 않은 것은?

[23년 공개]

① 수격을 흡수하는 수격방지기를 설치한다.
② 관로에 서지 탱크(surge tank)를 설치한다.
③ 플라이휠(flywheel)을 부착하여 펌프의 급격한 속도 변화를 억제한다.
④ 관경의 축소를 통해 유체의 유속을 증가시켜 압력 변동치를 감소시킨다.

034 다음 중 펌프 운전 시 규칙적으로 양정, 토출량이 변화하는 현상에 해당하는 것은?

[13년 대전]

① 맥동현상　　　　　　② 수격현상
② 공동현상　　　　　　④ 진공현상

035 자동기동방식의 펌프가 수원의 수위보다 높은 곳에 설치된 옥내소화전설비의 구성요소를 있는 대로 모두 고른 것은?

[22년 공개]

ㄱ. 기동용수압개폐장치	ㄴ. 릴리프밸브
ㄷ. 동력제어반	ㄹ. 솔레노이드밸브
ㅁ. 물올림장치	

① ㄱ, ㄴ, ㅁ　　　　　　② ㄷ, ㄹ, ㅁ
③ ㄱ, ㄴ, ㄷ, ㄹ　　　　④ ㄱ, ㄴ, ㄷ, ㅁ

036 「소방시설 설치 및 관리에 관한 법률 시행령」상 옥내소화전설비를 설치하여야 하는 특정소방대상물에 해당하지 않는 것은? [20년 소방간부]

① 연면적 1,000m² 이상인 판매시설
② 연면적 1,500m² 복합건축물
③ 길이 1,000m 이상인 터널
④ 지하층, 무창층 또는 4층 이상 층의 바닥면적이 300m² 이상인 숙박시설
⑤ 건축물 옥상에 설치된 차고로서 차고 용도로 사용되는 부분의 면적이 200m² 이상인 시설

037 옥외소화전설비의 화재안전기준에서 소화전함은 옥외소화전마다 그로부터 몇 미터 이내의 장소에 설치하여야 하는가? [11년 통합]

① 5m ② 10m
③ 20m ④ 30m

038 스프링클러설비의 가압송수장치에 대한 설명 중 옳지 않은 것은? [11년 통합]

① 펌프의 토출측에는 압력계를 체크밸브 이전에 펌프 토출측 플랜지에 가까운 곳에 설치하고, 흡입측에는 연성계 또는 진공계를 설치할 것. 다만, 수원의 수위가 펌프의 위치보다 높거나 수직회전축 펌프의 경우에는 연성계 또는 진공계를 설치하지 아니할 수 있다.
② 가압송수장치에는 정격부하 운전 시 펌프의 성능을 시험하기 위한 배관을 설치할 것. 다만, 충압펌프의 경우에는 그러하지 아니하다.
③ 가압송수장치에는 체절운전 시 수온의 상승을 방지하기 위한 순환배관을 설치할 것. 다만, 충압펌프의 경우에는 그러하지 아니하다.
④ 기동용수압개폐장치(압력챔버)를 사용할 경우 그 용적은 100L 이하로 한다.

039 다음은 스프링클러설비에 대한 설명이다. 가장 옳지 않은 것은? [11년 서울]

① 스프링클러설비는 타설비에 비하여 신뢰성이 매우 뛰어나다.
② 스프링클러헤드는 자동확산소화용구처럼 자동으로 열에 의해 소화되는 설비이다.
③ 준비작동식 스프링클러는 감지기의 동작으로 헤드까지 소화용수가 송수되어 헤드가열에 따라 개방되는 방식이다.
④ 스프링클러설비는 초기 설치비용은 크지만 소화 후 수손피해가 적다.

040 다음에 해당하는 스프링클러설비는? 〔15년 통합〕

> 가압송수장치에서 폐쇄형스프링클러헤드까지 배관 내에 항상 물이 가압되어 있다가 화재로 인한 열로 폐쇄형스프링클러헤드가 개방되면 배관 내에 유수가 발생하여 작동하게 되는 설비

① 습식 스프링클러설비
② 건식 스프링클러설비
③ 준비작동식 스프링클러설비
④ 일제살수식 스프링클러설비

041 다음에서 설명하는 스프링클러설비의 종류를 고르면? 〔17년 공개〕

> 1차측에는 가압수를 2차측에는 저압 또는 대기압상태로 화재가 발생하면 먼저 방호구역에 설치되어 있는 감지기의 작동에 의해 헤드까지 송수되어 있다가 화재온도에 의해 폐쇄형헤드가 개방되면 살수가 이루어져 2단계로 소화가 이루어지는 시스템이다.

① 습식
② 건식
③ 준비작동식
④ 일제살수식

042 다음에서 설명하고 있는 스프링클러설비는 무엇인가? 〔17년 소방간부〕

> 주로 난방이 되지 않는 장소에 설치하는 스프링클러설비로서 유수검지장치 1차 측까지 배관 내에 항상 물이 가압되어 있고, 2차 측에서 스프링클러헤드까지 대기압 상태로 폐쇄형헤드가 설치되어 있다.

① 습식 스프링클러설비
② 건식 스프링클러설비
③ 준비작동식 스프링클러설비
④ 부압식 스프링클러설비
⑤ 일제살수식 스프링클러설비

043 다음 내용에 해당하는 스프링클러설비 방식은? 🔥🔥🔥 [24년 소방간부]

- 가압송수장치에서 유수검지장치 1차 측까지 배관 내에 항상 물이 가압되어 있고, 2차 측에서 폐쇄형스프링클러헤드까지 대기압 또는 저압으로 있다.
- 화재발생 시 감지기의 작동으로 밸브가 개방되면 폐쇄형스프링클러헤드까지 소화수가 송수되고, 폐쇄형스프링클러헤드가 열에 의해 개방되면 방수가 된다.

① 습식
② 건식
③ 부압식
④ 준비작동식
⑤ 일제살수식

044 스프링클러설비의 종류별 1차측 배관과 2차측 배관상태로 옳지 않은 것은? 🔥🔥🔥 [12년 경기]

① 건식 스프링클러설비 – 1차 : 가압수, 2차 : 대기압
② 습식 스프링클러설비 – 1차 : 가압수, 2차 : 가압수
③ 준비작동식 스프링클러설비 – 1차 : 가압수, 2차 : 대기압
④ 일제살수식 스프링클러설비 – 1차 : 가압수, 2차 : 대기압

045 폐쇄형 스프링클러헤드를 사용하는 스프링클러설비를 〈보기〉에서 있는 대로 고른 것은?
🔥🔥🔥 [18년 공개] [21년 소방간부]

| 보기 |

㉠ 일제살수식 스프링클러설비   ㉡ 부압식 스프링클러설비
㉢ 준비작동식 스프링클러설비   ㉣ 건식 스프링클러설비
㉤ 습식 스프링클러설비

① ㉠
② ㉠, ㉡
③ ㉡, ㉢, ㉣
④ ㉡, ㉢, ㉣, ㉤
⑤ ㉠, ㉡, ㉢, ㉣, ㉤

046 스프링클러설비의 종류 중에서 2차측 헤드로 개방형 헤드를 사용하는 것은?

① 준비작동식
② 가압수조식
③ 습식
④ 건식
⑤ 일제살수식

047 다음 중 스프링클러설비 중 감지기를 별도로 설치하지 않아도 되는 설비로 옳은 것은?

| ㉮ Wet pipe systems | ㉯ Deluge systems |
| ㉰ Pre—action systems | ㉱ Dry pipe systems |

① ㉰, ㉱
② ㉰, ㉯
③ ㉮, ㉱
④ ㉮, ㉰

048 스프링클러설비 중 감지기와 연동하여 작동하는 것만을 모두 고른 것은?

㉠ 습식 스프링클러설비	㉡ 건식 스프링클러설비
㉢ 준비작동식 스프링클러설비	㉣ 일제살수식 스프링클러설비
㉤ 부압식 스프링클러설비	

① ㉠, ㉡, ㉢
② ㉠, ㉣, ㉤
③ ㉡, ㉢, ㉣
④ ㉢, ㉣, ㉤

049 스프링클러설비의 종류별 특징에 대한 설명으로 옳은 것은?

① 일제살수식의 경우 폐쇄형 스프링클러헤드가 설치된다.
② 건식의 경우 2차측 배관에 가압수를 충전시킨다.
③ 습식과 일제살수식의 경우 감지기가 설치된다.
④ 습식의 경우 슈퍼비조리판넬(Supervisory Panel)이 설치된다.
⑤ 준비작동식의 경우 감지기와 폐쇄형 스프링클러헤드가 설치된다.

050 스프링클러설비의 구성품 중 리타딩 챔버(retarding chamber)의 기능으로 옳은 것은?

[20년 공개]

① 역류방지
② 가압송수
③ 오작동방지
④ 동파방지

051 스프링클러설비 종류별 주요 구성품의 연결이 옳은 것만을 〈보기〉에서 있는 대로 고른 것은?

[22년 소방간부]

| 보기 |

ㄱ. 습식 스프링클러설비 : 알람밸브, 개방형 헤드
ㄴ. 건식 스프링클러설비 : 익조스터(Exhauster), 공기 압축기
ㄷ. 준비작동식 스프링클러설비 : 선택밸브, SVP (Super-visory Panel)
ㄹ. 일제살수식 스프링클러설비 : 일제개방밸브, 개방형 헤드

① ㄱ, ㄷ
② ㄴ, ㄹ
③ ㄱ, ㄴ, ㄷ
④ ㄴ, ㄷ, ㄹ
⑤ ㄱ, ㄴ, ㄷ, ㄹ

052 다음 중 스프링클러설비를 구성하는 배관 중 헤드가 설치된 가장 가느다란 배관은?

[13년 충북]

① 교차배관
② 수평주행배관
③ 가지배관
④ 입상배관

053 스프링클러헤드를 설치하지 아니할 수 있는 장소에 해당하지 않는 것은?

[21년 소방간부]

① 고온의 노(爐)가 설치된 장소
② 영하의 냉장창고의 냉장실 또는 냉동창고의 냉동실
③ 현관 또는 로비 등으로서 바닥으로부터 높이가 20m 이상인 장소
④ 펌프실·물탱크실, 엘리베이터 권상기실
⑤ 천장·반자 중 한쪽이 불연재료로 되어있고 천장과 반자사이의 거리가 2m 미만인 부분

054 스프링클러설비의 헤드 수평거리로서 알맞은 것은? 🔥🔥🔥 [11년 울산]

① 내화구조 : 2.5m 이하
② 기타구조 : 2.3m 이하
③ 랙크식 창고 : 2.1m 이하
④ 무대부 : 1.7m 이하

055 「소방시설 설치 및 관리에 관한 법률 시행령」상 스프링클러설비를 설치하여야 하는 특정소방대상물이 아닌 것은? 🔥🔥🔥 [21년 소방간부]

① 수용인원이 200명인 박물관
② 지하층에 있는 바닥면적이 300m^2인 영화상영관
③ 바닥면적 합계가 1,000m^2인 한방병원
④ 바닥면적 합계가 6,000m^2인 물류터미널
⑤ 바닥면적 합계가 10,000m^2인 농수산물공판장

056 소방청장이 정하는 내진설계기준에 맞게 소방시설을 설치해야 하는 경우 대통령령으로 정하는 소방시설에 해당하지 않는 것은? 🔥🔥🔥 [19년 소방간부]

① 옥내소화전설비
② 옥외소화전설비
③ 물분무소화설비
④ 스프링클러설비
⑤ 포소화설비

057 물분무소화설비와 같은 방수형태는? 🔥🔥🔥 [13년 전북]

① 적상
② 봉상
③ 포상
④ 무상

058 「포소화설비의 화재안전성능기준」상 포 소화약제 혼합장치 중 '프레셔사이드 프로포셔너방식'에 대한 설명으로 옳은 것은? 🔥🔥🔥 [25년 소방간부]

① 펌프와 발포기의 중간에 설치된 벤추리관의 벤추리작용과 펌프 가압수의 포 소화약제 저장탱크에 대한 압력에 따라 포 소화약제를 흡입·혼합하는 방식을 말한다.
② 펌프와 발포기의 중간에 설치된 벤추리관의 벤추리작용에 따라 포 소화약제를 흡입·혼합하는 방식을 말한다.
③ 펌프의 토출관과 흡입관 사이의 배관 도중에 설치한 흡입기에 펌프에서 토출된 물의 일부를 보내고, 농도 조정밸브에서 조정된 포 소화약제의 필요량을 포 소화약제 저장탱크에서 펌프 흡입측으로 보내어 이를 혼합하는 방식을 말한다.
④ 물, 포 소화약제 및 공기를 믹싱챔버로 강제주입시켜 챔버 내에서 포수용액을 생성한 후 포를 방사하는 방식을 말한다.
⑤ 펌프의 토출관에 압입기를 설치하여 포 소화약제 압입용펌프로 포 소화약제를 압입시켜 혼합하는 방식을 말한다.

059 포혼합장치 중 펌프 프로포셔너(pump proportioner) 방식에 해당하는 것은? 🔥🔥🔥 [21년 공개]

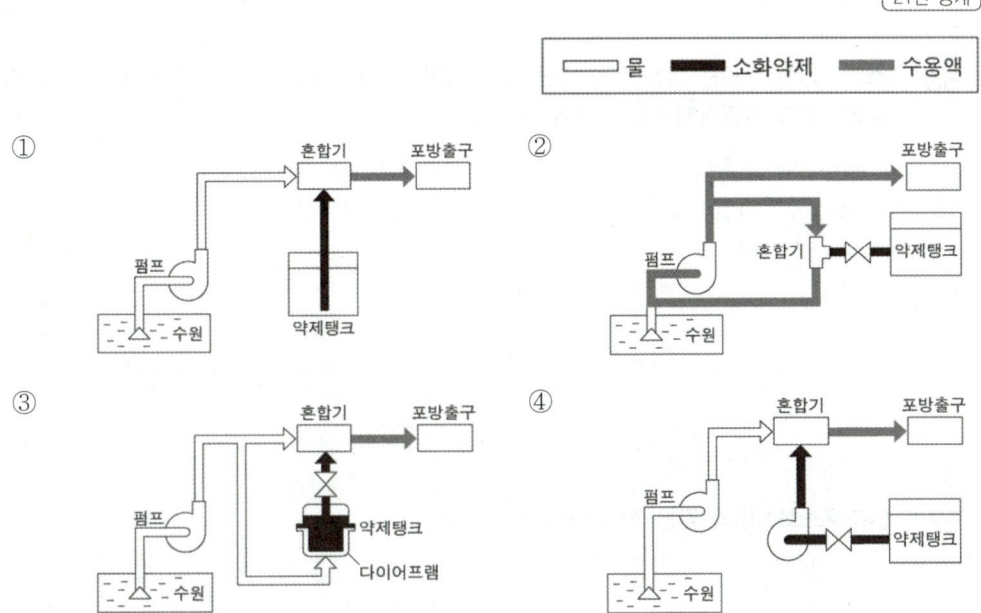

060 (가) ~ (라)의 포소화약제 혼합방식에 관한 설명으로 옳지 않은 것은? 25년 공개

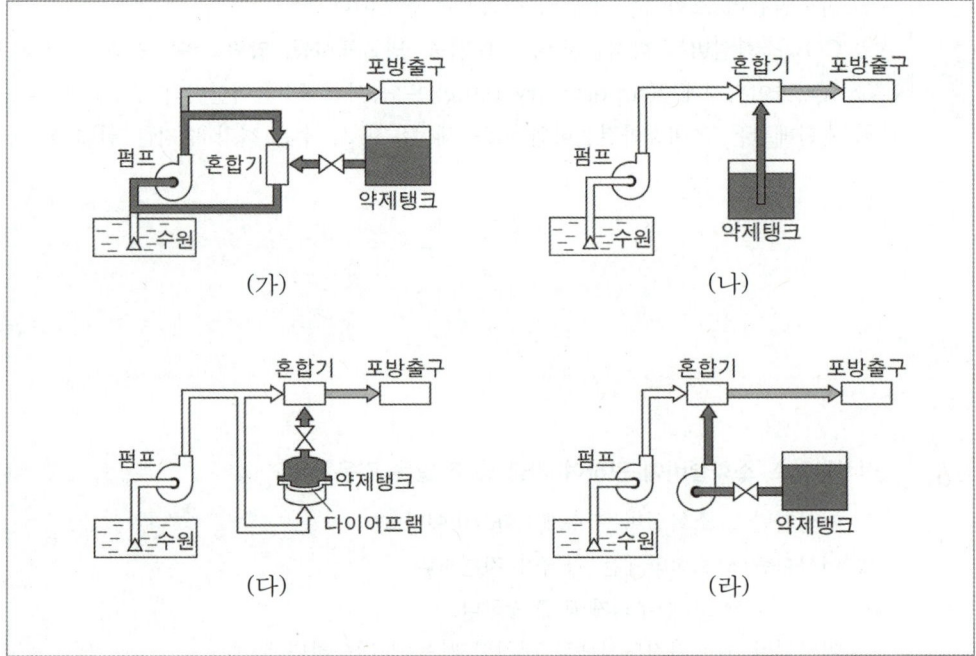

① (가) : 화학소방차에 주로 사용하는 방식이다.
② (나) : 혼합기의 압력손실이 적고, 흡입 가능한 유량의 범위가 넓다.
③ (다) : 약제 원액 잔량을 버리지 않고 계속 사용할 수 있다.
④ (라) : 비행기 격납고, 석유화학 플랜트 등과 같은 대단위 고정식 소화설비에 주로 사용하며, 설치비가 비싸다.

061 포소화설비에 관한 설명으로 옳지 않은 것은? 23년 공개

① 팽창비란 최종 발생한 포 수용액 체적을 원래 포 체적으로 나눈 값을 말한다.
② 연성계란 대기압 이상의 압력과 대기압 이하의 압력을 측정할 수 있는 계측기를 말한다.
③ 국소방출방식이란 소화약제 공급장치에 배관 및 분사 헤드 등을 설치하여 직접 화점에 소화약제를 방출하는 방식을 말한다.
④ 프레셔사이드 프로포셔너방식이란 펌프의 토출관에 압입기를 설치하여 포 소화약제 압입용펌프로 포 소화약제를 압입시켜 혼합하는 방식을 말한다.

062 소화설비에 대한 설명으로 옳은 것은? ⟨21년 공개⟩

① 산·알칼리 소화기는 가스계 소화기로 분류된다.
② CO_2 소화설비는 화재감지기, 선택밸브, 방출표시등, 압력스위치 등으로 구성된다.
③ 슈퍼바이저리패널(supervisory panel)은 습식스프링클러설비의 구성요소이다.
④ 순환배관은 옥내소화전설비의 펌프 체절운전 시 수온 하강 방지를 위해 설치한다.

063 이산화탄소 소화설비에 관하여 가장 옳지 않은 것은? ⟨11년 서울⟩

① 이산화탄소 소화설비는 수계소화설비이다.
② 이산화탄소 소화약제는 가격이 저렴하다.
③ 침투성이 좋고 심부화재에 적합하다.
④ 이산화탄소는 비전도성으로 전기화재 등에 적합하다.

064 〈보기〉의 이산화탄소 소화설비의 작동 단계를 순서대로 바르게 나열한 것은? ⟨25년 공개⟩

| 보기 |
ㄱ. 기동용기 솔레노이드 동작
ㄴ. 분사헤드 가스 방출
ㄷ. 선택밸브 개방
ㄹ. 저장용기밸브 개방

① ㄱ → ㄷ → ㄹ → ㄴ
② ㄱ → ㄹ → ㄷ → ㄴ
③ ㄷ → ㄱ → ㄴ → ㄹ
④ ㄷ → ㄹ → ㄱ → ㄴ

065 다음 보기는 자동식 이산화탄소소화설비의 작동원리를 순서 없이 나열한 것이다. 이를 순서대로 나열한 것은? 🔥🔥🔥 [12년 전북]

> 감지기에 의한 화재 감지 →
> 가. 기동용 이산화탄소가스 방출
> 나. 방출표시등 점등
> 다. 경보장치 작동 및 화재지구 표시등 점등
> 라. 선택밸브 및 해당 구역의 저장용기 밸브 개방
> → 분사헤드를 통한 이산화탄소가스 방출

① 가 – 다 – 라 – 나   ② 가 – 나 – 라 – 다
③ 다 – 가 – 라 – 나   ④ 다 – 가 – 나 – 라

066 이산화탄소소화설비에 대한 일반적인 설명으로 옳지 않은 것은? 🔥🔥 [22년 공개]

① 기동용기의 가스는 압력스위치 및 자동폐쇄장치를 작동시키는 역할을 한다.
② 저장용기는 직사광선 및 빗물이 침투할 우려가 없는 곳에 설치한다.
③ 전역방출방식에서 환기장치는 이산화탄소가 방사되기 전에 정지되어야 한다.
④ 전역방출방식에서 음향경보장치와 방출표시등이 필요하다.

067 다음 중 이산화탄소소화설비에 관하여 옳지 않은 것은? 🔥🔥🔥 [13년 소방간부]

① 전역방출방식에서 심부화재는 7분 이내 방사, 표면화재는 1분 이내에 방사한다.
② 나트륨, 칼륨 등 활성금속물질에는 소화약제의 사용을 피하여야 한다.
③ 전시장 등의 관람을 위하여 다수인이 출입·통행하는 실내의 통로에 설치하도록 한다.
④ 화재 시 실내 인원을 실외로 대피시키기 위하여 1분 이상 경보를 울려야 한다.
⑤ 줄톰슨효과에 의하여 온도가 급강하하면서 드라이아이스가 생성되어 냉각효과도 생기게 된다.

CHAPTER 03 경보설비

068 다음 중 경보설비에 대한 설명으로 맞는 것은? [12년 울산]
① 자동화재속보설비는 자동화재탐지설비로부터 화재신호를 받아 통신망 음성 등의 방법으로 관계인에게 자동적으로 화재발생 위치를 신속하게 통보해주는 설비이다.
② 단독경보형감지기는 별도의 수신기를 통해 화재발생 상황을 알린다.
③ 자동화재탐지설비는 감지기, 발신기, 수신기, 음향장치 등으로 구성되어 있다.
④ 비상벨설비는 항상 자동으로 건물 내·외에 있는 사람에게 화재사실을 알린다.

069 자동화재탐지설비 수신기의 화재신호와 연동으로 작동하여 관계인에게 화재발생을 경보함과 동시에 소방관서에 자동적으로 통신망을 통한 당해 화재발생 및 당해 소방대상물의 위치 등을 음성으로 통보하여 주는 것은? [22년 소방간부]
① 통합감시시설
② 비상경보설비
③ 비상방송설비
④ 자동화재속보설비
⑤ 단독경보형 감지기

070 다음 중 자동화재탐지설비의 구성요소가 아닌 것은? [13년 충북] [17년 공개]
① 감지기
② 수신기
③ 발신기
④ 송신기

071 자동화재탐지설비의 감지기가 하는 기능이 아닌 것은? [11년 서울]
① 센서기능
② 판단기능
③ 발신기능
④ 수신기능

072 특정소방대상물 중 화재신호를 발신하고 그 신호를 수신 및 유효하게 제어할 수 있는 구역을 무엇이라고 하는가?　[13년 소방간부]

① 제어구역　② 자동화재탐지구역
③ 수신구역　④ 경계구역
⑤ 발신구역

073 소방대상물에서 화재신호를 발신하고 그 신호를 수신 및 유효하게 제어할 수 있는 경계구역의 설정기준으로 옳지 않은 것은?　[16년 소방간부]

① 하나의 경계구역이 2개 이상의 건축물에 미치지 아니하도록 한다.
② 하나의 경계구역이 2개 이상의 층에 미치지 아니하도록 한다. 다만 500m^2 이하의 범위 안에서는 2개의 층을 하나의 경계구역으로 할 수 있다.
③ 하나의 경계구역의 면적은 500m^2 이하로 하고 한 변의 길이는 50m 이하로 한다.
④ 지하층의 계단 및 경사로(지하층의 층수가 1일 경우는 제외)는 별도로 하나의 경계구역으로 하여야 한다.
⑤ 외기에 면하여 상시 개방된 부분이 있는 차고, 주차장, 창고 등에 있어서는 외기에 면하는 각 부분으로부터 5m 미만의 범위 안에 있는 부분은 경계구역의 면적에 산입하지 않는다.

074 자동화재탐지설비의 경계구역 설정에 대한 기준이다. (　) 안에 들어갈 내용으로 옳은 것은?　[20년 소방간부]

> 하나의 경계구역의 면적은 (ㄱ)m^2 이하로 하고 한 변의 길이는 (ㄴ)m 이하로 할 것. 다만, 해당 특정소방대상물의 주된 출입구에서 그 내부전체가 보이는 것에 있어서는 한 변의 길이가 (ㄷ)m의 범위 내에서 (ㄹ)m^2 이하로 할 수 있다.

	ㄱ	ㄴ	ㄷ	ㄹ
①	500	50	60	800
②	500	60	50	1,000
③	600	50	50	800
④	600	50	50	1,000
⑤	600	60	60	1,000

075 자동화재탐지설비에 대한 설명 중 옳지 않은 것은? 〔15년 통합〕

① 발신기는 화재발생 신고를 수신기 또는 중계기에 수동으로 발신하는 것을 말한다.
② 수신기는 화재 시 발신기 또는 감지기로부터 신호를 직접 또는 중계기를 거쳐 수신하는 건물 관계자에게 표시 및 음향장치로 알려주는 설비이며 P형은 고유신호를 수신하고 R형은 공통신호를 수신한다.
③ 경계구역이란 소방대상물 중 화재신호를 발신하고 그 신호를 수신 및 유효하게 제어할 수 있는 구역을 말한다.
④ 자동화재탐지설비는 화재발생을 자동으로 감지하여 해당 소방대상물의 관계자에게 통보하는 설비로 자동화재속보설비와 연동하여 작동할 수 있다.

076 다음 중 R형 수신기와 P형 수신기에 대한 설명으로 옳지 않은 것은? 〔14년 소방간부〕

① 대형 건축물이나 다수의 동이 있는 건축물에 P형 수신기보다 R형 수신기가 적합하다.
② R형 수신기는 P형 수신기에 비해 증설 및 이설이 용이하다.
③ R형 수신기는 회로 또는 기기 이상, 고장 등을 판단하는 자가진단 기능이 있다.
④ P형 수신기는 화재신호를 접점신호인 고유신호로 수신하기 때문에 각 경계구역마다 별도의 실선배선으로 연결한다.
⑤ R형 수신기는 하나의 선로를 통하여 많은 신호를 주고 받을 수 있어 선로수를 획기적으로 감소할 수 있다.

077 자동화재탐지설비의 화재안전기준에 따라 고층건축물에서 2층 이상의 층에서 화재가 발생했을 때 우선적으로 경보를 발할 수 있는 범위는? 〔14년 통합〕

① 발화층 및 직상층 1개층
② 발화층 및 직상층 2개층
③ 발화층 및 직상층 3개층
④ 발화층 및 직상층 4개층

078 ⟨보기⟩에 제시된 건축물 1층에서 화재가 발생한 경우 우선경보방식으로 발하여야 하는 해당 층을 모두 나타낸 것은? 🔥🔥 [20년 소방간부]

| 보기 |
지하 3층, 지상 35층, 업무시설, 연면적 10,000m²

① 1층, 2층
② 1층, 2층, 지하층 전체
③ 1층, 2층, 3층, 4층, 5층
④ 1층, 2층, 3층, 4층, 5층, 지하층 전체
⑤ 건물 전체 층

079 열감지기의 종류가 아닌 것은? 🔥🔥 [18년 공개]

① 보상식
② 정온식
③ 광전식
④ 차동식

080 차동식 분포형 감지기의 종류에 해당하지 않는 것은? 🔥🔥 [23년 공개]

① 공기관식
② 열전대식
③ 반도체식
④ 광전식

081 다음 중 연기감지기의 종류로 옳은 것은? 🔥🔥 [17년 공개]

① 광전식 분리형 감지기
② 보상식 감지기
③ 차동식 분포형 감지기
④ 정온식 감지선형 감지기

082 자동화재탐지설비에서 열감지기의 종류가 아닌 것은? 🔥🔥 [12년 통합]

① 넓은 범위 내에서의 열효과 누적에 의하여 작동되는 감지기
② 열기전력을 이용한 감지기
③ 이온전류가 변화하여 작동하는 감지기
④ 공기팽창을 이용한 감지기

083 차동식 스포트형과 정온식 스포트형 감지기의 성능을 겸한 것으로서 둘 중 어느 한 기능이 작동되면 화재신호를 발하는 감지기는? [19년 소방간부]

① 다신호식
② 아날로그식
③ 광전식 스포트형
④ 보상식 스포트형
⑤ 이온화식 스포트형

084 주위 온도가 일정 상승률 이상 되는 경우에 작동하는 감지기로서 넓은 범위 내에서 열효과 누적에 의해 작동하는 것은? [24년 공개]

① 차동식 분포형 감지기
② 차동식 스포트형 감지기
③ 정온식 스포트형 감지기
④ 정온식 감지선형 감지기

085 자동화재탐지설비 감지기의 종류에 대한 설명이다. ( ) 안에 들어갈 내용으로 옳은 것은? [21년 소방간부]

주위온도가 일정 상승률 이상이 되는 경우에 작동하는 것으로서 일국소의 열효과에 의하여 작동하는 것을 (㉠) 감지기라 하고, 일국소의 주위온도가 일정한 온도 이상이 되는 경우에 작동하는 것으로서 외관이 전선으로 되어 있지 아니한 것을 (㉡) 감지기 라 한다. 이들 두 감지기의 성능을 겸한 것으로서 두 성능 중 어느 하나가 작동되면 화재신호를 발하는 것을 (㉢) 감지기 라고 한다.

	㉠	㉡	㉢
①	정온식 스포트형	차동식 스포트형	보상식 스포트형
②	정온식 분포형	차동식 분포형	열복합식
③	차동식 스포트형	정온식 스포트형	보상식 스포트형
④	차동식 분포형	정온식 분포형	열복합식
⑤	차동식 감지선형	정온식 감지선형	열연복합식

086 자동화재탐지설비에서 부착 높이에 따른 감지기로 옳은 것만을 〈보기〉에서 있는 대로 고른 것은? 🔥🔥🔥 [23년 소방간부]

| 보기 |
ㄱ. 부착 높이 4m 미만 : 광전식 스포트형 감지기
ㄴ. 부착 높이 4m 이상 8m 미만 : 정온식 감지선형 1종 감지기
ㄷ. 부착 높이 8m 이상 15m 미만 : 차동식 스포트형 감지기
ㄹ. 부착 높이 15m 이상 20m 미만 : 보상식 스포트형 감지기

① ㄱ, ㄴ
② ㄱ, ㄷ
③ ㄴ, ㄹ
④ ㄱ, ㄷ, ㄹ
⑤ ㄴ, ㄷ, ㄹ

087 소방시설 중 경보설비에 관한 설명으로 옳지 않은 것은? 🔥🔥🔥 [24년 공개]

① 시각경보기는 청각장애인에게 점멸 형태로 시각경보를 하는 장치이다.
② R형 수신기는 감지기 또는 발신기에서 1 : 1 접점방식으로 전송된 신호를 수신한다.
③ 비상방송설비는 수신기에 화재신호가 도달하면 방송으로 화재 사실을 알리는 설비이다.
④ 이온화식 감지기와 광전식 감지기는 연기를 감지하여 화재신호를 발하는 장치이다.

088 화재알림설비에 대한 설명으로 옳지 않은 것은? 🔥🔥🔥 [25년 공개]

① "발신기"란 수동누름버튼 등의 작동으로 화재신호를 수신기에 발신하는 장치를 말한다.
② "원격감시서버"란 원격지에서 각각의 화재알림설비로부터 수신한 화재정보값 및 화재신호, 상태신호 등을 원격으로 감시하기 위한 서버를 말한다.
③ "화재알림형 비상경보장치"란 화재알림형 감지기, 발신기, 표시등, 지구음향장치(경종 또는 사이렌 등)를 내장한 것으로 화재발생 상황을 경보하는 장치를 말한다.
④ "화재알림형 중계기"란 화재알림형 감지기, 발신기 또는 전기적인 접점 등의 작동에 따른 화재정보값 또는 화재신호 등을 받아 이를 화재알림형 수신기에 전송하는 장치를 말한다.

CHAPTER 04 피난구조설비, 소화용수설비, 소화활동설비

▶ 정답 및 해설 p.532
▶ 기본서 p.335

089 다음 중 〈보기〉에 해당하는 내용으로 옳은 것은? [11년 부산]

| 보기 |
- 사용자의 몸무게에 따라 자동적으로 내려올 수 있는 기구 중 사용자가 교대하여 연속적으로 사용할 수 있는 것을 말한다.
- 조속기, 후크, 연결금속구, 벨트, 로프로 구성되어 있다.

① 완강기 ② 구조대
③ 간이완강기 ④ 피난사다리

090 다음은 피난구조설비에 대한 설명이다. 가장 옳지 않은 것은? [15년 전북]

① 휴대용 비상조명등의 설치는 대규모점포와 영화상영관은 보행거리 50m 이내마다 3개 이상 설치하며 지하상가 및 지하역사에는 보행거리 25m 이내마다 3개 이상 설치한다.
② 인명구조기구에는 인공소생기, 방열복, 방화복, 공기안전매트가 있다.
③ 완강기란 사용자의 몸무게에 따라 자동적으로 내려올 수 있는 기구 중 사용자가 교대하여 연속적으로 사용할 수 있는 것을 말한다.
④ 구조대란 포지 등을 사용하여 자루형태로 만든 것으로서 화재시 사용자가 그 내부에 들어가서 내려옴으로써 대피할 수 있을 것을 말한다.

091 소방시설의 설치 및 관리에 관한 법률에 관한 설명으로 옳은 것은? [18년 소방간부]

① 무창층에 설치되는 개구부의 크기는 지름 70cm의 원이 통과할 수 있어야 한다.
② 지하구란 곧바로 지상으로 갈 수 있는 출입구가 있는 층을 말한다.
③ 화재를 진압하는 데 필요한 물을 공급하거나 저장하는 설비를 소화활동설비라 한다.
④ 방열복, 공기호흡기, 공기안전매트는 피난구조설비이다.
⑤ 옥내소화전설비, 포소화설비, 소화기구, 연결송수관설비 등은 소화설비에 해당한다.

092 피난구조설비에 대한 설명으로 옳지 않은 것은? 🔥🔥🔥 [21년 공개]

① 인공소생기란 호흡 부전 상태인 사람에게 인공호흡을 시켜 환자를 보호하거나 구급하는 기구를 말한다.
② 피난구유도등이란 피난구 또는 피난경로로 사용되는 출입구를 표시하여 피난을 유도하는 등을 말한다.
③ 복도통로유도등이란 피난통로가 되는 복도에 설치하는 통로유도등으로서 피난구의 방향을 명시하는 것을 말한다.
④ 구조대란 사용자의 몸무게에 의하여 자동으로 하강하고 내려서면 스스로 상승하여 연속적으로 사용할 수 있는 무동력 피난기구를 말한다.

093 피난기구의 화재안전성능기준(NFPC 301)에서 피난기구의 설치기준으로 옳지 않은 것은? 🔥🔥🔥 [23년 소방간부]

① 피난기구를 설치하는 개구부는 서로 동일직선상이 아닌 위치에 있을 것
② 구조대의 길이는 피난 상 지장이 없고 안정한 강하 속도를 유지할 수 있는 길이로 할 것
③ 다수인 피난장비는 사용 시에 보관실 외측 문이 먼저 열리고 탑승기가 외측으로 자동으로 전개될 것
④ 피난기구는 특정소방대상물의 기둥·바닥 및 보 등 구조상 견고한 부분에 볼트조임·매입 및 용접 등의 방법으로 견고하게 부착할 것
⑤ 4층 이상의 층에 하향식 피난구용 내림식사다리를 설치하는 경우에는 금속성 고정사다리를 설치하고, 당해 고정사다리에는 쉽게 피난할 수 있는 구조의 노대를 설치할 것

094 다음 중 객석유도등의 설치 위치가 아닌 것은? 🔥🔥🔥 [11년 전남]

① 통로
② 바닥
③ 벽
④ 기둥

095 다음 중 제연설비의 제연구역에 대한 설명으로 옳지 않은 것은? [11년 통합]

① 거실과 통로(복도를 포함한다.)는 각각 제연구획한다.
② 통로상의 제연구역은 보행중심선의 길이가 60m를 초과하지 아니하여야 한다.
③ 하나의 제연구역의 면적은 1,500m² 이내로 하여야 한다.
④ 하나의 제연구역은 2개 이상 층에 미치지 아니하도록 할 것. 다만, 층의 구분이 불분명한 부분은 그 부분을 다른 부분과 별도로 제연구획 하여야 한다.

096 건물 화재 시 연기는 인명손실과 피난활동, 소방대의 활동에 가장 장애가 되는 요소이다. 이 연기 제어방법으로 가장 옳지 않은 것은? [17년 공개]

① 연소
② 희석
③ 배기
④ 차단

097 다음은 비상콘센트설비의 전원회로 기준에 관한 것이다. ( ) 안에 들어갈 내용으로 옳은 것은? [23년 소방간부]

비상콘센트설비의 전원회로는 (㉠)교류 (㉡)볼트인 것으로서, 그 공급용량은 (㉢) 킬로볼트암페어 이상인 것으로 할 것

	㉠	㉡	㉢
①	단상	24	1.5
②	단상	220	1.5
③	단상	380	3.0
④	3상	220	3.0
⑤	3상	380	3.0

MEMO

혼을 담은 노력은 배신하지 않는다.
평범한 노력은 노력이 아니라.
운을 얻으려면 공을 들여라. -이승엽 선수

SONICE
단원별
기출문제집
소방학개론

PART 07

소방행정 및 조직

CHAPTER 01 우리나라 소방의 시대별 발전과정
CHAPTER 02 소방행정체제 및 소방조직
CHAPTER 03 소방지원관리

CHAPTER 01 우리나라 소방의 시대별 발전과정

▶ 정답 및 해설 p.536
▶ 기본서 p.368

001 소방이라는 용어를 최초로 사용한 시대는? 🔥🔥🔥 [13년 광주]

① 조선시대 초 ② 일제 강점기
③ 갑오개혁 ④ 미군정

002 우리나라의 최초의 소방조직은? 🔥🔥🔥 [11년 전남]

① 멸화도감 ② 한성도감
③ 소방도감 ④ 금화도감

003 다음 중 금화조직(금화도감)의 창설시기로 옳은 것은? 🔥🔥🔥 [11년 울산]

① 고려시대 ② 조선시대
③ 일제 강점기 ④ 통일신라시대

004 우리나라 최초로 독립된 자치소방체제가 성립된 시기는? 🔥🔥🔥 [11년 부산]

① 1971년 ~ 1992년 ② 1945년 ~ 1948년
③ 1992년 ~ 2003년 ④ 1948년 ~ 1970년

005 소방역사의 변천과정 순서로서 옳은 것은? 🔥🔥🔥 [12년 울산]

| ㉮ 소방법 제정 | ㉯ 소방위원회 |
| ㉰ 시·도 광역자치소방체제 개편 | ㉱ 소방방재청 개청 |

① ㉱ - ㉰ - ㉮ - ㉯
② ㉯ - ㉮ - ㉰ - ㉱
③ ㉰ - ㉮ - ㉯ - ㉱
④ ㉯ - ㉱ - ㉰ - ㉮

006 소방역사에 대한 설명으로 옳은 것은? [15년 소방간부]

① 1426년 병조에 금화도감이 만들어지면서 멸화군으로 개편하였다.
② 1948년 정부수립 직후 소방공무원법의 제정으로 소방공무원의 신분이 독립되었다.
③ 1992년 소방이 광역소방행정체제로 전환되면서 처음으로 소방본부가 설치되었다.
④ 2003년 3월 재난 및 안전관리 기본법이 제정되고 2004년 소방법이 폐지되고 소방기본법 등 소방 4분법이 제정되었다.
⑤ 2004년 6월에 소방업무, 민방위 업무 등을 담당하는 소방방재청이 설립되었다.

007 소방의 역사에 대하여 옳지 않은 것은? [15년 통합]

① 1426년 세종 8년에 금화도감이 설치되었다.
② 1925년 최초의 소방서인 경성소방서가 설치됨과 동시에 소방법이 제정되었다.
③ 1972년 서울과 부산 이원적 소방행정체제가 시행되었다.
④ 2004년 재난 및 안전관리기본법을 공포하였다.

008 1948년 ~ 1970년의 소방체제로 옳은 것은? [15년 소방간부] [17년 공개]

① 국가소방체제   ② 자치소방체제
③ 광역소방체제   ④ 이원적소방체제
⑤ 군사소방체제

009 미군정시대부터의 우리나라 소방의 역사에 대한 설명으로 옳지 않은 것은? [18년 소방간부]

① 미군정기에 최초의 독립된 자치소방행정체제를 실시하였다.
② 1958년에 「소방법」이 제정되었다.
③ 1970년에 전국 시·도에 소방본부를 설치하였다.
④ 1977년에 국가·지방소방공무원에 대한 단일신분법이 제정되었다.
⑤ 2017년에 소방청이 설립되었다.

010 다음의 소방행정에 대한 설명으로 옳지 않은 것은? 🔥🔥🔥 〔17년 소방간부〕

① 소방조직은 화재를 비롯한 각종 재난과 사고로부터 국민의 생명·신체 및 재산을 보호함으로써 공공의 안녕 및 질서 유지와 복리증진에 이바지함을 목적으로 하는 공익조직이다.
② 도시의 인구집중화 현상, 건물의 고층화와 대형화, 지하생활공간의 확대, 가스·위험물 시설 및 사용량의 증가, 불특정다수가 운집하는 백화점이나 영화관의 증가 등 생활환경의 변화로 인해 소방의 역할은 날로 증가하고 있다.
③ 우리나라 소방은 1948년 정부수립부터 시·도 광역자치소방체제를 운용하고 있다.
④ 소방행정은 위급한 재난에 대응하는 위기관리(emergency management)의 성격을 지니므로 일반 행정과는 다소 다른 특징도 갖는다.
⑤ 오늘날 소방행정은 소방 서비스의 양적 확대 및 질적 고도화로 인해 전문적인 기술과 훈련을 통한 전문인력의 양성과 다양한 분야의 전문적 지식을 활용하는 응용과학적 지식체계를 필요로 한다.

011 우리나라 소방의 발전과정에 대한 설명 중 옳지 않은 것은? 🔥🔥🔥 〔18년 공개〕

① 최초의 소방관서는 금화도감이다.
② 일제강점기에 최초의 소방서가 설치되었다.
③ 갑오개혁 이후 '소방'이라는 용어를 처음 사용하였다.
④ 대한민국 정부수립과 동시에 소방본부가 설치되었다.

012 다음은 소방의 역사적 발전과정에 대한 설명이다. 옳은 것을 모두 것은? 🔥🔥🔥 〔18년 공개〕

┌─────────────────────────────────────┐
│ 가. 세종 8년 금화도감이 설치되었다.   │
│ 나. 일제시대에는 상비소방수제도가 있었다.   │
│ 다. 정부수립 후 1958년 소방법이 제정되었다.   │
│ 라. 2004년 소방방재청이 신설되었다.   │
└─────────────────────────────────────┘

① 가, 나
② 가, 나, 다
③ 가, 나, 라
④ 가, 나, 다, 라

013 해방 이후의 소방조직 변천과정을 과거부터 현재까지 옳게 나열한 것은? 🔥🔥🔥 [19년 공개]

> ㉠ 중앙에는 중앙소방위원회를 두고, 지방에는 도소방위원회를 두어 독립된 자치소방제도를 시행하였다.
> ㉡ 소방행정이 경찰행정 사무에 포함되어 시·군까지 일괄적으로 관리하는 국가소방체제로 전환되었다.
> ㉢ 서울과 부산은 소방본부를 설치하였고, 다른 지역은 국가소방체제로 국가소방과 자치소방의 이원화시기였다.
> ㉣ 소방사무가 시·도 사무로 전환되어 전국 시·도에 소방본부가 설치되었다.

① ㉠ → ㉡ → ㉢ → ㉣
② ㉠ → ㉡ → ㉣ → ㉢
③ ㉡ → ㉠ → ㉢ → ㉣
④ ㉡ → ㉠ → ㉣ → ㉢

014 우리나라 소방 역사에 대한 설명으로 옳지 않은 것은? 🔥🔥 [20년 공개]

① 조선 시대인 1426년(세종 8년) 금화도감이 설치되었다.
② 일제강점기인 1925년 최초의 소방서가 설치되었다.
③ 미군정 시대인 1946년 중앙소방위원회가 설치되었다.
④ 대한민국 정부수립 이후인 1948년 소방법이 제정·공포되었다.

015 우리나라 소방행정에 관한 설명으로 옳은 것은? 🔥🔥🔥 [20년 공개]

① 미군정시대에는 소방행정을 경찰에서 분리하여 자치소방행정체제를 도입하였다.
② 1972년 전국 시·도에 소방본부를 설치·운영하고 광역소방행정체제로 전환하였다.
③ 소방공무원은 공무원 분류상 경력직 공무원 중 특수경력직 공무원에 해당한다.
④ 소방공무원의 징계 중 경징계에는 정직, 감봉, 견책이 있다.

016 우리나라 소방 역사에 대한 설명으로 옳은 것만을 모두 고른 것은? 〔21년 공개〕

> ㉠ 고려시대에는 소방을 소재(消災)라 하였으며, 화통도감을 신설하였다.
> ㉡ 조선시대 세종 8년에 금화도감을 설치하였다.
> ㉢ 1915년에 우리나라 최초 소방본부인 경성소방서를 설치하였다.
> ㉣ 1945년에 중앙소방위원회 및 중앙소방청을 설치하였다.

① ㉠, ㉡
② ㉠, ㉡, ㉢
③ ㉡, ㉢, ㉣
③ ㉠, ㉡, ㉢, ㉣

017 우리나라 소방행정체제의 변천과정에 관한 내용으로 옳지 않은 것은? 〔23년 공개〕

① 중앙소방위원회 설치(1946) 당시에는 자치소방체제였다.
② 정부수립(1948) 당시에는 국가소방체제였다.
③ 중앙소방학교 설립(1978) 당시에는 국가소방과 자치소방의 이원적 체제였다.
④ 대구지하철 화재 발생(2003) 당시에는 국가소방체제였다.

018 우리나라 소방의 시대별 발전과정에 관한 내용으로 옳은 것만을 〈보기〉에서 고른 것은? 〔23년 소방간부〕

| 보기 |
ㄱ. 고려시대 : 금화도감을 설치하였다.
ㄴ. 조선시대 : 일본에서 들여온 수총기를 궁정소방대에 처음으로 구비하였다.
ㄷ. 일제강점기 : 우리나라 최초로 소방서를 설치하였다.
ㄹ. 미군정시대 : 소방을 경찰에서 분리하여 최초로 독립된 자치적 소방제도를 시행하였다.

① ㄱ, ㄴ
② ㄱ, ㄹ
③ ㄴ, ㄷ
④ ㄴ, ㄹ
⑤ ㄷ, ㄹ

019 소방행정조직의 발전 과정에 관한 설명으로 옳지 않은 것은? 🔥🔥🔥   [24년 공개]

① 1426년(세종 8년)에 독자적인 소방 관리를 위해 금화도감을 설치하였으며 이후 성문도감과 병합하여 수성금화도감으로 개편하였다.
② 1894년에 경무청이 설치되고, '소방'이란 용어가 처음으로 사용되었다.
③ 1948년에 대한민국 정부가 수립되고 국가 소방체제로 전환하면서 소방행정조직이 경찰에서 분리되었다.
④ 2017년에 「정부조직법」 개정으로 국민안전처를 해체하고 소방청을 개설하였다.

020 우리나라 소방의 변천 과정에 대한 설명으로 옳지 않은 것은? 🔥🔥🔥   [25년 공개]

① 고려 시대 : 소방을 소재(消災)라 하였고, 우리나라 소방행정의 근원이라 볼 수 있는 금화원 제도를 시행하였다.
② 조선 시대 : 5가를 1통으로 묶어 우물을 파고 물통을 준비하도록 하는 5가 작통제를 시행하였다. 아울러 세종 8년(1426년) 2월에 금화도감을 설치하였고, 6월에는 수성금화도감으로 개편하였다.
③ 일제 강점기 : 1925년 최초의 소방서인 경성소방서가 설치되었다. 이후 1938년 부산 및 평양에 소방서가 개소되었으며, 1944년 용산·인천·함흥에 소방서가 증설되었다.
④ 미군정 시대 : 1946년 소방부 및 소방위원회를 설치하고, 소방조직 및 업무를 경찰로부터 독립하여 자치소방체제로 전환하였다. 1947년 중앙소방위원회의 집행기구로 소방청이 설치되었다.

021 소방조직의 변천 과정을 시간 순서대로 나열한 것으로 옳은 것은? 🔥🔥🔥   [25년 소방간부]

① 금화도감 → 경성소방서 → 소방방재청 → 국민안전처 중앙소방본부
② 금화도감 → 경성소방서 → 국민안전처 중앙소방본부 → 소방방재청
③ 경성소방서 → 금화도감 → 소방방재청 → 국민안전처 중앙소방본부
④ 경성소방서 → 금화도감 → 국민안전처 중앙소방본부 → 소방방재청
⑤ 경성소방서 → 소방방재청 → 금화도감 → 국민안전처 중앙소방본부

022 대한민국 정부 수립 이후 중앙소방조직의 변천 과정을 시간적 순서대로 옳게 나열한 것은? 🔥🔥🔥
24년 소방간부

① 소방방재청 – 내무부 소방국 – 내무부 치안국 소방과 – 국민안전처 중앙소방본부 – 소방청
② 소방방재청 – 내무부 치안국 소방과 – 내무부 소방국 – 국민안전처 중앙소방본부 – 소방청
③ 내무부 소방국 – 내무부 치안국 소방과 – 국민안전처 중앙소방본부 – 소방방재청 – 소방청
④ 내무부 경찰국 소방과 – 내무부 소방국 – 소방청 – 국민안전처 중앙소방본부 – 소방방재청
⑤ 내무부 치안국 소방과 – 내무부 소방국 – 소방방재청 – 국민안전처 중앙소방본부 – 소방청

023 소방 조직의 설치가 시기순으로 옳게 나열된 것은? 🔥🔥🔥
24년 공개

① 내무부 소방과 – 내무부 소방국 – 도 소방위원회 – 시·도 소방본부
② 도 소방위원회 – 내무부 소방국 – 시·도 소방본부 – 소방방재청
③ 중앙소방위원회 – 내무부 소방국 – 도 소방위원회 – 소방방재청
④ 내무부 소방국 – 중앙소방위원회 – 소방방재청 – 소방청

CHAPTER 02 소방행정체제 및 소방조직

▶ 정답 및 해설 p.542
▶ 기본서 p.382

024 우리나라 소방조직에 대한 구분으로 옳지 않은 것은? 🔥🔥🔥 〔18년 소방간부〕

① 중앙소방행정조직 - 중앙119구조본부
② 지방소방행정조직 - 서울특별시소방학교
③ 민간소방조직 - 자체소방대
④ 지방소방행정조직 - 소방서
⑤ 중앙소방행정조직 - 의용소방대

025 우리나라 소방조직체계 중 지방소방행정조직에 해당하는 것은? 🔥🔥🔥 〔16년 소방간부〕

① 의용소방대   ② 자체소방대
③ 의무소방대   ④ 자위소방대
⑤ 중앙소방학교

026 간접적 소방행정기관의 설명 중 틀린 것은? 🔥🔥🔥 〔12년 전북〕

① 한국소방산업기술원은 소방산업의 진흥·발전을 효율적으로 지원하기 위하여 설립하며 기술원은 법인으로 하되 민법의 재단법인에 관한 규정을 준용한다.
② 한국소방안전원은 법인으로 하되, 협회에 관하여 일반적으로 민법 가운데 재단법인 규정을 준용한다.
③ 대한소방공제회는 직무수행 중 사망하거나 상이를 입은 사람에 대한 지원 사업을 하며 소방기본법에 명시되어 있다.
④ 소방공무원에 대한 효율적인 공제제도를 확립·운영하고, 직무수행 중 사망하거나 상이를 입은 사람에 대한 지원사업을 함으로써 이들의 생활안정과 복지증진에 이바지함을 목적으로 하여 대한소방공제회를 설립한다.

027 소방조직에 대한 설명 중 틀린 것은? 〔11년 부산〕

① 현재 소방행정조직은 자치소방체제이다.
② 소방대는 소방공무원, 의무소방원, 의용소방대원으로 구성되어 있다.
③ 소방본부장은 시·도지사의 지휘, 감독을 받는다.
④ 소방방재청은 대구 지하철화재를 계기로 2004년 개청되었다.

028 민간 소방행정조직의 설치에 관한 설명으로 옳지 않은 것은? 〔18년 공개〕

① 주유취급소에는 위험물안전관리자를 선임해야 한다.
② 소방안전관리대상물에는 소방안전관리자를 선임해야 한다.
③ 소방업무를 체계적으로 보조하기 위해 의용소방대를 설치한다.
④ 제4류 위험물을 저장·취급하는 제조소에는 반드시 자체소방대를 설치해야 한다.

029 민간 소방조직은 지속적으로 변천되어 왔다. 민간 소방조직의 변천 순서로 옳은 것은? 〔25년 공개〕

① 경방단 → 소방대 → 방공단 → 청원소방원
② 방공단 → 청원소방원 → 경방단 → 소방대
③ 소방대 → 방공단 → 청원소방원 → 경방단
④ 청원소방원 → 경방단 → 소방대 → 방공단

030 「소방기본법」에서 정의하는 소방대의 구성으로 옳지 않은 것은? 🔥🔥🔥　　12년 울산

① 소방공무원　　② 자위소방대원
③ 의용소방대원　　④ 의무소방원

031 의용소방대에 대한 설명으로 옳지 않은 것은? 🔥🔥🔥　　17년 소방간부

① 1958년 소방법 제정 시 의용소방대 설치 규정이 마련되었다.
② 지역에 거주 또는 상주하는 주민 가운데 희망하는 사람으로서 간호사 자격자는 의용소방대원으로 임명될 수 있다.
③ 서울특별시장은 서울특별시에 의용소방대를 둔다.
④ 의용소방대원의 정년은 65세로 한다.
⑤ 의용소방대의 대장 및 부대장은 관할 소방서장이 임명한다.

032 「의용소방대 설치 및 운영에 관한 법률」상 의용소방대의 임무로 옳지 않은 것은? 🔥🔥🔥　　19년 소방간부

① 화재예방업무의 보조
② 구조·구급 업무의 보조
③ 소방시설 점검업무의 보조
④ 화재의 경계와 진압업무의 보조
⑤ 화재 등 재난 발생 시 대피 및 구호업무의 보조

033 다음 중 의용소방대에 대하여 옳지 않은 것은? [13년 전북]

① 의용소방대는 그 지역에 거주 또는 상주하는 주민 가운데 희망하는 사람으로 구성하되, 의용소방대의 설치 등에 필요한 세부적인 사항은 시·도의 조례로 정한다.
② 의용소방대의 운영과 활동 등에 필요한 경비는 해당 시·도지사가 부담한다.
③ 시·도지사 또는 소방서장은 소방업무를 보조하기 위하여 시·도, 시·읍 또는 면의 의용소방대를 둔다.
④ 의용소방대원은 비상근으로 하며, 시·도지사는 소방업무를 하게 하기 위하여 필요한 때에는 의용소방대원을 소집해야 한다.

034 「위험물안전관리법 시행령」상 제조소에서 취급하는 제4류 위험물의 최대수량의 합이 지정수량의 50만배인 사업소의 경우, 자체소방대에 두는 화학소방자동차와 자체소방대원의 수로 옳은 것은? [23년 소방간부]

	화학소방자동차	자체소방대원
①	1대	5인
②	2대	10인
③	3대	15인
④	4대	20인
⑤	5대	10인

035 매슬로우(Maslow)의 욕구이론에 해당하지 않는 것은? [08년 경북]

① 안전욕구
② 자아실현의 욕구
③ 생활적 욕구
④ 존경의 욕구
⑤ 사회적 욕구

036 소방조직의 원리에 해당하지 않는 것은? [21년 공개]

① 조정의 원리
② 계층제의 원리
③ 명령 분산의 원리
④ 통솔 범위의 원리

037 다음 설명하는 소방조직의 원리로 가장 옳은 것은? 🔥🔥🔥 [17년 공개]

> 특정 사안에 대한 결정에 있어서 의사결정과정에서는 개인의 의견이 참여되지만 결정을 내리는 것은 개인이 아닌 소속 기관의 장이다.

① 계선의 원리
② 업무조정의 원리
③ 계층제의 원리
④ 명령통일의 원리

038 소방행정조직의 업무적 특성을 〈보기〉에서 모두 고른 것은? 🔥🔥🔥 [25년 공개]

| 보기 |

ㄱ. 가외성
ㄴ. 긴급성
ㄷ. 신속·대응성
ㄹ. 전문성

① ㄱ, ㄷ
② ㄱ, ㄴ
③ ㄴ, ㄷ, ㄹ
④ ㄱ, ㄴ, ㄷ, ㄹ

PART 7. 소방행정 및 조직   211

CHAPTER 03 소방자원관리

▶ 정답 및 해설 p.548
▶ 기본서 p.403

039 다음 중 소방공무원은 국가공무원법상 어디에 속하는가? 　　　　　　　　　　　　　　　　17년 공개

① 특정직 공무원
② 별정직 공무원
③ 특수경력직 공무원
④ 일반직 공무원

040 다음 중 소방조직에 관한 설명을 잘못한 것은? 　　　　　　　　　　　　　　　　11년 통합

① 소방공무원은 단계에 따라 연령정년과 계급정년이 있다.
② 소방공무원은 별정직 공무원이다.
③ 소방공무원의 계급 단계는 11단계이다.
④ 소방공무원 중징계에는 파면, 해임, 정직 등이 있다.

041 다음 중 용어의 뜻으로 옳지 않은 것은? 　　　　　　　　　　　　　　　　13년 광주

① "직위해제"란 휴직·직위해제 또는 정직(강등에 따른 정직을 포함한다) 중에 있는 소방공무원을 직위에 복귀시키는 것을 말한다.
② "임용"이란 신규채용·승진·전보·파견·강임·휴직·직위해제·정직·강등·복직·면직·해임 및 파면을 말한다.
③ "강임"이란 동종의 직무 내에서 하위의 직위에 임명하는 것을 말한다.
④ "전보"란 소방공무원의 같은 계급 및 자격 내에서의 근무기관이나 부서를 달리하는 임용을 말한다.

042 다음 중 높은 계급 순으로 옳은 것은? 🔥🔥🔥 [16년 통합]

① 소방총감 – 소방준감 – 소방정감 – 소방정 – 소방감
② 소방총감 – 소방감 – 소방준감 – 소방정 – 소방정감
③ 소방총감 – 소방준감 – 소방정 – 소방감 – 소방정감
④ 소방총감 – 소방정감 – 소방감 – 소방준감 – 소방정

043 「소방공무원법」상 근속승진과 계급정년의 내용으로 옳은 것은? 🔥🔥🔥 [24년 소방간부]

	근속승진	계급정년
①	소방사를 소방교로 : 해당 계급에서 4년 이상 근속자	소방령 : 14년
②	소방장을 소방위로: 해당 계급에서 7년 6개월 이상 근속자	소방준감 : 6년
③	소방위를 소방경으로 : 해당 계급에서 8년 이상 근속자	소방경 : 18년
④	소방교를 소방장으로 : 해당 계급에서 6년 이상 근속자	소방감 : 5년
⑤	소방경을 소방령으로 : 해당 계급에서 10년 이상 근속자	소방정 : 10년

044 소방공무원 임용제도에 대한 설명으로서, (ㄱ)과 (ㄴ)에 해당하는 임용권자는? 🔥🔥🔥 [16년 소방간부]

- 소방령 이상의 소방공무원은 (ㄱ)(이)가 임용한다.
- 소방경 이하의 소방공무원은 (ㄴ)(이)가 임용한다.

① (ㄱ) 시·도지사, (ㄴ) 시·도지사
② (ㄱ) 시·도지사, (ㄴ) 소방청장
③ (ㄱ) 대통령, (ㄴ) 소방청장
④ (ㄱ) 소방청장, (ㄴ) 소방청장
⑤ (ㄱ) 소방청장, (ㄴ) 시·도지사

045 소방공무원 중 소방령 이상의 임용권자는? [11년 전남]

① 대통령 ② 국무총리
③ 소방청장 ④ 시·도지사

046 소방공무원 임용 등에 관하여 옳지 않은 것은? [11년 통합]

① 소방경 이하는 소방청장이 임용한다.
② 소방령 이상은 대통령이 임용한다.
③ 소방청장은 임용권의 일부를 대통령령으로 정하는 바에 따라 소방본부장에게 위임할 수 있다.
④ 소방령 이상 소방준감 이하의 소방공무원에 대한 전보, 휴직, 직위해제, 강등, 정직 및 복직은 소방청장이 한다.

047 다음 중 울산광역시 동부소방서 소방서장의 임용권을 가진 사람은 누구인가? [12년 울산]

① 소방청장 ② 소방본부장
③ 대통령 ④ 울산광역시장

048 소방공무원에 대한 설명으로 옳은 것은? [18년 소방간부]

① 소방공무원은 특수경력직 공무원이다.
② 소방경 이하의 소방공무원은 소방청장이 임용한다.
③ 「소방공무원법」상 임용에는 신규채용, 파견, 정직, 퇴직 등이 있다.
④ 소방공무원 중징계에는 파면, 해임, 감봉, 정직 등이 있다.
⑤ 소방령 이상의 소방공무원은 시·도지사의 제청으로 국무총리를 거쳐 대통령이 임용한다.

049 다음 소방공무원에 대한 설명 중 옳지 않은 것은? 〔11년 제주〕

① 소방공무원 중 소방령 이상 소방준감 이하의 소방공무원에 대한 정직·복직·직위해제·전보·휴직·강등은 대통령이 행한다.
② 소방공무원의 계급 순은 소방총감, 소방정감, 소방감, 소방준감, 소방정, 소방령, 소방경, 소방위, 소방장, 소방교, 소방사이다.
③ 소방령 이상의 소방공무원은 소방청장의 제청으로 국무총리를 거쳐 대통령이 임용한다. 소방경 이하의 소방공무원은 소방청장이 임용한다.
④ 소방청장은 소방공무원의 능력을 발전시키고 소방사무의 연계성을 높이기 위하여 소방청과 시·도간 및 시·도 상호간에 인사교류가 필요하다고 인정하면 인사교류계획을 수립하여 이를 실시할 수 있다.

050 「소방공무원법」에 관한 설명으로 옳지 않은 것은? 〔25년 소방간부〕

① 소방공무원의 인사(人事)에 관한 중요사항에 대하여 소방청장의 자문에 응하게 하기 위하여 소방청에 소방공무원인사위원회를 둔다. 다만, 제6조제3항 및 제4항에 따라 특별시장·광역시장·특별자치시장·도지사·특별자치도지사가 임용권을 행사하는 경우에는 특별시·광역시·특별자치시·도·특별자치도에 인사위원회를 둔다.
② 소방청장은 소방공무원의 능력을 발전시키고 소방사무의 연계성을 높이기 위하여 소방청과 시·도 간 및 시·도 상호 간에 인사교류가 필요하다고 인정하면 인사교류계획을 수립하여 이를 실시할 수 있다.
③ 소방공무원을 신규채용할 때에는 소방장 이하는 3개월 간 시보로 임용하고, 소방위 이상은 6개월 간 시보로 임용하며, 그 기간이 만료된 다음 날에 정규 소방공무원으로 임용한다. 다만, 대통령령으로 정하는 경우에는 시보임용을 면제하거나 그 기간을 단축할 수 있다.
④ 소방공무원의 신규채용시험 및 승진시험과 소방간부후보생 선발시험은 소방청장이 실시한다. 다만, 소방청장이 필요하다고 인정할 때에는 대통령령으로 정하는 바에 따라 그 권한의 일부를 시·도지사 또는 소방청 소속기관의 장에게 위임할 수 있다.
⑤ 소방공무원은 제복을 착용하여야 한다. 소방공무원의 복제(服制)에 관한 사항은 행정안전부령으로 정한다.

○○○
051 「국가공무원법」 및 「소방공무원 징계령」에서 정하고 있는 소방공무원의 징계에 관한 내용으로 옳은 것은? 🔥🔥🔥 [22년 소방간부]

① 중징계의 종류에는 파면, 해임, 강등, 정직, 감봉이 있다.
② 경징계의 종류에는 견책, 훈계, 경고가 있다.
③ 소방정인 지방소방학교장에 관한 징계는 시·도에 설치된 징계위원회에서 심의·의결한다.
④ 정직은 1개월 이상 3개월 이하의 기간으로 하고, 정직 처분을 받은 자는 그 기간 중 공무원의 신분은 보유하나 직무에 종사하지 못하며 보수는 전액을 감한다.
⑤ 감봉은 1개월 이상 3개월 이하의 기간 동안 보수의 2분의 1을 감한다.

○○○
052 다음 중 징계의 종류에 해당하지 않는 것은? 🔥🔥🔥 [11년 울산]

① 정직　　　　② 훈계
③ 감봉　　　　④ 견책

○○○
053 다음은 소방공무원의 징계에서 중징계에 해당하지 않는 것은? 🔥🔥🔥 [18년 공개]

① 파면　　　　② 해임
③ 정직　　　　④ 견책

○○○
054 소방용수시설 중 저수조에 대한 설치기준으로 옳지 않은 것은? 🔥🔥🔥 [13년 경기]

① 흡수부분의 수심이 0.5미터 이상으로 한다.
② 흡수관의 투입구가 사각형의 경우에는 한 변의 길이가 60센티미터 이상, 원형의 경우에는 지름이 60센티미터 이상으로 한다.
③ 지면으로부터의 낙차가 4.5미터 이상으로 한다.
④ 저수조에 물을 공급하는 방법은 상수도에 연결하여 자동으로 급수되는 구조로 한다.

055 다음 중 소방력의 3요소로 가장 옳지 않은 것은? [13년 대전]
① 소방계획
② 소방장비
③ 소방공무원
④ 소방용수

056 다음 중 119구조장비의 국고보조율은 몇 % 이상의 지원에 해당하는가? [13년 대전]
① 20%
② 30%
③ 40%
④ 50%

057 국고보조에 관한 설명으로 옳지 않은 것은? [11년 제주]
① 국내조달품은 정부고시가격으로 한다.
② 수입물품은 조달청에서 조사한 해외시장의 시가로 한다.
③ 소방순찰차, 소방의복, A4 용지는 국고보조 대상이다.
④ 국고보조 대상 사업의 범위와 기준보조율은 대통령령으로 한다.

058 「소방기본법 시행령」상 국고보조 대상사업의 범위에 해당하지 않는 것은? [19년 소방간부]
① 소방자동차 구입
② 소방헬리콥터 및 소방정 구입
③ 소방전용통신설비 전산설비 설치
④ 방화복 등 소방활동에 필요한 소방장비 구입
⑤ 소방관서용 청사의 대수선

MEMO

목표를 달성하려면 전력으로 임하는 방법 밖에 없다.
거기에 지름길은 없다. -작자미상-

MEMO

사람들은 말한다.
그 때 알았더라면,
그 때 잘 했더라면,
훗날엔 지금이 바로 그 때가 되는데
지금은 아무렇게나 보내면서
자꾸 그 때만을 찾는다. -작자미상-

SONICE
단원별
기출문제집
소방학개론

PART 08

소방기능

CHAPTER 01 소방활동, 화재의 예방·경계·진압
CHAPTER 02 화재진압 및 소방전술, 화재조사
CHAPTER 03 구조 · 구급의 행정관리

CHAPTER 01 소방활동, 화재의 예방·경계·진압

▶ 정답 및 해설 p.554
▶ 기본서 p.420

001 다음 중 소방지원활동으로 옳지 않은 것은? 🔥🔥🔥 [다수 출제]

① 산불에 대한 예방·진압 등 지원활동
② 자연재해에 따른 급수·배수 및 제설 등 지원활동
③ 집회·공연 등 각종 행사 시 사고에 대비한 근접대기 등 지원활동
④ 화재, 재난·재해로 인한 피해복구 지원활동
⑤ 단전사고 시 비상전원 또는 조명의 공급

002 「소방기본법」에서 소방본부장, 소방서장, 소방대장의 기준으로 할 수 없는 행위는? 🔥🔥🔥 [13년 대전]

① 화재가 발생하거나 불이 번질 우려가 있는 토지 일부의 일시적 사용
② 화재, 재난·재해, 그 밖의 위급한 상황이 발생한 현장에 소방활동구역을 정하여 소방활동에 필요한 사람으로서 대통령령으로 정하는 사람 외에는 그 구역에 출입하는 것을 제한
③ 화재가 발생하거나 불이 번질 우려가 있는 소방대상물 및 토지의 사용제한
④ 소방활동에 방해가 되는 주차 또는 정차된 차량 및 물건 등을 제거하거나 이동

003 「소방기본법」에서 소방활동 종사명령을 할 수 있는 설명에 해당하지 않는 사람은? 🔥🔥🔥 [11년 울산]

① 소방본부장
② 소방대장
③ 소방서장
④ 시장·군수·구청장

004 다음 중 「소방기본법」상 소방활동 중 강제처분의 내용으로 옳은 것은? 〔12년 울산〕

① 주차장에 주차되어 있는 차량을 소방서장이 파손하면 소방서장이 보상을 한다.
② 소방서장은 긴급하게 출동할 때 소방자동차의 통행과 소방활동에 방해가 되는 주차된 차량 및 물건 등을 이동시킬 수 없다.
③ 소방서장은 소방자동차의 통행과 소방활동에 방해가 되는 정차된 차량 등을 제거시킬 수 없다.
④ 소화전에 주차된 차량은 소방활동에 방해가 되어 소방서장이 차량을 파손하여도 보상을 하지 않아도 된다.

005 다음 「소방기본법」에 관한 설명 중 옳지 않은 것은? 〔11년 제주〕

① 모든 차와 사람은 소방자동차가 화재진압 및 구조·구급을 위하여 출동하는 때에는 이를 방해해서는 안 된다.
② 소방자동차의 우선통행에 관하여는 도로교통법에 따른다.
③ 관계인은 소방대가 현장에 도착할 때까지 경보를 울리거나 대피유도를 하는 등의 방법으로 사람을 구출하는 인명구조 또는 불이 번지지 아니하도록 소화작업 등의 필요한 조치를 하여야 한다.
④ 사이렌은 화재진압 및 구조·구급활동을 위한 출동시가 아니면 사용할 수 없다.

006 「소방기본법 시행령」상 소방활동구역을 설정하여 화재 시 출입할 수 없는 사람은? 〔11년 부산〕

① 전기·가스·경찰·교통업무 종사자
② 소방대장이 소방활동을 위하여 출입을 허가한 자
③ 소방활동구역 안의 소유자, 관리자, 점유자
④ 의사, 간호사, 구조, 구급, 수사, 보도업무 종사자

007 「소방기본법」상 아래의 내용을 설명하는 것으로 가장 옳은 것은? 〔09년 강원〕

> 시·도지사는 소방업무의 응원을 요청하는 경우를 대비하여 출동 대상지역 및 규모와 필요한 경비의 부담 등에 관하여 필요한 사항을 행정안전부령으로 정하는 바에 따라 이웃하는 시·도지사와 협의하여 미리 규약(規約)으로 정하여야 한다.

① 상호협력지침
② 상호응원협정
③ 상호응원계획
④ 소방활동계획

008 다음 중 소방신호의 종류가 아닌 것은? 〔다수 출제〕

① 경방신호　　　　② 훈련신호
③ 발화신호　　　　④ 해제신호

009 「소방기본법」 및 같은 법 시행규칙상 화재예방, 소방활동 또는 소방훈련을 위하여 사용되는 소방신호의 종류와 방법에 관한 내용으로 옳은 것은? 〔23년 공개〕

① 소방신호의 방법으로는 타종신호, 싸이렌신호, 음성신호가 있다.
② 소방대의 비상소집을 하는 경우에는 훈련신호를 사용할 수 있다.
③ 타종신호로 하는 경우 경계신호는 5초 간격을 두고 30초씩 3회로 한다.
④ 소방신호의 종류에는 비상신호, 훈련신호, 해제신호, 경계신호가 있다.

010 「화재의 예방 및 안전관리에 관한 법률」상 시·도지사가 화재발생 우려가 크거나 화재가 발생할 경우 피해가 클 것으로 예상되는 지역에 대하여 화재의 예방 및 안전관리를 강화하기 위해 지정·관리하는 지역을 무엇이라고 하는가? 🔥🔥🔥　[12년 세종]

① 화재예방강화지구
② 화재강화지구
③ 특별화재지구
④ 화재위험지구

011 「화재의 예방 및 안전관리에 관한 법률」상 시·도지사가 화재예방강화지구로 지정하여 관리해야 하는 지역으로 옳은 것만을 〈보기〉에서 있는 대로 고른 것은? 🔥🔥🔥　[23년 소방간부]

| 보기 |
ㄱ. 시장지역
ㄴ. 공장·창고가 밀집한 지역
ㄷ. 노후·불량건축물이 밀집한 지역
ㄹ. 위험물의 저장 및 처리 시설이 밀집한 지역

① ㄱ, ㄴ
② ㄱ, ㄷ
③ ㄴ, ㄹ
④ ㄱ, ㄴ, ㄹ
⑤ ㄱ, ㄴ, ㄷ, ㄹ

012 「화재의 예방 및 안전관리에 관한 법률」상 화재예방강화지구에 대한 설명 중 틀린 것은? 🔥🔥🔥　[12년 전북]

① 화재예방강화지구 안에서 소방청장, 소방본부장, 소방서장의 업무는 화재안전조사 및 소방훈련·교육이 있다.
② 화재예방강화지구는 소방본부장이 지정한다.
③ 화재안전조사는 소방대상물의 위치·구조·설비 등에 대해 연 1회 이상 실시한다.
④ 소방청장, 소방본부장 또는 소방서장은 화재예방강화지구 안의 관계인에 대하여 소방상 필요한 훈련 및 교육을 연 1회 이상 실시할 수 있다.

013 다음의 소방에 관한 규정 중 옳지 않은 것은?　　　　　　　　　　17년 소방간부

① 시·도의 소방업무를 수행하는 소방기관의 설치에 필요한 사항은 대통령령으로 정한다.
② 소방업무를 수행하는 소방본부장 또는 소방서장은 시·도지사의 지휘와 감독을 받는다.
③ 소방청장, 소방본부장 및 소방서장은 119종합상황실을 설치·운영하여야 하며, 이때 필요한 사항은 행정안전부령으로 정한다.
④ 소방기관이 소방업무를 수행하는데 필요한 인력과 장비 등에 관한 기준은 행정안전부령으로 정한다.
⑤ 소방본부장 또는 소방서장은 화재발생 우려가 크거나 화재가 발생할 경우 피해가 클 것으로 예상되는 지역에 대하여 화재의 예방 및 안전관리를 강화하기 위해 지정·관리하는 지역을 화재예방강화지구로 지정할 수 있다.

014 「소방기본법 시행령」상 소방자동차 전용구역 방해 행위의 기준에 해당하지 않는 것은?　　　　　　　　　　20년 소방간부

① 전용구역에 물건 등을 쌓는 행위
② 전용구역 노면표지를 훼손하는 행위
③ 전용구역으로의 진입을 가로막는 행위
④ 전용구역의 앞면, 뒷면에 주차하는 행위
⑤ 「주차장법」 제19조에 따른 부설주차장의 주차구획 내에 주차하는 행위

CHAPTER 02 화재진압 및 소방전술, 화재조사

▶ 정답 및 해설 p.560
▶ 기본서 p.431

015 화재진압 단계별 활동에서의 활동순서 중 옳지 않은 것은? 〔11년 제주〕

① 화재인지 → 화재출동 → 현장도착 → 상황판단
② 화재출동 → 인명구조 → 수관연장 → 노즐배치
③ 현장도착 → 상황판단 → 인명구조 → 수관연장
④ 인명구조 → 수관연장 → 파괴활동 → 노즐배치

016 다음 중 선착대의 임무가 아닌 것은? 〔11년 부산〕

① 사전에 경방계획을 충분히 고려하여 행동하고 신속한 상황보고 및 정보제공을 한다.
② 건축물의 비화경계에 주력하도록 한다.
③ 도착 즉시 인명검색과 요구조자의 구조활동에 우선한다.
④ 화점 직근의 소방용수시설을 점령하도록 한다.

017 화재조사에 대한 내용으로 틀린 것은? 〔12년 경기〕

① 강제성이 있다.   ② 경제성이 있다.
③ 현장성이 있다.   ④ 프리즘식이 있다.

018 화재조사의 특징으로 옳지 않은 것은? 〔11년 통합〕
① 현장성 ② 일체성
③ 강제성 ④ 프리즘식

019 인화성 액체에 의한 화재는 액체 가연물이 바닥에서 흐르거나, 살포된 부위가 집중적으로 소훼되고 탄화경계가 뚜렷이 나타나는 특징이 있다. 〈보기〉에서 설명하는 화재패턴으로 옳은 것은? 〔25년 공개〕

| 보기 |

인화성 액체가 쏟아지면서 주변으로 튀거나, 연소되면서 발생하는 열에 의해 가열되어 액면에서 끓고, 주변으로 튄 액체가 포어패턴(Pour pattern)의 미연소 부분에서 국부적으로 점처럼 연소된 흔적

① 도넛패턴(Doughnut pattern)
② 스플래시패턴(Splash pattern)
③ 원형패턴(Circular shaped pattern)
④ 틈새연소패턴(Seam burn pattern)

CHAPTER 03 구조·구급의 행정관리

▶ 정답 및 해설 p.562
▶ 기본서 p.435

020 다음 중 특수구조대가 아닌 것은? 🔥🔥🔥 [12년 울산] [13년 통합]
① 산악구조대
② 수난구조대
③ 화학구조대
④ 해양구조대

021 「119 구조·구급에 관한 법률 시행령」상 특수구조대에 해당하는 것을 〈보기〉에서 있는 대로 고른 것은? 🔥🔥🔥 [21년 소방간부] [15년 소방간부]

| 보기 |
㉠ 화학구조대   ㉡ 수난구조대
㉢ 산악구조대   ㉣ 고속국도구조대
㉤ 지하철구조대   ㉥ 테러대응구조대

① ㉠
② ㉠, ㉡
③ ㉠, ㉡, ㉢, ㉣
④ ㉠, ㉡, ㉢, ㉣, ㉤
⑤ ㉠, ㉡, ㉢, ㉣, ㉤, ㉥

022 구조대의 편성·운영을 할 수 있는 권한자로 옳은 것은? 🔥🔥🔥 [11년 울산]
① 소방청장, 소방본부장, 소방서장
② 소방대장, 소방청장, 소방본부장
③ 대통령, 소방청장, 소방본부장
④ 소방대장, 소방본부장, 소방서장

023 다음 중 국제구조대의 임무로서 가장 옳은 것은? 🔥🔥🔥 [11년 서울]
① 응급이송, 시설관리, 통역, 안전평가, 탐색, 구조
② 시설관리, 안전평가, 탐색, 구조, 공보연락, 통역
③ 응급이송, 시설관리, 통역, 탐색, 구조, 공보연락
④ 공보연락, 안전평가, 시설관리, 상담, 인명탐색 및 구조

024 다음 중 구조·구급에 관한 설명으로 맞는 것은?   〔11년 서울〕

① 특수구조대로는 화학구조대, 수난구조대, 고속국도구조대, 119항공대가 있다.
② 일반구조대는 119구조대 또는 119안전센터·119지역대마다 각각 1대 이상 설치한다.
③ 고속국도구급대는 소방대장, 소방본부장, 소방서장이 교통사고의 발생빈도 등을 고려하여 설치한다.
④ 소방청과 소방본부에 119항공대를 설치할 수 있다.

025 다음 중 구조 활동의 우선순위를 옳게 배열한 것은?   〔12년 전북〕〔16년 소방간부〕

> ㉠ 요구조자의 구명에 필요한 조치를 한다.
> ㉡ 위험현장에서 격리하여 재산을 보전한다.
> ㉢ 요구조자의 상태 악화 방지에 필요한 조치를 한다.
> ㉣ 안전구역으로 구출활동을 침착히 개시한다.

① ㉠ - ㉢ - ㉣ - ㉡   ② ㉠ - ㉡ - ㉢ - ㉣
③ ㉢ - ㉠ - ㉣ - ㉡   ④ ㉠ - ㉣ - ㉢ - ㉡

026 다음은 구조에서 매듭에 관한 설명이다. 가장 잘못된 설명은?   〔11년 서울〕

① 매듭법은 여러 가지 방법을 숙지 하는 것이 중요하다.
② 기계나 장치의 좁은 곳 등 통과를 원활하게 하기 위하여 매듭을 작게 한다.
③ 로프의 강도가 약한 곳, 힘을 많이 받는 매듭 쪽을 임무 중에 수시로 확인한다.
④ 매듭의 뒤처리를 깔끔히 하여 줄이 길게 늘어지지 않도록 한다.

027 다음 중 응급처치에 대한 일반원칙이 아닌 것은?   〔11년 울산〕

① 환자의 쇼크를 예방한다.
② 피가 나는 상처부위의 지혈을 처리한다.
③ 신속하고 침착하게 그리고 질서있게 대처한다.
④ 어떠한 경우라도 본인보다 환자보호를 우선한다.

028 119구급대가 의료행위를 하기 위해 갖춰야 할 자격기준으로 옳지 않은 것은?
[13년 통합] [16년 충남]

① 적십자사 총재가 실시하는 구급업무의 교육을 받은 자
② 「응급의료에 관한 법률」에 따라 1급 응급구조사 자격을 취득한 자
③ 「응급의료에 관한 법률」에 따라 2급 응급구조사 자격을 취득한 자
④ 「의료법」 제2조 제1항에 따른 의료인

029 다음 중 구급대의 자격이 아닌 것은?
[11년 서울]

① 의료인
② 약사
③ 응급구조사의 자격을 취득한 사람
④ 소방청장이 실시하는 구급업무에 관한 교육을 받은 사람

030 다음 중 구급출동 요청을 거절할 수 있는 사항 중 이송요청 거절사유가 아닌 것은?
[14년 통합]

① 단순열상 또는 찰과상으로 지속적인 출혈이 없는 외상환자
② 만성질환자로서 검진 또는 입원목적의 이송 요청자
③ 술에 취한자가 강한 자극에도 의식회복이 없을 경우
④ 단순 치통 환자

031 구급요청 시 구급대원이 거절할 수 있는 사유에 해당하지 않는 것은?
[11년 통합]

① 38도 이상의 고열이 있거나 호흡곤란이 동반되는 경우
② 술에 취한 사람으로서 만취자
③ 만성질환자로서 검진 또는 입원 목적의 이송요청자
④ 병원 간 이송 또는 자택으로의 이송요청자

032 「119구조·구급에 관한 법률 시행령」상 구조 또는 구급 요청을 거절할 수 있는 경우에 해당하지 않는 것은? 〔19년 소방간부〕

① 동물의 단순 처리·포획·구조 요청을 받은 경우
② 섭씨 38도 이상의 고열 감기 환자
③ 혈압 등 생체징후가 안정된 타박상 환자
④ 술에 취했으나 외상이 없고 강한 자극에 의식을 회복한 사람
⑤ 요구조자 또는 응급환자가 구조·구급대원에게 폭력을 행사하는 등 구조·구급활동을 방해하는 경우

033 2급 응급구조사의 업무범위에 해당하지 않는 것은? 〔16년 통합〕

① 산소 투여
② 기본 심폐소생술
③ 구강 내 이물질 제거
④ 인공호흡기를 이용한 호흡유지

034 응급환자의 평가 중 2차 평가의 단계로 옳은 것은? 〔18년 소방간부〕

① 의식상태 평가
② 활력징후 평가
③ 기도유지 평가
④ 순환 평가
⑤ 이송의 우선순위 결정

035 환자의 아래턱을 전방으로 올린 뒤 앞으로 당겨주는 일반적인 기도유지 방법은? 〔11년 전남〕

① 하임리히법
② 하악거상법
③ 하악견인법
④ 하임거상법

036 병원으로 이송을 위한 환자의 중증도 분류가 옳지 않은 것은? [15년 통합]

① 사망 또는 생존의 가능성이 없는 환자 – 지연환자 – 흰색
② 수시간 이내 응급처치를 요하는 환자 – 응급환자 – 황색
③ 수시간, 수일 후 치료해도 생명에 지장이 없는 환자 – 비응급환자 – 녹색
④ 수분, 수시간 이내 응급처치를 요구하는 단계 – 긴급환자 – 적색

037 「긴급구조대응활동 및 현장지휘에 관한 규칙」상 중증도 분류별 표시방법으로 옳은 것은? [23년 소방간부]

① 사망 : 적색, 십자가 표시
② 긴급 : 녹색, 토끼 그림
③ 응급 : 적색, 거북이 그림
④ 비응급 : 녹색, 구급차 그림에 × 표시
⑤ 대기 : 황색, 구급차 그림에 × 표시

MEMO

지금 잠을 자면 꿈을 꾸지만,
노력하면 꿈을 이룹니다. -워렌 버핏-

MEMO

지금 잠을 자면 꿈을 꾸지만,
노력하면 꿈을 이룹니다. -워렌 버핏-

SONICE
단원별
기출문제집
소방학개론

PART 09

재난관리론

CHAPTER 01 재난관리이론
CHAPTER 02 재난 및 안전관리 기본법

CHAPTER 01 재난관리이론

▶ 정답 및 해설 p.568
▶ 기본서 p.461

001 존스(Jones)의 재해분류 중 기상학적 재해가 아닌 것은? 〔19년 공개〕

① 번개
② 폭풍
③ 쓰나미
④ 토네이도

002 다음 중 「재난 및 안전관리 기본법」 상 자연재난의 분류로 옳지 않은 것은? 〔17년 공개〕

① 화산활동
② 가축전염병의 확산
③ 황사
④ 자연우주물체의 추락

003 「재난 및 안전관리 기본법」 상 재난의 분류가 다른 하나는? 〔20년 공개〕

① 「감염병의 예방 및 관리에 관한 법률」에 따른 감염병의 확산
② 황사로 인하여 발생하는 재해
③ 환경오염사고로 인하여 발생하는 대통령령으로 정하는 규모 이상의 피해
④ 「미세먼지 저감 및 관리에 관한 특별법」에 따른 미세먼지 등으로 인한 피해

004 「재난 및 안전관리 기본법」 상 자연재난에 해당하지 않는 것은? 〔15년 소방간부〕 〔22년 소방간부〕

① 가뭄
② 폭염
③ 미세먼지
④ 황사(黃砂)
⑤ 조류(藻類) 대발생

005 「재난 및 안전관리 기본법」상 사회재난에 해당하지 않는 것은? 〔25년 소방간부〕

① 다중운집인파사고로 인하여 발생하는 대통령령으로 정하는 규모 이상의 피해
② 「감염병의 예방 및 관리에 관한 법률」에 따른 감염병 확산으로 인한 피해
③ 환경오염사고로 인하여 발생하는 대통령령으로 정하는 규모 이상의 피해
④ 황사(黃砂)로 인하여 발생하는 재해
⑤ 「우주개발 진흥법」에 따른 인공우주물체의 추락·충돌로 인한 피해

006 다음은 자연재난과 인적재난의 설명이다. 가장 옳지 않은 것은? 〔15년 전북〕

① 자연재난은 인적재난에 비해 모두 갑작스럽고 돌풍적으로 일어나지만 모두 예방이 가능하다.
② 자연재난의 피해는 광범위한 지역에서 발생하고 인적재난의 피해는 국소지역에서 집중적으로 발생한다.
③ 자연재난은 인적재난에 비해 장기간에 걸쳐 완만하게 진행된다.
④ 자연재난은 인적재난에 비해 광범위한 지역에서 발생할 수 있으나 피해규모를 최소화할 수 있는 여지가 있다.

007 하인리히의 도미노이론 중 2단계, 1단계 원인 내용으로 옳은 것은? 〔12년 전북〕

① 개인적 결함 – 유전적 요인 및 사회적 환경
② 유전적 요인 및 사회적 환경 – 개인적 결함
③ 개인적 결함 – 불안전 행동 및 불안전 상태
④ 불안전 행동 및 불안전 상태 – 개인적 결함

008 하인리히(H. W. Heinrich)의 안전사고 연쇄성이론의 5단계 순서를 올바르게 배열한 것은? 〔16년 소방간부〕

① 사고 – 사회적 환경 및 유전적 요소 – 불안전 행동 및 상태 – 상해 – 개인적 결함
② 개인적 결함 – 사회적 환경 및 유전적 요소 – 불안전 행동 및 상태 – 상해 – 사고
③ 불안전 행동 및 상태 – 사회적 환경 및 유전적 요소 – 개인적 결함 – 사고 – 상해
④ 사회적 환경 및 유전적 요소 – 개인적 결함 – 불안전 행동 및 상태 – 사고 – 상해
⑤ 사회적 환경 및 유전적 요소 – 불안전 행동 및 상태 – 개인적 결함 – 상해 – 사고

009 하인리히(H. W. Heinrich)의 도미노이론의 5단계 중 사고의 직접원인이 되는 3번째 단계에 해당하는 것은? [21년 소방간부]

① 유전적 요소
② 불안전한 행동
③ 사회적 환경요소
④ 인적, 물적 손실
⑤ 개인적 결함

010 재난재해에 관한 설명으로 옳지 않은 것은? [23년 공개]

① 아네스(Br. J. Anesth)는 재난을 크게 자연재난과 인적(인위)재난으로 구분하였다.
② 존스(David K. Jones)는 재난을 크게 자연재난, 준자연재난, 인적(인위)재난으로 구분하였다.
③ 「재난 및 안전관리 기본법」 제3조 제1호에 따른 재난은 자연재난, 사회재난, 해외재난으로 구분된다.
④ 하인리히(H. W. Heinrich)의 도미노 이론은 재해발생과정을 유전적 요인 및 사회적 환경 → 개인적 결함 → 불안전 행동 및 불안전 상태 → 사고 → 재해(상해)라는 5개 요인의 연쇄작용으로 설명하였다.

011 다음은 재해 발생 과정에 관한 이론이다. 각 이론에서 재해발생을 방지하기 위해 제거해야 하는 단계가 옳게 나열된 것은? [24년 공개]

> ㄱ. 하인리히(H. W. Heinrich)의 도미노 이론 : 사회적 환경 및 유전적 요소 → 개인적 결함 → 불안전한 행동 및 상태 → 사고 → 재해
> ㄴ. 버드(F. Bird)의 수정 도미노 이론 : 제어의 부족 → 기본원인 → 직접원인 → 사고 → 재해

	ㄱ	ㄴ
①	개인적 결함	직접원인
②	개인적 결함	기본원인
③	불안전한 행동 및 상태	직접원인
④	불안전한 행동 및 상태	기본원인

012 재해원인 분석방법 중 하나인 4M 분석방법에 관한 설명으로 옳은 것은?

[24년 소방간부]

① 재해의 원인을 Man, Machine, Manner, Management 요인으로 구분하여 분석한다.
② 기계·설비의 설계상 결함은 관리적 요인에 해당한다.
③ 작업정보의 부적절은 작업·환경적 요인에 해당한다.
④ 표준화의 부족은 인적 요인에 해당한다.
⑤ 심리적 요인은 작업·환경적 요인에 해당한다.

013 재난관리 활동 중 재난현장에서 재난 및 인명보호를 위해 소방이 주도적인 역할을 하는 단계는?

[17년 공개]

① 예방
② 대비
③ 복구
④ 대응

014 다음 중 재난사태 관리단계에 대한 내용과 관계없는 것은?

[16년 소방간부]

① 예방단계 : 재난을 사전에 예방하고 재난발생 가능성을 감소시키며, 발생 가능한 재난의 피해를 최소화시키기 위한 활동을 한다.
② 완화단계 : 각종 재난관리계획의 실행, 재해대책본부의 활동개시, 긴급대피계획의 실천, 긴급의약품 조달, 생필품 공급, 피난처 제공 등의 활동을 한다.
③ 대비(준비)단계 : 재난의 피해를 최소화시키기 위한 제반활동에도 불구하고 재난발생확률이 높아진 경우, 재해발생 후에 효과적으로 대응할 수 있도록 비상방송시스템 구축 등 운영적인 장치들을 준비하는 단계이다.
④ 대응단계 : 일단 재해가 발생한 경우 신속한 대응활동을 통하여 재해로 인한 인명 및 재산피해를 최소화하고, 재해의 확산을 방지하며, 순조롭게 복구가 이루어질 수 있도록 활동하는 단계이다.
⑤ 복구단계 : 재해 상황이 어느 정도 안정된 후 취하는 활동단계로, 재해로 인한 피해지역의 토지를 재해 이전의 상태로 복구시켜 이용이 가능하도록 회복시키는 활동을 포함한다.

015 재난관리방식 중 분산관리에 대한 일반적인 설명으로 옳지 않은 것은? 〔22년 공개〕

① 재난의 종류에 따라 대응방식의 차이와 대응계획 및 책임기관이 각각 다르게 배정된다.
② 재난 시 유관기관 간의 중복적 대응이 있을 수 있다.
③ 재난의 발생 유형에 따라 소관부처별로 업무가 나뉜다.
④ 재난 시 유사한 자원동원 체계와 자원유형이 필요하다.

CHAPTER 02 재난 및 안전관리 기본법

▶ 정답 및 해설 p.573
▶ 기본서 p.469

016 「재난 및 안전관리 기본법」에서 정의하는 내용으로 옳지 않은 것은? 🔥🔥🔥 [12년 울산]

① 해외재난 – 대한민국의 영역 밖에서 대한민국 국민의 생명·신체 및 재산에 피해를 주거나 줄 수 있는 재난으로서 정부차원에서 대처할 필요가 있는 재난
② 긴급구조기관 – 소방청, 소방본부, 소방서, 경찰청, 지방경찰청, 경찰서
③ 안전관리 – 재난이나 그 밖의 각종 사고로부터 사람의 생명·신체 및 재산의 안전을 확보하기 위하여 하는 모든 활동
④ 재난관리책임기관 – 중앙행정기관 및 지방자치단체(행정시 포함), 지방행정기관·공공기관·공공단체(공공기관 및 공공단체의 지부 등 지방조직을 포함) 및 재난관리의 대상이 되는 중요시설의 관리기관 등으로서 대통령령으로 정하는 기관

017 다음 중 긴급구조에 대한 설명으로 옳지 않은 것은? 🔥🔥🔥 [17년 공개]

① "긴급구조"란 재난이 발생할 우려가 현저하거나 재난이 발생하였을 때에 국민의 생명·신체 및 재산을 보호하기 위하여 긴급구조기관과 긴급구조지원기관이 하는 인명구조, 응급처치, 그 밖에 필요한 모든 긴급한 조치를 말한다.
② 재난 현장에서 긴급구조통제단장이 긴급구조활동에 대한 지휘를 한다.
③ "긴급구조기관"이란 행정안전부·소방본부 및 소방서를 말한다. 다만, 해양에서 발생한 재난의 경우에는 행정안전부·지방해양경비안전본부 및 해양경비안전서를 말한다.
④ "긴급구조지원기관"이란 긴급구조에 필요한 인력·시설 및 장비, 운영체계 등 긴급구조능력을 보유한 기관이나 단체로서 대통령령으로 정하는 기관과 단체를 말한다.

018 「재난 및 안전관리 기본법」상 용어의 정의로 옳지 않은 것은? 🔥🔥🔥 [22년 소방간부]

① "국가재난관리기준"이란 모든 유형의 재난에 공통적으로 활용할 수 있도록 재난관리의 전 과정을 통일적으로 단순화·체계화한 것으로서 행정안전부장관이 고시한 것을 말한다.
② "재난관리"란 재난이나 그 밖의 각종 사고로부터 사람의 생명·신체 및 재산의 안전을 확보하기 위하여 하는 모든 활동을 말한다.
③ "안전기준"이란 각종 시설 및 물질 등의 제작, 유지관리 과정에서 안전을 확보할 수 있도록 적용하여야 할 기술적 기준을 체계화한 것을 말한다.
④ "긴급구조"란 재난이 발생할 우려가 현저하거나 재난이 발생하였을 때에 국민의 생명·신체 및 재산을 보호하기 위하여 긴급구조기관과 긴급구조지원기관이 하는 인명구조, 응급처치, 그 밖에 필요한 모든 긴급한 조치를 말한다.
⑤ "안전취약계층"이란 어린이, 노인, 장애인, 저소득층 등 신체적·사회적·경제적 요인으로 인하여 재난에 취약한 사람을 말한다.

019 「재난 및 안전관리 기본법」상 재난관리를 위하여 필요한 재난관리정보에 해당하는 것만을 있는 대로 고른 것은? 🔥🔥🔥 [19년 소방간부]

| ㉠ 재난상황정보 | ㉡ 동원가능 자원정보 |
| ㉢ 시설물정보 | ㉣ 지리정보 |

① ㉠
② ㉠, ㉢
③ ㉠, ㉡, ㉣
④ ㉡, ㉢, ㉣
⑤ ㉠, ㉡, ㉢, ㉣

020 다음 중 「재난 및 안전관리 기본법」상 긴급구조기관의 종류가 아닌 것은? 🔥🔥🔥 [13년 충북] [16년 통합]

① 소방청
② 경찰청
③ 소방본부
④ 소방서

021 다음 중 「재난 및 안전관리 기본법」상 긴급구조기관이 아닌 것은? 12년 울산 15년 소방간부
① 소방청
② 해양경찰서
③ 해양경찰청
④ 해양수산부
⑤ 소방서

022 「재난 및 안전관리 기본법 시행령」상 재난 및 사고 유형에 따른 재난관리주관기관으로 옳지 않은 것은? 20년 소방간부
① 가축전염병의 확산으로 인한 피해 - 보건복지부
② 항공기 사고, 경량항공기사고 및 초경량비행장치 사고로 인해 발생하는 대규모 피해 - 국토교통부
③ 청사(행정안전부장관이 관리하지 않는 청사는 제외한다)의 화재등으로 인해 발생하는 대규모 피해 - 행정안전부
④ 보호관찰소 및 갱생보호시설의 화재등으로 인해 발생하는 대규모 피해 - 법무부
⑤ 교육시설(연구시설은 제외한다)의 화재등으로 인해 발생하는 대규모 피해 - 교육부

023 「재난 및 안전관리 기본법 시행령」상 재난 및 사고 유형에 따른 재난관리주관기관으로 옳게 짝지어진 것은? 21년 소방간부
① 도로의 화재등으로 인해 발생하는 대규모 피해 - 행정안전부
② 가스사고로 인해 발생하는 대규모 피해 - 산업통상자원부
③ 해양오염으로 인해 발생하는 대규모 피해 - 환경부
④ 정보통신기반시설을 관리하는 금융기관의 화재등으로 인해 발생하는 대규모 피해 - 과학기술정보통신부
⑤ 공연장의 화재등으로 인해 발생하는 대규모 피해 - 소방청

024 「재난 및 안전관리 기본법 시행령」상 재난 및 사고 유형에 따른 재난관리주관기관의 연결이 옳지 않은 것은? 🔥🔥 〔19년 소방간부〕

① 산업재해 및 중대산업사고로 인해 발생하는 대규모 피해 - 고용노동부
② 자연우주물체의 추락·충돌 등으로 인해 발생하는 재해 - 국토교통부
③ 「유도 및 도선 사업법」에 따른 사고로 인해 발생하는 대규모 피해 - 행정안전부
④ 가스사고로 인해 발생하는 대규모 피해 - 산업통상자원부
⑤ 소방대상물의 화재로 인해 발생하는 대규모 피해 - 행정안전부 및 소방청

025 「재난 및 안전관리 기본법 시행령」상 재난 및 사고 유형과 재난관리주관기관의 연결이 옳지 않은 것은? 🔥🔥🔥 〔24년 공개〕

① 농업생산기반시설 중 저수지의 붕괴·파손 등으로 인해 발생하는 대규모 피해 - 농림축산식품부
② 자연우주물체의 추락·충돌 등으로 인해 발생하는 재해 - 과학기술정보통신부 및 우주항공청
③ 승강기의 사고 또는 고장으로 인해 발생하는 대규모 피해 - 국토교통부
④ 에너지의 중대한 수급 차질로 인해 발생하는 대규모 피해 - 산업통상자원부

026 「재난 및 안전관리 기본법 시행령」상 재난 및 사고의 유형에 따른 재난관리주관기관의 연결로 옳지 않은 것은? 🔥🔥🔥 〔24년 소방간부〕

① 유선 및 도선 사업법에 따른 사고로 인해 발생하는 대규모 피해 : 해양수산부
② 해외재난 : 외교부
③ 대규모점포의 화재등으로 인해 발생하는 대규모 피해 : 산업통상자원부
④ 오염물질등으로 인한 환경오염(먹는물의 수질오염은 제외한다)으로 인해 발생하는 대규모 피해 : 환경부
⑤ 해수욕장의 안전사고로 발생하는 대규모 피해 : 해양수산부

027 「재난 및 안전관리 기본법 시행령」상 재난의 유형과 재난관리주관기관의 연결이 옳지 않은 것은?

[25년 소방간부]

① 「지진·화산재해대책법」 제2조제2호에 따른 화산재해
   - 행정안전부
② 「먹는물관리법」 제3조제1호에 따른 먹는물의 수질오염으로 인해 발생하는 대규모 피해
   - 농림축산식품부
③ 「자연재해대책법」 제2조제3호에 따른 풍수해 중 조수로 인해 발생하는 재해
   - 해양수산부
④ 「공연법」 제2조제4호에 따른 공연장의 화재 등으로 인해 발생하는 대규모 피해
   - 문화체육관광부
⑤ 「해양환경관리법」 제2조제2호에 따른 해양오염으로 인해 발생하는 대규모 피해
   - 해양수산부 및 해양경찰청

028 「재난 및 안전관리 기본법」상 우리나라 재난관리체계에 관한 설명으로 옳지 않은 것은?

[20년 공개]

① 재난 및 안전관리에 관한 중요 정책을 심의하기 위하여 국무총리 소속으로 중앙안전관리위원회를 둔다.
② 대통령령으로 정하는 대규모 재난의 대응·복구를 총괄하기 위하여 행정안전부에 중앙재난안전대책본부를 둔다.
③ 소방서는 인명구조, 응급처치 등 긴급 조치를 담당하는 긴급구조지원기관에 해당한다.
④ 시·군·구 재난안전대책본부장은 시장·군수·구청장이며, 시·군·구 긴급구조통제단장은 소방서장이다.

029 「재난 및 안전관리 기본법」상 중앙안전관리위원회와 안전정책조정위원회에 대한 설명으로 옳지 않은 것은?

[19년 공개]

① 중앙안전관리위원회는 국무총리 소속으로 국무총리가 위원장이다.
② 중앙안전관리위원회는 재난사태의 선포에 관한 사항을 심의하고, 안전정책조정위원회는 특별재난지역의 선포에 관한 사항을 심의한다.
③ 안전정책조정위원회는 중앙위원회에 상정될 안건을 사전에 검토한다.
④ 안전정책조정위원회의 위원장은 행정안전부장관이 된다.

030 「재난 및 안전관리 기본법」상 중앙안전관리위원회의 심의사항으로 옳지 않은 것은?
〔15년 경기〕

① 재난 및 안전관리에 관한 중요 정책의 사항
② 재난사태의 선포에 관한 사항
③ 특별재난지역의 선포에 관한 사항
④ 재난의 대응·복구에 관한 사항

031 다음 중 「재난 및 안전관리 기본법」에 근거한 안전관리기구 및 기능에 대한 설명으로 옳지 않은 것은?
〔17년 소방간부〕

① 재난 및 안전관리에 관한 중요정책에 관한 사항은 국무총리 소속으로 중앙안전관리위원회에서 심의한다.
② 중앙안전관리위원회에 상정될 안건을 사전에 검토하기 위해 중앙안전관리위원회에 안전정책조정위원회를 둔다.
③ 행정안전부장관은 매년 재난 및 안전관리 사업의 효과성 및 효율성을 평가하고 그 결과를 관계 중앙행정기관의 장에게 통보하여야 한다.
④ 지역별 재난 및 안전관리에 관한 사항을 심의조정하기 위하여 시·도지사 소속으로 시·도 안전관리위원회를 둔다.
⑤ 중앙재난방송협의회의 구성 및 운영에 필요한 사항은 행정안전부령으로 정한다.

032 「재난 및 안전관리 기본법」상 중앙안전관리위원회(중앙위원회)에 관한 설명으로 옳은 것은?
〔13년 충북〕

① 중앙위원회의 위원장은 국무총리가 되고, 위원은 대통령령으로 정하는 중앙행정기관의 장이 된다.
② 중앙위원회의 의결은 재적의원 2/3 출석과 1/2 찬성으로 한다.
③ 중앙위원회의 간사는 소방본부장이 된다.
④ 특별재난지역의 선포에 관한 사항을 심의하기 위하여 행정안전부 소속으로 중앙안전관리위원회를 둔다.

033 재난 및 안전관리 기본법령상 대통령령으로 정하는 중앙안전관리위원회 위원에 해당하지 않는 것은? (단, 그 밖에 중앙안전관리위원회의 위원장이 지정하는 기관 및 단체의 장은 제외한다)
[25년 소방간부]

① 국가유산청장
② 통일부장관
③ 국무조정실장
④ 여성가족부장관
⑤ 국가보훈부장관

034 「재난 및 안전관리 기본법」상 대통령령으로 정하는 대규모 재난의 대응·복구 등에 관한 사항을 총괄·조정하고 필요한 조치를 하기 위하여 행정안전부에 두는 조직은?
[23년 소방간부]

① 안전관리자문단
② 중앙안전관리위원회
③ 안전정책조정위원회
④ 중앙긴급구조통제단
⑤ 중앙재난안전대책본부

035 「재난 및 안전관리 기본법」상 대통령령으로 정하는 대규모 재난이 발생 시 중앙재난안전대책본부장은 누가 되는가?
[14년 통합]

① 소방본부장
② 국무총리
③ 대통령
④ 행정안전부장관

036 「재난 및 안전관리 기본법」 상 중앙재난안전대책본부에 관한 내용으로 옳지 않은 것은?

22년 소방간부

① 재난의 효과적인 수습을 위하여 국무총리가 범정부적 차원의 통합 대응이 필요하다고 인정하는 경우에는 대통령이 중앙대책본부장의 권한을 행사한다.
② 해외재난의 경우에는 외교부장관이 중앙대책본부장의 권한을 행사한다.
③ 대통령령으로 정하는 대규모 재난의 대응·복구 등에 관한 사항을 총괄·조정하고 필요한 조치를 하기 위하여 행정안전부에 중앙재난안전대책본부를 둔다.
④ 「원자력시설 등의 방호 및 방사능 방재 대책법」에 따른 방사능재난의 경우에는 중앙방사능방재대책본부의 장이 중앙대책본부장의 권한을 행사한다.
⑤ 행정안전부장관이 국무총리에게 건의하거나 수습본부장의 요청을 받아 행정안전부장관이 국무총리에 건의하는 경우에는 국무총리가 중앙대책본부장의 권한을 행사할 수 있다.

037 「재난 및 안전관리 기본법」 상 중앙재난안전대책본부의 책임자로 올바른 것은?

12년 세종

① 중앙재난안전대책본부장은 행정안전부장관이 된다.
② 중앙재난안전대책본부장은 소방청장이 된다.
③ 중앙재난안전대책본부장은 국무총리가 된다.
④ 중앙재난안전대책본부장은 행정안전부의 재난안전관리사무를 담당하는 본부장이 된다.

038 다음 중 「재난 및 안전관리 기본법」에 관한 설명으로 옳은 것은?

11년 서울

① 중앙재난안전대책본부는 국무총리 소속하에 둔다.
② 대통령 소속으로 중앙안전관리위원회를 둔다.
③ 시·도지사 소속으로 시·군·구위원회를 둔다.
④ 해외재난 시 외교부장관이 중앙대책본부장의 권한을 행사한다.

039 다음 중 「재난 및 안전관리 기본법」상 위원회 및 본부의 장과의 연결이 옳지 않은 것은?

① 중앙안전관리위원회 위원장 – 국무총리
② 중앙재난안전대책본부장 – 행정안전부장관
③ 중앙사고수습본부장 – 소방청장
④ 시·도 재난안전대책본부장 – 시·도지사
⑤ 시·군·구 긴급구조통제단장 – 소방서장

040 다음 중 「재난 및 안전관리 기본법」상 재난에 관한 내용으로 옳지 않은 것은?

① 중앙통제단장은 소방청장이 된다.
② 매월 4일은 안전점검의 날이다.
③ 긴급구조기관은 소방청, 소방본부, 소방서이다.
④ 행정안전부장관은 국가안전관리기본계획을 5년마다 수립한다.

041 다음은 「재난 및 안전관리 기본법」상 안전관리기본계획, 재난의 예방·대비·대응·복구 등에 관한 사항이다. 옳지 않은 것은?

① 행정안전부장관은 국가안전관리기본계획을 5년마다 수립하여야 한다.
② 관계 중앙행정기관의 장은 소관 분야의 국가핵심기반을 안전정책조정위원회의 심의를 거쳐 지정할 수 있다.
③ 재난관리책임기관의 장은 재난관리를 위하여 필요한 물품, 재산 및 인력 등의 물적·인적자원을 비축하거나 지정하는 등 체계적이고 효율적으로 관리하여야 한다.
④ 소방청장은 긴급구조기관이 긴급구조지원기관에 대한 능력을 평가하는데 필요한 평가지침을 매년 수립하여 다른 긴급구조기관의 장에게 통보하여야 한다.
⑤ 자연재난으로서 「자연재난 구호 및 복구 비용 부담기준 등에 관한 규정」에 따른 국고지원 대상 피해 기준금액의 2.5배를 초과하는 피해가 발생한 재난은 특별재난 범위에 포함한다.

042 「재난 및 안전관리 기본법」 및 동법 시행령에 따라 수립해야 하는 계획의 내용이다. ( ) 안에 들어갈 내용으로 옳은 것은? [22년 소방간부]

> (가) (㉠)은/는 재난 및 안전관리에 관한 과학기술의 진흥을 위하여 (㉡)년마다 관계중앙행정기관의 재난 및 안전관리기술개발에 관한 계획을 종합하여 조정위원회의 심의와 「국가과학기술자문회의법」에 따른 국가과학기술자문회의 심의를 거쳐 재난 및 안전관리기술개발 종합계획을 수립하여야 한다.
> (나) (㉢)은/는 재난 및 사고로부터 국민의 생명·신체 및 재난을 보호하기 위하여 (㉣)년마다 국가안전관리기본계획을 수립하여야 한다.

	㉠	㉡	㉢	㉣
①	국무총리	1	행정안전부장관	1
②	과학기술정보통신부장관	5	행정안전부장관	5
③	행정안전부장관	1	국무총리	1
④	국무총리	5	국무총리	5
⑤	행정안전부장관	5	국무총리	5

043 「재난 및 안전관리 기본법 시행령」상 특정관리대상 지역에 대한 안전등급의 평가기준에 따라 실시하여야 하는 정기안전점검 실시기준으로 옳지 않은 것은? [19년 소방간부]

① 안전등급 A등급 : 반기별 1회 이상
② 안전등급 B등급 : 반기별 1회 이상
③ 안전등급 C등급 : 반기별 2회 이상
④ 안전등급 D등급 : 월 1회 이상
⑤ 안전등급 E등급 : 월 2회 이상

044 재난 및 안전관리 기본법령상 재난관리책임기관의 장이 관계 법령 또는 안전관리계획에서 정하는 바에 따라 점검·관리하여야 하는 대통령령으로 정한 재난방지시설에 해당하지 않는 것은? (단, 그 밖에 행정안전부장관이 정하여 고시하는 재난을 예방하기 위하여 설치한 시설은 제외한다)

25년 소방간부

① 「기상법」 제2조제13호에 따른 기상시설
② 「국토의 계획 및 이용에 관한 법률」 제2조제6호마목에 따른 방재시설
③ 「사방사업법」 제2조제3호에 따른 사방시설
④ 「하수도법」 제2조제3호에 따른 하수도 중 하수관로 및 공공하수처리시설
⑤ 「항만법」 제2조제5호에 따른 항만시설

045 「재난 및 안전관리 기본법」 상 행정안전부장관과 재난관리책임기관의 장은 긴급안전점검 결과 재난 발생의 위험이 높다고 인정되는 시설 또는 지역에 대하여는 대통령령으로 정하는 바에 따라 그 소유자·관리자 또는 점유자에게 재난예방을 위한 긴급안전조치를 할 것을 명할 수 있다. 긴급안전조치의 내용으로 옳지 않은 것은?

13년 전북

① 즉시 퇴피명령
② 보수 또는 보강 등 정비
③ 재난을 발생시킬 위험요인의 제거
④ 정밀안전진단

046 「재난 및 안전관리 기본법」 상 실제 재난 발생 시의 대응 매뉴얼로 맞는 것은?

16년 충남

① 위기관리 표준매뉴얼
② 위기대응 실무매뉴얼
③ 현장조치 행동매뉴얼
④ 위기상황 매뉴얼

047 「재난 및 안전관리 기본법」상 재난관리책임기관의 장은 재난을 효율적으로 관리하기 위하여 재난유형에 따라 위기관리 매뉴얼을 작성·운용하여야 한다. ( )안에 들어갈 내용으로 옳은 것은? [21년 소방간부]

> (㉠)은 국가적 차원에서 관리가 필요한 재난에 대하여 재난관리 체계와 관계 기관의 임무와 역할을 규정한 문서이고, (㉡)은 재난현장에서 임무를 직접 수행하는 기관의 행동조치 절차를 구체적으로 수록한 문서이다.

	㉠	㉡
①	위기관리 표준매뉴얼	위기대응 실무매뉴얼
②	위기관리 표준매뉴얼	현장조치 행동매뉴얼
③	위기대응 실무매뉴얼	현장조치 행동매뉴얼
④	위기대응 실무매뉴얼	위기관리 표준매뉴얼
⑤	현장조치 행동매뉴얼	위기관리 표준매뉴얼

048 「재난 및 안전관리 기본법」상 재난현장에서 임무를 직접 수행하는 기관의 행동조치 절차를 구체적으로 수록한 문서는? [22년 공개]

① 재난대응 활동계획
② 현장조치 행동매뉴얼
③ 위기대응 실무매뉴얼
④ 위기관리 표준매뉴얼

049 「재난 및 안전관리 기본법 시행령」상 다중이용시설의 관계인이 위기상황에 대비한 매뉴얼을 작성하여 이에 따른 훈련을 주기적으로 실시해야 하는 건축물 또는 시설에 해당하지 않는 것은? [19년 소방간부]

① 바닥면적의 합계가 4,000m²인 판매시설
② 바닥면적의 합계가 5,000m²인 운수시설 중 여객용시설
③ 바닥면적의 합계가 6,000m²인 숙박시설 중 관광숙박시설
④ 바닥면적의 합계가 7,000m²인 의료시설 중 종합병원
⑤ 바닥면적의 합계가 8,000m²인 문화 및 집회시설(동물원 및 식물원은 제외)

050 「재난 및 안전관리 기본법」에 대한 내용이다. ( ) 안에 들어갈 용어로 옳은 것은?

21년 공개

> (가)은 대통령령으로 정하는 재난이 발생하거나 발생할 우려가 있는 경우 사람의 생명·신체 및 재산에 미치는 중대한 영향이나 피해를 줄이기 위하여 긴급한 조치가 필요하다고 인정하면 (나)의 심의를 거쳐 (다)을/를 선포할 수 있다.

	(가)	(나)	(다)
①	중앙재난안전대책본부장	안전정책조정위원회	재난사태
②	행정안전부장관	중앙안전관리위원회	재난사태
③	중앙재난안전대책본부장	중앙안전관리위원회	특별재난지역
④	행정안전부장관	안전정책조정위원회	특별재난지역

051 「재난 및 안전관리 기본법」상 행정안전부장관·지방자치단체의 장이 재난사태가 선포된 지역에 할 수 있는 조치가 아닌 것은?

12년 전북

① 재난예방에 필요한 조치
② 해당 지역에 근무하는 행정기관 소속공무원의 비상소집
③ 해당 지역에 대한 여행 등의 금지
④ 재난경보의 발령, 재난관리자원의 동원, 위험구역 설정, 대피명령, 응급지원 등을 할 수 있다.

052 「재난 및 안전관리 기본법」상 지역통제단장의 응급조치에 관한 것이 아닌 것은?

15년 소방간부 | 17년 공개

① 진화
② 긴급수송
③ 경보발령
④ 구조수단의 확보
⑤ 현장지휘통신체계의 확보

053 「재난 및 안전관리 기본법」상 재난이 발생할 우려가 있거나 재난이 발생하였을 때에 즉시 취해야 하는 응급조치로 옳지 않은 것은? 🔥🔥 ⟨18년 소방간부⟩

① 응급지원에 필요한 비용부담
② 피해시설의 응급복구 및 방역과 방범, 그 밖의 질서 유지
③ 긴급수송 및 구조 수단의 확보
④ 급수 수단의 확보, 긴급피난처 및 구호품 등 재난관리자원의 확보
⑤ 현장지휘통신체계의 확보

054 「재난 및 안전관리 기본법」상 재난의 대응 단계에서 지역통제단장과 시장·군수·구청장은 재난이 발생할 우려가 있거나 재난이 발생하였을 때에는 즉시 관계 법령 등이 정하는 바에 따라 수방(水防) 및 그 밖에 재난 발생을 예방하거나 피해를 줄이기 위하여 필요한 응급조치를 하여야 한다. 이때 지역통제단장이 하여야 하는 응급조치로 옳지 않은 것은? 🔥🔥🔥 ⟨25년 공개⟩

① 진화에 관한 응급조치
② 현장지휘통신체계의 확보
③ 재난을 발생시킬 요인의 제거
④ 긴급수송 및 구조 수단의 확보

055 다음 중 「재난 및 안전관리 기본법」상 연결이 옳지 않은 것은? 🔥🔥 ⟨15년 소방간부⟩

① 국무총리 - 중앙안전관리위원회 위원장
② 행정안전부장관 - 중앙재난안전대책본부장
③ 소방본부장 - 중앙통제단의 단장
④ 시·도지사 - 시·도 재난안전대책본부장
⑤ 소방서장 - 시·군·구 긴급구조통제단장

056 「재난 및 안전관리 기본법」상 중앙긴급구조통제단에 관한 설명 중 옳지 않은 것은?   16년 통합

① 중앙(긴급구조)통제단의 단장은 행정안전부장관이다.
② 중앙통제단은 소방청에 설치한다.
③ 중앙통제단의 구성·기능 및 운영에 필요한 사항은 대통령령으로 정한다.
④ 긴급구조지원기관 간의 공조체제를 유지하기 위하여 관계 기관·단체의 장에게 소속 직원의 파견을 요청할 수 있다.

057 「재난 및 안전관리 기본법」 및 같은 법 시행령상 대한 설명으로 옳지 않은 것은?   16년 충남

① 시·군·구 긴급구조통제단장은 시장·군수·구청장이다.
② 안전점검의 날은 매월 4일로 한다.
③ 재난사태가 선포된 지역에 여행 등 이동자제 권고를 할 수 있다.
④ 긴급구조기관이란 소방청·소방본부·소방서·해양경찰청·지방해양경찰청 및 해양경찰서를 말한다.

058 다음 중 「재난 및 안전관리 기본법」 상 시·도 긴급구조통제단장이 될 수 있는 자는?   12년 울산

① 소방청장   ② 소방본부장
③ 소방서장   ④ 소방대장

059 다음 중 「재난 및 안전관리 기본법」 상 재난현장에서 긴급구조 통제단장으로 옳은 것은?   12년 울산

① 중앙통제단장 - 대통령, 시·도 통제단장 - 소방서장, 시·군·구 통제단장 - 소방본부장
② 중앙통제단장 - 소방청장, 시·도 통제단장 - 소방본부장, 시·군·구 통제단장 - 소방서장
③ 중앙통제단장 - 소방청장, 시·도 통제단장 - 소방서장, 시·군·구 통제단장 - 소방본부장
④ 중앙통제단장 - 국무총리, 시·도 통제단장 - 소방서장, 시·군·구 통제단장 - 소방본부장

060 다음 중 「재난 및 안전관리 기본법」상 긴급구조통제단장으로 옳게 짝지어진 것은? 〔12년 통합〕

① 소방서장, 소방본부장, 시·도지사
② 소방본부장, 소방서장, 시·도지사
③ 소방서장, 시·도지사, 시장·군수·구청장
④ 소방서장, 소방본부장, 소방청장

061 「재난 및 안전관리 기본법」및 같은 법 시행령상 효율적인 재난관리를 위해 실시하는 예방, 대비, 대응 및 복구 활동에 관한 내용으로 옳지 않은 것은? 〔20년 소방간부〕

① 국무총리는 국가안전관리기본계획을 5년마다 수립하여야 한다.
② 안전점검의 날은 매월 4일로 하고, 방재의 날은 매년 5월 25일로 한다.
③ 훈련주관기관의 장은 관계 기관과 합동으로 참여하는 재난대비훈련을 각각 소관분야별로 주관하여 연 1회 이상 실시하여야 한다.
④ 행정안전부장관은 5년마다 재난 및 안전관리에 관한 과학기술의 진흥을 위하여 재난 및 안전관리기술개발종합계획을 수립하여야 한다.
⑤ 긴급구조지원기관에서 긴급구조업무와 재난관리 업무를 담당하는 부서의 담당자 및 관리자는 신규교육을 받은 후 3년마다 정기적으로 긴급구조교육을 받아야 한다.

062 「재난 및 안전관리 기본법」상 긴급구조통제단에 관한 설명으로 옳지 않은 것은? 〔18년 소방간부〕

① 재난현장에서는 시·군·구 긴급구조통제단장이 긴급구조활동을 지휘한다.
② 시·도 긴급구조통제단장은 긴급구조지원요원을 현장에 출동시키거나 긴급구조에 필요한 재난관리자원을 지원하는 등 긴급구조활동의 지원을 명령할 수 있다.
③ 시·도 긴급구조통제단의 단장은 소방본부장이 된다.
④ 중앙긴급구조통제단의 단장은 소방청장이 된다.
⑤ 시·군·구의 소방서에 시·군·구 긴급구조통제단을 두고 단장은 소방서장이 된다.

063 「재난 및 안전관리 기본법」상 긴급구조에 대한 설명으로 옳지 않은 것은? [19년 공개]

① 중앙긴급구조통제단의 단장은 행정안전부장관이 된다.
② 시·도 긴급구조통제단의 단장은 소방본부장이 된다.
③ 시·군·구 긴급구조통제단의 단장은 소방서장이 된다.
④ 재난현장에서는 시·군·구 긴급구조통제단장이 긴급구조활동을 지휘한다.

064 「재난 및 안전관리 기본법」상 재난 현장에서 긴급구조 현장지휘 내용으로 옳지 않은 것은? [18년 공개]

① 추가 재난의 방지를 위한 응급조치
② 긴급구조지원기관 및 자원봉사자 등에 임무부여
③ 사상자의 응급처치 및 의료기관으로의 이송
④ 재난관리책임기관 및 긴급구조지원기관 간의 인력장비의 배치와 운용

065 「재난 및 안전관리 기본법」상 재난현장에서 시·군·구 긴급구조통제단장의 긴급구조 현장지휘 사항을 모두 고른 것은? [21년 공개]

㉠ 재난현장에서 인명의 탐색·구조
㉡ 추가 재난의 방지를 위한 응급조치
㉢ 사상자의 응급처치 및 의료기관으로의 이송
㉣ 긴급구조에 필요한 재난관리자원의 관리

① ㉠, ㉡
② ㉠, ㉡, ㉢
③ ㉡, ㉢, ㉣
④ ㉠, ㉡, ㉢, ㉣

066 「재난 및 안전관리 기본법」상 중앙긴급구조통제단의 기능으로 옳지 않은 것은?

16년 충남

① 긴급구조활동의 지휘·통제
② 중앙구조대장이 지시하는 사항
③ 국가 긴급구조대책의 총괄·조정
④ 긴급구조대응계획의 집행

067 「재난 및 안전관리 기본법」상 긴급구조에 대한 설명으로 옳지 않은 것은?

17년 소방간부

① 긴급구조에 관한 사항의 총괄·조정, 긴급구조기관 및 긴급구조지원기관이 하는 긴급구조활동의 역할 분담과 지휘·통제를 위하여 소방청에 중앙긴급구조통제단을 두며, 단장은 소방청장이 된다.
② 재난현장에서는 시·군·구 긴급구조통제단장이 긴급구조활동을 지휘한다. 다만, 치안활동과 관련된 사항은 관할 경찰관서의 장과 협의하여야 한다.
③ 해상에서 발생한 선박이나 항공기 등의 조난사고의 긴급구조활동에 관하여는 수상에서의 수색·구조 등에 관한 법률 등 관계 법령에 따른다.
④ 지역통제단장은 긴급구조를 위하여 필요하면 긴급구조지원기관 간의 공조체제를 유지하기 위하여 관계 기관·단체의 장에게 소속직원의 파견을 요청할 수 있다.
⑤ 소방청, 소방본부, 소방서, 대한적십자사는 긴급구조기관에 해당하는 기관이다.

068 「재난 및 안전관리 기본법 시행령」상 긴급구조기관의 장이 수립하는 재난유형별 긴급구조대응계획에 포함되어야 할 내용으로 옳은 것은? 〔20년 소방간부〕

> ㉠ 긴급구조대응계획의 기본방침과 절차
> ㉡ 긴급구조대응계획의 목적 및 적용범위
> ㉢ 주요 재난유형별 대응 매뉴얼에 관한 사항
> ㉣ 비상경고 방송메시지 작성 등에 관한 사항
> ㉤ 긴급구조대응계획의 운영책임에 관한 사항
> ㉥ 재난 발생 단계별 중 긴급구조 대응활동 사항

① ㉠, ㉡, ㉢
② ㉠, ㉡, ㉤
③ ㉡, ㉣, ㉥
④ ㉢, ㉣, ㉤
⑤ ㉢, ㉣, ㉥

069 「재난 및 안전관리 기본법」상 재난현장에서 긴급대피, 상황 전파, 비상연락 등을 담당하는 기능별 긴급구조대응계획으로 옳지 않은 것은? 〔13년 경기〕

① 피해상황분석
② 대중정보
③ 지휘통제
④ 비상경보

070 「재난 및 안전관리 기본법」상 긴급구조기관의 장이 수립하는 긴급구조 대응계획 중 기능별 긴급구조대응계획에 포함되지 않는 것은? 〔17년 소방간부〕

① 대중정보계획
② 재난통신계획
③ 긴급오염통제계획
④ 위험지역설정계획
⑤ 피해상황분석계획

071 「재난 및 안전관리 기본법」상 긴급구조지휘대의 구성원이 아닌 것은? 🔥🔥🔥 ｜13년 경기｜

① 안전관리요원
② 자원지원요원
③ 현장지휘요원
④ 연락담당요원

072 「재난 및 안전관리 기본법」상 긴급구조지휘대의 구성 및 기능에서 긴급구조지휘대 구성에 해당하는 자는 통제단이 설치·운영되는 경우 구분에 따라 해당부서에 배치되는데 대응계획부와 가장 관계가 있는 요원은? 🔥🔥🔥 ｜13년 통합｜

① 자원지원요원　　　　② 안전관리요원
③ 상황조사요원　　　　④ 현장지휘요원

073 「긴급구조대응활동 및 현장지휘에 관한 규칙」상 통제단이 설치·운영되는 경우에 긴급구조지휘대를 구성하는 사람과 배치되는 해당 부서의 연결이 옳은 것만 〈보기〉에서 있는 대로 고른 것은? 🔥🔥🔥 ｜22년 소방간부｜

| 보기 |
ㄱ. 상황조사요원 – 대응계획부
ㄴ. 통신지원요원 – 현장지휘부
ㄷ. 안전관리요원 – 대응계획부
ㄹ. 구급지휘요원 – 대응계획부

① ㄱ, ㄴ　　　　② ㄱ, ㄷ
③ ㄱ, ㄴ, ㄹ　　　　④ ㄴ, ㄷ, ㄹ
⑤ ㄱ, ㄴ, ㄷ, ㄹ

074 다음은 「재난 및 안전관리 기본법」 상 특별재난지역의 선포와 관련된 내용이다. ( ) 안에 들어갈 내용으로 옳은 것은? 🔥🔥 [18년 공개]

> (㉠)은(는) 대통령령으로 정하는 규모의 재난이 발생하여 국가의 안녕 및 사회질서의 유지에 중대한 영향을 미치거나 피해를 효과적으로 수습하기 위하여 특별한 조치가 필요하다고 인정하거나 지역대책본부장의 요청이 타당하다고 인정하는 경우에는 (㉡)의 심의를 거쳐 해당 지역을 특별재난지역으로 선포할 것을 대통령에게 건의할 수 있다.

	㉠	㉡
①	중앙재난안전대책본부장	안전정책조정위원회
②	중앙안전관리위원회	중앙사고수습본부
③	중앙안전관리위원회	중앙재난안전대책본부장
④	중앙재난안전대책본부장	중앙안전관리위원회

075 「재난 및 안전관리 기본법」 상 국가의 안녕 및 사회질서의 유지에 중대한 영향을 미치거나 그 재난으로 인한 피해를 효과적으로 수습 및 복구하기 위하여 특별한 조치가 필요하다고 인정하면 중앙안전관리위원회의 심의를 거쳐 해당 지역을 특별재난지역으로 선포할 수 있는 자는? 🔥🔥🔥 [다수 출제]

① 소방본부장
② 행정안전부장관
③ 대통령
④ 시·도지사

076 「재난 및 안전관리 기본법」 상 특별재난지역의 선포에 관련하여 옳은 것은? 🔥🔥🔥 [17년 공개]

① 특별재난지역의 선포권자는 대통령이다.
② 어떠한 경우에도 중앙위원회의 심의를 사후에 받을 수 없다.
③ 재정상의 지원이 추가되며, 심리상담 등에 대한 지원이 배제된다.
④ 선포는 재난발생이 예상될 때도 가능하다.

077 「재난 및 안전관리 기본법」에 관한 설명으로 옳은 것은? 🔥🔥🔥 〔15년 소방간부〕
① 특별재난지역의 선포는 대통령이 한다.
② 중앙위원회의 위원장은 행정안전부장관이다.
③ 조정위원회의 위원장은 국무총리이다.
④ 중앙통제단장은 행정안전부장관이다.
⑤ 시·도 통제단장은 중앙소방본부이다.

078 재난 및 안전관리 기본법령상 재난사태 선포와 특별재난지역의 선포에 관한 설명으로 옳지 않은 것은? 🔥🔥 〔24년 소방간부〕
① 재난사태 선포는 재난의 대응 활동에 해당된다.
② 특별재난지역의 선포는 재난의 복구 활동에 해당된다.
③ 재난사태 선포권자는 국무총리이다.
④ 재난사태 선포대상 재난은 재난 중 극심한 인명 또는 재산의 피해가 발생하거나 발생할 것으로 예상되어 시·도지사가 행정안전부장관에게 재난사태의 선포를 건의하거나 행정안전부장관이 재난사태의 선포가 필요하다고 인정하는 재난(「노동조합 및 노동관계조정법」 제4장에 따른 쟁의행위로 인한 국가핵심기반의 일시 정지는 제외한다)을 말한다.
⑤ 행정안전부장관 및 지방자치단체의 장은 재난사태가 선포된 지역에 대하여 재난경보의 발령, 인력·장비 및 물자의 동원, 위험구역 설정, 대피명령, 응급지원 등 이 법에 따른 응급조치, 해당 지역에 소재하는 행정기관 소속 공무원의 비상소집, 해당 지역에 대한 여행 등 이동 자제 권고 등의 조치를 할 수 있다.

079 재난 및 안전관리 기본법령상 특별재난지역 선포에 관한 사항으로 옳지 않은 것은? 🔥🔥🔥 〔24년 소방간부〕
① 특별재난지역의 선포권자는 대통령이다.
② 중앙대책본부장은 특별재난지역의 선포를 대통령에게 건의할 수 있다.
③ 특별재난지역의 선포를 위해서는 중앙대책본부의 심의를 거쳐야 한다.
④ 지역대책본부장은 관할지역에서 발생한 재난에 대해 중앙대책본부장에게 특별재난지역의 선포 건의를 요청할 수 있다.
⑤ 특별재난지역을 선포하는 경우에 중앙대책본부장은 특별재난지역의 구체적인 범위를 정하여 공고하여야 한다.

080 「재난 및 안전관리 기본법」과 「수상에서의 수색·구조 등에 관한 법률」상 해상에서의 긴급구조 및 항공기 등 조난사고 시의 긴급구조에 관한 설명으로 옳지 않은 것은? 🔥🔥🔥

24년 소방간부

① 해상에서 발생한 선박이나 항공기 등의 조난사고의 긴급구조활동에 관하여는 「수상에서의 수색·구조 등에 관한 법률」 등 관계 법령에 따른다.
② 해수면에서의 수난구호는 구조본부의 장이 수행하고, 내수면에서의 수난구호는 소방관서의 장이 수행한다.
③ 국방부장관은 항공기 조난사고가 발생한 경우 항공기 수색과 인명구조를 위하여 항공기 수색·구조계획을 수립·시행하여야 한다.
④ 국방부장관은 항공기나 선박의 조난사고가 발생하면 관계 법령에 따라 긴급구조업무에 책임이 있는 기관의 긴급구조활동에 대한 군의 지원을 신속하게 할 수 있도록 조치를 취하여야 한다.
⑤ 국방부장관이 설치하는 탐색구조본부의 구성과 운영에 필요한 사항은 국방부령으로 정한다.

081 「재난 및 안전관리 기본법」상 재난지역에 대한 국고보조 등의 지원에 대한 내용으로 옳지 않은 것은? 🔥🔥

18년 소방간부

① 국가는 자연재난의 원활한 복구를 위하여 필요하면 대통령령으로 정하는 바에 따라 그 비용의 전부 또는 일부를 국고에서 부담하거나 지방자치단체, 그 밖의 재난 관리책임자에게 보조할 수 있다.
② 국가와 지방자치단체는 재난으로 피해를 입은 시설의 복구와 피해주민의 생계 안정을 위하여 주거용 건축물의 복구비를 지원할 수 있다.
③ 국가와 지방자치단체는 재난으로 피해를 입은 사람에 대하여 심리적 안정과 사회적응을 위한 상담 활동을 지원할 수 있다.
④ 재난복구사업의 재원은 대통령령으로 정하는 재난의 구호 및 재난의 복구 비용 부담기준에 따라 국고의 부담금 또는 보조금과 지방자치단체의 부담금·의연금 등으로 충당한다.
⑤ 국가와 지방자치단체로부터 재난으로 피해를 입은 시설의 복구와 피해주민의 생계 안정을 위해 지원되는 금품 또는 이를 지급받을 권리는 양도하거나 담보로 제공할 수 있다.

082 「재난 및 안전관리 기본법」 및 같은법 시행령상 국민의 안전의식 수준을 높이기 위하여 지정한 국민안전의 날, 안전점검의 날, 방재의 날을 순서대로 바르게 나열한 것은?

[15년 충남]

① 매년 4월 26일, 매월 4일, 매년 10월 25일
② 매년 4월 26일, 매월 5일, 매년 10월 25일
③ 매년 4월 16일, 매월 4일, 매년 5월 25일
④ 매년 4월 16일, 매월 5일, 매년 5월 25일

083 「재난 및 안전관리 기본법」 상 재난관리기금에 대한 설명이다. 괄호 안에 들어갈 내용으로 옳은 것은?

[16년 충남]

> 재난관리기금의 매년도 최저적립액은 최근 (가) 동안의 「지방세법」에 의한 보통세의 수입결산액의 평균연액의 (나)에 해당하는 금액으로 한다.

① 가 : 3년, 나 : 100분의 1
② 가 : 5년, 나 : 100분의 3
③ 가 : 5년, 나 : 100분의 1
④ 가 : 3년, 나 : 100분의 3

084 「재난 및 안전관리 기본법」 상 재난관리의 단계별 주요 활동 중 '긴급통신수단의 구축'이 해당되는 단계로 옳은 것은?

[18년 공개]

① 대응단계   ② 대비단계
③ 예방단계   ④ 복구단계

085 「재난 및 안전관리 기본법」 상 재난관리 단계별 조치사항의 연결이 옳지 않은 것은?

[21년 공개]

① 예방단계 – 재난방지시설의 관리
② 대비단계 – 재난현장 긴급통신수단의 마련
③ 대응단계 – 특별재난지역의 선포
④ 복구단계 – 피해조사 및 복구계획 수립·시행

086. 다음 중 「재난 및 안전관리 기본법」상 재난관리의 단계에서 대응단계에 해당하지 않는 것은?

13년 소방간부

① 긴급의약품 조달 및 생필품 공급
② 비상방송경보시스템 구축
③ 재해대책본부의 활동개시
④ 응급의료시스템 가동
⑤ 이재민 수용 및 보호, 후송, 탐색 및 구조 등의 활동

087. 「재난 및 안전관리 기본법」상 재난관리의 대비단계 관리사항을 있는 대로 모두 고른 것은?

22년 공개

ㄱ. 국가재난관리기준의 제정·운용
ㄴ. 재난 예보·경보체계 구축·운영
ㄷ. 재난안전분야 종사자 교육
ㄹ. 재난안전통신망의 구축·운영

① ㄱ, ㄴ
② ㄱ, ㄹ
③ ㄱ, ㄴ, ㄹ
④ ㄴ, ㄷ, ㄹ

088. 「재난 및 안전관리 기본법」상 재난관리에 관한 내용으로 옳은 것은?

20년 공개

① 예방 - 재난 발생을 사전에 방지하기 위하여 매년 재난대비훈련 계획을 수립하고, 관계기관과 합동으로 재난대비훈련을 실시한다.
② 대비 - 재난을 효율적으로 관리하기 위하여 재난유형에 따라 위기관리매뉴얼을 작성·운용한다.
③ 대응 - 재난 피해지역을 재해 이전 상태로 회복시키기 위하여 피해상황을 조사하고, 자체복구 계획을 수립·시행한다.
④ 복구 - 재난의 수습활동을 효율적으로 하기 위하여 재난관리자원의 비축·관리 및 긴급통신수단을 마련한다.

089 「재난 및 안전관리 기본법」상 재난관리 단계별 활동 내용 중 예방단계에 포함되어야 할 내용으로 〈보기〉에서 있는대로 고른 것은? 🔥🔥🔥 [21년 소방간부]

| 보기 |
㉠ 재난에 대응할 조직의 구성 및 정비
㉡ 재난의 예측 및 예측정보 등의 제공·이용에 관한 체계의 구축
㉢ 재난 발생에 대비한 교육·훈련과 재난관리 예방에 관한 홍보
㉣ 재난이 발생할 위험이 높은 분야에 대한 안전관리체계의 구축 및 안전관리규정의 제정

① ㉠
② ㉠, ㉡
③ ㉠, ㉡, ㉢
④ ㉠, ㉢, ㉣
⑤ ㉠, ㉡, ㉢, ㉣

090 다음 중 「재난 및 안전관리 기본법」상 재난에 대한 예방, 대비, 대응 및 복구 중에 종류가 다른 하나는? 🔥🔥🔥 [15년 통합]

① 재난 유형별 사전교육 및 훈련실시
② 비상방송 경보시스템 구축
③ 이재민 지원
④ 자원 관리 체계 구축

091 「재난 및 안전관리 기본법」중 "준비단계"에 대한 설명으로 옳은 것은? 🔥🔥🔥 [11년 제주]

① 미래에 발생할 가능성이 있는 재난을 사전에 예방하기 위한 활동
② 재난발생확률이 높아진 경우, 재해발생 후에 효과적으로 대응할 수 있도록 사전에 대응활동을 위한 메커니즘을 구성하는 등 운영적인 장치들을 갖추는 단계
③ 신속한 활동을 통하여 재해로 인한 인명 및 재산피해를 최소화하고, 재해의 확산을 방지하며, 순조롭게 복구가 이루어질 수 있도록 활동하는 단계
④ 재해상황이 어느 정도 안정된 후 취하는 활동단계로 재해로 인한 피해지역을 재해 이전의 상태로 회복시키는 활동을 포함한다.

092 「재난 및 안전관리 기본법」상 재난관리 단계와 활동내용의 연결이 옳지 않은 것은? 23년 공개

① 예방 단계 – 위험구역의 설정
② 대비 단계 – 재난현장 긴급통신수단의 마련
③ 대응 단계 – 재난 예보·경보체계 구축·운영
④ 복구 단계 – 특별재난지역 선포 및 지원

093 「재난 및 안전관리 기본법」상 재난의 대비에 포함 되어야 할 내용으로 옳은 것만을 〈보기〉에서 있는 대로 고른 것은? 23년 소방간부

| 보기 |
ㄱ. 국가핵심기반의 지정
ㄴ. 재난안전분야 종사자 교육
ㄷ. 지방자치단체에 대한 지원
ㄹ. 재난현장 긴급통신수단의 마련
ㅁ. 재난분야 위기관리 매뉴얼 작성·운용

① ㄱ, ㄴ
② ㄴ, ㄷ
③ ㄷ, ㄹ
④ ㄹ, ㅁ
⑤ ㄱ, ㄹ, ㅁ

SONICE
단원별
기출문제집
소방학개론

부록

전범위 기출모의고사
최신 기출문제

제1회 전범위 기출모의고사

✔ N회독 : ☐☐☐   ✔ 풀이시간 :   분 [권장 25분]   ✔ 내점수 :   점 / 100점

✔ 정답 및 해설 p.608

※ 다음의 각 물음에 답하시오. (1문제당 4점)

1. 다음 중 폭연에서 폭굉으로 발전할 수 있는 폭굉유도거리가 짧아지는 조건으로 옳지 않은 것은?

① 관의 내경이 클수록
② 압력이 높을수록
③ 연소속도가 큰 가스일수록
④ 관내 표면이 거칠어진 경우

2. 다음은 연소반응에 대한 정의이다. 빈칸에 들어갈 내용으로 옳은 것은?

> 연소란 가연물이 공기 중에서 (㉠)와 화합하여 (㉡)과 (㉢)을 수반하는 (㉣) 반응이다.

① ㉠: 질소, ㉡: 열, ㉢: 빛, ㉣: 산화
② ㉠: 산소, ㉡: 열, ㉢: 빛, ㉣: 산화
③ ㉠: 질소, ㉡: 빛, ㉢: 색, ㉣: 환원
④ ㉠: 산소, ㉡: 빛, ㉢: 색, ㉣: 환원

3. 소방의 역사에 대하여 옳지 않은 것은?

① 1426년 세종 8년에 금화도감이 설치되었다.
② 1925년 최초의 소방서인 경성소방서가 설치됨과 동시에 소방법이 제정되었다.
③ 1972년 서울과 부산 이원적 소방행정체제가 시행되었다.
④ 2004년 재난 및 안전관리기본법을 공포하였다.

4. 다음 설명에 해당하는 소화방법으로 옳은 것은?

> 일반적으로 공기 중의 산소농도 21%를 15% 이하로 희석하거나 저하시키면 연소 중인 가연물은 산소의 양이 부족하여 연소가 중단된다.

① 냉각소화
② 질식소화
③ 제거소화
④ 유화소화

5. 가연성 가스를 공기 중에서 연소시키고자 할 때 공기 중의 산소농도가 증가하면 발생하는 현상으로 옳은 것을 모두 고른 것은?

> ㄱ. 연소속도가 빨라진다.
> ㄴ. 발화점이 높아진다.
> ㄷ. 화염의 온도가 높아진다.
> ㄹ. 폭발범위가 좁아진다.
> ㅁ. 점화에너지가 작아진다.

① ㄱ, ㄴ, ㄷ
② ㄱ, ㄷ, ㄹ
③ ㄱ, ㄷ, ㅁ
④ ㄴ, ㄷ, ㅁ

6. 「소방시설 설치 및 관리에 관한 법률 시행령」 상 소방시설의 설비 분류가 다른 것은?

① 상수도소화용수설비
② 연결송수관설비
③ 연결살수설비
④ 연소방지설비

7. 「위험물안전관리법」 상 위험물에 대한 정의이다. ( ) 안에 들어갈 내용으로 옳은 것은?

> 위험물이라 함은 (ㄱ) 또는 (ㄴ) 등의 성질을 가지는 것으로서 (ㄷ)이 정하는 물품을 말한다.

	ㄱ	ㄴ	ㄷ
①	가연성	발화성	행정안전부령
②	가연성	폭발성	대통령령
③	인화성	폭발성	대통령령
④	인화성	발화성	대통령령

8. 다음 중 공동현상(Cavitation)의 대책으로 옳지 않은 것은?

① 흡입관의 길이를 짧게 하거나 배관의 굴곡부를 줄인다.
② 펌프의 흡입측 수두를 낮게 하여 마찰손실을 줄인다.
③ 펌프의 설치높이를 수원보다 낮게 설치한다.
④ 흡입관의 구경을 작게 한다.

9. 800℃, 1기압에서 황(S) 1kg이 공기 중에서 완전 연소할 때 발생되는 이산화황의 발생량(m^3)은?
(단, 황(S)의 원자량은 32, 산소(O)의 원자량은 16이며, 이상기체로 가정한다.)

① 2.00
② 2.35
③ 2.50
④ 2.75

10. 물소화약제 첨가제 중 주요 기능이 물의 표면장력을 작게 하여 심부화재에 대한 적응성을 높여 주는 것은?

① 부동제
② 증점제
③ 침투제
④ 유화제

11. 「위험물안전관리법 시행령」 상 위험물의 분류 중 가연성고체가 아닌 것은?

① 황린
② 적린
③ 황
④ 황화인

12. 다음 중 발화점이 낮아지는 조건이 아닌 것은?

① 열전도율이 크고 습도가 높을수록 발화점이 낮아진다.
② 분자구조가 복잡할수록 발화점이 낮아진다.
③ 산소와 친화력이 좋을수록 발화점이 낮아진다.
④ 압력 및 화학적 활성도가 클수록 발화점이 낮아진다.

13. 다음에 해당하는 스프링클러설비는?

> 가압송수장치에서 폐쇄형스프링클러헤드까지 배관 내에 항상 물이 가압되어 있다가 화재로 인한 열로 폐쇄형스프링클러헤드가 개방되면 배관 내에 유수가 발생하여 작동하게 되는 설비

① 습식 스프링클러설비
② 건식 스프링클러설비
③ 준비작동식 스프링클러설비
④ 일제살수식 스프링클러설비

14. 불활성기체 소화약제의 표기와 화학식의 연결이 옳지 않은 것은?

① IG — 01 : Ar 100%
② IG — 100 : N_2 100%
③ IG — 541 : N_2 52%, Ar 40%, Ne 8%
④ IG — 55 : N_2 50%, Ar 50%

15. 「재난 및 안전관리 기본법」상 중앙재난안전대책본부에 관한 내용으로 옳지 않은 것은?

① 재난의 효과적인 수습을 위하여 국무총리가 범정부적 차원의 통합 대응이 필요하다고 인정하는 경우에는 대통령이 중앙대책본부장의 권한을 행사한다.
② 해외재난의 경우에는 외교부장관이 중앙대책본부장의 권한을 행사한다.
③ 대통령령으로 정하는 대규모 재난의 대응·복구 등에 관한 사항을 총괄·조정하고 필요한 조치를 하기 위하여 행정안전부에 중앙재난안전대책본부를 둔다.
④ 「원자력시설 등의 방호 및 방사능 방재대책법」에 따른 방사능재난의 경우에는 중앙방사능방재대책본부의 장이 중앙대책본부장의 권한을 행사한다.

16. 「재난 및 안전관리 기본법 시행령」상 특정관리대상 지역에 대한 안전등급의 평가기준에 따라 실시하여야 하는 정기안전점검 실시 기준으로 옳지 않은 것은?

① 안전등급 B등급 : 반기별 1회 이상
② 안전등급 C등급 : 반기별 2회 이상
③ 안전등급 D등급 : 월 1회 이상
④ 안전등급 E등급 : 월 2회 이상

17. 소방공무원 임용 등에 관하여 옳지 않은 것은?

① 소방경 이하는 소방청장이 임용한다.
② 소방령 이상은 대통령이 임용한다.
③ 소방청장은 임용권의 일부를 대통령령으로 정하는 바에 따라 소방본부장에게 위임할 수 있다.
④ 소방령 이상 소방준감 이하의 소방공무원에 대한 전보, 휴직, 직위해제, 강등, 정직 및 복직은 소방청장이 한다.

18. 다음은 시간과 온도변화에 따른 실내 건축물 화재 시 특수현상에 관한 내용이다. ㉠~㉤에 들어갈 내용으로 옳게 연결된 것은?

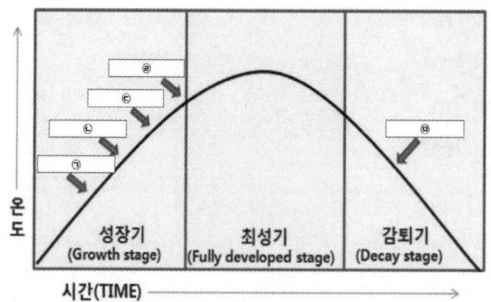

① ㉠ 롤오버(Roll over),
   ㉡ 백드래프트(Back draft),
   ㉢ 플래시오버(Flash over),
   ㉣ 플레임오버(Flame over),
   ㉤ 백드래프트(Back draft)

② ㉠ 롤오버(Roll over),
   ㉡ 플래시오버(Flash over),
   ㉢ 플레임오버(Flame over),
   ㉣ 백드래프트(Back draft),
   ㉤ 플래시오버(Flash over)

③ ㉠ 플레임오버(Flame over),
   ㉡ 플래시오버(Flash over),
   ㉢ 백드래프트(Back draft),
   ㉣ 롤오버(Roll over),
   ㉤ 플래시오버(Flash over)

④ ㉠ 플레임오버(Flame over),
   ㉡ 백드래프트(Back draft),
   ㉢ 롤오버(Roll over),
   ㉣ 플래시오버(Flash over),
   ㉤ 백드래프트(Back draft)

19. 다음 중 자동화재탐지설비의 구성요소가 아닌 것은?

① 감지기 ② 수신기
③ 발신기 ④ 송신기

20. 다음은 제1석유류에 대한 설명이다. ( ) 안에 들어갈 내용으로 옳은 것은?

제1석유류는 아세톤, 휘발유 그 밖에 1기압에서 (가)이 섭씨 (나)도 미만인 것이다.

　　(가)　　　(나)
① 발화점　　21
② 발화점　　25
③ 인화점　　21
④ 인화점　　25

21. 「재난 및 안전관리 기본법」에 대한 내용이다. ( ) 안에 들어갈 용어로 옳은 것은?

(가)은 대통령령으로 정하는 재난이 발생하거나 발생할 우려가 있는 경우 사람의 생명·신체 및 재산에 미치는 중대한 영향이나 피해를 줄이기 위하여 긴급한 조치가 필요하다고 인정하면 (나)의 심의를 거쳐 (다)을/를 선포할 수 있다.

① (가) 중앙재난안전대책본부장
   (나) 안전정책조정위원회
   (다) 재난사태
② (가) 행정안전부장관
   (나) 중앙안전관리위원회
   (다) 재난사태
③ (가) 중앙재난안전대책본부장
   (나) 중앙안전관리위원회
   (다) 특별재난지역
④ (가) 행정안전부장관
   (나) 안전정책조정위원회
   (다) 특별재난지역

22. 플래시오버와 백드래프트에 대한 설명으로 옳은 것은?

① 플래시오버는 훈소현상 다음에 발생하고 백드래프트는 롤오버현상 다음에 발생한다.
② 플래시오버는 감퇴기에서 발생하지만 백드래프트는 성장기에서 발생한다.
③ 플래시오버는 충격파가 발생하지 않지만, 백드래프트의 결과는 충격파를 동반한다.
④ 플래시오버의 악화원인은 공기의 공급이지만, 백드래프트의 악화원인은 열의 공급이다.

23. 다음 화재조사의 용어 설명으로 옳은 것은?

① "최초착화물"이란 연소가 확대되는데 있어 결정적인 영향을 미친 가연물을 말한다.
② "동력원"이란 발화에 관련된 불꽃 또는 열을 발생시킨 기기 또는 장치나 제품을 말한다.
③ "발화요인"이란 발화의 최초원인이 된 불꽃 또는 열을 말한다.
④ "잔가율"이란 화재 당시에 피해물의 재구입비에 대한 현재가의 비율을 말한다.

24. 20℃, 1기압의 프로판(C_3H_8) $1m^3$를 완전연소시키는데 필요한 20℃, 1기압의 산소 부피는 얼마인가?

① $1m^3$
② $3m^3$
③ $5m^3$
④ $7m^3$

25. 다음 중 불완전연소의 원인이 아닌 것은?

① 공기(산소)공급량이 너무 많을 때
② 연소생성물의 배기가 불량할 때
③ 공급되는 가연물질의 양이 많을 때
④ 불꽃이 저온의 물체와 접촉하여 온도가 내려갈 때

제2회 전범위 기출모의고사

※ 다음의 각 물음에 답하시오. (1문제당 4점)

1. 「재난 및 안전관리 기본법」상 재난지역에 대한 국고보조 등의 지원에 대한 내용으로 옳지 않은 것은?

① 국가는 자연재난의 원활한 복구를 위하여 필요하면 대통령령으로 정하는 바에 따라 그 비용의 전부 또는 일부를 국고에서 부담하거나 지방자치단체, 그 밖의 재난관리책임자에게 보조할 수 있다.
② 국가와 지방자치단체는 재난으로 피해를 입은 시설의 복구와 피해주민의 생계 안정을 위하여 주거용 건축물의 복구비를 지원할 수 있다.
③ 국가와 지방자치단체는 재난으로 피해를 입은 사람에 대하여 심리적 안정과 사회적응을 위한 상담 활동을 지원할 수 있다.
④ 국가와 지방자치단체로부터 재난으로 피해를 입은 시설의 복구와 피해주민의 생계 안정을 위해 지원되는 금품 또는 이를 지급받을 권리는 양도하거나 담보로 제공할 수 있다.

2. 자연발화가 되기 쉬운 가연물의 조건으로 옳은 것은?

① 발열량이 적다.
② 표면적이 작다.
③ 열전도율이 낮다.
④ 주위의 온도가 낮다.

3. 화재진압 시 주수소화에 적응성이 있는 위험물로 옳은 것은?

① 황화인
② 질산에스터류
③ 유기금속화합물
④ 알칼리금속의 과산화물

4. 다음 중 화학적 폭발을 〈보기〉에서 있는 대로 고른 것은?

─── 〈 보기 〉 ───
㉠ 중합폭발   ㉡ 수증기폭발
㉢ 산화폭발   ㉣ 분해폭발

① ㉠, ㉢
② ㉢, ㉣
③ ㉠, ㉡, ㉢
④ ㉠, ㉢, ㉣

5. 「긴급구조대응활동 및 현장지휘에 관한 규칙」상 통제단이 설치·운영되는 경우에 긴급구조지휘대를 구성하는 사람과 배치되는 해당 부서의 연결이 옳은 것만 〈보기〉에서 있는 대로 고른 것은?

─── 〈 보기 〉 ───
ㄱ. 자원지원요원 ─ 자원지원부
ㄴ. 상황조사요원 ─ 현장지휘부
ㄷ. 구급지휘요원 ─ 현장지휘부
ㄹ. 통신지원요원 ─ 대응계획부

① ㄱ, ㄴ
② ㄱ, ㄷ
③ ㄱ, ㄴ, ㄹ
④ ㄴ, ㄷ, ㄹ

6. 다음에서 설명하는 위험물화재 특수현상으로 맞는 것은?

> 물에 의해 탱크 내 유류가 넘치는 현상으로 고온에서도 끈끈한 점성을 유지하고 있는 고점도 중질유 유류가 저장탱크 속에 물과 섞여 들어가 있을 때, 또는 유류 표면 아래로 물이 유입되면서 물이 고점도 유류 아래에서 비등할 때, 기름과 섞여 있는 물이 갑자기 수증기화 되면서 탱크 내부에서 탱크 내의 일부 내용물을 넘치게 하는 현상으로서 직접적으로 화재발생을 하지 않는다.

① 슬롭오버
② 보일오버
③ 프로스오버
④ 오일오버

7. 다음 중 제3종 분말소화약제와 착색으로 옳은 것은?

① 중탄산나트륨, 백색
② 중탄산칼륨, 담회색
③ 중탄산칼륨 + 요소, 회색
④ 제1인산암모늄, 담홍색

8. 마그네슘(Mg) 24g을 완전연소하기 위해 필요한 이론 산소량은 얼마인가?
(단, 마그네슘(Mg)의 원자량은 24, 산소(O)의 원자량은 16이다.)

① 8　　② 16
③ 24　　④ 32

9. 「재난 및 안전관리 기본법」상 재난이 발생할 우려가 있거나 재난이 발생하였을 때에 즉시 취해야 하는 응급조치로 옳지 않은 것은?

① 응급지원에 필요한 비용부담
② 피해시설의 응급복구 및 방역과 방범, 그 밖의 질서 유지
③ 긴급수송 및 구조 수단의 확보
④ 급수 수단의 확보, 긴급피난처 및 구호품 등 재난관리자원의 확보

10. 해방 이후의 소방조직 변천과정을 과거부터 현재까지 옳게 나열한 것은?

> ㉠ 중앙에는 중앙소방위원회를 두고, 지방에는 도소방위원회를 두어 독립된 자치소방제도를 시행하였다.
> ㉡ 소방행정이 경찰행정 사무에 포함되어 시·군까지 일괄적으로 관리하는 국가소방체제로 전환되었다.
> ㉢ 서울과 부산은 소방본부를 설치하였고, 다른 지역은 국가소방체제로 국가소방과 자치소방의 이원화시기였다.
> ㉣ 소방사무가 시·도 사무로 전환되어 전국 시·도에 소방본부가 설치되었다.

① ㉠ → ㉡ → ㉢ → ㉣
② ㉠ → ㉡ → ㉣ → ㉢
③ ㉡ → ㉠ → ㉢ → ㉣
④ ㉡ → ㉠ → ㉣ → ㉢

11. 포소화설비에서 펌프의 토출관 압입기를 설치하여 포소화약제 압입용 펌프로 포소화약제를 압입시켜 혼합하는 방식은?

① 라인 프로포셔너(Line ProPortioner)
② 펌프 프로포셔너(Pump ProPortioner)
③ 프레져 프로포셔너(Pressure ProPortioner)
④ 프레져사이드 프로포셔너(Pressure Side ProPortioner)

12. 다음 연소가스의 설명 중 옳지 않은 것은?

① 포스겐($COCl_2$)은 폴리염화비닐(PVC), 수지류 등이 연소할 때 발생한다.
② 이산화질소(NO_2)는 냄새가 자극적인 적갈색의 기체로써 아질산가스라고도 한다.
③ 황화수소(H_2S)는 고무나 동물 털 등이 연소할 때 발생하는 무색의 기체이다.
④ 염화수소(HCl)는 석유제품, 유지류 등이 연소할 때 발생되는 연소생성물로 맹독성 가스이다.

13. 포소화약제 중 분말과 병용하면 소화효과가 7~8배 증가되는 약제로 옳은 것은?

① 화학포
② 수성막포
③ 알코올형포
④ 합성계면활성제포

14. 그림에서 'A'에 대한 설명으로 옳지 않은 것은?

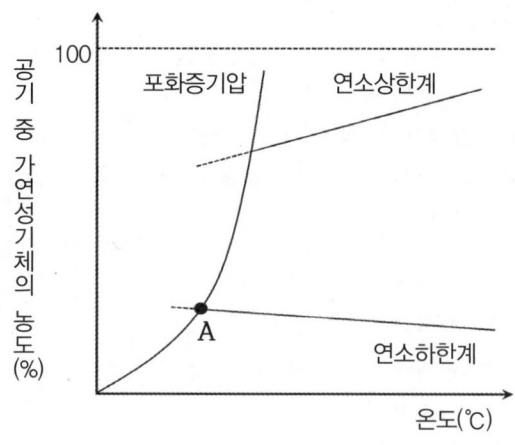

① 외부에너지에 의해 발화하기 시작하는 최저연소온도이다.
② 물질적 조건과 에너지 조건이 만나는 최저연소온도이다.
③ 화학양론비(stoichiometric ratio)에서의 최저연소온도이다.
④ 가연성 혼합기를 형성하는 최저연소온도이다.

15. 다음 설명하는 소방조직의 원리로 가장 옳은 것은?

특정 사안에 대한 결정에 있어서 의사결정 과정에서는 개인의 의견이 참여되지만 결정을 내리는 것은 개인이 아닌 소속 기관의 장이다.

① 계선의 원리
② 업무조정의 원리
③ 계층제의 원리
④ 명령통일의 원리

16. 「위험물안전관리법 시행령」 상 제1류 위험물에 관한 내용이다. ( ) 안에 들어갈 내용으로 옳은 것은?

> 고체로서 (㉠)의 잠재적인 위험성 또는 (㉡)에 대한 민감성을 판단하기 위하여 소방청장이 정하여 고시하는 시험에서 고시로 정하는 성질과 상태를 나타내는 것을 말한다.

	㉠	㉡
①	산화력	충격
②	환원력	분해
③	산화력	폭발
④	환원력	연소

17. 스프링클러설비의 구성품 중 리타딩 챔버(retarding chamber)의 기능으로 옳은 것은?

① 역류방지
② 가압송수
③ 오작동방지
④ 동파방지

18. 다음 중 높은 계급 순으로 옳은 것은?

① 소방총감 — 소방준감 — 소방정감 — 소방정 — 소방감
② 소방총감 — 소방감 — 소방준감 — 소방정 — 소방정감
③ 소방총감 — 소방준감 — 소방정 — 소방감 — 소방정감
④ 소방총감 — 소방정감 — 소방감 — 소방준감 — 소방정

19. 화재가혹도(Fire severity)에 대한 설명으로 옳지 않은 것은? (A는 개구부의 면적, H는 개구부의 높이이다.)

① 화재가혹도의 크기는 화재강도와 화재하중의 영향을 받는다.
② 화재실의 최고온도와 지속시간은 화재가혹도를 판단하는 중요한 인자이다.
③ 화재실의 환기요소($A\sqrt{H}$)는 화재가혹도에 영향을 준다.
④ 화재가혹도는 화재실이나 화재구획의 단열성에 영향을 받지 않는다.

20. 다음 중 위험물의 지정수량으로 옳은 것은?

① 다이크로뮴산염류 — 10kg
② 알킬리튬 — 10kg
③ 나이트로화합물(제2종) — 10kg
④ 질산 — 100kg

21. 체육관 화재 시 천정의 높이가 높아 화재감지기의 작동을 어렵게 하고, 초기화재 시 연기감지기에 감지가 안 되는 원인으로 가장 옳은 것은?

① 열전도
② 열대류
③ 열복사
④ 열비화

22. 0℃ 1기압(atm)인 밀폐된 지하실에서 화재가 발생하였다. 화재로 인해 화재실의 온도가 400℃로 증가하였다. 화재로 인한 공기와 연기의 평균 분자량은 동일하고, 모두 이상기체로 거동하게 될 때, 화재로 인한 화재실의 압력은 몇 배 증가하는가? (소수점 둘째자리에서 반올림한다.)

① 2.1
② 2.3
③ 2.5
④ 2.7

23. 소방기관에서 실시하는 화재조사에 대한 일반적인 설명으로 옳지 않은 것은?

① 화재조사는 관계 공무원이 화재사실을 인지하는 즉시 실시한다.
② 화재조사는 강제성을 지니며, 프리즘식으로 진행한다.
③ 화재조사 시 건축·구조물 화재의 소실 정도는 입체 면적에 대한 비율을 적용하여 구분한다.
④ 사상자가 10명 이상 발생한 화재의 경우 소방본부장이 화재합동조사단을 구성하여 운영하는 것을 원칙으로 한다.

24. 다음은 연기에 대한 설명이다. 가장 옳은 것은?

① 수평방향보다 수직방향으로 더 빠르게 이동한다.
② 수소가 많으면 흑색 연기가 발생이 되고, 탄소가 많으면 백색 연기가 발생된다.
③ 연기는 가연물이 연소할 때 생성되는 물질로서 고체상의 미립자가 아니다.
④ 연기의 이동과 굴뚝효과는 전혀 관계가 없고 온도와 관계가 깊다.

25. 연소범위가 가장 넓은 것은?

① 메탄
② 프로판
③ 일산화탄소
④ 암모니아

제3회 전범위 기출모의고사

✔ N회독 : ☐☐☐   ✔ 풀이시간 :   분 [권장 25분]   ✔ 내점수 :   점 / 100점

✔ 정답 및 해설 p.617

※ 다음의 각 물음에 답하시오. (1문제당 4점)

1. 폭발에 대한 설명으로 옳지 않은 것은?

① 폭연은 폭굉보다 폭발압력이 낮다.
② 분해폭발은 산소에 관계없이 단독으로 발열분해반응을 하는 물질에서 발생한다.
③ 물리적 폭발은 물질의 상태(기체, 액체, 고체)가 변하거나 온도, 압력 등 조건의 변화에 따라 발생한다.
④ 중합폭발은 가연성 액체의 무적(霧滴, mist)이 일정농도 이상으로 조연성 가스 중에 분산되어 있을 때 착화하여 발생한다.

2. 하인리히(H. W. Heinrich)의 안전사고 연쇄성이론의 5단계 순서를 올바르게 배열한 것은?

① 개인적 결함 — 사회적 환경 및 유전적 요소 — 불안전 행동 및 상태 — 상해 — 사고
② 불안전 행동 및 상태 — 사회적 환경 및 유전적 요소 — 개인적 결함 — 사고 — 상해
③ 사회적 환경 및 유전적 요소 — 개인적 결함 — 불안전 행동 및 상태 — 사고 — 상해
④ 사회적 환경 및 유전적 요소 — 불안전 행동 및 상태 — 개인적 결함 — 상해 — 사고

3. 화재 시 발생하는 연기(smoke)에 대한 설명으로 옳지 않은 것은?

① 연기의 수직 이동속도는 수평 이동속도보다 빠르다.
② 연기의 감광계수가 증가할수록 가시거리는 짧아진다.
③ 중성대는 실내 화재 시 실내와 실외의 온도가 같은 면을 의미한다.
④ 굴뚝효과는 건축물의 내부와 외부의 온도차에 의해 내부의 더운 공기가 상승하는 현상이다.

4. 중질유화재 시 무상주수를 함으로써 기대할 수 있는 소화효과로 올바르게 묶인 것은?

① 질식소화, 부촉매소화
② 질식소화, 유화소화
③ 유화소화, 타격소화
④ 피복소화, 타격소화

5. 스프링클러설비 중 감지기와 연동하여 작동하는 것만을 모두 고른 것은?

> ㉠ 습식 스프링클러설비
> ㉡ 건식 스프링클러설비
> ㉢ 준비작동식 스프링클러설비
> ㉣ 일제살수식 스프링클러설비
> ㉤ 부압식 스프링클러설비

① ㉠, ㉡, ㉢
② ㉠, ㉣, ㉤
③ ㉡, ㉢, ㉣
④ ㉢, ㉣, ㉤

6. 다음은 소방의 역사적 발전과정에 대한 설명이다. 옳은 것을 모두 것은?

> 가. 세종 8년 금화도감이 설치되었다.
> 나. 일제시대에는 상비소방수제도가 있었다.
> 다. 정부수립 후 1958년 소방법이 제정되었다.
> 라. 2004년 소방방재청이 신설되었다.

① 가, 나
② 가, 나, 다
③ 가, 나, 라
④ 가, 나, 다, 라

7. 다음은 열의 전달 형태에 대한 설명이다. ( ) 안에 들어갈 내용으로 옳은 것은?

> 가. 일반적으로 화재의 초기단계에서 열의 전달은 (㉠)에 기인한다.
> 나. 화재 시 연기가 위로 향하는 것이나 화로에 의해 실내의 공기가 따뜻해지는 것은 (㉡)에 의한 현상이다.

	㉠	㉡
①	전도	대류
②	복사	전도
③	전도	비화
④	대류	전도

8. 연소생성물 중 발생하는 연소가스에 관한 설명으로 옳지 않은 것은?

① 일산화탄소(CO)는 가연물이 완전연소할 때 발생하는 것으로 유독성 기체이며 가연성이 없다.
② 시안화수소(HCN)는 모직, 견직물 등의 불완전연소 시 발생하며 독성이 커서 인체에 치명적이다.
③ 염화수소(HCl)는 폴리염화비닐 등과 같이 염소가 함유된 수지류가 탈 때 주로 생성되며 금속에 대한 강한 부식성이 있다.
④ 황화수소(H_2S)는 수소의 황화물로 악취를 가진 무색의 유독한 기체이며, 살충제의 원료로 사용된다.

9. 가압송수장치인 소방펌프의 체절운전으로 인한 수온상승과 과압으로 배관이 파손되는 경우를 방지하기 위하여 설치하는 것은?

① 순환배관 및 릴리프밸브
② 물올림장치
③ 압력챔버
④ 수격방지기

10. 물소화약제에 대한 설명으로 옳은 것은?

① 질식소화 작용은 기대하기 어렵다.
② 분무상으로 방사 시 B급화재 및 C급화재에도 적응성이 있다.
③ 물은 비열과 기화열 값이 작아 냉각소화 효과가 우수하다.
④ 수용성 가연물질인 알코올, 에테르, 에스테르 등으로 인한 화재에는 적응성이 없다.

11. 다음 중 최소발화에너지(M.I.E)에 대한 설명으로 옳지 않은 것은?

① 온도가 높아지면 분자의 운동이 활발해지므로 최소발화에너지(M.I.E)가 감소한다.
② 압력이 높아지면 분자 간 거리가 가까워지므로 최소발화에너지(M.I.E)가 감소한다.
③ 가연성 가스의 조성이 화학양론적 농도 부근일 경우 최소발화에너지(M.I.E)가 최저가 된다.
④ 열전도율이 높으면 최소발화에너지(M.I.E)가 감소한다.

12. 제1류 위험물의 일반적 성질에 대한 설명으로 옳지 않은 것은?

① 불연성 물질이다.
② 강력한 환원제이다.
③ 대부분 무기화합물이다.
④ 다른 가연물의 연소를 돕는 지연성물질이다.

13. 연소에 대한 설명으로 옳지 않은 것은?

① 액체가연물의 인화점은 액면에서 증발된 증기의 농도가 연소하한계에 도달하여 점화되는 최저온도이다.
② 연소하한계가 낮고 연소범위가 넓을수록 가연성 가스의 연소위험성이 증가한다.
③ 액체가연물의 연소점은 점화된 이후 점화원을 제거하여도 자발적으로 연소가 지속되는 최저온도이다.
④ 파라핀계 탄화수소화합물의 경우 탄소수가 적을수록 발화점이 낮아진다.

14. 분말소화약제의 소화효과로 옳지 않은 것은?

① 질식소화효과
② 냉각소화효과
③ 방사열의 차단효과
④ 희석소화효과

15. 「재난 및 안전관리 기본법 시행령」 상 긴급구조기관의 장이 수립하는 재난유형별 긴급구조대응계획에 포함되어야 할 내용으로 옳은 것은?

> ㉠ 긴급구조대응계획의 기본방침과 절차
> ㉡ 긴급구조대응계획의 목적 및 적용범위
> ㉢ 주요 재난유형별 대응 매뉴얼에 관한 사항
> ㉣ 비상경고 방송메시지 작성 등에 관한 사항
> ㉤ 긴급구조대응계획의 운영책임에 관한 사항
> ㉥ 재난 발생 단계별 중 긴급구조 대응활동 사항

① ㉠, ㉡, ㉢ ② ㉠, ㉡, ㉤
③ ㉡, ㉣, ㉥ ④ ㉢, ㉣, ㉥

16. 자동화재탐지설비 수신기의 화재신호와 연동으로 작동하여 관계인에게 화재발생을 경보함과 동시에 소방관서에 자동적으로 통신망을 통한 당해 화재발생 및 당해 소방대상물의 위치 등을 음성으로 통보하여 주는 것은?

① 통합감시시설 ② 비상경보설비
③ 비상방송설비 ④ 자동화재속보설비

17. 위험물과 물이 반응할 때 발생하는 가스로 옳지 않은 것은?

	위험물	가스
①	탄화알루미늄	아세틸렌
②	인화칼슘	포스핀
③	수소화알루미늄	수소
④	트리에틸알루미늄	에테인

18. 0℃ 얼음 1kg이 수증기 100℃가 되려면 몇 kcal가 필요한가?

① 619kcal
② 639kcal
③ 719kcal
④ 1278kcal

19. 피난구조설비에 대한 설명으로 옳지 않은 것은?

① 인공소생기란 호흡 부전 상태인 사람에게 인공호흡을 시켜 환자를 보호하거나 구급하는 기구를 말한다.
② 피난구유도등이란 피난구 또는 피난경로로 사용되는 출입구를 표시하여 피난을 유도하는 등을 말한다.
③ 복도통로유도등이란 피난통로가 되는 복도에 설치하는 통로유도등으로서 피난구의 방향을 명시하는 것을 말한다.
④ 구조대란 사용자의 몸무게에 의하여 자동으로 하강하고 내려서면 스스로 상승하여 연속적으로 사용할 수 있는 무동력 피난기구를 말한다.

20. 다음 중 굴뚝효과와 관련 없는 것은?

① 층의 면적
② 층의 높이
③ 외벽의 기밀도
④ 건축 내·외 온도차

21. 유류화재의 이상현상에 대한 설명으로 옳은 것은?

① 프로스오버(Froth over) : 점성이 큰 뜨거운 유류표면 아래에서 물이 끓을 때 화재를 수반하지 않고 유류가 넘치는 현상
② 슬롭오버(slop over) : 탱크 내의 유류가 50% 미만 저장된 경우, 화재로 인한 내부 압력 상승을 탱크가 폭발하는 현상
③ 오일오버(Oil over) : 중질유 탱크 화재 시 액면의 뜨거운 열파가 탱크 하부로 전달될 때, 탱크 하부에 존재하고 있던 에멀션(emulsion) 상태의 물을 기화시켜 물의 급격한 부피 팽창으로 탱크 내의 유류가 분출하는 현상
④ 보일오버(boil over) : 중질유 탱크 내에 화재로 연소유의 포면온도가 물의 비점 이상 상승했을 때, 물이 수증기가 되면서 급격한 부피 팽창으로 연소유를 탱크 외부로 비산시키는 현상

22. 다음 중 기상폭발이 아닌 것은?

① 분무폭발
② 분해폭발
③ 분진폭발
④ 증기폭발

23. 「재난 및 안전관리 기본법」 및 같은 법 시행령에 따라 수립해야 하는 계획의 내용이다. (   ) 안에 들어갈 내용으로 옳은 것은?

> (가) (㉠)은/는 재난 및 안전관리에 관한 과학기술의 진흥을 위하여 (㉡)년마다 관계중앙행정기관의 재난 및 안전관리기술개발에 관한 계획을 종합하여 조정위원회의 심의와 「국가과학기술자문회의법」에 따른 국가과학기술자문회의 심의를 거쳐 재난 및 안전관리기술개발 종합계획을 수립하여야 한다.
> (나) (㉢)은/는 재난 및 사고로부터 국민의 생명·신체 및 재난을 보호하기 위하여 (㉣)년마다 국가안전관리기본계획을 수립하여야 한다.

① ㉠ 국무총리, ㉡ 1, ㉢ 행정안전부장관, ㉣ 1
② ㉠ 국무총리, ㉡ 5, ㉢ 행정안전부장관, ㉣ 5
③ ㉠ 행정안전부장관, ㉡ 1, ㉢ 국무총리, ㉣ 1
④ ㉠ 행정안전부장관, ㉡ 5, ㉢ 국무총리, ㉣ 5

24. 다음 중 연소속도의 영향인자로 옳은 것은?

> ㉠ 가연성 물질의 종류
> ㉡ 촉매의 존재 유무와 농도
> ㉢ 공기 중 산소량
> ㉣ 가연성 물질과 산화제의 당량비

① ㉠, ㉡
② ㉠, ㉡, ㉢
③ ㉡, ㉢, ㉣
④ ㉠, ㉡, ㉢, ㉣

25. 재난관리 방식 중 분산관리에 대한 일반적인 설명으로 옳지 않은 것은?

① 재난의 종류에 따라 대응방식의 차이와 대응계획 및 책임기관이 각각 다르게 배정된다.
② 재난 시 유관기관 간의 중복적 대응이 있을 수 있다.
③ 재난의 발생 유형에 따라 소관부처별로 업무가 나뉜다.
④ 재난 시 유사한 자원동원 체계와 자원유형이 필요하다.

MEMO

힘들고 지쳤다는 건 노력했다는 증거
슬럼프가 왔다는 건 열정적이었다는 증거
실패했다는 건 도전했다는 증거
긴장된다는 건 도전했다는 증거
그만둘까는 지금까지 희망을 버리지 않고 있던 증거 -트위터-

2022년 소방공무원 공채/경채 기출문제

2022년 소방공무원 공개채용, 경력채용 시험 20문항 기준[1문제당 5점]

01. 소방기관에서 실시하는 화재조사에 대한 일반적인 설명으로 옳지 않은 것은?

① 화재조사는 관계 공무원이 화재사실을 인지하는 즉시 실시한다.
② 화재조사는 강제성을 지니며, 프리즘식으로 진행한다.
③ 화재조사 시 건축·구조물 화재의 소실정도는 입체면적에 대한 비율을 적용하여 구분한다.
④ 사상자가 10명 이상 발생한 화재의 경우에는 소방본부장이 화재합동조사단을 구성하여 운영하는 것을 원칙으로 한다.

02. 「재난 및 안전관리 기본법」상 재난현장에서 임무를 직접 수행하는 기관의 행동조치 절차를 구체적으로 수록한 문서는?

① 재난대응 활동계획
② 현장조치 행동매뉴얼
③ 위기대응 실무매뉴얼
④ 위기관리 표준매뉴얼

03. 그림에서 'A'에 대한 설명으로 옳지 않은 것은?

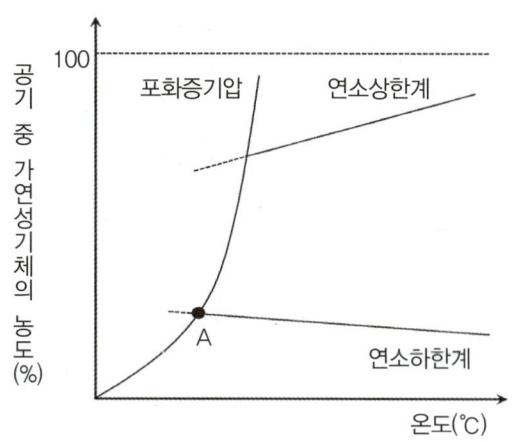

① 외부에너지에 의해 발화하기 시작하는 최저연소온도이다.
② 물질적 조건과 에너지 조건이 만나는 최저연소온도이다.
③ 화학양론비(stoichiometric ratio)에서의 최저연소온도이다.
④ 가연성 혼합기를 형성하는 최저연소온도이다.

04. 화재가혹도(Fire severity)에 대한 설명으로 옳지 않은 것은? (A는 개구부의 면적, H는 개구부의 높이다.)

① 화재가혹도의 크기는 화재강도와 화재하중의 영향을 받는다.
② 화재실의 최고온도와 지속시간은 화재가혹도를 판단하는 중요한 인자이다.
③ 화재실의 환기요소($A\sqrt{H}$)는 화재가혹도에 영향을 준다.
④ 화재가혹도는 화재실이나 화재구획의 단열성에 영향을 받지 않는다.

05. 메틸알코올(CH_3OH)의 최소산소농도(MOC: Mini-mum Oxygen Concentration, %)로 옳은 것은? (CH_3OH의 연소상한계는 37%, 연소범위의 상·하한 폭은 30%이다.)

① 5.0
② 8.5
③ 10.5
④ 14.0

06. 폭발에 대한 일반적인 설명으로 옳은 것은?

① 아세틸렌과 산화에틸렌은 분해폭발을 일으키기 쉬운 물질이다.
② 상온에서 탱크에 저장된 중유가 유출되면 자유공간 증기운폭발이 일어난다.
③ 밀폐공간에서 조연성가스가 폭발범위를 형성하면 점화원에 의해 가스폭발이 일어난다.
④ 다량의 고온물질이 물 속에 투입되었을 때 물의 갑작스런 상변화에 의한 폭발현상을 반응폭주라 한다.

07. 가연성 물질의 화재 시 소화방법으로 옳은 것은?

① 탄화칼슘은 물을 분무하여 소화한다.
② 아세톤은 알콜형포 소화약제로 소화한다.
③ 나트륨은 할론 소화약제로 소화한다.
④ 마그네슘은 이산화탄소 소화약제로 소화한다.

08. 위험물에 대한 일반적인 설명으로 옳은 것은?

① 제1류 위험물 중 질산염류는 연소속도가 빨라 폭발적으로 연소한다.
② 제3류 위험물 중 황린은 가열, 충격, 마찰에 의해 분해되어 산소가 발생하므로 가연물과의 접촉을 피한다.
③ 제4류 위험물 중 제1석유류는 인화점 및 연소하한계가 낮아 적은 양으로도 화재의 위험이 있다.
④ 제5류 위험물 중 유기과산화물은 공기 중에 노출되거나 수분과 접촉하면 발화의 위험이 있다.

09. 자동기동방식의 펌프가 수원의 수위보다 높은 곳에 설치된 옥내소화전설비의 구성요소를 있는 대로 모두 고른 것은?

| ㄱ. 기동용수압개폐장치 |
| ㄴ. 릴리프밸브 |
| ㄷ. 동력제어반 |
| ㄹ. 솔레노이드밸브 |
| ㅁ. 물올림장치 |

① ㄱ, ㄴ, ㅁ
② ㄷ, ㄹ, ㅁ
③ ㄱ, ㄴ, ㄷ, ㄹ
④ ㄱ, ㄴ, ㄷ, ㅁ

10. 「재난 및 안전관리 기본법」상 재난관리의 대비단계 관리사항을 있는 대로 모두 고른 것은?

> ㄱ. 국가재난관리기준의 제정·운용
> ㄴ. 재난 예보·경보체계 구축·운영
> ㄷ. 재난안전분야 종사자 교육
> ㄹ. 재난안전통신망의 구축·운영

① ㄱ, ㄴ
② ㄱ, ㄹ
③ ㄱ, ㄴ, ㄹ
④ ㄴ, ㄷ, ㄹ

11. 위험물과 물이 반응할 때 발생하는 가스로 옳지 않은 것은?

	위험물	가스
①	탄화알루미늄	아세틸렌
②	인화칼슘	포스핀
③	수소화알루미늄	수소
④	트리에틸알루미늄	에테인

12. 800℃, 1기압에서 황(S) 1kg이 공기 중에서 완전 연소할 때 발생되는 이산화황의 발생량(m^3)은? (단, 황(S)의 원자량은 32, 산소(O)의 원자량은 16이며, 이상기체로 가정한다.)

① 2.00
② 2.35
③ 2.50
④ 2.75

13. 중질유화재 시 무상주수를 함으로써 기대할 수 있는 소화효과로 올바르게 묶인 것은?

① 질식소화, 부촉매소화
② 질식소화, 유화소화
③ 유화소화, 타격소화
④ 피복소화, 타격소화

14. 재난관리 방식 중 분산관리에 대한 일반적인 설명으로 옳지 않은 것은?

① 재난의 종류에 따라 대응방식의 차이와 대응계획 및 책임기관이 각각 다르게 배정된다.
② 재난 시 유관기관 간의 중복적 대응이 있을 수 있다.
③ 재난의 발생 유형에 따라 소관부처별로 업무가 나뉜다.
④ 재난 시 유사한 자원동원 체계와 자원유형이 필요하다.

15. 가연성 물질의 화재 위험성에 대한 설명으로 옳은 것은?

① 비열, 연소열, 비점이 작거나 낮을수록 위험하다.
② 증발열, 연소열, 연소속도가 크거나 빠를수록 위험하다.
③ 표면장력, 인화점, 발화점이 작거나 낮을수록 위험하다.
④ 비중, 압력, 융점이 크거나 높을수록 위험하다.

16. 기체상 연료노즐에서의 연소에 대한 일반적인 설명으로 옳은 것을 있는 대로 모두 고른 것은?

> ㄱ. 역화는 연료의 연소속도가 분출속도보다 빠를 때 불꽃이 연료노즐 속으로 빨려 들어가 연료노즐 속에서 연소하는 현상이다.
> ㄴ. 선화는 불꽃이 연료노즐 위에 들뜨는 현상으로 연료노즐에서 연료기체의 연소속도가 불출속도보다 느릴 때 발생하는 현상이다.
> ㄷ. 황염은 분출하는 기체연료와 공기의 화학양론비에서 공기량이 적을 때 발생한다.
> ㄹ. 연료노즐에서 흐름이 난류(turbulent)인 경우, 확산연소에서 화염의 높이는 분출속도에 비례한다.

① ㄱ, ㄴ
② ㄷ, ㄹ
③ ㄱ, ㄴ, ㄷ
④ ㄱ, ㄴ, ㄷ, ㄹ

17. 「화재조사 및 보고규정」상 동일 소방대상물로서 1건의 화재로 취급하는 기준에 대한 설명으로 옳지 않은 것은?

① 1개의 발화지점에서 확대된 것
② 누전점이 다른 누전에 의한 화재로서 발화점이 2개소 이상인 것
③ 지진, 낙뢰 등 자연현상에 의해 발생한 다발화재로서 발화점이 2개소 이상인 것
④ 동일범에 의한 방화 또는 불장난으로 발생한 화재

18. 할로겐화합물 소화약제가 갖추어야 할 일반적인 조건으로 옳지 않은 것은?

① 독성이 적을수록 좋다.
② 지구온난화에 끼치는 영향이 적을수록 좋다.
③ 대기 중에 잔존 시간이 길수록 좋다.
④ 오존층 파괴에 끼치는 영향이 적을수록 좋다.

19. 포(foam)에 대한 일반적인 설명으로 옳은 것은?

① 불화단백포 및 수성막포는 표면하 주입방식에 사용할 수 있다.
② 불소를 함유하고 있는 합성계면활성제포는 친수성이므로 유동성과 내유성이 좋다.
③ 단백포는 유동성은 좋으나, 내화성은 나쁘다.
④ 알콜형포 사용 시 비누화현상이 일어나면 소화능력이 떨어진다.

20. 이산화탄소소화설비에 대한 일반적인 설명으로 옳지 않은 것은?

① 기동용기의 가스는 압력스위치 및 자동폐쇄장치를 작동시키는 역할을 한다.
② 저장용기는 직사광선 및 빗물이 침투할 우려가 없는 곳에 설치한다.
③ 전역방출방식에서 환기장치는 이산화탄소가 방사되기 전에 정지되어야 한다.
④ 전역방출방식에서 음향경보장치와 방출표시등이 필요하다.

2023년 소방공무원 공채/경채 기출문제

2023년 소방공무원 공개채용, 경력채용 시험 25문항 기준[1문제당 4점]

---

01. 우리나라 소방행정체제의 변천과정에 관한 내용으로 옳지 않은 것은?

① 중앙소방위원회 설치(1946) 당시에는 자치소방체제였다.
② 정부수립(1948) 당시에는 국가소방체제였다.
③ 중앙소방학교 설립(1978) 당시에는 국가소방과 자치소방의 이원적 체제였다.
④ 대구지하철 화재 발생(2003) 당시에는 국가소방체제였다.

02. 「소방기본법」 및 같은 법 시행규칙상 화재예방, 소방활동 또는 소방훈련을 위하여 사용되는 소방신호의 종류와 방법에 관한 내용으로 옳은 것은?

① 소방신호의 방법으로는 타종신호, 싸이렌신호, 음성신호가 있다.
② 소방대의 비상소집을 하는 경우에는 훈련신호를 사용할 수 있다.
③ 타종신호로 하는 경우 경계신호는 5초 간격을 두고 30초씩 3회로 한다.
④ 소방신호의 종류에는 비상신호, 훈련신호, 해제신호, 경계신호가 있다.

03. 재난재해에 관한 설명으로 옳지 않은 것은?

① 아네스(Br. J. Anesth)는 재난을 크게 자연재난과 인적(인위)재난으로 구분하였다.
② 존스(David K. Jones)는 재난을 크게 자연재난, 준자연재난, 인적(인위)재난으로 구분하였다.
③ 「재난 및 안전관리 기본법」 제3조 제1호에 따른 재난은 자연재난, 사회재난, 해외재난으로 구분된다.
④ 하인리히(H. W. Heinrich)의 도미노 이론은 재해발생과정을 유전적 요인 및 사회적 환경 → 개인적 결함 → 불안전 행동 및 불안전 상태 → 사고 → 재해(상해)라는 5개 요인의 연쇄작용으로 설명하였다.

04. 「재난 및 안전관리 기본법」 상 재난관리 단계와 활동내용의 연결이 옳지 않은 것은?

① 예방 단계 — 위험구역의 설정
② 대비 단계 — 재난현장 긴급통신수단의 마련
③ 대응 단계 — 재난 예보·경보체계 구축·운영
④ 복구 단계 — 특별재난지역 선포 및 지원

05. 다음은 가연성 혼합기의 최소발화(점화) 에너지(MIE, Minimum Ignition Energy)에 영향을 주는 요인에 관한 설명으로 옳지 않은 것은?

① 온도가 상승하면 최소발화에너지는 작아진다.
② 압력이 상승하면 최소발화에너지는 작아진다.
③ 열전도율이 낮아지면 최소발화에너지는 커진다.
④ 화학양론비 부근에서 최소발화에너지는 최저가 된다.

07. 소방펌프 및 관로에서 발생되는 수격현상(water hammering)의 방지대책으로 옳지 않은 것은?

① 수격을 흡수하는 수격방지기를 설치한다.
② 관로에 서지 탱크(surge tank)를 설치한다.
③ 플라이휠(flywheel)을 부착하여 펌프의 급격한 속도 변화를 억제한다.
④ 관경의 축소를 통해 유체의 유속을 증가시켜 압력 변동치를 감소시킨다.

06. 가연성 액체의 연소현상에 관한 설명으로 옳지 않은 것은?

① 가연성 액체의 연소와 관련된 온도는 발화점, 연소점, 인화점 순으로 높다.
② 인화점과 발화점이 가까운 액체일수록 재점화가 어렵고 냉각에 의한 소화활동이 용이하다.
③ 인화점과 연소점의 차이는 외부 점화원을 제거했을 경우 화염 전파의 지속성 여부에 따라 구분된다.
④ 연소반응은 열생성률(heat production rate)이 외부로의 열손실률(heat loss rate)보다 큰 조건에서 지속된다.

08. 화재 시 연소생성물에 관한 설명으로 옳지 않은 것은?

① 황화수소는 썩은 달걀과 비슷한 냄새가 난다.
② 연기로 인한 빛의 감소를 나타내는 감광계수는 가시거리와 반비례한다.
③ 일산화탄소는 산소와 헤모글로빈의 결합을 방해하여 질식에 이르게 할 수 있다.
④ TLV(Threshold Limit Value)로 측정한 독성가스의 허용 농도는 불화수소, 시안화수소, 암모니아, 포스겐 순으로 높다.

09. 폭발에 관한 설명으로 옳은 것만을 〈보기〉에서 있는 대로 고른 것은?

─── < 보기 > ───
ㄱ. 증기폭발은 액체의 급속한 기화로 인해 체적이 팽창되어 발생하는 현상이다.
ㄴ. 가스폭발은 분진폭발보다 최소발화에너지가 크다.
ㄷ. 분해폭발은 공기나 산소와 섞이지 않더라도 가연성 가스 자체의 분해 반응열에 의해 폭발하는 현상이다.
ㄹ. 폭발(연소)범위는 초기온도 및 압력이 상승할수록 분자간 유효충돌할 가능성이 높아지기 때문에 넓어진다.

① ㄱ, ㄴ
② ㄷ, ㄹ
③ ㄱ, ㄴ, ㄹ
④ ㄱ, ㄷ, ㄹ

10. 폭연(deflagration)과 폭굉(detonation)에 관한 설명으로 옳은 것은?

① 예혼합가스의 초기압력이 높을수록 폭굉 유도거리가 길어진다.
② 화염전파속도는 폭연의 경우 음속보다 느리며, 폭굉의 경우 음속보다 빠르다.
③ 폭연은 폭굉으로 전이될 수 없으나 폭굉은 폭연으로 전이될 수 있다.
④ 폭연은 화염면에서 온도, 압력, 밀도의 변화가 불연속적으로 나타난다.

11. 분진폭발에 영향을 미치는 인자에 관한 설명으로 옳지 않은 것은?

① 분진의 발열량이 클수록 폭발하기 쉽다.
② 분진의 부유성이 클수록 폭발이 용이해진다.
③ 분진폭발은 분진의 입자직경에 영향을 받는다.
④ 분진의 단위체적당 표면적이 작아지면 폭발이 용이해진다.

12. 전기화재(C급화재) 및 주방화재(K급화재)에 관한 설명으로 옳지 않은 것은?

① 주방화재의 가연물 중 하나인 식용유의 발화점은 비점보다 낮다.
② 도체 주위의 자기장 변화에 의해 발생된 유도전류는 전기화재의 점화원으로 작용할 수 있다.
③ 식용유로 인한 화재 시 유면상의 화염을 제거하면 복사열에 의한 기화를 차단하여 재발화를 방지할 수 있다.
④ 전기화재 발생 원인 중 누전은 전류가 전선이나 기구에서 절연 불량 등의 원인으로 정해진 전로(배선) 밖으로 흐르는 현상이다.

13. 화재 시 구획실에서 발생하는 현상에 관한 설명으로 옳은 것은?

① 개구부의 크기는 플래시오버 발생과 관련이 없다.
② 구획실의 창문과 문손잡이의 온도로 백드래프트의 발생 가능성을 예측할 수 없다.
③ 준불연성이나 불연성의 내장재를 사용할 경우 플래시오버 발생까지의 소요시간이 길어진다.
④ 구획실 내의 산소가 부족하여 훈소 상태에서 공기가 갑자기 다량 공급될 때 가연성 가스가 순간적으로 폭발하듯 발화하는 현상은 플래시오버이다.

14. 그림은 구획실의 크기가 가로 10,000mm 세로 8,000mm 높이 3,000mm이며 가연물 A와 가연물 B가 놓여 있는 상태를 나타낸다. 다음과 같은 조건일 때 구획실의 화재하중 (kg/m²)은? (단, 주어지지 않은 조건은 무시하고, 소수점 셋째 자리에서 반올림한다.)

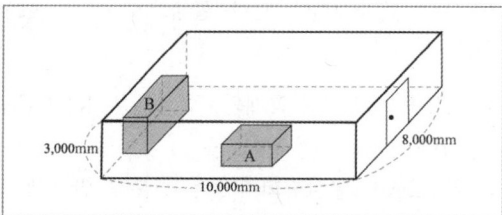

	단위발열량 [kcal/kg]	질량 [kg]
목재	4,500	-
가연물A	2,000	200
가연물B	9,000	100

① 1.20
② 2.41
③ 3.61
④ 7.22

15. 구획실 화재에 관한 설명으로 옳지 않은 것은?

① 플래시오버 이후에는 연료지배형 화재보다 환기지배형 화재가 지배적이다.
② 환기가 잘되지 않으면 환기지배형 화재에서 연료지배형 화재로 바뀌며 연기 발생이 줄어든다.
③ 연료지배형 화재는 구획실 내 가연물의 연소에 필요한 산소가 충분히 공급되는 조건의 화재이다.
④ 성장기에는 천장 부분에서 축적된 뜨거운 가스층이 발화원으로부터 떨어져 있는 가연성 물질에 복사열을 공급하여 플래시오버를 초래할 수 있다.

16. 위험물의 유별 특성 중 옳은 것만을 〈보기〉에서 있는 대로 고른 것은?

< 보기 >

ㄱ. 아염소산나트륨은 불연성, 조해성, 수용성이며, 무색 또는 백색의 결정성 분말 형태이다.
ㄴ. 마그네슘은 끓는 물과 접촉 시 수소가스를 발생시킨다.
ㄷ. 황린은 공기 중 상온에 노출되면 액화되면서 자연발화를 일으킨다.

① ㄱ, ㄴ
② ㄱ, ㄷ
③ ㄴ, ㄷ
④ ㄱ, ㄴ, ㄷ

17. 위험물의 유별 소화방법으로 옳지 않은 것은?

① 탄화칼슘 화재 시 다량의 물로 냉각소화할 수 있다.
② 수용성 메틸알코올 화재에는 내알코올포를 사용한다.
③ 알킬알루미늄은 마른모래, 팽창질석, 팽창진주암으로 소화한다.
④ 적린은 다량의 물로 냉각소화하며, 소량의 적린인 경우에는 마른모래나 이산화탄소 소화약제도 일시적인 효과가 있다.

18. 「화재조사 및 보고규정」에 관한 내용으로 옳지 않은 것은?

① 건물의 소실면적 산정은 소실 입체면적으로 산정한다.
② 건물의 소실정도에서의 반소는 건물의 30% 이상 70% 미만이 소실된 것을 말한다.
③ 건물 등 자산에 대한 최종잔가율은 건물·부대설비·구축물·가재도구는 20%로 하며, 그 이외의 자산은 10%로 정한다.
④ 발화일시의 결정은 관계인의 화재발견 상황통보(인지) 시간 및 화재발생 건물의 구조 재질 상태와 화기취급 등의 상황을 종합적으로 검토하여 결정한다. 다만 자체진화 등 사후인지 화재로 그 결정이 곤란한 경우에는 발화시간을 추정할 수 있다.

19. 소화방법에 관한 설명으로 옳은 것만을 〈보기〉에서 있는 대로 고른 것은?

―― < 보기 > ――
ㄱ. 산림화재 시 화재 진행방향의 나무를 벌목하는 것은 제거소화의 방법 중 하나이다.
ㄴ. 물은 비열, 증발잠열의 값이 작아서 주로 냉각소화에 사용된다.
ㄷ. 부촉매 소화는 화학적 소화에 해당한다.
ㄹ. 유류화재는 포 소화약제를 방사하여 유류 표면에 얇은 층을 형성함으로써 공기 공급을 차단해 소화한다.
ㅁ. 물에 침투제를 첨가하는 이유는 표면장력을 증가시켜 소화능력을 향상하기 위함이다.

① ㄱ, ㄷ, ㄹ
② ㄴ, ㄹ, ㅁ
③ ㄱ, ㄴ, ㄷ, ㄹ
④ ㄱ, ㄷ, ㄹ, ㅁ

20. 분말소화약제에 관한 설명으로 옳지 않은 것은?

① 제2종 분말소화약제의 주성분은 $KHCO_3$ 이다.
② 제1·2·3종 분말소화약제는 열분해 반응에서 CO_2가 생성된다.
③ $NaHCO_3$이 주된 성분인 분말소화약제는 B·C급 화재에 사용하고 분말 색상은 백색이다.
④ $NH_4H_2PO_4$이 주된 성분인 분말소화약제는 A·B·C급 화재에 유효하고 비누화현상이 일어나지 않는다.

21. 할로겐화합물 및 불활성기체 소화약제에 관한 설명으로 옳지 않은 것은?

① IG—01, IG—55, IG—100, IG—541 중 질소를 포함하지 않은 약제는 IG—100이다.
② 할로겐화합물 소화약제 중 HFC—23(트리플루오르메탄)의 화학식은 CHF_3이다.
③ 부촉매 소화효과는 불활성기체 소화약제에는 없으나 할로겐화합물 소화약제는 있다.
④ 할로겐화합물 소화약제는 불소, 염소, 브롬 또는 요오드 중 하나 이상의 원소를 포함하고 있는 유기화합물을 기본 성분으로 하는 소화약제를 말한다.

22. 다음 그림의 주입 방식에 가장 적합한 포 소화약제로만 짝지어진 것은?

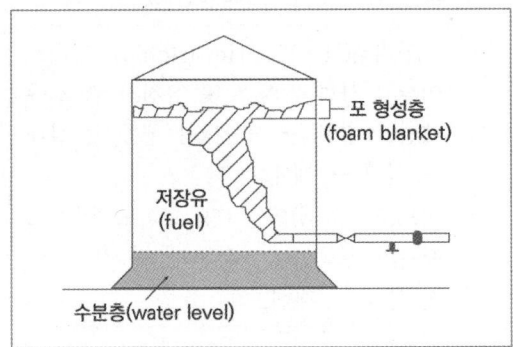

① 단백포, 불화단백포
② 수성막포, 불화단백포
③ 합성계면활성제포, 수성막포
④ 단백포, 수성막포

23. 차동식 분포형 감지기의 종류에 해당하지 않는 것은?

① 공기관식 ② 열전대식
③ 반도체식 ④ 광전식

24. 소방시설은 소화설비, 경보설비, 피난구조설비, 소화용수설비, 소화활동설비로 분류된다. 다음 정의로 분류되는 소방시설로 옳지 않은 것은?

| 화재를 진압하거나 인명구조활동을 위하여 사용하는 설비 |

① 제연설비
② 인명구조설비
③ 연결살수설비
④ 무선통신보조설비

25. 포소화설비에 관한 설명으로 옳지 않은 것은?

① 팽창비란 최종 발생한 포 수용액 체적을 원래 포 체적으로 나눈 값을 말한다.
② 연성계란 대기압 이상의 압력과 대기압 이하의 압력을 측정할 수 있는 계측기를 말한다.
③ 국소방출방식이란 소화약제 공급장치에 배관 및 분사 헤드 등을 설치하여 직접 화점에 소화약제를 방출하는 방식을 말한다.
④ 프레셔사이드 프로포셔너방식이란 펌프의 토출관에 압입기를 설치하여 포 소화약제 압입용펌프로 포 소화약제를 압입시켜 혼합하는 방식을 말한다.

2024년 소방공무원 공채/경채 기출문제

2024년 소방공무원 공개채용, 경력채용 시험 25문항 기준[1문제당 4점]

01. 소방 조직의 설치가 시기순으로 옳게 나열된 것은?

① 내무부 소방과 — 내무부 소방국 — 도 소방위원회 — 시·도 소방본부
② 도 소방위원회 — 내무부 소방국 — 시·도 소방본부 — 소방방재청
③ 중앙소방위원회 — 내무부 소방국 — 도 소방위원회 — 소방방재청
④ 내무부 소방국 — 중앙소방위원회 — 소방방재청 — 소방청

02. 소방행정조직의 발전 과정에 관한 설명으로 옳지 않은 것은?

① 1426년(세종 8년)에 독자적인 소방 관리를 위해 금화도감을 설치하였으며 이후 성문도감과 병합하여 수성금화도감으로 개편하였다.
② 1894년에 경무청이 설치되고, '소방'이란 용어가 처음으로 사용되었다.
③ 1948년에 대한민국 정부가 수립되고 국가소방체제로 전환하면서 소방행정조직이 경찰에서 분리되었다.
④ 2017년에 「정부조직법」 개정으로 국민안전처를 해체하고 소방청을 개설하였다.

03. 「재난 및 안전관리 기본법 시행령」상 재난 및 사고 유형과 재난관리 주관기관의 연결이 옳지 않은 것은?

① 농업생산기반시설 중 저수지의 붕괴·파손 등으로 인해 발생하는 대규모 피해 — 농림축산식품부
② 자연우주물체의 추락·충돌 등으로 인해 발생하는 재해 — 과학기술정보통신부 및 우주항공청
③ 승강기의 사고 또는 고장으로 인해 발생하는 대규모 피해 — 국토교통부
④ 에너지의 중대한 수급 차질로 인해 발생하는 대규모 피해 — 산업통상자원부

04. 다음은 재해 발생 과정에 관한 이론이다. 각 이론에서 재해발생을 방지하기 위해 제거해야 하는 단계가 옳게 나열된 것은?

> ㄱ. 하인리히(H. W. Heinrich)의 도미노 이론 : 사회적 환경 및 유전적 요소 → 개인적 결함 → 불안전한 행동 및 상태 → 사고 → 재해
> ㄴ. 버드(F. Bird)의 수정 도미노 이론 : 제어의 부족 → 기본원인 → 직접원인 → 사고 → 재해

	ㄱ	ㄴ
①	개인적 결함	직접원인
②	개인적 결함	기본원인
③	불안전한 행동 및 상태	직접원인
④	불안전한 행동 및 상태	기본원인

05. 연소에 관한 설명으로 옳은 것은?

① 작열연소 : 화염이 없는 표면연소이다.
② 분해연소 : 황이나 나프탈렌이 열분해되면서 일어나는 연소이다.
③ 증발연소 : 액체에서만 발생하는 연소형태로서 액면에서 비등하는 기체에서 발생한다.
④ 자기연소 : 제3류 위험물과 같이 물질 자체 내의 산소를 소모하는 연소로서 연소속도가 빠르다.

06. 블레비(BLEVE)에 관한 설명으로 옳지 않은 것은?

① 가연물이 비점 이상으로 가열될 때 발생한다.
② 저장탱크의 기계적 강도 이상의 압력이 형성될 때 발생한다.
③ 저장탱크 균열로 인한 액상, 기상의 동적 평형 상태가 유지된다.
④ 저장탱크의 외부 표면에 열전도성이 작은 물질로 단열조치하여 예방한다.

07. 실내 일반화재 진행 과정에 관한 설명으로 옳은 것은?

① 화재 초기에는 실내 온도가 급격하게 상승하기 시작한다.
② 성장기에는 급속한 연소 진행으로 환기지배형 화재 양상이 나타난다.
③ 최성기에는 실내 화염이 최고조에 도달하나 실내 산소부족으로 연소속도가 느려진다.
④ 감쇠기에는 화염의 급격한 소멸로 훈소 상태가 되어 백드래프트(back draft)의 위험이 없다.

08. 불완전연소에 관한 설명으로 옳지 않은 것은?

① 산소 과잉 상태에서 발생한다.
② 불꽃이 저온 물체와 접촉하여 온도가 내려갈 때 발생한다.
③ 일산화탄소, 그을음과 같은 연소생성물이 발생한다.
④ 연소실 내 배기가스의 배출이 불량할 때 발생한다.

09. 「위험물안전관리법」 및 같은 법 시행령, 시행규칙상 위험물의 지정수량과 위험등급의 연결이 옳지 않은 것은?

① 황린 — 20kg — Ⅰ등급
② 마그네슘 — 500kg — Ⅲ등급
③ 유기금속화합물 — 50kg — Ⅱ등급
④ 과염소산 — 300kg — Ⅱ등급

10. 가연물의 발화온도와 발화에너지에 관한 설명으로 옳은 것은?

① 점화원에 의해서 가연물이 발화하기 시작하는 최저 온도를 발화점(ignition point)이라고 한다.
② 점화원을 제거해도 자력으로 연소를 지속할 수 있는 최저온도를 연소점(fire point)이라고 한다.
③ 가연물의 최소발화에너지가 클수록 더 위험하다.
④ 가연물의 연소점은 발화점보다 높다.

11. 백드래프트(back draft)의 발생 징후로 옳지 않은 것은?

① 유리창 안쪽에 타르와 유사한 물질이 흘러내려 얼룩진 경우
② 창문을 통해 보았을 때 건물 내에서 연기가 소용돌이치는 경우
③ 화염은 보이지 않지만 창문과 문손잡이가 뜨거운 경우
④ 균열된 틈이나 작은 구멍을 통하여 건물 밖으로 연기가 밀려 나오는 경우

12. 다음은 폭연에서 폭굉으로 전이되는 과정이다. ( ) 안에 들어갈 단계로 옳은 것은?

착화 → (ㄱ) → (ㄴ) → (ㄷ) → 폭굉파

	ㄱ	ㄴ	ㄷ
①	화염전파	압축파	충격파
②	화염전파	충격파	압축파
③	압축파	화염전파	충격파
④	압축파	충격파	화염전파

13. 일반화재에 해당하는 것만을 〈보기〉에서 있는 대로 고른 것은?

< 보기 >
ㄱ. 통전 중인 배전반에서 불이 난 경우
ㄴ. 외출 시 전원이 차단된 콘센트에서 불이 난 경우
ㄷ. 실외 난로가 넘어지면서 새어 나온 석유에 불이 붙은 경우
ㄹ. 실험실 시험대 위 나트륨 분말에서 불이 난 경우

① ㄱ
② ㄴ
③ ㄴ, ㄹ
④ ㄱ, ㄷ, ㄹ

14. 유류저장탱크 내 유류 표면에 화재 발생 시 뜨거운 열류층이 형성되고 그 열파가 장시간에 걸쳐 바닥까지 전달되어 하부의 물이 비점 이상으로 가열되면서 부피가 팽창해 저장된 유류가 탱크 외부로 분출되었다. 이에 해당하는 현상으로 옳은 것은?

① 보일오버(boil over)
② 슬롭오버(slop over)
③ 프로스오버(froth over)
④ 오일오버(oil over)

15. 구획실 화재에 관한 설명으로 옳은 것은?

① 플래시오버(flash over)는 최성기와 감쇠기 사이에서 발생하며 충격파를 수반한다.
② 굴뚝효과가 발생할 때는 개구부에 형성된 중성대 상부에서 공기가 유입되고, 중성대 하부에서 연기가 유출된다.
③ 연료지배형 화재는 환기지배형 화재보다 산소 공급이 원활하고 연소속도가 빠르다.
④ 화재플룸(fire plume)은 실내 공기의 압력 차이로 가연성가스가 천장을 따라 화재가 발생하지 않은 복도 쪽으로 굴러다니는 것처럼 뿜어져 나오는 현상이다.

16. 다음의 가연성 가스(A, B, C) 중 위험도가 낮은 것에서 높은 순서로 옳게 나열한 것은?

A : 연소하한계 = 2 vol%,
    연소상한계 = 22 vol%
B : 연소하한계 = 4 vol%,
    연소상한계 = 75 vol%
C : 연소하한계 = 1 vol%,
    연소상한계 = 44 vol%

① A, B, C
② A, C, B
③ B, A, C
④ C, B, A

17. 주위 온도가 일정 상승률 이상 되는 경우에 작동하는 감지기로서 넓은 범위 내에서 열효과 누적에 의해 작동하는 것은?

① 차동식 분포형 감지기
② 차동식 스포트형 감지기
③ 정온식 스포트형 감지기
④ 정온식 감지선형 감지기

18. 소방시설 중 경보설비에 관한 설명으로 옳지 않은 것은?

① 시각경보기는 청각장애인에게 점멸 형태로 시각경보를 하는 장치이다.
② R형 수신기는 감지기 또는 발신기에서 1 : 1 접점방식으로 전송된 신호를 수신한다.
③ 비상방송설비는 수신기에 화재신호가 도달하면 방송으로 화재 사실을 알리는 설비이다.
④ 이온화식 감지기와 광전식 감지기는 연기를 감지하여 화재신호를 발하는 장치이다.

19. 위험물의 소화방법에 관한 내용으로 옳은 것만을 〈보기〉에서 있는 대로 고른 것은?

< 보기 >
ㄱ. 황린 : 물을 이용한 냉각소화
ㄴ. 황 : 물을 이용한 냉각소화
ㄷ. 경유, 휘발유 : 포 소화약제를 이용한 질식소화
ㄹ. 탄화알루미늄, 알킬알루미늄 : 건조사, 팽창질석을 이용한 질식소화

① ㄱ, ㄷ
② ㄴ, ㄹ
③ ㄱ, ㄷ, ㄹ
④ ㄱ, ㄴ, ㄷ, ㄹ

20. 이산화탄소 소화약제의 특징으로 옳은 것은?

① 무색, 무취로 전도성이며 독성이 있다.
② 질식소화 효과와 기화열 흡수에 의한 냉각 효과가 있다.
③ 제3류 위험물, 제5류 위험물의 소화에 사용한다.
④ 자체 증기압이 매우 낮아 별도의 가압원이 필요하다.

21. 할론(Halon) 소화약제에 관한 설명으로 옳은 것은?

① 지방족 탄화수소, 메테인, 에테인 등의 수소 원자 일부 또는 전부가 할로젠 원소(F, Cl, Br, I)로 치환된 화합물이며 메테인, 에테인과 물리·화학적 성질이 비슷하다.
② Halon 1301과 Halon 1211은 모두 상온, 상압에서 기체로 존재하며 유류화재, 전기화재, 금속의 수소화합물, 유기과산화물에 적응성이 있다.
③ Halon 2402는 상온, 상압에서 액체로 존재하며 자체적인 독성은 없지만 열분해 시 독성가스를 발생시킨다.
④ Halon 1211은 자체 증기압이 낮아 저장용기에 저장할 때 소화약제의 원활한 방출을 위해 질소가스로 가압한다.

22. 포 소화약제에 관한 설명으로 옳지 않은 것은?

① 불화단백포 소화약제는 불소계 계면활성제를 첨가하여 단백포 소화약제의 단점인 유동성을 보완하였다.
② 알콜형포 소화약제는 케톤류, 알데히드류, 아민류 등 수용성 용제의 소화에 사용할 수 있다.
③ 단백포 소화약제는 단백질을 가수분해 한 것을 주원료로 하며 내유성이 뛰어나 소화 속도가 빠르다.
④ 합성계면활성제포 소화약제는 유동성과 저장성이 우수하며 저팽창포부터 고팽창포까지 사용할 수 있다.

23. 화염의 직경이 0.1m 인 화원의 중심으로부터 1m 떨어진 물체에 전달되는 복사열 유속[kW/m^2]은? (단, 화염의 열방출률은 120kW, 총 열방출에너지 중 복사된 열에너지 분율은 0.5, 원주율은 3으로 계산한다.)

① 3.5
② 4.0
③ 4.5
④ 5.0

24. 가연성 가스 3종이 다음과 같이 혼합되어 있을 때 르샤틀리에(Le Chatelier)식에 따라 부피비로 계산된 혼합가스의 연소하한계 [vol%]는?

- 혼합가스 내 각 성분의 체적(V) :
  V_A = 20 vol%, V_B = 40 vol%, V_C = 40 vol%
- 각 성분의 연소하한계(L) :
  L_A = 4 vol%, L_B = 20 vol%, L_C = 10 vol%

① 약 4.3
② 약 9.1
③ 약 11.0
④ 약 12.8

25. 물과 반응하여 산소를 발생시키는 위험물로 옳은 것은?

① 칼륨
② 탄화칼슘
③ 과산화나트륨
④ 오황화인

2025년 소방공무원 공채/경채 기출문제

01. 우리나라 소방의 변천 과정에 대한 설명으로 옳지 않은 것은?

① 고려 시대 : 소방을 소재(消災)라 하였고, 우리나라 소방행정의 근원이라 볼 수 있는 금화원 제도를 시행하였다.
② 조선 시대 : 5가를 1통으로 묶어 우물을 파고 물통을 준비하도록 하는 5가 작통제를 시행하였다. 아울러 세종 8년(1426년) 2월에 금화도감을 설치하였고, 6월에는 수성금화도감으로 개편하였다.
③ 일제 강점기 : 1925년 최초의 소방서인 경성소방서가 설치되었다. 이후 1938년 부산 및 평양에 소방서가 개소되었으며, 1944년 용산·인천·함흥에 소방서가 증설되었다.
④ 미군정 시대 : 1946년 소방부 및 소방위원회를 설치하고, 소방조직 및 업무를 경찰로부터 독립하여 자치소방체제로 전환하였다. 1947년 중앙소방위원회의 집행기구로 소방청이 설치되었다.

02. 〈보기〉에서 설명하는 물소화약제의 첨가제로 옳지 않은 것은?

＜ 보기 ＞
어는점(1기압, 0℃) 이하에서 동파 및 응고 현상을 방지하기 위하여 첨가하는 물질

① 염화칼슘(Calcium Chloride)
② 글리세린(Glycerin)
③ 프로필렌글리콜(Propylene Glycol)
④ 폴리에틸렌옥사이드(Polyethylene Oxide)

03. 소방행정조직의 업무적 특성을 〈보기〉에서 모두 고른 것은?

＜ 보기 ＞
ㄱ. 가외성　　　ㄴ. 긴급성
ㄷ. 신속·대응성　ㄹ. 전문성

① ㄱ, ㄷ
② ㄱ, ㄴ
③ ㄴ, ㄷ, ㄹ
④ ㄱ, ㄴ, ㄷ, ㄹ

04. 민간 소방조직은 지속적으로 변천되어 왔다. 민간 소방조직의 변천 순서로 옳은 것은?

① 경방단 → 소방대 → 방공단 → 청원소방원
② 방공단 → 청원소방원 → 경방단 → 소방대
③ 소방대 → 방공단 → 청원소방원 → 경방단
④ 청원소방원 → 경방단 → 소방대 → 방공단

05. 「재난 및 안전관리 기본법」상 재난의 대응 단계에서 지역통제단장과 시장·군수·구청장은 재난이 발생할 우려가 있거나 재난이 발생하였을 때에는 즉시 관계 법령 등이 정하는 바에 따라 수방(水防) 및 그 밖에 재난 발생을 예방하거나 피해를 줄이기 위하여 필요한 응급조치를 하여야 한다. 이때 지역통제단장이 하여야 하는 응급조치로 옳지 않은 것은?

① 진화에 관한 응급조치
② 현장지휘통신체계의 확보
③ 재난을 발생시킬 요인의 제거
④ 긴급수송 및 구조 수단의 확보

06. 인화성 액체에 의한 화재는 액체 가연물이 바닥에서 흐르거나, 살포된 부위가 집중적으로 소훼되고 탄화경계가 뚜렷이 나타나는 특징이 있다. 〈보기〉에서 설명하는 화재패턴으로 옳은 것은?

─── < 보기 > ───
인화성 액체가 쏟아지면서 주변으로 튀거나, 연소되면서 발생하는 열에 의해 가열되어 액면에서 끓고, 주변으로 튄 액체가 포어패턴(Pour pattern)의 미연소 부분에서 국부적으로 점처럼 연소된 흔적

① 도넛패턴(Doughnut pattern)
② 스플래시패턴(Splash pattern)
③ 원형패턴(Circular shaped pattern)
④ 틈새연소패턴(Seam burn pattern)

07. 에테인(C_2H_6)이 완전연소한다고 가정했을 때 존스(Jones) 식에 따라 산출된 연소하한계(LFL)는? (단, 계산 결과는 소수점 둘째 자리에서 반올림한다.)

① 1.7   ② 2.2
③ 3.1   ④ 5.2

08. 위험도(H) 값이 옳은 것만을 〈보기〉에서 모두 고른 것은? (단, 계산 결과는 소수점 둘째 자리에서 반올림한다.)

─── < 보기 > ───
ㄱ. 수소(H_2) : 17.8
ㄴ. 프로페인(C_3H_8) : 3.5
ㄷ. 일산화탄소(CO) : 4.9
ㄹ. 아세틸렌(C_2H_2) : 31.4

① ㄱ, ㄹ
② ㄴ, ㄷ
③ ㄱ, ㄷ, ㄹ
④ ㄱ, ㄴ, ㄷ, ㄹ

09. 고체 가연물인 피크르산(Picric Acid)의 연소 형태로 옳은 것은?

① 훈소   ② 자기연소
③ 표면연소 ④ 증발연소

10. 푸리에(Fourier)의 열전도법칙에 따라 물질을 통해 전달되는 열량에 대한 설명으로 옳지 않은 것은?

① 물질의 두께에 비례한다.
② 물질의 전열면적에 비례한다.
③ 물질 양면의 온도차에 비례한다.
④ 물질의 열전도율에 비례한다.

11. 연소 시 발생하는 황화수소(H_2S)에 대한 설명으로 옳은 것은?

① 계란 썩는 냄새가 나는 가연성가스이다.
② 폴리염화비닐 등이 연소할 때 발생되는 맹독성가스이다.
③ 청산가스라고도 하며 동물의 털이 불완전연소할 때 발생한다.
④ 황(S)을 포함하고 있는 유기화합물이 완전연소할 때 발생한다.

12. 표준상태에서 메테인(CH_4) 2mole이 완전연소할 때 필요한 산소의 부피[L]는?

① 11.2 ② 22.4
③ 44.8 ④ 89.6

13. 내화구조물의 화재가혹도 판단을 위한 주요 요소 중 화재지속시간을 산정하기 위한 인자로 옳지 않은 것은? (단, 환기지배형 화재로 가정한다.)

① 화재실의 바닥면적
② 화재실의 최고온도
③ 화재실의 개구부 높이
④ 화재실의 개구부 면적

14. 건축물의 지하층에서 화재가 발생한 경우, 화재하중 산정 시 필요하지 않은 항목을 〈보기〉에서 있는 대로 모두 고른 것은?

─── < 보기 > ───
ㄱ. 각 가연물의 양 [kg]
ㄴ. 건축물의 연면적 [m^2]
ㄷ. 목재의 화재하중 [$4,500kg/m^2$]
ㄹ. 가연물의 단위 발열량 [kcal/kg]

① ㄱ, ㄴ ② ㄱ, ㄹ
③ ㄴ, ㄷ ④ ㄴ, ㄷ, ㄹ

15. 위험물의 성질 및 품명의 정의로 옳지 않은 것은?

① "인화성고체"라 함은 고형알코올 그 밖에 1기압에서 인화점이 섭씨 40도 미만인 고체를 말한다.
② "제1석유류"라 함은 아세톤, 휘발유 그 밖에 1기압에서 인화점이 섭씨 21도 미만인 것을 말한다.
③ "특수인화물"이라 함은 이황화탄소, 디에틸에테르 그 밖에 1기압에서 발화점이 섭씨 100도 이하인 것 또는 인화점이 섭씨 영하 20도 이하이고 비점이 섭씨 40도 이하인 것을 말한다.
④ "자연발화성물질 및 금수성물질"이라 함은 고체 또는 액체로서 공기 중에서 발화의 위험성이 있거나 산과 접촉하여 발화하거나 고압 수증기를 발생하는 위험성이 있는 것을 말한다.

16. 제6류 위험물의 취급 시 유의 사항으로 옳지 않은 것은?

① 유출사고 시에는 건조사 및 중화제를 사용한다.
② 불연성 물질로 분해 시 산소가 발생하며 대부분 염기성이다.
③ 저장하고 있는 용기는 파손되거나 액체가 누설되지 않도록 한다.
④ 소량 화재 시에는 다량의 물로 희석하는 소화방법을 사용할 수 있다.

17. 화재 피해조사 시 〈보기〉와 같은 조건의 '건물 피해산정' 추정액은?

―― < 보기 > ――
ㄱ. 용도 및 구조 : 아파트, 철근콘크리트 구조
ㄴ. 신축단가(m^2 당) : 1,000,000원
ㄷ. 경과연수 : 10년
ㄹ. 내용연수 : 40년
ㅁ. 소실면적 : 50m^2
ㅂ. 손해율 : 50%
ㅅ. 잔가율 : 80%

① 16,000,000원
② 20,000,000원
③ 24,000,000원
④ 28,000,000원

18. 소방의 화재조사 시 소방관서장이 화재합동조사단의 단원으로 임명 또는 위촉할 수 있는 사람에 해당하지 않는 것은?

① 화재조사관
② 화재조사 업무에 관한 경력이 4년인 소방공무원
③ 국가기술자격의 직무분야 중 안전관리 분야에서 기능사 자격을 취득한 사람
④ 「고등교육법」 제2조에 따른 학교 또는 이에 준하는 교육기관에서 화재 조사, 소방 또는 안전관리 등 관련 분야에 조교수로 4년 재직한 사람

19. 〈보기〉는 위험물과 해당 물질의 화재진압에 적응성이 있는 소화 방법을 연결한 것이다. 바르게 연결된 것만 모두 고른 것은?

< 보기 >
ㄱ. 황린(P_4) - 물을 사용한 냉각소화
ㄴ. 과산화나트륨(Na_2O_2) - 물을 사용한 냉각소화
ㄷ. 삼황화린(P_4S_3) - 팽창질석 등을 사용한 질식소화
ㄹ. 아세톤(CH_3COCH_3) - 알코올포소화약제에 의한 질식소화
ㅁ. 히드록실아민(NH_2OH) - 이산화탄소소화약제에 의한 질식소화
ㅂ. 과염소산($HClO_4$) - 다량의 물에 의한 희석소화(소량 화재 제외)

① ㄱ, ㄷ, ㄹ ② ㄱ, ㄹ, ㅁ
③ ㄴ, ㄷ, ㅂ ④ ㄴ, ㄷ, ㄹ, ㅂ

20. 〈보기〉에서 피난구조설비에 해당하는 것만 고른 것은?

< 보기 >
ㄱ. 방열복   ㄴ. 제연설비
ㄷ. 공기호흡기 ㄹ. 비상조명등
ㅁ. 연소방지설비

① ㄱ, ㄴ, ㄷ ② ㄱ, ㄷ, ㄹ
③ ㄴ, ㄷ, ㅁ ④ ㄴ, ㄹ, ㅁ

21. 제3종 분말소화약제의 열분해 결과로 생성되는 물질의 소화효과로 옳지 않은 것은?

① H_2O : 냉각작용
② HPO_3 : 방진작용
③ NH_3 : 부촉매작용
④ H_3PO_4 : 탈수탄화작용

22. (가) ~ (라)의 포소화약제 혼합방식에 관한 설명으로 옳지 않은 것은?

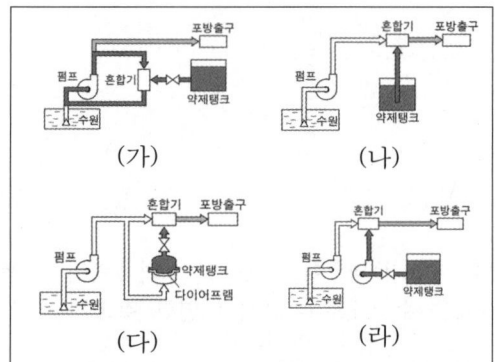

① (가) : 화학소방차에 주로 사용하는 방식이다.
② (나) : 혼합기의 압력손실이 적고, 흡입 가능한 유량의 범위가 넓다.
③ (다) : 약제 원액 잔량을 버리지 않고 계속 사용할 수 있다.
④ (라) : 비행기 격납고, 석유화학 플랜트 등과 같은 대단위 고정식 소화설비에 주로 사용하며, 설치비가 비싸다.

23. <보기>의 현상을 방지하기 위한 대책으로 옳지 않은 것은?

―――< 보기 >―――
소방펌프 내부 유속의 급속한 변화 또는 와류의 발생 등에 의해 액체의 압력이 증기압 이하로 낮아져 기포가 생성되고, 이로 인해 펌프의 성능이 저하되고 진동과 소음이 발생하는 현상

① 흡입관의 마찰 손실을 최대한 적게 한다.
② 펌프의 임펠러의 회선 속노를 낮게 한다.
③ 펌프의 흡입관의 관경 크기를 크게 한다.
④ 펌프의 설치 위치를 수원보다 높게 한다.

24. <보기>의 이산화탄소 소화설비의 작동 단계를 순서대로 바르게 나열한 것은?

―――< 보기 >―――
ㄱ. 기동용기 솔레노이드 동작
ㄴ. 분사헤드 가스 방출
ㄷ. 선택밸브 개방
ㄹ. 저장용기밸브 개방

① ㄱ → ㄷ → ㄹ → ㄴ
② ㄱ → ㄹ → ㄷ → ㄴ
③ ㄷ → ㄱ → ㄴ → ㄹ
④ ㄷ → ㄹ → ㄱ → ㄴ

25. 화재알림설비에 대한 설명으로 옳지 않은 것은?

① "발신기"란 수동누름버튼 등의 작동으로 화재신호를 수신기에 발신하는 장치를 말한다.
② "원격감시서버"란 원격지에서 각각의 화재알림설비로부터 수신한 화재정보값 및 화재신호, 상태신호 등을 원격으로 감시하기 위한 서버를 말한다.
③ "화재알림형 비상경보장치"란 화재알림형 감지기, 발신기, 표시등, 지구음향장치(경종 또는 사이렌 등)를 내장한 것으로 화재발생 상황을 경보하는 장치를 말한다.
④ "화재알림형 중계기"란 화재알림형 감지기, 발신기 또는 전기적인 접점 등의 작동에 따른 화재정보값 또는 화재신호 등을 받아 이를 화재알림형 수신기에 전송하는 장치를 말한다.

2022년 소방공무원 간부후보생 기출문제

✔ N회독 : □□□ ✔ 풀이시간 :   분 [권장 25분] ✔ 내점수 :   점 / 100점
2022년 소방공무원 간부후보생 시험 25문항 기준[1문제당 4점] ✔ 정답 및 해설 p.638

01. 다음 중 불연성 물질에 해당하지 않는 것은?

① He(헬륨)
② CO_2(이산화탄소)
③ P_2O_5(오산화인)
④ HCN(시안화수소)
⑤ SO_3(삼산화황)

02. 「긴급구조대응활동 및 현장지휘에 관한 규칙」상 통제단이 설치·운영되는 경우에 긴급구조지휘대를 구성하는 사람과 배치되는 해당 부서의 연결이 옳은 것만을 〈보기〉에서 있는 대로 고른 것은?

― < 보기 > ―
ㄱ. 현장지휘요원 ― 현장지휘부
ㄴ. 통신지원요원 ― 현장지휘부
ㄷ. 안전관리요원 ― 현장지휘부
ㄹ. 상황조사요원 ― 대응계획부

① ㄱ, ㄴ
② ㄱ, ㄷ
③ ㄱ, ㄴ, ㄹ
④ ㄴ, ㄷ, ㄹ
⑤ ㄱ, ㄴ, ㄷ, ㄹ

03. 연소범위에 관한 설명으로 옳은 것만을 〈보기〉에서 있는 대로 고른 것은?

― < 보기 > ―
ㄱ. 연소범위는 물질이 연소하기 위한 물적 조건과 관련이 크다.
ㄴ. 온도가 높아지면 연소범위는 넓어진다.
ㄷ. 일산화탄소는 압력이 증가하면 연소범위가 넓어진다.
ㄹ. 불활성기체가 첨가되면 연소범위가 좁아진다.

① ㄱ, ㄹ
② ㄱ, ㄴ, ㄷ
③ ㄱ, ㄴ, ㄹ
④ ㄴ, ㄷ, ㄹ
⑤ ㄱ, ㄴ, ㄷ, ㄹ

04. 〈보기〉에서 공기 중 연소범위가 가장 넓은 것(㉠)과 위험도가 가장 낮은 것(㉡)을 순서대로 나열한 것은?

― < 보기 > ―
수소, 아세틸렌, 메탄, 프로판

① ㉠: 수소,   ㉡: 메탄
② ㉠: 수소,   ㉡: 아세틸렌
③ ㉠: 아세틸렌, ㉡: 메탄
④ ㉠: 아세틸렌, ㉡: 프로판
⑤ ㉠: 아세틸렌, ㉡: 아세틸렌

05. 복사열전달 현상에 관한 설명으로 옳은 것은?

① 열에너지가 전자기파의 형태로 전달되는 현상이다.
② 푸리에의 법칙을 따른다.
③ 열전달이 고체 또는 정지상태의 유체 내에서 매질을 통해 이루어진다.
④ 유체입자의 유동에 의해 열에너지가 전달되는 현상이다.
⑤ 진공상태에서는 복사열은 전달되지 않는다.

06. 「위험물안전관리법 시행령」상 위험물에 관한 설명으로 옳은 것은?

① 제1류 위험물 중에 무기과산화물은 주수를 이용한 냉각소화가 적합하다.
② 제2류 위험물은 다른 가연물의 연소를 돕는 조연성 물질이다.
③ 제3류 위험물 중 황린은 공기 중 산화를 방지하기 위해 물 속에 저장한다.
④ 제4류 위험물은 수용성 액체로 물에 의한 희석소화가 적합하다.
⑤ 제5류 위험물은 포, 이산화탄소에 의한 질식소화가 적합하다.

07. 「위험물안전관리법 시행령」상 유별 위험물의 품명과 지정수량을 옳게 연결한 것은?

유별	품명	지정수량
① 제2류	적린, 황, 마그네슘	100kg
② 제3류	알킬알루미늄, 유기과산화물(제1종)	10kg
③ 제4류	제4석유류	10,000L
④ 제5류	하이드록실아민,(제2종) 하이드록실아민염류(제2종)	100kg
⑤ 제6류	과염소산염류, 나트륨	200kg

08. 다음은 수성막포에 관한 설명이다. ( ) 안에 들어갈 내용으로 옳은 것은?

수성막포는 (㉠)이 강하여 표면하 주입 방식에 효과적이며, 내약품성으로 (㉡) 소화약제와 Twin Agent System이 가능하다. 반면에 내열성이 약해 탱크 내벽을 따라 잔불이 남게 되는 (㉢)현상이 일어날 우려가 있으며, 대형화재 또는 고온 화재 시 수성막 생성이 곤란한 단점이 있다.

	㉠	㉡	㉢
①	점착성	강화액	윤화
②	점착성	분말	선화
③	내유성	분말	선화
④	내유성	강화액	선화
⑤	내유성	분말	윤화

09. 할로겐화합물 소화약제 중 'HCFC BLEND A'의 구성 요소가 아닌 것은?

① HCFC-123
② C_3HF_7
③ HCFC-22
④ HCFC-124
⑤ $C_{10}H_{16}$

10. 「소방시설 설치 및 관리에 관한 법률 시행령」상 소방시설의 연결이 옳은 것만을 〈보기〉에서 있는 대로 고른 것은?

< 보기 >
ㄱ. 소화설비 : 자동소화장치, 옥내소화전설비, 물분무등소화설비
ㄴ. 경보설비 : 통합감시시설, 시각경보기, 단독경보형 감지기
ㄷ. 피난구조설비 : 피난기구, 인명구조기구, 제연설비
ㄹ. 소화활동설비 : 연결송수관설비, 비상콘센트설비, 무선통신보조설비

① ㄱ, ㄴ
② ㄷ, ㄹ
③ ㄱ, ㄴ, ㄹ
④ ㄴ, ㄷ, ㄹ
⑤ ㄱ, ㄴ, ㄷ, ㄹ

11. 「국가공무원법」 및 「소방공무원 징계령」에서 정하고 있는 소방공무원의 징계에 관한 내용으로 옳은 것은?

① 중징계의 종류에는 파면, 해임, 강등, 정직, 감봉이 있다.
② 경징계의 종류에는 견책, 훈계, 경고가 있다.
③ 소방정인 지방소방학교장에 관한 징계는 시도에 설치된 징계위원회에서 심의·의결한다.
④ 정직은 1개월 이상 3개월 이하의 기간으로 하고, 정직 처분을 받은 자는 그 기간 중 공무원의 신분은 보유하나 직무에 종사하지 못하며 보수는 전액을 감한다.
⑤ 감봉은 1개월 이상 3개월 이하의 기간 동안 보수의 2분의 1을 감한다.

12. 제3종 분말소화약제가 열분해될 때 생성되는 물질로써 방진작용을 하는 물질은?

① N_2(질소)
② H_2O(수증기)
③ K_2CO_3(탄산칼륨)
④ HPO_3(메타인산)
⑤ Na_2CO_3(탄산나트륨)

13. 「재난 및 안전관리 기본법」상 용어의 정의로 옳지 않은 것은?

① "국가재난관리기준"이란 모든 유형의 재난에 공통적으로 활용할 수 있도록 재난관리의 전 과정을 통일적으로 단순화·체계화한 것으로서 행정안전부장관이 고시한 것을 말한다.
② "재난관리"란 재난이나 밖의 각종 사고로부터 사람의 생명·신체 및 재산의 안전을 확보하기 위하여 하는 모든 활동을 말한다.
③ "안전기준"이란 각종 시설 및 물질 등의 제작, 유지관리 과정에서 안전을 확보할 수 있도록 적용하여야 할 기술적 기준을 체계화한 것을 말한다.
④ "긴급구조"란 재난이 발생할 우려가 현저하거나 재난이 발생하였을 때에 국민의 생명·신체 및 재산을 보호하기 위하여 긴급구조기관과 긴급구조지원기관이 하는 인명구조, 응급처치, 그 밖에 필요한 모든 긴급한 조치를 말한다.
⑤ "안전취약계층"이란 어린이, 노인, 장애인, 저소득층 등 신체적·사회적·경제적 요인으로 인하여 재난에 취약한 사람을 말한다.

14. 「재난 및 안전관리 기본법」상 자연재난에 해당하지 않는 것은?

① 가뭄
② 폭염
③ 미세먼지
④ 황사(黃砂)
⑤ 조류(藻類) 대발생

15. 다음 조건에 따라 계산한 혼합기체의 연소하한계는?

- 르샤틀리에 공식을 이용한다.
- 혼합기체의 부피비율은 A기체 60%, B기체 30%, C기체 10%이다.
- 연소하한계는 A기체 3.0%, B기체 1.5%, C기체 1.0%이다.

① 1.0%
② 1.5%
③ 2.0%
④ 2.5%
⑤ 3.0%

16. 자동화재탐지설비 수신기의 화재신호와 연동으로 작동하여 관계인에게 화재발생을 경보함과 동시에 소방관서에 자동적으로 통신망을 통한 당해 화재발생 및 당해 소방대상물의 위치 등을 음성으로 통보하여 주는 것은?

① 통합감시시설
② 비상경보설비
③ 비상방송설비
④ 자동화재속보설비
⑤ 단독경보형 감지기

17. 「화재조사 및 보고규정」상 소방청장, 소방본부장 또는 소방서장이 화재합동조사단을 구성하여 운영할 수 있는 것으로 옳은 것은?

ㄱ. 사망자가 5명 발생한 화재
ㄴ. 이재민이 100인 발생한 화재
ㄷ. 재산피해액이 50억원 발생한 화재
ㄹ. 사상자가 10인 발생한 화재
ㅁ. 학교의 화재

① ㄱ, ㄴ
② ㄱ, ㄴ, ㄷ
③ ㄱ, ㄷ, ㄹ
④ ㄱ, ㄴ, ㄷ, ㄹ
⑤ ㄱ, ㄴ, ㄷ, ㄹ, ㅁ

18. 정전기 예방대책으로 옳은 것만을 〈보기〉에서 있는 대로 고른 것은?

< 보기 >
ㄱ. 공기를 이온화한다.
ㄴ. 전기전도성이 큰 물체를 사용한다.
ㄷ. 접촉하는 전기의 전위차를 크게 한다.

① ㄱ
② ㄷ
③ ㄱ, ㄴ
④ ㄴ, ㄷ
⑤ ㄱ, ㄴ, ㄷ

19. 「재난 및 안전관리 기본법」 및 동법 시행령에 따라 수립해야 하는 계획의 내용이다. ( )안에 들어갈 내용으로 옳은 것은?

(가) (㉠)은/는 재난 및 안전관리에 관한 과학기술의 진흥을 위하여 (㉡)년마다 관계중앙행정기관의 재난 및 안전관리기술개발에 관한 계획을 종합하여 조정위원회의 심의와 「국가과학기술자문회의법」에 따른 국가과학기술자문회의 심의를 거쳐 재난 및 안전관리기술개발 종합계획을 수립하여야 한다.

(나) (㉢)은/는 재난 및 사고로부터 국민의 생명·신체 및 재난을 보호하기 위하여 (㉣)년마다 국가안전관리기본계획을 수립하여야 한다.

	㉠	㉡	㉢	㉣
①	국무총리	1	행정안전부장관	1
②	과학기술정보통신부장관	5	행정안전부장관	5
③	행정안전부장관	1	국무총리	1
④	국무총리	5	국무총리	5
⑤	행정안전부장관	5	국무총리	5

20. 다음 설명에 해당하는 방폭구조는?

정상 시 및 사고 시(단선, 단락, 지락 등)에 발생하는 전기불꽃, 아크 또는 고온에 의하여 폭발성 가스 또는 증기에 점화되지 않는 것이 점화시험 및 기타에 의하여 확인된 방폭구조

① 내압방폭구조
② 압력방폭구조
③ 안전증가방폭구조
④ 유입방폭구조
⑤ 본질안전방폭구조

21. 스프링클러설비 종류별 주요 구성품의 연결이 옳은 것만을 〈보기〉에서 있는 대로 고른 것은?

< 보기 >
ㄱ. 습식 스프링클러설비 : 알람밸브, 개방형 헤드
ㄴ. 건식 스프링클러설비
  : 익조스터(Exhauster), 공기 압축기
ㄷ. 준비작동식 스프링클러설비
  : 선택밸브, SVP(Super-visory Panel)
ㄹ. 일제살수식 스프링클러설비
  : 일제개방밸브, 개방형 헤드

① ㄱ, ㄷ   ② ㄴ, ㄹ
③ ㄱ, ㄴ, ㄷ   ④ ㄴ, ㄷ, ㄹ
⑤ ㄱ, ㄴ, ㄷ, ㄹ

22. 「재난 및 안전관리 기본법」상 중앙재난안전대책본부에 관한 내용으로 옳지 않은 것은?

① 재난의 효과적인 수습을 위하여 국무총리가 범정부적 차원의 통합 대응이 필요하다고 인정하는 경우에는 대통령이 중앙대책본부장의 권한을 행사한다.
② 해외재난의 경우에는 외교부장관이 중앙대책본부장의 권한을 행사한다.
③ 대통령령으로 정하는 대규모 재난의 대응·복구 등에 관한 사항을 총괄·조정하고 필요한 조치를 하기 위하여 행정안전부에 중앙재난안전대책본부를 둔다.
④ 「원자력시설 등의 방호 및 방사능 방재 대책법」에 따른 방사능재난의 경우에는 중앙방사능방재대책본부의 장이 중앙대책본부장의 권한을 행사한다.
⑤ 행정안전부장관이 국무총리에게 건의하거나 수습본부장의 요청을 받아 행정안전부장관이 국무총리에 건의하는 경우에는 국무총리가 중앙대책본부장의 권한을 행사할 수 있다.

23. 다음 중 화학적 폭발에 해당하지 않는 것은?

① 수증기폭발
② UVCE
③ 분해폭발
④ 분진폭발
⑤ 분무폭발

24. 「위험물안전관리법 시행령」상 제1류 위험물에 관한 내용이다. (   ) 안에 들어갈 내용으로 옳은 것은?

> 고체로서 (㉠)의 잠재적인 위험성 또는 (㉡)에 대한 민감성을 판단하기 위하여 소방청장이 정하여 고시하는 시험에서 고시로 정하는 성질과 상태를 나타내는 것을 말한다.

	㉠	㉡
①	폭발력	발화
②	산화력	충격
③	환원력	분해
④	산화력	폭발
⑤	환원력	연소

25. 「화재의 예방 및 안전관리에 관한 법률」 및 같은법 시행령상 화재안전조사에 관한 내용으로 옳지 않은 것은?

① 화재안전조사는 화재예방강화지구 등 법령에서 화재안전조사를 하도록 규정되어 있는 경우에 실시할 수 있다.
② 화재안전조사는 국가적 행사 등 주요 행사가 개최되는 장소 및 그 주변의 관계 지역에 대하여 소방안전관리 실태를 조사할 필요가 있는 경우에 실시할 수 있다.
③ 소방관서장은 화재안전조사를 효율적으로 수행하기 위하여 대통령령으로 정하는 바에 따라 소방청에는 중앙화재안전조사단을, 소방본부 및 소방서에는 지방화재안전조사단을 편성하여 운영할 수 있다.
④ 화재안전조사위원회는 위원장 1명을 포함하여 15명 이내의 위원으로 성별을 고려하여 구성한다.
⑤ 소방관서장은 화재안전조사의 대상을 객관적이고 공정하게 선정하기 위하여 필요한 경우 화재안전조사위원회를 구성하여 화재안전조사의 대상을 선정할 수 있다.

2023년 소방공무원 간부후보생 기출문제

01. 옥내소화전설비의 가압송수장치 펌프성능시험에 관한 설명이다. ( ) 안에 들어갈 내용으로 옳은 것은?

> 펌프의 성능은 체절운전 시 정격토출압력의 (㉠)%를 초과하지 않고, 정격토출량의 (㉡)%로 운전 시 정격토출압력의 (㉢)% 이상이 되어야 하며, 펌프의 성능을 시험할 수 있는 성능시험배관을 설치할 것

	㉠	㉡	㉢
①	65	150	140
②	140	65	150
③	140	150	65
④	150	65	140
⑤	150	140	65

02. 「위험물안전관리법 시행령」상 지정수량이 가장 적은 것은?

① 금속분
② 질산염류
③ 과산화수소
④ 무기과산화물
⑤ 하이드라진유도체(제2종)

03. 플로팅루프탱크(floating roof tank)의 측면과 굽도리판에 의하여 형성된 환상부분에 포를 방출하여 소화작용을 하도록 된 포소화설비의 고정포 방출구는?

① 특형 방출구
② Ⅰ형 방출구
③ Ⅱ형 방출구
④ Ⅲ형(표면하 주입 방출구)
⑤ Ⅳ형(반표면하 주입 방출구)

04. 폭연(Deflagration)에 관한 설명으로 옳지 않은 것은?

① 충격파를 형성하지 않는다.
② 에너지 방출속도가 물질전달속도에 영향받지 않고 매우 빠르다.
③ 화염의 전파속도가 음속보다 느린 것을 말하며, 그 화염의 전파속도는 0.1 ~ 10 m/sec 정도이다.
④ 반응 또는 화염면의 전파가 분자량이나 공기 등의 난류확산에 영향을 받는다.
⑤ 화염면에서 상대적으로 완만한 에너지 변화에 의해서 온도, 압력, 밀도 변화가 연속적으로 나타난다.

05. 벽의 내화구조에 해당하지 않는 것은? (단, 외벽 중 비내력벽인 경우는 제외한다.)

① 벽돌조로서 두께가 19cm 이상인 것
② 철근콘크리트조 또는 철골철근콘크리트조로서 두께가 10cm 이상인 것
③ 골구를 철골조로 하고 그 양면을 두께 4cm 이상의 철망모르타르(그 바름바탕을 불연재료로 한 것으로 한정)로 덮은 것
④ 철재로 보강된 콘크리트블록조·벽돌조 또는 석조로서 철재에 덮은 콘크리트블록 등의 두께가 5cm이상인 것
⑤ 고온·고압의 증기로 양생된 경량기포 콘크리트패널 또는 경량기포 콘크리트 블록조로서 두께가 5cm 이상인 것

06. 「재난 및 안전관리 기본법」상 대통령령으로 정하는 대규모 재난의 대응·복구 등에 관한 사항을 총괄·조정하고 필요한 조치를 하기 위하여 행정안전부에 두는 조직은?

① 안전관리자문단
② 중앙안전관리위원회
③ 안전정책조정위원회
④ 중앙긴급구조통제단
⑤ 중앙재난안전대책본부

07. 응상폭발에 해당하는 것만을 〈보기〉에서 고른 것은?

―――― < 보기 > ――――
ㄱ. 증기폭발   ㄴ. 분진폭발
ㄷ. 분해폭발   ㄹ. 전선폭발
ㅁ. 분무폭발

① ㄱ, ㄴ   ② ㄱ, ㄹ
③ ㄴ, ㄷ   ④ ㄴ, ㄹ
⑤ ㄹ, ㅁ

08. 가연성물질이 되기 쉬운 조건에 해당하지 않는 것은?

① 열전도도 값이 작아야 한다.
② 연쇄반응을 일으킬 수 있어야 한다.
③ 활성화에너지가 크고 발열량이 작아야 한다.
④ 조연성 가스인 산소와의 결합력이 커야 한다.
⑤ 산소와 접촉할 수 있는 표면적이 커야 한다.

09. 우리나라 소방의 시대별 발전과정에 관한 내용으로 옳은 것만을 〈보기〉에서 고른 것은?

―――― < 보기 > ――――
ㄱ. 고려시대 : 금화도감을 설치하였다.
ㄴ. 조선시대 : 일본에서 들여온 수총기를 궁정소방대에 처음으로 구비하였다.
ㄷ. 일제강점기 : 우리나라 최초로 소방서를 설치하였다.
ㄹ. 미군정시대 : 소방을 경찰에서 분리하여 최초로 독립된 자치적 소방제도를 시행하였다.

① ㄱ, ㄴ   ② ㄱ, ㄹ
③ ㄴ, ㄷ   ④ ㄴ, ㄹ
⑤ ㄷ, ㄹ

10. 에틸알코올(C_2H_5OH)의 최소산소농도(MOC)는? (단, 에틸알코올의 연소범위는 4.3 ~ 19Vol%이며, 완전연소생성물은 CO_2와 H_2O이다.)

① 8.6   ② 10.8
③ 12.9   ④ 15.1
⑤ 17.2

11. 소화기구의 능력단위를 바닥면적 100제곱미터마다 1단위 이상으로 해야 할 특정소방대상물은?

① 문화재
② 판매시설
③ 의료시설
④ 장례식장
⑤ 위락시설

12. 「긴급구조대응활동 및 현장지휘에 관한 규칙」상 중증도 분류별 표시방법으로 옳은 것은?

① 사망: 적색, 십자가 표시
② 긴급: 녹색, 토끼 그림
③ 응급: 적색, 거북이 그림
④ 비응급: 녹색, 구급차 그림에 × 표시
⑤ 대기: 황색, 구급차 그림에 × 표시

13. 다음은 비상콘센트설비의 전원회로 기준에 관한 것이다. ( ) 안에 들어갈 내용으로 옳은 것은?

| 비상콘센트설비의 전원회로는 (㉠)교류 (㉡)볼트인 것으로서, 그 공급용량은 (㉢) 킬로볼트암페어 이상인 것으로 할 것 |

	㉠	㉡	㉢
①	단상	24	1.5
②	단상	220	1.5
③	단상	380	3.0
④	3상	220	3.0
⑤	3상	380	3.0

14. 자동화재탐지설비에서 부착 높이에 따른 감지기로 옳은 것만을 〈보기〉에서 있는 대로 고른 것은?

< 보기 >
ㄱ. 부착 높이 4m 미만
  : 광전식 스포트형 감지기
ㄴ. 부착 높이 4m 이상 8m 미만
  : 정온식 감지선형 1종 감지기
ㄷ. 부착 높이 8m 이상 15m 미만
  : 차동식 스포트형 감지기
ㄹ. 부착 높이 15m 이상 20m 미만
  : 보상식 스포트형 감지기

① ㄱ, ㄴ   ② ㄱ, ㄷ
③ ㄴ, ㄹ   ④ ㄱ, ㄷ, ㄹ
⑤ ㄴ, ㄷ, ㄹ

15. 「소방시설 설치 및 관리에 관한 법률 시행령」상 건축물 등의 신축·증축·개축·재축·이전·용도변경 또는 대수선의 허가·협의 및 사용승인을 할 때 미리 소방본부장 또는 소방서장의 동의를 받아야 하는 건축물 등의 범위로 옳은 것만을 〈보기〉에서 고른 것은?

< 보기 >
ㄱ. 노유자시설 및 수련시설: 100제곱미터 이상
ㄴ. 항공기 격납고, 관망탑, 항공관제탑, 방송용 송수신탑
ㄷ. 승강기 등 기계장치에 의한 주차시설로서 자동차 15대 이상을 주차할 수 있는 시설
ㄹ. 차고·주차장으로 사용되는 바닥면적이 200제곱미터 이상인 층이 있는 건축물이나 주차시설
ㅁ. 지하층 또는 무창층이 있는 건축물로서 바닥면적이 150제곱미터(공연장의 경우에는 100제곱미터) 이상인 층이 있는 것

① ㄱ, ㄴ, ㄷ   ② ㄱ, ㄴ, ㄹ
③ ㄱ, ㄷ, ㄹ   ④ ㄴ, ㄷ, ㅁ
⑤ ㄴ, ㄹ, ㅁ

16. 「재난 및 안전관리 기본법」상 재난의 대비에 포함 되어야 할 내용으로 옳은 것만을 〈보기〉에서 있는 대로 고른 것은?

— < 보기 > —
ㄱ. 국가핵심기반의 지정
ㄴ. 재난안전분야 종사자 교육
ㄷ. 지방자치단체에 대한 지원
ㄹ. 재난현장 긴급통신수단의 마련
ㅁ. 재난분야 위기관리 매뉴얼 작성·운용

① ㄱ, ㄴ
② ㄴ, ㄷ
③ ㄷ, ㄹ
④ ㄹ, ㅁ
⑤ ㄱ, ㄹ, ㅁ

17. ㉠ ~ ㉤ 의 물질을 인화점이 낮은 것부터 높은 순으로 옳게 나열한 것은?

㉠ 아세톤
㉡ 글리세린
㉢ 이황화탄소
㉣ 메틸알코올
㉤ 다이에틸에터

① ㉠ — ㉤ — ㉢ — ㉡ — ㉣
② ㉢ — ㉠ — ㉤ — ㉡ — ㉣
③ ㉢ — ㉤ — ㉠ — ㉣ — ㉡
④ ㉤ — ㉠ — ㉢ — ㉣ — ㉡
⑤ ㉤ — ㉢ — ㉠ — ㉣ — ㉡

18. 수성막포 소화약제에 관한 내용으로 옳은 것만을 〈보기〉에서 있는 대로 고른 것은?

— < 보기 > —
ㄱ. 불소계 계면활성제를 주성분으로 한 것으로 안정성이 좋아 장기보존이 가능하다.
ㄴ. 알코올류, 케톤류, 에스테르류 등과 같은 수용성 위험물 화재에 소화적응성이 아주 우수하다.
ㄷ. 내유성이 있어 탱크 하부에서 발포하는 표면하 주입방식이 가능하며 분말소화약제와 함께 사용 시 소화능력이 강화된다.
ㄹ. 유류의 표면에 거품과 수성막을 형성함으로써 질식과 냉각 소화 작용이 우수하며 '라이트워터(Light Water)'라고도 불린다.

① ㄱ
② ㄴ, ㄷ
③ ㄱ, ㄴ, ㄹ
④ ㄱ, ㄷ, ㄹ
⑤ ㄴ, ㄷ, ㄹ

19. 「위험물안전관리법 시행령」상 위험물에 대한 규정으로 옳지 않은 것은?

① "인화성고체"라 함은 고형알코올 그 밖에 1기압에서 인화점이 섭씨40도 미만인 고체를 말한다.
② "철분"이라 함은 철의 분말로서 53마이크로미터의 표준체를 통과하는 것이 50중량퍼센트 미만인 것은 제외한다.
③ 황은 순도가 60중량퍼센트 이상인 것을 말하며, 이 경우 순도측정을 하는 경우 불순물은 활석 등 불연성물질과 수분으로 한정한다.
④ "금속분"이라 함은 알칼리금속·알칼리토류금속·철 및 구리외의 금속의 분말을 말하고, 마그네슘분·니켈분 및 150마이크로미터의 체를 통과하는 것이 50중량퍼센트 미만인 것은 제외한다.
⑤ "제3석유류"라 함은 중유, 크레오소트유 그 밖에 1기압에서 인화점이 섭씨 70도 이상 섭씨 200도 미만인 것을 말한다. 다만, 도료류 그 밖의 물품은 가연성 액체량이 40중량퍼센트 이하인 것은 제외한다.

20. 피난기구의 화재안전성능기준(NFPC 301)에서 피난기구의 설치기준으로 옳지 않은 것은?

① 피난기구를 설치하는 개구부는 서로 동일직선상이 아닌 위치에 있을 것
② 구조대의 길이는 피난 상 지장이 없고 안정한 강하 속도를 유지할 수 있는 길이로 할 것
③ 다수인 피난장비는 사용시에 보관실 외측 문이 먼저 열리고 탑승기가 외측으로 자동으로 전개될 것
④ 피난기구는 특정소방대상물의 기둥·바닥 및 보 등 구조상 견고한 부분에 볼트조임·매입 및 용접 등의 방법으로 견고하게 부착할 것
⑤ 4층 이상의 층에 하향식 피난구용 내림식사다리를 설치하는 경우에는 금속성 고정사다리를 설치하고, 당해 고정사다리에는 쉽게 피난할 수 있는 구조의 노대를 설치할 것

21. 열에너지원의 종류에서 화학열로 옳은 것만을 〈보기〉에서 있는 대로 고른 것은?

< 보기 >	
ㄱ. 분해열	ㄴ. 연소열
ㄷ. 압축열	ㄹ. 산화열

① ㄹ
② ㄱ, ㄴ
③ ㄷ, ㄹ
④ ㄱ, ㄴ, ㄹ
⑤ ㄱ, ㄴ, ㄷ, ㄹ

22. 다음 중 위험도(H) 값이 가장 큰 것은? (단, 1기압, 25℃ 공기 중의 연소범위를 기준으로 한다.)

① 수소
② 메탄
③ 아세틸렌
④ 이황화탄소
⑤ 산화에틸렌

23. 「위험물안전관리법 시행령」상 제조소에서 취급하는 제4류 위험물의 최대수량의 합이 지정수량의 50만배인 사업소의 경우, 자체소방대에 두는 화학소방자동차와 자체소방대원의 수로 옳은 것은?

	화학소방자동차	자체소방대원
①	1대	5인
②	2대	10인
③	3대	15인
④	4대	20인
⑤	5대	10인

24. 「화재의 예방 및 안전관리에 관한 법률 시행령」상 화재의 확대가 빠른 특수가연물의 품명 및 수량으로 옳은 것은?

① 넝마: 500킬로그램 이상
② 사류: 1,000킬로그램 이상
③ 면화류: 100킬로그램 이상
④ 가연성고체류: 2,000킬로그램 이상
⑤ 석탄·목탄류: 3,000킬로그램 이상

25. 「화재의 예방 및 안전관리에 관한 법률」상 시·도지사가 화재예방강화지구로 지정하여 관리해야 하는 지역으로 옳은 것만을 〈보기〉에서 있는 대로 고른 것은?

< 보기 >
ㄱ. 시장지역
ㄴ. 공장·창고가 밀집한 지역
ㄷ. 노후·불량건축물이 밀집한 지역
ㄹ. 위험물의 저장 및 처리 시설이 밀집한 지역

① ㄱ, ㄴ
② ㄱ, ㄷ
③ ㄴ, ㄹ
④ ㄱ, ㄴ, ㄹ
⑤ ㄱ, ㄴ, ㄷ, ㄹ

2024년 소방공무원 간부후보생 기출문제

01. 기계포 소화약제 중 단백포 소화약제에 관한 설명으로 옳은 것만을 〈보기〉에서 있는 대로 고른 것은?

＜보기＞
ㄱ. 유동성이 좋다.
ㄴ. 내열성이 나쁘다.
ㄷ. 유류를 오염시킨다.
ㄹ. 유면 봉쇄성이 좋다.

① ㄱ, ㄷ
② ㄷ, ㄹ
③ ㄱ, ㄴ, ㄹ
④ ㄴ, ㄷ, ㄹ
⑤ ㄱ, ㄴ, ㄷ, ㄹ

02. 「위험물안전관리법 시행령」상 자연발화성 물질 및 금수성 물질 중 지정수량이 다른 것은?

① 황린
② 칼륨
③ 나트륨
④ 알킬리튬
⑤ 알킬알루미늄

03. 목조건축물 화재의 진행 과정에 관한 설명 중 〈보기〉의 내용에 해당하는 것은?

＜보기＞
연기의 색이 백색에서 흑색으로 변하며, 개구부가 파괴되어 공기가 공급되면서 급격한 연소가 이루어져 연기가 개구부로 분하게 된다.

① 화재의 원인에서 무염착화
② 무염착화에서 발염착화
③ 발염착화에서 발화
④ 발화에서 최성기
⑤ 최성기에서 연소낙하

04. 분진폭발에 영향을 미치는 인자에 관한 설명으로 옳지 않은 것은?

① 분진의 발열량이 클수록, 휘발성분의 함유량이 많을수록 폭발하기 쉽다.
② 입자의 크기가 작고 밀도가 클수록 표면적이 크고 폭발이 용이해진다.
③ 열분해가 용이할수록, 기체 반응속도가 빠를수록 폭발하기 쉽다.
④ 알루미늄과 마그네슘 금속분진의 경우 분진 속 수분량이 증가하면 폭발성이 증가한다.
⑤ 평균 입경이 동일한 분진일 경우 분진의 형상에 따라 폭발성이 달라진다.

05. 고체 가연물의 연소 중 연소형태가 다른 것은?

① 목재
② 종이
③ 석탄
④ 파라핀
⑤ 합성수지

06. 0℃, 1기압인 조건에서 프로페인(C_3H_8)의 완전연소조성식으로부터 얻을 수 있는 내용으로 옳지 않은 것은? (단, 공기의 조성비는 질소(N_2) 79vol%, 산소(O_2) 21 vol%이다.)

① 프로페인 1 mol이 완전연소하면 약 72g의 물이 생성된다.
② 프로페인 0.5mol이 완전연소하는 데 약 2.5mol의 산소가 필요하다.
③ 프로페인 44g이 완전연소하면 약 132g의 이산화탄소가 생성된다.
④ 프로페인 1mol이 완전연소하는 데 약 23.8mol의 공기가 필요하다.
⑤ 프로페인 0.5mol이 완전연소하는 데 필요한 공기 중 질소의 양은 약 18.8mol이다.

07. 위험물안전관리법령상 자체소방대를 설치하여야 하는 사업소로 옳은 것은?

① 용기에 위험물을 옮겨 담는 일반취급소
② 이동저장탱크 그 밖에 이와 유사한 것에 위험물을 주입하는 일반취급소
③ 보일러, 버너 그 밖에 이와 유사한 장치로 위험물을 소비하는 일반취급소
④ 제4류 위험물을 취급하는 제조소 또는 일반취급소에서 취급하는 제4류 위험물의 최대수량의 합이 지정수량의 3천배 이상인 경우
⑤ 제4류 위험물을 저장하는 옥외탱크저장소에 저장하는 제4류 위험물의 최대수량이 지정수량의 30만배 이상인 경우

08. 재난 및 안전관리 기본법령상 특별재난지역 선포에 관한 사항으로 옳지 않은 것은?

① 특별재난지역의 선포권자는 대통령이다.
② 중앙대책본부장은 특별재난지역의 선포를 대통령에게 건의할 수 있다.
③ 특별재난지역의 선포를 위해서는 중앙대책본부의 심의를 거쳐야 한다.
④ 지역대책본부장은 관할지역에서 발생한 재난에 대해 중앙대책본부장에게 특별재난지역의 선포 건의를 요청할 수 있다.
⑤ 특별재난지역을 선포하는 경우에 중앙대책본부장은 특별재난지역의 구체적인 범위를 정하여 공고하여야 한다.

09. 공기 중 가연성 가스의 연소범위에 관한 내용이다. 다음 중 위험도가 가장 높은 가연성 가스는? (단, 위험도는 가연성 가스의 위험한 정도를 나타내는 척도이다.)

가연성 가스	연소범위(vol%)
A	3 ~ 12.5
B	4 ~ 75
C	5 ~ 15
D	1.2 ~ 44
E	2.5 ~ 81

① A
② B
③ C
④ D
⑤ E

10. 상온에서 고체 상태로 존재하는 가연물의 연소 형태에 해당하는 것만을 〈보기〉에서 고른 것은?

〈 보기 〉
ㄱ. 표면연소
ㄴ. 분무연소
ㄷ. 폭발연소
ㄹ. 자기연소
ㅁ. 예혼합연소

① ㄱ, ㄴ
② ㄱ, ㄹ
③ ㄴ, ㄷ
④ ㄴ, ㄹ
⑤ ㄹ, ㅁ

11. 위험물 중 황린(P_4)에 관한 설명으로 옳지 않은 것은?

① 제3류 위험물이다.
② 미분상의 발화점은 34℃이다.
③ 연소할 때 오산화인(P_2O_5)의 백색 연기를 낸다.
④ 물에 대해 위험한 반응을 초래하는 물질이다.
⑤ 백색 또는 담황색의 고체이다.

12. 다음 내용에 해당하는 스프링클러설비 방식은?

- 가압송수장치에서 유수검지장치 1차 측까지 배관 내에 항상 물이 가압되어 있고, 2차 측에서 폐쇄형스프링클러헤드까지 대기압 또는 저압으로 있다.
- 화재발생 시 감지기의 작동으로 밸브가 개방되면 폐쇄형스프링클러헤드까지 소화수가 송수되고, 폐쇄형스프링클러헤드가 열에 의해 개방되면 방수가 된다.

① 습식
② 건식
③ 부압식
④ 준비작동식
⑤ 일제살수식

13. 「소방공무원법」상 근속승진과 계급정년의 내용으로 옳은 것은?

	근속승진	계급정년
①	소방사를 소방교로 : 해당 계급에서 4년 이상 근속자	소방령 : 14년
②	소방장을 소방위로 : 해당 계급에서 7년 6개월 이상 근속자	소방준감 : 6년
③	소방위를 소방경으로 : 해당 계급에서 8년 이상 근속자	소방경 : 18년
④	소방교를 소방장으로 : 해당 계급에서 6년 이상 근속자	소방감 : 5년
⑤	소방경을 소방령으로 : 해당 계급에서 10년 이상 근속자	소방정 : 10년

14. 대한민국 정부 수립 이후 중앙소방조직의 변천 과정을 시간적 순서대로 옳게 나열한 것은?

① 소방방재청 - 내무부 소방국 - 내무부 치안국 소방과 - 국민안전처 중앙소방본부 - 소방청
② 소방방재청 - 내무부 치안국 소방과 - 내무부 소방국 - 국민안전처 중앙소방본부 - 소방청
③ 내무부 소방국 - 내무부 치안국 소방과 - 국민안전처 중앙소방본부 - 소방방재청 - 소방청
④ 내무부 경찰국 소방과 - 내무부 소방국 - 소방청 - 국민안전처 중앙소방본부 - 소방방재청
⑤ 내무부 치안국 소방과 - 내무부 소방국 - 소방방재청 - 국민안전처 중앙소방본부 - 소방청

15. 「화재조사 및 보고규정」상 화재건수 결정에 관한 설명으로 옳지 않은 것은?

① 1건의 화재란 1개의 발화지점에서 확대된 것으로 발화부터 진화까지를 말한다.
② 동일 소방대상물의 발화점이 2개소 이상 있는 지진, 낙뢰 등 자연현상에 의한 다발화재는 1건의 화재로 한다.
③ 동일 소방대상물의 발화점이 2개소 이상 있는 누전점이 동일한 누전에 의한 화재는 1건의 화재로 한다.
④ 동일범이 아닌 각기 다른 사람에 의한 방화, 불장난은 동일 대상물에서 발화했더라도 각각 별건의 화재로 한다.
⑤ 발화지점이 한 곳인 화재현장이 둘 이상의 관할구역에 걸친 화재에 대해서는 소방서마다 각각 별건의 화재로 한다.

16. 「재난 및 안전관리 기본법 시행령」상 재난 및 사고의 유형에 따른 재난관리주관기관의 연결로 옳지 않은 것은?

① 유선 및 도선 사업법에 따른 사고로 인해 발생하는 대규모 피해 : 해양수산부
② 해외재난 : 외교부
③ 대규모점포의 화재등으로 인해 발생하는 대규모 피해 : 산업통상자원부
④ 오염물질등으로 인한 환경오염(먹는물의 수질오염은 제외한다)으로 인해 발생하는 대규모 피해 : 환경부
⑤ 해수욕장의 안전사고로 발생하는 대규모 피해 : 해양수산부

17. 재난 및 안전관리 기본법령상 재난사태 선포와 특별재난지역의 선포에 관한 설명으로 옳지 않은 것은?

① 재난사태 선포는 재난의 대응 활동에 해당된다.
② 특별재난지역의 선포는 재난의 복구 활동에 해당된다.
③ 재난사태 선포권자는 국무총리이다.
④ 재난사태 선포대상 재난은 재난 중 극심한 인명 또는 재산의 피해가 발생하거나 발생할 것으로 예상되어 시·도지사가 행정안전부장관에게 재난사태의 선포를 건의하거나 행정안전부장관이 재난사태의 선포가 필요하다고 인정하는 재난(「노동조합 및 노동관계조정법」제4장에 따른 쟁의행위로 인한 국가핵심기반의 일시 정지는 제외한다)을 말한다.
⑤ 행정안전부장관 및 지방자치단체의 장은 재난사태가 선포된 지역에 대하여 재난경보의 발령, 인력·장비 및 물자의 동원, 위험구역 설정, 대피명령, 응급지원 등 이 법에 따른 응급조치, 해당 지역에 소재하는 행정기관 소속 공무원의 비상소집, 해당 지역에 대한 여행 등 이동 자제 권고 등의 조치를 할 수 있다.

18. 재해원인 분석방법 중 하나인 4M 분석방법에 관한 설명으로 옳은 것은?

① 재해의 원인을 Man, Machine, Manner, Management 요인으로 구분하여 분석한다.
② 기계·설비의 설계상 결함은 관리적 요인에 해당한다.
③ 작업정보의 부적절은 작업·환경적 요인에 해당한다.
④ 표준화의 부족은 인적 요인에 해당한다.
⑤ 심리적 요인은 작업·환경적 요인에 해당한다.

19. 「재난 및 안전관리 기본법」과 「수상에서의 수색·구조 등에 관한 법률」상 해상에서의 긴급구조 및 항공기 등 조난사고 시의 긴급구조에 관한 설명으로 옳지 않은 것은?

① 해상에서 발생한 선박이나 항공기 등의 조난사고의 긴급구조활동에 관하여는 「수상에서의 수색·구조 등에 관한 법률」 등 관계 법령에 따른다.
② 해수면에서의 수난구호는 구조본부의 장이 수행하고, 내수면에서의 수난구호는 소방관서의 장이 수행한다.
③ 국방부장관은 항공기 조난사고가 발생한 경우 항공기 수색과 인명구조를 위하여 항공기 수색·구조계획을 수립·시행하여야 한다.
④ 국방부장관은 항공기나 선박의 조난사고가 발생하면 관계 법령에 따라 긴급구조업무에 책임이 있는 기관의 긴급구조활동에 대한 군의 지원을 신속하게 할 수 있도록 조치를 취하여야 한다.
⑤ 국방부장관이 설치하는 탐색구조본부의 구성과 운영에 필요한 사항은 국방부령으로 정한다.

20. 폭굉(Detonation)에 관한 설명으로 옳지 않은 것은?

① 폭굉은 급격한 압력의 상승 또는 개방에 의해 가스가 격한 음을 내면서 팽창하는 현상이고, 화염의 전파속도는 약 0.1~10 m/s이다.
② 압력이 높을수록 폭굉으로의 전이가 쉬운 조건이 된다.
③ 최초의 완만한 연소에서 격렬한 폭굉으로 발전하는 데 필요한 거리를 폭굉유도거리라 한다.
④ 폭굉유도거리가 짧아질수록 위험도는 커진다.
⑤ 관경이 가늘수록 폭굉유도거리는 짧아진다.

21. 발화점 및 최소발화에너지(MIE, Minimum Ignition Energy)에 관한 설명으로 옳지 않은 것은?

① 발화점은 발화 지연시간, 압력, 산소농도, 촉매물질 등의 영향을 받는다.
② 파라핀계 탄화수소는 분자량이 클수록 발화온도가 높아진다.
③ 최소발화에너지는 가연성 혼합기를 발화시키는 데 필요한 최저에너지를 말한다.
④ 압력이 상승하면 최소발화에너지는 작아진다.
⑤ 발화점이 낮을수록 발화의 위험성은 커진다.

22. 폭발을 기상 폭발과 응상 폭발로 분류할 때, 폭발의 종류가 다른 것은?

① 분무 폭발
② 분진 폭발
③ 분해 폭발
④ 증기운 폭발
⑤ 증기 폭발

23. 소화원리 중 제거소화의 사례에 해당하지 않는 것은?

① 촛불을 입으로 불어 소화하는 방법
② 식용유 화재 시 주변의 야채를 집어 넣어 소화하는 방법
③ 전기화재 시 신속하게 전원을 차단하여 소화하는 방법
④ 산림화재 시 화재 진행 방향의 나무를 벌목하여 소화하는 방법
⑤ 가스화재 시 밸브를 차단시켜 가스공급을 중단하여 소화하는 방법

24. 물 소화약제에 관한 설명으로 옳지 않은 것은?

① 물은 분자 내에서는 수소결합을, 분자 간에는 극성공유결합을 하여 소화약제로써의 효과가 뛰어나다.
② 물의 증발잠열은 100 ℃, 1기압에서 539 kcal/kg이므로 냉각소화에 효과적이다.
③ 물의 주수형태 중 무상은 전기화재에도 적응성이 있다.
④ 물 소화약제를 알코올 등과 같은 수용성 액체 위험물 화재에 사용하면 희석작용을 하여 소화효과가 있다.
⑤ 중질유화재에 물을 무상으로 주수 시 급속한 증발에 의한 질식효과와 함께 에멀션(emulsion) 형성에 의한 유화효과가 있다.

25. 「소방시설 설치 및 관리에 관한 법률 시행령」상 소방시설의 내용으로 옳은 것만을 〈보기〉에서 고른 것은?

< 보기 >

ㄱ. 소화설비 : 소화기구, 스프링클러설비 등, 연소방지설비 등
ㄴ. 경보설비 : 자동화재속보설비, 누전경보기, 가스누설경보기 등
ㄷ. 피난구조설비 : 유도등, 비상조명등 및 휴대용비상조명등, 비상방송설비 등
ㄹ. 소화용수설비 : 상수도소화용수설비, 소화수조·저수조, 그 밖의 소화용수설비
ㅁ. 소화활동설비 : 비상콘센트설비, 제연설비, 연결살수설비 등

① ㄱ, ㄴ, ㄷ
② ㄱ, ㄴ, ㄹ
③ ㄱ, ㄷ, ㅁ
④ ㄴ, ㄷ, ㅁ
⑤ ㄴ, ㄹ, ㅁ

2025년 소방공무원 간부후보생 기출문제

01. 소방조직의 변천 과정을 시간 순서대로 나열한 것으로 옳은 것은?

① 금화도감 → 경성소방서 → 소방방재청 → 국민안전처 중앙소방본부
② 금화도감 → 경성소방서 → 국민안전처 중앙소방본부 → 소방방재청
③ 경성소방서 → 금화도감 → 소방방재청 → 국민안전처 중앙소방본부
④ 경성소방서 → 금화도감 → 국민안전처 중앙소방본부 → 소방방재청
⑤ 경성소방서 → 소방방재청 → 금화도감 → 국민안전처 중앙소방본부

02. 「재난 및 안전관리 기본법」 상 사회재난에 해당하지 않는 것은?

① 다중운집인파사고로 인하여 발생하는 대통령령으로 정하는 규모 이상의 피해
② 「감염병의 예방 및 관리에 관한 법률」에 따른 감염병 확산으로 인한 피해
③ 환경오염사고로 인하여 발생하는 대통령령으로 정하는 규모 이상의 피해
④ 황사(黃砂)로 인하여 발생하는 재해
⑤ 「우주개발 진흥법」에 따른 인공우주물체의 추락·충돌로 인한 피해

03. 재난 및 안전관리 기본법령상 대통령령으로 정하는 중앙안전관리위원회 위원에 해당하지 않는 것은? (단, 그 밖에 중앙안전관리위원회의 위원장이 지정하는 기관 및 단체의 장은 제외한다)

① 국가유산청장
② 통일부장관
③ 국무조정실장
④ 여성가족부장관
⑤ 국가보훈부장관

04. 재난 및 안전관리 기본법령상 재난관리책임기관의 장이 관계 법령 또는 안전관리계획에서 정하는 바에 따라 점검·관리하여야 하는 대통령령으로 정한 재난방지시설에 해당하지 않는 것은? (단, 그 밖에 행정안전부장관이 정하여 고시하는 재난을 예방하기 위하여 설치한 시설은 제외한다)

① 「기상법」 제2조제13호에 따른 기상시설
② 「국토의 계획 및 이용에 관한 법률」 제2조제6호마목에 따른 방재시설
③ 「사방사업법」 제2조제3호에 따른 사방시설
④ 「하수도법」 제2조제3호에 따른 하수도 중 하수관로 및 공공하수처리시설
⑤ 「항만법」 제2조제5호에 따른 항만시설

05. 「재난 및 안전관리 기본법 시행령」상 재난의 유형과 재난관리주관기관의 연결이 옳지 않은 것은?

① 「지진·화산재해대책법」 제2조제2호에 따른 화산재해 - 행정안전부
② 「먹는물관리법」 제3조제1호에 따른 먹는물의 수질오염으로 인해 발생하는 대규모 피해 - 농림축산식품부
③ 「자연재해대책법」 제2조제3호에 따른 풍수해 중 조수로 인해 발생하는 재해 - 해양수산부
④ 「공연법」 제2조제4호에 따른 공연장의 화재 등으로 인해 발생하는 대규모 피해 - 문화체육관광부
⑤ 「해양환경관리법」 제2조제2호에 따른 해양오염으로 인해 발생하는 대규모 피해 - 해양수산부 및 해양경찰청

06. 「소방공무원법」에 관한 설명으로 옳지 않은 것은?

① 소방공무원의 인사(人事)에 관한 중요사항에 대하여 소방청장의 자문에 응하게 하기 위하여 소방청에 소방공무원인사위원회를 둔다. 다만, 제6조제3항 및 제4항에 따라 특별시장·광역시장·특별자치시장·도지사·특별자치도지사가 임용권을 행사하는 경우에는 특별시·광역시·특별자치시·도·특별자치도에 인사위원회를 둔다.
② 소방청장은 소방공무원의 능력을 발전시키고 소방사무의 연계성을 높이기 위하여 소방청과 시·도 간 및 시·도 상호 간에 인사교류가 필요하다고 인정하면 인사교류계획을 수립하여 이를 실시할 수 있다.
③ 소방공무원을 신규채용할 때에는 소방장 이하는 3개월 간 시보로 임용하고, 소방위 이상은 6개월 간 시보로 임용하며, 그 기간이 만료된 다음 날에 정규 소방공무원으로 임용한다. 다만, 대통령령으로 정하는 경우에는 시보임용을 면제하거나 그 기간을 단축할 수 있다.
④ 소방공무원의 신규채용시험 및 승진시험과 소방간부후보생 선발시험은 소방청장이 실시한다. 다만, 소방청장이 필요하다고 인정할 때에는 대통령령으로 정하는 바에 따라 그 권한의 일부를 시·도지사 또는 소방청 소속 기관의 장에게 위임할 수 있다.
⑤ 소방공무원은 제복을 착용하여야 한다. 소방공무원의 복제(服制)에 관한 사항은 행정안전부령으로 정한다.

07. 자연발화에 관한 설명으로 옳지 않은 것은?

① 자연발화는 가연물의 열전도율이 낮을수록 발생하기 쉽다.
② 저장공간의 온도가 높으면 자연발화가 촉진될 수 있다.
③ 황린의 자연발화를 방지하기 위해서는 물 속에 저장해야 한다.
④ 유지류의 경우 아이오딘값(Iodine value)이 작을수록 자연발화하기 쉽다.
⑤ 자연발화를 방지하기 위해서는 저장공간의 공기 순환이 잘되게 해야 한다.

08. 기체연소와 액체연소에 관한 설명으로 옳은 것만을 〈보기〉에서 고른 것은?

―― < 보기 > ――
ㄱ. 분해연소하는 물질로는 아세톤, 휘발유, 알코올류 등이 있다.
ㄴ. 확산연소는 예혼합연소에 비해 연소속도가 빠르다.
ㄷ. 확산연소는 예혼합연소에 비해 화염온도가 낮다.
ㄹ. 예혼합연소는 역화(back fire)가 발생할 우려가 있다.

① ㄱ, ㄴ ② ㄱ, ㄷ
③ ㄴ, ㄷ ④ ㄴ, ㄹ
⑤ ㄷ, ㄹ

09. 열전달 방법에 관한 설명으로 옳지 않은 것은?

① 열전달 방법에는 전도, 대류, 복사가 있다.
② 전도는 뉴턴의 냉각법칙을 따르며, 고체 표면과 움직이는 유체 사이에서 일어난다.
③ 대류는 유체의 유동이 외부로부터 작용하는 힘에 의해 이루어지는 강제대류와 온도차로 인한 부력에 의해 이루어지는 자연대류로 구분할 수 있다.
④ 복사에너지는 스테판-볼츠만(Stefan-Boltzmann)의 법칙을 따른다.
⑤ 복사는 열에너지가 복사체로부터 대상물에 전자기파 형태로 전달되는 현상이다.

10. 건물에 화재가 발생했을 때, 중성대에 관한 설명으로 옳은 것만을 〈보기〉에서 고른 것은?

―― < 보기 > ――
ㄱ. 중성대의 하부 개구부로 외부 공기가 유입되면, 중성대는 위쪽으로 상승한다.
ㄴ. 중성대의 상부 면적이 커질수록 대피자들의 활동공간과 시야가 확보되어 신속히 대피할 수 있다.
ㄷ. 중성대의 상부에서는 실내에서 외부로 기체가 유출되고, 중성대의 하부에서는 외부에서 실내로 기체가 유입된다.
ㄹ. 중성대의 상부 개구부를 개방한다면 연소는 확대될 수 있지만, 연기가 빠른 속도로 상승하여 외부로 배출되므로, 중성대의 상부 면적은 감소하고 중성대의 하부 면적은 증가한다.

① ㄱ, ㄴ ② ㄱ, ㄷ
③ ㄴ, ㄷ ④ ㄴ, ㄹ
⑤ ㄷ, ㄹ

11. 연소 시 발생하는 이상 현상으로, 연료가 연소될 때 연료의 분출속도가 연소속도보다 느려 불꽃이 염공(焰孔) 속으로 빨려 들어가 혼합관 속에서 연소하는 현상으로 옳은 것은?

① 불완전 연소(incomplete combustion)
② 선화(lifting)
③ 블로우 오프(blow off)
④ 황염(yellow tip)
⑤ 역화(back fire)

12. 유류저장탱크 및 위험물 이송배관 등에서 발생하는 화재 현상에 관한 설명으로 옳지 않은 것은?

① 블레비(BLEVE)는 물리적 폭발에 해당한다.
② 증기운폭발(UVCE)은 저장탱크에서 유출된 가스가 증기운을 형성하여 떠다니다가 점화원과 접촉하여 발생하는 누설착화형 폭발에 해당한다.
③ 보일오버(boil over)는 상부가 개방된 저장탱크의 하부에 존재하던 물 또는 물-기름 에멀션이 뜨거운 열류층의 온도에 의해 급격히 부피가 팽창되어 다량의 불이 붙은 기름을 저장탱크 밖으로 분출시키는 현상이다.
④ 오일오버(oil over)는 저장된 유류 저장량이 내용적의 70%를 초과하여 충전되어 있는 저장탱크에서 발생한다.
⑤ 분출화재(jet fire)는 탄화수소계 위험물의 이송배관이나 저장용기로부터 위험물이 고속으로 누출될 때 점화되어 발생하는 난류확산형 화재이다.

13. 화재가혹도(fire severity)에 관한 설명으로 옳지 않은 것은?

① 화재가혹도는 발생한 화재가 당해 건물과 그 내부의 수용재산 등을 파괴하거나 손상을 입히는 정도를 말한다.
② 화재가혹도의 주요 요소에는 화재강도와 화재하중이 있다.
③ 화재강도가 크면 열축적이 크므로 주수율이 높아져야 한다.
④ 화재하중은 입체면적(m^3)당 중량(kg)이다.
⑤ 화재가혹도에 영향을 주는 환기요소는 온도와 비례 관계이고, 시간과 반비례 관계이다.

14. 백드래프트(back draft)와 플래시오버(flash over)에 대한 설명으로 옳은 것은?

① 플래시오버의 전조 현상으로 롤오버(roll over) 현상이 관찰될 수 있다.
② 백드래프트는 연료지배형 화재에서 발생한다.
③ 백드래프트가 플래시오버보다 발생 빈도가 높다.
④ 플래시오버는 폭발의 일종이지만 백드래프트는 폭발이 아니다.
⑤ 백드래프트의 발생원인은 열이며, 플래시오버는 공기가 원인으로 작용한다.

15. 「위험물안전관리법 시행령」상 위험물에 관한 설명으로 옳지 않은 것은?

① "철분"이라 함은 철의 분말로서 53마이크로미터의 표준체를 통과하는 것이 50중량퍼센트 미만인 것은 제외한다.
② "인화성고체"라 함은 고형알코올 그 밖에 1기압에서 인화점이 섭씨 40도 미만인 고체를 말한다.
③ 1분자를 구성하는 탄소원자의 수가 1개부터 3개까지인 포화1가 알코올(변성알코올을 포함한다)의 함유량이 60중량퍼센트 미만인 수용액은 알코올류에서 제외한다.
④ 과산화수소는 그 농도가 36중량퍼센트 이상인 것에 한하며, 산화성액체의 성상이 있는 것으로 본다.
⑤ "제2석유류"라 함은 등유, 경유 그 밖에 1기압에서 인화점이 섭씨 21도 이상 70도 미만인 것을 말한다. 다만, 도료류 그 밖의 물품에 있어서 가연성 액체량이 40중량퍼센트 미만이면서 인화점이 섭씨 40도 이상인 동시에 연소점이 섭씨 50도 이상인 것은 제외한다.

16. 위험물의 소화방법으로 옳은 것만을 〈보기〉에서 고른 것은?

< 보기 >

ㄱ. 무기과산화물은 물과 반응하기 때문에 마른 모래(건조사) 등을 사용한 소화가 유효하다.
ㄴ. 적린 화재에는 물을 사용한 소화가 유효하다.
ㄷ. 황린 화재의 소화에는 물을 사용해서는 안되며, 모래, 흙 등을 사용한 소화가 유효하다.
ㄹ. 알킬알루미늄은 물과 반응하며 이산화탄소를 활용한 소화가 유효하다.
ㅁ. 제5류 위험물 화재에는 이산화탄소를 활용한 소화가 유효하다.

① ㄱ, ㄴ
② ㄱ, ㄷ
③ ㄴ, ㄹ
④ ㄷ, ㅁ
⑤ ㄹ, ㅁ

17. 「화재조사 및 보고규정」상 화재피해금액 산정에 관한 내용으로 옳은 것은?

① 화재피해금액은 화재 당시의 피해물과 동일한 구조, 용도, 질, 규모를 재건축 또는 재구입하는데 소요되는 가액에서 경과연수 등에 따른 감가공제를 하고 현재가액을 산정하는 실질적·구체적 방식에 따른다. 다만, 회계장부상 구매가격이 입증된 경우에는 그에 따른다.
② 정확한 피해물품을 확인하기 곤란한 경우에는 소방청장이 정하는 「화재피해금액 산정매뉴얼」의 간이평가방식으로 산정해야 한다.
③ 건물 등 자산에 대한 내용연수는 「화재피해금액 산정매뉴얼」에서 정한 바에 따른다.
④ 건물 등 자산에 대한 최종잔가율은 건물·부대설비·구축물·가재도구는 10%로 하며, 그 이외의 자산은 20%로 정한다.
⑤ 관계인은 화재피해금액 산정에 이의가 있는 경우 별지 서식에 따라 관할 소방관서장에게 재산피해신고를 할 수 있으며, 신고서를 접수한 관할 소방관서장은 화재피해금액을 재산정할 수 있다.

18. 〈보기〉는 「화재조사 및 보고규정」상 대통령령으로 정하는 대형화재가 발생한 경우, 소방관서장의 화재합동조사단 구성과 운영에 관한 기준의 일부이다. ( ) 안에 들어갈 내용으로 옳은 것은? (단, 임야화재는 제외한다)

─ < 보기 > ─

- 소방서장: 사상자가 (가)명 이상 발생한 화재
- 소방본부장: 사상자가 (나)명 이상이거나 2개 시·군·구 이상에 발생한 화재
- 소방청장: 사상자가 (다)명 이상이거나 2개 시·도 이상에 걸쳐 발생한 화재

	가	나	다
①	5	10	20
②	5	10	30
③	10	20	30
④	10	20	50
⑤	20	30	100

19. 화재 시 발생하는 연기에 대한 설명으로 옳지 않은 것은?

① 연기의 농도가 높으면 피난과 소방활동에 현저한 장해가 된다.
② 감광계수와 가시거리는 반비례 관계이다.
③ 감광계수가 $0.5m^{-1}$이면 어두침침한 것을 느낄 정도의 상황이다.
④ 건축물 내에서 연기의 유동속도는 수직방향보다 수평방향이 빠르다.
⑤ 연기의 제어 원리에는 희석, 배기, 차단이 있다.

20. 물 소화약제의 물리적·화학적 특성으로 옳은 것만을 〈보기〉에서 있는 대로 고른 것은?

── < 보기 > ──
ㄱ. 물은 수소 원자 2개와 산소 원자 1개가 극성공유결합을 하고 있다.
ㄴ. 물의 비중은 1기압, 0℃에서 가장 크다.
ㄷ. 물의 표면장력은 온도가 상승하면 작아진다.
ㄹ. 물의 비열은 대기압 상태에서 0.5cal/g·℃이다.

① ㄱ, ㄴ
② ㄱ, ㄷ
③ ㄷ, ㄹ
④ ㄱ, ㄴ, ㄷ
⑤ ㄴ, ㄷ, ㄹ

21. 제1종 분말 소화약제의 주성분으로 옳은 것은?

① $KHCO_3$
② $NaHCO_3$
③ NH_4HCO_3
④ $NH_4H_2PO_4$
⑤ $KHCO_3 + (NH_2)_2CO$

22. 연소하한계(LFL)가 2.1[vol%]인 프로페인(C_3H_8)가스 화재 시 소화할 때 필요한 이산화탄소 소화약제의 농도는 최소 몇 [vol%]를 초과해야 하는가? (단, 공기 중 산소농도는 21[vol%]로 한다)

① 25
② 34
③ 50
④ 67
⑤ 75

23. 「소방시설 설치 및 관리에 관한 법률 시행령」상 소방시설의 연결이 옳은 것만을 〈보기〉에서 있는 대로 고른 것은?

── < 보기 > ──
ㄱ. 소화설비 - 소화기구
ㄴ. 경보설비 - 무선통신보조설비
ㄷ. 피난구조설비 - 휴대용비상조명등
ㄹ. 소화용수설비 - 소화수조
ㅁ. 소화활동설비 - 연소방지설비

① ㄱ, ㄷ
② ㄴ, ㄹ, ㅁ
③ ㄱ, ㄷ, ㄹ, ㅁ
④ ㄴ, ㄷ, ㄹ, ㅁ
⑤ ㄱ, ㄴ, ㄷ, ㄹ, ㅁ

24. 「포소화설비의 화재안전성능기준」상 포 소화약제 혼합장치 중 '프레셔사이드 프로포셔너방식'에 대한 설명으로 옳은 것은?

① 펌프와 발포기의 중간에 설치된 벤추리관의 벤추리작용과 펌프 가압수의 포 소화약제 저장탱크에 대한 압력에 따라 포 소화약제를 흡입·혼합하는 방식을 말한다.
② 펌프와 발포기의 중간에 설치된 벤추리관의 벤추리작용에 따라 포 소화약제를 흡입·혼합하는 방식을 말한다.
③ 펌프의 토출관과 흡입관 사이의 배관 도중에 설치한 흡입기에 펌프에서 토출된 물의 일부를 보내고, 농도 조정밸브에서 조정된 포 소화약제의 필요량을 포 소화약제 저장탱크에서 펌프 흡입측으로 보내어 이를 혼합하는 방식을 말한다.
④ 물, 포 소화약제 및 공기를 믹싱챔버로 강제주입시켜 챔버 내에서 포수용액을 생성한 후 포를 방사하는 방식을 말한다.
⑤ 펌프의 토출관에 압입기를 설치하여 포 소화약제 압입용펌프로 포 소화약제를 압입시켜 혼합하는 방식을 말한다.

25. 소화펌프에서 공동현상(cavitation)이 발생하였을 때 그 원인으로 볼 수 없는 것은?

① 펌프의 위치가 수원의 위치보다 높은 경우
② 펌프의 임펠러 회전속도가 큰 경우
③ 펌프의 흡입측 수두가 큰 경우
④ 펌프의 토출측 관경이 작은 경우
⑤ 펌프에 흡입되는 수원의 온도가 높은 경우

MEMO

긴장하는건 네가 이 날을 위해 최선을 다했다는 증거야
대충 적당히 한 녀석은 긴장 따위 안해
나도 시합 전에 늘 긴장이되거든
그 전까지 연습을 필사적으로 했을 때는 더욱 그렇고…
그런데 실제상황이 시작되면
노력은 거짓말하지 않아
그러니 걱정마.
넌 틀림없이 잘 해낼 수 있을거야. -작자미상

SONICE 수험생의 합격수기

2025년 소방공무원 채용시험 합격데이터

지역/직렬/성별	서울/공채/여
수험기간	23.5 ~ 25.6
점수 - 소방학개론	80점
점수 - 소방관계법규	84점
점수 - 행정법총론	88점
점수 - 체력	60점
점수 - 가산점	5점
점수 - 비고	

합격증명서

소방청 제2025

성 명:
생년월일:

위 사람은 '25년 소방공무원 채용시험에 최종 합격하였음을 증명합니다.

2025년 7월 18일

소방청장의인

1. 과목별 공부방법

* 학개론이나 법규나 소나쌤커리는 다 듣는것이 맞다고 생각합니다 강의는 반드시 다 들어보세요!
 (Input-output 강추합니닷*)

* 결국 요약집 만들기, 문제 많이 풀기도 정답이 아니라 회독이 답이라는 사실을 꼭 알고 계셨으면 합니다.

* 복습이 정말 중요한데, 저는 항상 파트 하나를 정해두고 알고있는 내용 & 연관된 내용 등을 다 적어보고 기본서로 확인 한 후에 제대로 알고 있는 지 & 적지 못한 내용은 무엇이 있는지 확인하는 작업을 했습니다.

- 소방학개론

소방학개론은 분명 처음엔 너무 재미있었는데 시간이 지나면서 오히려 헷갈리고 속시끄럽게 했던 과목입니다. 그만큼 아는 정보나 지식이 많을수록 충돌하면서 생기는 부분들이 점점 많아지는 것 같아요. 그런 과목이기때문에 저는 기본 강의를 몇 번이고 발췌해서 들었어요.

요약집을 만들거나 따로 작성하며 공부하기보단 취약파트를 자주 인강으로, 질문으로, 수험친구들과 이야기 나누며 다양한 시각으로 접해보는 것이 중요한 것 같습니다. 그렇다면 어느 순간 학개론의 눈이 트여져있을테니까요 :)

- 소방관계법규

초시땐 너무 재미없고 싫어했지만 재시때 소나쌤을 만나 제일 마음가는 과목이 된 법규입니다. 소나쌤의 주력 과목은 단연 법규라고 생각할 만큼 소나쌤 커리만 타도 문제될 부분은 없는 것 같아요.

SONICE 수험생의 합격수기

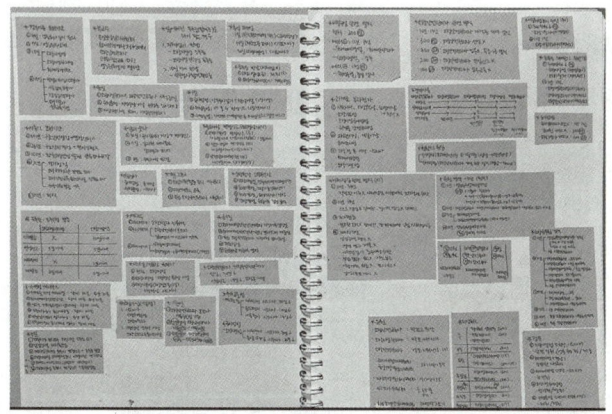
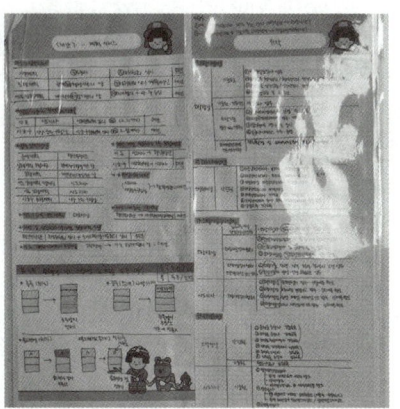

저는 소나쌤 수업 중 시리즈 떠올리는 시간이 정말 너무 좋았습니다..

나 혼자서 책장을 넘기면서 찾아봐야 하는 내용들을 교수님과 공부하면서 짚고 넘긴다는 건 정말 흔치 않은 기회라고 생각해서 저는 소나쌤이 가르쳐주시는 시리즈란 시리즈는 다 적고 다녔습니다. 헷갈리는 부분이 나와서 보면 웬만하면 다 해결됩니다,, 저는 백과사전이라고 불렀어요.

사실 저처럼 적지않고 수업시간에 떠올리기만 하더라도 정말 큰 자산이 될거에요,, 자부합니다.

법규가 싫어지는 이유는 법마다 다른 위임위탁&벌칙때문이라고 생각합니다 하지만 이것만 잡으면 법규는 정말 사랑스러운 과목이에요..ㅜㅠ 예뻐할 자신이 없어서 만들었지만 오히려 가장 예뻐하게 된 파트입니다. 수험공부는 좋아하는 걸 많이한다고 늘지 않습니다. 싫어하고 하기싫은 걸 자주, 많이 해줘야 빨리, 많이 늡니다. 싫어하는 걸 예뻐해 보세요.

2. 나만의 공부 꿀팁

- 그리 잘 본 필기점수는 아니지만 도움이 되고자 써봅니다!

① 플래너 작성

플래너 작성이 공부에 미치는 영향은 8할 이상이라고 생각합니다. 저는 그걸 소나쌤이 잡아주셨어요. 소나쌤과 상담하면서 학원 실강 스케쥴 기반 1-2주 1회독 플랜 틀을 잡아주셨고 그걸 바탕으로 매 주를 잘 마무리하면 일요일 하루는 쉬는걸 목표로 하기로 했습니다.

처음엔 정말 두서없이 썼다가 쌤한테 혼나기도 했어요 ㅎㅎ

플래너 작성도 요령이 늘더라구요 나중엔 쏘나쌤께 칭찬도 받았습니다!

SONICE 수험생의 합격수기

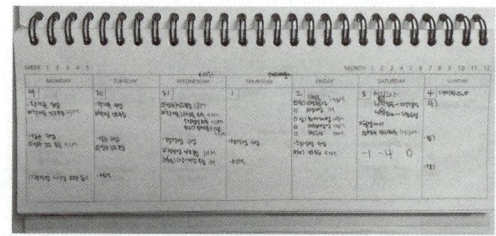
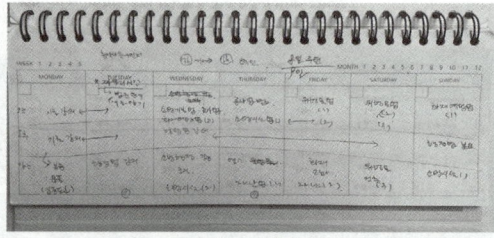

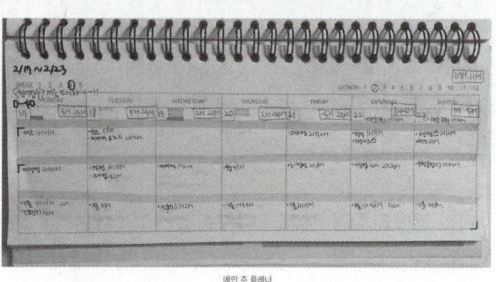

소나쌤과의 상담을 통해서 저는 매달마다 달라지는 학원 일정에 맞게 1-2주일 1회독 틀을 잡았어요. 상황에 맞게 조절하기도 했지만 틀이 있어야 플랜 잡기 좋아요. 반드시 오늘 하루의 오전 오후 야간에 내가 무엇을 해야 하는지 알고 있어야 합니다.

그리고 옆엔 회독수 만큼 동그라미를 지우는 목표를 잡고 공부한 흔적입니다. 카페에서 작년 부산 여공 합격하신 분의 합격수기를 보고 저도 따라한거에요. 처음에는 별 생각없이 좋은 기운 받고자 따라했었는데 나중엔 동그라미 지우는 데에 맛들려서 회독 정~말 열심히 했습니다 ㅎㅎ

혹시나 이 수기를 보고 계신분이 계시다면 따라해보세용 합격기운이 대물림 될지도..?

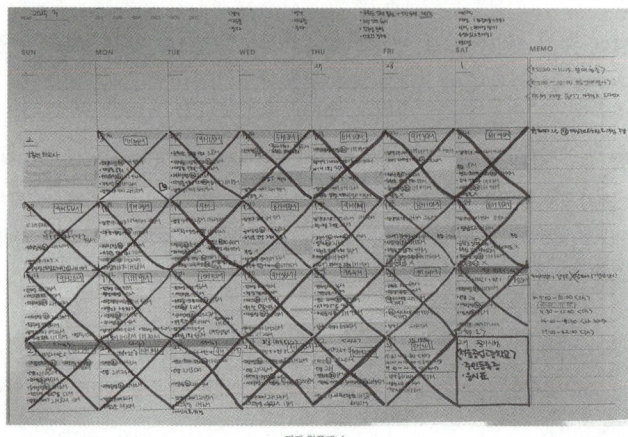

저는 주플래너를 메인으로 사용했고, 막판 2-3개월은 월플래너로 변경하여 사용했습니다 큰 차이는 없지만 월플래너로 하면 시험이 다가왔을때 시험직전 본인의 전체적인 공부흐름을 확인할 수 있다는게 큰 장점인것같습니다. 5일1회독, 3일1회독, 1일1회독 같이 시험전날 하루에 모든과목을 볼 수 있도록 연습하는 데에 필수적인 역할을 하는것이 플래너작성인 것 같습니다. 어렵더라도 꼭 수험기간에는 작성해보시는거 추천드려요!

SONICE 수험생의 합격수기

② 플래그 활용

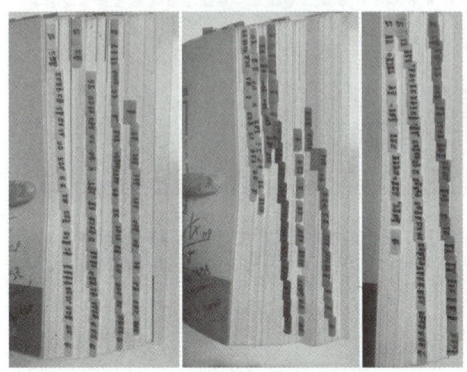 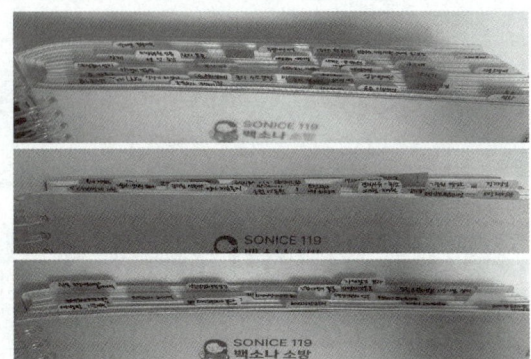

재시를 맘먹고 가장 먼저 과목별로 플래그를 다는 일을 했습니다. 시간도 꽤 걸리고 번거로운 일이지만 한번 해두니 공부할때 효율적으로 할 수 있었어요 특히 법규는 비슷한 파트가 많은만큼 더 효과를 많이 봤던 것 같습니다. '아 그거 뭐였지?' 하면서 찾아보는것도 도움되지만 플래그 확인하고 단번에 찾는게 효율적이었던 것 같아요. (저 플래그는 다이소에 1천원이면 살 수 있어요.)

그리고 저는 매번 헷갈리거나 자주 틀리는 부분을 책 위에 파트이름을 적어 플래그 표시를, 모르는 부분이나 질문이 필요한 부분은 일반 3M 포스트잇으로 (!)표를, 해두었습니다. (!)표시는 반드시 소나쌤께 질문하거나 카페를 통해 궁금증을 반드시 해결하고 넘어갔습니다. 쉬는시간 같이 짧게 공부해야할 땐 플래그로 파트 몇개를 정해서 '10분동안 이건 다 본다' 하는 느낌으로 짧게 자주 봐줬던게 효과를 본 것 같아요! 취약 부분 정복에는 이게 짱입니다.

학개론이든 법규든 결국 반복과 회독이 답이니까요!!

③ 자극제 활용

저는 유독 슬럼프가 많이 왔던 수험생이라고 생각합니다. 복테나 월말고사 전국모의고사 등 잘 보고싶은 마음과는 다르게 시험에서 매번 미끄러지니 속상한 마음에 탈주도 자주했었어요.

그럴 때마다 초시 땐 그냥 나가 놀기도 했지만 재시땐 좋은 방향으로 놀자 싶어서, 여기서 항상 합격수기 정독했습니다. 여공인지라 특히 여자분들 합격수기가 자극이 많이 됐어요 좋은 방법들은 바로 제 공부방식에 적용해볼 생각에 들떠서 예상치못하게 슬럼프를 극복하기도 했던 것 같아요 그리고 수기를 읽다보면 '아 나도 내년엔 무조건 합격수기 쓴다' 하는 마음이 생기는데 그게 참 좋은 원동력이 됩니다.

또 소방학교 영상이나 유튜브로 소방콘텐츠들을 보면서 다시금 초심을 잡기위해 노력했던 것 같습니다. 슬럼프가 안올거라고 자부하기엔 꽤 긴 수험생활인 만큼 본인이 얼마나 소방이 하고싶었는지를 상기시킬수 있는 그런 자극제들을 활용해보면 좋을 것 같아요.

앗, 그리고 모의고사를 잘본다면 너무 좋지만 못보더라도 너무 괘념치마세요 저도 모의고사 10%안으로 들어와본적 없습니다 !!! 잘 못봐도 내가 저번 달에 비해 얼마나 성장했는지 혹은 얼마나 떨어졌는지 확인하는 용도로만 활용하시는것 추천드려요. 잘 못 본 것에 속상해서 공부에 집중하지 못하는 시간이 백만배 더 아깝습니다.

SONICE 수험생의 합격수기

3. 면접

저는 노량진가 면접 학원을 다니면서 소나쌤 특강은 따로 결제해서 인강으로 들었습니다 소단기 면접학원을 등록하면 좋겠지만 그게 어렵다면 소나쌤 면접특강은 반드시,, 반드시 들어보세요.

면접날 면접대기장에서 대기시간에 사람들 뭐하면서 기다리나 보면 책상위에 전부 다 소나쌤 면접자료 보면서 있었습니다. 그만큼 이제는 안보고 들어가면 손해볼 수 있을 만큼 요즘 소방이 주로 관심 갖고 있는 분야들이 소나쌤 자료에 잘 정리되어있다는 것을 모두가 알고있단 뜻입니다.

소나쌤 면접강의 꼭꼭 들어보세요!

특히 이번 면접은 유독 지원자가 그간 어떤 인생을 살았는지에 대한 경험 질문보다 지원자가 얼마나 소방에 관심을 가지고있는지, 소방이 요즘 하고있는 일은 무엇인지에 대한 질문들을 인성면접에서 평가하고 있다고 느꼈습니다.

그렇기 때문에 면접시즌에 반짝! 소방에 대한 공부를 하는것이 아닌 평소에 소나쌤 카페 게시판 중 〈눈으로보는 소방〉, 〈소방전공면접〉을 활용하고 뉴스기사도 많이, 소방청자료도 많이 많이 접하는게 중요했었던것 같다고 조금 후회했었습니다.

이 글을 보는 분들은 저처럼 후회하는 일이 없으시길 바라요.

4. 마지막으로 하고 싶은 말

필기도 체력도 뭐하나 특출나게 잘하는 게 없었어요. 그치만 근자감 하나는 끝내줬습니다. 복테를 못보고 오고를 망치고 말도 안되는 문제를 틀려도 이상하게 잘 될 거라는 믿음이 있었어요 물론 그 믿음이 있기위해 노력도 뒷받침해서 가능한 일이었겠지만요! 열심히 하는 나를 믿어주는 게 가장 중요하다고 생각합니다.

끝이 보이지 않는 수험 속에서 불안한 것은 당연합니다. 하지만 소나쌤을 수험파트너로 선택했다는 것 자체가 우선 유리한 조건에 있다고 생각해요. 절대적인 수험생 편이 되어주는 소나쌤을 조금 더 믿고 따라보면, 열심히 하는 나 자신을 조금 더 믿어준다면, 분명히 좋은 결과 있을거라고 생각합니다!

절대 이 길을 선택한 자신을 의심하지 말고 밀어붙이세요!

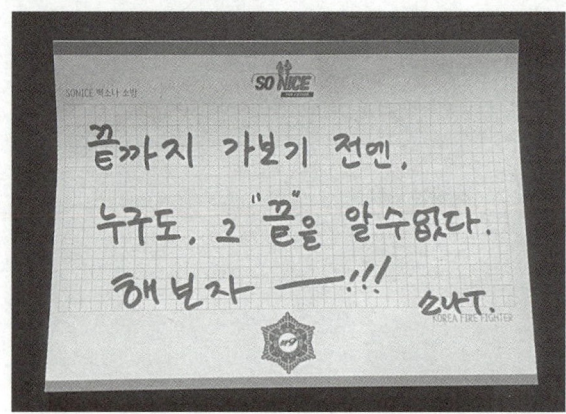

SONICE
단원별
기출문제집
소방학개론

정답 및 해설

단원별 기출문제
전범위 기출모의고사
최신 기출문제

PART 1 | 연소이론

CHAPTER 01 | 기초과학이론

001	002	003	004	005	006
④	⑤	③	①	③	④

001

'온도와 분자수가 일정할 때 기체의 압력과 부피는 서로 반비례한다.'는 어떤 법칙을 의미하는가?

07년 대전

① 에너지 보존법칙
② 샤를의 법칙
③ 질량보존의 법칙
④ 보일의 법칙

해설 보일의 법칙

$$P_1V_1 = P_2V_2$$

일정한 온도에서 기체의 부피(V)는 압력(P)에 반비례한다.

참고

㉠ 샤를의 법칙 : 일정한 압력에서 기체의 부피(V)는 절대온도(T)에 비례한다.

$$\frac{V_1}{T_1} = \frac{V_2}{T_2}$$

㉡ 보일-샤를의 법칙 : 기체의 부피(V)는 압력(P)에 반비례하고 절대온도(T)에 비례한다.

$$\frac{P_1V_1}{T_1} = \frac{P_2V_2}{T_2}$$

㉢ 아보가드로의 법칙 : 일정한 온도와 압력(0℃, 1기압)에서 기체의 부피는 물질의 종류와 관계없이 22.4L 속에 1몰(6.02×10²³개)가 존재한다.

$$1몰 = \frac{분자수}{6.02 \times 10^{23} 개} = \frac{부피}{22.4L} \, (0℃, 1기압)$$

㉣ 질량보존의 법칙 : 물질의 화학반응에 있어서 반응물질에 대한 질량의 합과 생성물질에 대한 질량의 합은 같다.

정답 ④

002

다음 그래프는 1기압에서 -20℃의 얼음 1g이 가열되는 동안의 온도변화를 나타낸 것이다. 그래프에 대한 설명으로 옳지 않은 것은?

18년 소방간부

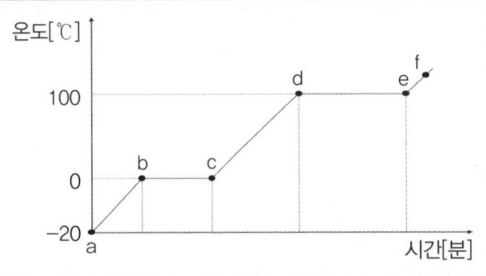

① 구간 b~c, 구간 d~e에서 잠열을 흡수한다.
② 구간 a~b, 구간 c~d, 구간 e~f에서 현열을 흡수한다.
③ 구간 b~c에서 흡수하는 열량은 약 80cal이다.
④ 구간 c~d에서 흡수하는 열량은 약 100cal이다.
⑤ 구간 b~e에서 소요되는 열량은 약 619cal이다.

해설 물질의 현열, 잠열

구간	흡수열	열량
a~b	현열	Q_1 = 0.5cal/g·℃ × 1g × 20℃ = 10cal
b~c	잠열	Q_2 = 80cal/g × 1g (융해열) = 80cal
c~d	현열	Q_3 = 1cal/g·℃ × 1g × 100℃ = 100cal
d~e	잠열	Q_4 = 539cal/g × 1g (기화열) = 539cal
e~f	현열	

⑤ 구간 b~e에서 소요되는 열량은 $Q_2 + Q_3 + Q_4$인 약 719cal이다.

참고

㉠ 물의 융해열 : 80kcal/kg(80cal/g)
㉡ 물의 기화열 : 539kcal/kg(539cal/g)

정답 ⑤

003

0℃ 얼음 1kg이 수증기 100℃가 되려면 몇 kcal가 필요한가?   [13년 광주]

① 619kcal   ② 639kcal
③ 719kcal   ④ 1278kcal

해설 물질의 현열, 잠열

㉠ 0℃ 얼음 1kg → 0℃ 물 1kg (잠열)
　Q_1 = 80kcal/kg × 1kg
　　　= 80kcal

㉡ 0℃ 물 1kg → 100℃ 물 1kg (현열)
　Q_2 = 1kcal/kg·℃ × 1kg × (100 − 0)℃
　　　= 100kcal

㉢ 100℃ 물 1kg → 100℃ 수증기 1kg (잠열)
　Q_3 = 539kcal/kg × 1kg
　　　= 539kcal

→ Q = Q_1 + Q_2 + Q_3
　　 = 80 + 100 + 539
　　 = 719kcal

정답 ③

004

다음은 물질과 열의 정의에 관한 설명이다. 옳지 않은 것은?   [11년 통합]

① 현열은 온도의 변화를 수반하지 않고 상의 변화로 생성되는 에너지이며 잠열은 상의 변화를 수반하지 않고 온도를 1℃ 상승시킬 때 필요한 에너지를 말한다.
② 비열은 단위질량의 물질 1g을 1℃ 올리는데 필요한 열량과 물 1g의 온도를 1℃ 올리는데 필요한 열량과의 비율을 말한다.
③ 1[Btu]는 1[Lb]의 물을 1[°F] 높이는데 필요한 열량을 말한다.
④ 융점은 대기압에서 고체가 용융하여 액체가 되는 온도를 말한다.

해설 물질의 현열, 잠열

① 잠열은 온도의 변화를 수반하지 않고 상의 변화로 생성되는 에너지이며 현열은 상의 변화를 수반하지 않고 온도를 1℃ 상승시킬 때 필요한 에너지를 말한다.

참고

㉠ 어는점(빙점) : 액체가 고체로 응고되는 온도
㉡ 녹는점(융점) : 고체가 액체로 융해(용융)되는 온도
㉢ 끓는점(비점) : 액체가 기체로 기화되는 온도
㉣ 용해 : 용질이 용매에 녹아 들어가는 과정

정답 ①

005 5 🔥🔥🔥

0℃ 1기압(atm)인 밀폐된 지하실에서 화재가 발생하였다. 화재로 인해 화재실의 온도가 400℃로 증가하였다. 화재로 인한 공기와 연기의 평균 분자량은 동일하고, 모두 이상기체로 거동하게 될 때, 화재로 인한 화재실의 압력은 몇 배 증가하는가?(소수점 둘째자리에서 반올림한다.)

[18년 공개]

① 2.1 ② 2.3
③ 2.5 ④ 2.7

해설 이상기체상태방정식

$$PV = \frac{W}{M}RT$$

㉠ 밀폐된 지하실 : 일정한 부피(V)를 의미한다.
㉡ 공기와 연기의 분자량은 동일하다.
  : 분자량(M)이 동일하다.
㉢ 반응 전과 반응 후의 질량은 변화하지 않는다. 또한, 문제조건에서 물질이 외부로 이동한 내용은 없다.
  : 질량(W)이 동일하다.
㉣ 기체상수(R)는 일정한 상수이다.
  : 반응 전, 후에 변화가 없다.
→ 각 조건들을 이상기체상태방정식에 적용하면, 압력(P)는 절대온도(T)에 비례함을 알 수 있다. [P ∝ T]
즉, 반응 전 압력(P_1)은 1기압, 반응 전 절대온도(T_1)는 (0+273)K 이고, 반응 후 절대온도(T_2)는 (400+273)K 일 때, 압력을 구한다.

$$P_1 : T_1 = P_2 : T_2$$

1기압 : 273K = P_2 : 673K
273P_2 = 673

$P_2 = \dfrac{673}{273}$ = 2.465

소수점 둘째자리에서 반올림하면, 약 2.5기압이 된다.

참고 비례식 해결하기

$$A : B = C : D$$

외항의 곱(A×D) = 내항의 곱(B×C)

정답 ③

006 6 🔥🔥🔥

800℃, 1기압에서 황(S) 1kg이 공기 중에서 완전 연소할 때 발생되는 이산화황의 발생량(m^3)은? (단, 황(S)의 원자량은 32, 산소(O)의 원자량은 16이며, 이상기체로 가정한다.)

[22년 공개]

① 2.00 ② 2.35
③ 2.50 ④ 2.75

해설 이상기체상태방정식

$$PV = \frac{W}{M}RT$$

이산화황(SO_2)의 발생량(V)를 구하기 위해서는 이상기체상태방정식의 다른 수치를 모두 확인하여야 한다.
㉠ 압력(P) : 1기압
㉡ 질량(W) : 황(S) 1kg이 완전연소할 때 생성되는 이산화황(SO_2)의 질량을 계산한다.

$$S + O_2 \rightarrow SO_2$$

"황(S) : 산소(O_2) : 이산화황(SO_2)"의 질량비는
32 : (16 × 2) : 64 = 1 : 1 : 2 이다.
즉, 황 1kg이 완전연소하면 생성되는 이산화황의 질량은 2kg이다. (W=2kg)
㉢ 분자량(M) : 이산화황의 분자량은
  S 32 + O 16 × 2개 = 64이다.
㉣ 기체상수(R) : 0.082(일정 상수)이다.
㉤ 절대온도(T) : 800℃ 이므로 절대온도로 환산하면 (800 + 273)K = 1,073K이다.
→ 각 조건들을 이상기체상태방정식에 적용하여 이산화황의 발생량을 계산한다.

$$1기압 \times V = \frac{2kg}{64kg/mol} \times 0.082 \times 1,073K$$

$$\rightarrow V = \frac{2 \times 0.082 \times 1,073}{64}$$

$$= \frac{0.082 \times 1,073}{32}$$

$$= \frac{0.041 \times 1,073}{16}$$

$$= \frac{43.993}{16} ≒ \frac{44}{16} = 2.75$$

정답 ④

PART 1 | 연소이론

CHAPTER 02 | 연소

						007	008	009	010
						②	④	①	③
011	012	013	014	015	016	017	018	019	020
②	③	⑤	③	③	④	④	②	④	⑤
021	022	023	024	025	026	027	028	029	030
④	①	⑤	③	①	①	②	②	②	②
031	032	033	034	035	036	037	038	039	040
④	②	④	②	④	④	③	①	①	④
041	042	043	044	045	046	047	048	049	050
⑤	④	③	①	③	②	③	④	②	⑤
051	052	053	054	055	056	057	058	059	060
③	②	③	④	③	①	②	③	④	①
061	062	063	064	065	066	067	068	069	070
②	④	①	③	①	①	②	③	④	①
071	072	073	074	075	076	077	078	079	080
③	②	③	③	⑤	④	④	②	②	④
081	082	083	084	085	086	087	088	089	090
④	④	④	④	④	④	④	⑤	④	①
091	092	093	094	095	096	097	098	099	100
④	④	④	①	③	③	②	②	③	①
101	102	103	104	105	106	107	108	109	110
③	③	⑤	③	②	④	①	②	④	④
111	112	113	114	115	116	117	118	119	120
①	④	③	⑤	④	①	④	③	①	②
121	122	123	124	125	126	127	128	129	130
①	②	①	④	①	③	②	④	②	④
131	132	133	134	135	136	137	138	139	140
②	④	②	④	②	②	③	②	①	④
141	142	143	144	145	146	147			
①	④	②	②	④	②	④			

007

다음은 연소반응에 대한 정의이다. 빈칸에 들어갈 내용으로 옳은 것은? [15년 경기]

> 연소란 가연물이 공기 중에서 (㉠)와 화합하여 (㉡)과 (㉢)을 수반하는 (㉣)반응이다.

① ㉠ : 질소, ㉡ : 열, ㉢ : 빛, ㉣ : 산화
② ㉠ : 산소, ㉡ : 열, ㉢ : 빛, ㉣ : 산화
③ ㉠ : 질소, ㉡ : 빛, ㉢ : 색, ㉣ : 환원
④ ㉠ : 산소, ㉡ : 빛, ㉢ : 색, ㉣ : 환원

해설 연소의 정의
연소란 가연물이 공기 중에서 (㉠: 산소)와 화합하여 (㉡: 열)과 (㉢: 빛)을 수반하는 (㉣: 산화)반응이다.

정답 ②

008

다음은 연소에 관한 설명이다. 옳지 않은 것은? [11년 제주]

① 연소란 빛과 발열반응을 수반하는 산화반응이다.
② 연소의 3요소란 가연물, 산소공급원, 점화원을 말한다.
③ 가연물, 산소공급원, 점화원, 순조로운 연쇄반응을 연소의 4요소라 한다.
④ 산소는 가연성 물질로서 그 양이 많을수록 연소반응을 잘 일으킨다.

해설 연소의 3요소, 4요소
④ 산소는 조연성(지연성) 물질로서 그 양이 많을수록 연소반응을 잘 일으킨다.

참고 조연성가스, 지연성가스
조연성(지연성) 가스의 종류에는 산소, 불소, 오존, 염소, 이산화질소, 산화질소 등이 있다.

정답 ④

009

연소의 3요소로 옳은 것은? [다수 출제]

① 가연물, 산소공급원, 점화원
② 가연물, 수소, 점화원
③ 가연물, 산소, 순조로운 연쇄반응
④ 가연물, 산소공급원, 촉매

[해설] 연소의 3요소

연소반응을 일으키기 위해서는 ㉠가연물, ㉡산소공급원, ㉢점화원이 갖추어져야 한다.(순조로운 연쇄반응은 연소의 4요소에 해당한다)

[암기법] 가산점

[정답] ①

010

연소의 정의에 대한 설명이다. 다음 중 가장 옳은 것은? [07년 강원]

① 물질이 산소와 반응하여 산화물을 생성하는 반응이다.
② 물질이 가연성가스를 발생시키는 화학반응을 말한다.
③ 물질이 산화제와 화합하여 열과 빛을 발생하는 급격한 산화반응을 말한다.
④ 물질이 열을 발생하는 반응을 말한다.

[해설] 연소의 정의

① 산화반응에 대한 설명이다.
  → 모든 산화반응은 연소반응으로 볼 수 없다.
  (예: 질소의 산화반응)
④ 발열반응에 대한 설명이다.
  → 모든 발열반응은 연소반응으로 볼 수 없다.
  (예: 철의 부식으로 인한 산화반응)

[참고] 연소의 반응

㉠ 모든 연소반응은 산화반응이다.
㉡ 모든 연소반응은 산화-환원반응이다.
㉢ 모든 연소반응은 발열반응이다.

[정답] ③

011

다음 중 연소반응으로 가장 옳지 않은 것은? [18년 공개]

① $C + O_2 \rightarrow CO_2$
② $N_2 + O_2 \rightarrow 2NO$
③ $2NH_3 + 3.5O_2 \rightarrow 3H_2O + 2NO_2$
④ $2HCN + 2.5O_2 \rightarrow H_2O + N_2 + 2CO_2$

[해설] 연소반응식

㉠ 질소의 산화반응은 산소와 반응하지만 **흡열반응을** 하므로 연소반응으로 보지 않는다.
[$N_2 + O_2 \rightarrow 2NO$]
㉡ 철의 부식반응은 산소와 반응하지만 미열을 수반하고, 산화반응이 서서히 일어나므로 연소반응으로 보지 않는다.

[정답] ②

012

다음의 프로판의 완전연소반응식이다. a에 들어가야 할 숫자로 옳은 것은? [12년 전북]

$$C_3H_8 + aO_2 \rightarrow bCO_2 + cH_2O$$

① 2　　② 3
③ 5　　④ 6

[해설] 프로판(C_3H_8)의 연소반응식

	C_3H_8	+	$5O_2$	$\rightarrow$	$3CO_2$	+	$4H_2O$
반응비	1	:	5	$\rightarrow$	3	:	4

㉠ 반응물 프로판(C_3H_8)의 탄소원자의 개수[3개]가 이산화탄소의 개수를 결정한다. ($3CO_2$)
㉡ 반응물 프로판(C_3H_8)의 수소원자의 개수[8개]가 수증기의 개수를 결정한다. ($4H_2O$)
㉢ 생성물의 이산화탄소의 산소원자 수($3\times2=6$개)와 수증기의 산소원자 수($4\times1=4$개)의 합은 10이다.
  → 따라서 산소분자(O_2)의 개수는 5개이다.

[정답] ③

013

프로판(C_3H_8)의 1몰이 완전연소할 때 필요한 산소몰수는 얼마인가?

〔15년 소방간부〕

① 1 ② 2
③ 3 ④ 4
⑤ 5

해설 프로판(C_3H_8)의 연소반응식

	C_3H_8	+	$5O_2$	→	$3CO_2$	+	$4H_2O$
반응비	1	:	5	→	3	:	4
부피비	1	:	5	→	3	:	4
몰수비	1	:	5	→	3	:	4
계수비	1	:	5	→	3	:	4

따라서, 프로판 1몰이 완전연소할 때 필요한 산소의 몰수는 5몰이다.

정답 ⑤

014

20℃, 1기압의 프로판(C_3H_8) $1m^3$를 완전연소시키는데 필요한 20℃, 1기압의 산소 부피는 얼마인가?

〔19년 공개〕

① $1m^3$ ② $3m^3$
③ $5m^3$ ④ $7m^3$

해설 프로판(C_3H_8)의 연소반응식

	C_3H_8	+	$5O_2$	→	$3CO_2$	+	$4H_2O$
반응비	1	:	5	→	3	:	4
부피비	1	:	5	→	3	:	4
몰수비	1	:	5	→	3	:	4
계수비	1	:	5	→	3	:	4

따라서, 프로판 $1m^3$이 완전연소할 때 필요한 산소의 몰수는 $5m^3$이다.

참고 부피비, 몰수비, 계수비, 분자수비, 질량비

반응식을 작성하여 확인된 반응비는 부피비, 몰수비, 계수비, 분자수비와 모두 같다. 단, 질량비는 각 분자의 질량을 산출하여 질량비를 산출하여야 한다.
[예: 프로판의 연소반응식을 통한 질량비
= 44 : (5×32) : (3×44) : (4×18)]

정답 ③

015

1기압, 20℃인 조건에서 메탄(CH_4) $2m^3$가 완전 연소하는데 필요한 산소 부피는 몇 m^3인가?

〔21년 공개〕

① 2 ② 3
③ 4 ④ 5

해설 메탄, 메테인(CH_4)의 연소반응식

	CH_4	+	$2O_2$	→	CO_2	+	$2H_2O$
반응비	1	:	2	→	1	:	2
부피비	$2m^3$	:	$4m^3$	→	$2m^3$		$4m^3$

메탄 $1m^3$이 완전연소할 때 필요한 산소의 부피는 $2m^3$이므로, 메탄 $2m^3$이 완전연소할 때 필요한 산소의 부피는 $4m^3$이다.

정답 ③

016

표준상태에서 공기 중 산소농도(부피비)가 21%일 때 메테인(CH_4)이 완전연소하는데 필요한 이론공기량은 메테인(CH_4)이 차지하는 체적의 몇 배인가?

〔17년 공개〕

① 약 2배   ② 약 2.5배
③ 약 7배   ④ 약 9.5배

해설 메탄, 메테인(CH_4)의 연소반응식

	CH_4	+	$2O_2$	→	CO_2	+	$2H_2O$
반응비	1	:	2	→	1	:	2
부피비	$1m^3$	:	$2m^3$	→	$1m^3$		$2m^3$

메탄 $1m^3$이 완전연소할 때 필요한 산소의 부피는 $2m^3$이다. 또한, 공기 중의 산소농도는 21%이므로 다음과 같은 식을 작성할 수 있다.

→ 완전연소 시 필요한 이론공기량(Air)

$$= \frac{이론산소량}{0.21} = \frac{2}{0.21} = 9.523 ≒ 약\ 9.5배$$

정답 ④

017

부탄(Butane)이 완전연소할 때의 연소반응식이다. a+b+c의 값은? [21년 소방간부]

$$2C_4H_{10} + (a)O_2 \rightarrow (b)CO_2 + (c)H_2O$$

① 10
② 17
③ 24
④ 31
⑤ 36

해설 부탄(C_4H_{10})의 연소반응식

	C_4H_{10}	+	$\frac{13}{2}O_2$	→	$4CO_2$	+	$5H_2O$
반응비	1	:	6.5	→	4	:	5

위의 반응식에 전체 2를 곱하여 식을 정리하면 다음과 같다.
$2C_4H_{10} + 13O_2 \rightarrow 8CO_2 + 10H_2O$
따라서, (a) : 13, (b) : 8, (c) : 10 이고, (a)+(b)+(c)는 **31**이다.

정답 ④

018

마그네슘(Mg) 24g을 완전연소하기 위해 필요한 이론 산소량은 얼마인가? (단, 마그네슘(Mg)의 원자량은 24, 산소(O)의 원자량은 16이다.) [18년 공개]

① 8
② 16
③ 24
④ 32

해설 마그네슘(Mg)의 연소반응식

	Mg	+	$\frac{1}{2}O_2$	→	MgO
반응비 (부피비)	1	:	0.5	→	1
질량비	24g	:	0.5×32g	→	24+16

마그네슘의 연소반응식이란 마그네슘과 산소의 반응식을 작성함을 의미한다. 반응식을 작성한 후 이론 산소량[g]을 질량으로 구하여야 하므로 질량비를 확인한다. 질량비는 24g : 16g : 40g 이므로, 문제에서 마그네슘 24g이 완전 연소하기 위해 필요한 산소량은 16g임을 알 수 있다.

참고 이원자분자

대기 중에서 수소, 질소, 산소, 불소, 염소 등은 원자형태로 존재하지 않고, 2개씩 쌍을 이루어 전자를 공유하며 분자형태로 존재한다. (H_2, N_2, O_2, F_2, Cl_2 등)

정답 ②

019

프로판(C_3H_8)의 연소반응식에 대한 설명으로 옳지 않은 것은? (단, 공기 중 산소의 비율은 20% 존재한다.) [15년 소방간부]

① 프로판(C_3H_8)이 완전 연소반응을 하는 경우 이산화탄소(CO_2)와 수증기(H_2O)가 발생한다.
② 프로판(C_3H_8) 2mol이 완전연소하기 위해 필요한 산소의 양은 10mol이다.
③ 프로판(C_3H_8) 2mol이 완전연소하기 위해 필요한 공기의 양은 50mol이다.
④ 프로판(C_3H_8) 100mol이 완전연소하기 위해 필요한 공기의 양은 500mol이다.
⑤ 프로판(C_3H_8) 200mol이 있으면 공기가 1,000mol로 하는 불완전연소를 한다.

해설 프로판(C_3H_8)의 연소반응식

	C_3H_8	+	$5O_2$	→	$3CO_2$	+	$4H_2O$
반응비	1	:	5	→	3	:	4
부피비	1	:	5	→	3	:	4
몰수비	1	:	5	→	3	:	4
계수비	1	:	5	→	3	:	4

① 프로판(C_3H_8) 1mol이 완전연소하면 이산화탄소(CO_2)가 3mol, 수증기(H_2O)가 4mol이 생성된다.

② 프로판(C_3H_8) 1mol이 완전연소하기 위해서는 산소(O_2)가 5mol 필요하므로, 프로판 2mol이 완전연소하기 위해서는 산소가 10mol 필요하다.

③ 프로판(C_3H_8) 1mol이 완전연소하기 위해서는 공기가 25mol 필요하다. (프로판 2mol이 완전연소하기 위해서는 공기가 50mol 필요하다.)
→ 공기 × 20% = 산소
→ 공기 = 산소/20% = 5mol/20% = 5mol/0.2 = 50/2 = 25

④ 프로판(C_3H_8) 1mol이 완전연소하기 위해서는 공기가 25mol 필요하다. (프로판 100mol이 완전연소하기 위해서는 공기가 2,500mol 필요하다.)

⑤ 프로판(C_3H_8) 200mol이 완전연소하기 위해서는 공기가 5,000mol 필요하다. 그런데 공기가 1,000mol 밖에 존재하지 않는다면 프로판이 40mol 밖에 완전연소에 참여할 수 없으므로 프로판 160mol이 남아 불완전연소를 하게 된다.

㉠ 프로판(C_3H_8) : 공기(Air) = 1 : 25
  = 200mol : 필요한 공기량
  → 필요한 공기량 = 5,000mol
㉡ 프로판(C_3H_8) : 공기(Air) = 1 : 25 = 완전연소에
  참여할 수 있는 프로판의 양 : 1,000mol
  → 완전연소에 참여할 수 있는 프로판의 양
     = 1,000mol / 25 = 40mol

정답 ④

020 🔥🔥🔥

0℃, 1기압인 조건에서 프로페인(C_3H_8)의 완전연소조성식으로부터 얻을 수 있는 내용으로 옳지 않은 것은? (단, 공기의 조성비는 질소(N_2) 79vol%, 산소(O_2) 21 vol%이다.) 24년 소방간부

① 프로페인 1 mol이 완전연소하면 약 72g의 물이 생성된다.
② 프로페인 0.5mol이 완전연소하는 데 약 2.5mol의 산소가 필요하다.
③ 프로페인 44 g이 완전연소하면 약 132g의 이산화탄소가 생성된다.
④ 프로페인 1mol이 완전연소하는 데 약 23.8mol의 공기가 필요하다.
⑤ 프로페인 0.5mol이 완전연소하는 데 필요한 공기 중 질소의 양은 약 18.8mol이다.

해설 연소반응식

$$C_3H_8 + 5O_2 \rightarrow 3CO_2 + 4H_2O$$

① 프로페인 1mol이 완전연소하면 물(H_2O)는 4mol 생성되며, 4 × 18g = 72g이 생성된다.

② 프로페인 0.5mol이 완전연소하는 데 산소(O_2)는 2.5mol이 필요하다.

③ 프로페인 44g(1mol)이 완전연소하면 이산화탄소(CO_2)는 3몰 생성되며, 3 × 44g = 132g이 생성된다.

④ 프로페인 1mol이 완전연소하는 데 산소(O_2)는 5mol이 필요하며, 공기(=산소/21%)는 5/0.21 = 23.8mol이 필요하다.

⑤ 프로페인 0.5mol이 완전연소하는 데 산소(O_2)는 2.5mol이 필요하며, 공기(=산소/21%)는 2.5/0.21 = 11.9mol이 필요하다. 또한, 문제의 단서조건에 의해 공기 중 79%는 질소, 21%는 산소이므로, 11.9mol의 공기 중 2.5mol는 산소이고 11.9mol - 2.5mol = 9.4mol이 존재함을 알 수 있다.

정답 ⑤

021 🔥🔥🔥

표준상태에서 메테인(CH_4) 2mole이 완전연소할 때 필요한 산소의 부피[L]는? 25년 공개

① 11.2   ② 22.4
③ 44.8   ④ 89.6

해설 연소방정식

$$CH_4 + 2O_2 \rightarrow CO_2 + 2H_2O$$

① 1mole의 메테인이 연소할 때 필요한 산소의 몰수는 2mole 이다. 즉, 2mole의 메테인이 연소할 때 필요한 산소의 몰수는 4mole이다.

② 아보가드로의 법칙에 따라 표준상태(0℃, 1기압)에서 1mole이 차지하는 체적은 22.4[L]이다. 즉, 4mole의 산소가 차지하는 체적은 22.4[L] × 4mole = 89.6[L]가 된다.

정답 ④

022 🔥🔥🔥

불완전연소에 관한 설명으로 옳지 않은 것은? 다수 출제

① 산소 과잉 상태에서 발생한다.
② 불꽃이 저온 물체와 접촉하여 온도가 내려갈 때 발생한다.
③ 일산화탄소, 그을음과 같은 연소생성물이 발생한다.
④ 연소실 내 배기가스의 배출이 불량할 때 발생한다.

해설 불완전연소의 원인

완전연소 되지 못할 때 황염이나 그을음, 일산화탄소(CO)가 발생하면서 연소하는 현상
㉠ 공급되는 공기량이 부족할 경우 [①]
㉡ 연소되는 가스량이 많을 경우
㉢ 연소생성물의 배기가 불량할 경우
㉣ 불꽃이 저온의 물체와 접촉하여 온도가 내려갈 경우

정답 ①

023

실내 화재 시 연소 등에 관한 이론에서 그 내용이 옳지 않은 것은? [13년 소방간부]

① 감광계수 0.1은 연기감지기가 작동할 수 있을 정도이다.
② 소실정도에서 반소란 30% 이상 70% 미만의 소실을 말한다.
③ 산화열, 분해열, 중합열, 흡착열, 발효열은 자연발화를 일으킬 수 있는 열이다.
④ 화재 시 연기는 공기보다 고온이기 때문에 일반적으로 하층에서 상층으로 올라간다.
⑤ 연기가 인체에 미치는 영향으로 불완전연소 시 이산화탄소 증가와 산소의 감소가 있다.

해설 탄화수소계 화합물의 완전연소와 불완전연소

발생가스	이산화탄소 (CO_2)	일산화탄소 (CO)
특징	무색, 무취, 무미	무색, 무취, 무미
연소의 구분	완전연소	불완전연소
증기비중	1보다 크다	1보다 작다
비고	독성은 없으나, 호흡량을 증가시킨다.	독성이 있고, 헤모글로빈과 결합력이 강하다.

⑤ 불완전연소 시에는 일산화탄소가 발생한다. 즉, 연기가 인체에 미치는 영향으로는 일산화탄소 증가와 산소의 감소로 인해 연기가 인체에 영향을 미친다.

참고 감광계수와 가시거리

감광계수	가시거리	현상
0.1	20~30	• 연기감지기가 작동할 농도 • 건물 내부에 익숙하지 않은 사람이 피난 가능한 농도 (한계점)
0.3	5	• 건물 내부에 익숙한 사람이 피난 가능한 농도(한계점)
0.5	3	• 어두운 것을 느끼는 정도
1	1~2	• 거의 앞이 보이지 않을 때의 정도
10	0.2~0.5	• 화재의 최성기 • 유도등이 보이지 않는 정도
30	없음	• 화재실에서 연기가 분출될 때의 농도

정답 ⑤

024

다음 중 기체의 연소가 아닌 것은? [13년 전북]

① 폭발연소   ② 확산연소
③ 자기연소   ④ 예혼합연소

해설 고체, 액체, 기체의 연소
㉠ 고체연소 : 분해연소, 증발연소, 표면연소, 자기연소
㉡ 액체연소 : 분해연소, 증발연소, 분무연소, 등심연소
㉢ 기체연소 : 확산연소, 예혼합연소, 폭발연소
→ ③ 자기연소는 고체연소의 종류 중 하나이며, 물질 내부에 산소를 함유하고 있는 물질의 연소이다. 별도의 산소공급 없이 연소가 가능하며, 제5류 위험물이 대표적인 예시이다.

정답 ③

025

고체연료의 연소형태로 옳은 것은? [12년 경기]

① 표면연소   ② 확산연소
③ 예혼합연소   ④ 분무연소

해설 고체, 액체, 기체의 연소
㉠ 고체연소 : 분해연소, 증발연소, 표면연소, 자기연소
㉡ 액체연소 : 분해연소, 증발연소, 분무연소, 등심연소
㉢ 기체연소 : 확산연소, 예혼합연소, 폭발연소
→ ②, ③ : 기체연소, ④ : 액체연소에 해당한다.

정답 ①

026

다음 중 질산에스터류의 연소형태로 옳은 것은? [11년 서울]

① 자기연소   ② 표면연소
③ 불꽃연소   ④ 증발연소

해설 고체의 연소(자기연소)
① 질산에스터류는 제5류 위험물로서 별도의 산소공급 없이 연소가 가능한 자기연소에 속한다. 그 외에도 유기과산화물, 셀룰로이드류 등이 해당된다.

정답 ①

027

고체 가연물인 피크르산(Picric Acid)의 연소 형태로 옳은 것은?   [25년 공개]

① 훈소
② 자기연소
③ 표면연소
④ 증발연소

해설 자기연소(내부연소)
㉠ 내부에 산소를 함유하고 있는 물질의 연소
㉡ 별도의 산소 공급 없이 연소
㉢ 예시 : 제5류 위험물 : 유기과산화물, 셀룰로이드류, 질산에스터류(질산메틸, 질산에틸, 나이트로셀룰로오스, 나이트로글리세린 등), 하이드라진 유도체, 나이트로화합물[트리나이트로톨루엔(TNT), 트리나이트로페놀(TNP, 피크르산)] 등 등

정답 ②

028

다음 고체, 액체, 기체의 연소 중 불꽃의 연소형태가 다른 하나는?   [11년 통합]

① 촛불
② 가스버너
③ 모닥불
④ 연탄불

해설 고체, 액체, 기체의 3상 연소
② 가스버너는 기체연소에 해당하고, ①, ③, ④는 고체연소에 해당한다.

정답 ②

029

다음 중 양초와 가장 유사한 연소형태로 옳은 것은?   [17년 공개]

① 섬유
② 나프탈렌
③ 하이드라진 유도체
④ 목탄

해설 고체의 연소
① : 분해연소 (목재, 석탄, 종이, 섬유, 플라스틱, 고무류 등)
② : 증발연소(황, 나프탈렌, 파라핀(양초) 등)
③ : 자기연소(제5류 위험물)
④ : 표면연소(숯, 목탄, 금속분, 코크스 등)

참고 증발연소
열분해가 발생하지 않고 직접 유증기 등이 증발하여 연소하는 현상을 말하며, 황, 나프탈렌, 파라핀(양초) 등이 대표적이다.
㉠ 융해성 고체 : 파라핀(양초), 왁스, 유지
㉡ 승화성 고체 : 황, 나프탈렌, 아이오딘

정답 ②

030

가연물이 공기와 접촉해 열분해와 증발을 하지 않고 불꽃 없이 연소하는 현상으로 옳은 것은?   [12년 통합]

① 증발연소
② 표면연소
③ 자기연소
④ 분해연소

해설 표면연소(=작열연소=무염연소)
㉠ 정의 : 가연물이 공기와 접촉해 열분해와 증발을 하지 않고 불꽃 없이 연소
㉡ 연소요소 : 연소의 3요소(연쇄반응을 하지 않는다.)
㉢ 예시 : 숯, 목탄, 금속분, 코크스

암기법 숯(수)목금코(토)

정답 ②

031

다음 중 표면연소에 해당하는 것은?   [13년 경기] [18년 공개]

㉠ 숯
㉡ 목탄
㉢ 코크스
㉣ 플라스틱

① ㉠, ㉡, ㉢
② ㉠, ㉡, ㉣
③ ㉠, ㉢, ㉣
④ ㉡, ㉢, ㉣

해설 표면연소(=작열연소=무염연소)
㉠ 정의 : 가연물이 공기와 접촉해 열분해와 증발을 하지 않고 불꽃 없이 연소
㉡ 연소요소 : 연소의 3요소(연쇄반응을 하지 않는다.)
㉢ 예시 : 숯, 목탄, 금속분, 코크스

암기법 숯(수)목금코(토)
→ ㉣ 플라스틱은 분해연소에 해당한다.

> **참고** 플라스틱
> ㉠ 열가소성 플라스틱 : 가열하였을 때 부드러워지고 녹고 흐르는 상태에 도달할 수 있는 플라스틱 (예: 폴리염화비닐(염화비닐수지), 폴리에틸렌, 폴리스틸렌, 폴리프로필렌 등)
> ㉡ 열경화성 플라스틱 : 제조과정에서 형태가 굳어져 가열하였을 때, 부드러워지지 않는 플라스틱 (예: 페놀수지, 에폭시수지, 멜라민수지, 요소수지, 폴리우레탄 등)

정답 ①

032 🔥🔥🔥
가연성 물질의 연소형태로 옳은 것은?
[13년 소방간부] [20년 소방간부]

㉠ 분해연소 : 목재, 종이
㉡ 확산연소 : 나프탈렌, 황
㉢ 표면연소 : 코크스, 금속분
㉣ 증발연소 : 가솔린엔진, 분젠버너
㉤ 자기연소 : 질산에스테르류, 나이트로화합물류

① ㉠, ㉡, ㉢
② ㉠, ㉢, ㉣
③ ㉠, ㉢, ㉤
④ ㉡, ㉣, ㉤
⑤ ㉢, ㉣, ㉤

해설 고체, 액체, 기체의 연소
㉡ 증발연소 : 나프탈렌, 황
㉣ 예혼합연소 : 가솔린엔진, 분젠버너

정답 ③

033 🔥🔥🔥
상온에서 고체 상태로 존재하는 가연물의 연소 형태에 해당하는 것만을 〈보기〉에서 고른 것은?
[24년 소방간부]

| 보기 |
ㄱ. 표면연소
ㄴ. 분무연소
ㄷ. 폭발연소
ㄹ. 자기연소
ㅁ. 예혼합연소

① ㄱ, ㄴ
② ㄱ, ㄹ
③ ㄴ, ㄷ
④ ㄴ, ㄹ
⑤ ㄹ, ㅁ

해설 가연물의 성상에 따른 분류
ㄱ. 표면연소 : 고체의 연소
ㄴ. 분무연소 : 액체의 연소
ㄷ. 폭발연소 : 기체의 연소
ㄹ. 자기연소 : 고체의 연소
ㅁ. 예혼합연소 : 기체의 연소

정답 ②

034 🔥🔥🔥
고체 가연물의 연소 중 연소형태가 다른 것은?
[24년 소방간부]

① 목재
② 종이
③ 석탄
④ 파라핀
⑤ 합성수지

해설 가연물의 성상에 따른 연소의 분류
①②③⑤ 고체의 연소 중 "분해연소"에 해당한다.
④ 고체의 연소 중 "증발연소(융해성 고체)"에 해당한다.

정답 ④

035 🔥🔥🔥
연소에 관한 설명으로 옳은 것은?
[24년 공개]

① 작열연소 : 화염이 없는 표면연소이다.
② 분해연소 : 황이나 나프탈렌이 열분해되면서 일어나는 연소이다.
③ 증발연소 : 액체에서만 발생하는 연소형태로서 액면에서 비등하는 기체에서 발생한다.
④ 자기연소 : 제3류 위험물과 같이 물질 자체 내의 산소를 소모하는 연소로서 연소속도가 빠르다.

해설 가연물의 성상에 따른 연소의 분류
① 작열연소(고체연소) : 화염이 없는 표면연소이다.
② 분해연소(고체연소, 액체연소) : 고체 중 목재, 석탄 등, 액체 중 중유, 원유 등이 열분해되면서 일어나는 연소이다. (황이나 나프탈렌은 액체연소 중 증발연소에 해당한다.)
③ 증발연소(고체연소, 액체연소) : 고체 또는 액체에서 발생하는 연소형태이다.
④ 자기연소(고체연소) : 제5류 위험물과 같이 물질 자체 내의 산소를 소모하는 연소로서 연소속도가 빠르다.

정답 ①

036

기체연소와 액체연소에 관한 설명으로 옳은 것만을 〈보기〉에서 고른 것은? 〔25년 소방간부〕

── | 보기 | ──
ㄱ. 분해연소하는 물질로는 아세톤, 휘발유, 알코올류 등이 있다.
ㄴ. 확산연소는 예혼합연소에 비해 연소속도가 빠르다.
ㄷ. 확산연소는 예혼합연소에 비해 화염온도가 낮다.
ㄹ. 예혼합연소는 역화(back fire)가 발생할 우려가 있다.

① ㄱ, ㄴ ② ㄱ, ㄷ
③ ㄴ, ㄷ ④ ㄴ, ㄹ
⑤ ㄷ, ㄹ

해설 기체연소와 액체연소
ㄱ. 증발연소하는 물질로는 아세톤, 휘발유, 알코올류 등이 있다.
ㄴ. 확산연소는 예혼합연소에 비해 연소속도가 느리다.
ㄷ. 확산연소는 예혼합연소에 비해 화염온도가 낮다. [O]
ㄹ. 예혼합연소는 역화(back fire)가 발생할 우려가 있다. [O]
→ 옳은 보기는 "ㄷ, ㄹ"이다.

정답 ⑤

037

고체상태의 연소형태에 대한 설명으로 옳지 않은 것은? 〔18년 소방간부〕

① 셀룰로이드, 트리나이트로톨루엔은 분자 내에 산소를 가지고 있어 가열 시 열분해에 의해 가연성 증기와 함께 산소를 발생하여 자신의 분자 속에 포함되어 있는 산소에 의해 연소한다.
② 목재, 석탄, 종이, 플라스틱은 가열하면 열분해 반응을 일으키면서 생성된 가연성 증기와 혼합하여 연소한다.
③ 황, 나프탈렌은 가열하면 열분해를 일으키지 않고 증발하면서 증기와 공기가 혼합하여 연소한다.
④ 숯, 코크스, 목탄, 금속분은 열분해 반응에 의한 휘발성분이 표면에서 산소와 반응하여 연소한다.
⑤ 파라핀, 유지는 가열하면 융해되어 액체로 변하게 되고 지속적인 가열로 기화되면서 증기가 되어 공기와 혼합하여 연소한다.

해설 고체의 연소
④ 숯, 목탄, 금속분, 코크스는 표면연소(작열연소, 무염연소)로서 열분해를 하지 않고 고체표면으로 산소가 침투하여 표면에서 연소가 진행되는 것을 말하며, 불꽃을 발생시키지 않는 연소를 말한다.

정답 ④

038

액체연료와 고체연료의 연소형태에 대한 설명으로 옳지 않은 것은? 〔16년 소방간부〕

① 액체연료의 가장 일반적인 연소 형태인 증발연소란 에테르, 석유류, 알코올 등의 인화성 액체에서 발생한 가연성 증기가 공기와 혼합된 상태에서 연소하는 것이다.
② 고체연료의 표면연소(surface combustion)란 가연성 고체가 열분해하여 증발하지 않고 그 고체의 표면에서 산소와 반응하여 연소되는 현상으로 불꽃을 동반하여 황, 나프탈렌, 아이오딘 등도 이 연소형태에 속한다.
③ 고체연료의 분해연소란 목재, 종이, 섬유, 플라스틱, 고무류 등과 같은 고체가연물에 충분한 열이 공급되면 복잡한 연소메커니즘을 거쳐 열분해에 의하여 발생된 가연성가스가 공기와 혼합되어 연소하는 형태를 말한다.
④ 고체연료의 증발연소란 그 물질 자체가 타는 것이 아니라 물질 표면에서 증발한 가연성 증기와 공기 중의 산소가 화합하여 이것에 적당한 열에너지를 주는데 따라 일어나는 연소를 말한다.
⑤ 고체연료의 자기연소(self combustion)란 질산에스터류, 셀룰로이드류, 나이트로화합물류, 하이드라진유도체 등은 가연성물질이면서 자체 내에 산소를 함유하고 있어 외부에서 열을 가하면 분해되어 가연성 기체와 산소를 발생하게 되므로 공기 중의 산소를 필요로 하지 않고 그 자체의 산소에 의해서 연소된다.

해설 고체 및 액체의 연소
② 표면연소는 열분해와 증발을 하지 않고 그 고체의 표면에서 산소와 반응하여 연소되는 현상으로 불꽃없이 숯, 목탄, 금속분, 코크스 등이 이 연소형태에 속한다. 황, 나프탈렌, 아이오딘 등은 고체의 연소 중 증발연소에 해당한다.

정답 ②

039 🔥🔥🔥

다음 중 역화(Back fire)의 원인으로 옳지 않은 것은?

[다수 출제]

① 연소속도보다 가스분출속도가 클 때
② 혼합가스의 압력이 비정상적으로 낮을 때
③ 버너가 과열되었을 때
④ 노즐의 부식 등으로 분출 구멍이 커진 경우

해설 역화현상(Back Fire)

연소 시 연료의 분출속도가 연소속도보다 느릴 때 불꽃이 염공 속으로 빨려 들어가 연소하는 현상을 말한다.
㉠ 가스분출속도가 연소속도보다 느린 경우 [①]
㉡ 혼합가스의 양(가스량)이 적은 경우
　(=혼합가스의 압력이 비정상적으로 낮을 때) [②]
㉢ 노즐의 부식되거나 확대되었을 경우 [④]
㉣ 버너가 과열되었을 경우 [③]
㉤ 버너 외부의 압력이 커질 경우

정답 ①

040 🔥🔥🔥

연료가스의 분출속도가 연소속도보다 클 때, 주위 공기의 움직임에 따라 불꽃이 노즐에서 정착하지 않고 떨어져 꺼지는 현상은?

[17년 공개]

① 불완전연소(Incomplete combustion)
② 리프팅(Lifting)
③ 블로우오프(Blow off)
④ 역화(Back fire)

해설 블로우오프(Blow off)

선화형태에서 연료의 분출속도가 연소속도보다 클 때 불꽃이 노즐에 정착하지 않고 요동치며 떨어져 꺼지는 현상을 말한다. (분출속도 >> 연소속도)

정답 ③

041 🔥🔥🔥

연소 시 발생하는 이상 현상으로, 연료가 연소될 때 연료의 분출속도가 연소속도보다 느려 불꽃이 염공(焰孔) 속으로 빨려 들어가 혼합관 속에서 연소하는 현상으로 옳은 것은?

[25년 소방간부]

① 불완전 연소(incomplete combustion)
② 선화(lifting)
③ 블로우 오프(blow off)
④ 황염(yellow tip)
⑤ 역화(back fire)

해설 연소 시 발생하는 이상현상

⑤ 역화(back fire) : 연료가 연소될 때 연료의 분출속도가 연소속도보다 느려 불꽃이 염공(焰孔) 속으로 빨려 들어가 혼합관 속에서 연소하는 현상

정답 ⑤

042 🔥🔥🔥

가스 연소 시 발생되는 이상현상에 대한 설명으로 옳지 않은 것은?

[20년 소방간부]

① 불완전연소란 공기의 공급량이 부족할 때 일산화탄소, 그을음 등이 발생하는 현상이다.
② 연소소음이란 가연성 혼합가스의 연소속도나 분출속도가 대단히 클 때 연소음 및 폭발음 등이 발생하는 현상이다.
③ 선화란 연료가스의 분출속도가 연소속도보다 빠를 때 불꽃이 노즐에 정착되지 않고 떨어져서 연소하는 현상이다.
④ 역화란 기체연료를 연소시킬 때 혼합가스의 압력이 비정상적으로 높거나 혼합가스의 양이 너무 많을 때 발생되는 이상 연소현상이다.
⑤ 블로우오프란 선화상태에서 연료가스의 분출속도가 증가하거나 공기의 유동이 강하여 불꽃이 노즐에서 정착되지 않고 떨어져서 꺼져버리는 현상이다.

해설 연소 시 이상현상

④ 역화란 기체연료를 연소시킬 때 혼합가스의 압력이 비정상적으로 낮거나 혼합가스의 양이 너무 적을 때 발생되는 이상 연소현상이다.

정답 ④

043

기체상 연료노즐에서의 연소에 대한 일반적인 설명으로 옳은 것을 있는 대로 모두 고른 것은? [22년 공개]

ㄱ. 역화는 연료의 연소속도가 분출속도보다 빠를 때 불꽃이 연료노즐 속으로 빨려 들어가 연료노즐 속에서 연소하는 현상이다.
ㄴ. 선화는 불꽃이 연료노즐 위에 들뜨는 현상으로 연료노즐에서 연료기체의 연소속도가 분출속도보다 느릴 때 발생하는 현상이다.
ㄷ. 황염은 분출하는 기체연료와 공기의 화학양론비에서 공기량이 적을 때 발생한다.
ㄹ. 연료노즐에서 흐름이 난류(turbulence)인 경우, 확산연소에서 화염의 높이는 분출속도에 비례한다.

① ㄱ, ㄴ
② ㄷ, ㄹ
③ ㄱ, ㄴ, ㄷ
④ ㄱ, ㄴ, ㄷ, ㄹ

해설 연소 시 이상현상
ㄹ. 연료노즐에서 흐름이 **층류**인 경우에는 확산연소에서 화염의 높이는 분출속도에 **비례**한다. **난류**인 경우에는 분출속도에 **영향을 받지 않는다**.

참고 확산연소에서의 화염높이

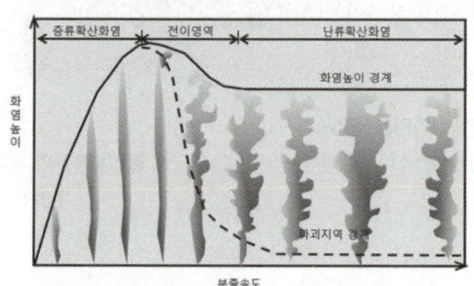

㉠ 층류 : 분출속도에 **비례**하며 화염높이는 길어진다.
㉡ 전이영역 : 분출속도에 **반비례**하며 화염높이는 조금 줄어든다.
㉢ 난류 : 분출속도에 **영향을 받지 않으며**, 화염높이는 일정하다. 화염의 굴곡이 심해지고, 화염면적이 증가한다.

정답 ③

044

다음 중 가연물의 구비조건과 거리가 먼 것은? [다수 출제]

① 활성화 에너지가 커야 한다.
② 화학적 활성도가 커야 한다.
③ 열전도율이 작아야 한다.
④ 발열량이 커야 한다.

해설 가연물의 구비조건
㉠ 비표면적이 클수록
㉡ 산소친화력이 클수록
㉢ 열전도율(열전도도)이 작을수록
㉣ 화학적 활성도가 클수록
㉤ 활성화 에너지가 작을수록
㉥ 비열이 작을수록
㉦ 융점(녹는점), 비점(끓는점)이 작을수록
㉧ 한계산소지수(LOI)가 작을수록
㉨ 인화점, 발화점이 작을수록
㉩ 표면장력이 작을수록
㉪ 발열량, 연소열이 클수록
㉫ 기화열(증발열)이 작을수록
㉬ 증기압이 클수록
㉭ 연쇄반응이 일어나기 쉬운 물질일수록
㉮ 점성이 작을수록

정답 ①

045

가연성물질이 되기 쉬운 조건에 해당하지 않는 것은? [16년 통합] [23년 소방간부]

① 열전도도 값이 작아야 한다.
② 연쇄반응을 일으킬 수 있어야 한다.
③ 활성화에너지가 크고 발열량이 작아야 한다.
④ 조연성 가스인 산소와의 결합력이 커야 한다.
⑤ 산소와 접촉할 수 있는 표면적이 커야 한다.

해설 가연성물질이 되기 쉬운 조건
③ 활성화에너지(화학반응을 일으키는데 필요한 최소한의 에너지)는 **작고**, 발열량(단위질량의 연료가 완전연소했을 때 방출하는 열량)은 **커야 한다**.

정답 ③

046

연소를 증대시키는 가연물의 특성 중 옳지 않은 것은?

[10년 충남]

① 온도 또는 압력이 상승할수록 위험하다.
② 열의 축적이 용이할수록, 열전도율이 높을수록 위험하다.
③ 온도, 압력, 발열량, 연소속도, 폭발범위가 클수록 위험하다.
④ 인화점, 착화점, 점성, 비점, 융점은 작을수록 위험하다.

해설 가연물의 구비조건

② 열의 축적이 용이할수록 가연물이 되기 좋다. 또한, 열전도율이 낮을수록 열이 축적하기 좋다.

정답 ②

047

가연성 물질의 화재위험성에 대한 설명으로 옳은 것은?

[22년 공개]

① 비열, 연소열, 비점이 작거나 낮을수록 위험하다.
② 증발열, 연소열, 연소속도가 크거나 빠를수록 위험하다.
③ 표면장력, 인화점, 발화점이 작거나 낮을수록 위험하다.
④ 비중, 압력, 융점이 크거나 높을수록 위험하다.

해설 가연물의 구비조건

① 비열, 비점이 작거나 낮을수록 위험하고, 연소열은 연소하는데 발생하는 열량으로 클수록 위험하다.
② 연소열, 연소속도가 크거나 빠를수록 위험하고, 증발열(기화열)은 기체화되는데 필요한 열량으로 작을수록 위험하다.
④ 압력은 높을수록 위험하고, 비중, 융점(녹는점)은 작거나 낮을수록 위험하다.

정답 ③

048

다음 중 불연성 물질에 해당하지 않는 것은?

[22년 소방간부]

① He(헬륨)
② CO_2(이산화탄소)
③ P_2O_5(오산화인)
④ HCN(시안화수소)
⑤ SO_3(삼산화황)

해설 불연성 물질

㉠ 정의 : 자기 스스로 연소하지 못하고, 다른 물질을 연소시키는 성질이 없는 가스
㉡ 물질 : 헬륨(He), 네온(Ne), 아르곤(Ar), 크립톤(Kr), 크세논(Xe), 라돈(Rn), 이산화탄소(CO_2), 질소(N_2), 오산화인(P_2O_5), 삼산화황(SO_3), 산화알루미늄(Al_2O_3), 이산화규소 또는 규조토(SiO_2)
→ 시안화수소(HCN)는 제4류 위험물 중 제1석유류에 속하는 물질이다.

정답 ④

049

다음 중 가연성물질로 가장 옳은 것은?

[09년 경기]

① 삼산화크롬(CrO_3)
② 일산화탄소(CO)
③ 산화알루미늄(Al_2O_3)
④ 규조토(SiO_2)

해설 가연성 물질

일산화탄소(CO)는 환원성 물질(=가연성 물질, 환원제)이다.

정답 ②

050

가연성 가스를 점화하기 위한 최소발화에너지는 물질의 종류, 혼합기의 온도, 압력, 농도에 따라 변화한다. 최소발화에너지와 가연물의 위험도에 대한 설명 중 옳지 않은 것은? 〔16년 소방간부〕

① 최소발화에너지는 온도와 압력이 상승하면 작아진다.
② 가연물은 연소범위가 넓을수록, 연소범위 하한계가 작을수록 위험하다.
③ 최소발화에너지의 단위는 통상적으로 [mJ]단위를 사용한다.
④ 최소발화에너지는 연소속도가 클수록 작아진다.
⑤ 최소발화에너지는 가연성 가스의 조성이 화학양론적 조성 부근일 경우 최대가 된다.

해설 최소점화에너지
(최소발화에너지, MIE)
⑤ 가연성가스의 조성이 화학양론적 조성(양론농도) 부근일 경우 최소점화에너지는 최저가 된다. 양론농도를 기준으로 상한계에 가까워질수록, 하한계에 가까워질수록 최소점화에너지는 커진다.

참고 최소발화에너지의 영향인자
㉠ 온도가 높을수록 분자의 운동이 활발해지므로 최소발화에너지가 감소한다.
㉡ 압력이 높아지면 분자간 거리가 가까워지므로 최소발화에너지가 감소한다.
㉢ 가연성 가스의 조성이 화학양론적 농도 부근일 경우 최소발화에너지가 최저가 된다.
㉣ 열전도율이 낮을수록 최소발화에너지가 감소한다.
㉤ 전극간격이 좁을수록 최소발화에너지가 감소하지만, 소염거리(인화가 되지 않는 전극 간의 최대거리)에서는 최소발화에너지가 급격히 증가한다.
㉥ 같은 유속에서도 난류강도가 커질 경우 최소발화에너지는 증가한다.
㉦ 전극의 형태는 침상일 경우 방열이 줄어들어 최소발화에너지는 낮아진다.

정답 ⑤

051

다음은 가연성 혼합기의 최소발화(점화)에너지(MIE, Minimum Ignition Energy)에 영향을 주는 요인에 관한 설명으로 옳지 않은 것은? 〔17년 공개〕 〔23년 공개〕

① 온도가 상승하면 최소발화에너지는 작아진다.
② 압력이 상승하면 최소발화에너지는 작아진다.
③ 열전도율이 낮아지면 최소발화에너지는 커진다.
④ 화학양론비 부근에서 최소발화에너지는 최저가 된다.

해설 최소점화에너지(최소발화에너지)
③ 열전도율이 낮아지면 최소발화에너지는 작아진다.

정답 ③

052

다음 중 점화원의 종류로 옳지 않은 것은? 〔12년 세종〕

① 분해열   ② 저항열
③ 압축열   ④ 기화열

해설 점화원의 종류
① 분해열 : 화학적 점화원에 해당하며, 아세틸렌, 산화에틸렌 등이 분해할 경우 발생하는 열을 말한다.
② 저항열(전기저항열) : 전기적 점화원에 해당하며, 전열기, 백열등 등에서 확인되는 것으로 전류가 흐르면 줄의 법칙에 의해 발생하는 열을 말한다. 또한, 저항(R)은 길이(L)가 길수록, 단면적(A)이 작을수록 커진다.
③ 압축열(단열압축) : 기계적 점화원에 해당하며, 디젤엔진 등 내부와 외부의 열출입을 차단하여 압축할 경우 온도가 상승하는 것을 말한다.
④ 기화열(증발열) : 액체가 기체화(상태변화)하는데 필요한 열량을 말하며, 점화원이 될 수 없다.

참고 점화원이 될 수 없는 것
㉠ 기화열(증발열), 융해열(용융열)
㉡ 비열
㉢ 절연저항의 증가
㉣ 단열팽창

정답 ④

053

열에너지원의 종류에서 화학열로 옳은 것만을 〈보기〉에서 있는 대로 고른 것은?

[23년 소방간부]

| 보기 |
ㄱ. 분해열   ㄴ. 연소열
ㄷ. 압축열   ㄹ. 산화열

① ㄹ
② ㄱ, ㄴ
③ ㄷ, ㄹ
④ ㄱ, ㄴ, ㄹ
⑤ ㄱ, ㄴ, ㄷ, ㄹ

해설 화학열(화학적 점화원)
ㄱ. 분해열 : 화학열에 해당한다.
ㄴ. 연소열 : 화학열에 해당한다.
ㄷ. 압축열(단열압축) : 기계열(기계적 점화원)에 해당한다.
ㄹ. 산화열 : 산화반응을 하며 발생하는 열이다. 연소열과 같은 의미로, 화학열에 해당한다.

[정답] ④

054

자연발화를 일으키는 원인이 아닌 것은?

[12년 경기] [17년 공채]

① 분해열   ② 흡착열
③ 산화열   ④ 중화열

해설 자연발화(열의 발생형태)
㉠ 산화열 : 건성유, 석탄, 금속분, 황린, 고무분말, 기름걸레 등
㉡ 분해열 : 아세틸렌, 에틸렌, 산화에틸렌, 셀룰로이드, 나이트로셀룰로오스 등
㉢ 흡착열 : 활성탄, 목탄, 숯, 유연탄 등
㉣ 중합열 : 시안화수소, 초산비닐, 염화비닐, 산화에틸렌 등
㉤ 발효열 : 퇴비, 먼지, 건초, 거름, 곡물 등

암기법 산분흡중발

[정답] ④

055

자연발화가 되기 쉬운 가연물의 조건으로 옳은 것은?

[18년 공채]

① 발열량이 적다.
② 표면적이 작다.
③ 열전도율이 낮다.
④ 주위의 온도가 낮다.

해설 자연발화의 발생조건
자연발화가 발생하기 위해서는 열축적이 용이한 조건을 갖추어야 한다.
㉠ 주위의 온도가 높은 경우
㉡ 발열량이 큰 경우
㉢ 열전도율이 작은 경우
㉣ 공기의 유동이 불량한 경우
㉤ 습도(수분)이 높은 경우
㉥ 표면적(산소 접촉면적)이 넓은 경우

참고 자연발화의 습도
자연발화의 습도(수분)은 촉매역할을 하므로 반응속도를 빠르게 하는 역할을 한다. 또한, 수분은 많을수록 자연발화가 잘 발생하는 것이 아닌 적당량의 수분이 존재할 경우 촉매역할을 할 수 있다.

[정답] ③

056

자연발화 방지대책에 대한 설명으로 옳지 않은 것은?

[13년 광주] [19년 소방간부]

① 공기의 유통을 방지한다.
② 황린은 물속에 저장한다.
③ 저장실의 온도를 낮게 유지한다.
④ 열의 축적이 용이하지 않도록 한다.
⑤ 발열반응에 정촉매작용을 하는 물질을 피해야 한다.

해설 자연발화의 방지대책
① 공기유통이 원활하게 하여 열의 축적을 방지한다.

참고 황린의 자연발화
㉠ 발화점이 34℃로 대기 중에서 산화열을 발생시키며 자연발화가 가능하다.
㉡ 공기와의 접촉을 차단하기 위해 물(ph 9) 속에 저장한다.
㉢ 제3류 위험물(자연발화성 및 금수성 물질)에 해당한다.

[정답] ①

057

자연발화에 대한 설명으로 옳지 않은 것은?

21년 소방간부

① 열축적이 용이할수록 자연발화가 쉽다.
② 열전도율이 높을수록 자연발화가 쉽다.
③ 발열량이 큰 물질일수록 자연발화가 쉽다.
④ 주위 온도가 높을수록 자연발화가 쉽다.
⑤ 표면적이 넓을수록 자연발화가 쉽다.

해설 자연발화의 발생조건
② 열전도율이 작을수록 열축적이 용이하므로 자연발화가 발생하기 쉽다.

정답 ②

058

다음 중 자연발화에 대한 설명으로 옳지 않은 것은?

16년 소방간부

① 발열량이 클수록 열축적이 잘 이루어져 자연발화가 용이하다.
② 주위온도가 높을수록 반응속도가 빠르기 때문에 열의 발생이 증가하여 자연발화를 촉진시킨다.
③ 열전도율이 작아야 하고, 저온·건조하며 비표면적이 작을수록 자연발화가 용이하다.
④ 공기의 유통이 안 될수록 열축적이 용이하여 자연발화 하기 쉽다.
⑤ 자연발화의 원인이 되는 축적열원으로 중합열, 발효열, 흡착열, 산화열 등이 있다.

해설 자연발화의 발생조건
③ 열전도율이 작아야 하고, 고온과 적당한 수분(촉매역할)이 필요하며 비표면적이 클수록 자연발화가 발생하기 용이한 조건이다.

정답 ③

059

자연발화에 관한 설명으로 옳지 않은 것은?

25년 소방간부

① 자연발화는 가연물의 열전도율이 낮을수록 발생하기 쉽다.
② 저장공간의 온도가 높으면 자연발화가 촉진될 수 있다.
③ 황린의 자연발화를 방지하기 위해서는 물 속에 저장해야 한다.
④ 유지류의 경우 아이오딘값(Iodine value)이 작을수록 자연발화하기 쉽다.
⑤ 자연발화를 방지하기 위해서는 저장공간의 공기 순환이 잘되게 해야 한다.

해설 자연발화
④ 유지류의 경우 아이오딘값(Iodine value)이 클수록 자연발화하기 쉽다.
(요오드값↑ ~ 불포화도↑ ~ 반응성↑ ~ 산화반응↑ ~ 자연발화성↑)

정답 ④

060

다음 중 정전기 발생 방지대책으로 거리가 먼 것은?

12년 울산

① 부도체를 사용한다.
② 접지시설을 한다.
③ 공기를 이온화한다.
④ 상대습도를 70% 이상 높인다.

해설 정전기의 방지대책
㉠ 공기의 이온화 : 공기를 이온화하는 방법
㉡ 공기의 상대습도 : 공기 중의 상대습도를 70% 이상으로 하는 방법
㉢ 전위차 : 접촉하는 전기의 전위차를 작게 하는 방법
㉣ 접지 : 접지시설을 설치하는 방법
㉤ 본딩 : 도체와 연결하여 방전시키는 방법
㉥ 마찰의 감소 : 배관 내 유속의 제한(1m/s 이하), 정치시간
㉦ 정전기 중화 : 제전기의 사용
㉧ 도체 : 전도성이 큰 물질을 사용하는 방법
→ 도체(전기가 흐르는 물질, 전도성↑, 절연성↓)를 사용하여 전기를 흘려보내 방전시킨다.

정답 ①

061

다음 중 정전기 예방대책으로 옳지 않은 것은?

[11년 울산]

① 공기를 이온화한다.
② 피뢰설비를 한다.
③ 접지시설을 한다.
④ 상대습도를 70% 이상으로 한다.

해설 정전기의 방지대책

② 피뢰설비는 낙뢰의 재해를 방지하는 설비로, 건물을 낙뢰로 인한 뇌격으로부터 보호하기 위해 설치하는 설비이다.

정답 ②

062

다음 중 정전기 방지를 위한 예방대책으로 옳지 않은 것은?

[15년 통합]

① 정전기 발생이 우려되는 장소에 접지시설을 설치한다.
② 공기를 이온화하여 정전기 발생을 예방한다.
③ 공기의 상대습도를 70% 이상으로 한다.
④ 전기의 저항이 큰 물질은 대전이 용이하므로 부도체 물질을 사용한다.

해설 정전기의 방지대책

④ 전기의 저항이 큰 물질은 대전이 용이하므로 도체 물질을 사용한다.

정답 ④

063

다음 중 연소이론 등에 관련된 내용에 대하여 옳지 않은 것은?

[13년 통합]

① 정전기를 방지하려면 접지를 하고, 공기를 이온화하며 상대습도를 60% 이하로 한다.
② 자연발화를 방지하기 위해서는 저장실의 온도를 낮게 하며 실내 수납 시 열축적이 용이하지 않도록 하고, 적당한 습기는 물질에 따라 자연발화의 촉매작용을 하므로 습도가 높은 곳을 피한다.
③ 자연발화는 밀폐된 공간 등에서 외부로부터 점화원 등 인위적인 열원의 공급을 받지 않고 물질 자체적인 열의 축적으로 온도가 서서히 상승하는 현상으로, 유기물질은 대기에 노출되면 산화하여 물질의 온도가 발화점 이상이 되면 자연발화를 하게 된다.
④ 정전기의 방지대책으로는 유속을 제한하고 이물질을 제거하며 유체의 분출을 방지한다.

해설 정전기 방지대책

① 전기를 방지하려면 접지를 하고, 공기를 이온화하며 상대습도를 70% 이상으로 한다.

정답 ①

064

정전기 예방대책으로 옳은 것만을 〈보기〉에서 있는 대로 고른 것은?

[22년 소방간부]

| 보기 |

ㄱ. 공기를 이온화한다.
ㄴ. 전기전도성이 큰 물체를 사용한다.
ㄷ. 접촉하는 전기의 전위차를 크게 한다.

① ㄱ
② ㄷ
③ ㄱ, ㄴ
④ ㄴ, ㄷ
⑤ ㄱ, ㄴ, ㄷ

해설 정전기 예방대책

ㄷ. 접촉하는 전기의 전위차를 작게 하여야 정전기의 발생을 예방할 수 있다.

정답 ③

065

불꽃을 접하여 연소를 시작할 수 있는 최저온도는?

[11년 제주]

① 인화점
② 발화점
③ 연소점
④ 착화점

해설 인화점(유도발화점, Flash point)
㉠ 외부점화원을 가했을 때 불이 붙을 수 있는 최저온도
㉡ 가연성 액체로부터 발생한 증기가 액체표면에서 연소범위의 하한계에 도달할 수 있는 최저온도
㉢ 가연성 액체의 위험도 기준 (제4류 위험물의 위험성 지표)
㉣ 물질적 조건과 에너지 조건이 만나는 최저연소온도
㉤ 가연성 혼합기를 형성하는 최저연소온도

[정답] ①

066

가연성 액체의 인화점에 대한 설명으로 옳은 것은?

[19년 공개]

① 증기가 연소범위의 하한계에 이르러 점화되는 최저온도
② 증기가 발생하기 시작하는 최저온도
③ 물질이 자체의 열만으로 착화하는 최저온도
④ 발생한 화염이 지속적으로 연소하는 최저온도

해설 인화점(유도발화점, Flash point)
② 증기가 발생하고 발생한 증기가 연소범위 안에 들어가는 최저 온도를 인화점이라 한다.
③ 발화점에 대한 설명이다.
④ 연소점에 대한 설명이다.

[정답] ①

067

연소점(fire point)에 대한 설명으로 옳은 것은?

[17년 소방간부]

① 가연물에 점화원을 제거한 후에도 계속적인 연소를 일으킬 수 있는 온도를 말한다.
② 외부로부터 에너지를 받아서 착화가 가능한 가연물질의 최저온도를 말한다.
③ 외부로부터의 직접적인 점화에너지 공급 없이 물질 자체가 스스로 착화되는 최저온도를 말한다.
④ 물질의 위험성을 평가하는 척도로 쓰이며, 위험물안전관리법에서 석유류를 분류하는 기준으로도 사용한다.
⑤ 고체의 연소점은 물질에 따라 차이가 있지만, 액체는 인화점과 연소점이 같다.

해설 연소점(화재점, Fire point)
㉠ 외부점화원에 의해 발화 후 점화원을 제거하여도 연소가 자발적으로 5초 이상 지속(계속)할 수 있는 최저온도
㉡ 일반적으로 연소점은 인화점보다 약 5~10℃ 높다.
→ ②, ④ 인화점, ③ 발화점, ⑤ 액체는 인화점과 연소점이 다르다.(기체는 인화점과 연소점이 같다.)

[정답] ①

068

다음 중 발화점에 대한 설명으로 가장 옳은 것은?

[13년 전북]

① 물질이 외부의 점화원 접촉 시 연소를 시작할 수 있는 최저온도이다.
② 물질이 내부의 점화원 접촉 없이 연소를 시작할 수 있는 최저온도이다.
③ 물질이 외부의 점화원 접촉 없이 연소를 시작할 수 있는 최저온도이다.
④ 인화점 이후 점화원 제거 후에도 지속적인 연소작용을 일으킬 수 있는 최저온도이다.

해설 발화점(착화점, 자연발화점, Ignition point)
㉠ 외부점화원과 직접적인 접촉 없이 주위로부터 충분한 에너지를 받아서 스스로 점화되는 최저온도
㉡ 물질이 자체의 열만으로 착화하는 최저온도
→ ① 인화점, ④ 연소점

[정답] ③

069

다음 중 발화점에 대해 옳은 것은? [12년 울산]

① 인화점 이후 점화원 제거 후에도 연소가 지속될 수 있는 온도이다.
② 외부로부터 에너지를 받아 화염이 꺼지지 않고 지속되는 가연성 물질의 최저온도이다.
③ 인화성 액체 위험성 판단 기준으로 이용한다.
④ 착화원이 없는 상태에서 가연성 물질자체의 열로서 공기 또는 산소 중에서 가열하였을 때 발화되는 최저온도이다.

해설 발화점(착화점, 자연발화점, Ignition point)
㉠ 외부점화원과 직접적인 접촉 없이 주위로부터 충분한 에너지를 받아서 스스로 점화되는 최저온도
㉡ 물질이 자체의 열만으로 착화하는 최저온도
→ ①, ② 연소점 / ③ 인화점

정답 ④

070

다음 중 발화점이 낮아지는 조건이 아닌 것은? [12년 경기]

① 열전도율이 크고 습도가 높을수록 발화점이 낮아진다.
② 분자구조가 복잡할수록 발화점이 낮아진다.
③ 산소와 친화력이 좋을수록 발화점이 낮아진다.
④ 압력·화학적 활성도가 클수록 발화점이 낮아진다.

해설 발화점이 낮아지는 조건
㉠ 직쇄탄화수소의 길이가 늘여질 때
㉡ 탄소쇄 길이가 늘여질 때
㉢ 분자구조가 복잡할 때
㉣ 발열량, 농도가 클수록
㉤ 최소발화에너지가 작을수록
㉥ 열전도율이 작을수록
㉦ 화학반응에너지가 클수록
㉧ 산소와 친화력이 좋을수록
㉨ 압력 및 화학적 활성도가 클수록

정답 ①

071

그림에서 'A'에 대한 설명으로 옳지 않은 것은? [22년 공개]

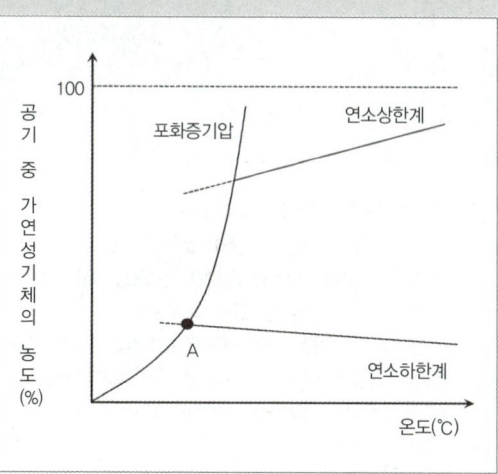

① 외부에너지에 의해 발화하기 시작하는 최저연소온도이다.
② 물질적 조건과 에너지 조건이 만나는 최저연소온도이다.
③ 화학양론비(stoichiometric ratio)에서의 최저연소온도이다.
④ 가연성 혼합기를 형성하는 최저연소온도이다.

해설 인화점(유도발화점, Flash point)
㉠ 외부점화원을 가했을 때 불이 붙을 수 있는 최저온도
㉡ 가연성 액체로부터 발생한 증기가 액체표면에서 연소범위의 하한계에 도달할 수 있는 최저온도
㉢ 가연성 액체의 위험도 기준 (제4류 위험물의 위험성 지표)
㉣ 물질적 조건과 에너지 조건이 만나는 최저연소온도
㉤ 가연성 혼합기를 형성하는 최저연소온도

정답 ③

072

가연성 액체의 연소현상에 관한 설명으로 옳지 않은 것은?

[23년 공개]

① 가연성 액체의 연소와 관련된 온도는 발화점, 연소점, 인화점 순으로 높다.
② 인화점과 발화점이 가까운 액체일수록 재점화가 어렵고 냉각에 의한 소화활동이 용이하다.
③ 인화점과 연소점의 차이는 외부 점화원을 제거했을 경우 화염 전파의 지속성 여부에 따라 구분된다.
④ 연소반응은 열생성률(heat production rate)이 외부로의 열손실률(heat loss rate)보다 큰 조건에서 지속된다.

해설 가연성 액체의 연소
② 인화점과 발화점이 가까운 액체일수록 재점화(재발화)가 쉽고 냉각 및 질식소화를 함께 실시해야 한다. (대표적인 예시 : 주방화재)

※ 기타 보기
① 발화점 > 연소점 > 인화점
③ 외부 점화원을 제거했을 경우 화염 전파의 지속성이 없는 것을 인화점, 지속성이 있는 것을 연소점이라 한다.
④ 열이 생성되는 비율이 열이 손실되는 비율보다 커야 열이 발생하고 연소가 지속된다.

정답 ②

073

다음 중 연소에 관한 정의로서 옳지 않은 것은?

[13년 소방간부]

① 증기비중 : 같은 온도, 같은 압력 하에서 같은 부피의 공기의 무게를 비교한 것
② 잠열 : 기화나 액화처럼 상의 변화로 온도를 수반하지 않고 흡수 또는 방출하는 열
③ 발화점 : 외부의 직접적인 점화원이 없이 열의 축적에 의하여 연소가 되는 최저의 온도
④ 인화점 : 연소범위 내에서 물질의 직접적인 점화원이 없이 인화될 수 있는 최저 온도
⑤ 연소범위 : 가연성가스와 공기가 혼합되어 연소를 일으킬 수 있는 적정 농도범위

해설 연소의 용어
① 증기비중(S)

$$S = \frac{물질의\ 분자량}{공기의\ 분자량(29)}$$

여기서, S : 증기비중

㉠ 같은 온도, 같은 압력(0℃, 1기압)에서 같은 부피의 공기의 무게를 비교한 것
㉡ 증기비중이 1보다 크다는 것은 공기보다 무거움을 의미하고, 증기비중이 1보다 작다는 것은 공기보다 가벼움을 의미한다.

② 잠열(Q)

$$Q = r \times m$$

여기서, Q : 잠열[kcal],
r : 융해열, 기화열[kcal/kg],
m : 질량[kg]

㉠ 기화나 액화처럼 상태의 변화로 온도변화를 수반하지 않고 흡수 또는 방출하는 열
㉡ 물 : 융해열(80kcal/kg), 기화열(539kcal/kg)

③ 발화점(착화점, 자연발화점, Ignition point)
㉠ 외부점화원과 직접적인 접촉 없이 주위로부터 충분한 에너지를 받아서 스스로 점화되는 최저온도
㉡ 물질이 자체의 열만으로 착화하는 최저온도

④ 인화점(유도발화점, Flash point)
㉠ 외부점화원을 가했을 때 불이 붙을 수 있는 최저 온도
㉡ 가연성 액체로부터 발생한 증기가 액체표면에서 연소범위의 하한계에 도달할 수 있는 최저온도
㉢ 가연성 액체의 위험도 기준 (제4류 위험물의 위험성 지표)
㉣ 물질적 조건과 에너지 조건이 만나는 최저연소 온도
㉤ 가연성 혼합기를 형성하는 최저연소온도

⑤ 연소범위
㉠ 공기와 가연성 가스가 연소반응을 일으킬 수 있는 농도비
㉡ 물적조건(압력, 농도)과 에너지조건(온도)의 함수

정답 ④

074

다음 중 가연성 물질들의 인화점을 낮은 것에서 높은 순서대로 옳게 나열한 것은? 〔17년 소방간부〕

① 휘발유 < 벤젠 < 톨루엔 < 등유 < 글리세린
② 벤젠 < 휘발유 < 톨루엔 < 글리세린 < 등유
③ 휘발유 < 벤젠 < 등유 < 톨루엔 < 글리세린
④ 벤젠 < 톨루엔 < 휘발유 < 등유 < 글리세린
⑤ 휘발유 < 벤젠 < 톨루엔 < 글리세린 < 등유

해설 가연성 물질의 인화점

㉠ 휘발유(제1석유류, 비수용성) : -43℃ ~ -20℃
㉡ 벤젠(제1석유류, 비수용성) : -11℃
㉢ 톨루엔(제1석유류, 비수용성) : 4.5℃
㉣ 등유(제2석유류, 비수용성) : 30 ~ 60℃
㉤ 글리세린(제3석유류, 수용성) : 160℃

참고 제4류 위험물의 위험도 구분

제4류 위험물	인화점	종류
제1석유류	21℃ 미만	아세톤, 휘발유, 벤젠, 톨루엔, 시안화수소
제2석유류	21℃ 이상 70℃ 미만	등유, 경유, 하이드라진
제3석유류	70℃ 이상 200℃ 미만	중유, 크레오소트유, 글리세린
제4석유류	200℃ 이상 250℃ 미만	기어유, 실린더유, 윤활유

정답 ①

075

㉠~㉤의 물질을 인화점이 낮은 것부터 높은 순으로 옳게 나열한 것은? 〔23년 소방간부〕

㉠ 아세톤   ㉡ 글리세린
㉢ 이황화탄소 ㉣ 메틸알코올
㉤ 다이에틸에터

① ㉠ - ㉤ - ㉢ - ㉡ - ㉣
② ㉢ - ㉠ - ㉤ - ㉡ - ㉣
③ ㉢ - ㉤ - ㉠ - ㉣ - ㉡
④ ㉤ - ㉢ - ㉠ - ㉡ - ㉣
⑤ ㉤ - ㉢ - ㉠ - ㉣ - ㉡

해설 인화점

㉤ 다이에틸에터 : 제4류 위험물 중 특수인화물 (-45℃)
㉢ 이황화탄소 : 제4류 위험물 중 특수인화물 (-30℃)
㉠ 아세톤 : 제4류 위험물 중 제1석유류 (-18℃)
㉣ 메틸알코올 : 제4류 위험물 중 알코올류 (11℃)
㉡ 글리세린 : 제4류 위험물 중 제3석유류 (160℃)

정답 ⑤

076

연소에 대한 설명으로 옳지 않은 것은? 〔20년 상반기〕

① 액체가연물의 인화점은 액면에서 증발된 증기의 농도가 연소하한계에 도달하여 점화되는 최저온도이다.
② 연소하한계가 낮고 연소범위가 넓을수록 가연성 가스의 연소위험성이 증가한다.
③ 액체가연물의 연소점은 점화된 이후 점화원을 제거하여도 자발적으로 연소가 지속되는 최저온도이다.
④ 파라핀계 탄화수소화합물의 경우 탄소수가 적을수록 발화점이 낮아진다.

해설 파라핀계 탄화수소화합물의 특징

탄소수가 많을수록
㉠ 인화점이 높아진다.
㉡ 발열량이 높아진다.
㉢ 끓는점(비점)이 높아진다.
㉣ 발화점이 낮아진다.
㉤ 증기압은 낮아진다.
㉥ 연소속도는 느려진다.

정답 ④

077

연소이론에 관한 일반적인 설명으로 옳은 것은?

[18년 소방간부]

① 가연물 종류에 따라 연소속도에 영향을 받지 않는다.
② 작열연소란 열과 빛을 발하는 것으로, 육안으로 보이는 현상이다.
③ 탄화수소화합물의 완전연소 시 생성물은 물과 일산화탄소이다.
④ 연소속도는 온도와 압력이 높을수록 빨라진다.
⑤ 표면연소는 기체 또는 액체 가연물의 전형적인 연소형태이다.

해설 연소이론

① 가연물의 종류에 따라 연소속도에 영향을 받으며, 연소속도가 변화한다.
② 작열연소(표면연소)는 불꽃이 없는 연소이므로 육안으로 확인할 수 없다.
③ 탄화수소화합물의 완전연소 시 생성되는 물질은 수증기(물)과 이산화탄소이다.
⑤ 표면연소(작열연소)는 고체 가연물의 전형적인 연소형태이다.

참고 연소속도의 영향인자

㉠ 조성 : 가연성가스와 공기 중의 산소의 비율(당량비)이 완전연소에 적정한 조성상태(양론농도)에서 연소속도는 최대이다.
㉡ 온도 : 온도가 높을수록 연소속도는 빨라진다.
㉢ 압력 : 압력이 증가할수록 입자간격이 좁아져 연소속도는 빨라진다.
㉣ 난류 : 에너지가 커질수록 연소속도는 빨라진다.
㉤ 억제제(부촉매) : 이산화탄소, 질소 등 반응성이 없는 물질(부촉매)을 첨가할 경우 연소속도는 느려진다.
㉥ 물질 : 기화열 및 비열이 작은 물질일수록 연소속도는 빨라진다.
㉦ 공기 중의 산소농도(산소량)
㉧ 화학적 특성 : 미연소 가스의 열전도율이 클수록, 미연소 가스의 밀도가 낮을수록, 미연소 가스의 비열이 작을수록 연소속도는 빨라진다.

정답 ④

078

발화점 및 최소발화에너지(MIE, Minimum Ignition Energy)에 관한 설명으로 옳지 않은 것은?

[24년 소방간부]

① 발화점은 발화지연시간, 압력, 산소농도, 촉매물질 등의 영향을 받는다.
② 파라핀계 탄화수소는 분자량이 클수록 발화온도가 높아진다.
③ 최소발화에너지는 가연성 혼합기를 발화시키는 데 필요한 최저에너지를 말한다.
④ 압력이 상승하면 최소발화에너지는 작아진다.
⑤ 발화점이 낮을수록 발화의 위험성은 커진다.

해설 발화점, 최소발화에너지(M.I.E.)

② 파라핀계 탄화수소는 분자량이 클수록(탄소수가 많아질수록) 분자구조가 복잡해지며, 열을 축적하기 유리해지므로 발화온도(발화점)가 낮아진다.

정답 ②

079

가연물의 발화온도와 발화에너지에 관한 설명으로 옳은 것은?

[24년 공개]

① 점화원에 의해서 가연물이 발화하기 시작하는 최저온도를 발화점(ignition point)이라고 한다.
② 점화원을 제거해도 자력으로 연소를 지속할 수 있는 최저온도를 연소점(fire point)이라고 한다.
③ 가연물의 최소발화에너지가 클수록 더 위험하다.
④ 가연물의 연소점은 발화점보다 높다.

해설 발화온도, 발화에너지

① 발화점(ignition point)이란 외부점화원과 직접적인 접촉 없이 주위로부터 충분한 에너지를 받아서 스스로 점화되는 최저온도를 말한다. (별도의 외부점화원이 가해지지 않는다.)
③ 가연물의 최소발화에너지(연소범위 내에서 점화시킬 경우 발화하는데 필요한 최소한의 에너지)가 작을수록 더 위험하다.
④ 가연물의 연소점은 발화점보다 낮다. (일반적으로 "인화점 < 연소점 < 발화점"으로 나타난다.)

정답 ②

080

연소속도에 영향을 미치지 않는 것은? `16년 충남`

① 가연물의 종류와 온도
② 산소 농도에 따라 가연물과 접촉하는 속도
③ 산화반응을 일으키는 속도 및 가연성과 산화성 물질의 혼합비율
④ 촉매 및 완전연소 시에 생성된 가연성물질

해설 연소속도의 영향인자

④ 완전연소 시에는 생성되는 물질은 가연성 물질이 아니라 불연성 물질이 생성된다. 또한, 불연성 물질은 연소속도에 영향을 미치지 않는다.

정답 ④

081

다음 중 연소속도의 영향인자로 옳은 것은? `21년 공개`

㉠ 가연성 물질의 종류
㉡ 촉매의 존재 유무와 농도
㉢ 공기 중 산소량
㉣ 가연성 물질과 산화제의 당량비

① ㉠, ㉡
② ㉠, ㉡, ㉢
③ ㉡, ㉢, ㉣
④ ㉠, ㉡, ㉢, ㉣

해설 연소속도의 영향인자

㉠ 조성 : 가연성가스와 공기 중의 산소의 비율(당량비)이 완전연소에 적합한 조성상태(양론농도)에서 연소속도는 최대이다.
㉡ 온도 : 온도가 높을수록 연소속도는 빨라진다.
㉢ 압력 : 압력이 증가할수록 입자간격이 좁아져 연소속도는 빨라진다.
㉣ 난류 : 에너지가 커질수록 연소속도는 빨라진다.
㉤ 억제제(부촉매) : 이산화탄소, 질소 등 반응성이 없는 물질(부촉매)을 첨가할 경우 연소속도는 느려진다.
㉥ 물질 : 기화열 및 비열이 작은 물질일수록 연소속도는 빨라진다.
㉦ 공기 중의 산소농도(산소량)
㉧ 화학적 특성 : 미연소 가스의 열전도율이 클수록, 미연소 가스의 밀도가 낮을수록, 미연소 가스의 비열이 작을수록 연소속도는 빨라진다.

정답 ④

082

다음 중 연소이론 및 화재이론에 관한 설명으로 옳지 않은 것은? `13년 충북`

① 반응에너지가 생성에너지보다 더 크게 나타나는 반응을 발열반응이라고 한다.
② 연소속도란 화염속도에서 미연소가스의 이동속도를 더한 값이다.
③ 연소 시 액체는 뜨거운 열을 만나면 액면에서 증기가 생성되는데 연소는 그 증기가 타는 것이므로 가연성 증기가 연소범위 하한계에 도달할 때의 온도를 인화점이라 한다면 연소점은 가열된 증기의 발생속도가 연소속도보다 빠를 때이다.
④ 플래시오버의 지연대책은 냉각지연법, 배연지연법, 공기차단지연법이 있다.

해설 연소속도

화염속도 = 연소속도 + 미연소가스의 이동속도

정답 ②

083

다음 중 연소범위가 옳지 않은 것은? `13년 경기`

① 일산화탄소 : 12.5 ~ 74%
② 메탄 : 5 ~ 15%
③ 프로판 : 2.1 ~ 9.5%
④ 아세틸렌 : 4 ~ 75%

해설 연소범위(=폭발범위, 연소한계)

구분	연소범위
아세틸렌(C_2H_2)	2.5 ~ 81[%]
산화에틸렌(C_2H_4O)	3 ~ 80[%]
산화프로필렌(C_3H_6O)	2 ~ 22[%]
수소(H_2)	4 ~ 75[%]
일산화탄소(CO)	12.5 ~ 74[%]
암모니아(NH_3)	15 ~ 28[%]
이황화탄소(CS_2)	1(1.2) ~ 44[%]
메탄(CH_4)	5 ~ 15[%]
에탄(C_2H_6)	3 ~ 12.5[%]
프로판(C_3H_8)	2.1 ~ 9.5[%]
부탄(C_4H_{10})	1.8 ~ 8.4[%]
가솔린(휘발유)	1.4 ~ 7.6[%]

정답 ④

084

공기 중 가연물에 대한 연소범위가 넓은 순서로 옳게 되어 있는 것은?

[11년 부산]

① 아세틸렌 > 이황화탄소 > 수소 > 가솔린 > 메탄
② 이황화탄소 > 아세틸렌 > 수소 > 메탄 > 가솔린
③ 아세틸렌 > 수소 > 이황화탄소 > 메탄 > 가솔린
④ 이황화탄소 > 아세틸렌 > 수소 > 가솔린 > 메탄

해설 연소범위(=폭발범위, 연소한계)

㉠ 아세틸렌 : 2.5 ~ 81%
  암기법 2581
㉡ 수소 : 4 ~ 75%
  암기법 수소차는 사치오
㉢ 이황화탄소 : 1(1.2) ~ 44%
  암기법 황탄일씨는 44세
㉣ 메탄 : 5 ~ 15%
  암기법 5월 15일
㉤ 가솔린(휘발유) : 1.4 ~ 7.6%

정답 ③

085

<보기>에서 공기 중 연소범위가 가장 넓은 것(㉠)과 위험도가 가장 낮은 것(㉡)을 순서대로 나열한 것은?

[22년 소방간부]

| 보기 |
| 수소, 아세틸렌, 메탄, 프로판 |

① ㉠: 수소, ㉡: 메탄
② ㉠: 수소, ㉡: 아세틸렌
③ ㉠: 아세틸렌, ㉡: 메탄
④ ㉠: 아세틸렌, ㉡: 프로판
⑤ ㉠: 아세틸렌, ㉡: 아세틸렌

해설 위험도(H)

$$H = \frac{U-L}{L}$$

여기서, H : 위험도
U : 상한계[vol%]
L : 하한계[vol%]

① 수소 : 4 ~ 75%
  → 위험도(H) = $\frac{75-4}{4}$ = $\frac{71}{4}$ = 17.75

② 아세틸렌 : 2.5 ~ 81%
  → 위험도(H) = $\frac{81-2.5}{2.5}$ = $\frac{78.5}{2.5}$ = $\frac{785}{25}$
  = $\frac{157}{5}$ = 31.4

③ 메탄 : 5 ~ 15%
  → 위험도(H) = $\frac{15-5}{5}$ = $\frac{10}{5}$ = 2

④ 프로판 : 2.1 ~ 9.5%
  → 위험도(H) = $\frac{9.5-2.1}{2.1}$ = $\frac{7.4}{2.1}$ = $\frac{74}{21}$
  = 3.52

정답 ③

086

다음 중 위험도(H) 값이 가장 큰 것은? (단, 1기압, 25℃ 공기 중의 연소범위를 기준으로 한다.)

[23년 소방간부]

① 수소   ② 메탄
③ 아세틸렌   ④ 이황화탄소
⑤ 산화에틸렌

해설 위험도(H)

① 수소 : 4 ~ 75%
  → 위험도(H) = $\frac{75-4}{4} = \frac{71}{4} = 17.75$

② 메탄 : 5 ~ 15%
  → 위험도(H) = $\frac{15-5}{5} = \frac{10}{5} = 2$

③ 아세틸렌 : 2.5 ~ 81%
  → 위험도(H) = $\frac{81-2.5}{2.5} = \frac{78.5}{2.5} = 31.4$

④ 이황화탄소 : 1(1.2) ~ 44%
  → 위험도(H) = $\frac{44-1}{1} = 43$

⑤ 산화에틸렌 : 3 ~ 80%
  → 위험도(H) = $\frac{80-3}{3} = \frac{77}{3} = 25.6$

정답 ④

087

다음 연소가스의 연소범위를 나타낸 것이다. 연소가스의 위험도가 낮은 순서대로 배열한 것은?

[15년 소방간부]

A : 5 ~ 15 [vol%]
B : 15 ~ 75 [vol%]
C : 10 ~ 40 [vol%]

① A < B < C
② B < C < A
③ B < A < C
④ A < C < B
⑤ C < A < B

해설 위험도(H)

$$H = \frac{U-L}{L}$$

여기서, H : 위험도
U : 상한계[vol%]
L : 하한계[vol%]

A = $\frac{15-5}{5}$ = $\frac{10}{5}$ = 2

B = $\frac{75-15}{15}$ = $\frac{60}{15}$ = 4

C = $\frac{40-10}{10}$ = $\frac{30}{10}$ = 3

→ 위험도 : (낮음) A < C < B (높음)

정답 ④

088

표준 상태에서 공기 중 가연물의 위험도가 높은 순으로 나열된 것은?

[19년 소방간부]

가연물	㉠	㉡	㉢	㉣
연소범위(%)	4~16	3~33	1~14	6~36

① ㉡ > ㉣ > ㉠ > ㉢
② ㉡ > ㉣ > ㉢ > ㉠
③ ㉢ > ㉡ > ㉠ > ㉣
④ ㉢ > ㉡ > ㉣ > ㉠
⑤ ㉣ > ㉡ > ㉠ > ㉢

해설 위험도(H)

$$H = \frac{U-L}{L}$$

여기서, H : 위험도
U : 상한계[vol%]
L : 하한계[vol%]

㉠ H = $\frac{16-4}{4}$ = 3

㉡ H = $\frac{33-3}{3}$ = 10

㉢ H = $\frac{14-1}{1}$ = 13

㉣ H = $\frac{36-6}{6}$ = 5

→ 위험도 : (높음) ㉢ > ㉡ > ㉣ > ㉠ (낮음)

정답 ④

089

공기 중 가연성 가스의 연소범위에 관한 내용이다. 다음 중 위험도가 가장 높은 가연성 가스는? (단, 위험도는 가연성 가스의 위험한 정도를 나타내는 척도이다.)

24년 소방간부

가연성 가스	연소범위(vol%)
A	3 ~ 12.5
B	4 ~ 75
C	5 ~ 15
D	1.2 ~ 44
E	2.5 ~ 81

① A
② B
③ C
④ D
⑤ E

해설 위험도(H)

$$H = \frac{U-L}{L}$$

여기서, U : 연소상한계, L : 연소하한계

① 가연성 가스 A = $\frac{12.5-3}{3}$ = 3.17

② 가연성 가스 B = $\frac{75-4}{4}$ = 17.75

③ 가연성 가스 C = $\frac{15-5}{5}$ = 2

④ 가연성 가스 D = $\frac{44-1.2}{1.2}$ = 35.67

⑤ 가연성 가스 E = $\frac{81-2.5}{2.5}$ = 31.4

→ 위험도 : C < A < B < E < D

정답 ④

090

다음의 가연성 가스(A, B, C) 중 위험도가 낮은 것에서 높은 순서로 옳게 나열한 것은?

24년 공개

A : 연소하한계 = 2 vol%,
    연소상한계 = 22 vol%
B : 연소하한계 = 4 vol%,
    연소상한계 = 75 vol%
C : 연소하한계 = 1 vol%,
    연소상한계 = 44 vol%

① A, B, C
② A, C, B
③ B, A, C
④ C, B, A

해설 위험도(H)

$$H = \frac{U-L}{L}$$

여기서, U : 연소상한계, L : 연소하한계

㉠ 가연성 가스 A = $\frac{22-2}{2}$ = 10

㉡ 가연성 가스 B = $\frac{75-4}{4}$ = 17.75

㉢ 가연성 가스 C = $\frac{44-1}{1}$ = 43

→ 위험도 : A(10) < B(17.75) < C(43)

정답 ①

091

위험도(H) 값이 옳은 것만을 〈보기〉에서 모두 고른 것은?
(단, 계산 결과는 소수점 둘째 자리에서 반올림한다.)

[25년 공개]

| 보기 |
ㄱ. 수소(H_2) : 17.8
ㄴ. 프로페인(C_3H_8) : 3.5
ㄷ. 일산화탄소(CO) : 4.9
ㄹ. 아세틸렌(C_2H_2) : 31.4

① ㄱ, ㄹ
② ㄴ, ㄷ
③ ㄱ, ㄷ, ㄹ
④ ㄱ, ㄴ, ㄷ, ㄹ

해설 위험도(H)

$$H = \frac{UFL - LFL}{LFL}$$

ㄱ. 수소(H_2) : 연소범위 4 ~ 75[%]
→ $H = \frac{75-4}{4} = \frac{71}{4}$ = 17.75 (17.8)

ㄴ. 프로페인(C_3H_8) : 연소범위 2.1 ~ 9.5[%]
→ $H = \frac{9.5-2.1}{2.1} = \frac{7.4}{2.1} = \frac{74}{21}$ = 3.52 (3.5)

ㄷ. 일산화탄소(CO) : 연소범위 12.5 ~ 74[%]
→ $H = \frac{74-12.5}{12.5} = \frac{61.5}{12.5} = \frac{615}{125}$ = 4.92 (4.9)

ㄹ. 아세틸렌(C_2H_2) : 연소범위 2.5 ~ 81[%]
→ $H = \frac{81-2.5}{2.5} = \frac{78.5}{2.5} = \frac{785}{25}$ = 31.4

정답 ④

092

가연성 기체의 연소범위에 관한 설명으로서 가장 옳지 못한 것은?

[13년 전북]

① 연소범위는 상한계와 하한계를 가지며, 연소범위를 연소한계, 폭발한계, 폭발범위라고도 한다.
② 산소의 농도가 높아지면 하한계보다는 상한계가 크게 변해 연소범위가 커진다.
③ 연소범위 값은 가연성 기체의 종류에 따라 다른 값을 갖는다.
④ 연소범위는 넓을수록, 하한계와 상한계가 높아질수록 위험성은 증가한다.

해설 연소범위(=폭발범위, 연소한계)
㉠ 연소범위가 넓을수록 위험성은 증가한다.
㉡ 연소하한계가 낮을수록 위험성은 증가한다.
㉢ 연소상한계가 높을수록 위험성은 증가한다.

정답 ④

093

연소범위에 대한 설명으로 옳지 않은 것은?

[20년 소방간부]

① 산소농도가 높아지면 연소범위가 넓어진다.
② 불활성 가스의 농도가 높아지면 연소범위가 좁아진다.
③ 가연성 가스의 온도가 높아지면 연소범위는 넓어진다.
④ 가연성 가스의 압력이 높아지면 연소범위는 좁아진다.
⑤ 일산화탄소(CO)는 압력이 높아지면 연소범위가 좁아진다.

해설 연소범위(=폭발범위, 연소한계)
④ 가연성 가스의 압력이 높아지면 연소범위는 넓어진다.

참고 연소범위의 영향인자

㉠ 산소 : 산소농도가 높아지면 연소하한계는 거의 변화하지 않고, 연소 상한계가 크게 변화하며 연소범위가 넓어진다.
㉡ 온도 : 온도가 높아지면 연소하한계 및 상한계가 크게 변화하여 연소범위가 넓어진다.
㉢ 압력 : 압력이 높아지면 연소하한계는 거의 변화하지 않고, 연소 상한계가 크게 변화하며 연소범위가 넓어진다. (예외 : 일산화탄소, 수소)
㉣ 불활성기체 : 불활성기체를 첨가할수록 연소하한계는 거의 변화하지 않고, 연소 상한계가 크게 변화하며 연소범위가 좁아진다.

정답 ④

094

가연성가스의 연소범위에 영향을 미치는 인자에 관한 설명이다. 다음 중 옳지 않은 것은? [14년 통합]

① 온도가 높아지면 연소범위는 좁아진다.
② 산소가 공급되면 연소범위가 넓어진다.
③ 불활성기체를 첨가하면 연소범위가 좁아진다.
④ 압력이 높아지면 연소범위가 넓어진다.

해설 연소범위(=폭발범위, 연소한계)
① 온도가 높아지면 연소하한계 및 상한계가 크게 변화하여 연소범위는 넓어진다.

정답 ①

095

연소범위에 관한 설명으로 옳은 것만을 〈보기〉에서 있는 대로 고른 것은? [22년 소방간부]

| 보기 |
ㄱ. 연소범위는 물질이 연소하기 위한 물적 조건과 관련이 크다.
ㄴ. 온도가 높아지면 연소범위는 넓어진다.
ㄷ. 일산화탄소는 압력이 증가하면 연소범위가 넓어진다.
ㄹ. 불활성기체가 첨가되면 연소범위가 좁아진다.

① ㄱ, ㄹ
② ㄱ, ㄴ, ㄷ
③ ㄱ, ㄴ, ㄹ
④ ㄴ, ㄷ, ㄹ
⑤ ㄱ, ㄴ, ㄷ, ㄹ

해설 연소범위(=폭발범위, 연소한계)
㉠ 연소범위는 물질이 연소하기 위한 물적 조건 및 에너지 조건과 관련이 크다.
㉡ 온도가 높아지면 연소하한계 및 상한계가 크게 변화하여 연소범위가 넓어진다.
㉢ 일산화탄소는 압력이 증가하면 연소범위는 좁아진다.
㉣ 불활성기체가 첨가되면 연소하한계는 거의 변화하지 않고, 연소 상한계가 크게 변화하며 연소범위가 좁아진다.

정답 ③

096

가연성 가스를 공기 중에서 연소시키고자 할 때 공기 중의 산소농도가 증가하면 발생하는 현상으로 옳은 것을 모두 고른 것은? [19년 공개]

㉠ 연소속도가 빨라진다.
㉡ 발화점이 높아진다.
㉢ 화염의 온도가 높아진다.
㉣ 폭발범위가 좁아진다.
㉤ 점화에너지가 작아진다.

① ㉠, ㉡, ㉢
② ㉠, ㉢, ㉣
③ ㉠, ㉢, ㉤
④ ㉡, ㉢, ㉤

해설 산소농도(산소분압)의 증가
㉠ 연소속도가 빨라진다.
㉡ 발화점이 낮아진다.
㉢ 화염의 온도가 높아진다.
㉣ 폭발범위(연소범위, 폭발한계)가 넓어진다.
㉤ 점화에너지가 작아진다.

정답 ③

097

다음 조건에 따라 계산한 혼합기체의 연소하한계는?

[22년 소방간부]

- 르샤틀리에 공식을 이용한다.
- 혼합기체의 부피비율은 A기체 60%, B기체 30%, C기체 10%이다.
- 연소하한계는 A기체 3.0%, B기체 1.5%, C기체 1.0%이다.

① 1.0% ② 1.5%
③ 2.0% ④ 2.5%
⑤ 3.0%

해설 르샤틀리에의 법칙

$$L = \frac{V_1 + V_2 + V_3 + \cdots}{\dfrac{V_1}{L_1} + \dfrac{V_2}{L_2} + \dfrac{V_3}{L_3} + \cdots}$$

여기서,
L : 혼합가스의 연소하한계 또는 상한계[vol%]
V_1, V_2, V_3 : 해당 가스별 부피[vol%]
L_1, L_2, L_3 : 해당 가스별 연소하한계 또는 상한계[vol%]

→ $L = \dfrac{60\% + 30\% + 10\%}{\dfrac{60\%}{3\%} + \dfrac{30\%}{1.5\%} + \dfrac{10\%}{1.0\%}}$

$= \dfrac{100}{20 + 20 + 10}$

$= \dfrac{100}{50}$

$= 2\%$

정답 ③

098

가연성 가스 3종이 다음과 같이 혼합되어 있을 때 르샤틀리에(Le Chatelier)식에 따라 부피비로 계산된 혼합가스의 연소하한계[vol%]는?

[24년 공개]

- 혼합가스 내 각 성분의 체적(V) :
  V_A = 20 vol%, V_B = 40 vol%, V_C = 40 vol%
- 각 성분의 연소하한계(L) :
  L_A = 4 vol%, L_B = 20 vol%, L_C = 10 vol%

① 약 4.3 ② 약 9.1
③ 약 11.0 ④ 약 12.8

해설 르샤틀리에(Le Chatelier)의 법칙

$$L = \dfrac{20 + 40 + 40}{\dfrac{20}{4} + \dfrac{40}{20} + \dfrac{40}{10}} = \dfrac{100}{5 + 2 + 4} = \dfrac{100}{11} = 약\ 9.1$$

정답 ②

099

에테인(C_2H_6)이 완전연소한다고 가정했을 때 존스(Jones) 식에 따라 산출된 연소하한계(LFL)는? (단, 계산 결과는 소수점 둘째 자리에서 반올림한다.)

[25년 공개]

① 1.7
② 2.2
③ 3.1
④ 5.2

해설 존스(Jones) 식

$$LFL = 0.55Cst, \; UFL = 3.5Cst$$

① 화학적 양론농도(Cst)를 완전연소반응식을 통해 산출하여 연소범위를 추정할 수 있는 식이다.
② 연소하한계(LFL)는 유사하게 산출되나, 연소상한계(UFL)는 정확하지 않은 특징을 갖는다.
→ 에테인의 연소범위는 "3 ~ 12.5[%]"이며, 존스의 식은 연소하한계가 유사하게 산출되므로 3[%]에 가까운 "3.1[%]"가 정답이 된다.

참고 계산문제로 풀이하기

$$C_2H_6 + 3.5O_2 \rightarrow 2CO_2 + 3H_2O$$

① 양론농도(Cst) 산정
   1몰의 에테인(C_2H_6)이 연소할 때 필요한 산소(O_2)는 3.5몰이며, 이때 필요한 공기는 $\dfrac{산소}{0.21} = \dfrac{3.5}{0.21} = \dfrac{350}{21}$
   = 16.67몰
   → Cst = $\dfrac{연료몰}{연료몰 + 공기몰} \times 100$
   = $\dfrac{1}{1+16.67} \times 100$
   = $\dfrac{100}{17.67}$ = 5.66%

② 존스(Jones)의 식 : 0.55Cst = 0.55 × 5.66[%]
   = 3.1[%]

정답 ③

100

최소산소농도(MOC : Minimum Oxygen Concentration)에 대한 설명으로 옳지 않은 것은?

[21년 공개]

① 연소상한계에 의해 최소산소농도가 결정된다.
② 연소할 때 화염이 전파되는데 필요한 임계산소농도를 말한다.
③ 완전연소반응식의 산소몰수에 의해 최소산소농도가 결정된다.
④ 프로판(C_3H_8) 1몰(mol)이 완전연소하는데 필요한 최소산소농도는 10.5%이다.

해설 최소산소농도(MOC)

$$MOC = LFL \times \dfrac{산소몰수}{연료몰수}$$

㉠ 가연성물질과 산소가 혼합된 상태에서 자력으로 화염전파를 위한 최소한의 산소농도
㉡ 연소하한계에 의해 최소산소농도가 결정된다.
㉢ 완전연소반응식의 산소몰수에 의해 최소산소농도가 결정된다.
㉣ 프로판 1몰이 완전연소 하는데 필요한 최소산소농도의 산정을 위해서는 연소반응식을 통해 완전연소 시 필요한 산소의 몰수를 확인하여야 한다.

$$C_3H_8 + 5O_2 \rightarrow 3CO_2 + 4H_2O$$

프로판(C_3H_8) 1몰의 완전연소 시 필요한 산소의 몰수는 5몰이다.

→ $MOC = LFL \times \dfrac{산소몰수}{연료몰수} = 2.1\% \times \dfrac{5몰}{1몰} = 10.5\%$

정답 ①

101

메틸알코올(CH_3OH)의 최소산소농도(MOC: Minimum Oxygen Concentration, %)로 옳은 것은? (CH_3OH의 연소상한계는 37%, 연소범위의 상·하한 폭은 30%이다.) [22년 공개]

① 5.0 ② 8.5
③ 10.5 ④ 14.0

해설 최소산소농도(MOC)

$$MOC = LFL \times \frac{산소몰수}{연료몰수}$$

㉠ 연소하한계(LFL)
  = 연소상한계 − (연소범위의 상·하한 폭)
  = 37% − 30% = 7% 이다.
㉡ 산소몰수를 확인하기 위해 연소반응식을 통해 완전연소 시 필요한 산소의 몰수를 확인하여야 한다.

$$CH_3OH + \frac{3}{2}O_2 \rightarrow CO_2 + 2H_2O$$

메틸알코올(메탄올) 1몰의 완전연소 시 필요한 산소의 몰수는 1.5몰이다.

→ $MOC = LFL \times \frac{산소몰수}{연료몰수} = 7\% \times \frac{1.5몰}{1몰} = 10.5\%$

참고 최소산소농도(MOC)와 화염전파

최소산소농도(MOC)란 가연성물질과 산소가 혼합된 상태에서 자력으로 화염전파를 위한 최소한의 산소농도로 작을수록 위험하다. 또한, 해당 최소산소농도보다 낮은 산소농도에서는 화염전파가 불가능함을 의미하며, 문제에서 산출된 10.5%를 통해 메틸알코올은 10.5% 보다 낮은 산소농도에서는 화염전파가 불가능함을 의미한다.

정답 ③

102

에틸알코올(C_2H_5OH)의 최소산소농도(MOC)는? (단, 에틸알코올의 연소범위는 4.3 ~ 19Vol%이며, 완전연소생성물은 CO_2와 H_2O이다.) [23년 소방간부]

① 8.6 ② 10.8
③ 12.9 ④ 15.1
⑤ 17.2

해설 최소산소농도(MOC)

$$C_2H_5OH + 3O_2 \rightarrow 2CO_2 + 3H_2O$$

→ 최소산소농도(MOC) = $LFL \times \frac{산소몰수}{연료몰수}$

$= 4.3 \times \frac{3mol}{1mol} = 12.9\%$

정답 ③

103

화재 시 발생되는 연소생성물의 종류로서 옳지 않은 것은? [13년 소방간부]

① 불꽃 ② 연소가스
③ 연기 ④ 열
⑤ 폭발

해설 연소생성물의 종류
㉠ 불꽃
㉡ 연소가스
㉢ 열
㉣ 연기

정답 ⑤

104

건물 내 연기의 수직방향의 유동속도로 옳은 것은? [12년 경기]

① 0.5~1.0[m/sec]
② 1.0~2.0[m/sec]
③ 2.0~3.0[m/sec]
④ 3.0~4.0[m/sec]

해설 연기의 유동속도
㉠ 수평방향 : 0.5 ~ 1 [m/s]
㉡ 수직방향 : 2 ~ 3 [m/s]
㉢ 계단실 내 수직이동 : 3 ~ 5 [m/s]

정답 ③

105
화재 시 발생하는 연기에 대한 설명으로 옳지 않은 것은?

[16년 소방간부]

① 연기는 다량의 유독가스를 함유하며, 화재로 인한 연기는 고열이며 유동 확산이 빠르다.
② 연료 중에 수소가 많으면 흑색연기, 탄소수가 많으면 백색연기로 변한다.
③ 일반적으로 연기의 유동속도는 수평방향으로 0.5~1[m/s], 수직방향으로 2~3[m/s], 계단실 내에서는 3~5[m/s]이다.
④ 화재 시 연기는 처음에는 백색이며 시간이 흐를수록 흑색으로 변한다.
⑤ 연기의 조성은 연료의 성질과 연소조건에 의해 각기 다르며 액체의 입자는 수증기 외에 알데히드, 알코올 등의 탄화수소의 응고로 인한 타르분의 것, 기체의 성분은 CO, CO_2, HCl, HCN, $COCl_2$, SO_2 등이다.

해설 연기(Smoke)

구분	백색 연기	흑색 연기
화재시기	초기	중기
성분	수소	탄소
화재의 종류	일반화재	유류화재

② 연료 중에 수소수가 많으면 **백색연기**가 나고 탄소수가 많으면 연기의 색이 **검은 색깔**로 변한다.

정답 ②

106
연기의 유동효과에 영향을 미치지 않는 것은 무엇인가?

[13년 경기]

① 부력
② 굴뚝효과
③ 외부바람
④ 공기 중의 산소농도

해설 연기의 이동
㉠ 온도에 의한 공기의 팽창
㉡ 부력(밀도차) [①]
㉢ 굴뚝효과(연돌효과, stack effect) [②]
㉣ 건물의 내부와 외부의 온도차이
㉤ 바람의 영향(wind effect) [③]
㉥ 엘리베이터의 피스톤효과(piston effect)
㉦ 공조설비(공기조화설비, HVAC)

정답 ④

107
고층건축물에서 연기유동을 일으키는 요인을 모두 고른 것은?

[20년 공개]

| ㉠ 부력효과 | ㉡ 바람에 의한 압력차 |
| ㉢ 굴뚝효과 | ㉣ 공기조화설비의 영향 |

① ㉠, ㉡
② ㉠, ㉢
③ ㉡, ㉢, ㉣
④ ㉠, ㉡, ㉢, ㉣

해설 연기의 이동
㉠ 온도에 의한 공기의 팽창
㉡ 부력(밀도차)
㉢ 굴뚝효과(연돌효과, stack effect)
㉣ 건물의 내부와 외부의 온도차이
㉤ 바람의 영향(wind effect)
㉥ 엘리베이터의 피스톤효과(piston effect)
㉦ 공조설비(공기조화설비, HVAC)

정답 ④

108
다음 중 굴뚝효과와 관련되는 것 중에서 그 내용이 아닌 것은?

[다수 출제]

① 층의 면적
② 층의 높이
③ 외벽의 기밀도
④ 건물 내·외 온도차

해설 굴뚝효과(연돌효과, Stack effect)의 영향인자
㉠ 건물의 내부와 외부의 온도차 : **온도차이가 클수록** 굴뚝효과는 잘 발생한다.
㉡ 건물의 높이 : **높이가 높을수록** 굴뚝효과는 잘 발생한다.
㉢ 외벽의 기밀도 : **기밀도가 낮을수록** 굴뚝효과는 잘 발생한다.
㉣ 층간 공기누설 : **건물의 층간 공기누설이 잘 일어날수록** 굴뚝효과는 잘 발생한다.
→ 층의 면적은 굴뚝효과에 영향을 주지 않는다.

정답 ①

109
건물화재 시 실내·외의 정압이 같아지는 경계면은?
[16년 통합]

① 중심점 ② 중성대
③ 삼중점 ④ 불연속선

[해설] 중성대(Neutral zone)
① 중심점 : 어떤 물체의 공간적 중심이 되는 점을 의미한다.
② 중성대 : 실내 화재 시 실내와 실외의 압력이 같은 면을 의미하며, 내부와 외부의 압력차이가 "0"이 되는 곳을 의미한다.
③ 삼중점 : 고체, 액체, 기체의 3가지 상태가 공존하는 지점을 의미한다.
④ 불연속선 : 실내의 천장쪽의 고온가스와 바닥쪽의 찬공기의 경계선을 의미한다.

[정답] ②

110
다음 중 빌딩 화재 시 발생하는 연기의 유동에 대하여 옳지 않은 것은?
[13년 충북]

① 빌딩 화재 시 온도가 상승하면서 공기의 부피는 커진다.
② 건축물 상·하층의 내부와 외부 온도·기압차로 인해 찬 공기가 하부에서 유입된다.
③ 건물 내부 더운 공기가 굴뚝과 같은 긴 통로를 따라 올라가는 강한 통풍현상을 일으킨다.
④ 빌딩 화재 시는 실내 공기의 무게와 밀도는 증가된다.

[해설] 연기의 유동
① 온도상승에 따른 부피팽창을 의미한다.
② 굴뚝효과에 대한 설명으로 하부에서 찬 공기가 유입되고, 상부에서 뜨거운 공기가 배출된다.
③ 굴뚝효과에 대한 설명으로 상승기류를 의미한다.
④ 화재가 발생할 경우 온도 상승으로 부피가 팽창하고 밀도는 작아져 위로 상승하게 된다.

[정답] ④

111
다음은 연기에 대한 설명이다. 가장 옳은 것은?
[18년 공개]

① 수평방향보다 수직방향으로 더 빠르게 이동한다.
② 수소가 많으면 흑색 연기가 발생이 되고, 탄소가 많으면 백색 연기가 발생된다.
③ 연기는 가연물이 연소할 때 생성되는 물질로서 기체상의 미립자이다.
④ 연기의 이동과 굴뚝효과는 전혀 관계가 없고 온도와 관계가 깊다.

[해설] 연기(Smoke)
② 수소가 많으면 백색 연기, 탄소수가 많으면 흑색 연기가 발생된다.
③ 연기는 가연물이 연소할 때 생성되는 물질로서 고체 및 액체상의 탄소미립자이다.
④ 연기를 이동시키는 요인에는 온도에 의한 팽창, 부력, 연돌효과(굴뚝효과), 바람의 영향(wind effect), 공조설비(HVAC), 건물 내·외 온도차, 비중차, 피스톤효과(piston effect)가 있다.

[정답] ①

112
다음 설명으로 옳지 않은 것은?
[15년 소방간부]

① 중성대 위쪽으로 배연하는 것이 적당하다.
② 중성대는 외부의 압력과 내부의 압력이 같아 공기 이동이 없는 지점을 말한다.
③ 굴뚝효과에 관련된 식은 $(\frac{1}{T_1} - \frac{1}{T_2}) \times h$으로 h는 중성대의 높이이다.
④ 겨울철, 외부의 온도가 낮을 때 '역굴뚝효과(Reverse stack effect)'가 잘 발생한다.
⑤ 굴뚝효과는 초고층건축물의 화재 시에 잘 발생된다.

[해설] 중성대(Neutral zone)
① 중성대의 상부에서는 기체가 실내에서 외부로 이동하고, 하부에서는 기체가 외부에서 실내로 이동한다. 그에 따라 중성대 상부에서 배연하는 것이 적당하다.
② 중성대는 화재 시 내부와 외부의 압력이 같은 면을 의미하며, 건물 내부와 외부의 압력차이가 "0"이 되는 곳을 의미한다.
③ 굴뚝효과에 따른 압력차이를 산정하는 식은 다음과 같다.

$$\triangle P = 3460 \times h \times (\frac{1}{T_1} - \frac{1}{T_2})$$

여기서, △P : 압력차이[Pa]
　　　　h : 중성대의 높이[m]
　　　　T_1, T_2 : 절대온도[K]

④ 화재 및 겨울철, 외부의 온도가 낮을 때는 굴뚝효과가 잘 발생하고, 여름철에는 역굴뚝효과가 잘 발생한다.
⑤ 굴뚝효과는 건물의 높이가 높을수록 잘 발생하므로 초고층 건축물의 화재 시에 잘 발생된다.

정답 ④

113 🔥🔥🔥

다음 중 연기에 관하여 가장 옳지 않은 것은?

13년 광주

① 연기의 유동속도는 수평일 때 0.5~1[m/sec], 수직일 때 2~3[m/sec]이다.
② 연기는 공기보다 고온이기 때문에 일반적으로 천장을 따라 순방향으로 이동한다.
③ 저층건물에서는 굴뚝효과에 의하여 연기는 상승하고 고층건물에서는 열, 대류이동, 화재압력과 같은 영향 및 바람의 영향으로 통로 등에 따라 연기 이동을 일으키는 원인이 된다.
④ 외기가 건축물 내부의 공기보다 따뜻할 때는 건축물 내부에서 하향으로 공기가 이동하며 이러한 하향 공기의 흐름을 역굴뚝효과라고 한다.

해설 연기의 유동
③ 고층건물에서는 굴뚝효과에 의하여 연기는 상승하고 저층건물에서는 열, 대류이동, 화재압력과 같은 영향 및 바람의 영향 등이 통로 등에 따라 연기 이동을 일으키는 원인이 된다.

정답 ③

114 🔥🔥🔥

건축물 화재 시 나타나는 중성대에 관한 설명으로 옳지 않은 것은?

20년 소방간부

① 건물 내부의 압력이 외부의 압력과 일치하는 수직적인 위치가 생기는데, 이 위치를 중성대라 한다.
② 중성대 상부는 기체가 실내에서 외부로 유출되고 중성대 하부는 외부에서 실내로 기체가 유입된다.
③ 중성대 상부는 열과 연기로부터 생존이 어려운 지역이고 중성대 하부는 신선한 공기로 인해 생존 가능성이 높은 지역이다.
④ 중성대 하부 개구부를 개방하면 공기가 유입되면서 연기가 외부로 배출되어 중성대가 위로 상승하고 중성대 하부 면적이 커져 소화활동이 용이하게 한다.
⑤ 현장 도착 시 하부 출입문으로 짙은 연기가 배출된다면 상부 개구부 개방을 강구하고, 하부 개구부에서 연기가 배출되고 있지 않다면 상부 개구부가 개방되어 있다고 판단한다.

해설 중성대(Neutral zone)
① 중성대 : 건물 화재 시 내부와 외부의 압력이 같은 면을 의미하며, 건물 내부와 외부의 압력차이가 "0"이 되는 곳을 의미한다.
② 중성대의 상부와 하부의 기체흐름
　㉠ 중성대의 상부 :
　　　건물 내부의 압력 > 건물 외부의 압력
　　　∴ 기체흐름 : 내부 → 외부
　㉡ 중성대의 하부 :
　　　건물 내부의 압력 < 건물 외부의 압력
　　　∴ 기체흐름 : 외부 → 내부
③ 중성대 상부는 연기가 쌓이는 지역이므로 열과 연기로부터 생존이 어려운 지역이고, 중성대 하부는 신선한 공기의 유입으로 생존가능성이 높은 지역이다.
④ 중성대 하부를 개방하면 공기가 유입되면서 연기가 외부로 배출되어 중성대의 위치는 낮아지고 중성대 하부 면적이 좁아져 소화활동이 힘들어진다. (소화활동을 위해서는 중성대 상부를 개방하여야 한다.)
⑤ 중성대의 위치는 소방활동의 중요한 지표역할을 수행하며, 하부 출입문으로 짙은 연기가 배출된다면 상부 개구부 개방을 강구하여야 한다.

정답 ④

115

건물에 화재가 발생했을 때, 중성대에 관한 설명으로 옳은 것만을 〈보기〉에서 고른 것은? [25년 소방간부]

—————— | 보기 | ——————

ㄱ. 중성대의 하부 개구부로 외부 공기가 유입되면, 중성대는 위쪽으로 상승한다.
ㄴ. 중성대의 상부 면적이 커질수록 대피자들의 활동공간과 시야가 확보되어 신속히 대피할 수 있다.
ㄷ. 중성대의 상부에서는 실내에서 외부로 기체가 유출되고, 중성대의 하부에서는 외부에서 실내로 기체가 유입된다.
ㄹ. 중성대의 상부 개구부를 개방한다면 연소는 확대될 수 있지만, 연기가 빠른 속도로 상승하여 외부로 배출되므로, 중성대의 상부 면적은 감소하고 중성대의 하부 면적은 증가한다.

① ㄱ, ㄴ   ② ㄱ, ㄷ
③ ㄴ, ㄷ   ④ ㄴ, ㄹ
⑤ ㄷ, ㄹ

해설 중성대

ㄱ. 중성대의 하부 개구부로 외부 공기가 유입되면, 연소가 활발해져 연기층이 많이 쌓이고 중성대는 아래쪽으로 하강한다.
ㄴ. 중성대의 상부 면적이 커질수록(=상부 길이가 길어질수록, 중성대가 하강할수록) 대피자들의 활동공간과 시야가 확보되지 않아 신속히 대피할 수 없다.
ㄷ. 중성대의 상부에서는 실내에서 외부로 기체가 유출되고, 중성대의 하부에서는 외부에서 실내로 기체가 유입된다. [O]
ㄹ. 중성대의 상부 개구부를 개방한다면 연기가 배출되고, 중성대 하부에서 공기가 유입됨에 따라 연소는 확대될 수 있지만, 연기가 빠른 속도로 상승하여 외부로 배출되므로, 중성대의 상부 면적은 감소하고(=중성대의 상부 길이는 짧아지고, 중성대는 상승하고) 중성대의 하부 면적은 증가한다. [O]

→ 옳은 보기는 "ㄷ, ㄹ"이다.

정답 ⑤

116

화재 시 발생하는 연기에 대한 설명으로 옳지 않은 것은? [25년 소방간부]

① 연기의 농도가 높으면 피난과 소방활동에 현저한 장해가 된다.
② 감광계수와 가시거리는 반비례 관계이다.
③ 감광계수가 $0.5m^{-1}$이면 어두침침한 것을 느낄 정도의 상황이다.
④ 건축물 내에서 연기의 유동속도는 수직방향보다 수평방향이 빠르다.
⑤ 연기의 제어 원리에는 희석, 배기, 차단이 있다.

해설 연기

④ 건축물 내에서 연기의 유동속도는 수평방향(0.5 ~ 1[m/s])보다 수직방향(2 ~ 3[m/s])이 빠르다.

정답 ④

117

화재 시 발생하는 연기(smoke)에 대한 설명으로 옳지 않은 것은? [21년 공개]

① 연기의 수직 이동속도는 수평 이동속도보다 빠르다.
② 연기의 감광계수가 증가할수록 가시거리는 짧아진다.
③ 중성대는 실내 화재 시 실내와 실외의 온도가 같은 면을 의미한다.
④ 굴뚝효과는 건축물의 내부와 외부의 온도차에 의해 내부의 더운 공기가 상승하는 현상이다.

해설 연기(smoke)

③ 중성대는 실내 화재 시 실내와 실외의 압력이 같은 면을 의미한다.

정답 ③

118

건축물 내부화재 시 발생하는 열과 연기의 특성에 대한 설명으로 옳지 않은 것은? 〔19년 소방간부〕

① 감광계수가 증가할수록 가시거리는 증가한다.
② 연기의 수직방향 유동속도는 수평방향보다 빠르다.
③ 굴뚝효과는 건축물의 내부와 외부의 온도차에 의해 발생할 수 있다.
④ 화재실 내부에서 중성대의 상부 압력은 실외 압력보다 높게 나타난다.
⑤ 열의 전달 방법 중 복사는 중간 매개체 도움 없이 발생하는 전자파에 의한 에너지의 전달이다.

해설 감광계수 및 가시거리
① 감광계수와 가시거리는 반비례관계이며, 감광계수가 증가할수록 가시거리는 짧아진다.

정답 ①

119

감광계수가 $0.3m^{-1}$이며 가시거리는 5m일 때 맞는 상황은? 〔15년 통합〕

① 어두침침한 것을 느낄 정도의 농도
② 연기감지기가 작동할 정도
③ 건물 내부에 익숙한 사람이 피난할 때 약간 지장을 느낄 정도
④ 화재 최성기 때의 농도로 유도등이 보이지 않을 경우

해설 감광계수 및 가시거리

감광계수(m^{-1})	가시거리(m)	현 상
0.1	20~30	• 연기감지기가 작동할 때의 정도 • 건물 내부에 익숙하지 않은 사람이 피난에 지장을 느낄 정도
0.3	5	• 건물 내부에 익숙한 사람이 피난에 지장을 느낄 정도
0.5	3	• 어두침침한 것을 느낄 정도
1	1~2	• 거의 앞이 보이지 않을 정도
10	0.2~0.5	• 화재 최성기 때의 정도
30	–	• 출화실에서 연기가 분출될 때의 연기 농도

정답 ③

120

다음 설명에 해당하는 연소가스는? 〔19년 공개〕

청산가스라고도 하며, 인체에 대량 흡입되면 헤모글로빈과 결합되지 않고도 질식을 유발할 수 있다.

① 암모니아(NH_3)
② 시안화수소(HCN)
③ 이산화황(SO_2)
④ 일산화탄소(CO)

해설 시안화수소(HCN)
㉠ 청산가스라고도 한다.
㉡ 질소성분을 가지고 있는 합성수지, 동물의 털, 인조견, 모직물 등의 섬유가 불완전연소할 때 발생하는 무색의 맹독성 가스이며 가연성 가스이다.
㉢ 일산화탄소와 달리 헤모글로빈과 결합하지 않고도 호흡의 저해를 통한 질식을 유발한다.
㉣ 독성의 허용농도는 10ppm이며, 0.3%의 농도에서 즉시 사망할 수 있다.

정답 ②

121

무색·무취·무미의 환원성이 강한 가스로서 상온에서 염소와 작용하여 유독 독성가스인 포스겐을 형성하기도 하며 인체 내의 헤모글로빈과 결합하여 산소 운반기능을 저지하여 질식 사망하게 하는 가스를 무엇이라 하는가? 〔12년 울산〕〔17년 소방간부〕

① 일산화탄소   ② 황화수소
③ 아황산가스   ④ 시안화수소

해설 일산화탄소(CO)
㉠ 탄화수소·셀룰로오스로 구성된 가연물질인 종이·나무·석탄·석유류·고무류 등이 불완전연소할 때 발생되는 유독성가스이다.
㉡ 무취·무미의 환원성이 강한 가스로서 상온에서 염소와 작용하여 유독성가스인 포스겐($COCl_2$)을 생성하기도 한다.
㉢ 인체 내 헤모글로빈과 결합하여 산소의 운반기능을 약화시켜 질식케 한다.
㉣ 독성의 허용농도는 50ppm이다.

정답 ①

122

다음과 관계있는 연소생성가스로 옳은 것은?

[18년 공개]

> 질소 함유물인 열경화성 수지 또는 나일론 등의 연소 시 발생하고, 냉동시설의 냉매로 많이 쓰이고 있으므로 냉동창고 화재 시 누출가능성이 크며, 허용농도는 25ppm이다.

① 포스겐($COCl_2$)
② 암모니아(NH_3)
③ 일산화탄소(CO)
④ 시안화수소(HCN)

해설 암모니아(NH_3)

㉠ 질소함유물(멜라닌수지·나일론·요소수지·아크릴·실크·나무 등)이 연소할 때 발생하는 연소생성물로서 유독성이 있다.
㉡ 상온·상압에서 강한 자극성을 가진 무색의 기체로서 물에 잘 용해된다.
㉢ 비료공장·냉매공업 분야에 많이 사용되고 있으므로 이러한 공장에서는 암모니아를 흡입하지 않도록 주의하여야 한다.
㉣ 독성의 허용농도 25ppm이다.

정답 ②

123

질소가 함유된 물질이 연소할 때 발생하며, 헤모글로빈과 결합하지 않고 사망에 이르게 하는 연소가스로 가장 옳은 것은?

[14년 통합]

① 시안화수소   ② 일산화탄소
③ 암모니아   ④ 염화수소

해설 시안화수소(HCN)

㉠ 청산가스라고도 한다.
㉡ 질소성분을 가지고 있는 합성수지, 동물의 털, 인조견, 모직물 등의 섬유가 불완전연소할 때 발생하는 무색의 맹독성 가스이며 가연성 가스이다.
㉢ 일산화탄소와 달리 헤모글로빈과 결합하지 않고도 호흡의 저해를 통한 질식을 유발한다.
㉣ 독성의 허용농도는 10ppm이며, 0.3%의 농도에서 즉시 사망할 수 있다.

정답 ①

124

PVC, 전선의 피복 등이 연소할 때 주로 생성되고 허용농도가 5ppm인 독성가스로, 기도와 눈 등을 자극하며 금속에 대해 강한 부식성이 있는 물질은?

[16년 소방간부]

① HCN   ② NH_3
③ H_2S ④ HCl
⑤ CH_2CHCHO

해설 염화수소(HCl)

㉠ 염소성분이 함유되어 있는 염화비닐수지(PVC), 건축물에 설치된 전선의 피복이 연소할 때 발생한다.
㉡ 유독성이 있어 독성가스로 취급하고 있으며, 물에 녹아 염산이 된다.
㉢ 향료·염료·의약·농약 등의 제조에 이용되고 있으며, 부식성이 강하여 철근콘크리트 내의 철근을 녹슬게도 한다.
㉣ 독성의 허용농도는 5ppm이다.
→ ① : 시안화수소, ② : 암모니아, ③ : 황화수소, ⑤ : 아크로레인

정답 ④

125

연소 시 발생하는 황화수소(H_2S)에 대한 설명으로 옳은 것은?

[25년 공개]

① 계란 썩는 냄새가 나는 가연성가스이다.
② 폴리염화비닐 등이 연소할 때 발생되는 맹독성가스이다.
③ 청산가스라고도 하며 동물의 털이 불완전연소할 때 발생한다.
④ 황(S)을 포함하고 있는 유기화합물이 완전연소할 때 발생한다.

해설 연소가스(Fire gas)

① 황화수소(H_2S) : 계란 썩는 냄새가 나는 가연성가스이다.
② 포스겐($COCl_2$) : 폴리염화비닐 등이 연소할 때 발생되는 맹독성가스이다.
③ 시안화수소(HCN) : 청산가스라고도 하며 동물의 털이 불완전연소할 때 발생한다.
④ 이산화황(아황산가스, SO_2) : 황(S)을 포함하고 있는 유기화합물이 완전연소할 때 발생한다.

정답 ①

126

연소생성물 중 발생하는 연소가스에 관한 설명으로 옳지 않은 것은?
[17년 공개]

① 일산화탄소(CO)는 가연물이 완전연소할 때 발생하는 것으로 유독성 기체이며 가연성이 없다.
② 시안화수소(HCN)는 모직, 견직물 등의 불완전연소 시 발생하며 독성이 커서 인체에 치명적이다.
③ 염화수소(HCl)는 폴리염화비닐 등과 같이 염소가 함유된 수지류가 탈 때 주로 생성되며 금속에 대한 강한 부식성이 있다.
④ 황화수소(H_2S)는 수소의 황화물로 악취를 가진 무색의 유독한 기체이며, 살충제의 원료로 사용된다.

해설 연소가스(Fire gas)
① 일산화탄소(CO)는 가연물이 **불완전연소**할 때 발생하는 것으로 유독성 기체이며 가연성이 **있다**. 또한, 환원성 물질에 해당한다.

정답 ①

127

다음 중 연소생성물에 대한 설명 중 틀린 것은?
[11년 서울]

① 일산화탄소는 헤모글로빈과 결합력이 극히 강하여 인체에 질식작용에 의한 독성을 나타낸다.
② 이산화탄소는 비가연성물질로서 연소가스 중 가장 많은 양을 가지고 있으며 인체 허용농도가 5% 이상이면 사망한다.
③ 독성가스인 암모니아는 냉동공장 등에서 온도를 낮추는 가스, 즉 냉동시설의 냉매로 사용된다.
④ 시안화수소는 동물 털의 불완전연소 시 또는 인조견 등의 직물류, 목재, 종이 등이 탈 때 발생한다.

해설 이산화탄소(CO_2)
㉠ 무색, 무취의 불연성 기체로 탄화수소화합물의 완전연소 시 발생한다.
㉡ 비가연성 물질이며, 연소가스 중 가장 많은 양을 가지고 있다.
㉢ 독성가스에는 해당하지 않으나, 다량으로 흡입 시 질식을 유발하는 가스이다.
㉣ 농도가 5%일 경우 호흡이 과중해지고 심한 고통을 느끼며, **10% 이상이면 사망할 수 있다**.
㉤ 독성의 허용농도는 5,000ppm이다.

정답 ②

128

연소가스에 관련하여 가장 옳지 않은 것은?
[11년 서울]

① 일산화탄소가 인체에 흡입될 때는 헤모글로빈과 결합하여 질식하게 된다.
② 황화수소는 털, 고무, 나무 등이 탈 때 발생하며 물질의 불완전연소 시 발생한다.
③ 암모니아는 수지류, 나무 등이 탈 때 악취가 나는 무색기체로서 인체의 자극이 크다.
④ 시안화수소는 합성수지, 동물의 털 등 섬유가 완전연소할 때 발생하는 무색의 맹독성 가스이며 가연성이다.

해설 시안화수소(HCN)
㉠ 청산가스라고도 한다.
㉡ 질소성분을 가지고 있는 합성수지, 동물의 털, 인조견, 모직물 등의 섬유가 **불완전연소**할 때 발생하는 무색의 맹독성 가스이며 가연성 가스이다.
㉢ 일산화탄소와 달리 **헤모글로빈과 결합하지 않고도 호흡의 저해**를 통한 질식을 유발한다.
㉣ 독성의 허용농도는 10ppm이며, 0.3%의 농도에서 즉시 사망할 수 있다.

정답 ④

129

다음 중 연소가스에 관한 내용으로 옳지 않은 것은?
[13년 소방간부]

① 불화수소는 무색의 기체로서 모래, 유리를 부식시키는 성질이 있다.
② 이산화탄소의 허용농도가 9%이면 중추신경 마비로 사망한다.
③ PVC가 탈 때 염화수소가 발생한다.
④ 아황산가스는 고무, 나무, 가죽소파 등 황이 함유된 물질의 완전연소 시 발생하는 무색 가스이다.
⑤ 암모니아는 질소함유물인 수지류, 나무 등이 탈 때 악취가 나는 무색기체로서 눈, 코, 폐의 자극이 크다.

해설 이산화탄소(CO_2)
이산화탄소 허용농도는 5,000ppm이고, 이산화탄소 농도가 5%일 경우 호흡이 과중해지고 심한 고통을 느끼며, 9% 정도일 경우는 10분 이내에 의식을 잃게 된다.

정답 ②

130

다음 연소가스의 설명 중 옳지 않은 것은?

[18년 공개]

① 포스겐($COCl_2$)은 폴리염화비닐(PVC), 수지류 등이 연소할 때 발생한다.
② 이산화질소(NO_2)는 냄새가 자극적인 적갈색의 기체로써 아질산가스라고도 한다.
③ 황화수소(H_2S)는 고무나 동물 털 등이 연소할 때 발생하는 무색의 기체이다.
④ 염화수소(HCl)는 석유제품, 유지류 등이 연소할 때 발생되는 연소생성물로 맹독성 가스이다.

해설 염화수소(HCl)

㉠ 염소성분이 함유되어 있는 염화비닐수지(PVC), 건축물에 설치된 전선의 피복이 연소할 때 발생한다.
㉡ 유독성이 있어 독성가스로 취급하고 있으며, 물에 녹아 염산이 된다.
㉢ 향료·염료·의약·농약 등의 제조에 이용되고 있으며, 부식성이 강하여 철근콘크리트 내의 철근을 녹슬게도 한다.
㉣ 독성의 허용농도는 5ppm이다.
→ ④ : 아크로레인(CH_2CHCHO)에 대한 설명이다.

참고 이산화질소(아질산가스, NO_2)

㉠ 특이한 자극적인 냄새를 가진 적갈색의 기체이다.
㉡ 질소 산화물의 종류로서, 일산화질소(NO)에 산소(O_2)가 반응하면 생성된다.
㉢ 유독하고 산화작용이 강하며, 대기오염물질의 하나로 되어 있다.

정답 ④

131

화재 시 발생하는 유독가스에 대한 설명으로 옳은 것은?

[20년 소방간부]

① 황화수소(H_2S) : 질소 성분을 가지고 있는 합성수지, 동물의 털, 인조견 등의 섬유가 불완전연소할 때 발생하는 맹독성 가스로, 0.3%의 농도에서 즉시 사망할 수 있다.
② 암모니아(NH_3) : 질소 함유물이 연소할 때 발생하고, 냉동시설의 냉매로 많이 쓰이고 있으므로 냉동창고 화재 시 누출 가능성이 크며, 독성의 허용 농도는 25ppm이다.
③ 염화수소(HCl) : 열가소성 수지인 폴리염화비닐 (PVC), 수지류 등이 연소할 때 발생되는 연소생성물로서 발생량은 적지만 유독성이 큰 맹독성 가스이며, 독성의 허용 농도는 10ppm이다.
④ 포스겐($COCl_2$) : 폴리염화비닐(PVC)과 같이 염소가 함유된 수지류가 탈 때 주로 생성되는데 독성의 허용 농도는 5ppm이며 향료, 염료, 의약, 농약 등의 제조에 이용되고 있고, 자극성이 아주 강해 눈과 호흡기에 영향을 준다.
⑤ 시안화수소(HCN) : 황을 포함하고 있는 유기화합물이 불완전연소하며 발생하는데 계란 썩은 냄새가 나며, 0.2% 이상 농도에서 냄새 감각이 마비되고, 0.4~0.7%에서 1시간 이상 노출되면 현기증, 장기혼란의 증상과 호흡기의 통증이 일어난다.

해설 연소가스(Fire gas)

① 시안화수소(HCN)에 대한 설명이다.
 ㉠ 청산가스라고도 한다.
 ㉡ 질소성분을 가지고 있는 합성수지, 동물의 털, 인조견, 모직물 등의 섬유가 불완전연소할 때 발생하는 무색의 맹독성 가스이며 가연성 가스이다.
 ㉢ 일산화탄소와 달리 헤모글로빈과 결합하지 않고도 호흡의 저해를 통한 질식을 유발한다.
 ㉣ 독성의 허용농도는 10ppm이며, 0.3%의 농도에서 즉시 사망할 수 있다.
③ 포스겐($COCl_2$)에 대한 설명이다.
 ㉠ 열가소성 수지인 폴리염화비닐(PVC), 수지류 등이 연소할 때 발생되는 연소생성물이다.
 ㉡ 발생량은 적지만 유독성이 큰 맹독성 가스이다.
 ㉢ 독성의 허용농도는 0.1ppm이다.
④ 염화수소(HCl)에 대한 설명이다.
 ㉠ 염소성분이 함유되어 있는 염화비닐수지(PVC), 건축물에 설치된 전선의 피복이 연소할 때 발생한다.
 ㉡ 유독성이 있어 독성가스로 취급하고 있으며, 물에 녹아 염산이 된다.
 ㉢ 향료·염료·의약·농약 등의 제조에 이용되고 있으며, 부식성이 강하여 철근콘크리트 내의 철근을 녹슬게도 한다.
 ㉣ 독성의 허용농도는 5ppm이다.
⑤ 황화수소(H_2S)에 대한 설명이다.
 ㉠ 황을 포함하고 있는 고무나 동물털 등 유기화합물이 불완전연소하며 발생한다.
 ㉡ 달걀(계란) 썩은 냄새가 난다.
 ㉢ 0.2% 이상 농도에서 냄새 감각이 마비되고, 0.4~0.7%에서 1시간 이상 노출되면 현기증, 장기혼란의 증상과 호흡기의 통증이 일어난다.
 ㉣ 독성의 허용농도는 10ppm이다.

정답 ②

132 🔥🔥🔥

가연물이 연소할 때 발생하는 독성가스에 대한 설명으로 옳지 않은 것은? 〔21년 소방간부〕

① 일산화탄소(CO)는 인체 내의 헤모글로빈과 결합하여 산소의 운반기능을 약화시켜 질식하게 한다.
② 시안화수소(HCN)는 질소성분을 가지고 있는 섬유류가 불완전연소할 때 발생하는 무색의 맹독성 가스로서 청산가스라고도 불린다.
③ 염화수소(HCl)는 염소성분이 함유되어 있는 염화비닐수지, 전선 피복 등이 연소할 때 발생하며, 물에 녹아 염산이 된다.
④ 브롬화수소(HBr)는 방염수지류 등이 연소할 때 발생하며, 상온·상압에서 물에 잘 용해되지 않는다.
⑤ 아크로레인(CH_2CHCHO)은 석유제품·유지류 등이 연소할 때 발생하며, 공기와 접촉하면 아크릴산이 된다.

해설 연소가스(Fire gas)
④ 브롬화수소(취화수소, HBr)는 방염수지류 등이 연소할 때 발생하며, 상온·상압에서 물에 잘 용해된다.

정답 ④

133 🔥🔥🔥

화재 시 연소생성물에 관한 설명으로 옳지 않은 것은? 〔23년 공개〕

① 황화수소는 썩은 달걀과 비슷한 냄새가 난다.
② 연기로 인한 빛의 감소를 나타내는 감광계수는 가시거리와 반비례한다.
③ 일산화탄소는 산소와 헤모글로빈의 결합을 방해하여 질식에 이르게 할 수 있다.
④ TLV(Threshold Limit Value)로 측정한 독성가스의 허용 농도는 불화수소, 시안화수소, 암모니아, 포스겐 순으로 높다.

해설 연소가스의 허용농도
④ TLV(Threshold Limit Value)로 측정한 독성가스의 허용 농도는 암모니아(25ppm), 시안화수소(10ppm), 불화수소(3ppm), 포스겐(0.1ppm) 순으로 높다.

정답 ④

134 🔥🔥🔥

○○은(는) 물질이동 없이 고온에서 저온으로 이동하는 현상으로 고체가 일반적으로 기체보다 더 크다. 다음 중 ○○안에 들어갈 말은? 〔12년 세종〕

① 복사   ② 전도
③ 대류   ④ 비화

해설 전도(Conduction)
㉠ 고체 또는 정지 유체에서의 열전달로 온도차이가 있는 두 물질을 직접 접촉시키켜 열이 이동한다.
㉡ 물질이동 없이 자유전자의 이동이나 분자의 진동운동, 분자충돌 등에 의해 열이 전달된다.
㉢ 열전도도는 고체 > 액체 > 기체 이다.
㉣ 푸리에의 법칙에 따른다.

정답 ②

135 🔥🔥🔥

하나의 물체가 다른 물체와 직접 접촉하여 분자충돌 등에 의해 전달되는 열의 현상은? 〔13년 충북〕

① 대류   ② 복사
③ 비화   ④ 전도

해설 전도(Conduction)
㉠ 고체 또는 정지 유체에서의 열전달로 온도차이가 있는 두 물질을 직접 접촉시키켜 열이 이동한다.
㉡ 물질이동 없이 자유전자의 이동이나 분자의 진동운동, 분자충돌 등에 의해 열이 전달된다.
㉢ 열전도도는 고체 > 액체 > 기체 이다.
㉣ 푸리에의 법칙에 따른다.

정답 ④

136

가열된 공기나 유체가 움직이면서 열이 전달되는 현상을 다음 중 무엇이라 하는가? [12년 경기]

① 전도 ② 대류
③ 복사 ④ 비화

해설 대류(Convection)
㉠ 공기의 이동이나 유체의 흐름에 의해 열에너지를 전달하는 현상을 말한다.
㉡ 스프링클러헤드, 열감지기의 화재감지 등에 작용되는 열전달을 말한다.
㉢ 뉴턴의 냉각법칙에 따른다.
→ ④ 비화 : 불티나 불꽃이 바람을 타고 다른 가연물로 이동하는 현상을 말한다.

정답 ②

137

화재 시 불꽃이 직접 전달되지 않고 간접적으로 열기만 전달되는데 이 열이 가연물에 직선으로 흡수되어 그 표면온도가 발화점에 도달하면 연소가 시작된다. 이러한 현상은? [11년 서울] [13년 대전]

① 대류 ② 전도
③ 복사 ④ 비화

해설 복사(Radiation)
㉠ 매질을 이용하지 않고 전자파의 형태로 열에너지를 전달하는 현상을 말한다.
㉡ 화재 시 가장 크게 작용되는 열전달이다.
㉢ 가연물에 복사열이 흡수되어 표면온도가 발화점에 도달할 경우 연소가 시작된다.
㉣ 스테판-볼츠만의 법칙에 따른다.

정답 ③

138

체육관 화재 시 천정의 높이가 높아 화재감지기의 작동을 어렵게 하고, 초기화재 시 연기감지기에 감지가 되지 않는 원인으로 가장 옳은 것은? [14년 통합]

① 열전도 ② 열대류
③ 열복사 ④ 열비화

해설 대류(열대류, Convection)
㉠ 공기의 이동이나 유체의 흐름에 의해 열에너지를 전달하는 현상을 말한다.
㉡ 스프링클러헤드, 열감지기의 화재감지 등에 작용되는 열전달을 말한다.
㉢ 뉴턴의 냉각법칙에 따른다.
→ 체육관의 층고가 높아 열대류에 의한 기류가 천정에 도달하지 않기 때문에 발생하는 것이다.

정답 ②

139

다음은 열의 전달 형태에 대한 설명이다. ㉠, ㉡ 안에 들어갈 내용으로 옳은 것은? [18년 공개]

가. 일반적으로 화재의 초기단계에서 열의 전달은 (㉠)에 기인한다.
나. 화재 시 연기가 위로 향하는 것이나 화로에 의해 실내의 공기가 따뜻해지는 것은 (㉡)에 의한 현상이다.

	㉠	㉡
①	전도	대류
②	복사	전도
③	전도	비화
④	대류	전도

해설 전도, 대류
가. 일반적으로 화재의 초기단계에서 열의 전달은 (㉠ : 전도)에 기인한다.
나. 화재 시 연기가 위로 향하는 것이라 화로에 의해 실내의 공기가 따뜻해지는 것은 (㉡ : 대류)에 의한 현상이다.

정답 ①

140

대류(convection)에 의한 열전달에 관한 일반적인 설명으로 옳은 것은?

[18년 소방간부]

① 고체 또는 정지상태의 유체 내에서 매질을 통한 열전달을 말한다.
② 전도현상에 비해 가연성 고체에서의 발화, 화염확산, 화재저항과 관련성이 크다.
③ 원격 발화의 열전달로 작용하고 특히 플래시오버를 일으키는 조건을 형성한다.
④ 열복사 수준이 낮은 화재초기 상태에서 중요한 현상으로 부력의 영향을 받는다.
⑤ 전달 열량은 온도차, 열전도에 비례하고 물질의 두께에는 반비례한다.

해설 열전달(전도, 대류, 복사)
① 전도 : 고체 또는 정지상태의 유체 내 매질을 통한 열전달은 전도에 대한 설명이다.
② 전도가 대류보다 가연성 고체에서의 발화, 화염확산, 화재저항에 관련성이 크다.
③ 복사 : 원격발화에 대한 설명이다.
⑤ 전도 : 푸리에의 법칙에 대한 설명이다.

정답 ④

141

복사열전달 현상에 관한 설명으로 옳은 것은?

[22년 소방간부]

① 열에너지가 전자기파의 형태로 전달되는 현상이다.
② 푸리에의 법칙을 따른다.
③ 열전달이 고체 또는 정지상태의 유체 내에서 매질을 통해 이루어진다.
④ 유체입자의 유동에 의해 열에너지가 전달되는 현상이다.
⑤ 진공상태에서는 복사열은 전달되지 않는다.

해설 복사(Radiation)
② 전도에 대한 설명이다.
③ 전도에 대한 설명이다.
④ 대류에 대한 설명이다.
⑤ 진공상태에서 복사열은 전달된다. 태양열이 진공상태의 우주를 통과하여 열이 전달되는 것과 같다.

정답 ①

142

전도(Conduction) 열이동에서 단면적이 일정한 도체일 경우 열전달량에 대한 설명으로 옳은 것은?

[16년 소방간부] [25년 공개]

① 전열면적에 비례하고 온도차와 두께차에 반비례한다.
② 전열면적과 온도차에 반비례하고 두께차에 비례한다.
③ 전열면적과 두께차에 비례하고 온도차에 반비례한다.
④ 전열면적과 온도차에 비례하고 두께차에 반비례한다.
⑤ 전열면적에 반비례하고 온도차와 두께차에 비례한다.

해설 전도(Conduction)

$$\dot{q} = \frac{KA(T_2 - T_1)}{l}$$

여기서, $\dot{q}$: 전도열[W]
K : 열전도율[W/m·K]
A : 열전달 부분의 면적[m^2]
T_1, T_2 : 온도[k]
ℓ : 벽두께[m]

→ 전열면적(A)과 온도차($T_2 - T_1$)에 비례하고, 두께차(ℓ)에 반비례 한다.

정답 ④

143

스테판 – 볼츠만법칙에서 복사에너지는 열전달면적에 비례하고 절대온도 몇 승에 비례하는가?

〔13년 소방간부〕

① 2 ② 4
③ 5 ④ 7
⑤ 0

해설 복사(Radiation)

$$\dot{q} = \epsilon \sigma A (T_2^4 - T_1^4)$$

여기서, $\dot{q}$: 복사열[W]
ε : 방사율
σ : 스테판–볼츠만 상수
A : 면적[m^2]
T_1, T_2 : 온도[k]

→ 복사에너지는 열전달면적(A)에 비례하고, 절대온도(T) 4승(4제곱)에 비례한다.

정답 ②

144

열전달 방법에 관한 설명으로 옳지 않은 것은?

〔25년 소방간부〕

① 열전달 방법에는 전도, 대류, 복사가 있다.
② 전도는 뉴턴의 냉각법칙을 따르며, 고체 표면과 움직이는 유체 사이에서 일어난다.
③ 대류는 유체의 유동이 외부로부터 작용하는 힘에 의해 이루어지는 강제대류와 온도차로 인한 부력에 의해 이루어지는 자연대류로 구분할 수 있다.
④ 복사에너지는 스테판-볼츠만(Stefan-Boltzmann)의 법칙을 따른다.
⑤ 복사는 열에너지가 복사체로부터 대상물에 전자기파 형태로 전달되는 현상이다.

해설 열전달 방법
② 대류는 뉴턴의 냉각법칙을 따르며, 고체 표면과 움직이는 유체 사이에서 일어난다.

정답 ②

145

화염의 직경이 0.1m 인 화원의 중심으로부터 1m 떨어진 물체에 전달되는 복사열유속[kW/m^2]은? (단, 화염의 열방출률은 120kW, 총 열방출에너지 중 복사된 열에너지 분율은 0.5, 원주율은 3으로 계산한다.)

〔24년 공개〕

① 3.5 ② 4.0
③ 4.5 ④ 5.0

해설 복사열유속(q″)

$$q'' = \frac{Q \cdot X_L}{4\pi R^2}$$

여기서,
q″ : 목표물이 받는 단위면적당 열유속[kW/m^2]
Q : 화재 시 연소에너지 방출속도[kW]
X_L : 총 발열량 중 복사에너지로 방출되는 비율
R : 목표물까지의 거리[m]

목표물이 화염직경(0.1m)의 2배 이상 떨어진 위치에 있으므로 Modak' simple method를 적용하여 풀이한다.
㉠ Q = 120kW
㉡ X_L = 0.5
㉢ R = 1

→ $q'' = \dfrac{120 \times 0.5}{4 \times 3 \times 1^2} = \dfrac{120 \times 0.5}{12} = 5.0 \, kW/m^2$

정답 ④

146

다음 중 천장제트흐름(Ceiling Jet Flow)에 대한 설명으로 가장 옳지 않은 것은? [17년 공개]

① 화재 플럼의 부력에 의하여 발생되며 천장면을 따라 빠르게 흐르는 기류이다.
② 화원의 크기와 위치 그리고 화원에서 천장까지의 높이에 영향을 받는다.
③ 스프링클러헤드와 화재감지기는 이 현상의 영향범위를 피하여 부착한다.
④ 흐름의 두께는 천장에서 화염까지 높이의 5~12% 내외 정도의 범위이다.

해설 천장제트흐름(Ceiling Jet Flow)
㉠ 고온의 연소생성물이 부력에 의해 천장면 아래에 얕은 층을 형성하는 비교적 빠른 속도의 가스 흐름을 말한다.
㉡ 천장제트흐름의 두께는 구획실 높이의 5~12% 정도이다.
㉢ 천장제트흐름의 최고온도는 구획실 높이의 1% 이다.
㉣ 스프링클러헤드와 화재감지기는 유효범위 내에 설치한다.
㉤ 일반적으로 천장제트흐름은 화재초기에 존재한다.

정답 ③

147

연소의 색상과 온도로서 옳지 않은 것은? [13년 광주] [13년 경기]

① 적색 – 850℃
② 암적색 – 700℃
③ 황적색 – 1,100℃
④ 휘백색 – 1,300℃

해설 불꽃의 색상과 온도

불꽃의 색상	온도[℃]	불꽃의 색상	온도[℃]
담암적색	520	황적색	1,100
암적색	700	백적색	1,300
적색	850	휘백색	1,500
휘적색	950		

정답 ④

PART 1 | 연소이론

CHAPTER 03 | 폭발

						148	149	150
						①	②	③
151	152	153	154	155	156	157	158	159	160
③	④	①	①	②	②	①	①	①	①
161	162	163	164	165	166	167	168	169	170
①	①	④	⑤	④	③	④	④	②	②
171	172	173	174	175	176	177	178	179	180
③	⑤	④	③	③	③	③	④	④	②
181	182	183	184	185	186	187	188	189	190
③	④	①	①	①	①	②	④	④	①
191	192								
⑤	③								

148

폭발 등급 중 1등급인 것은? [16년 충남]

① 메탄 ② 수소
③ 에틸렌 ④ 이황화탄소

해설 폭발등급 및 안전간격

폭발등급	안전간격	위험도	종 류
폭발1등급	0.6mm 초과	소	메탄, 에탄, 일산화탄소, 암모니아, 아세톤, LPG
폭발2등급	0.4mm 초과 0.6mm 이하	중	에틸렌, 석탄가스
폭발3등급	0.4mm 이하	대	아세틸렌, 이황화탄소, 수소

정답 ①

149

폭발은 화염의 전파속도가 음속 이하일 수도 있고 음속 이상이 되어 폭발의 충격파를 형성할 수도 있다. 충격파가 동반되지 않는 것은? [13년 대전]

① 폭굉 ② 폭연
③ 폭효 ④ 폭명

해설 폭연과 폭굉

구분	폭연(Deflagration)	폭굉(Detonation)
화염의 전파 속도	• 화염전파속도가 음속보다 느린 폭발 • 0.1 ~ 10m/s (아음속)	• 화염전파속도가 음속보다 빠른 폭발 • 1,000 ~ 3,500m/s (초음속)
충격파	없다.	있다.
화재 파급 효과	크다	작다
압력 변화	수 기압 정도	폭연의 10배 이상 상승
에너지 방출 속도	물질(열)의 전달속도에 영향을 받는다.	충격파에 의한 압력에 영향을 받는다.
화염면	화염면에서 상대적으로 완만한 에너지 변화를 나타내고, 온도, 압력, 밀도가 연속적으로 나타난다.	화염면에서 급격한 에너지 변화를 나타내고, 온도, 압력, 밀도가 불연속적으로 나타난다.
비고	• 폭굉으로 전이될 수 있다. • 반응 또는 화염면의 전파가 물질의 분자량이나 공기의 난류 확산에 영향을 받는다.	

정답 ②

150

다음 중 폭연과 폭굉의 차이를 나누는 기준은?

12년 세종

① 압력의 상승량
② 에너지 전달량
③ 화염의 전파속도
④ 발생된 화염의 온도

해설 폭연과 폭굉

화염의 반응전파속도는 음속(340m/s)을 기준으로 음속보다 느린 폭발을 폭연, 음속보다 빠른 폭발을 폭굉으로 나뉜다.

정답 ③

151

폭굉 및 폭연에 관한 내용 중 옳지 않은 것은?

12년 경기 14년 통합

① 폭연은 화염의 전파속도가 폭굉보다 느리다.
② 폭연은 충격파가 아닌 열에 의해 이동한다.
③ 폭연과 폭굉을 나누는 기준은 생성에너지를 기준으로 한다.
④ 폭굉의 속도는 약 1,000m/s 이상 ~ 3,500m/s 이하이다.

해설 폭연과 폭굉

③ 화염의 반응전파속도는 음속(340m/s)을 기준으로 음속보다 느린 폭발을 폭연, 음속보다 빠른 폭발을 폭굉으로 나뉜다.

정답 ③

152

다음 중 폭연과 폭굉에 대한 설명 중 옳은 것은?

17년 공개

① 폭굉은 화염면에서 상대적으로 완만한 에너지 변화에 의해 온도, 압력, 밀도가 연속적이다.
② 폭연은 열에 의한 전파보다는 충격파에 의한 압력에 영향을 받는다.
③ 폭굉은 반응 또는 화염면의 전파가 물질의 분자량이나 공기의 난류확산에 영향을 받는다.
④ 폭연은 물질의 전달속도에 영향을 받는다.

해설 폭연과 폭굉

① 폭연은 화염면에서 상대적으로 완만한 에너지 변화를 나타내고, 온도, 압력, 밀도가 연속적으로 나타난다.
② 폭굉은 열에 의한 전파보다는 충격파에 의한 압력에 영향을 받는다.
③ 폭연은 반응 또는 화염면의 전파가 물질의 분자량이나 공기의 난류확산에 영향을 받는다.

정답 ④

153

폭굉 현상에 대한 일반적인 설명으로 옳지 않은 것은?
[18년 소방간부]

① 전파에 필요한 주된 에너지원은 연소열이다.
② 압력상승이 폭연의 경우보다 10배 또는 그 이상으로 크다.
③ 충격파가 음속보다 빠르게 전파된다.
④ 화염면에서 온도, 압력, 밀도가 불연속적으로 나타난다.
⑤ 폭굉 시의 온도 상승은 열에 의한 전파보다 충격파의 압력에 기인한다.

해설 폭굉

구분	폭연(Deflagration)	폭굉(Detonation)
화염의 전파 속도	• 화염전파속도가 음속보다 느린 폭발 • 0.1 ~ 10m/s (아음속)	• 화염전파속도가 음속보다 빠른 폭발 • 1,000 ~ 3,500m/s (초음속)
충격파	없다.	있다.
화재 파급 효과	크다	작다
압력 변화	수 기압 정도	폭연의 10배 이상 상승
에너지 방출 속도	물질(열)의 전달속도에 영향을 받는다.	충격파에 의한 압력에 영향을 받는다.
화염면	화염면에서 상대적으로 완만한 에너지 변화를 나타내고, 온도, 압력, 밀도가 연속적으로 나타난다.	화염면에서 급격한 에너지 변화를 나타내고, 온도, 압력, 밀도가 불연속적으로 나타난다.
비고	• 폭굉으로 전이될 수 있다. • 반응 또는 화염면의 전파가 물질의 분자량이나 공기의 난류확산에 영향을 받는다.	

① 전파에 필요한 주된 에너지원은 **충격파**이다.

정답 ①

154

폭굉(Detonation)에 대한 설명으로 옳은 것을 모두 고른 것은?
[16년 소방간부]

㉠ 화염전파속도가 음속보다 빠르다.
㉡ 충격파가 발생하지 않는다.
㉢ 에너지 방출속도는 열전달속도에 큰 영향을 받는다.
㉣ 파면(화염면)에서 온도, 압력, 밀도가 불연속적으로 나타난다.
㉤ 온도의 상승은 충격파의 압력에 기인한다.

① ㉠, ㉣, ㉤
② ㉡, ㉢, ㉣, ㉤
③ ㉠, ㉡, ㉢, ㉣, ㉤
④ ㉡, ㉢
⑤ ㉡

해설 폭연과 폭굉

㉠ (폭굉) 화염전파속도가 음속보다 빠르다.
㉡ (폭연) 충격파가 발생하지 않는다.
㉢ (폭연) 에너지 방출속도는 열전달속도에 큰 영향을 받는다.
㉣ (폭굉) 파면(화염면)에서 온도, 압력, 밀도가 불연속적으로 나타난다.
㉤ (폭굉) 온도의 상승은 충격파의 압력에 기인한다.

정답 ①

155

폭연(Deflagration)에 관한 설명으로 옳지 않은 것은?
[23년 소방간부]

① 충격파를 형성하지 않는다.
② 에너지 방출속도가 물질전달속도에 영향받지 않고 매우 빠르다.
③ 화염의 전파속도가 음속보다 느린 것을 말하며, 그 화염의 전파속도는 0.1 ~ 10m/sec 정도이다.
④ 반응 또는 화염면의 전파가 분자량이나 공기 등의 난류확산에 영향을 받는다.
⑤ 화염면에서 상대적으로 완만한 에너지 변화에 의해서 온도, 압력, 밀도 변화가 연속적으로 나타난다.

해설 폭연(Deflagration)
② 에너지 방출속도가 물질전달속도(전도, 대류, 복사)에 영향받는다.

정답 ②

156

폭연(deflagration)과 폭굉(detonation)에 관한 설명으로 옳은 것은? 23년 공개

① 예혼합가스의 초기압력이 높을수록 폭굉유도거리가 길어진다.
② 화염전파속도는 폭연의 경우 음속보다 느리며, 폭굉의 경우 음속보다 빠르다.
③ 폭연은 폭굉으로 전이될 수 없으나 폭굉은 폭연으로 전이될 수 있다.
④ 폭연은 화염면에서 온도, 압력, 밀도의 변화가 불연속적으로 나타난다.

해설 폭연(deflagration)과 폭굉(detonation)
① 예혼합가스의 초기압력이 높을수록 폭굉유도거리가 짧아지고 위험성이 높아진다.
③ 폭연은 폭굉으로 전이될 수 있으며, 이를 폭굉유도거리로 표현한다.
④ 폭연은 화염면에서 온도, 압력, 밀도의 변화가 연속적으로 나타난다.

정답 ②

157

폭굉(Detonation)에 관한 설명으로 옳지 않은 것은? 24년 소방간부

① 폭굉은 급격한 압력의 상승 또는 개방에 의해 가스가 격한 음을 내면서 팽창하는 현상이고, 화염의 전파속도는 약 0.1 ~ 10 m/s이다.
② 압력이 높을수록 폭굉으로의 전이가 쉬운 조건이 된다.
③ 최초의 완만한 연소에서 격렬한 폭굉으로 발전하는데 필요한 거리를 폭굉유도거리라 한다.
④ 폭굉유도거리가 짧아질수록 위험도는 커진다.
⑤ 관경이 가늘수록 폭굉유도거리는 짧아진다.

해설 폭굉(Detonation)
① 폭굉은 급격한 압력의 상승 또는 개방에 의해 가스가 격한 음을 내면서 팽창하는 현상이고, 화염의 전파속도는 약 1,000 ~ 3,500m/s (초음속)이다.
→ 폭연의 화염전파속도 : 0.1 ~ 10m/s (아음속)

정답 ①

158

다음은 폭연에서 폭굉으로 전이되는 과정이다. ( ) 안에 들어갈 단계로 옳은 것은? 24년 공개

착화 → (ㄱ) → (ㄴ) → (ㄷ) → 폭굉파

	ㄱ	ㄴ	ㄷ
①	화염전파	압축파	충격파
②	화염전파	충격파	압축파
③	압축파	화염전파	충격파
④	압축파	충격파	화염전파

해설 폭연에서 폭굉으로 전이되는 과정(DDT)

착화 → (ㄱ: 화염전파) → (ㄴ: 압축파)
→ (ㄷ: 충격파) → 폭굉파

① 밀폐된 배관 또는 덕트 내부(최소 직경 12mm 이상, 길이는 최소 직경의 10배 이상)에서 폭발범위 내 미연소 혼합가스가 착화한다.
② 난류에 의해 화염면이 커지게 되어 연소열이 많아지고, 이때 발생하는 연소열에 의해 미연소 혼합가스가 팽창하면서 화염이 전파한다.
③ 전방으로 화염이 전파되며 압축파(압력파)가 발생한다.
④ 화염전방에 생기는 약한 압축파가 중첩되어 강한 압축파의 형태인 충격파가 발생한다.
⑤ 충격파의 영향으로 화염전파의 혼합물은 단열 압축되어 발화점(AIT) 이상의 온도로 상승하여 폭발적으로 연소하는데, 이때 발생하는 급격한 팽창압력을 폭굉파라 한다.

정답 ①

159

다음 중 폭연에서 폭굉으로 발전할 수 있는 폭굉유도거리가 짧아지는 조건으로 옳지 않은 것은? [18년 공개]

① 관의 내경이 클수록
② 압력이 높을수록
③ 연소속도가 큰 가스일수록
④ 관내가 좁아지거나 관내 표면이 거칠어진 경우

해설 폭굉유도거리(DID)

㉠ 관의 내경이 가늘수록 폭굉유도거리는 짧아진다.
㉡ 초기 압력 및 온도가 높을수록 폭굉유도거리는 짧아진다.
㉢ 연소속도가 빠른 가스일수록 폭굉유도거리는 짧아진다.
㉣ 혼합기체의 반응성이 클수록 폭굉유도거리는 짧아진다.
㉤ 점화에너지가 클수록 폭굉유도거리는 짧아진다.
㉥ 관 속의 이물질이 있을수록 폭굉유도거리는 짧아진다.
㉦ 관 속의 표면이 거칠수록 폭굉유도거리는 짧아진다.
→ 폭굉유도거리는 짧을수록 위험성이 높아진다.

정답 ①

160

다음 중 화학적 폭발에 해당하지 않는 것은? [22년 소방간부]

① 수증기폭발   ② UVCE
③ 분해폭발   ④ 분진폭발
⑤ 분무폭발

해설 물리적 폭발과 화학적 폭발

구분	물리적 폭발	화학적 폭발
발생 원리	• 양적변화 • 물질의 분자구조가 변하지 않고, 물질의 상태가 변화하여 폭발	• 질적변화 • 물질의 분자구조가 변하며, 물질의 화학반응에 따른 폭발
화염의 유무	없다.	있다.
종류	• 증기폭발 • 수증기폭발 • 전선폭발 • 감압폭발 • 블레비현상 • 고상간 전이에 의한 폭발	• 산화폭발(가스, 분무, 분진폭발) • 분해폭발 • 중합폭발 • 촉매폭발 • 반응폭주 등에 의한 폭발 • 박막폭발

① 수증기폭발은 물리적 폭발에 해당한다.

정답 ①

161

물질의 상 변화에 의해 에너지 방출이 짧은 시간에 이루어지는 폭발에 해당하지 않는 것은? [20년 소방간부]

① 분해폭발   ② 압력폭발
③ 증기폭발   ④ 금속선폭발
⑤ 고체상 전이폭발

해설 물리적 폭발

물질의 상태변화에 의해 에너지 방출이 짧은 시간에 이루어지는 폭발은 물리적 폭발을 의미한다.
→ ① : 화학적 폭발, ②, ③, ④, ⑤ : 물리적 폭발

정답 ①

162

화학적 폭발에 대한 설명으로 관계없는 것은? [16년 소방간부]

① 수증기폭발은 밀폐공간 속의 물이 급속히 기화되면서 많은 양의 수증기가 발생함으로써 증기압이 높아져 이것이 공간을 구획하고 있는 용기나 구조물의 내압으로 초과하여 파열되는 현상이다.
② 분해폭발은 산소에 관계없이 단독으로 발열 분해반응을 하는 물질에 의해서 발생하는 폭발이다.
③ 중합폭발은 단량체의 축합반응에 따른 발열량에 의한 폭발로 대표적인 예로는 산화에틸렌, 시안화수소, 염화비닐 등이 있다.
④ 가스폭발은 가연성 가스가 폭발범위 내의 농도로 공기가 조연성가스 중에 존재할 때 점화원에 의해 폭발하는 현상이다.
⑤ 분진폭발은 공기 중에 부유하고 있는 가연성 분진이 주체가 되는 폭발이다.

해설 물리적 폭발과 화학적 폭발

① 수증기 폭발은 물리적 폭발에 해당한다.

정답 ①

163

다음 중 화학적 폭발을 〈보기〉에서 있는 대로 고른 것은?

〔21년 소방간부〕

| 보기 |

㉠ 중합폭발   ㉡ 수증기폭발
㉢ 산화폭발   ㉣ 분해폭발

① ㉠, ㉢
② ㉢, ㉣
③ ㉠, ㉡, ㉢
④ ㉠, ㉢, ㉣
⑤ ㉡, ㉢, ㉣

해설 물리적 폭발과 화학적 폭발

㉡ 수증기폭발은 물리적 폭발에 해당한다.

정답 ④

164

폭발에 대한 설명으로 옳지 않은 것은?

〔17년 소방간부〕

① 폭발은 밀폐공간에서 급격한 압력상승으로 에너지가 외부로 전환되는 과정에서 파열, 후폭풍, 폭음 등을 동반하는 현상을 말한다.
② 폭발이 일어나기 위해서는 밀폐된 공간, 점화원, 폭발범위와 같은 조건이 구비되어야 한다.
③ 물리적 폭발은 물질의 상태(기체, 액체, 고체)가 변하거나 온도, 압력 등의 조건의 변화에 의한 폭발이다.
④ 화학적 폭발은 화학반응의 결과로 압력이 발생하여 유발되는 폭발이다.
⑤ 폭발의 발생원리에 따른 폭발의 분류 중 가스폭발, 분무폭발, 분진폭발은 물리적 폭발에 속한다.

해설 폭발의 분류

⑤ 폭발의 발생원리에 따른 폭발의 분류 중 가스폭발, 분무폭발, 분진폭발은 화학적 폭발에 속한다.

정답 ⑤

165

폭발에 대한 설명으로 옳지 않은 것은?

〔21년 공개〕

① 폭연은 폭굉보다 폭발압력이 낮다.
② 분해폭발은 산소에 관계없이 단독으로 발열 분해반응을 하는 물질에서 발생한다.
③ 물리적 폭발은 물질의 상태(기체, 액체, 고체)가 변하거나 온도, 압력 등 조건의 변화에 따라 발생한다.
④ 중합폭발은 가연성 액체의 무적(霧適, mist)이 일정농도 이상으로 조연성 가스 중에 분산되어 있을 때 착화하여 발생한다.

해설 분무폭발

가연성 액체의 무적(霧適, mist)이 일정농도 이상으로 조연성 가스 중에 분산되어 있을 때 착화하여 발생한다.

참고 중합폭발

㉠ 불포화 탄화수소화합물 중에서 특히 중합하기 쉬운 물질이 급격한 중합반응을 일으켜 중합열에 의하여 일어나는 폭발
㉡ 예시물질 : 시안화수소(분해폭발도 가능), 부타디엔, 염화비닐, 산화에틸렌(분해폭발도 가능) 등

정답 ④

166 🔥🔥🔥

액화가스탱크에 외부에서 가해지는 열에 의해 액체가 비등하면서 내부의 압력이 상승하여 용기가 파열되는 현상을 무엇이라고 하는가?

〔17년 공개〕

① 보일오버 ② 블레비
③ 플래시오버 ④ 슬롭오버

해설 과열액체 증기폭발(BLEVE)

㉠ 개념 : 액화가스탱크에 외부에서 가해지는 열에 의해 액체가 비등하면서 내부의 압력이 상승하여 용기가 파열되는 현상을 말한다.
㉡ 발생순서
 : 액온상승 → 연성파괴 → 액격현상 → 취성파괴
㉢ 특징
 • 프로판 액화가스에서 물리적 및 화학적 병립에 의한 폭발이다.
 • 원인은 물리적 폭발이며, 직접 열 받는 부분의 탱크의 인장강도를 초과할 경우 파열하게 된다.
 • BLEVE의 규모는 파열 시 액체의 기화량, 탱크의 용량에 따라 차이가 있다.
 • 액화가스 저장탱크에서 일어날 수 있다는 점에서 증기운 폭발과 같다.
 • 화구(Fire Ball)를 형성하고, 주위에 복사열 피해를 발생시킨다.

정답 ②

167 🔥🔥🔥

블레비(BLEVE : Boiling Liquid Expanding Vapor Explosion)현상의 특징으로 옳지 않은 것은?

〔21년 상반기〕

① 액화가스 저장탱크에서 일어날 수 있다는 점에서는 증기운 폭발과 같다.
② 액화가스 저장탱크에서 물리적 폭발이 순간적으로 화학적 폭발로 이어지는 현상이다.
③ 블레비의 규모는 파열 시 액체의 기화량에는 차이가 있으나 탱크의 용량에 따른 차이는 없다.
④ 직접 열을 받은 부분이 액화가스 저장탱크의 인장 강도를 초과할 경우 기상부에 면하는 지점에서 파열하게 된다.

해설 과열액체 증기폭발(BLEVE)

③ 블레비의 규모는 파열 시 액체의 기화량, 탱크의 용량에 따라 차이가 있다. 큰 용량의 탱크가 작은 용량의 탱크에서 발생하는 블레비보다 더 크게 폭발할 것이다.

정답 ③

168 🔥🔥🔥

다음 중 BLEVE 현상에 관한 설명으로 틀린 것은?

〔13년 충북〕

① 과열상태의 탱크에서 내부의 액화가스가 분출되어 착화되었을 때 폭발하는 현상이다.
② 블레비 현상은 물리적 폭발이 가연성 가스인 경우는 순간적으로 화학적 폭발로 이어질 수 있다.
③ 옥외의 가스 저장탱크지역의 화재발생 시 저장탱크의 외부가 가열되어 탱크 내 액체부분은 급격히 증발하고 가스부분은 온도상승과 비례하여 탱크 내 압력의 급격한 상승을 초래하게 된다.
④ 천장에 열과 가스가 축적되면 복사열에 방해가 되는 두텁고 진한 연기가 아래로 쌓이는 현상으로 폭발적인 착화현상이다.

해설 과열액체 증기폭발(BLEVE)

④ 실내건축물 화재 시 발생하는 특수현상 중 플래시오버(Flash over)에 대한 설명이다.

정답 ④

169

다음 중 BLEVE 현상으로 옳지 않은 것은?

[13년 통합]

① 가연성 액체탱크가 가열되어 폭발하기 전에 또한 10분이 경과하기 전에 냉각조치를 하지 않으면 폭발이 발생할 수 있다.
② 저장탱크 내에서 유출된 가연성 가스가 대기 중에 공기와 혼합하여 구름을 형성하는데 거기에 점화원이 다가가면 폭발하는 현상이다.
③ 가스 저장탱크지역의 화재발생 시 저장탱크가 가열되어 탱크 내 액체부분은 급격히 증발하고 가스부분은 온도상승과 비례하여 탱크 내 압력의 급격한 상승을 초래하게 된다.
④ 탱크가 계속 가열되면 용기강도는 저하되고 내부 압력은 상승하여 어느 시점이 되면 저장탱크의 설계압력을 초과하게 되고 탱크가 파괴되어 급격한 폭발현상을 일으킨다.

해설 과열액체 증기폭발(BLEVE)
② 증기운폭발(UVCE : Unconfined Vapor Cloud Explosion)에 대한 설명으로, 액화석유가스에서 일어날 수 있다는 점에서 블레비현상과 같다. 다만, 증기운폭발은 개방계에서 발생하며, 블레비현상은 밀폐계에서 발생한다.

정답 ②

170

BLEVE(Boiling Liquid Expanding Vapor Explosion) 현상에 대한 설명으로 옳지 않은 것은?

[17년 소방간부]

① 액화가스탱크 등 외부에서 가해지는 열에 의하여 액체가 비등하면서 내부의 압력이 증가하여 용기가 파열되는 현상을 말한다.
② BLEVE 현상은 비등하는 액체가 팽창하여 용기가 파손되면서 분출하는 화학적 폭발 현상이며, 이때 분출되는 가스가 가연성이면 가스가 폭발적으로 연소하는 물리적인 폭발이 이어질 수 있다.
③ 탱크가 계속 가열되면 용기강도는 저하되고 내부 압력은 상승하여 어느 시점이 되면 저장탱크의 설계압력을 초과하게 되고 탱크가 파괴되어 급격한 폭발현상을 일으킨다.
④ BLEVE 현상에 영향을 주는 인자로는 저장된 물질의 종류와 형태, 저장용기의 재질, 주위의 온도와 압력상태 등이 있다.
⑤ 냉각살수장치 설치, 용기 내압강도 유지, 감압시스템 설치 등이 BLEVE 현상 방지에 도움이 된다.

해설 과열액체 증기폭발(BLEVE)
② BLEVE 현상은 비등하는 액체가 팽창하여 용기가 파손되면서 분출하는 물리적 폭발 현상이며, 이때 분출되는 가스가 가연성이면 가스가 폭발적으로 연소하는 화학적인 폭발이 이어질 수 있다. (물리적 및 화학적 폭발의 병립)

정답 ②

171

블레비(BLEVE)에 관한 설명으로 옳지 않은 것은?

[24년 공개]

① 가연물이 비점 이상으로 가열될 때 발생한다.
② 저장탱크의 기계적 강도 이상의 압력이 형성될 때 발생한다.
③ 저장탱크 균열로 인한 액상, 기상의 동적 평형 상태가 유지된다.
④ 저장탱크의 외부 표면에 열전도성이 작은 물질로 단열조치하여 예방한다.

해설 블레비(BLEVE)

③ 저장탱크의 균열이 발생하기 전까지 액상, 기상의 동적 평형 상태가 유지되며, 저장탱크의 균열이 발생하고 난 뒤에 액상, 기상의 동적 평형상태가 깨지고 액체가 급격하게 기화한다. 또한, 분출된 증기가 가연성 가스인 경우 주변의 화염에 의해 발화되어 화구(Fire ball)를 형성한다.

정답 ③

172

폭발을 기상 폭발과 응상 폭발로 분류할 때, 폭발의 종류가 다른 것은?

[24년 소방간부]

① 분무 폭발
② 분진 폭발
③ 분해 폭발
④ 증기운 폭발
⑤ 증기 폭발

해설 기상폭발, 응상폭발

① 분무 폭발 : 기상폭발
② 분진 폭발 : 기상폭발
③ 분해 폭발 : 기상폭발
④ 증기운 폭발 : 기상폭발
⑤ 증기 폭발 : 응상폭발

정답 ⑤

173

다음 중 기상폭발이 아닌 것은?

[15년 통합]

① 분무폭발
② 분해폭발
③ 분진폭발
④ 증기폭발

해설 기상폭발과 응상폭발

기상폭발	응상폭발
• 가스폭발	• 수증기폭발
• 분무폭발	• 증기폭발
• 분진폭발	• 보일러폭발
• 분해폭발	• 전선폭발
• 증기운폭발	• 고상간 전이에 의한 폭발
	• 위험물 혼촉 폭발

④ 증기폭발은 응상폭발에 해당한다.

정답 ④

174

기상폭발에 해당하는 현상으로 옳은 것은?

[20년 소방간부]

㉠ 고체인 무정형 안티몬이 동일한 고상의 안티몬으로 전이할 때 발열함으로써 주위의 공기가 팽창하여 폭발한다.
㉡ 가연성 가스와 조연성 가스가 일정 비율로 혼합된 가연성 혼합기는 발화원에 의해 착화되면 가스폭발을 일으킨다.
㉢ 기체 분자가 분해할 때 발열하는 가스는 단일성분의 가스라고 해도 발화원에 의해 착화되면 혼합가스와 같이 가스폭발을 일으킨다.
㉣ 공기 중에 분출된 가연성 액체가 미세한 액적이 되어 무상으로 공기 중에 부유하고 있을 때 착화에너지가 주어지면 폭발이 발생한다.
㉤ 보일러와 같이 고압의 포화수를 저장하고 있는 용기가 파손 등의 원인으로 동체의 일부분이 열리면 용기 내압이 급속히 하락되어 일부 액체가 급속히 기화하면서 증기압이 급상승하여 용기가 파괴된다.

① ㉠, ㉡, ㉢
② ㉠, ㉡, ㉣
③ ㉡, ㉢, ㉣
④ ㉡, ㉢, ㉤
⑤ ㉢, ㉣, ㉤

해설 기상폭발과 응상폭발

㉠ 고상간 전이에 의한 폭발, ㉤ 보일러폭발은 응상폭발에 해당한다.

정답 ③

175

다음 보기에서 설명하는 것은? 〔18년 공개〕

가연성 고체의 미분이 공기 중에 부유하고 있을 때에 어떤 점화원에 의해 에너지가 주어지면 폭발하는 현상을 말한다.

① 가스폭발 ② 분무폭발
③ 분해폭발 ④ 분진폭발

해설 분진폭발

㉠ 정의 : 가연성 고체의 미분이 공기 중에 부유하고 있을 때에 폭발농도 이상으로 있을 때 점화원에 의해 에너지가 주어지면 폭발하는 현상을 말한다.
㉡ 분진폭발의 발생조건 : 가연성 물질, 입자크기(200mesh 이하, 76μm 이하), 공기 중 교반운동, 점화원의 존재
㉢ 분진폭발을 일으키지 않는 물질 : **석**회석(**탄**산칼슘), **생**석회(산화칼슘), **시**멘트 가루, **대**리석 가루, **산**화알루미늄, 소석회(수산화칼슘), **가**성소다

암기법 산소가 탄생 시대석

㉣ 분진폭발의 영향인자
- 분진의 표면적이 클수록 폭발이 잘 발생한다.
- 분진의 입자크기(입도)는 작을수록 폭발이 잘 발생한다.
- 동일한 크기의 분진에서는 입자의 형태가 구상 < 침상 < 편상 순으로 폭발이 잘 발생한다.
- 수분함유량이 적을수록 부유성이 증가되어 폭발이 잘 발생한다.
- Mg, Al 등 분진의 경우 수분과 반응하여 가연성 가스를 발생시키므로 수분함유량이 많을수록 폭발이 잘 발생한다.
- 공기 중 노출시간이 길수록 산화피막을 형성하여 폭발성이 감소한다.
- 휘발성이 큰 물질일수록 가연성 증기를 잘 형성하여 폭발이 잘 발생한다.

정답 ④

176

다음 중 분진의 발화폭발조건이 아닌 것은? 〔12년 울산〕

① 가연성 물질이어야 한다.
② 공기 중에서 부유하고 있어야 한다.
③ 점화원이 존재하지 않아도 된다.
④ 분진입자의 크기는 76(μm) 이하여야 한다.

해설 분진폭발의 발생조건

㉠ 금속, 플라스틱, 밀가루, 설탕, 전분, 석탄 등 가연성 물질이여야 한다.
㉡ 분진입자의 크기는 200mesh 이하, 76μm 이하이어야 한다.
㉢ 공기(조연성 가스) 중에서 교반운동을 하여야 한다.
㉣ 점화원이 존재하여야 한다.

정답 ③

177

분진의 폭발성에 영향을 미치는 인자에 관한 내용으로 옳지 않은 것은? 〔12년 통합〕

① 분진 속에 존재하는 수분량이 증가할수록 폭발성이 둔감하게 된다.
② 평균 입자직경이 작고 밀도가 작을수록 폭발이 용이해진다.
③ 분진의 표면적이 입자체적에 비하여 작아지면 폭발이 용이해진다.
④ 분진의 발열량이 클수록 폭발성이 크며 휘발성분의 함유량이 많을수록 폭발하기 쉽다.

해설 분진폭발의 영향인자

㉠ 분진의 표면적이 클수록 폭발이 잘 발생한다.
㉡ 분진의 입자크기(입도)는 작을수록 폭발이 잘 발생한다.
㉢ 동일한 크기의 분진에서는 입자의 형태가 구상 < 침상 < 편상 순으로 폭발이 잘 발생한다.
㉣ 수분함유량이 적을수록 부유성이 증가되어 폭발이 잘 발생한다.
㉤ Mg, Al 등 분진의 경우 수분과 반응하여 가연성 가스를 발생시키므로 수분함유량이 많을수록 폭발이 잘 발생한다.
㉥ 공기 중 노출시간이 길수록 산화피막을 형성하여 폭발성이 감소한다.
㉦ 휘발성이 큰 물질일수록 가연성 증기를 잘 형성하여 폭발이 잘 발생한다.
→ ③ 분진의 표면적이 입자체적에 비하여 작아지면 폭발성이 저하된다.

정답 ③

178

다음 중 분진폭발에 대한 설명 중 옳지 않은 것은?

[13년 소방간부] [15년 소방간부]

① 분진폭발은 가스폭발에 비하여 발생에너지가 크다.
② 분진 내 수분은 불활성가스의 역할을 하게 되어 점화온도를 높여준다.
③ 분진 입자와 밀도가 작을수록 표면적이 커서 폭발성이 강하다.
④ 활성화에너지가 클수록 분진폭발이 잘 일어난다.
⑤ 분진이 발화·폭발하기 위한 조건은 가연성 미분 상태, 점화원의 존재, 폭발범위 이내, 공기 중에서 교반과 운동이 있다.

해설 가스폭발과 분진폭발
④ 활성화에너지(최소점화에너지)가 작을수록 분진폭발이 잘 일어난다.

정답 ④

179

분진폭발에 영향을 미치는 인자에 관한 설명으로 옳지 않은 것은?

[23년 공개]

① 분진의 발열량이 클수록 폭발하기 쉽다.
② 분진의 부유성이 클수록 폭발이 용이해진다.
③ 분진폭발은 분진의 입자직경에 영향을 받는다.
④ 분진의 단위체적당 표면적이 작아지면 폭발이 용이해진다.

해설 분진폭발
③ 분진폭발은 분진의 입자직경에 영향을 받으며, 입자의 직경이 작을수록 분진폭발에 용이하다.
④ 분진의 단위체적당 표면적이 커지면 산소와 접촉이 용이해져 폭발이 용이해진다.

정답 ④

180

분진폭발에 영향을 미치는 인자에 관한 설명으로 옳지 않은 것은?

[24년 소방간부]

① 분진의 발열량이 클수록, 휘발성분의 함유량이 많을수록 폭발하기 쉽다.
② 입자의 크기가 작고 밀도가 클수록 표면적이 크고 폭발이 용이해진다.
③ 열분해가 용이할수록, 기체 반응속도가 빠를수록 폭발하기 쉽다.
④ 알루미늄과 마그네슘 금속분진의 경우 분진 속 수분량이 증가하면 폭발성이 증가한다.
⑤ 평균 입경이 동일한 분진일 경우 분진의 형상에 따라 폭발성이 달라진다.

해설 분진폭발
② 입자의 크기가 작고 밀도가 작을수록 표면적이 크고 산소와 접촉면적이 넓어져 폭발이 용이해진다.

정답 ②

181

다음 중 가스폭발과 분진폭발을 비교할 때 분진폭발에 대한 설명으로 적합하지 않는 것은?

[15년 경기]

① 분진폭발은 연소시간이 길고, 발생에너지가 크기 때문에 파괴력이 크다.
② 분진폭발의 연소속도나 초기 폭발압력은 가스폭발에 비해 적다.
③ 분진폭발은 가스폭발보다 최소발화에너지는 크나 발생에너지는 작다.
④ 분진폭발의 최초 폭발압력은 가스폭발보다 작다.

해설 가스폭발과 분진폭발

구분	가스폭발	분진폭발
연소속도	빠르다	느리다
초기폭발력	크다	작다
발생에너지	작다	크다
최소점화에너지	작다	크다
2차, 3차 폭발	없다	있다
일산화탄소 발생량	적다	많다
분자온도 상승수단	전도	전도와 복사
공기와 가연물	균일상태	불균일상태

③ 분진폭발은 가스폭발보다 최소발화에너지와 발생에너지 모두 크다.

정답 ③

182

대기 중 대량의 가연성 액체유출에 의해 발생된 증기와 공기가 혼합되어 가연성 기체를 형성하여 폭발하는 현상은? [16년 통합]

① 보일오버 ② 블레비
③ 슬롭오버 ④ 증기운폭발

해설 증기운폭발(UVCE)
대기 중에 가연성 기체 또는 기화하기 쉬운 가연성액체가 유출되어서 개방된 공간에서 대량의 가연성 혼합기체가 형성되어 발생하는 폭발이다. 기상폭발 및 화학적 폭발에 해당한다.

참고 기타 보기

㉠ 보일오버(Boil over) : 점성이 큰 고비점 중질유의 저장탱크에 화재가 발생하여 장시간 진행되면 열류층이 형성된다. 이 열류층이 화재진행과 더불어 점차 유면 하부로 내려가 탱크바닥의 물을 비등시킨다. 이때 저비점 물질이 끓어 넘치면서 기름과 함께 끓어 넘치는 현상

㉡ 블레비현상(BLEVE) : 액화가스탱크에 외부에서 가해지는 열에 의해 액체가 비등하면서 내부의 압력이 상승하여 용기가 파열되는 현상

㉢ 슬롭오버 : 물보다 끓는점이 높은 점성을 가진 유류에 물 또는 소화를 위해 방사한 포가 접촉될 때 유류 표면온도에 의해 물이 수증기가 되어 팽창 및 비등함에 따라 유류를 외부로 비산시키는 현상

정답 ④

183

다음 중 폭발물질의 물리적 상태에 따라서 기상폭발과 응상폭발로 구분할 때 응상폭발의 종류가 아닌 것은? [12년 경기]

① 증기운폭발
② 수증기폭발
③ 증기폭발
④ 혼합위험에 의한 폭발

해설 기상폭발과 응상폭발

기상폭발	응상폭발
• 가스폭발 • 분무폭발 • 분진폭발 • 분해폭발 • 증기운폭발	• 수증기폭발 • 증기폭발 • 보일러폭발 • 전선폭발 • 고상간 전이에 의한 폭발 • 위험물 혼촉 폭발

① 증기운폭발은 기상폭발에 해당한다.

정답 ①

184

다음 중 응상폭발에 해당하는 것은? [19년 소방간부]

① 저온의 액화가스가 상온의 물 위에 분출되었을 때와 같이 액상에서 기상으로의 급격한 상변화에 의해 발생하는 폭발현상
② 공기 중에 분출된 가연성 액체의 미세한 액적이 무상으로 되어 공기 중에 있을 때 점화원에 의해 착화되어 일어나는 현상
③ 가연성 고체의 미분이 공기 중에 부유하고 있을 때에 착화원에 의해 발생하는 폭발현상
④ 공기나 산소가 섞이지 않더라도 가연성 가스 자체의 분해 반응열에 의해 발생하는 폭발현상
⑤ 대기 중에 기화하기 쉬운 가연성 액체가 유출되어 가연성 혼합기체가 대량으로 형성되었을 때 점화원에 의해 착화되어 일어나는 폭발현상

해설 응상폭발
① 증기폭발에 대한 설명으로, 응상폭발에 해당한다.
② 분무폭발에 대한 설명으로, 기상폭발에 해당한다.
③ 분진폭발에 대한 설명으로, 기상폭발에 해당한다.
④ 분해폭발에 대한 설명으로, 기상폭발에 해당한다.
⑤ 증기운폭발에 대한 설명으로, 기상폭발에 해당한다.

정답 ①

185
폭발에 대한 설명으로 옳지 않은 것은? [20년 공개]

① 증기폭발은 폭발물질의 물리적 상태에 따른 분류 중 기상폭발에 해당한다.
② 폭굉은 연소반응으로 발생한 화염의 전파속도가 음속보다 빠른 것을 말한다.
③ 블레비(BLEVE)는 액화가스저장탱크 등에서 외부열원에 의해 과열되어 급격한 압력상승의 원인으로 파열되는 현상이며, 폭발의 분류 중 물리적 폭발에 해당한다.
④ 폭발은 물리적, 화학적 변화의 결과로 발생된 급격한 압력상승에 의한 에너지가 외계로 전환되는 과정에서 파열, 폭음 등을 동반하는 현상을 말한다.

해설 폭발의 분류
① 증기폭발은 폭발물질의 물리적 상태에 따른 분류 중 응상폭발에 해당한다.

정답 ①

186
폭발에 대한 일반적인 설명으로 옳은 것은? [22년 공개]

① 아세틸렌과 산화에틸렌은 분해폭발을 일으키기 쉬운 물질이다.
② 상온에서 탱크에 저장된 중유가 유출되면 자유공간 증기운폭발이 일어난다.
③ 밀폐공간에서 조연성가스가 폭발범위를 형성하면 점화원에 의해 가스폭발이 일어난다.
④ 다량의 고온물질이 물 속에 투입되었을 때 물의 갑작스러운 상변화에 의한 폭발현상을 반응폭주라 한다.

해설 폭발의 분류
② 상온에서 탱크에 저장된 액화석유가스가 유출되면 자유공간 증기운폭발이 일어난다.
③ 밀폐공간에서 가연성가스가 폭발범위를 형성하면 점화원에 의해 가스폭발이 일어난다.
④ 다량의 고온물질이 물 속에 투입되었을 때 물의 갑작스러운 상변화에 의한 폭발현상을 수증기폭발이라 한다.

정답 ①

187
다음의 구분에 따른 폭발종류로서 옳지 않은 것은? [13년 경기]

① 분해폭발 : 아세틸렌, 산화에틸렌
② 산화폭발 : 과산화수소, 하이드라진유도체
③ 중합폭발 : 염화비닐, 시안화수소
④ 분진폭발 : 금속분, 밀가루

해설 폭발의 분류
② 하이드라진유도체는 제5류 위험물로서 산소 없이 폭발이 가능한 분해폭발에 해당한다.

정답 ②

188
폭발에 관한 설명으로 옳은 것만을 보기에서 있는 대로 고른 것은? [23년 공개]

ㄱ. 증기폭발은 액체의 급속한 기화로 인해 체적이 팽창되어 발생하는 현상이다.
ㄴ. 가스폭발은 분진폭발보다 최소발화에너지가 크다.
ㄷ. 분해폭발은 공기나 산소와 섞이지 않더라도 가연성 가스 자체의 분해 반응열에 의해 폭발하는 현상이다.
ㄹ. 폭발(연소)범위는 초기온도 및 압력이 상승할수록 분자간 유효충돌할 가능성이 높아지기 때문에 넓어진다.

① ㄱ, ㄴ　　② ㄷ, ㄹ
③ ㄱ, ㄴ, ㄹ　　④ ㄱ, ㄷ, ㄹ

해설 폭발
ㄴ. 가스폭발은 분진폭발보다 최소발화에너지가 작다.

정답 ④

189

유류저장탱크 및 위험물 이송배관 등에서 발생하는 화재현상에 관한 설명으로 옳지 않은 것은?

[25년 소방간부]

① 블레비(BLEVE)는 물리적 폭발에 해당한다.
② 증기운폭발(UVCE)은 저장탱크에서 유출된 가스가 증기운을 형성하여 떠다니다가 점화원과 접촉하여 발생하는 누설착화형 폭발에 해당한다.
③ 보일오버(boil over)는 상부가 개방된 저장탱크의 하부에 존재하던 물 또는 물-기름 에멀션이 뜨거운 열류층의 온도에 의해 급격히 부피가 팽창되어 다량의 불이 붙은 기름을 저장탱크 밖으로 분출시키는 현상이다.
④ 오일오버(oil over)는 저장된 유류 저장량이 내용적의 70%를 초과하여 충전되어 있는 저장탱크에서 발생한다.
⑤ 분출화재(jet fire)는 탄화수소계 위험물의 이송배관이나 저장용기로부터 위험물이 고속으로 누출될 때 점화되어 발생하는 난류확산형 화재이다.

해설 유류저장탱크 및 위험물 이송배관
④ 오일오버(oil over)는 저장된 유류 저장량이 내용적의 **50% 이하로** 충전되어 있는 저장탱크에서 발생한다.

참고 폭발재해 형태

구분			내용
물리적 폭발	과열 액체 증발	열 이동형	저비점의 액체가 고온의 물질과 접촉하여 순간적인 상태변화에 의한 폭발(예: 수증기 폭발)
		평형 파괴형	고압의 액체가 담겨 있는 고압용기가 파손되어 급격한 증발에 의한 폭발(예: BLEVE)
화학적 폭발	착화원	누설 착화형	용기에서 가스가 누설되어 주위 착화원에 의해 착화되어 폭발(예: 증기운폭발)
		착화 파괴형	용기, 배관에 가스가 충만되어 주위 착화원에 의해 착화되어 압력이 상승하는 파괴형 폭발
	반응열	자연 발화형	반응열이 축적되어 자연발화온도 이상이 되었을 때 폭발(예: Na, K)
		반응 폭주형	반응열의 급격한 축적에 의한 폭발

정답 ④

190

전기설비의 방폭구조 중 전기설비 용기 내부의 공기, 질소, 탄산가스 등의 보호가스가 대기압 이상으로 봉입하여 당해 용기 내부에 가연성 가스 또는 증기가 침입하지 못하도록 한 구조는 무엇인가?

[16년 충남]

① 압력방폭구조
② 안전증가방폭구조
③ 유입방폭구조
④ 본질안전방폭구조

해설 전기방폭구조
① 압력방폭구조 = 내(內)압방폭구조 : 용기 내 신선한 공기 또는 불활성가스를 넣어줌으로써 용기 내부에는 압력이 형성되어 외부로부터 폭발성가스 침투를 막는 구조를 말한다.
② 내(耐)압방폭구조 : 용기가 폭발압력에 파손되지 않고 견디고 화염이 용기 외부로 전파되는 것을 막는 구조를 말한다.
③ 유입방폭구조 : 점화원이 될 우려가 있는 기기를 절연유 등 보호액 속에 넣어 보호한 구조를 말한다.
④ 안전증(가)방폭구조 : 정상시 전기기기의 과도한 온도상승 등 안전조치를 취해 비교적 안전도를 증가시킨 구조를 말한다.
⑤ 본질안전방폭구조 : 정상시 또는 이상상태에서 발생하는 전기불꽃 또는 가열효과를 점화에너지 이하 수준까지 제한하는 구조를 말한다.

정답 ①

191

다음 보기에서 설명에 해당하는 방폭구조는?

[22년 소방간부]

> 정상시 및 사고시(단선, 단락, 지락 등)에 발생하는 전기불꽃, 아크 또는 고온에 의하여 폭발성 가스 또는 증기에 점화되지 않는 것이 점화시험 및 기타에 의하여 확인된 방폭구조

① 내압방폭구조
② 압력방폭구조
③ 안전증가방폭구조
④ 유입방폭구조
⑤ 본질안전방폭구조

해설 본질안전방폭구조
정상시 및 사고시(단선, 단락, 지락 등)에 발생하는 전기불꽃, 아크 또는 고온에 의하여 폭발성 가스 또는 증기에 점화되지 않는 것이 점화시험 및 기타에 의하여 확인된 방폭구조를 말한다.

정답 ⑤

192 🔥🔥🔥

다음 보기에서 설명하는 전기방폭구조의 종류로 옳은 것은?　　　　　　　　　　　　　18년 공개

- (가)는 점화원이 될 우려가 있는 부분을 용기 내에 넣고 불연성 가스인 보호기체를 용기의 내부에 넣어 줌으로써 용기 내부에는 압력이 발생하여 외부로부터 폭발성가스가 침입하지 못하도록 한 구조이다.
- (나)는 정상시 및 사고시 발생하는 전기불꽃, 아크 또는 고온에 의하여 폭발성가스 또는 증기에 점화되지 않는 것이 점화시험 및 기타에 의하여 확인된 구조를 말한다.
- (다)는 전기기기의 불꽃 또는 고온이 발생하는 부분을 절연유 속에 넣고 기름면 위에 존재하는 폭발성 가스 또는 증기에 인화될 우려가 없도록 한 구조이다.

① (가) 내(耐)압방폭구조
　(나) 본질안전방폭구조
　(다) 유입방폭구조
② (가) 압력방폭구조
　(나) 안전증가방폭구조
　(다) 유입방폭구조
③ (가) 압력방폭구조
　(나) 본질안전방폭구조
　(다) 유입방폭구조
④ (가) 내(耐)압방폭구조
　(나) 안전증가방폭구조
　(다) 압력방폭구조

해설 전기방폭구조

(가) 압력방폭구조 = 내(內)압방폭구조에 대한 설명이다.
용기 내 신선한 공기 또는 불활성가스를 넣어줌으로써 용기 내부에는 압력이 형성되어 외부로부터 폭발성가스 침투를 막는 구조를 말한다.
(나) 본질안전방폭구조에 대한 설명이다.
정상시 또는 이상상태에서 발생하는 전기불꽃 또는 가열효과를 점화에너지 이하 수준까지 제한하는 구조를 말한다.
(다) 유입방폭구조에 대한 설명이다.
점화원이 될 우려가 있는 기기를 절연유 등 보호액 속에 넣어 보호한 구조를 말한다.

정답 ③

PART 2 | 화재이론

CHAPTER 01 | 화재의 개요 및 분류

001	002	003	004	005	006	007	008	009	010
④	③	③	②	④	④	③	②	④	④
011	012	013	014	015	016	017	018	019	020
①	②	③	①	⑤	②	②	①	①	③
021	022	023	024						
①	③	②	③						

001

다음은 화재에 관한 설명이다. 설명이 잘못된 것은?
[11년 서울]

① 인간의 의도나 고의로 발생한 불로서 소화할 필요성이 있는 현상을 말한다.
② 방화에 의하여 불이 발생 및 확대되는 현상으로서 경제적 손해를 주는 현상을 말한다.
③ 자연적 원인으로 물체에 연소현상이 일어나고 인명과 재산에 손해를 주는 현상이다.
④ 고의로 연소현상을 일으켰으나 자연적으로 소화되어 소화할 필요성이 없는 현상을 말한다.

해설 화재의 정의
④ 화재란 사용자의 의도에 반해 피해를 입히는 것으로 소화할 필요성이 있는 현상을 말한다.

정답 ④

002

A급, B급, C급, D급으로 분류한 급수별에 의한 화재의 기준으로 가장 적합한 것은?
[11년 전남] [13년 전북]

① 연소대상물의 종류와 인화점
② 가연물의 대상물과 연소상황
③ 가연물의 성상
④ 연소대상물의 인화점과 발화점

해설 화재의 분류
③ 화재의 분류는 가연물의 종류 및 성상(성질과 상태)에 따라 A급(일반화재), B급(유류화재), C급(전기화재), D급(금속화재)로 분류한다.

정답 ③

003

다음 중 화재의 종류와 가연물의 연결로 옳지 않은 것은?
[11년 울산]

① A급 화재 - 종이 및 일반제품
② B급 화재 - 휘발유 등 인화성물질
③ C급 화재 - 분말 및 고무제품
④ D급 화재 - 가연성 금속

해설 화재종류에 따른 가연물
① A급 화재(일반화재) : 나무, 섬유, 종이, 고무, 플라스틱 등 타고 나서 재가 남는 화재를 말한다.
② B급 화재(유류화재) : 인화성 액체, 가연성 액체, 석유 그리스 등 타고 나서 재가 남지 않는 화재를 말한다.
③ C급 화재(전기화재) : 전류가 흐르고 있는 전기, 배선과 관련된 화재를 말한다.
④ D급 화재(금속화재) : 마그네슘 합금 등 가연성 금속에서 일어나는 화재를 말한다.
→ ③ 분말 및 고무제품은 A급 화재(일반화재)에 속한다.

정답 ③

004

급수에 의한 화재의 분류 중 옳은 것은?
[다수 출제]

① A급 : 일반화재, 무색
② B급 : 유류화재, 황색
③ C급 : 가스화재, 백색
④ D급 : 금속화재, 청색
⑤ C급 : 전기화재, 황색

해설 화재의 분류 및 색상

구분	화재종류	색상
A급	일반화재	백색
B급	유류화재	황색
C급	전기화재	청색
D급	금속화재	무색
E급	가스화재	황색
K급	주방화재 (식용유화재)	-

정답 ②

005

화재의 구분 및 표시색상과 소화방법에 관하여 다음 중 옳지 않은 것은? [14년 통합] [16년 통합]

① 백색 – 일반화재 – 냉각소화
② 황색 – 유류화재 – 질식소화
③ 청색 – 전기화재 – 제거소화
④ 무색 – 금속화재 – 주수소화

해설 화재의 종류별 소화방법

구분	화재종류	소화방법
A급	일반화재	냉각소화
B급	유류화재	질식소화
C급	전기화재	질식소화, 제거소화
D급	금속화재	질식소화
E급	가스화재	제거소화
K급	주방화재(식용유화재)	질식소화, 냉각소화

④ 금속화재는 주수소화 시 가연성 가스의 발생위험이 있어 마른모래, 팽창질석, 팽창진주암 등으로 질식소화를 한다.

정답 ④

006

가연물의 종류에 따른 화재별 특징으로 옳지 않은 것은? [19년 소방간부]

① 일반화재는 보통화재라고도 하며, 화재 발생 시 주로 백색 연기가 생성되며 연소 후에는 재를 남긴다.
② 유류화재는 화재 시 일반화재보다 진행속도가 빠르고 주로 흑색 연기가 생성되며 연소 후에는 재를 남기지 않는다.
③ 전기화재는 C급 화재로서 통전 중인 전기시설물로부터 유도되며, 원인으로는 합선(단락), 과부하, 누전, 낙뢰 등이다.
④ 금속화재는 D급 화재로서 금속작업 시 열의 축적 등의 원인으로 발생하며, 건조사, 건조분말 등을 이용한 질식·피복 효과와 물을 이용한 냉각효과를 이용해 소화한다.
⑤ 가스화재는 가스가 누설되어 공기와 일정 비율로 혼합된 상태에서 점화원에 의하여 착화되어 발생하며, 주된 소화방법은 밸브류 등을 잠그거나 차단시킴으로 인한 제거소화법이다.

해설 가연물의 종류에 따른 화재별 특징
④ 금속화재는 D급 화재로서 물과 반응하여 가연성 가스 및 조연성 가스가 발생하기 때문에 주수소화가 절대 불가능하며, 마른 모래(건조사), 팽창질석, 팽창진주암을 이용한 질식소화를 주로 한다.

정답 ④

007

화재의 분류에 대한 설명으로 옳지 않은 것은? [17년 소방간부]

① 화재의 분류는 가연물의 종류와 성상, 대상물의 종류 등에 따라 일반화재, 유류화재, 전기화재, 금속화재, 가스화재 등으로 구분된다.
② 일반화재는 산소와 친화력이 강한 물질에 의한 화재로 연소 후 재를 남길 수 있는 대상물 화재를 말한다.
③ 유류화재는 화재성장속도가 일반화재보다 느리며, 생성된 연기는 백색으로 연소 후에는 재를 남긴다.
④ 전기화재는 그 형태가 아주 다양하며 원인규명이 상당히 어려운 화재로 주로 누전, 과전류, 합선 혹은 단락 등의 발화가 그 원인이다.
⑤ 금속화재는 물과 반응하여 수소(H_2)등 가연성 가스를 발생시키는 것이 대부분이며, 물이나 물을 포함한 소화약제를 사용하면 오히려 위험할 수 있다.

해설 화재의 분류
③ 유류화재는 화재성장속도가 일반화재보다 빠르며, 생성된 연기는 흑색으로 연소 후에는 재를 남기지 않는다.

참고 일반화재와 유류화재

구분	일반화재	유류화재
연소 후의 재	있다	없다
연기의 색상	백색	흑색
주수소화	가능	불가능

정답 ③

008 🔥🔥🔥

일반화재에 해당하는 것만을 〈보기〉에서 있는 대로 고른 것은? [24년 공개]

| 보기 |
ㄱ. 통전 중인 배전반에서 불이 난 경우
ㄴ. 외출 시 전원이 차단된 콘센트에서 불이 난 경우
ㄷ. 실외 난로가 넘어지면서 새어 나온 석유에 불이 붙은 경우
ㄹ. 실험실 시험대 위 나트륨 분말에서 불이 난 경우

① ㄱ
② ㄴ
③ ㄴ, ㄹ
④ ㄱ, ㄷ, ㄹ

해설 일반화재(A급 화재)
ㄱ. 전기화재(C급 화재)에 해당한다.
ㄴ. 전원이 차단되어 있으므로 전기가 흐르고 있지 않는 기기에서 발생한 화재이다. 따라서 일반화재(A급 화재)에 해당한다.
ㄷ. 석유에서 발생한 화재로 유류화재(B급 화재)에 해당한다.
ㄹ. 나트륨 분말에서 발생한 화재로 금속화재(D급 화재)에 해당한다.
→ 일반화재에 해당하는 것은 "ㄴ"이다.

정답 ②

009 🔥🔥🔥

전기화재의 직접적인 요인으로 가장 옳지 않은 것은? [17년 공개]

① 누전
② 지락
③ 과전류
④ 역기전력

해설 전기화재의 직접적 원인
④ 전기화재의 직접적인 요인으로는 과전류, 반단선, 단락, 누전, 지락, 절연불량, 스파크, 정전기, 낙뢰 등이 있으며, 역기전력은 자계의 흐름을 방해하는 방향의 기전력으로 전기화재의 점화원에 해당하지 않는다.

참고 전기화재의 원인이 아닌 것
㉠ 단선
㉡ 승압
㉢ 역기전력
㉣ 절연저항의 증가
㉤ 단열팽창

정답 ④

010 🔥🔥🔥

다음 중 금속류와 물이 혼합될 때 생기며 폭발성이 강한 기체인 것은? [13년 충북]

① 질소
② 탄소
③ 산소
④ 수소

해설 금속의 주수소화
④ 나트륨, 칼륨, 마그네슘, 철분, 금속분 등의 금속은 물과 혼합될 경우 폭발성이 강한 수소기체를 발생시킨다.

정답 ④

011 🔥🔥🔥

유류저장탱크 내 유류 표면에 화재 발생 시 뜨거운 열류층이 형성되고 그 열파가 장시간에 걸쳐 바닥까지 전달되어 하부의 물이 비점 이상으로 가열되면서 부피가 팽창해 저장된 유류가 탱크 외부로 분출되었다. 이에 해당하는 현상으로 옳은 것은? [24년 공개]

① 보일오버(boil over)
② 슬롭오버(slop over)
③ 프로스오버(froth over)
④ 오일오버(oil over)

해설 보일오버(Boil over)
유류저장탱크 내 유류 표면에 화재 발생 시 뜨거운 열류층이 형성되고 그 열파가 장시간에 걸쳐 바닥까지 전달되어 하부의 물이 비점 이상으로 가열되면서 부피가 팽창해 저장된 유류가 탱크 외부로 분출되는 현상을 말한다.

정답 ①

012

유류의 액표면 온도가 물의 비점 이상으로 상승되고 소화용수 등이 뜨거운 액표면에 유입되게 되면 물이 수증기화 되면서 갑작스러운 부피 팽창에 의해 유류가 탱크 외부로 분출되는 현상을 무엇인가? [12년 울산]

① 보일오버
② 슬롭오버
③ 프로스오버
④ 플래시오버

해설 슬롭오버(Slop over)

유류의 액체표면 온도가 물의 비점(끓는점) 이상으로 상승되고 소화용수 등이 뜨거운 액체표면에 유입되게 되면 물이 수증기화 되면서 갑작스러운 부피팽창에 의해 유류가 탱크 외부로 분출되는 현상이다.

정답 ②

013

다음에서 설명하는 위험물화재 특수현상으로 옳은 것은? [13년 통합]

물에 의해 탱크 내 유류가 넘치는 현상으로 고온에서도 끈끈한 점성을 유지하고 있는 고점도 중질유 유류가 저장탱크 속에 물과 섞여 들어가 있을 때, 또는 유류 표면 아래로 물이 유입되면서 물이 고점도 유류 아래에서 비등할 때, 기름과 섞여 있는 물이 갑자기 수증기화 되면서 탱크 내부에서 탱크내의 일부 내용물을 넘치게 하는 현상으로서 직접적으로 화재발생을 하지 않는다.

① 슬롭오버   ② 보일오버
③ 프로스오버 ④ 오일오버

해설 프로스오버(Froth over)

㉠ 점성을 가진 뜨거운 유류 표면의 아래 부분에서 물이 비등할 경우 비등하는 물이 저장탱크 내의 유류를 외부로 넘쳐흐르게 하는 현상이다.
㉡ 다른 이상현상보다는 위험성이 적으며, 발생 횟수가 많으나 직접적으로 화재를 발생시키지는 않는다.
㉢ 화재 이외의 경우에도 물이 고점도 유류 아래서 비등할 때 탱크 밖으로 물과 기름이 거품과 같은 상태로 넘치는 현상을 말한다.

정답 ③

014

다음 설명에 해당하는 것은? [13년 경기] [14년 통합]

유류탱크화재 시 탱크 유면에서부터 고온층이 확대되어, 고온층이 탱크 하부에 있는 물을 급속히 가열, 비등시켜 발생된 수증기가 체적팽창에 의해 상층의 유류를 탱크 밖으로 분출시키는 현상

① 보일오버   ② 플래시오버
③ 풀파이어   ④ 프로스오버

해설 보일오버(Boil over)

㉠ 점성이 크고 비점이 높은 중질유의 저장탱크에 화재가 발생하여 장기간 화재에 노출되면 열류층(고온층, 200~300℃)이 형성되어 그 열이 아래로 내려오게 되는데 외부로부터 침투하거나 원유 자체에 함유된 수분이나 기름의 에멀션이 열을 공급받아 급격한 부피 팽창을 하게 되고 이때 부피팽창으로 상층의 유류를 밀어 올리며 기름과 함께 비산하게 된다.
㉡ 방지대책
  – 탱크 저면이나 측면 하단에 물을 배수할 수 있는 관을 설치한다.
  – 탱크 내부에 기계적 교반을 실시한다.

정답 ①

015

중질유 탱크에 화재가 발생하면 액표면 온도가 수백도로 올라가고 탱크 바닥에 물과 기름의 에멀전이 존재할 때 물의 비등으로 탱크 내의 유류가 급격히 분출하는 현상을 무엇이라 하는가?

[13년 소방간부]

① 오일오버
② 프로스오버
③ 슬롭오버
④ 링파이어
⑤ 보일오버

해설 보일오버(Boil over)

㉠ 점성이 크고 비점이 높은 중질유의 저장탱크에 화재가 발생하여 장기간 화재에 노출되면 열류층(고온층, 200~300℃)이 형성되어 그 열이 아래로 내려오게 되는데 외부로부터 침투하거나 원유 자체에 함유된 수분이나 기름의 에멀션이 열을 공급받아 급격한 부피 팽창을 하게 되고 이때 부피팽창으로 상층의 유류를 밀어 올리며 기름과 함께 비산하게 된다.

㉡ 방지대책
 - 탱크 저면이나 측면 하단에 물을 배수할 수 있는 관을 설치한다.
 - 탱크 내부에 기계적 교반을 실시한다.
 - 모래나 비등석을 투입하여 과열에 의한 튐을 막을 수 있다.

정답 ⑤

016

다음에서 설명하는 것은 무엇인가?

[15년 통합] [15년 소방간부]

저장탱크 내에 저장된 제4류 위험물의 양이 내용적의 1/2 이하로 충전되어 있을 때 화재로 인하여 저장탱크 내의 유류가 외부로 분출하면서 탱크가 파열되는 것을 말한다.

① 보일오버
② 오일오버
③ 슬롭오버
④ 프로스오버
⑤ 플레임오버

해설 오일오버(Oil over)

㉠ 액체 가연물질인 제4류 위험물의 저장탱크에서 화재가 발생하는 경우 나타나는 이상 현상으로서 저장탱크 내에 저장된 제4류 위험물의 양이 내용적의 1/2 이하로 충전되어 있을 때 화재로 인하여 저장탱크 내의 유류가 외부로 분출하면서 탱크가 파열되는 것을 말한다.

㉡ 제4류 위험물의 화재 시 나타나는 이상현상 중 위험성이 매우 크다.

㉢ 인명피해를 수반하므로 저장탱크의 화재 시에는 초기 소화가 이루어지도록 하여야 한다.

정답 ②

017

유류저장탱크 속의 물이 점성을 가진 뜨거운 기름의 표면 아래에서 끓을 때 화재를 수반하지 않고 기름이 넘쳐흐르는 현상은?

[17년 소방간부]

① 슬롭오버(slop over)
② 프로스오버(froth over)
③ 오일오버(oil over)
④ 보일오버(boil over)
⑤ 플래시오버(flash over)

해설 프로스오버(Forth over)

㉠ 점성을 가진 뜨거운 유류 표면의 아래 부분에서 물이 비등할 경우 비등하는 물이 저장탱크 내의 유류를 외부로 넘쳐흐르게 하는 현상이다.

㉡ 다른 이상현상보다는 위험성이 적으며, 발생 횟수가 많으나 직접적으로 화재를 발생시키지는 않는다.

㉢ 화재 이외의 경우에도 물이 고점도 유류 아래서 비등할 때 탱크 밖으로 물과 기름이 거품과 같은 상태로 넘치는 현상을 말한다.

참고 플래시오버

화재의 성장기에 발생, 실내 모든 가연물이 동시에 발화, 폭발적으로 화염에 휩싸이는 현상을 말한다.

정답 ②

018

유류화재의 이상현상에 대한 설명으로 옳은 것은?

[20년 소방간부]

① 프로스오버(Froth over) : 점성이 큰 뜨거운 유류표면 아래에서 물이 끓을 때 화재를 수반하지 않고 유류가 넘치는 현상
② 슬롭오버(Slop over) : 탱크 내의 유류가 50% 미만 저장된 경우, 화재로 인한 내부 압력 상승으로 인해 탱크가 폭발하는 현상
③ 오일오버(Oil over) : 중질유 탱크 화재 시 액면의 뜨거운 열파가 탱크 하부로 전달될 때, 탱크 하부에 존재하고 있던 에멀션(emulsion) 상태의 물을 기화시켜 물의 급격한 부피 팽창으로 탱크 내의 유류가 분출하는 현상
④ 링파이어(Ring fire) : 액화가스저장 탱크의 외부화재로 탱크가 장시간 과열되면 내부 액화가스의 급격한 비등·팽창으로 탱크 내부 압력이 급격히 증가되고, 최종적으로 탱크의 설계압력 초과로 탱크가 폭발하는 현상
⑤ 보일오버(Boil over) : 중질유 탱크 내에 화재로 연소유의 표면온도가 물의 비점 이상 상승했을 때, 물분무 또는 폼(foam) 소화약제를 뜨거운 연소유 표면에 방사하면 물이 수증기가 되면서 급격한 부피 팽창으로 연소유를 탱크 외부로 비산시키는 현상

해설 유류화재의 이상현상
② 오일오버(oil over)에 대한 설명이다.
③ 보일오버(boil over)에 대한 설명이다.
④ 블레비(BLEVE)에 대한 설명이다.
⑤ 슬롭오버(slop over)에 대한 설명이다.

정답 ①

019

위험물화재의 특수현상 중 슬롭오버(slop over) 현상으로 옳은 것은?

[18년 소방간부]

① 점성이 큰 유류에서 화재가 발생했을 때 소화용수의 유입에 의한 갑작스러운 부피 팽창으로 탱크 내의 유류가 끓어 넘치는 현상
② 저장탱크 속의 물이 점성을 가진 뜨거운 기름의 표면 아래에서 끓을 때 화재를 수반하지 않고 기름이 넘쳐흐르는 현상
③ 가연성 가스가 연소하면서 바람을 타고 흘러가는 현상
④ 석유화재에서 저장탱크 하부에 고인 물이 격심한 증발을 일으키면서 불붙은 석유를 분출하는 현상
⑤ 과열상태의 탱크 내부에서 액화가스가 분출하여 기화되어 착화되었을 때 폭발하는 현상

해설 슬롭오버(Slop over)
② 프로스오버(Froth over)에 대한 설명이다.
③ 주염(走炎)에 대한 설명이다.
④ 보일오버(Boil voer)에 대한 설명이다.
⑤ 블레비(BLEVE)에 대한 설명이다.

정답 ①

020

특수화재현상의 대응절차에 관한 설명으로 옳은 것은?
[20년 소방간부]

① 비등액체팽창증기폭발(BLEVE) : 탱크의 드레인(drain) 밸브를 개방하여 탱크에 고인 물을 제거한다.
② 보일오버(boil over) : 소화수를 이용하여 개방된 탱크의 상부 냉각을 최우선으로 하고, 탱크 주변의 화재 진화를 병행한다.
③ 파이어볼(Fire ball) : 밸브나 배관에서 누출되는 가스가 연소하는 화염은 소화하지 않고, 그 화염에 의해서 가열되는 면을 냉각한다.
④ 백드래프트(back draft) : 지붕 등 상부 개방은 금지하고, 하부를 파괴하여 폭발적인 화염과 연소확대에 따른 대피방안을 강구한다.
⑤ 플래임오버(flame over) : 폭발력으로 건축물 변형·강도약화로 붕괴, 비산, 낙하물 피해와 방수모 등 개인보호 장구 이탈에 대비, 자세를 낮추고 대피방안을 강구한다.

해설 특수화재현상의 대응절차
① 보일오버(boil over)에 대한 대응절차이다.
② 비등액체팽창 증기폭발(BLEVE)에 대한 대응절차이다.
④ 백드래프트(back draft)는 지붕 등 상부를 파괴하여 폭발적인 화염발생과 연소 확대에 대한 대피방안을 강구하여야 한다.
⑤ 플래시오버(flash over) 또는 백드래프트(back draft)에 대한 대응절차이다.

정답 ③

021

다음 화재의 설명 중 옳은 것은?
[18년 소방간부]

① 석유류나 식용유의 표면에 물이 접촉될 때 물이 표면 온도에 의해 급격히 증발하여 비산하며 석유류·식용유와 함께 분출하는 현상을 슬롭오버라 한다.
② 제4류 위험물의 양이 내용적 1/2 이하로 충전되어 있을 때 화재로 인하여 저장탱크 내의 유류를 외부로 분출하면서 탱크가 파열되는 현상을 보일오버라 한다.
③ 비점이 큰 중질유의 저장탱크 속 수분(또는 에멀전)이 장기간 열을 공급받아 유류를 밀어 올리고 기름과 함께 비산하는 현상을 프로스오버라고 한다.
④ 점성을 가진 뜨거운 유류 표면의 아래 부분에서 물이 비등할 경우 비등하는 물이 저장탱크 내의 유류를 화재를 수반하지 않고 외부로 넘쳐흐르게 하는 현상으로 다른 현상에 비해 발생횟수가 많으나 직접적으로 화재를 발생시키지 않는 것을 오일오버라고 한다.
⑤ 식용유화재에서 소화약제는 비누화작용을 하는 제2종 분말소화약제가 주로 사용된다.

해설 화재의 특징
② 오일오버(Oil over)에 관한 설명이다.
③ 보일오버(Boil over)에 관한 설명이다.
④ 프로스오버(Froth over)에 관한 설명이다.
⑤ 식용유 화재의 소화약제는 비누화작용을 하는 제1종 분말소화약제(탄산수소나트륨)가 주로 사용된다.

정답 ①

022

다음 설명 중 옳은 것은? [11년 서울]

① 원유를 분별증류하면 끓는점이 높은 휘발유 성분이 먼저 분리되고 하부쪽으로 갈수록 끓는점이 낮은 등유, 경유, 중유 순으로 분리된다.
② 슬롭오버는 탱크의 벽면이 가열된 상태에서 포를 방출하는 경우 가열된 벽면 부분에서 포가 열화되어 안정성이 저하된 상태에서 증발된 유류가스가 발포되어 있는 거품층을 뚫고 상승되어 유류가스에서 불이 붙는 현상이다.
③ 보일오버는 서로 다른 원유가 섞여있거나 중질유 탱크에서 오랜시간동안 연소와 함께 탱크 내 잔존 기름이 바닥에 있는 물의 비등으로 탱크 밖으로 분출하는 현상이다.
④ 프로스오버는 유류 액표면 온도가 물의 비점 이상으로 상승되고 소화용수 등이 뜨거운 액표면에 유입되게 되면 물이 수증기화 되면서 갑작스러운 부피팽창에 의해 유류가 탱크 외부로 분출되는 현상이다.

해설 유류화재의 이상현상
① 원유를 분별증류하면 끓는점이 낮은 휘발유부터 분리되고, 하부쪽으로 갈수록 끓는점이 높은 순서대로 분리된다.
② 윤화현상(Ring fire)에 대한 설명이다.
④ 슬롭오버(Slop over)에 대한 설명이다.

정답 ③

023

불완전한 연소상태로서 불꽃이 없고 느린 연소이며 화재 초기에 고체 가연물에서 많이 발생하는데 열축적이 계속되어 외부 공기가 갑자기 유입될 때 급격한 연소가 일어날 수 있는 상태를 말하며 다음 중 이와 관련된 내용은?
[13년 통합] [14년 공개]

① 화염연소   ② 훈소화재
③ 백열현상   ④ 내부연소

해설 훈소
㉠ 가연물이 열분해 의해서 가연성 가스를 발생시켰을 때 공간의 밀폐로 산소의 양이 부족하거나 바람에 의해 그 농도가 현저히 저하된 경우 다량의 연기를 내며 고체 표면에서 발생하는 불꽃이 없는 연소형태이다.
㉡ 공기 중에 존재하는 산소와 고체 표면에서 발생하는 느린 연소과정으로 독성가스(CO, HCN 등)를 다량으로 방출한다.
㉢ 액체미립자계 연기를 발생시킨다.
→ ④ 내부연소는 물질내부에 산소를 함유하고 있는 물질의 연소인 자기연소를 말한다.

참고 표면연소와 훈소

구분	표면연소(작열연소)	훈소
불꽃의 유무	불꽃없이 연소한다.	
불꽃이 없는 이유	열분해를 하지 않고 증발도 하지 않아 가연성증기를 발생하지 않고 불꽃이 발생하지 않는다.	가연성 증기를 발생시키나 온도가 낮거나 산소의 부족 등으로 불꽃이 발생하지 않는다.
물질	숯, 목탄, 금속분, 코크스	나무, 종이

정답 ②

024

전기화재(C급화재) 및 주방화재(K급화재)에 관한 설명으로 옳지 않은 것은? [23년 공개]

① 주방화재의 가연물 중 하나인 식용유의 발화점은 비점보다 낮다.
② 도체 주위의 자기장 변화에 의해 발생된 유도전류는 전기화재의 점화원으로 작용할 수 있다.
③ 식용유로 인한 화재 시 유면상의 화염을 제거하면 복사열에 의한 기화를 차단하여 재발화를 방지할 수 있다.
④ 전기화재 발생 원인 중 누전은 전류가 전선이나 기구에서 절연 불량 등의 원인으로 정해진 전로(배선) 밖으로 흐르는 현상이다.

해설 전기화재와 주방화재
③ 식용유로 인한 화재 시 유면상의 화염을 제거하고 유면의 온도를 낮추며, 냉각 및 질식소화를 함께 실시하여야 재발화를 방지할 수 있다. 식용유 화재는 유면상의 화염을 제거하여도 식용유의 온도가 발화점 이상이므로 곧바로 재발화한다.

정답 ③

PART 2 | 화재이론

CHAPTER 02 | 건축물의 화재

				025	026	027	028	029	030
				③	④	④	①	③	④
031	032	033	034	035	036	037	038	039	040
③	③	②	①	④	④	④	④	③	②
041	042	043	044	045	046	047	048	049	050
③	①	③	③	④	②	①	⑤	③	①
051	052	053	054	055	056	057	058	059	060
④	④	②	①	②	④	③	②	④	③
061	062	063	064	065	066	067	068	069	070
④	③	④	④	②	④	①	③	③	③
71	72								
⑤	②								

025

다음 중 실내건축물 화재 시 진행단계로 옳은 것은?

[13년 전북]

① 성장기 → 발화기 → 최성기 → 플래시오버 → 감쇠기
② 발화기 → 성장기 → 최성기 → 플래시오버 → 감쇠기
③ 발화기 → 성장기 → 플래시오버 → 최성기 → 감쇠기
④ 성장기 → 최성기 → 플래시오버 → 발화기 → 감쇠기

해설 실내건축물의 화재 진행단계
③ 발화기 → 성장기 → 플래시오버 → 최성기 → 감쇠기

참고 실내건축물 화재의 진행단계

구분	특징
발화기 (화재초기)	• 연기색상 : 백색 • 온도상승 : 전도, 대류 • 화재초기에는 산소공급이 원활하지 않은 경우 훈소가 진행되기도 한다.
성장기	• 연기색상 : 흑색 • 온도상승 : 대류, 복사 • 플래시오버 이전까지 화재가 가장 급격하게 성장하는 시기이다.
최성기	• 연기색상 : 흑색 • 온도상승 : 복사 • 화재가 가장 격렬한 시기로 연기량이 감소되고 화염이 분출되는 단계이다.
감쇠기 (감퇴기)	• 연기색상 : 백색 • 시간에 따라 열방출속도(열발산율)은 감소하는 단계이며, 다른 곳으로 연소 위험이 없다.

정답 ③

026

화재 성장기(중기)에 대한 설명으로 옳은 것은?

[13년 경기]

① 화세가 감퇴한다.
② 초기를 거치며 크게 상승하지 않는 발화단계, 백색 연기가 나온다.
③ 산소가 소진되어 다량의 불완전가스가 발생되며 물질이 흘러내린다.
④ 화재의 상황변화가 가장 격렬하고 다양하다.

해설 실내건축물의 화재 진행단계
① 감쇠기(감퇴기)에 대한 설명이다.
② 화재 초기(발화기)에 대한 설명이다.
③ 최성기에 대한 설명이다.

정답 ④

027

실내 화재의 진행 과정을 설명한 내용으로 옳지 않은 것은?

[21년 공개]

① 발화기 : 건물 내의 가구 등이 독립 연소하고 있으며 다른 동(棟)으로의 연소 위험은 없다.
② 성장기 : 화재의 진행이 급속히 이루어지고 개구부에서는 검은 연기가 분출된다.
③ 최성기 : 산소가 부족하여 연소되지 않은 가스가 다량 발생된다.
④ 감퇴기 : 지붕이나 벽체, 대들보나 기둥도 무너져 떨어지고 열발산율은 증가하기 시작한다.

해설 실내건축물의 화재 진행단계
④ 감퇴기 : 지붕이나 벽체, 대들보나 기둥도 무너져 떨어지고 열발산율은 감소하기 시작한다.

정답 ④

028

다음 중 실내화재에서 최성기의 특성으로 옳지 않은 것은? [17년 공개]

① 다량의 흑색 연기가 점차 분출되고 연기농도가 짙다.
② 실의 연기량은 적어지고 화염이 확대되고 개구부 밖으로 분출한다.
③ 연소가 가장 격렬한 시기이며 불완전 연소가스가 발생하기도 한다.
④ 강력한 복사열로 인해 인근 건물로 연소위험이 증대된다.

해설 실내건축물의 화재 진행단계
① 최성기는 화재가 가장 왕성한 시기로 연기량이 감소되고 화염이 분출되는 단계이다.

정답 ①

029

실내 일반화재 진행 과정에 관한 설명으로 옳은 것은? [24년 공개]

① 화재 초기에는 실내 온도가 급격하게 상승하기 시작한다.
② 성장기에는 급속한 연소 진행으로 환기지배형 화재 양상이 나타난다.
③ 최성기에는 실내 화염이 최고조에 도달하나 실내 산소부족으로 연소속도가 느려진다.
④ 감쇠기에는 화염의 급격한 소멸로 훈소 상태가 되어 백드래프트(back draft)의 위험이 없다.

해설 실내 일반화재 진행 과정
① 화재 초기(발화기, 제1성장기)에는 실내 온도가 서서히 상승하기 시작한다.
② 성장기(화재중기, 제2성장기)에는 급속한 연소 진행으로 연료지배형 화재(연료량 < 환기량) 양상이 나타난다.
(최성기에는 일반적으로 환기지배형 화재 양상이 나타난다.)
④ 감쇠기(감퇴기, 화재종기)에는 화염의 급격한 소멸로 훈소 상태가 되어 산소가 급격히 유입될 경우 백드래프트(back draft)의 위험이 있다. (백드래프트는 성장기, 감쇠기에 발생할 수 있다.)

정답 ③

030

다음은 시간과 온도변화에 따른 실내건축물 화재 시 특수현상에 관한 내용이다. ㉠~㉤에 들어갈 내용으로 옳게 연결된 것은? [13년 통합]

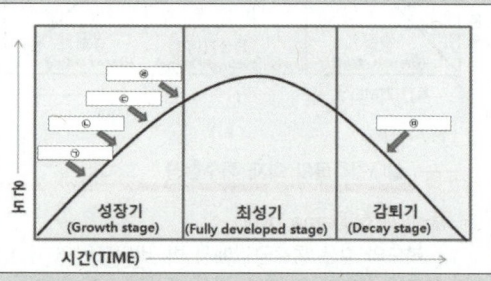

① ㉠ 롤오버(Roll over),
㉡ 백드래프트(Back draft),
㉢ 플래시오버(Flash over),
㉣ 플래임오버(Flame over),
㉤ 백드래프트(Back draft)

② ㉠ 롤오버(Roll over),
㉡ 플래시오버(Flash over),
㉢ 플래임오버(Flame over),
㉣ 백드래프트(Back draft),
㉤ 플래시오버(Flash over)

③ ㉠ 플래임오버(Flame over),
㉡ 플래시오버(Flash over),
㉢ 백드래프트(Back draft),
㉣ 롤오버(Roll over),
㉤ 플래시오버(Flash over)

④ ㉠ 플래임오버(Flame over),
㉡ 백드래프트(Back draft),
㉢ 롤오버(Roll over),
㉣ 플래시오버(Flash over),
㉤ 백드래프트(Back draft)

해설 실내건축물의 화재 특수현상 발생시기
㉠ 플래임오버(Flame over),
㉡ 백드래프트(Back draft),
㉢ 롤오버(Roll over),
㉣ 플래시오버(Flash over),
㉤ 백드래프트(Back draft)

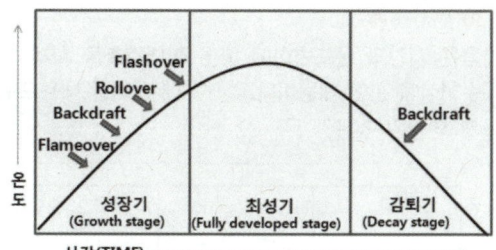

> **참고** 실내건축물의 화재 특수현상

㉠ 플래임오버(Flame over)
- 복도와 같은 통로공간에서 벽, 바닥표면의 가연물에 화염이 급속하게 확산되는 현상을 묘사하는 용어이다.
- 목재 벽과 강의실 책상, 극장, 인테리어 장식용 벽, 그리고 가연성 코팅재질의 천장은 충분히 가열만 되면 플래임오버를 만들 수 있다.

㉡ 백드래프트(Back draft)
- 화재실의 산소량이 감소된 상태에서 문을 개방할 때 신선한 공기가 유입되어 실내에 축적되었던 고온의 가연성 가스가 단시간에 폭발적으로 연소함으로써 화염과 폭풍을 동반하여 분출되는 현상을 말한다.
- 개구부 주위 농연 응축물이 확인되고, 외부 공기가 빨려 들어가며 휘파람 소리 또는 진동이 발생한다.

㉢ 롤오버(Roll over)
- 천장부근에서 축적된 가연성 가스가 인화점에 도달하여 연소하는 현상이다.
- 천장에서 화염이 굴러다니며 산발적인 화염이 굽이쳐 흘러가는 현상이다.

㉣ 플래시오버(Flash over)
- 구획실 내 가연성 재료의 전표면이 불로 덮이는 현상을 말한다.
- 국부연소에서 구획실 전체 화재로 번지는 현상으로 전실화재, 순발연소라 한다.
- 연료지배형 화재에서 환기지배형 화재로 전이되는 시기이다.
- 재실자의 피난한계점을 의미하며, 플래시오버 이후에는 피난이 불가하다.
- 플래시오버 이전에 롤오버(Roll over)가 관찰된다.

정답 ④

031

다음 중 실내화재인 플래시오버의 발생시기는 어디에 해당되는가? [13년 대전]

① 최성기   ② 말기
③ 중기   ④ 초기

해설 플래시오버(Flash over) 발생시기
③ 플래시오버는 성장기 또는 최성기 직전인 중기에 발생한다.

정답 ③

032

다음 중 플래시오버가 일어나는 시기는? [15년 소방간부]

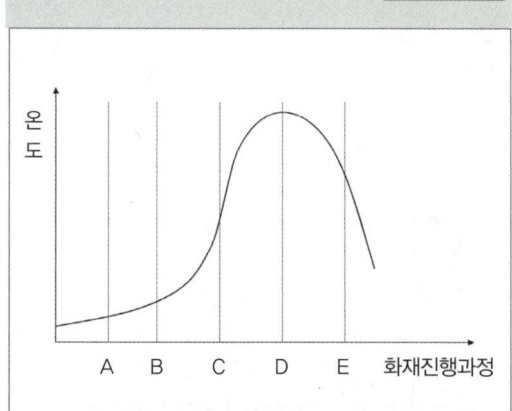

① A   ② B
③ C   ④ D
⑤ E

해설 플래시오버(Flash over) 발생시기
③ 플래시오버는 성장기 또는 최성기 직전에 발생하며, 온도가 급격히 상승하는 C구간을 성장기로 해석하는 것이 가장 적합하다.

정답 ③

033

가연성가스 농도가 증가하여 연소범위 내의 농도에 도달하면 곧 착화하여 화염에 덮이게 되고 복사열에 의하여 바닥면 위의 가연물이 급속히 가열 및 착화되어 구획 내 가연성 재료의 전 표면이 불로 덮이는 전이현상을 무엇이라 하는가?

[13년 소방간부]

① 훈소화재
② 플래시오버
③ 슬롭오버
④ 백드래프트
⑤ 롤오버

해설 플래시오버(Flash over)
㉠ 구획실 내 가연성 재료의 전표면이 불로 덮이는 현상을 말한다.
㉡ 국부연소에서 구획실 전체 화재로 번지는 현상으로 전실화재, 순발연소라 한다.
㉢ 연료지배형 화재에서 환기지배형 화재로 전이되는 시기이다.
㉣ 재실자의 피난한계점을 의미하며, 플래시오버 이후에는 피난이 불가하다.
㉤ 플래시오버 이전에 롤오버(Roll over)가 관찰된다.

정답 ②

034

일반 주택에서 플래시오버에 대한 설명으로 틀린 것은?

[12년 경기]

① 일반적으로 환기지배화재로부터 연료지배화재로 전이된다.
② 실내의 가연물이 연소에 의해서 온도를 높이고 동시에 다량의 가연성가스를 수반하는 연기를 방출한다.
③ 어느 시간 그 실내의 온도 상승에 의해 동시에 연소하여 화재의 진행을 순간적으로 실내 전체에 확산시키는 현상이다.
④ 플래시오버 시점에서 실내의 온도는 약 800~900℃가 된다.

해설 플래시오버(Flash over)
㉠ 구획실 내 가연성 재료의 전표면이 불로 덮이는 현상을 말한다.
㉡ 국부연소에서 구획실 전체 화재로 번지는 현상으로 전실화재, 순발연소라 한다.
㉢ 연료지배형 화재에서 환기지배형 화재로 전이되는 시기이다.
㉣ 재실자의 피난한계점을 의미하며, 플래시오버 이후에는 피난이 불가하다.
㉤ 플래시오버 이전에 롤오버(Roll over)가 관찰된다.

정답 ①

035

플래시오버의 영향인자로 옳지 않은 것은?

[12년 울산]

① 개구부가 작을수록 발생시각이 늦어진다.
② 내장재에 따라서 달라지며 천장높이가 낮을수록 더 빨라진다.
③ 화원의 크기가 클수록 도달하는 시각이 짧아진다.
④ 연기농도에 따라서 발생 원인효과를 크게 미친다.

해설 플래시오버(Flash over)의 영향인자
㉠ 내장재 : 벽의 마감재보다 천장재에 영향을 많이 받으며, 불연재료보다 가연재료일 때 빨리 진행된다.
㉡ 개구부 : 개구부의 크기가 클수록 빨리 진행된다.
㉢ 점화원 : 점화원의 크기가 클수록 빨리 진행되며, 화원이 중앙에 있는 경우보다 모서리에 있는 경우 더 빨리 진행된다.
㉣ 구획실 : 층고가 낮을수록, 소규모 구획실일수록 빨리 진행된다.
㉤ 발열량 : 가연물의 발열량이 클수록 빨리 진행된다.
㉥ 열전도율 : 열전도율이 낮을수록 열축적이 용이하여 빨리 진행된다.

정답 ④

036

다음 중 플래시오버에 대한 설명으로 가장 틀린 것은?

〔13년 전북〕

① 플래시오버는 화염이 확대되는 순발적인 연소확대현상이라 한다.
② 일정 공간 안에 가연성 가스가 축적된 상태에서 개구부가 개방되면 폭발적으로 전체가 화염에 휩싸이는 화재현상으로 주로 성장기에 발생한다.
③ 실내화재 시 천장류에서 방출되는 복사열에 의하여 실내에 있는 모든 가연성 물질이 분해되어 가연성 증기가 발생하게 됨으로써 실내 전체가 순간적으로 연소가 확대되는 현상이다.
④ 화재로 인하여 실내 상부쪽으로 고온의 기체가 축적되고 온도가 높아져 기체는 팽창하고 산소가 부족한 건물 내에 갑자기 산소가 새로 유입될 때 발생하는 현상이다.

해설 플래시오버(Flash over)
㉠ 구획실 내 가연성 재료의 전표면이 불로 덮이는 현상을 말한다.
㉡ 국부연소에서 구획실 전체 화재로 번지는 현상으로 전실화재, 순발연소라 한다.
㉢ 연료지배형 화재에서 환기지배형 화재로 전이되는 시기이다.
㉣ 재실자의 피난한계점을 의미하며, 플래시오버 이후에는 피난이 불가하다.
㉤ 플래시오버 이전에 롤오버(Roll over)가 관찰된다.
→ ④ 백드래프트(Back draft)에 대한 설명이다.

정답 ④

037

플래시오버(Flash over)현상에 대한 설명으로 옳지 않은 것은?

〔17년 소방간부〕

① 플래시오버 현상은 점화원의 위치와 크기, 가연물의 양과 성질, 개구부의 크기, 실내 마감재 등에 영향을 받는다.
② 열전도율이 작은 내장재일수록 플래시오버 현상을 촉진시킬 수 있다.
③ 플래시오버 현상은 건축물 실내화재에서 볼 수 있는 현상이다.
④ 산소가 다량으로 유입되어 일어나는 현상으로 천장재보다 벽이 크게 영향을 받으며, 개구부의 크기가 작을수록 플래시오버 현상을 촉진시킨다.
⑤ 천장부근에 가연성 가스가 축적되어 어느 시기에 이르러 폭발적으로 연소하는 현상이다.

해설 플래시오버(Flash over)
④ 산소가 다량으로 급격히 유입되어 발생하는 현상은 백드래프트(Back draft)이고, 개구부의 크기가 클수록 플래시오버(Flash Over) 현상을 촉진시킨다.

참고 플래시오버와 백드래프트

구분	플래시오버 (Flash over)	백드래프트 (Back draft)
화재발생단계	성장기	성장기, 감쇠기
발생요인	복사열의 축적	급격한 산소공급
폭발성	없음	있음
연소형태	자유연소	훈소
진압전술	배연지연법, 공기차단지연법, 냉각지연법	배연(지붕환기)법 급냉(담금질)법 측면공격법

정답 ④

038

특수화재현상 중 플래시오버(Flash Over)와 롤오버(Roll Over)에 대한 설명으로 옳지 않은 것은?
[20년 소방간부]

① 롤오버는 화염이 선단부에서 주변 공간으로 확대된다.
② 플래시오버는 화염이 순간적으로 공간 전체로 확대된다.
③ 플래시오버는 공간 내 전체 가연물에서 동시에 발화하는 현상이다.
④ 롤오버 시 발생되는 복사열은 플래시오버 시 발생되는 복사열보다 강하다.
⑤ 롤오버는 실의 상부에 있는 가연성 가스가 발화온도 이상 도달했을 때 발화하는 현상이다.

해설 플래시오버와 롤오버현상

구분	플래시오버 (Flash over)	롤오버 (Roll over)
복사열	열의 복사가 강하다.	열의 복사가 플래시오버현상에 비해 상대적으로 약하다.
확대범위	일순간 전체공간으로 확대된다.	화염선단부분이 주변공간으로 확대된다.
확산 매개체	공간내 모든 부분 (상층과 하층) 가연물의 동시발화	상층부의 고온 증기(가연성가스)의 발화

④ 롤오버는 열의 복사가 플래시오버에 비해 상대적으로 약하다.

정답 ④

039

구획실 화재에 관한 설명으로 옳은 것은? [24년 공개]

① 플래시오버(flash over)는 최성기와 감쇠기 사이에서 발생하며 충격파를 수반한다.
② 굴뚝효과가 발생할 때는 개구부에 형성된 중성대 상부에서 공기가 유입되고, 중성대 하부에서 연기가 유출된다.
③ 연료지배형 화재는 환기지배형 화재보다 산소 공급이 원활하고 연소속도가 빠르다.
④ 화재플룸(fire plume)은 실내 공기의 압력 차이로 가연성가스가 천장을 따라 화재가 발생하지 않은 복도 쪽으로 굴러다니는 것처럼 뿜어져 나오는 현상이다.

해설 구획실 화재

① 플래시오버(flash over)는 성장기와 최성기 사이에서 발생하며 충격파를 수반하지 않는다.
② 굴뚝효과가 발생할 때는 개구부에 형성된 중성대 상부에서 연기가 유출되고, 중성대 하부에서 공기가 유입된다.
④ 롤오버(Roll over)는 실내 공기의 압력 차이로 가연성가스가 천장을 따라 화재가 발생하지 않은 복도 쪽으로 굴러다니는 것처럼 뿜어져 나오는 현상이다.

정답 ③

040

다음 중 플래시오버를 지연시키기 위한 소방관의 전술 3가지로 옳지 않은 것은? [13년 통합] [16년 통합]

① 공기차단 지연법
② 제거소화 지연법
③ 냉각 지연법
④ 배연 지연법

해설 플래시오버의 지연대책

㉠ 배연 지연법 : 창문 등을 개방하여 배연(환기)함으로써, 공간 내부에 쌓인 열을 방출시켜 Flashover를 지연시킬 수 있으며 가시성 또한 향상시킬 수 있다.
㉡ 공기차단 지연법 : 배연(환기)과 반대로 개구부(창문)을 닫아 산소를 감소시킴으로써 연소속도를 줄이고 공간 내 열의 축적 현상도 늦추게 하여 지연시키는 방법을 쓸 수 있다. 이 방법은 관창호스 연결이 지연되거나 모든 사람이 대피했다는 것이 확인된 경우 적합한 방법이다.
㉢ 냉각 지연법 : 분말소화기 등 이동식 소화기를 분사하여 화재를 완전하게 냉각하는 것은 불가능하나, 일시적으로 온도를 낮출 수 있으며, Flashover를 지연시키고 관창호스를 연결할 시간을 벌 수 있다.

정답 ②

041

화재 시 구획실에서 발생하는 현상에 관한 설명으로 옳은 것은? [23년 공개]

① 개구부의 크기는 플래시오버 발생과 관련이 없다.
② 구획실의 창문과 문손잡이의 온도로 백드래프트의 발생 가능성을 예측할 수 없다.
③ 준불연성이나 불연성의 내장재를 사용할 경우 플래시오버 발생까지의 소요시간이 길어진다.
④ 구획실 내의 산소가 부족하여 훈소 상태에서 공기가 갑자기 다량 공급될 때 가연성 가스가 순간적으로 폭발하듯 발화하는 현상은 플래시오버이다.

해설 플래시오버와 백드래프트
① 개구부의 크기는 플래시오버 발생과 관련이 있다. (개구부의 크기가 커질 경우 플래시오버의 발생시기는 빨라진다.)
② 구획실의 창문과 문손잡이의 온도로 백드래프트의 발생 가능성을 예측할 수 있다. (창문과 문손잡이의 온도가 높아진 경우 백드래프트가 발생함을 예측할 수 있다.)
④ 구획실 내의 산소가 부족하여 훈소 상태에서 공기가 갑자기 다량 공급될 때 가연성 가스가 순간적으로 폭발하듯 발화하는 현상은 백드래프트이다.

[정답] ③

042

불완전 연소된 가연성가스와 열이 집적되고 적절하게 배연되지 않는 상태의 산소가 결핍된 실내에 소방관이 소화활동이나 구조 활동 중에 문을 갑자기 개방함으로써 신선한 공기가 유입되며 실내의 화염이 폭발과 함께 분출하는 현상은? [12년 세종]

① Back draft   ② Flash over
③ Smoldering   ④ Fire ball

해설 백드래프트(Back draft)
㉠ 백드래프트 현상은 공기 부족으로 훈소상태에 있을 때 신선한 공기가 유입되어 실내에 축적되었던 가연성가스가 단시간에 폭발적으로 연소함으로써 화재가 폭풍을 동반하여 실외로 분출되는 현상을 말한다.
㉡ 구조물을 붕괴시켜 소방관 살인현상이라고도 한다.
→ ② 플래시오버, ③ 훈소, ④ 파이어볼을 의미한다.

[정답] ①

043

다음 중 백드래프트(Back draft)의 폭발이 일어나기 전 잠재적 징후로 옳지 않은 것은? [12년 통합]

① 짙은 황회색으로 변하는 검은 연기
② 과도한 열의 축적
③ 개구부를 통하여 분출되는 화염
④ 연기로 얼룩진 창문

해설 백드래프트의 발생징후
㉠ 건물의 외부에서 관찰할 수 있는 징후
 • 연기가 균열된 틈이나 작은 구멍을 통하여 빠져 나오고 건물 안으로 연기가 빨려 들어가는 현상이 발생된 경우
 • 화염은 보이지 않으나 창문이나 문이 뜨거운 경우
 • 유리창의 안쪽으로 타르와 유사한 기름성분의 물질이 흘러내리는 경우
 • 창문을 통해 보았을 때 건물 내에서 연기가 소용돌이 치고 있는 경우
㉡ 건물의 내부에서 관찰할 수 있는 징후
 • 압력차이로 인해 공기가 내부로 빨려 들어가는 듯한 특이한 소리(호각소리와 유사)가 들리는 경우
 • 연기가 건물 내로 되돌아가거나 맴도는 경우
 • 연기가 아주 빠르게 소용돌이 치는 경우
 • 훈소 상태에 있는 뜨거운 화재인 경우
 • 산소공급의 감소로 약화된 불꽃이 관찰될 경우
→ ③ 백드래프트는 밀폐된 공간에서 발생하므로 개구부에서 화염이 분출되지 않는다.

[정답] ③

044

백드래프트(Back draft) 징후에 대한 설명으로 옳지 않은 것은? [13년 경기]

① 연기가 건물 내에서 빠르게 소용돌이치거나 건물 내로 되돌아가거나 맴도는 연기가 관찰된다.
② 창문에 농연 검은색 액체의 응축물이 흘러내리거나 얼룩이 진 자국이 관찰된다.
③ 개방된 공간에서 훈소연소를 말한다.
④ 화염은 보이지 않으나 창문이나 문손잡이가 뜨겁다.

해설 백드래프트의 발생징후
③ 백드래프트 징후는 밀폐된 공간에서 훈소연소를 하며 뜨거운 화재형태를 나타낸다.

[정답] ③

045

백드래프트(back draft)의 발생 징후로 옳지 않은 것은?

[24년 공개]

① 유리창 안쪽에 타르와 유사한 물질이 흘러내려 얼룩진 경우
② 창문을 통해 보았을 때 건물 내에서 연기가 소용돌이치는 경우
③ 화염은 보이지 않지만 창문과 문손잡이가 뜨거운 경우
④ 균열된 틈이나 작은 구멍을 통하여 건물 밖으로 연기가 밀려 나오는 경우

해설 백드래프트의 발생징후
④ 건물 안으로 빨려 들어가는 현상이 발생한 경우 (백드래프트는 구획실 내부에 산소가 부족한 상태로 공기 등이 내부로 빨려 들어가는 현상을 나타낸다.)

참고 백드래프트의 발생징후

구분	관찰현상
건물 외부 관찰	① 연기가 균열된 틈이나 작은 구멍을 통하여 빠져나오고 건물 안으로 연기가 빨려 들어가는 현상이 발생한 경우 ② 화염은 보이지 않으나 창문이나 문이 뜨거운 경우 ③ 유리창의 안쪽으로 타르와 유사한 기름 성분의 물질이 흘러내리는 경우 ④ 창문을 통해 보았을 때 건물 내에서 연기가 소용돌이치고 있는 경우
건물 내부 관찰	① 압력차로 인해 공기가 내부로 빨려 들어가는 듯한 특이한 소리(호각소리와 유사)가 들리는 경우 ② 연기가 건물 내로 되돌아가거나 맴도는 경우 ③ 연기가 아주 빠르게 소용돌이치는 경우 ④ 훈소 상태에 있는 뜨거운 화재인 경우 ⑤ 산소공급의 감소로 약화된 불꽃이 관찰될 경우

정답 ④

046

백드래프트(Back draft) 현상에 관한 일반적인 설명으로 옳은 것은?

[18년 소방간부]

① 화재성장기에 주로 발생하는 급격한 가연성가스 착화현상이며, 충격파는 발생되지 않는다.
② 공기부족으로 훈소상태에 있을 때 밀폐된 실내의 축적된 가연성가스가 신선한 공기의 유입으로 인하여 폭발적으로 연소하는 현상이다.
③ 가연성 증기가 연소점에 도달하여 불덩어리가 천장을 따라 굴러다니는 현상이다.
④ 연료지배연소에서 환기지배연소로 급격하게 전이되는 과정으로, 구획 전체로 연소가 확대된다.
⑤ 천장의 복사열로 주변 가연물이 자연발화에 도달하는 현상으로, 이 현상이 발생되기 전에 피난이 종료되어야 한다.

해설 백드래프트(Back draft)
①, ④, ⑤ 플래시오버(Flash Over) 현상에 대한 설명이다.
③ 롤오버(Roll Over) 현상에 대한 설명이다.

정답 ②

047

백드래프트(Back draft)에 대한 설명으로 옳은 것은?

[21년 공개]

① 불완전연소에 의해 발생된 일산화탄소가 가연물로 작용하여 폭발하는 현상이다.
② 화재진압 시 지붕 등 상부를 개방하는 것보다 출입문을 먼저 개방하는 것이 효과적인 전술이다.
③ 밀폐된 실내에서 발생되는 현상으로, 출입문을 한 번에 완전히 개방하여 연기를 일순간에 배출해야 폭발력을 억제할 수 있다.
④ 연료지배형화재가 진행되고 있는 공간에 산소가 일시적으로 다량 공급됨에 따라 가연성가스가 폭발적으로 연소하는 현상이다.

해설 백드래프트(Back draft)
① 백드래프트 현상은 산소가 부족할 때 발생하므로 불완전연소에 해당한다.
② 백드래프트의 진압 시 출입문을 개방하기 전에 천장의 환기구를 개방함으로써 배연(지붕환기)법을 적용하는 것이 적절한 진압대책이다.

③ 출입문을 한 번에 완전히 개방하여 연기를 일순간에 배출할 경우 급격한 공기 유입에 따른 폭발적인 연소가 발생하며 폭발력이 증대된다.
④ 환기지배형화재가 진행되고 있는 공간에 산소가 일시적으로 다량 공급됨에 따라 가연성가스가 폭발적으로 연소하는 현상이다.

정답 ①

048

다음 중 플래시오버(Flash over)와 백드래프트(Back draft)에 관한 설명 중 가장 옳은 것은?

12년 전북

① 플래시오버는 일정비율 벽 면적에 대한 창 비율이 클수록 그 상황이 빠르다.
② 백드래프트는 실내 전 표면이 불로 덮이는 현상이다.
③ 플래시오버는 가연성가스가 순식간에 연소함으로써 화재가 폭풍을 동반하여 실외로 분출하는 현상이다.
④ 백드래프트가 발생하기 전에도 농연, 벽면파괴 현상 등이 발생한다.

해설 플래시오버와 백드래프트
① 플래시오버는 일정비율 벽면적에 대한 창 비율(개구율)이 클수록 빨리 발생한다.
② 플래시오버는 실내 전 표면이 불로 덮이는 현상이다.
③ 백드래프트는 가연성가스가 순식간에 연소함으로써 화재가 폭풍을 동반하여 실외로 분출하는 현상이다.
④ 백드래프트가 발생한 후 벽면파괴 현상 등이 발생한다.

정답 ①

049

플래시오버와 백드래프트에 대한 설명으로 옳은 것은?

17년 공개

① 플래시오버는 훈소현상 다음에 발생하고 백드래프트는 롤오버현상 다음에 발생한다.
② 플래시오버는 감퇴기에서 발생하지만 백드래프트는 성장기에서 발생한다.
③ 플래시오버는 충격파가 발생하지 않지만, 백드래프트의 결과는 충격파를 동반한다.
④ 플래시오버의 악화원인은 공기의 공급이지만, 백드래프트의 악화원인은 열의 공급이다.

해설 플래시오버와 백드래프트
① 플래시오버는 롤오버현상 다음에 발생하고, 백드래프트는 훈소현상 다음에 발생한다.
② 플래시오버는 성장기에서 발생하지만, 백드래프트는 성장기와 감쇠기(감퇴기)에 발생할 수 있다.
④ 플래시오버의 악화원인은 복사열의 공급이지만, 백드래프트의 악화원인은 급격한 공기(산소)의 공급이다.

참고 플래시오버와 백드래프트

구분	플래시오버 (Flash over)	백드래프트 (Back draft)
화재발생단계	성장기	성장기, 감쇠기
발생요인	복사열의 축적	급격한 산소공급
폭발성	없음	있음
연소형태	자유연소	훈소
진압전술	배연지연법, 공기차단지연법, 냉각지연법	배연(지붕환기)법 급냉(담금질)법 측면공격법

정답 ③

050

백드래프트(back draft)와 플래시오버(flash over)에 대한 설명으로 옳은 것은? [25년 소방간부]

① 플래시오버의 전조 현상으로 롤오버(roll over) 현상이 관찰될 수 있다.
② 백드래프트는 연료지배형 화재에서 발생한다.
③ 백드래프트가 플래시오버보다 발생 빈도가 높다.
④ 플래시오버는 폭발의 일종이지만 백드래프트는 폭발이 아니다.
⑤ 백드래프트의 발생원인은 열이며, 플래시오버는 공기가 원인으로 작용한다.

해설 백드래프트(back draft)와 플래시오버(flash over)
② 백드래프트는 환기지배형 화재에서 발생한다.
③ 플래시오버가 백드래프트보다 발생 빈도가 높다.
④ 백드래프트는 폭발의 일종이지만 플래시오버는 폭발이 아니다.
⑤ 플래시오버의 발생원인은 열이며, 백드래프트는 공기가 원인으로 작용한다.

정답 ①

참고: 연료지배형 화재, 환기지배형 화재

㉠ 연료지배형 화재
 • 연료량 < 환기량인 화재 성장기에 나타난다.
 • 개방공간, 큰 개방형 창문 건물에서 발생한다.
 • 연소속도 : 연료량에 의해 결정된다.

㉡ 환기지배형 화재
 • 연료량 > 환기량인 화재 최성기에 나타난다.
 • 지하층, 무창층, 소규모 창문 건물에서 발생한다.
 • 연소속도 : 환기량에 의해 결정된다.

정답 ④

051

구획된 건물 화재현상으로 가장 옳지 않은 것은? [11년 통합]

① 건물 화재현상으로 환기지배형과 연료지배형이 있다.
② 연료지배형 화재는 환기지배형 화재에 비해 폭발성 및 역화현상이 작다.
③ 환기지배형 화재는 연료지배형 화재보다 연소가스가 더 많이 생성된다.
④ 개구부 면적이 작으면 화재가 빠르고 개구부 면적이 크면 화재가 느리다.

해설 연료지배형 화재, 환기지배형 화재
① 건물 화재현상으로 공기량에 의해 화재가 지배되는 환기지배형, 연료량에 의해 화재가 지배되는 연료지배형이 있다.
② 연료지배형 화재는 환기지배형 화재에 비해 폭발성 및 역화현상(백드래프트)이 작다.
③ 환기지배형 화재는 연료지배형 화재보다 불완전연소를 많이 하므로 연소가스가 더 많이 생성된다.
④ 개구부 면적이 작으면 공기 유입량이 적어지므로 화재가 느리고 개구부 면적이 크면 공기 유입량이 많아지므로 화재가 빠르다.

052

구획된 건물 화재현상으로 환기인자에 대한 설명 중 옳은 것은? [12년 전북]

① 개구부면적의 제곱근과 높이에 비례한다.
② 개구부의 면적이 반비례하고, 높이에 비례한다.
③ 면적과 높이의 제곱근에 모두 비례한다.
④ 개구부의 면적에 비례하고 개구부 높이의 제곱에 반비례한다.

해설 환기인자(환기계수)

$$A\sqrt{H}$$

여기서, A : 개구부의 면적
    H : 개구부의 높이

㉠ 화재실에 유입 또는 유출되는 공기의 양을 의미하는 것이다.
㉡ 개구부의 면적에 비례하고, 개구부 높이의 제곱근(평방근)에 비례한다.

정답 ③

053

구획실 화재에 관한 설명으로 옳지 않은 것은?

[23년 공개]

① 플래시오버 이후에는 연료지배형 화재보다 환기지배형 화재가 지배적이다.
② 환기가 잘되지 않으면 환기지배형 화재에서 연료지배형 화재로 바뀌며 연기 발생이 줄어든다.
③ 연료지배형 화재는 구획실 내 가연물의 연소에 필요한 산소가 충분히 공급되는 조건의 화재이다.
④ 성장기에는 천장 부분에서 축적된 뜨거운 가스층이 발화원으로부터 떨어져 있는 가연성 물질에 복사열을 공급하여 플래시오버를 초래할 수 있다.

해설 연료지배형 화재 및 환기지배형 화재
② 환기가 잘되지 않으면 연료지배형 화재(연료량 < 환기량)에서 환기지배형 화재(연료량 > 환기량)로 바뀌며 연기 발생이 많아진다.

정답 ②

054

다음 중 구획된 건물 화재현상으로 환기지배형 화재의 영향요소가 아닌 것은?

[12년 전북]

① 개방된 공간으로 가연물의 양이 영향을 미친다.
② 환기지배형 화재는 환기량에 비해 연료량이 충분하다.
③ 환기요소에 영향을 받아 실내의 공기부족으로 화염이 외부로 분출되기도 한다.
④ 연료지배형 화재에 비하여 산소의 공급이 원활하지 못한 상태이다.

해설 환기지배형 화재
㉠ 연료량 > 환기량인 화재 최성기에 나타난다.
㉡ 지하층, 무창층, 소규모 창문 건물에서 발생한다.
㉢ 연소속도 : 환기량에 의해 결정된다.
→ ① 공기의 유입이 원활하지 않은 밀폐된 공간의 화재형태로 공기유입량이 화재에 영향을 미친다.

정답 ①

055

다음 중 일반적인 내화건축물 화재발생 시 과정별 순서가 맞는 것은?

[14년 통합]

① 연료지배형 – 복사 – 대류 – 환기지배형
② 연료지배형 – 대류 – 복사 – 환기지배형
③ 환기지배형 – 복사 – 대류 – 연료지배형
④ 환기지배형 – 대류 – 복사 – 연료지배형

해설 내화건축물의 과정별 순서
플래시오버(대류, 복사)를 기점으로 연료지배형 화재에서 환기지배형 화재로 전환된다.
→ ② 연료지배형 – 대류 – 복사 – 환기지배형

정답 ②

056

연료지배형화재와 환기지배형화재에 대한 설명으로 옳지 않은 것은?

[19년 공개]

① 환기지배형화재는 공기공급이 충분하지 않으므로 불완전연소가 심하다.
② 연료지배형화재는 공기공급이 충분한 조건에서 발생한 화재가 일반적이다.
③ 연료지배형화재는 주로 큰 창문이나 개방된 공간에서, 환기지배형화재는 내화구조 및 콘크리트의 지하층에서 발생하기 쉽다.
④ 일반적으로 플래시오버 전에는 환기지배형화재가, 이후에는 연료지배형화재가 지배적이다.

해설 연료지배형 화재, 환기지배형 화재
④ 일반적으로 플래시오버는 이전에는 연료지배형화재가, 이후에는 환기지배형화재가 지배적이다.
(연료지배형화재 → 환기지배형 화재)

정답 ④

057

다음 건물화재에 관한 설명 중 옳지 않은 것은?
[17년 소방간부]

① 화재 초기 단계에서는 가연물이 열분해되어 가연성가스가 발생하는 시기이다.
② 화재 성장기 단계에서는 실내에 있는 내장재에 착화하여 롤오버 등이 발생하며 개구부에 진한 흑색연기가 강하게 분출된다.
③ 최성기 이후에 플래시오버 현상이 발생하며, 이후 실내에 있는 가연물 또는 내장재가 격렬하게 연소되는 단계로서 실내온도가 최고온도에 이르는 시기이다.
④ 목조건축물은 건축물 자체에 개구부가 많아 공기의 유통이 원활하여 격심한 연소현상을 나타내며, 내화건축물에 비해 고온단기형이다.
⑤ 내화건축물은 목조건축물에 비해 공기 유통조건이 일정하며 화재진행시간도 길고, 저온장기형이다.

해설 건축물의 화재특성
③ 최성기 이전에 플래시오버 현상이 발생하며, 이후 실내에 있는 가연물 또는 내장재가 격렬하게 연소되는 단계로서 실내온도가 최고온도에 이르는 시기이다.

정답 ③

058

다음 중 목재건축물 화재 진행 과정을 순서대로 나열한 것은?
[15년 통합] [18년 소방간부]

① 무염착화 – 발염착화 – 화재원인 – 최성기 – 발화
② 화재원인 – 무염착화 – 발염착화 – 발화 – 최성기
③ 화재출화 – 무염착화 – 발화 – 화재원인 – 최성기
④ 화재원인 – 발염착화 – 무염착화 – 최성기 – 발화
⑤ 무염착화 – 발염착화 – 화재원인 – 발화 – 최성기

해설 목재건축물의 화재진행과정
㉠ 화재원인, ㉡ 무염착화, ㉢ 발염착화(유염착화), ㉣ 출화(발화), ㉤ 최성기, ㉥ 연소낙하, ㉦ 진화

정답 ②

059

목조건축물 화재의 진행 과정에 관한 설명 중 〈보기〉의 내용에 해당하는 것은?
[24년 소방간부]

| 보기 |
연기의 색이 백색에서 흑색으로 변하며, 개구부가 파괴되어 공기가 공급되면서 급격한 연소가 이루어져 연기가 개구부로 분출하게 된다.

① 화재의 원인에서 무염착화
② 무염착화에서 발염착화
③ 발염착화에서 발화
④ 발화에서 최성기
⑤ 최성기에서 연소낙하

해설 목조건축물의 화재
① 무염착화 : 가연물이 불꽃 없이 연소하는 시기이다.
② 발염착화 : 무염착화로 연소하는 가연물에 산소가 공급되면서 불꽃을 발생시키며 연소하는 시기이다. 이 단계는 화재 발생 장소, 가연물의 종류, 바람의 상태, 연소속도, 연소시간, 연소방향 등이 화재진행을 결정한다.
③ 출화

구분	내용
옥내출화 시기	• 천장 또는 벽 속에서 발염착화 하는 경우 • 불연천장이나 불연벽체의 경우 실내의 뒷면에서 발염착화 하는 경우 • 가옥구조의 천장면에서 발염착화 하는 경우
옥외출화 시기	• 창, 개구부 등에서 발염착화 하는 경우 • 외부의 벽 또는 지붕 등에서 발염착화 하는 경우

④ 최성기 : 연기의 색상이 백색에서 흑색으로 변하는 시기이며, 최고온도는 약 1,300℃에 도달하는 시기이다. 개구부가 파괴되어 공기가 공급되면서 급격한 연소가 이루어지며 연기가 개구부로 분출되는 시기이다.
⑤ 연소낙하 : 천장, 지붕, 벽 등이 무너져 내리면서 화세가 약해지는 시기이다.

정답 ④

060

목조건축물과 내화건축물의 화재성상에 대한 설명 중 틀린 것은? [14년 통합]

① 내화건축물이 목조건축물보다 장기간 연소한다.
② 내화건축물의 화재성상은 저온장기형이다.
③ 내화건축물이 목재건축물보다 화재 시 최고온도가 높다
④ 목조건축물 화재 시 최고온도는 약 1,100℃ 이상 이다.

해설 목조건축물과 내화건축물

구분	목조건축물	내화건축물
화재의 특징	고온단기형 화재	저온장기형 화재
최성기 도달온도	1,100~1,300℃	800~1,000℃
화재 진행과정	화재원인 → 무염착화 → 발염착화 → 출화(발화) → 최성기 → 연소낙하 → 진화	화재원인 → 화재초기 → 성장기 → 최성기 → 감쇠기 → 진화

참고 목재의 발화

㉠ 외관 : 크기 작을수록, 얇을수록, 표면이 거칠수록, 가연성페인트를 칠한 것일수록 연소가 잘 된다.
㉡ 수분함유량(함수율) : 수분함유량 15% 이상이면 고온에 장시간 접촉해도 착화하기 어렵다.
㉢ 열전도율 : 철재보다 열전도율이 작아 연소가 잘 된다.
㉣ 열팽창률 : 열팽창률이 작아 일반 콘크리트건물에 비해 붕괴확률이 낮다.
㉤ 밀도 : 저밀도의 목재가 고밀도의 목재보다 연소용이

정답 ③

061

화재에 대한 옳은 설명을 모두 고른 것은? [20년 공개]

㉠ 낮은 산소분압에서 화재가 발생하였을 때 초기에 화염 없이 일어나는 연소를 훈소연소라 한다.
㉡ 목조건축물 화재는 유류나 가스화재와는 달리 일반적으로 무염착화 없이 발염착화로 이어진다.
㉢ A급 화재는 일반화재로 면화류, 합성수지 등의 가연물에 의한 화재를 말한다.
㉣ 전소란 건물의 70% 이상이 소실된 화재를 말한다.

① ㉠, ㉡
② ㉢, ㉣
③ ㉠, ㉡, ㉢
④ ㉠, ㉢, ㉣

해설 목조건축물과 내화건축물
㉡ 목조건축물 화재는 유류나 가스 화재와는 달리 일반적으로 **무염착화 이후에 발염착화**로 이어진다.

참고 전소, 반소, 부분소

전소	건물의 70% 이상(입체면적에 대한 비율을 말한다. 이하 같다)이 소실되었거나 또는 그 미만이라도 잔존부분을 보수하여도 재사용이 불가능한 것
반소	건물의 30% 이상 70% 미만이 소실된 것
부분소	전소, 반소화재에 해당되지 아니하는 것

정답 ④

062

화재의 발생으로 건물 내 수용재산 및 건물 자체에 손상을 입히는 정도를 나타내는 용어로 최고온도 × 연소(지속)시간으로 화재심도라고도 하는 것은? [17년 공개] [18년 공개]

① 화재강도
② 탄화심도
③ 화재가혹도
④ 화재하중

해설 화재가혹도(화재심도)
㉠ 건축물 내부의 수용재산 등을 파괴하거나 손상을 입히는 정도로서 화재로 인한 피해정도를 말한다.
㉡ 화재가혹도 = 최고온도 × 지속시간
㉢ 화재가혹도 = 화재강도 × 화재하중
㉣ 화재가혹도 = 주수밀도(주수율) × 주수시간

참고 | 화재의 용어

㉠ 화재가혹도(화재심도, Fire severity)
  - 건축물 내부의 수용재산 등을 파괴하거나 손상을 입히는 정도로서 화재로 인한 피해정도를 말한다.
  - 화재가혹도 = 최고온도 × 지속시간
     = 화재강도 × 화재하중
     = 주수밀도(주수율) × 주수시간

㉡ 화재강도(Fire intensity)

$$\frac{열축적량\ (열발생량 - 열손실량)}{시간}$$

  - 구획실 화재 시 단위시간당 축적되는 열의 양으로서 최고온도의 질적 개념을 가지는 것
  - 가연물의 발열량이 클수록, 연소속도가 빠를수록, 공기공급이 원활할수록, 건물의 구조가 단열성 및 밀폐성을 갖출수록 화재강도는 커진다.

㉢ 화재하중(Fire load)

$$q = \frac{\sum (G_i \cdot H_i)}{HA} = \frac{\sum Q_t}{4,500A}$$

  - 단위면적당 가연물의 총량을 목재(등가가연물)기준으로 환산한 무게로서 가연물의 양과 연소시간의 양적개념을 가지는 것
  - 감소대책 : 내장재, 주요구조부의 불연화 및 난연화, 실내장식물의 방염화, 가연물의 최소화 등

㉣ 화재저항(Fire resistance)
  플래시오버까지 화재를 한정하기 위해 차열성, 차염성, 구조적 안전성 등으로 화재에 저항하는 것

정답 ③

---

063 🔥🔥🔥

화재가혹도(fire severity)에 관한 설명으로 옳지 않은 것은?

[25년 소방간부]

① 화재가혹도는 발생한 화재가 당해 건물과 그 내부의 수용재산 등을 파괴하거나 손상을 입히는 정도를 말한다.
② 화재가혹도의 주요 요소에는 화재강도와 화재하중이 있다.
③ 화재강도가 크면 열축적이 크므로 주수율이 높아져야 한다.
④ 화재하중은 입체면적(m^3)당 중량(kg)이다.
⑤ 화재가혹도에 영향을 주는 환기요소는 온도와 비례관계이고, 시간과 반비례 관계이다.

해설 화재의 용어
④ 화재하중은 바닥면적(m^2)당 중량(kg)이다.

정답 ④

---

064 🔥🔥🔥

화재가혹도에 관한 설명으로 옳지 않은 것은?

[20년 공개]

① 화재가혹도란 화재발생으로 당해 건물과 내부 수용재산 등을 파괴하거나 손상을 입히는 정도를 말한다.
② 최고온도는 화재가혹도의 질적 개념으로 화재강도와 관련이 있다.
③ 지속시간은 화재가혹도의 양적 개념으로 화재하중과 관련이 있다.
④ 화재가혹도에 영향을 미치는 환기요소는 개구부 면적의 제곱근에 비례하고 개구부 높이에 비례한다.

해설 화재가혹도(화재심도)
㉠ 건축물 내부의 수용재산 등을 파괴하거나 손상을 입히는 정도로서 화재로 인한 피해정도를 말한다.
㉡ 화재가혹도 = 최고온도 × 지속시간
㉢ 화재가혹도 = 화재강도 × 화재하중
㉣ 화재가혹도 = 주수밀도(주수율) × 주수시간
→ ④ 화재가혹도에 영향을 미치는 환기요소는 개구부의 면적에 비례하고 개구부 높이의 제곱근(평방근)에 비례한다.

정답 ④

065

다음 중 화재에 대한 특성으로 맞는 것은?

13년 소방간부

① 훈소화재 : 단위면적당 등가가연물량의 발열량 및 화재의 위험성
② 화재가혹도 : 건물에 재산 및 건물에 손상을 입히는 정도로 최고온도 × 지속시간이다.
③ 화재강도 : 화재의 발생으로 가연물의 양에 대한 최고온도와 연소시간
④ 화재심도 : 가연물이 불꽃 없이 약한 불기운이나 열기만으로 타 들어가는 연소현상
⑤ 화재하중 : 단위시간당 축적되는 열의 값

해설 화재의 용어
① 화재하중에 대한 설명이다.
③ 화재가혹도(화재심도)에 대한 설명이다.
④ 훈소화재에 대한 설명이다.
⑤ 화재강도에 대한 설명이다.

정답 ②

066

화재가혹도(Fire severity)에 대한 설명으로 옳지 않은 것은? (A는 개구부의 면적, H는 개구부의 높이다.)

22년 공개

① 화재가혹도의 크기는 화재강도와 화재하중의 영향을 받는다.
② 화재실의 최고온도와 지속시간은 화재가혹도를 판단하는 중요한 인자이다.
③ 화재실의 환기요소($A\sqrt{H}$)는 화재가혹도에 영향을 준다.
④ 화재가혹도는 화재실이나 화재구획의 단열성에 영향을 받지 않는다.

해설 화재의 용어
① 화재가혹도는 화재강도 × 화재하중이므로 영향을 받는다.
② 화재가혹도는 최고온도 × 지속시간으로 산정되므로 중요 인자이다.
③ 화재실의 환기요소가 커질 경우 연소가 활발히 진행되어 열발생량이 커지고, 화재가혹도에 영향을 준다.
④ 화재실이나 화재구획의 단열성이 좋을 경우 열손실량이 적어져 화재강도가 커지고, 화재가혹도의 크기도 커진다.

정답 ④

067

바닥면적이 10[m²]인 구획 내에 가연물이 고무 5[kg]만 존재할 때 화재하중[kg/m²]은 얼마인가? (단, 단위발열량은 목재 4,500kcal/kg, 고무는 9,000kcal/kg)

17년 공개

① 1
② 2
③ 3
④ 4

해설 화재하중(Fire load)

$$q = \frac{\sum(G_i \cdot H_i)}{HA} = \frac{\sum Q_t}{4,500A}$$

여기서, G_i : 가연물의 양[kg]
H_i : 단위발열량[kcal/kg]
H : 목재의 단위중량당 발열량 (4,500kcal/kg)
A : 화재실의 바닥면적[m²]
Q_t : 화재실 내 가연물의 전체발열량[kcal]

→ 화재하중 $q = \dfrac{5kg \times 9,000kcal/kg}{4,500kcal/kg \times 10m^2} = \dfrac{5 \times 2}{10} = 1$

정답 ①

068

바닥면적이 200[m²]인 구획된 창고에 의류 1,000[kg], 고무 2,000[kg]이 적재되어 있을 때 화재하중은 약 몇 [kg/m²]인가? (단, 의류, 고무, 목재의 단위 발열량은 각각 5,000[kcal/kg], 9,000[kcal/kg], 4,500[kcal/kg]이고, 창고 내 의류 및 고무 외의 기타 가연물은 존재하지 않으며, 화재 시 완전연소로 가정한다.)

20년 공개

① 15.56
② 20.56
③ 25.56
④ 30.56

해설 화재하중(Fire load)

$$q = \frac{(1,000kg \times 5,000kcal/kg) + (2,000kg \times 9,000kcal/kg)}{4,500kcal/kg \times 200m^2}$$

$$= \frac{500 + 1,800}{45 \times 2}$$

$$= \frac{2,300}{90}$$

$$= \frac{230}{9} = 25.56 kg/m^2$$

정답 ③

069

그림은 구획실의 크기가 가로 10,000mm 세로 8,000mm 높이 3,000mm이며 가연물 A와 가연물 B가 놓여 있는 상태를 나타낸다. 다음과 같은 조건일 때 구획실의 화재하중(kg/m²)은? (단, 주어지지 않은 조건은 무시하고, 소수점 셋째 자리에서 반올림한다.)

`23년 공개`

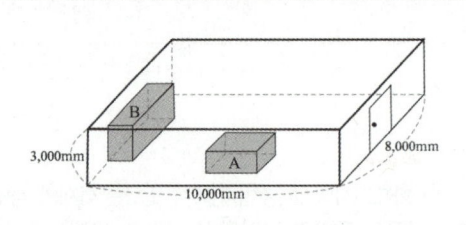

	단위발열량 [kcal/kg]	질량 [kg]
목재	4,500	–
가연물A	2,000	200
가연물B	9,000	100

① 1.20　　② 2.41
③ 3.61　　④ 7.22

해설 화재하중

→ $q = \dfrac{\sum H_i \times G_i}{H_o \times A}$

→ $q = \dfrac{2{,}000\,kcal/kg \times 200kg + 9{,}000\,kcal/kg \times 100kg}{4{,}500\,kcal/kg \times 10m \times 8m}$

→ $q = \dfrac{2 \times 200 + 9 \times 100}{45 \times 8} = \dfrac{1{,}300}{360} = \dfrac{130}{36} = \dfrac{65}{18} = 3.611$

정답 ③

070

건축물의 지하층에서 화재가 발생한 경우, 화재하중 산정 시 필요하지 않은 항목을 〈보기〉에서 있는 대로 모두 고른 것은?

`25년 공개`

| 보기 |
ㄱ. 각 가연물의 양 [kg]
ㄴ. 건축물의 연면적 [m²]
ㄷ. 목재의 화재하중 [4,500kg/m²]
ㄹ. 가연물의 단위 발열량 [kcal/kg]

① ㄱ, ㄴ　　② ㄱ, ㄹ
③ ㄴ, ㄷ　　④ ㄴ, ㄷ, ㄹ

해설 화재하중

$$q = \dfrac{\sum G_i \times H_i}{H \times A} = \dfrac{\sum Q_t}{4{,}500 A}$$

여기서, q : 화재하중[kg/m²], $\sum G_i$: 가연물의 양[kg][ㄱ],
H_i : 단위중량당 발열량[kcal/kg][ㄹ],
H : 목재의 단위중량당 발열량[4,500kcal/kg],
A : 화재실의 바닥면적[m²],
$\sum Q_t$: 화재실 내 가연물의 전체 발열량[kcal]

→ 화재하중 산정 시 필요하지 않은 항목은 "ㄴ, ㄷ"이다.

정답 ③

071

화재용어에 대한 설명으로 옳지 않은 것은?
[20년 소방간부]

① 가연물의 비표면적이 클수록 화재강도는 증가한다.
② 화재실의 열방출률이 클수록 화재강도는 증가한다.
③ 화재강도와 화재하중이 클수록 화재가혹도는 높아진다.
④ 최고온도에서 연소시간이 지속될수록 화재가혹도는 높아진다.
⑤ 전체 가연물의 양(발열량)이 동일할 때 화재실의 바닥면적이 커지면 화재하중은 증가한다.

해설 화재의 용어

① 가연물의 비표면적이 클수록 열발생량이 많아져 화재강도는 증가한다.
② 화재실의 열방출률이 클수록 화재강도는 증가한다.
③ 화재강도와 화재하중이 클수록 화재가혹도(=화재강도×화재하중)는 높아진다.
④ 최고온도에서 연소시간이 지속될수록 화재가혹도(=최고온도×연소시간)는 높아진다.
⑤ 전체 가연물의 양(발열량, Q)이 동일할 때 화재실의 바닥면적(A)이 커지면 화재하중은 감소한다.

정답 ⑤

072

내화구조물의 화재가혹도 판단을 위한 주요 요소 중 화재지속시간을 산정하기 위한 인자로 옳지 않은 것은? (단, 환기지배형 화재로 가정한다.)
[25년 공개]

① 화재실의 바닥면적
② 화재실의 최고온도
③ 화재실의 개구부 높이
④ 화재실의 개구부 면적

해설 화재지속시간(지속시간인자)

$$\frac{A_F}{A\sqrt{H}}$$

여기서, A_F : 실의 바닥면적[m²], $A\sqrt{H}$: 환기인자,
A : 개구부의 면적[m²], H : 개구부의 높이[m]

① 환기인자↑ ~ 연소활발 ~ 시간인자↓
② 개구부의 크기보다 실의 바닥면적↑ ~ 환기↓ ~ 시간인자↑

정답 ②

PART 2 | 화재이론

CHAPTER 03 | 화재조사 관련 법령

	073	074	075	076	077	078	079	080
	③	④	③	④	①	④	①	④
081	082	083	084	085	086	087	088	089	090
①	⑤	②	⑤	③	②	①	②	①	③
091	092	093	094	095	096				
②	③	③	⑤	①	①				

073

「소방의 화재조사에 관한 법률」에서 뜻하는 화재의 정의이다. 빈칸에 들어갈 단어를 순서대로 나열한 것은?
[12년 울산] [15년 경기]

"화재"란 사람의 의도에 반하거나 고의 또는 과실에 의하여 발생하는 연소 현상으로서 (㉠)할 필요가 있는 현상 또는 사람의 의도에 반하여 발생하거나 확대된 (㉡) 폭발현상을 말한다.

① ㉠ : 연소, ㉡ : 화학
② ㉠ : 소화, ㉡ : 물리
③ ㉠ : 소화, ㉡ : 화학
④ ㉠ : 연소, ㉡ : 물리

해설 화재의 정의

"화재"란 사람의 의도에 반하거나 고의 또는 과실에 의하여 발생하는 연소 현상으로서 (㉠: 소화)할 필요가 있는 현상 또는 사람의 의도에 반하여 발생하거나 확대된 (㉡: 화학적) 폭발현상을 말한다.

정답 ③

074

「소방의 화재조사에 관한 법률」상 화재원인, 피해상황, 대응활동 등을 파악하기 위하여 자료의 수집, 관계인등에 대한 질문, 현장 확인, 감식, 감정 및 실험 등을 하는 일련의 행위를 무엇이라 하는가?

13년 대전

① 감식
② 감정
③ 수사
④ 화재조사

해설 소방의 화재조사에 관한 법률 정의

구분	내용
화재	사람의 의도에 반하거나 고의 또는 과실에 의하여 발생하는 연소 현상으로서 소화할 필요가 있는 현상 또는 사람의 의도에 반하여 발생하거나 확대된 화학적 폭발현상을 말한다.
화재조사	소방청장, 소방본부장 또는 소방서장이 화재원인, 피해상황, 대응활동 등을 파악하기 위하여 자료의 수집, 관계인등에 대한 질문, 현장 확인, 감식, 감정 및 실험 등을 하는 일련의 행위를 말한다.
화재조사관	화재조사에 전문성을 인정받아 화재조사를 수행하는 소방공무원을 말한다.
관계인등	화재가 발생한 소방대상물의 소유자·관리자 또는 점유자(관계인) 및 다음의 사람을 말한다. ① 화재 현장을 발견하고 신고한 사람 ② 화재 현장을 목격한 사람 ③ 소화활동을 행하거나 인명구조활동(유도대피 포함)에 관계된 사람 ④ 화재를 발생시키거나 화재발생과 관계된 사람

정답 ④

075

「화재조사 및 보고규정」에 따른 용어의 정의로 옳지 않은 것은?

13년 경기

① 감정 : 화재와 관계되는 물건의 형상, 구조, 재질, 성분, 성질 등 이와 관련된 모든 현상에 대하여 과학적 방법에 의한 필요한 실험을 행하고 그 결과를 근거로 화재원인을 밝히는 자료를 얻는 것을 말한다.
② 발화지점 : 열원과 가연물이 상호작용하여 화재가 시작된 지점을 말한다.
③ 발화열원 : 발화열원에 의하여 발화로 이어진 연소현상에 영향을 준 인적·물적·자연적인 요인을 말한다.
④ 감식 : 화재원인의 판정을 위하여 전문적인 지식, 기술 및 경험을 활용하여 주로 시각에 의한 종합적인 판단으로 구체적인 사실관계를 명확하게 규명하는 것을 말한다.

해설 화재조사 및 보고규정의 정의

③ 발화요인 : 발화열원에 의하여 발화로 이어진 연소현상에 영향을 준 인적·물적·자연적인 요인을 말한다.

정답 ③

076

「화재조사 및 보고규정」에 따른 화재조사의 용어 설명으로 옳은 것은?

18년 공개

① "최초착화물"이란 연소가 확대되는데 있어 결정적인 영향을 미친 가연물을 말한다.
② "동력원"이란 발화에 관련된 불꽃 또는 열을 발생시킨 기기 또는 장치나 제품을 말한다.
③ "발화요인"이란 발화의 최초원인이 된 불꽃 또는 열을 말한다.
④ "잔가율"이란 화재 당시에 피해물의 재구입비에 대한 현재가의 비율을 말한다.

해설 화재조사 및 보고규정의 정의

① "연소확대물"이란 연소가 확대되는데 있어 결정적인 영향을 미친 가연물을 말한다.
② "발화관련 기기"란 발화에 관련된 불꽃 또는 열을 발생시킨 기기 또는 장치나 제품을 말한다.
③ "발화열원"이란 발화의 최초원인이 된 불꽃 또는 열을 말한다.

> **참고** 화재조사 및 보고규정의 정의

화재조사 관련	정의
감식	화재원인의 판정을 위하여 전문적인 지식, 기술 및 경험을 활용하여 주로 시각에 의한 종합적인 판단으로 구체적인 사실관계를 명확하게 규명하는 것을 말한다.
감정	화재와 관계되는 물건의 형상, 구조, 재질, 성분, 성질 등 이와 관련된 모든 현상에 대하여 과학적 방법에 의한 필요한 실험을 행하고 그 결과를 근거로 화재원인을 밝히는 자료를 얻는 것을 말한다.
발화	열원에 의하여 가연물질에 지속적으로 불이 붙는 현상을 말한다.
발화열원	발화의 최초 원인이 된 불꽃 또는 열을 말한다.
발화지점	열원과 가연물이 상호작용하여 화재가 시작된 지점을 말한다.
발화장소	화재가 발생한 장소를 말한다.
최초착화물	발화열원에 의해 불이 붙은 최초의 가연물을 말한다.
발화요인	발화열원에 의하여 발화로 이어진 연소현상에 영향을 준 인적·물적·자연적인 요인을 말한다.
발화관련 기기	발화에 관련된 불꽃 또는 열을 발생시킨 기기 또는 장치나 제품을 말한다.
동력원	발화관련 기기나 제품을 작동 또는 연소시킬 때 사용되어진 연료 또는 에너지를 말한다.
연소확대물	연소가 확대되는데 있어 결정적 영향을 미친 가연물을 말한다.

비용 관련	정의
재구입비	화재 당시의 피해물과 같거나 비슷한 것을 재건축(설계 감리비를 포함한다) 또는 재취득하는데 필요한 금액을 말한다.
내용연수	고정자산을 경제적으로 사용할 수 있는 연수를 말한다.
손해율	피해물의 종류, 손상 상태 및 정도에 따라 피해금액을 적정화시키는 일정한 비율을 말한다.
잔가율	화재 당시에 피해물의 재구입비에 대한 현재가의 비율을 말한다.
최종잔가율	피해물의 내용연수가 다한 경우 잔존하는 가치의 재구입비에 대한 비율을 말한다. • 건물, 부대설비, 구축물, 기재도구 : 20% • 이외의 자산 : 10%

소방활동 관련	정의
화재현장	화재가 발생하여 소방대 및 관계인 등에 의해 소화활동이 행하여지고 있거나 행하여진 장소를 말한다.
접수	119종합상황실(이하 "상황실"이라 한다)에서 유·무선 전화 또는 다매체를 통하여 화재 등의 신고를 받는 것을 말한다.
출동	화재를 접수하고 상황실로부터 출동지령을 받아 소방대가 차고 등에서 출발하는 것을 말한다.
도착	출동지령을 받고 출동한 소방대가 현장에 도착하는 것을 말한다.
선착대	화재현장에 가장 먼저 도착한 소방대를 말한다.
초진	소방대의 소화활동으로 화재확대의 위험이 현저하게 줄어들거나 없어진 상태를 말한다.
잔불정리	화재 초진 후 잔불을 점검하고 처리하는 것을 말한다. 이 단계에서는 열에 의한 수증기나 화염 없이 연기만 발생하는 연소현상이 포함될 수 있다.
완진	소방대에 의한 소화활동의 필요성이 사라진 것을 말한다.
철수	진화가 끝난 후, 소방대가 화재현장에서 복귀하는 것을 말한다.
재발화감시	화재를 진화한 후 화재가 재발되지 않도록 감시조를 편성하여 일정 시간 동안 감시하는 것을 말한다.

정답 ④

077 🔥🔥🔥

「화재조사 및 보고규정」에 따른 화재조사의 용어 설명 중 옳은 것은?　　　15년 소방간부

① "최초착화물"은 발화열원에 의해 불이 붙은 최초의 가연물을 말한다.
② "동력원"은 발화에 관련된 불꽃 또는 열을 발생시킨 기기 또는 장치나 제품을 말한다.
③ "최종잔가율"은 화재 당시에 피해물의 재구입비에 대한 현재가의 비율을 말한다.
④ "내용연수"는 화재 당시의 피해물과 같거나 비슷한 것을 재건축(설계 감리비를 포함한다) 또는 재취득하는데 필요한 금액을 말한다.
⑤ "감식"은 화재와 관계되는 물건의 형상, 구조, 재질, 성분, 성질 등 이와 관련된 모든 현상에 대하여 과학적 방법에 의한 필요한 실험을 행하고 그 결과를 근거로 화재원인을 밝히는 자료를 얻는 것을 말한다.

해설 화재조사 및 보고규정의 정의
② "발화 관련 기기"는 발화에 관련된 불꽃 또는 열을 발생시킨 기기 또는 장치나 제품을 말한다.
③ "잔가율"은 화재 당시에 피해물의 재구입비에 대한 현재가의 비율을 말한다.
④ "재구입비"는 화재 당시의 피해물과 같거나 비슷한 것을 재건축(설계 감리비를 포함한다) 또는 재취득하는데 필요한 금액을 말한다.
⑤ "감정"은 화재와 관계되는 물건의 형상, 구조, 재질, 성분, 성질 등 이와 관련된 모든 현상에 대하여 과학적 방법에 의한 필요한 실험을 행하고 그 결과를 근거로 화재원인을 밝히는 자료를 얻는 것을 말한다.

정답 ①

078 🔥🔥🔥

「화재조사 및 보고규정」에 따른 화재조사의 용어 설명 중 옳지 않은 것은?　　　18년 소방간부

① "잔가율"은 화재 당시에 피해물의 재구입비에 대한 현재가의 비율을 말한다.
② "반소"란 건물의 입체면적에 대한 비율이 30% 이상 70% 미만이 소실된 것을 말한다.
③ "재발화감시"란 화재를 진화한 후 화재가 재발되지 않도록 감시조를 편성하여 일정 시간 동안 감시하는 것을 말한다.
④ "감식"은 화재와 관계되는 물건의 형상, 구조, 재질, 성분, 성질 등 이와 관련된 모든 현상에 대하여 과학적 방법에 의한 필요한 실험을 행하고 그 결과를 근거로 화재원인을 밝히는 자료를 얻는 것을 말한다.
⑤ 화재조사는 화재조사관이 화재발생 사실을 인지하는 즉시 화재조사를 시작해야 한다.

해설 화재조사 및 보고규정의 정의
④ "감정"은 화재와 관계되는 물건의 형상, 구조, 재질, 성분, 성질 등 이와 관련된 모든 현상에 대하여 과학적 방법에 의한 필요한 실험을 행하고 그 결과를 근거로 화재원인을 밝히는 자료를 얻는 것을 말한다.

정답 ④

079

「화재조사 및 보고규정」과 관련된 용어의 정의로 옳지 않은 것은? [19년 소방간부]

① 감식 : 화재와 관계되는 물건의 형상, 구조, 재질, 성분, 성질 등 이와 관련된 모든 현상에 대하여 과학적 방법에 의한 필요한 실험을 행하고 그 결과를 근거로 화재원인을 밝히는 자료를 얻는 것을 말한다.
② 재구입비 : 화재 당시의 피해물과 같거나 비슷한 것을 재건축(설계 감리비를 포함한다) 또는 재취득하는데 필요한 금액을 말한다.
③ 내용연수 : 고정자산을 경제적으로 사용할 수 있는 연수를 말한다.
④ 손해율 : 피해물의 종류, 손상 상태 및 정도에 따라 피해금액을 적정화시키는 일정한 비율을 말한다.
⑤ 잔가율 : 화재 당시에 피해물의 재구입비에 대한 현재가의 비율을 말한다.

해설 화재조사 및 보고규정의 정의
① **감정** : 화재와 관계되는 물건의 형상, 구조, 재질, 성분, 성질 등 이와 관련된 모든 현상에 대하여 과학적 방법에 의한 필요한 실험을 행하고 그 결과를 근거로 화재원인을 밝히는 자료를 얻는 것을 말한다.

정답 ①

080

소방기관에서 실시하는 화재조사에 대한 일반적인 설명으로 옳지 않은 것은? [22년 공개]

① 화재조사는 관계 공무원이 화재사실을 인지하는 즉시 실시한다.
② 화재조사는 강제성을 지니며, 프리즘식으로 진행한다.
③ 화재조사 시 건축·구조물 화재의 소실정도는 입체면적에 대한 비율을 적용하여 구분한다.
④ 화재조사 및 보고규정에 따라 화재의 유형을 구분하는 것에는 임야화재가 포함되지 않는다.

해설 화재조사의 일반적인 설명
④ 화재조사 및 보고규정에 따라 화재의 유형을 구분하는 것은 건축·구조물화재, 자동차·철도차량화재, 위험물·가스제조소등 화재, 선박·항공기화재, 임야화재, 기타 화재가 있다. (임야화재가 포함된다.)

정답 ④

081

「화재조사 및 보고규정」상 조사업무처리의 기본사항 등에 관한 설명으로 옳지 않은 것은? [20년 소방간부]

① 소방청장, 소방본부장 또는 소방서장은 조사 시 전문지식과 기술이 필요하다고 인정되는 경우 한국소방산업기술원 또는 화재감정기관 등에 감정을 의뢰할 수 있다.
② 발화지점이 한 곳인 화재현장이 둘 이상의 관할구역에 걸친 화재는 발화지점이 속한 소방서에서 1건의 화재로 산정한다.
③ 동일대상물의 발화점이 2개소 이상 있는 지진, 낙뢰 등 자연현상에 의한 다발화재는 1건의 화재로 한다.
④ 건축·구조물의 소실정도는 3종류로 구분하며, 그 중 전소는 건물의 70% 이상(입체면적에 대한 비율을 말한다.)이 소실되었거나 또는 그 미만이라도 잔존부분을 보수하여도 재사용이 불가능한 것을 말한다.
⑤ 발화일시의 결정은 관계인등의 화재발견 상황통보(인지)시간 및 화재발생 건물의 구조, 재질 상태와 화기취급 등의 상황을 종합적으로 검토하여 결정한다.

해설 화재조사 업무처리
① 소방청장, 소방본부장 또는 소방서장은 조사 시 전문지식과 기술이 필요하다고 인정되는 경우 국립소방연구원 또는 화재감정기관 등에 감정을 의뢰할 수 있다.

정답 ①

082

「화재조사 및 보고규정」상 조사업무처리의 기본사항 등에 관한 설명으로 옳지 않은 것은? [18년 소방간부]

① 사상자는 화재현장에서 사망한 사람과 부상당한 사람을 말하며, 화재현장에서 부상을 당한 후 72시간 이내에 사망한 경우에는 당해 화재로 인한 사망으로 본다.
② 건축·구조물의 소실정도 중 전소는 건물의 70% 이상(입체면적에 대한 비율을 말한다.)이 소실되었거나 또는 그 미만이라도 잔존부분을 보수하여도 재사용이 불가능한 것을 말한다.
③ 화재조사 및 보고규정에 따라 화재의 유형을 구분하는 것은 건축·구조물화재, 자동차·철도차량화재, 위험물·가스제조소등 화재, 선박·항공기화재, 임야화재, 기타화재가 있다.
④ 1건의 화재란 1개의 발화지점에서 확대된 것으로 발화부터 진화까지를 말하며, 동일 소방대상물의 발화점이 2개소 이상 있는 경우라도 지진, 낙뢰 등 자연현상에 의한 다발화재는 1건의 화재로 한다.
⑤ 동일범이 아닌 각기 다른 사람에 의한 방화, 불장난은 동일 대상물에서 발생한 경우에는 1건의 화재로 한다.

해설 화재건수의 결정

㉠ 1건의 화재란 1개의 발화지점에서 확대된 것으로 발화부터 진화까지를 말한다.
㉡ 동일범이 아닌 각기 다른 사람에 의한 방화, 불장난은 동일 대상물에서 발화했더라도 각각 별건의 화재로 한다.
㉢ 동일 소방대상물의 발화점이 2개소 이상 있는 다음의 화재는 1건의 화재로 한다.
 – 누전점이 동일한 누전에 의한 화재
 – 지진, 낙뢰 등 자연현상에 의한 다발화재
㉣ 발화지점이 한 곳인 화재현장이 둘 이상의 관할구역에 걸친 화재는 발화지점이 속한 소방서에서 1건의 화재로 산정한다. 다만, 발화지점 확인이 어려운 경우에는 화재피해금액이 큰 관할구역 소방서의 화재 건수로 산정한다.
→ ⑤ 동일범이 아닌 각기 다른 사람에 의한 방화, 불장난은 동일 대상물에서 발화했더라도 각각 별건의 화재로 한다.

참고 화재의 유형

① 화재는 다음과 같이 그 유형을 구분한다.

구분	내용
건축·구조물화재	건축물, 구조물 또는 그 수용물이 소손된 것
자동차·철도차량화재	자동차, 철도차량 및 피견인 차량 또는 그 적재물이 소손된 것
위험물·가스제조소등 화재	위험물제조소등, 가스제조·저장·취급시설 등이 소손된 것
선박·항공기화재	선박, 항공기 또는 그 적재물이 소손된 것
임야화재	산림, 야산, 들판의 수목, 잡초, 경작물 등이 소손된 것
기타화재	위에 해당되지 않는 화재

암기법 건구자철 위가 선항 임기

② 화재가 복합되어 발생한 경우에는 화재의 구분을 화재피해금액이 큰 것으로 한다. 다만, 화재피해금액으로 구분하는 것이 사회관념상 적당하지 않을 경우에는 발화장소로 화재를 구분한다.

정답 ⑤

083

「화재조사 및 보고규정」상 동일 소방대상물로서 1건의 화재로 취급하는 기준에 대한 설명으로 옳지 않은 것은? [22년 공개]

① 1개의 발화지점에서 확대된 것
② 누전점이 다른 누전에 의한 화재로서 발화점이 2개소 이상인 것
③ 지진, 낙뢰 등 자연현상에 의해 발생한 다발 화재로서 발화점이 2개소 이상인 것
④ 동일범에 의한 방화 또는 불장난으로 발생한 화재

해설 화재건수의 결정

① 1개의 발화지점에서 확대된 것은 "1건의 화재"로 분류한다.
② 누전점이 다른 누전에 의한 화재로서 발화점이 2개소 이상인 것은 누전점이 다르므로 "각각 별건의 화재"로 분류한다.
③ 지진, 낙뢰 등 자연현상에 의해 발생한 다발 화재로서 발화점이 2개소 이상인 것인 것은 "1건의 화재"로 분류한다.

④ 동일범에 의한 방화 또는 불장난으로 발생한 화재는 "1건의 화재"로 분류한다. (동일범이 아닌 각기 다른 사람에 의한 방화, 불장난은 동일 대상물에서 발화했더라도 "각각 별건의 화재"로 분류한다.)
※ 해당연도에 문제오류로 전원정답 처리된 문항으로, 저자가 임의로 문제 내용을 일부 수정하였습니다.

정답 ②

084

「화재조사 및 보고규정」 상 화재건수 결정에 관한 설명으로 옳지 않은 것은? [24년 소방간부]

① 1건의 화재란 1개의 발화지점에서 확대된 것으로 발화부터 진화까지를 말한다.
② 동일 소방대상물의 발화점이 2개소 이상 있는 지진, 낙뢰 등 자연현상에 의한 다발화재는 1건의 화재로 한다.
③ 동일 소방대상물의 발화점이 2개소 이상 있는 누전점이 동일한 누전에 의한 화재는 1건의 화재로 한다.
④ 동일범이 아닌 각기 다른 사람에 의한 방화, 불장난은 동일 대상물에서 발화했더라도 각각 별건의 화재로 한다.
⑤ 발화지점이 한 곳인 화재현장이 둘 이상의 관할구역에 걸친 화재에 대해서는 소방서마다 각각 별건의 화재로 한다.

해설 화재건수 결정

① 1건의 화재란 1개의 발화지점에서 확대된 것으로 발화부터 진화까지를 말한다.
② 동일범이 아닌 각기 다른 사람에 의한 방화, 불장난은 동일 대상물에서 발화했더라도 각각 별건의 화재로 한다.
③ 동일 소방대상물의 발화점이 2개소 이상 있는 다음의 화재는 1건의 화재로 한다.
  ㉠ 누전점이 동일한 누전에 의한 화재
  ㉡ 지진, 낙뢰 등 자연현상에 의한 다발화재
④ 발화지점이 한 곳인 화재현장이 둘 이상의 관할구역에 걸친 화재는 발화지점이 속한 소방서에서 1건의 화재로 산정한다. 다만, 발화지점 확인이 어려운 경우에는 화재피해금액이 큰 관할구역 소방서의 화재 건수로 산정한다.

정답 ⑤

085

「화재조사 및 보고규정」 상 건축·구조물 화재의 소실정도에 따른 화재의 구분으로 옳지 않은 것은? (단, 소실정도는 입체면적에 대한 비율을 말한다.) [13년 통합]

① 70% 이상이 소실되었을 때는 전소라 한다.
② 30% 이상 70% 미만이 소실되었을 때는 반소라 한다.
③ 30% 미만의 소실 또는 그 미만이라도 잔존부분을 보수하여도 재사용이 불가능한 것은 부분소라 한다.
④ 전소 및 반소에 해당하지 않은 때는 부분소라 한다.

해설 소실정도

전소	건물의 70% 이상(입체면적에 대한 비율을 말한다. 이하 같다)이 소실되었거나 또는 그 미만이라도 잔존부분을 보수하여도 재사용이 불가능한 것
반소	건물의 30% 이상 70% 미만이 소실된 것
부분소	위에 해당하지 아니하는 것

③ 30% 미만의 소실되었을 때는 부분소라 한다. 70% 이상이 소실되었거나 또는 그 미만이라도 잔존부분을 보수하여도 재사용이 불가능한 것은 전소라 한다.

정답 ③

086

「화재조사 및 보고규정」 상 전소란 건물의 70% 이상이 소실되었거나 또는 그 미만이라도 잔존부분을 보수하여도 재사용이 불가능한 것이다. 이 때, 70%는 어떤 면적의 비율을 의미하는가? [11년 통합]

① 바닥면적   ② 입체면적
③ 연면적   ④ 화재층의 면적

해설 소실정도(전소)

② 건물의 70% 이상(입체면적에 대한 비율을 말한다. 이하 같다)이 소실되었거나 또는 그 미만이라도 잔존부분을 보수하여도 재사용이 불가능한 것

정답 ②

087

「화재조사 및 보고규정」상 건물의 입체면적에 대한 비율로 70%가 소실되었다. 이때, 해당하는 소실 정도는? [16년 통합]

① 전소   ② 반소
③ 부분소 ④ 즉소

해설 소실정도(전소)

① 건물의 70% 이상(입체면적에 대한 비율을 말한다. 이하 같다)이 소실되었거나 또는 그 미만이라도 잔존부분을 보수하여도 재사용이 불가능한 것

정답 ①

088

「화재조사 및 보고규정」상 화재조사 시 건물의 동수 산정기준에 대한 설명 중 옳지 않은 것은? [16년 소방간부]

① 구조에 관계없이 지붕 및 실이 하나로 연결되어 있는 것은 같은 동으로 본다.
② 건물의 외벽을 이용하여 실을 만들어 헛간, 목욕탕, 작업실, 사무실 및 기타 건물 용도로 사용하고 있는 것은 주건물과 다른 동으로 본다.
③ 목조 또는 내화조 건물의 경우 격벽으로 방화구획이 되어 있는 경우도 같은 동으로 한다.
④ 독립된 건물과 건물 사이에 차광막, 비막이 등의 덮개를 설치하고 그 밑을 통로 등으로 사용하는 경우는 다른 동으로 한다.
⑤ 주요구조부가 하나로 연결되어 있는 것은 1동으로 한다. 다만 건널 복도 등으로 2 이상의 동에 연결되어 있는 것은 그 부분을 절반으로 분리하여 각 동으로 본다.

해설 건물 동수의 산정

① 주요구조부가 하나로 연결되어 있는 것은 1동으로 한다. 다만 건널 복도 등으로 2 이상의 동에 연결되어 있는 것은 그 부분을 절반으로 분리하여 각 동으로 본다.
② 건물의 외벽을 이용하여 실을 만들어 헛간, 목욕탕, 작업실, 사무실 및 기타 건물 용도로 사용하고 있는 것은 주건물과 같은 동으로 본다.

③ 구조에 관계없이 지붕 및 실이 하나로 연결되어 있는 것은 같은 동으로 본다.

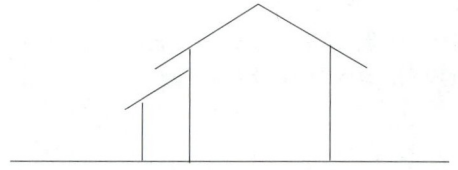

④ 목조 또는 내화조 건물의 경우 격벽으로 방화구획이 되어 있는 경우도 같은 동으로 한다.

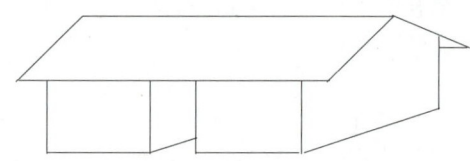

⑤ 독립된 건물과 건물 사이에 차광막, 비막이 등의 덮개를 설치하고 그 밑을 통로 등으로 사용하는 경우는 다른 동으로 한다. (예) 작업장과 작업장 사이에 조명유리 등으로 비막이를 설치하여 지붕과 지붕이 연결되어 있는 경우

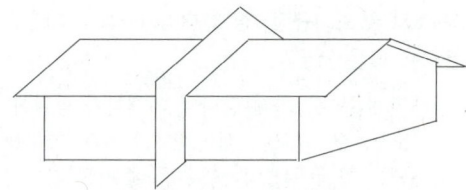

⑥ 내화조 건물의 옥상에 목조 또는 방화구조 건물이 별도 설치되어 있는 경우는 다른 동으로 한다. 다만, 이들 건물의 기능상 하나인 경우(옥내 계단이 있는 경우)는 같은 동으로 한다.
⑦ 내화조 건물의 외벽을 이용하여 목조 또는 방화구조건물이 별도 설치되어 있고 건물 내부와 구획되어 있는 경우 다른 동으로 한다. 다만, 주된 건물에 부착된 건물이 옥내로 출입구가 연결되어 있는 경우와 기계설비 등이 쌍방에 연결되어 있는 경우 등 건물 기능상 하나인 경우는 같은 동으로 한다.

정답 ②

089

「화재조사 및 보고규정」상 소실면적의 산정에 대한 설명이다. 괄호 안에 들어갈 내용으로 옳은 것은?

[20년 소방간부]

> 건물의 소실면적 산정은 소실 (ㄱ)으로 산정한다.

① 바닥면적 ② 입체면적
③ 연면적   ④ 벽면적
⑤ 화재층의 면적

해설 소실면적
① 건물의 소실면적 산정은 소실 (ㄱ: 바닥면적)으로 산정한다.

정답 ①

090

「화재조사 및 보고규정」상 화재피해금액 산정에 관한 내용으로 옳은 것은?

[25년 소방간부]

① 화재피해금액은 화재 당시의 피해물과 동일한 구조, 용도, 질, 규모를 재건축 또는 재구입하는데 소요되는 가액에서 경과연수 등에 따른 감가공제를 하고 현재가액을 산정하는 실질적·구체적 방식에 따른다. 다만, 회계장부상 구매가격이 입증된 경우에는 그에 따른다.
② 정확한 피해물품을 확인하기 곤란한 경우에는 소방청장이 정하는 「화재피해금액 산정매뉴얼」의 간이평가방식으로 산정해야 한다.
③ 건물 등 자산에 대한 내용연수는 「화재피해금액 산정매뉴얼」에서 정한 바에 따른다.
④ 건물 등 자산에 대한 최종잔가율은 건물·부대설비·구축물·가재도구는 10%로 하며, 그 이외의 자산은 20%로 정한다.
⑤ 관계인은 화재피해금액 산정에 이의가 있는 경우 별지 서식에 따라 관할 소방관서장에게 재산피해신고를 할 수 있으며, 신고서를 접수한 관할 소방관서장은 화재피해금액을 재산정할 수 있다.

해설 화재피해금액 산정(화재조사 및 보고규정)
① 화재피해금액은 화재 당시의 피해물과 동일한 구조, 용도, 질, 규모를 재건축 또는 재구입하는데 소요되는 가액에서 경과연수 등에 따른 감가공제를 하고 현재가액을 산정하는 실질적·구체적 방식에 따른다. 다만, 회계장부상 현재가액이 입증된 경우에는 그에 따른다.
② 정확한 피해물품을 확인하기 곤란한 경우에는 소방청장이 정하는 「화재피해금액 산정매뉴얼」의 간이평가방식으로 산정할 수 있다.
④ 건물 등 자산에 대한 최종잔가율은 건물·부대설비·구축물·가재도구는 20%로 하며, 그 이외의 자산은 10%로 정한다.
⑤ 관계인은 화재피해금액 산정에 이의가 있는 경우 별지 서식에 따라 관할 소방관서장에게 재산피해신고를 할 수 있으며, 신고서를 접수한 관할 소방관서장은 화재피해금액을 재산정해야 한다.

정답 ③

091

화재 피해조사 시 〈보기〉와 같은 조건의 '건물 피해산정' 추정액은?

[25년 공개]

| 보기 |

ㄱ. 용도 및 구조 : 아파트, 철근콘크리트 구조
ㄴ. 신축단가(m² 당) : 1,000,000원
ㄷ. 경과연수 : 10년
ㄹ. 내용연수 : 40년
ㅁ. 소실면적 : 50m²
ㅂ. 손해율 : 50%
ㅅ. 잔가율 : 80%

① 16,000,000원   ② 20,000,000원
③ 24,000,000원   ④ 28,000,000원

해설 화재피해금액 산정기준 – 건물

> 건물 = 신축단가(m²당) × 소실면적
> × [1-(0.8×경과연수/내용연수)] × 손해율
>
> ※ 신축단가 : 한국감정원이 최근 발표한 건물신축단가표에 의함

→ 건물
= 1,000,000원 × 50m² × [1-(0.8 × $\frac{10년}{40년}$)] × 0.5
= 20,000,000원

정답 ②

092 🔥🔥🔥

소방의 화재조사 시 소방관서장이 화재합동조사단의 단원으로 임명 또는 위촉할 수 있는 사람에 해당하지 않는 것은?

[25년 공개]

① 화재조사관
② 화재조사 업무에 관한 경력이 4년인 소방공무원
③ 국가기술자격의 직무분야 중 안전관리 분야에서 기능사 자격을 취득한 사람
④ 「고등교육법」 제2조에 따른 학교 또는 이에 준하는 교육기관에서 화재 조사, 소방 또는 안전관리 등 관련 분야에 조교수로 4년 재직한 사람

해설 화재합동조사단의 단원(화재조사법 시행령 제7조)
㉠ 화재조사관
㉡ 화재조사 업무에 관한 경력이 3년 이상인 소방공무원
㉢ 「고등교육법」에 따른 학교 또는 이에 준하는 교육기관에서 화재조사, 소방 또는 안전관리 등 관련 분야 조교수 이상의 직에 3년 이상 재직한 사람
㉣ 「국가기술자격법」에 따른 국가기술자격의 직무분야 중 안전관리 분야에서 산업기사 이상의 자격을 취득한 사람
㉤ 그 밖에 건축·안전 분야 또는 화재조사에 관한 학식과 경험이 풍부한 사람

정답 ③

093 🔥🔥🔥

〈보기〉는 「화재조사 및 보고규정」상 대통령령으로 정하는 대형화재가 발생한 경우, 소방관서장의 화재합동조사단 구성과 운영에 관한 기준의 일부이다. ( ) 안에 들어갈 내용으로 옳은 것은? (단, 임야화재는 제외한다)

[25년 소방간부]

| 보기 |
- 소방서장: 사상자가 (가)명 이상 발생한 화재
- 소방본부장: 사상자가 (나)명 이상이거나 2개 시·군·구 이상에 발생한 화재
- 소방청장: 사상자가 (다)명 이상이거나 2개 시·도 이상에 걸쳐 발생한 화재

	가	나	다
①	5	10	20
②	5	10	30
③	10	20	30
④	10	20	50
⑤	20	30	100

해설 화재합동조사단(화재조사 및 보고규정)
- 소방서장: 사망자가 5명 이상 이거나 사상자가 (가: 10)명 이상 또는 재산피해액이 100억원 이상 발생한 화재(임야화재 제외)
- 소방본부장: 사상자가 (나: 20)명 이상이거나 2개 시·군·구 이상에 발생한 화재(임야화재 제외)
- 소방청장: 사상자가 (다: 30)명 이상이거나 2개 시·도 이상에 걸쳐 발생한 화재(임야화재 제외)

정답 ③

094 🔥🔥🔥

「화재조사 및 보고규정」상 소방관서장이 화재합동조사단을 구성하여 운영할 수 있는 것으로 옳은 것은?

[17년 소방간부] [19년 공개]

ㄱ. 사망자가 5명 발생한 화재
ㄴ. 이재민이 100인 발생한 화재
ㄷ. 재산피해액이 50억원 발생한 화재
ㄹ. 사상자가 10인 발생한 화재
ㅁ. 학교의 화재

① ㄱ, ㄴ
② ㄱ, ㄴ, ㄷ
③ ㄱ, ㄷ, ㄹ
④ ㄱ, ㄴ, ㄷ, ㄹ
⑤ ㄱ, ㄴ, ㄷ, ㄹ, ㅁ

해설 화재합동조사단
소방관서장(소방청장, 소방본부장, 소방서장)은 다음에 해당하는 화재에 대하여 화재합동조사단을 구성하여 운영할 수 있다.
㉠ 사망자가 5인 이상 발생하거나 사상자가 10인 이상 발생한 화재 (ㄱ, ㄹ)
㉡ 이재민이 100인 이상 발생한 화재 (ㄴ)
㉢ 재산피해액이 50억원 이상 발생한 화재 (ㄷ)
㉣ 관공서·학교·정부미도정공장·문화재·지하철 또는 지하구의 화재 (ㅁ)
㉤ 관광호텔, 층수가 11층 이상인 건축물, 지하상가, 시장, 백화점에서 발생한 화재
㉥ 지정수량의 3천배 이상의 위험물의 제조소·저장소·취급소에서 발생한 화재
㉦ 층수가 5층 이상이거나 객실이 30실 이상인 숙박시설, 층수가 5층 이상이거나 병상이 30개 이상인 종합병원·정신병원·한방병원·요양소에서 발생한 화재
㉧ 연면적 1만5천제곱미터 이상인 공장 또는 화재예방강화지구에서 발생한 화재

ⓒ 철도차량, 항구에 매어둔 총 톤수가 1천톤 이상인 선박, 항공기, 발전소 또는 변전소에서 발생한 화재
ⓔ 가스 및 화약류의 폭발에 의한 화재
ⓕ 「다중이용업소의 안전관리에 관한 특별법」 제2조에 따른 다중이용업소의 화재
※ 화재조사 및 보고규정의 개정으로 문제내용을 일부 수정하였습니다.

정답 ⑤

095

「화재조사 및 보고규정」 상 화재조사에 관한 설명으로 옳지 않은 것은?　19년 공개

① 재산피해액이 100억원 이상 발생한 임야화재는 소방서장이 화재합동조사단을 구성하여 운영하는 것을 원칙으로 한다.
② 경상이란 중상 이외의 부상(입원치료를 필요로 하지 않는 것도 포함한다)을 말한다. 다만, 병원 치료를 필요로 하지 않고 단순하게 연기를 흡입한 사람은 제외한다.
③ 화재조사관은 화재발생 사실을 인지하는 즉시 화재조사를 시작해야 한다.
④ 화재현장에서 부상을 당한 후 72시간 이내에 사망한 경우에는 당해 화재로 인한 사망으로 본다.

해설 화재합동조사단

소방관서장은 화재합동조사단을 구성할 수 있는 대형화재가 발생한 경우 다음에 따라 화재합동조사단을 구성하여 운영하는 것을 원칙으로 한다.

소방청장	사상자가 30명 이상이거나 2개 시·도 이상에 걸쳐 발생한 화재(임야화재는 제외한다.)
소방본부장	사상자가 20명 이상이거나 2개 시·군·구 이상에 발생한 화재(임야화재는 제외한다.)
소방서장	사망자가 5명 이상이거나 사상자가 10명 이상 또는 재산피해액이 100억원 이상 발생한 화재(임야화재는 제외한다.)

① 재산피해액이 100억원 이상 발생한 화재(임야화재 제외)는 소방서장이 화재합동조사단을 구성하여 운영하는 것을 원칙으로 한다.

참고 사상자 및 부상자

구분	내용
사상자	① 사상자는 화재현장에서 사망한 사람과 부상당한 사람을 말한다. ② 화재현장에서 부상을 당한 후 72시간 이내에 사망한 경우에는 당해 화재로 인한 사망으로 본다.
부상자	→ 부상의 정도는 의사의 진단을 기초로 하여 분류한다. ① 중상 : 3주 이상의 입원치료를 필요로 하는 부상을 말한다. ② 경상 : 중상 이외의 부상(입원치료를 필요로 하지 않는 것도 포함한다)을 말한다. 다만, 병원 치료를 필요로 하지 않고 단순하게 연기를 흡입한 사람은 제외한다.

※ 화재조사 및 보고규정의 개정으로 문제내용을 일부 수정하였습니다.

정답 ①

096

「화재조사 및 보고규정」에 관한 내용으로 옳지 않은 것은?　23년 공개

① 건물의 소실면적 산정은 소실 입체면적으로 산정한다.
② 건물의 소실정도에서의 반소는 건물의 30% 이상 70% 미만이 소실된 것을 말한다.
③ 건물 등 자산에 대한 최종잔가율은 건물·부대설비·구축물·가재도구는 20%로 하며, 그 이외의 자산은 10%로 정한다.
④ 발화일시의 결정은 관계인의 화재발견 상황통보(인지) 시간 및 화재발생 건물의 구조 재질 상태와 화기취급 등의 상황을 종합적으로 검토하여 결정한다. 다만 자체진화 등 사후인지 화재로 그 결정이 곤란한 경우에는 발화시간을 추정할 수 있다.

해설 화재조사 및 보고규정

① 건물의 소실면적 산정은 소실 바닥면적으로 산정한다.

정답 ①

PART 3 | 소화이론

CHAPTER 01 | 소화방법

001	002	003	004	005	006	007	008	009	010
③	④	②	③	②	②	④	②	③	②
011	012	013	014	015	016	017	018	019	
②	③	④	②	③	①	①	①		

001

화재의 소화방법으로 옳지 않은 것은? [11년 제주]

① 냉각소화　② 질식소화
③ 촉매소화　④ 연쇄반응차단

해설 소화방법
㉠ 물리적 소화
　ⓐ 냉각소화
　ⓑ 질식소화
　ⓒ 제거소화
　ⓓ 유화소화
　ⓔ 희석소화
　ⓕ 피복소화
㉡ 화학적 소화 : 부촉매소화(억제소화)
→ ③ 촉매소화는 해당하지 않는다.

정답 ③

002

다음 중 촛불을 입으로 불었더니 소화되었다. 어떤 소화방법에 해당하는가? [12년 세종]

① 억제소화　② 질식소화
③ 냉각소화　④ 제거소화

해설 제거소화
㉠ 산림화재 시 화재가 진행하는 방향으로 앞질러 나무를 잘라 없앤다.
㉡ 촛불을 입으로 불어서 끈다.
㉢ 전기화재 시 전원을 차단한다.
㉣ 가스화재 시 중간밸브를 잠근다.
㉤ 위험물저장탱크에 화재가 발생할 경우 주변에 있는 저장탱크 내부의 위험물을 안전한 곳으로 운반한다.
㉥ 유류화재 시 폭발물을 설치하여, 폭발물에 의한 후폭풍으로 가연성 증기를 제거하여 소화한다.

정답 ④

003

다음 설명에 해당하는 소화방법으로 옳은 것은? [13년 소방간부] [17년 공개] [18년 공개]

일반적으로 공기 중의 산소농도 21%를 15% 이하로 희석하거나 저하시키면 연소 중인 가연물은 산소의 양이 부족하여 연소가 중단된다.

① 냉각소화　② 질식소화
③ 제거소화　④ 유화소화

해설 질식소화
㉠ 정의 : 일반적으로 공기 중의 산소농도 21%를 15% 이하로 희석하거나 차단시키면 연소 중인 가연물은 연소의 3요소 중 산소의 양이 부족하여 연소가 중단된다.
㉡ 특징 : 제5류 위험물(자기반응성물질)은 물질 자체가 산소를 포함하고 있으므로 질식소화가 불가능하다.
㉢ 예시
　ⓐ 불이 난 곳에 담요를 덮어 소화한다.
　ⓑ 위험물 저장탱크에 화재발생 시 포를 방사하여 소화한다.
　ⓒ 마그네슘 화재 시 팽창 진주암을 사용하여 소화한다.
　ⓓ 물을 무상으로 분무하여 산소공급을 차단한다.

참고 소화방법
㉠ **냉각소화** : 화재 시 발생하는 열에너지를 흡수하는 물질을 투입하여 인화점 또는 발화점 이하까지 냉각하며 소화하는 방법
㉡ **제거소화** : 가연물을 안전한 장소로 이동시키거나 제거하여 소화하는 방법
㉢ **유화소화** : 비중이 물보다 큰 중유 등으로 인한 화재 시 무상으로 방사하거나 포소화약제를 유류화재시 방사하는 경우 유류 표면에 엷은 층(유화막, 유화층)을 형성하여 공기 중의 산소의 공급을 차단시켜 소화하는 작용을 말한다.

정답 ②

004

포(Foam)을 방사하여 화원의 표면을 덮음으로써 유류 표면에 물로 형성된 층은 물과 기름의 얇은 막을 만들며 곧 공기차단 효과를 나타내기도 하며, 일반적으로 연소의 확대 우려가 큰 가연성 액체의 화재 등에 사용하는 것으로서 연소의 4요소 중 산소를 공급하는 물질을 차단하여 소화하는 방법은?

13년 통합

① 냉각소화 ② 부촉매소화
③ 질식소화 ④ 제거소화

해설 질식소화

㉠ 정의 : 일반적으로 공기 중의 산소농도 21%를 15% 이하로 희석하거나 차단시키면 연소 중인 가연물은 연소의 3요소 중 산소의 양이 부족하여 연소가 중단된다.
㉡ 특징 : 제5류 위험물(자기반응성물질)은 물질 자체가 산소를 포함하고 있으므로 질식소화가 불가능하다.
㉢ 예시
  ⓐ 불이 난 곳에 담요를 덮어 소화한다.
  ⓑ 위험물 저장탱크에 화재발생 시 포를 방사하여 소화한다.
  ⓒ 마그네슘 화재 시 팽창 진주암을 사용하여 소화한다.
  ⓓ 물을 무상으로 분무하여 산소공급을 차단한다.

정답 ③

005

가스화재 시 밸브를 차단시켜 가스공급을 중단시키는 소화방법의 소화원리로 옳은 것은?

17년 소방간부

① 냉각소화 ② 질식소화
③ 제거소화 ④ 억제소화
⑤ 희석소화

해설 제거소화

③ 가스화재 시 밸브를 차단시켜 가연물인 가스의 공급을 중단시켜 소화하는 방법으로 제거소화에 해당한다.

정답 ③

006

다음에서 설명하는 소화방법으로 옳은 것은?

19년 소방간부

비중이 물보다 큰 중유 등 비수용성 유류화재 시 무상 주수하거나 포소화약제를 방사하여 유류 표면에 얇은 층이 형성되어 공기 중의 산소공급을 차단시켜 소화하는 방법을 말한다.

① 제거소화법 ② 유화소화법
③ 억제소화법 ④ 방진소화법
⑤ 피복소화법

해설 유화소화

비중이 물보다 큰 중유 등 비수용성 유류화재 시 무상 주수하거나 포소화약제를 방사하여 유류 표면에 얇은 층이 형성되어 공기 중의 산소공급을 차단시켜 소화하는 방법을 말하며, 에멀전(Emulsion) 효과를 이용하는 것이다.

참고 소화방법

㉠ 방진소화 : 목탄·코크스 등 일반화재의 연소과정에서 제3종 소화분말인 제1인산암모늄($NH_4H_2PO_4$)을 방사하는 경우 제1인산암모늄의 열분해 시에 발생하는 메타인산(HPO_3)이 숯불모양으로 연소하는 가연물에 접촉하여 유리상의 피막을 형성하여 차단하고 재연소를 방지하는 방법이다.
㉡ 피복소화 : 공기보다 증기비중이 큰 소화약제를 사용하여 가연물 주위를 피복하여 소화하는 방법으로 대표적인 예시로 이산화탄소소화설비가 있다. 이산화탄소소화설비는 증기비중이 약 1.5로 공기보다 무거워 가연물 주위를 둘러싸 산소의 공급을 차단시켜 소화하는 방법이다.

정답 ②

007
알코올 화재 시 다량의 물로 소화하는 방법은?

[13년 경기]

① 냉각소화
② 유화소화
③ 희석소화
④ 질식소화

해설 희석소화

수용성 가연물질인 알코올·에스테르·케톤·알데히드류 등으로 인한 화재에 많은 양의 물을 방사하여 가연물질의 농도를 연소농도 이하로 희석하여 소화시키는 작용으로 일종의 제거소화이다.

정답 ③

008
중질유화재 시 무상주수를 함으로써 기대할 수 있는 소화효과로 올바르게 묶인 것은?

[22년 공개]

① 질식소화, 부촉매소화
② 질식소화, 유화소화
③ 유화소화, 타격소화
④ 피복소화, 타격소화

해설 질식소화, 유화소화

유화소화는 비중이 물보다 큰 중유 등 비수용성 유류화재 시 무상 주수하거나 포소화약제를 방사하여 유류 표면에 엷은 층이 형성되어 공기 중의 산소공급을 차단시켜 소화하는 방법을 말하며, 에멀젼(Emulsion) 효과를 이용하는 것이다. 이는 질식소화의 일종이다.

정답 ②

009
소화약제로 팽창질석 또는 팽창진주암을 사용하였을 때, 적응성이 가장 좋은 화재로 옳은 것은?

[11년 통합] [18년 하반기]

① 일반화재
② 전기화재
③ 금속화재
④ 가스화재

해설 금속화재의 소화방법

팽창질석 또는 팽창진주암은 화재로 인한 열에 의해 팽창하여 가연물 주위에서 산소공급을 차단하는 방법이다. 가연성 가스의 발생으로 인해 주수소화가 불가능한 금속화재에 주로 사용한다.

참고 화재의 종류별 소화방법

구분	화재종류	소화방법
A급	일반화재	냉각소화
B급	유류화재	질식소화
C급	전기화재	질식소화, 제거소화
D급	금속화재	질식소화
E급	가스화재	제거소화
K급	주방화재 (식용유화재)	질식소화, 냉각소화

정답 ③

010

제거소화방법으로 옳은 것은? 〔20년 소방간부〕

㉠ 전기화재 시 전원 차단
㉡ 가스화재 시 가스공급 차단
㉢ 일반화재 시 옥내소화전 사용
㉣ 유류화재 시 포소화약제 사용
㉤ 산불화재 시 방화선(도로) 구축

① ㉠, ㉡, ㉣
② ㉠, ㉡, ㉤
③ ㉡, ㉢, ㉣
④ ㉡, ㉣, ㉤
⑤ ㉢, ㉣, ㉤

해설 제거소화
㉢ 일반화재 시 옥내소화전 사용 : 냉각소화에 해당한다.
㉣ 유류화재 시 포소화약제 사용 : 질식소화에 해당한다.

정답 ②

011

소화원리 중 제거소화의 사례에 해당하지 않는 것은? 〔24년 소방간부〕

① 촛불을 입으로 불어 소화하는 방법
② 식용유 화재 시 주변의 야채를 집어 넣어 소화하는 방법
③ 전기화재 시 신속하게 전원을 차단하여 소화하는 방법
④ 산림화재 시 화재 진행 방향의 나무를 벌목하여 소화하는 방법
⑤ 가스화재 시 밸브를 차단시켜 가스공급을 중단하여 소화하는 방법

해설 소화방법
① 물리적소화 중 제거소화에 해당한다.
② 물리적소화 중 냉각소화, 질식소화(잎이 넓은 야채 등)에 해당한다.
③ 물리적소화 중 제거소화에 해당한다.
④ 물리적소화 중 제거소화에 해당한다.
⑤ 물리적소화 중 제거소화에 해당한다.

정답 ②

012

다음 중 가연물을 냉각하는 냉각소화에 대한 설명으로 가장 틀린 것은? 〔11년 부산〕

① 봉상주수는 냉각소화 효과가 있는 주수방식이다.
② 열을 흡수하는 가연성 연소생성물의 생성을 억제한다.
③ 냉각소화는 화학적 소화이다.
④ 인화점 이하의 에너지 상태로 가연물을 유지하기 위함이다.

해설 냉각소화
㉠ 정의 : 화재 시 발생하는 열에너지를 흡수하는 물질을 투입하여 인화점 또는 발화점 이하까지 냉각하는 소화방법
㉡ 소화분류 : 연소의 3요소 중 점화원을 제거한다.
　　　　　　(물리적 소화)
㉢ 예시
　ⓐ 옥내, 옥외소화전설비를 봉상주수하여 소화한다.
　ⓑ 스프링클러설비로 적상주수를 하여 소화한다.

정답 ③

013

다음 중 질식소화에 대한 설명으로 가장 옳은 것은? 〔17년 공개〕

① 연소가 진행되고 있는 계의 열을 빼앗아 온도를 떨어뜨림으로써 불을 끄는 방법이다.
② 가연물을 제거하여 연소현상을 제어하는 방법이다.
③ 화염이 발생하는 연소반응을 주도하는 라디칼을 제거하여 중단시키는 방법이다.
④ 연소의 물질조건 중 하나인 산소의 공급을 차단하여 소화의 목적을 달성하는 방법이다.

해설 소화방법
① 냉각소화에 대한 설명이다.
② 제거소화에 대한 설명이다.
③ 부촉매소화(억제소화)에 대한 설명이다.

정답 ④

014

다음 소화방법에 대한 설명 중 옳지 않은 것은?

[16년 소방간부]

① 질식소화는 연소하기 위해서 반드시 필요한 산소 공급원의 공급을 차단하여 연소를 중단시키는 방법으로 물질마다 차이는 있지만 액체의 경우는 산소 농도가 15% 이하일 때 불이 꺼진다.
② 냉각소화로 많이 이용되는 물은 비열, 증발잠열의 값이 다른 물질에 비해 커서 가연성 물질을 발화점 혹은 인화점 이하로 냉각하는 효과가 있다.
③ 제거소화는 연소반응이 일어나고 있는 연소물이나 화원을 제거하여 연소반응을 중지시켜 소화하는 방법을 말한다.
④ 억제소화(부촉매소화)는 연소의 4요소 중 연쇄반응의 속도를 빠르게 하는 부촉매를 억제시키는 것으로 화학적 소화방법이다.
⑤ 유화효과는 물보다 비중이 큰 중유 등 비수용성의 유류화재 시 포소화약제를 방사하거나 무상주수로 유류표면을 두드려서 증기발생을 억제함으로써 연소성을 상실시키는 소화효과이다.

해설 소화방법

④ 억제소화(부촉매효과)는 연소의 4요소 중 연쇄반응의 속도를 느리게 하는 부촉매를 이용하는 소화방법으로 화학적 소화방법에 해당한다.

정답 ④

015

다음 중 부촉매소화효과를 가장 기대하기 힘든 물질은 무엇인가?

[17년 공개]

① 강화액 소화약제　② 할론소화약제
③ 수성막포　　　　　④ 제3종 분말소화약제

해설 부촉매소화(=억제소화, 화학적소화)

㉠ 활성라디칼($H*$, $OH*$)을 제거하여 연소의 4요소 중 연쇄반응을 차단하는 소화방법을 말한다.
㉡ 정촉매의 기능과 반대되는 역할을 하는 물질로서 활성화에너지를 높여 연쇄반응을 억제하는 소화방법을 말한다.
㉢ 표면연소(무염연소)를 하는 물질들은 연쇄반응을 하지 않으므로 부촉매소화를 할 수 없다.
㉣ 부촉매작용의 소화약제
　ⓐ 분말소화약제 : Na^+, K^+, NH_4^+
　ⓑ 할론소화약제, 할로겐화합물 소화약제
　　　: F^-, Cl^-, Br^- 등
　ⓒ 강화액 소화약제 : K^+, NH_4^+
　ⓓ 산·알칼리 소화약제 : Na^+

참고 부촉매소화효과가 없는 소화약제
㉠ 물소화약제
㉡ 포소화약제
㉢ 이산화탄소 소화약제
㉣ 불활성기체 소화약제

정답 ③

016

가연물의 화학적 연쇄반응 속도를 줄여 소화하는 방법으로 옳은 것은?

[20년 공개]

① 다량의 물을 주수하여 소화한다.
② 할론소화약제를 사용하여 소화한다.
③ 연소물이나 화원을 제거하여 소화한다.
④ 에멀션(emulsion) 효과를 이용하여 소화한다.

해설 부촉매소화(=억제소화, 화학적소화)

① 냉각소화에 대한 설명이다.
③ 제거소화에 대한 설명이다.
④ 유화소화에 대한 설명이다.

정답 ②

017

소화방법에 대해 옳은 설명만을 모두 고른 것은?
[21년 공개]

㉠ 질식소화는 일반적으로 공기 중 산소 농도를 낮추어 소화하는 방법을 말한다.
㉡ 냉각소화가 가능한 약제로서 물, 강화액, CO_2, 할론 등이 있다.
㉢ 피복소화는 비중이 물보다 큰 비수용성 유류화재 시 무상 주수하여 소화하는 방법을 말한다.
㉣ 부촉매소화는 가스화재 시 가스공급을 차단하여 소화하는 방법을 말한다.

① ㉠, ㉡
② ㉠, ㉡, ㉢
③ ㉡, ㉢, ㉣
④ ㉠, ㉡, ㉢, ㉣

[해설] 소화방법
㉢ 유화소화는 비중이 물보다 큰 비수용성 유류화재 시 무상 주수하여 소화하는 방법을 말한다.
㉣ 제거소화는 가스화재 시 가스공급을 차단하여 소화하는 방법을 말한다.

[참고] 수용성과 비수용성
• 수용성 : 물에 잘 녹을 수 있는 성질
• 비수용성 : 물에 잘 녹지 않는 성질

[정답] ①

018

다음은 강화액 소화약제에 대한 설명이다. 빈칸에 들어갈 단어로 옳은 것은?
[18년 공개]

탄산칼륨을 함유한 강화액은 (　　)(으)로 인해 부촉매 소화효과를 가진다.

① K^+
② CO_3^{2-}
③ H^+
④ OH^-

[해설] 강화액
탄산칼륨(K_2CO_3)을 함유한 강화액은 (칼륨이온, K^+)으로 인해 부촉매 소화효과를 가진다.

[정답] ①

019

소화방법에 관한 설명으로 옳은 것만을 〈보기〉에서 있는 대로 고른 것은?
[23년 공개]

| 보기 |

ㄱ. 산림화재 시 화재 진행방향의 나무를 벌목하는 것은 제거소화의 방법 중 하나이다.
ㄴ. 물은 비열, 증발잠열의 값이 작아서 주로 냉각소화에 사용된다.
ㄷ. 부촉매 소화는 화학적 소화에 해당한다.
ㄹ. 유류화재는 포 소화약제를 방사하여 유류 표면에 얇은 층을 형성함으로써 공기 공급을 차단해 소화한다.
ㅁ. 물에 침투제를 첨가하는 이유는 표면장력을 증가시켜 소화능력을 향상하기 위함이다.

① ㄱ, ㄷ, ㄹ
② ㄴ, ㄹ, ㅁ
③ ㄱ, ㄴ, ㄷ, ㄹ
④ ㄱ, ㄷ, ㄹ, ㅁ

[해설] 소화방법
ㄴ. 물은 비열, 증발잠열의 값이 커서 주로 냉각소화에 사용된다.
ㅁ. 물에 침투제를 첨가하는 이유는 표면장력을 감소시켜 소화능력을 향상하기 위함이다.

[정답] ①

PART 3 | 소화이론

CHAPTER 02 | 수계 소화약제

								020
								②
021	022	023	024	025	026	027	028	029	030
①	③	③	①	②	④	②	③	②	①
031	032	033	034	035	036	037	038	039	040
③	④	②	⑤	②	④	③	①	③	②
041	042	043	044
③	②	②	①

020

소화약제로서 갖추어야 할 조건으로 옳지 않은 것은?

〔17년 소방간부〕

① 연소의 요소 중 한 가지 이상을 제거 또는 차단할 수 있을 것
② 가격이 고가일 것
③ 인체에 독성이 없을 것
④ 환경에 대한 오염이 적을 것
⑤ 저장에 있어 변질이 발생하지 않고 안정성이 있을 것

해설 소화약제의 구비조건
㉠ 소화성능이 좋아야 한다.
㉡ 인체에 대한 독성이 없어야 한다.
㉢ 환경에 대한 오염이 적어야 한다.
㉣ 저장안정성이 좋아야 한다.
㉤ 가격이 저렴해야 한다.
㉥ 연소의 요소 중 한 가지 이상을 제거 또는 차단할 수 있어야 한다.

정답 ②

021

물을 분무주수 할 때 얻을 수 있는 가장 큰 소화효과는?

〔다수 출제〕

① 질식소화
② 냉각소화
③ 제거소화
④ 부촉매소화

해설 물의 주수방법

구분	방사형태	소화설비	적응화재
봉상 주수 (직사주수)	봉상의 물줄기로 방사	옥내소화전설비, 옥외소화전설비, 연결송수관설비	A급화재
적상 주수	빗방울과 같은 형태의 주수	스프링클러설비	A급화재
무상 주수 (분무주수)	분무(안개) 형태의 주수	물분무소화설비, 미분무소화설비	ABC급화재

① 무상주수(분무주수)에 가까워질수록 **질식소화**효과가 커진다.

정답 ①

022

다음 중 분무방수에 대하여 옳지 않은 것은?

〔11년 서울〕

① 분무방수는 유류화재에 적용이 가능하다.
② 물분무는 입자가 적당할수록 질식소화에 용이하다.
③ 분무방수는 화점에 대한 명중률이 좋다.
④ 분무방수는 단거리 공격에 해당되며, 실외 등 개방된 공간에는 효과가 없다.

해설 물의 주수방법

구분	방사형태	소화설비	적응화재
봉상 주수 (직사주수)	봉상의 물줄기로 방사	옥내소화전설비, 옥외소화전설비, 연결송수관설비	A급화재
적상 주수	빗방울과 같은 형태의 주수	스프링클러설비	A급화재
무상 주수 (분무주수)	분무(안개)형태의 주수	물분무소화설비, 미분무소화설비	ABC급화재

③ 화점에 대한 명중률이 높은 것은 **봉상주수**이다.

정답 ③

023

물의 소화효과에 대한 설명으로 옳지 않은 것은?

[11년 부산]

① 수용성 액체는 희석하여 소화하는 희석작용을 나타낼 수 있다.
② 무상주수는 열의 차폐에도 유효하여 가스화재 및 폭발제어 설비로도 사용된다.
③ 냉각소화와 질식소화에 큰 효과를 낼 수 있는 것은 봉상주수이다.
④ 기름표면 등에 방사되어 유화층을 형성하여 유면을 덮는 유화작용을 갖는다.

해설 물의 주수방법
③ 냉각소화와 질식소화에 큰 효과를 낼 수 있는 것은 <u>무상주수(분무주수)</u>이다.

정답 ③

024

물이 소화약제로 사용되는 장점으로 옳은 것은?

[12년 세종] [15년 통합]

① 증발잠열이 커 냉각효과가 크다.
② 압력을 가하면 압축이 가능하다.
③ 피연소물에 대한 수손피해가 작다.
④ 동절기에 동결될 우려가 없다.

해설 물을 소화약제로 사용하는 이유
㉠ 물의 비열은 1kcal/kg·℃로 다른 물질에 비해 큰 편이다.
㉡ 물의 증발잠열(기화열)은 539kcal/kg으로 다른 물질에 비해 큰 편이다.
㉢ 물이 수증기로 상태변화하면 부피가 약 1,700배 팽창한다.
㉣ 경제적이며, 쉽게 구할 수 있다.
㉤ 비압축성(압축하여도 체적의 변화가 없는 성질)이므로 펌프로 압력을 가하기 용이하다.
㉥ 결합(극성 공유결합, 수소결합)이 안정적이므로 첨가제를 추가하기 용이하다.

참고 공유결합, 수소결합
- 공유결합 : 비금속원소와 비금속원소가 서로 전자를 내어 놓아 전자를 공유하여 결합하는 것
- 수소결합 : F, O, N 등 전기음성도가 강한 2개의 원자 사이에 수소 H가 들어감으로써 생기는 강한 분자 간의 인력

정답 ①

025

물 소화약제의 물리적·화학적 특성으로 옳은 것만을 〈보기〉에서 있는 대로 고른 것은?

[25년 소방간부]

| 보기 |

ㄱ. 물은 수소 원자 2개와 산소 원자 1개가 극성공유결합을 하고 있다.
ㄴ. 물의 비중은 1기압, 0℃에서 가장 크다.
ㄷ. 물의 표면장력은 온도가 상승하면 작아진다.
ㄹ. 물의 비열은 대기압 상태에서 0.5cal/g·℃이다.

① ㄱ, ㄴ
② ㄱ, ㄷ
③ ㄷ, ㄹ
④ ㄱ, ㄴ, ㄷ
⑤ ㄴ, ㄷ, ㄹ

해설 물 소화약제
ㄱ. 물은 수소 원자 2개와 산소 원자 1개가 극성공유결합을 하고 있다. [O]
ㄴ. 물의 밀도는 <u>1기압, 4℃</u>에서 1[g/mL]로 가장 크며, 물의 비중은 <u>1기압, 4℃</u>에서 1로 가장 크다.
ㄷ. 온도가 상승하면 분자운동이 활발해지므로 표면에서 분자 간의 인력은 약해지고 표면장력은 작아진다. [O]
ㄹ. 물의 비열은 대기압 상태에서 <u>1[cal/g·℃]</u>이다.
→ 옳은 보기는 "ㄱ, ㄷ"이다.

참고 물의 밀도

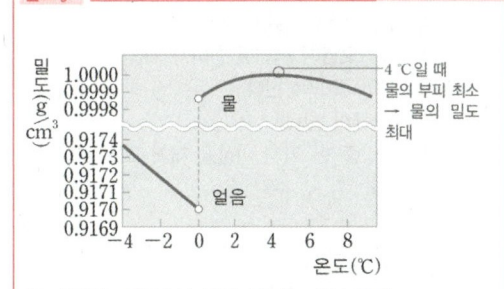

㉠ 1기압, 4℃에서 물의 부피는 최소이다.
㉡ 1기압, 4℃에서 물의 밀도는 최대이다.
㉢ 1기압, 4℃에서 물의 비중은 최대이다.

정답 ②

026

다음 중 물로서 소화가 가능한 것은? [11년 서울]

① 과산화나트륨   ② 알킬알루미늄
③ 휘발유   ④ 나이트로셀룰로오스

해설 물소화약제의 적응성
① 제1류 위험물(무기과산화물) : 물과 반응하여 산소 기체를 발생시키므로 물로 소화가 불가능하다.
② 제3류 위험물(금수성물질) : 물과 반응하여 가연성 가스를 발생시키므로 물로 소화가 불가능하다.
③ 제4류 위험물(제1석유류) : 비수용성이므로 일반적인 주수방법으로는 소화가 불가능하다.
④ 제5류 위험물(질산에스터류) : 다량의 물로 주수 소화를 할 수 있다.

정답 ④

027

물소화약제에 대한 설명으로 옳지 않은 것은? [17년 소방간부]

① 물이 소화약제로서 많이 사용되고 있는 것은 구입하기 손쉽고 가격이 비교적 저렴하기 때문이다.
② 물의 입자크기가 크게 되면 표면적이 증가해서 열을 흡수하여 기화가 용이하게 되므로 입경이 클수록 냉각효과가 크다.
③ 소화효과를 높이기 위해서는 증발률을 증가시켜야 하는데 이 경우는 물의 입자를 분무상으로 하는 것이 효과적이다.
④ 물은 A급 화재(일반화재)에서는 우수한 소화능력이 발휘되나, B급 화재(유류화재)에서는 오히려 화재가 확대될 수 있고, C급 화재(전기화재)에서는 소화가 가능 하지만 감전사고의 위험성이 있으므로 주의하여야 한다.
⑤ 물소화약제를 무상주수 하게 되면 냉각효과 뿐만 아니라 수증기의 급격한 팽창에 의한 산소농도를 감소시켜 질식효과를 기대할 수 있다.

해설 물소화약제
② 물의 입자가 작을수록 표면적이 증가해서 열을 흡수하여 기화가 되기 용이하므로 약 1,700배 팽창하며 질식소화효과가 커진다.

정답 ②

028

물소화약제에 대한 일반적인 설명으로 옳지 않은 것은? [18년 소방간부]

① 물소화약제는 자연으로부터 쉽게 얻을 수 있으며, 저장 및 취급이 용이하고 간단한 조작 및 방법에 의하여 사용이 가능하여 빠른 시간 내에 화재를 소화할 수 있는 장점이 있다.
② 물소화약제는 자기 자신이 가지고 있는 비열 및 기화열의 값이 다른 소화약제에 비하여 높고, 장기간 저장해도 소화약제로서의 기능이 상실되지 않는다.
③ 물소화약제는 제4류 위험물 중 중질유인 중유 화재 시 봉상주수에 의해서 유화층을 형성하여 질식·냉각 및 유화소화작용을 일으켜 신속하게 소화하는 기능을 갖는다.
④ 물소화약제는 화재에 대하여 냉각·질식·유화·희석소화 작용과 고압으로 주수 시 화재의 화세를 제압하거나 이웃한 소방대상물로서 연소방지기능 등 여러 가지의 소화작용을 가지고 있다.
⑤ 물소화약제는 수용성 가연물의 화재 시 소화약제로 이용할 경우 알코올포소화약제와 함께 우수한 소화작용과 소화능력을 발휘한다.

해설 물소화약제
③ 물소화약제는 제4류 위험물 중 중질유인 중유 화재 시 무상주수에 의해서 유화층을 형성하여 질식·냉각 및 유화소화작용을 일으켜 신속하게 소화하는 기능을 갖는다.

정답 ③

029

물소화약제에 대한 설명으로 옳은 것은? [21년 공개]

① 질식소화 작용은 기대하기 어렵다.
② 분무상으로 방사 시 B급화재 및 C급화재에도 적응성이 있다.
③ 물은 비열과 기화열 값이 작아 냉각소화 효과가 우수하다.
④ 수용성 가연물질인 알코올, 에테르, 에스테르 등으로 인한 화재에는 적응성이 없다.

[해설] 물소화약제

① 물소화약제는 무상으로 분무하여 질식소화에 적응성이 있으며, B급 및 C급 화재에도 적응성을 갖는다.
③ 물은 비열과 기화열 값이 커 냉각소화 효과가 우수하다.
④ 수용성 가연물질인 알코올, 에테르, 에스테르 등으로 인한 화재에도 다량으로 물을 투입하여 농도를 희석하는 희석소화를 할 수 있다.

[정답] ②

030

물 소화약제에 관한 설명으로 옳지 않은 것은? [24년 소방간부]

① 물은 분자 내에서는 수소결합을, 분자 간에는 극성공유결합을 하여 소화약제로써의 효과가 뛰어나다.
② 물의 증발잠열은 100 ℃, 1기압에서 539 kcal/kg이므로 냉각소화에 효과적이다.
③ 물의 주수형태 중 무상은 전기화재에도 적응성이 있다.
④ 물 소화약제를 알코올 등과 같은 수용성 액체 위험물 화재에 사용하면 희석작용을 하여 소화효과가 있다.
⑤ 중질유화재에 물을 무상으로 주수 시 급속한 증발에 의한 질식효과와 함께 에멀션(emulsion) 형성에 의한 유화효과가 있다.

[해설] 물 소화약제

① 물은 분자 내에서는 극성공유결합을, 분자 간에는 수소결합을 하여 소화약제로써의 효과가 뛰어나다.

[참고]
- 공유결합 : 비금속원소와 비금속원소가 서로 전자를 내놓아 전자를 공유하며 결합
- 수소결합 : F, O, N 등 전기음성도가 강한 2개의 원자 사이에 수소 H가 들어감으로써 생기는 강한 분자 간의 인력을 말함

[정답] ①

031

물소화약제 첨가제 중 주요 기능이 물의 표면장력을 작게 하여 심부화재에 대한 적응성을 높여 주는 것은? [20년 공개]

① 부동제 ② 증점제
③ 침투제 ④ 유화제

[해설] 물의 첨가제

㉠ 침투제(침윤제, Wetting agent) : 표면장력을 작게 하여 침투력을 높이는 것으로 심부화재, 산불화재 중 지표화, 지중화에 적응성을 갖는다.
㉡ 증점제(Viscosity water agent) : 점착성(부착력)과 점도를 높여 표면에 오랫동안 잔류하며 산림화재에 사용된다. 부착력이 증가함에 따라 상대적으로 부착력에 비해 표면장력은 작다. 또한, 산불화재 중 수간화, 수관화에 적응성을 갖는다.
㉢ 동결방지제(부동액, 부동제, Antifreeze agent) : 부동액을 넣어 동결을 방지하는 것으로 주로 에틸렌글리콜, 프로필렌글리콜, 염화칼슘, 염화나트륨 등을 사용한다.
㉣ 강화액 : 동결점을 낮추고 소화성능을 높인 것이다.
㉤ 유화제 : 고비점 유류 등의 화재 시 포소화약제 등을 사용하는 것으로 유화층 형성을 도와준다.

[정답] ③

032

〈보기〉에서 설명하는 물소화약제의 첨가제로 옳지 않은 것은? `25년 공개`

보기
물의 어는점(1기압, 0℃) 이하에서 동파 및 응고현상을 방지하기 위하여 첨가하는 물질

① 염화칼슘(Calcium Chloride)
② 글리세린(Glycerin)
③ 프로필렌글리콜(Propylene Glycol)
④ 폴리에틸렌옥사이드(Polyethylene Oxide)

해설 물소화약제의 첨가제

〈보기〉 = 부동액, 동결방지제(Antifreeze agent)

① 염화칼슘(Calcium Chloride, CaCl$_2$) : 동결방지제(무기물)
② 글리세린(Glycerin) : 동결방지제(유기물)
③ 프로필렌글리콜(Propylene Glycol) : 동결방지제(유기물)
④ 폴리에틸렌옥사이드(Polyethylene Oxide)
 : 유동성 보강제(Rapid water)

정답 ④

033

다음에서 설명하는 물의 첨가제로 가장 옳은 것은? `12년 전북`

화재에 방사되는 물소화약제가 가연물에 대한 접착성질을 강화시키기 위하여 첨가하는 물질로써 물의 사용량을 줄일 수 있고 높은 장소에서 사용 시 물이 분산되지 않으므로 목표물에 정확히 도달할 수 있어 소화효과를 높일 수 있는 장점이 있어 산림화재 진압용으로 많이 사용된다.

① Wetting Agent
② Viscosity Water Agent
③ Loaded stream
④ Antifreeze Agent

해설 증점제(Viscosity water agent)
㉠ 접착성(부착력)과 점도를 높여 표면에 오랫동안 진류하며 산림화재에 사용된다.
㉡ 부착력이 증가함에 따라 상대적으로 부착력에 비해 표면장력은 작다.
㉢ 산불화재 중 수간화, 수관화에 적응성을 갖는다.
→ ① : 침투제, ③ : 강화액, ④ : 부동액을 의미한다.

정답 ②

034

다음은 수성막포에 관한 설명이다. ( ) 안에 들어갈 내용으로 옳은 것은? `22년 소방간부`

수성막포는 (㉠)이 강하여 표면하 주입방식에 효과적이며, 내약품성으로 (㉡)소화약제와 Twin Agent System이 가능하다. 반면에 내열성이 약해 탱크 내벽을 따라 잔불이 남게 되는 (㉢)현상이 일어날 우려가 있으며, 대형화재 또는 고온 화재 시 수성막 생성이 곤란한 단점이 있다.

	㉠	㉡	㉢
①	점착성	강화액	윤화
②	점착성	분말	선화
③	내유성	분말	선화
④	내유성	강화액	선화
⑤	내유성	분말	윤화

해설 수성막포(Aqueous Film Forming Foam, AFFF)
㉠ 유동성이 좋다. : 초기의 소화속도가 빠르고, 유류화재(유출유)에 가장 우수한 소화효과를 나타낸다.
㉡ 안정성이 좋다. : 소화약제의 장기보존이 가능하다.
㉢ 내약품성이 좋다. : 분말소화약제(제3종)와 겸용이 가능하며 CDC 분말소화약제라 한다. (Twin Agent System)
㉣ 내유성이 좋다. : 표면하(下)주입방식을 적용할 수 있다.
㉤ 내열성이 낮다. : 탱크 벽면에 의해 링파이어(Ring Fire, 윤화현상)이 발생할 수 있다.
㉥ 질식, 냉각성능(소화효과)가 좋다.
㉦ 불소계 계면활성제를 주성분으로 한 포이고, Light water라는 상품명을 갖는다.

참고 링파이어, 윤화현상
- 정의 : 대형 유류저장탱크의 소화작업 시 불꽃이 치솟는 유면에 포를 투입하였을 때 탱크 윗면의 가운데 부분은 불이 꺼졌어도 바깥쪽 벽에는 탱크 주위로 불이 지속되는 현상을 말한다.
- 발생이유 : 가열된 유류탱크 벽의 고열로 인하여 거품이 열화되어 발생한다.
- 발생하는 포소화약제 : 수성막포, 합성계면활성제포 소화약제

정답 ⑤

035

포소화약제 중 분말과 병용하면 소화효과가 7~8배 증가되는 약제로 옳은 것은?

17년 공개

① 화학포
② 수성막포
③ 알코올형포
④ 합성계면활성제포

해설 수성막포(Aqueous Film Forming Foam, AFFF)

② (제3종) 분말소화약제와 함께 사용하는 포소화약제는 수성막포이며, Twin Agent System을 적용한다.

정답 ②

036

수성막포 소화약제에 관한 내용으로 옳은 것만을 〈보기〉에서 있는 대로 고른 것은?

23년 소방간부

| 보기 |

ㄱ. 불소계 계면활성제를 주성분으로 한 것으로 안정성이 좋아 장기보존이 가능하다.
ㄴ. 알코올류, 케톤류, 에스테르류 등과 같은 수용성 위험물 화재에 소화적응성이 아주 우수하다.
ㄷ. 내유성이 있어 탱크 하부에서 발포하는 표면하 주입방식이 가능하며 분말소화약제와 함께 사용 시 소화능력이 강화된다.
ㄹ. 유류의 표면에 거품과 수성막을 형성함으로써 질식과 냉각 소화 작용이 우수하며 '라이트워터(Light Water)'라고도 불린다.

① ㄱ
② ㄴ, ㄷ
③ ㄱ, ㄴ, ㄹ
④ ㄱ, ㄷ, ㄹ
⑤ ㄴ, ㄷ, ㄹ

해설 포소화약제

ㄴ. (내)알코올포 소화약제에 대한 설명이다.

정답 ④

037

고발포인 제2종 기계포의 팽창비에 해당하는 것은?

11년 서울 20년 공개

① 10배 이상 20배 이하
② 100배 이상 200배 이하
③ 300배 이상 400배 이하
④ 500배 이상 600배 이하

해설 포의 팽창비

포의 명칭		포의 팽창비율
저발포		20배 이하
고발포	제1종 기계포	80배 이상 250배 미만
	제2종 기계포	250배 이상 500배 미만
	제3종 기계포	500배 이상 1,000배 미만

→ ③ 제2종 기계포의 팽창비는 250배 이상 500배 미만에 해당하므로, 300배 이상 400배 이하가 분류에 해당한다.

참고 팽창비, 발포배율

㉠ 정의 : 포를 발포하기 전 포수용액의 상태에서 공기와 만나 포를 형성할 때 팽창하는 비율
㉡ 식

$$\text{팽창비(발포배율)} = \frac{\text{발포 후 포의 체적}}{\text{발포 전 포수용액의 체적}}$$

정답 ③

038

포(foam)에 대한 일반적인 설명으로 옳은 것은?

〔22년 공개〕

① 불화단백포 및 수성막포는 표면하 주입방식에 사용할 수 있다.
② 불소를 함유하고 있는 합성계면활성제포는 친수성이므로 유동성과 내유성이 좋다.
③ 단백포는 유동성은 좋으나, 내화성은 나쁘다.
④ 알콜형포 사용 시 비누화현상이 일어나면 소화능력이 떨어진다.

해설 포(Foam)

② 불소를 함유하고 있는 수성막포는 친수성이므로 유동성과 내유성이 좋다.
③ 합성계면활성제포는 유동성은 좋으나, 내화성은 나쁘다.
④ 알콜형포 사용 시 파포현상이 일어나면 소화능력이 떨어진다.

참고 표면하(下) 주입방식 (Ⅲ형 방출구)

㉠ 내유성이 좋은 소화약제를 사용하여야 한다.
㉡ 수성막포 및 불화단백포소화약제를 적용한다.

정답 ①

039

포 소화약제에 관한 설명으로 옳지 않은 것은?

〔24년 공개〕

① 불화단백포 소화약제는 불소계 계면활성제를 첨가하여 단백포 소화약제의 단점인 유동성을 보완하였다.
② 알콜형포 소화약제는 케톤류, 알데히드류, 아민류 등 수용성 용제의 소화에 사용할 수 있다.
③ 단백포 소화약제는 단백질을 가수분해 한 것을 주원료로 하며 내유성이 뛰어나 소화속도가 빠르다.
④ 합성계면활성제포 소화약제는 유동성과 저장성이 우수하며 저팽창포부터 고팽창포까지 사용할 수 있다.

해설 포소화약제

③ 단백포 소화약제는 단백질을 가수분해 한 것을 주원료로 하며 유동성이 떨어져 소화속도가 느리다.

정답 ③

040

기계포 소화약제 중 단백포 소화약제에 관한 설명으로 옳은 것만을 〈보기〉에서 있는 대로 고른 것은?

〔24년 소방간부〕

| 보기 |
ㄱ. 유동성이 좋다.
ㄴ. 내열성이 나쁘다.
ㄷ. 유류를 오염시킨다.
ㄹ. 유면 봉쇄성이 좋다.

① ㄱ, ㄷ
② ㄷ, ㄹ
③ ㄱ, ㄴ, ㄹ
④ ㄴ, ㄷ, ㄹ
⑤ ㄱ, ㄴ, ㄷ, ㄹ

해설 단백포 소화약제

ㄱ. 유동성이 나빠, 소화시간이 길다.
ㄴ. 내열성이 좋아, 윤화현상이 발생하지 않는다.
ㄷ. 유류를 오염시킨다. (=내유성이 좋지 않아, 표면하 주입방식을 적용할 수 없다.) [O]
ㄹ. 유면 봉쇄성(밀봉성)이 좋다. [O]
→ 옳은 보기는 "ㄷ, ㄹ"이다.

정답 ②

041

다음 중 나머지 셋과 거리가 먼 것은?

〔12년 세종〕

① Aqueous Film Forming Foam
② Fluoro Chemical Foam
③ Loaded Stream
④ Light Water

해설 포소화약제

①, ②, ④ : 수성막포를 의미한다.
③ : 물소화약제의 첨가제인 강화액을 의미한다.

정답 ③

042

가연성 물질의 화재 시 소화방법으로 옳은 것은?

22년 공개

① 탄화칼슘은 물을 분무하여 소화한다.
② 아세톤은 알콜형포 소화약제로 소화한다.
③ 나트륨은 할론 소화약제로 소화한다.
④ 마그네슘은 이산화탄소 소화약제로 소화한다.

[해설] 가연성 물질의 소화방법

① 탄화칼슘은 물을 분무하여 소화할 경우 아세틸렌 가스(C_2H_2)를 발생시키므로 주수소화가 불가능하다.
② 알코올, 에테르 등 수용성 용매가 포 속의 물을 탈취하여 포가 파괴되는 파포현상을 방지하기 위하여 (내)알코올포 소화약제로 소화한다.
③ 나트륨, 칼륨 등의 금속은 팽창진주암 및 팽창질석 등을 이용한 질식소화를 하여야 한다.
④ 마그네슘은 이산화탄소 소화약제를 방사할 경우 가연성 탄소가 방출되므로, 팽창질석 또는 팽창진주암 등으로 질식소화를 하여야 한다.

[정답] ②

043

다음 그림의 주입 방식에 가장 적합한 포 소화약제로만 짝지어진 것은?

23년 공개

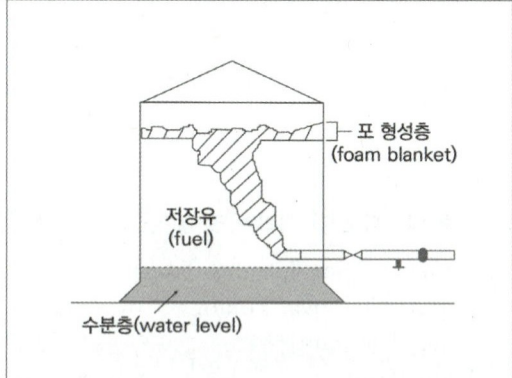

① 단백포, 불화단백포
② 수성막포, 불화단백포
③ 합성계면활성제포, 수성막포
④ 단백포, 수성막포

[해설] 포소화약제

그림에서 표현하는 주입방식은 콘루프탱크의 Ⅲ형 방출구에 의한 "표면하(下) 주입방식"이다. 표면하(下) 주입방식은 내유성이 좋은 "수성막포"와 "불화단백포"가 적응성이 있다.

[정답] ②

044

플로팅루프탱크(floating roof tank)의 측면과 굽도리판에 의하여 형성된 환상부분에 포를 방출하여 소화작용을 하도록 된 포소화설비의 고정포 방출구는?

23년 소방간부

① 특형 방출구
② Ⅰ형 방출구
③ Ⅱ형 방출구
④ Ⅲ형(표면하 주입 방출구)
⑤ Ⅳ형(반표면하 주입 방출구)

[해설] 포방출구

구분	방출구	적응 탱크	내용
상부 주입	Ⅰ형 방출구	CRT	위험물과 혼합되지 않고 탱크 안으로 들어가도록 통, 튜브 등 부속설비가 있는 포방출구
	Ⅱ형 방출구	CRT	방출된 포가 디플렉터(반사판)에 의해 탱크 측판 내면을 따라 흘러 들어가 액면에 전개되어 소화작용을 하는 포방출구
	특형 방출구	FRT	탱크 내측으로부터 1.2m 떨어진 곳에 높이 0.9m 이상의 금속제 굽도리판을 설치하고 양쪽 사이의 환상부위에 포를 방사하는 구조의 포방출구
하부 주입	Ⅲ형 방출구 (표면하 주입)	CRT	탱크 하부에서 포를 방출하여 포가 유류를 지나 표면으로 떠올라 소화작용을 하는 포방출구 (내유성이 큰 수성막포와 불화단백포가 적합)
	Ⅳ형 방출구 (반표면 하주입)	CRT	호스 컨테이너 내부의 호스가 작동 시 포의 부력에 의해 액체 표면으로 떠올라 호스가 펼쳐지면서 호스 앞부분이 액면까지 도달한 후 포를 방출하는 방출구

[정답] ①

PART 3 | 소화이론

CHAPTER 03 | 비수계 소화약제

045	046	047	048	049	050
④	①	①	①	②	②

051	052	053	054	055	056	057	058	059	060
⑤	①	③	①	②	④	③	③	④	③

061	062	063	064	065	066	067	068	069	070
④	①	②	③	③	②	④	③	②	④

071	072	073	074	075	076	077	078	079	080
①	③	①	④	③	③	②	②	④	②

081	082
④	②

045

다음 중 가스계 소화약제의 종류로 옳지 않은 것은?

15년 경기

① 분말 소화약제
② 이산화탄소 소화약제
③ 할론 소화약제
④ 공기포 소화약제

해설 가스계 소화약제
④ 공기포(기계포) 소화약제는 포소화약제의 종류 중 한 가지로 수계 소화약제에 해당한다.

정답 ④

046

다음 특성에 해당하는 소화약제는?

19년 공개

- 소화 후 소화약제에 의한 오손이 없고, 비전도성이다.
- 장기보존이 용이하고, 추운 지방에서도 사용 가능하다.
- 자체 압력으로 방출이 가능하고, 불연성 기체로서 주된 소화효과는 질식효과이다.

① 이산화탄소 소화약제
② 산알칼리 소화약제
③ 포소화약제
④ 할로겐화합물 소화약제

해설 이산화탄소(CO_2) 소화약제
1. 장점
   ㉠ 소화약제 방사 후 소화약제에 의한 오손이 없다.
   ㉡ 비전도성이고 절연성이 높아 전기화재(C급 화재)에 적응성이 있다.
   ㉢ 오손 등이 작아 소화 후 증거보존 등이 용이하다.
   ㉣ 공기보다 무거워 심부화재에도 적응성을 갖는다.
   ㉤ 자체증기압이 높아 다른 가압원의 도움 없이 자체 압력으로도 방사가 가능하다.
   ㉥ 유류화재, 전기화재에 주로 사용되며 밀폐상태에서 방출(전역방출방식) 시 일반화재(A급)에도 적응성이 있다.
   ㉦ 소화약제를 장시간 저장하여도 부패·변질의 우려가 없다.
   ㉧ 증발잠열이 큰 편이며, 증발 시 많은 열량을 흡수한다.
2. 단점
   ㉠ 질식의 우려가 있어 사람이 거주하는 장소에는 설치할 수 없다.
   ㉡ 방사 시 소리가 크다.
   ㉢ 지구온난화(GWP)에 영향을 준다.
   ㉣ 활성금속물질(나트륨, 칼륨, 마그네슘 등)과 반응하여 탈탄작용을 하며, 가연성 탄소가 발생한다.

정답 ①

047

이산화탄소 소화약제에 관한 설명으로 가장 거리가 먼 것은?

12년 울산

① 유류화재 및 전기화재에 주로 사용되며 일반화재에는 사용이 불가능하다.
② 이산화탄소는 최종산물로서 더 이상 연소반응을 일으키지 않기 때문에 소화약제로 쓰인다.
③ 표면화재에 우수한 효과를 나타내며 심부화재에도 효과가 크다.
④ 소화 후 소화약제에 의한 손실은 없으나 방출 시 인명피해가 우려되는 밀폐된 지역에는 사용을 제한하고 있다.

해설 이산화탄소(CO_2) 소화약제
① 전역방출방식으로 방출할 경우 일반화재(A급화재)에도 적응성이 있다.

정답 ①

048

다음 중 이산화탄소 소화약제에 대한 설명으로 틀린 것은?
[12년 경기]

① 공기보다 2.52배 정도 무거운 기체이다.
② 상온에서는 기체이지만 압력을 가하면 액화되기 때문에 고압가스 용기 속에 액화시켜 보관한다.
③ 전기적으로 비전도성으로 전기화재에 적응성이 있다.
④ 주로 B급 및 C급 화재에 사용되고, 밀폐될 경우 A급 화재에도 적응성을 갖는다.

해설 이산화탄소(CO_2) 소화약제
① 공기보다 1.52배(증기비중 = 이산화탄소의 분자량 / 공기의 분자량 = 44/29 = 1.52) 무거운 기체이다. 그에 따라 이산화탄소소화약제의 방사 시 가연물의 피복을 덮어 산소를 차단하는 피복소화효과가 있다.

정답 ①

049

이산화탄소 소화약제의 특징으로 옳은 것은?
[24년 공개]

① 무색, 무취로 전도성이며 독성이 있다.
② 질식소화 효과와 기화열 흡수에 의한 냉각효과가 있다.
③ 제3류 위험물, 제5류 위험물의 소화에 사용한다.
④ 자체 증기압이 매우 낮아 별도의 가압원이 필요하다.

해설 이산화탄소 소화약제
① 무색, 무취로 비전도성이며 자체는 독성이 없다.
③ 제3류 위험물, 제5류 위험물이 있는 장소에는 이산화탄소 소화약제를 설치할 수 없다.
④ 자체 증기압이 매우 높아 별도의 가압원이 필요하지 않다.

정답 ②

050

전기실에 사용하는 이산화탄소 소화약제의 주된 소화방법으로 옳은 것은?
[12년 통합]

① 희석소화
② 질식소화
③ 부촉매소화
④ 냉각소화

해설 이산화탄소소화약제의 주된 소화방법
㉠ 질식소화 : 이산화탄소를 방사하여 대기 중의 산소농도 21%에서 15% 이하로 낮춰 소화하는 방법으로 이산화탄소소화약제의 주된 소화방법이다.
㉡ 피복소화 : 공기보다 무거운 이산화탄소를 방사함으로써 가연물 표면을 덮어 소화하는 방법
㉢ 냉각소화 : 줄-톰슨효과에 의해 압축한 기체를 단열된 좁은 구멍으로 분출시킬 때 온도가 변하는 소화방법
→ 희석소화 및 부촉매소화는 하지 않는다.

정답 ②

051

전기화재에 적응성이 있는 소화약제 해당하지 않는 것은?
[21년 소방간부]

① 이산화탄소 소화약제
② 인산염류 소화약제
③ 중탄산염류 소화약제
④ 고체에어로졸화합물
⑤ 팽창질석·팽창진주암

해설 전기화재의 적응성
① 이산화탄소 소화약제 : 유류 및 전기화재에 적응성을 갖는다.
② 인산염류 소화약제(제3종 분말) : 일반, 유류 및 전기화재에 적응성을 갖는다.
③ 중탄산염류 소화약제(제1종, 제2종 분말) : 유류 및 전기화재에 적응성을 갖는다.
④ 고체에어로졸화합물 : 일반, 유류 및 전기화재에 적응성을 갖는다.
⑤ 팽창질석·팽창진주암 : 주로 금속화재에 사용하며 적응성을 갖는다.

정답 ⑤

052

공기 중 산소농도가 20%일 때, 이산화탄소를 방사해서 산소농도 10%가 되었다면 이때 이산화탄소 농도는?

| 다수 출제 |

① 50 ② 25
③ 20 ④ 15

해설 이산화탄소의 농도

$$CO_2[\%] = \frac{21 - O_2}{21} \times 100$$

여기서, CO_2 : 이산화탄소의 농도[%],
O_2 : 산소의 농도[%]

문제조건에서 공기 중의 산소농도가 21%가 아닌 20%로 주어졌으므로,

$CO_2[\%] = \dfrac{20-10}{20} \times 100$

$= \dfrac{1,000}{20}$

$= 50[\%]$

정답 ①

053

연소하한계(LFL)가 2.1[vol%]인 프로페인(C_3H_8)가스 화재 시 소화할 때 필요한 이산화탄소 소화약제의 농도는 최소 몇 [vol%]를 초과해야 하는가? (단, 공기 중 산소농도는 21[vol%]로 한다)

| 25년 소방간부 |

① 25 ② 34
③ 50 ④ 67
⑤ 75

해설 이산화탄소 소화약제의 농도

$$CO_2 = \frac{21-O_2}{21} \times 100$$

여기서, CO_2 : 이산화탄소의 농도[%],
O_2 : 이산화탄소 방사 후 산소의 농도[%]

㉠ 문제해석 및 접근

연소하한계(LFL)가 2.1[vol%]인 프로페인(C_3H_8)가스 화재 시 소화할 때 산소의 농도는 "최소산소농도(MOC)"를 통해 산출할 수 있다. 최소산소농도란 가연성 물질과 산소가 혼합된 상태에서 자력으로 화염전파를 위한 최소한의 산소농도를 의미하므로, 이 농도보다 산소농도는 저하시킬 경우 화염이 자력으로 전파되지 않는다. 즉, 소화가 가능함을 의미한다.

㉡ 최소산소농도(MOC)

$$MOC = LFL \times \frac{O_2[mol]}{연료[mol]}$$

$$C_3H_8 + 5O_2 \rightarrow 3CO_2 + 4H_2O$$

프로페인 1몰이 연소할 때 필요한 산소몰수는 5몰이다.

→ 최소산소농도(MOC) $= 2.1[vol\%] \times \dfrac{5몰}{1몰}$

$= 10.5[vol\%]$

㉢ 이산화탄소 소화약제의 농도

$= \dfrac{21-10.5}{21} \times 100 = \dfrac{10.5}{21} \times 100 = \dfrac{1,050}{21}$

$= 50[vol\%]$

정답 ③

054

다음 중 오존층 파괴지수(ODP)가 큰 순서대로 된 것은?

| 12년 전북 |

㉮ IG-541   ㉯ 할론1211
㉰ 할론2402   ㉱ 할론1301

① ㉱ - ㉰ - ㉯ - ㉮
② ㉱ - ㉰ - ㉮ - ㉯
③ ㉱ - ㉯ - ㉮ - ㉰
④ ㉱ - ㉰ - ㉯ - ㉮

해설 오존층파괴지수(ODP)

$$ODP = \frac{어떤\ 물질\ 1kg에\ 대한\ 오존파괴정도}{CFC11\ 1kg에\ 대한\ 오존파괴정도}$$

→ ㉱ 할론1301(10) > ㉰ 할론2402(6) > ㉯ 할론 1211(3) > ㉮ IG-541

참고 지구온난화지수, GWP

$$GWP = \frac{어떤\ 물질\ 1kg에\ 대한\ 지구온난화정도}{CO_2\ 1kg에\ 대한\ 지구온난화정도}$$

정답 ①

055

다음 중 오존파괴지수(ODP)의 기준물질로 가장 옳은 것은? 〔16년 소방간부〕

① CFC – 12
② CFC – 11
③ CFC – 111
④ CFC – 1301
⑤ CFC – 1211

해설 오존파괴지수(ODP)

$$ODP = \frac{\text{어떤 물질 1kg에 대한 오존파괴정도}}{\text{CFC11 1kg에 대한 오존파괴정도}}$$

정답 ②

056

다음 중 주거에서 사람이 상주하는 공간에 독성이 없는 정도를 나타내는 용어는? 〔15년 소방간부〕

① ODP
② GWP
③ ALT
④ NOAEL
⑤ MIE

해설 할론소화약제의 농도

① ODP : 오존층 파괴에 영향을 미치는 정도로서 CFC11 1kg에 대한 해당 물질 1kg의 오존파괴정도
② GWP : 지구온난화에 영향을 미치는 정도로서 이산화탄소(CO_2) 1kg에 대한 해당 물질 1kg의 온난화 정도
③ ALT : 온실가스가 방사되어 대기권에서 분해되지 않은 채로 존재하는 잔류기간을 대기잔존연수라 한다.
④ NOAEL : 거주공간에서의 사용을 제한하기 위한 소화약제의 농도로 인체에 부작용이 없고 아무런 악영향을 미치지 않는 최고농도
⑤ MIE : 최소발화에너지로, 폭발범위 내에 있는 가스나 분진 등을 발화시키는 데 필요한 최소한의 에너지를 말한다.

참고 NOAEL, LOAEL

㉠ NOAEL(No Observed Adverse Effect Level)
  농도를 증가시킬 때 아무런 악영향도 감지할 수 없는 최대농도, 심장에 악영향이 나타나지 않는 최고 농도
㉡ LOAEL(Lowest Observed Adverse Effect Level)
  농도를 감소시킬 때 악영향을 감지할 수 있는 최소농도, 심장에 악영향이 나타나는 최저 농도

정답 ④

057

다음 할론 소화약제 중 할론 1301에 함유되어 있지 않은 성분으로 옳은 것은? 〔14년 전북〕

① 탄소
② 불소
③ 염소
④ 브롬

해설 할론소화약제의 성분

할론 ⒶⒷⒸⒹ

Ⓐ : 탄소, Ⓑ : 불소, Ⓒ : 염소, Ⓓ : 브롬

정답 ③

058

표준 상태에서 Halon 1301 소화약제가 공기 중으로 방사되어 균일하게 혼합되어 있을 때 Halon 1301의 기체 비중은 얼마인가? (단, 공기의 분자량은 29, F의 원자량은 19, Br의 원자량은 80이다. 소수점 셋째자리에서 반올림할 것) 〔17년 공개〕

① 2.76
② 4.92
③ 5.14
④ 9.34

해설 증기비중

$$S = \frac{\text{물질의 분자량}}{\text{공기의 분자량(29)}}$$

여기서, S : 증기비중

㉠ 할론1301(CF_3Br)의 분자량
  = 12 + 19×3 + 80 = 149

㉡ 증기비중 = $\frac{149}{29}$ = 5.14

정답 ③

059

할론(Halon) 소화약제에 관한 설명으로 옳은 것은?

〔24년 공개〕

① 지방족 탄화수소, 메테인, 에테인 등의 수소 원자 일부 또는 전부가 할로젠 원소(F, Cl, Br, I)로 치환된 화합물이며 메테인, 에테인과 물리·화학적 성질이 비슷하다.
② Halon 1301과 Halon 1211은 모두 상온, 상압에서 기체로 존재하며 유류화재, 전기화재, 금속의 수소화합물, 유기과산화물에 적응성이 있다.
③ Halon 2402는 상온, 상압에서 액체로 존재하며 자체적인 독성은 없지만 열분해 시 독성가스를 발생시킨다.
④ Halon 1211은 자체 증기압이 낮아 저장용기에 저장할 때 소화약제의 원활한 방출을 위해 질소가스로 가압한다.

해설 할론소화약제
① 지방족 탄화수소, 메테인, 에테인 등의 수소 원자 일부 또는 전부가 할로젠 원소(F, Cl, Br, I)로 치환된 화합물이다. 단, 메테인, 에테인과 물리·화학적 성질은 다르다.
② Halon 1301과 Halon 1211은 모두 상온, 상압에서 기체로 존재하며, 유류화재, 전기화재에 적응성이 있다. 단, 금속의 수소화합물(제3류), 유기과산화물(제5류)에 적응성이 없다.
③ Halon 2402는 상온, 상압에서 액체로 존재한다. 단, Halon 2402는 독성을 가지고 있어 사람이 없는 옥외위험물탱크, 옥외시설물에 국한하여 사용한다.

정답 ④

060

할로겐화합물 소화약제가 갖추어야 할 일반적인 조건으로 옳지 않은 것은?

〔22년 공개〕

① 독성이 적을수록 좋다.
② 지구온난화에 끼치는 영향이 적을수록 좋다.
③ 대기 중에 잔존 시간이 길수록 좋다.
④ 오존층 파괴에 끼치는 영향이 적을수록 좋다.

해설 할로겐화합물 소화약제
㉠ 소화성능이 우수할 것
㉡ 인체에 독성이 낮을 것
㉢ 오존파괴지수(ODP)가 낮을 것
㉣ 지구온난화지수(GWP)가 낮을 것
㉤ 대기잔존시간(ALT)이 낮을 것
㉥ 저장안정성이 좋을 것

정답 ③

061

할로겐화합물 및 불활성기체 소화약제에 대한 설명으로 옳지 않은 것은?

〔18년 소방간부〕

① 전기적으로 비전도성이며 휘발성이 있거나 증발 후 잔여물을 남기지 않는 소화약제이다.
② 오존파괴지수와 지구온난화지수가 할론과 이산화탄소에 비해 무시할 수 있을 정도로 낮다.
③ 화재에 대하여 질식·냉각소화기능 및 부촉매소화기능이 우수하다.
④ 화재를 소화하는 동안 피연소물질에 물리적·화학적 변화나 재산상의 피해를 주지 않으며, 소화가 완료된 후 특별한 물질이나 지방성 부산물을 발생시키는 단점이 있다.
⑤ 소화약제 방출 시 할론이나 이산화탄소와 같이 산소의 농도를 급격하게 저하시키지 않는다.

해설 할로겐화합물 및 불활성기체 소화약제
④ 화재를 소화하는 동안 피연소물질에 물리·화학적 변화나 재산상의 피해를 주지 않으며, 소화가 완료된 후 특별한 물질이나 지방성 부산물을 발생시키지 않는다.

참고 할로겐화합물 및 불활성기체 소화약제
㉠ 할로겐화합물 소화약제 : 냉각소화, 질식소화, 부촉매소화
㉡ 불활성기체 소화약제 : 냉각소화, 질식소화

정답 ④

062

할로겐화합물 및 불활성기체 소화약제에 관한 설명으로 옳지 않은 것은? [23년 공개]

① IG-01, IG-55, IG-100, IG-541 중 질소를 포함하지 않은 약제는 IG-100이다.
② 할로겐화합물 소화약제 중 HFC-23(트리플루오르메탄)의 화학식은 CHF_3이다.
③ 부촉매 소화효과는 불활성기체 소화약제에는 없으나 할로겐화합물 소화약제는 있다.
④ 할로겐화합물 소화약제는 불소, 염소, 브롬 또는 요오드 중 하나 이상의 원소를 포함하고 있는 유기화합물을 기본 성분으로 하는 소화약제를 말한다.

해설 할로겐화합물 및 불활성기체 소화약제

① IG-01, IG-55, IG-100, IG-541 중 질소를 포함하지 않은 약제는 IG-01(Ar 100%)이다. IG-100은 질소 100%이다.
② 할로겐화합물 소화약제 중 HFC-23(트리플루오르메탄)의 화학식은 "023"의 탄소 C "0+1 = 1개"이고, 수소 H "2-1 = 1개"이고, 불소 F "3개"이므로, CHF_3로 작성한다.
[C+1, H-1, F]
③ 부촉매 소화효과(=억제소화)는 불활성기체 소화약제에는 없으나 할로겐화합물 소화약제는 있다.

정답 ①

063

다음은 불활성기체 소화약제 중 IG—541에 대한 설명이다. 옳지 않은 것은? [18년 공개]

① 사람의 호흡에 문제가 없으므로 사람이 있는 곳에서도 사용할 수 있다.
② 할론이나 분말소화약제와 같이 화학적 소화특성을 지니고 있다.
③ 오존층파괴지수(ODP)가 0이다.
④ IG—541은 질소 52%, 아르곤 40%, 이산화탄소 8%로 이루어진 혼합소화약제이다.

해설 불활성기체(IG-541)

② 할론이나 분말소화약제와 같이 화학적 소화특성(부촉매소화)을 지니고 있지 않다. 불활성기체 소화약제는 물리적 소화만 한다.

정답 ②

064

불활성기체 소화약제의 표기와 화학식의 연결이 옳지 않은 것은? [19년 공개]

① IG – 01 : Ar 100%
② IG – 100 : N_2 100%
③ IG – 541 : N_2 52%, Ar 40%, Ne 8%
④ IG – 55 : N_2 50%, Ar 50%

해설 불활성기체

소화약제	화학식
IG—01	Ar : 100%
IG—100	N_2 : 100%
IG—541	N_2 : 52%, Ar : 40%, CO_2 : 8%
IG—55	N_2 : 50%, Ar : 50%

정답 ③

065

"할로겐화합물 및 불활성기체 소화약제" 중 불활성기체 소화약제를 구성할 수 있는 물질에 해당하지 않는 것은? [21년 소방간부]

① 헬륨　　② 네온
③ 염소　　④ 질소
⑤ 아르곤

해설 할로겐화합물 및 불활성기체 소화약제

㉠ 할로겐화합물 및 불활성기체 소화약제 : 할로겐화합물(할론 1301, 할론 2402, 할론 1211 제외) 및 불활성기체로서 전기적으로 비전도성이며 휘발성이 있거나 증발 후 잔여물을 남기지 않는 소화약제를 말한다.
㉡ 할로겐화합물 소화약제 : 불소(F), 염소(Cl), 브롬(Br) 또는 요오드(I) 중 하나 이상의 원소를 포함하고 있는 유기화합물을 기본성분으로 하는 소화약제를 말한다.
㉢ 불활성기체 소화약제 : 헬륨(He), 네온(Ne), 아르곤(Ar) 또는 질소가스(N_2) 중 하나 이상의 원소를 기본성분으로 하는 소화약제를 말한다.
→ ③ 염소(Cl_2)는 할로겐화합물 소화약제의 성분이다.

정답 ③

066

할로겐화합물 소화약제 중 'HCFC BLEND A'의 구성요소가 아닌 것은? [22년 소방간부]

① HCFC-123
② C_3HF_7
③ HCFC-22
④ HCFC-124
⑤ $C_{10}H_{16}$

해설 할로겐화합물 소화약제(HCFC BLEND A)

구분	구성
HCFC-22	82%
HCFC-124	9.5%
HCFC-123	4.75%
$C_{10}H_{16}$	3.75%

② C_3HF_7은 HCFC BLEND A의 구성요소에 해당하지 않는다.

정답 ②

067 🔥🔥🔥

다음 중 분말소화약제의 종류에 속하지 않는 것은? [12년 경기]

① 탄산수소나트륨
② 탄산수소칼륨
③ 인산암모늄
④ 인산나트륨

해설 분말소화약제의 종류

종별	주성분	색상	소화대상
제1종 분말	탄산수소나트륨($NaHCO_3$)	백색	B급, C급, K급
제2종 분말	탄산수소칼륨($KHCO_3$)	담자색	B급, C급
제3종 분말	제1인산암모늄($NH_4H_2PO_4$)	담홍색	A급, B급, C급
제4종 분말	탄산수소칼륨 + 요소 ($KHCO_3$ + $(NH_2)_2CO$)	회색	B급, C급

→ ④ 인산나트륨은 분말소화약제의 종류에 해당하지 않는다.

정답 ④

068 🔥🔥🔥

다음 중 분말소화약제의 종류와 약제성분이 바르게 연결된 것은? [13년 대전]

① 제1종 분말소화약제 - 중탄산칼륨
② 제2종 분말소화약제 - 중탄산나트륨
③ 제3종 분말소화약제 - 제1인산암모늄
④ 제4종 분말소화약제 - 중탄산나트륨 + 요소

해설 분말소화약제의 종류
① 제1종 분말소화약제 — 중탄산나트륨
② 제2종 분말소화약제 — 중탄산칼륨
④ 제4종 분말소화약제 — 중탄산칼륨 + 요소

정답 ③

069 🔥🔥🔥

제1종 분말 소화약제의 주성분으로 옳은 것은? [25년 소방간부]

① $KHCO_3$
② $NaHCO_3$
③ NH_4HCO_3
④ $NH_4H_2PO_4$
⑤ $KHCO_3+(NH_2)_2CO$

해설 제3종 분말소화약제의 열분해
① $KHCO_3$: 제2종 분말 소화약제, 탄산수소칼륨
② $NaHCO_3$: 제1종 분말 소화약제, 탄산수소나트륨
③ NH_4HCO_3 : 중탄산암모늄은 분말소화약제의 종류에 해당하지 않는다.
④ $NH_4H_2PO_4$: 제3종 분말 소화약제, 제1인산암모늄
⑤ $KHCO_3+(NH_2)_2CO$: 제4종 분말 소화약제, 탄산수소칼륨+요소

정답 ②

070

다음 중 분말소화약제에 대하여 옳지 않은 것은?

[11년 서울]

① 분말소화약제 제1종과 제2종은 B급, C급 화재에 사용된다.
② 분말소화약제 제1종과 제2종, 제4종은 B급, C급 화재에 사용된다.
③ 제3종 분말소화약제는 A급, B급, C급 화재에 사용된다.
④ 제4종 분말소화약제는 A급, B급, C급 화재에 사용된다.

해설 분말소화약제의 적응성
④ 제4종 분말소화약제는 B급, C급 화재에 사용된다. A급 화재에 적응성을 갖는 것은 제3종 분말소화약제이다.

정답 ④

071

분말소화약제 중에서 질식소화, 냉각소화, 비누화현상이 나타나는 것은?

[12년 통합]

① 제1종 분말소화약제
② 제2종 분말소화약제
③ 제3종 분말소화약제
④ 제4종 분말소화약제

해설 제1종 분말소화약제(탄산수소나트륨)
㉠ 열분해반응식
  (270℃) $2NaHCO_3 \rightarrow Na_2CO_3 + H_2O + CO_2$
  (850℃) $2NaHCO_3 \rightarrow Na_2O + H_2O + 2CO_2$
㉡ 비누화현상 : 식용유 화재 시 제1종 분말소화약제를 사용할 경우 기름과 나트륨이온(Na^+)이 반응하여 흰색고체의 금속비누를 형성하는데, 이 비누의 거품에 의해 질식 및 부촉매소화효과를 갖는 현상

정답 ①

072

분말소화약제 중에서 제1종 분말소화약제와 제2종 분말소화약제가 방사되었을 때 함께 생성되는 물질은?

[11년 통합]

① N_2, O_2
② N_2, CO_2
③ H_2O, CO_2
④ O_2, CO_2

해설 열분해반응식
㉠ 제1종 분말소화약제 열분해(탄산수소나트륨)
  (270℃) $2NaHCO_3 \rightarrow Na_2CO_3 + H_2O + CO_2$
  (850℃) $2NaHCO_3 \rightarrow Na_2O + H_2O + 2CO_2$
㉡ 제2종 분말소화약제 열분해(탄산수소칼륨)
  (190℃) $2KHCO_3 \rightarrow K_2CO_3 + H_2O + CO_2$
  (260℃) $2KHCO_3 \rightarrow K_2O + H_2O + 2CO_2$
㉢ 제3종 분말소화약제 열분해(제1인산암모늄)
  $NH_4H_2PO_4 \rightarrow HPO_3 + NH_3 + H_2O$
㉣ 제4종 분말소화약제 열분해(탄산수소칼륨+요소)
  $2KHCO_3 + (NH_2)_2CO \rightarrow K_2CO_3 + 2NH_3 + 2CO_2$
→ ③ 제1종과 제2종 분말소화약제는 열분해 시 H_2O와 CO_2가 생성되어 질식소화효과를 일으킨다.

정답 ③

073

제3종 분말소화약제에 대한 설명으로 옳지 않은 것은?

[18년 공개]

① 백색으로 착색되어 있다.
② ABC급 분말소화약제라고도 부른다.
③ 주성분은 제1인산암모늄($NH_4H_2PO_4$)이다.
④ 현재 생산되고 있는 분말소화약제의 대부분을 차지하고 있다.

해설 제3종 분말소화약제(제1인산암모늄)
① 제3종 분말소화약제의 색상은 담홍색(분홍색)이다.

정답 ①

074

제3종 분말소화약제가 열분해될 때 생성되는 물질로써 방진작용을 하는 물질은? [22년 소방간부]

① N_2(질소)
② H_2O(수증기)
③ K_2CO_3(탄산칼륨)
④ HPO_3(메타인산)
⑤ Na_2CO_3(탄산나트륨)

해설 방진작용

㉠ 제3종 분말소화약제(제1인산암모늄) 열분해 반응식
- 166℃ : $NH_4H_2PO_4 \rightarrow NH_3 + H_3PO_4$ (올쏘인산)
- 216℃ : $2H_3PO_4 \rightarrow H_2O + H_4P_2O_7$ (피로인산)
- 360℃ : $H_4P_2O_7 \rightarrow H_2O + 2HPO_3$ (메타인산)
- 360℃ 이상
  : $2HPO_3 \rightarrow H_2O + P_2O_5$ (오산화인)
- 종합 : $NH_4H_2PO_4 \rightarrow HPO_3 + NH_3 + H_2O$

㉡ 방진효과(방진작용)
- 정의 : 나무, 종이, 섬유 등의 연소로 인해 숯 등에 융착하여 유리상의 피막을 형성하여 공기 중의 산소공급을 방진(차단)하므로 재연소를 방지하는 방법이다.
- 화재적응성 : A급 화재 적응
  (차고, 주차장 등 사용)
- 물질 : 메타인산(HPO_3)

정답 ④

075

다음 중 HPO_3가 일반 가연물질인 나무, 종이 등의 표면에 피막을 이루어 공기 중의 산소를 차단하는 방진작용과 관련이 있는 것은? [19년 공개]

① 제1종 분말소화약제
② 제2종 분말소화약제
③ 제3종 분말소화약제
④ 제4종 분말소화약제

해설 방진작용

㉠ 제3종 분말소화약제(제1인산암모늄) 열분해 반응식
- 166℃ : $NH_4H_2PO_4 \rightarrow NH_3 + H_3PO_4$ (올쏘인산)
- 216℃ : $2H_3PO_4 \rightarrow H_2O + H_4P_2O_7$ (피로인산)
- 360℃ : $H_4P_2O_7 \rightarrow H_2O + 2HPO_3$ (메타인산)
- 360℃ 이상
  : $2HPO_3 \rightarrow H_2O + P_2O_5$ (오산화인)
- 종합 : $NH_4H_2PO_4 \rightarrow HPO_3 + NH_3 + H_2O$

㉡ 방진효과(방진작용)
- 정의 : 나무, 종이, 섬유 등의 연소로 인해 숯 등에 융착하여 유리상의 피막을 형성하여 공기 중의 산소공급을 방진(차단)하므로 재연소를 방지하는 방법이다.
- 화재적응성 : A급 화재 적응
  (차고, 주차장 등 사용)
- 물질 : 메타인산(HPO_3)

참고 탈수·탄화작용

㉠ 정의 : 종이, 목재, 섬유 등의 섬유소로부터 탈수 및 탄화하여 난연성의 탄소와 물로 분해하여 연소반응을 차단시키는 효과이다.
㉡ 화재적응성 : A급 화재 적응
  (차고, 주차장 등 사용)
㉢ 물질 : 올쏘인산(H_3PO_4)

정답 ③

076

제3종 분말소화약제의 열분해 결과로 생성되는 물질의 소화효과로 옳지 않은 것은? [25년 공개]

① H_2O : 냉각작용
② HPO_3 : 방진작용
③ NH_3 : 부촉매작용
④ H_3PO_4 : 탈수탄화작용

해설 제3종 분말소화약제의 열분해

166℃ : $NH_4H_2PO_4 \rightarrow NH_3 + H_3PO_4$ (올쏘인산)
216℃ : $2H_3PO_4 \rightarrow H_2O + H_4P_2O_7$ (피로인산)
360℃ : $H_4P_2O_7 \rightarrow H_2O + 2HPO_3$ (메타인산)
360℃ 이상 : $2HPO_3 \rightarrow H_2O + P_2O_5$ (오산화인)
(종합 열분해 반응식) $NH_4H_2PO_4 \rightarrow HPO_3 + NH_3 + H_2O$

① H_2O (수증기) : 냉각, 질식작용
② HPO_3 (메타인산) : 방진작용
③ NH_4^+ (암모늄이온) : 부촉매작용
④ H_3PO_4 (올쏘인산) : 탈수탄화작용

정답 ③

077

다음은 제1종 분말소화약제의 열분해반응식(270℃)이다. A~D에 들어갈 숫자로 옳게 연결된 것은? [15년 소방간부]

(A)$NaHCO_3 \rightarrow$ (B)Na_2CO_3 + (C)CO_2 + (D)H_2O

	A	B	C	D
①	1	2	1	1
②	2	1	1	1
③	1	1	1	1
④	1	2	2	1
⑤	1	2	3	2

해설 제1종 분말소화약제 열분해반응식

(A) $NaHCO_3 \rightarrow$ (B) Na_2CO_3 + (C) CO_2 + (D) H_2O

→ (A) : 2, (B) : 1, (C) : 1, (D) : 1

정답 ②

078

다음 중 분말소화약제에 대하여 가장 옳지 않은 것은? [13년 소방간부]

① 전기가 통하지 않는 비전도성이고, 독성이 없다.
② 자기연소, 내부연소에 소화효과가 있다고 할 수 있다.
③ 제4종 분말소화약제는 중탄산칼륨과 요소가 조합되어 있다.
④ 제3종 분말소화약제의 착색은 담홍색이다.
⑤ 제1종 분말소화약제의 성분은 중탄산나트륨이다.

해설 분말소화약제

② 제5류 위험물인 자기연소성 물질은 자기연소(내부연소)를 하며, 다량의 주수소화를 통한 냉각소화가 가장 효과적이다.

정답 ②

079

분말소화약제에 대한 일반적인 설명으로 옳지 않은 것은? [18년 소방간부]

① 피연소 물질에 영향을 끼치는 단점을 가지고 있다.
② 전기절연성이 높아 고전압의 전기화재에도 적합하다.
③ 제3종 분말소화약제의 착색은 담홍색이다.
④ 자기연소성 물질의 화재에 강한 소화력을 가지고 있다.
⑤ 습기의 흡입에 주의하여야 한다.

해설 분말소화약제

④ 제5류 위험물인 자기연소성 물질은 다량의 주수소화를 통한 냉각소화가 가장 효과적이다.

정답 ④

080

다음 중 분말소화약제에 대한 설명으로 틀린 것은?

[15년 소방간부]

① 입자가 미세할수록 소화효과가 좋은 것은 아니고, 적당한 20~25 마이크론 정도가 가장 좋다.
② 제3종 분말소화약제는 식용유 비누화효과가 있다.
③ 제1종 분말의 색은 백색이다.
④ 소화성능은 제4종 분말소화약제가 가장 우수하다.
⑤ 제3종 분말소화약제는 일반, 유류, 전기화재에 사용이 가능하다.

해설 분말소화약제
② 비누화효과를 일으켜 식용유 화재에 적응성을 갖는 분말소화약제는 제1종이다.

> **참고 분말소화약제의 조건**
> ㉠ 입자의 크기는 20 ~ 25㎛ 정도에서 소화성능이 가장 좋다.
> ㉡ 입자의 크기는 모두 동일한 것보다 다양한 것이 좋다.
> ㉢ 독성이나 부식성이 없어야 하고, 쉽게 변질되지 않아야 한다.
> ㉣ 분말의 안식각을 작게 하여 유동성을 크게하여야 한다.
> ㉤ 겉보기 비중이 0.82 kg/ml 이상이어야 한다.

정답 ②

081

분말소화약제의 소화효과로 옳지 않은 것은?

[16년 통합]

① 질식소화효과
② 냉각소화효과
③ 방사열의 차단효과
④ 희석소화효과

해설 분말소화약제의 소화효과
㉠ 부촉매소화
㉡ 질식소화
㉢ 냉각소화
㉣ 방사열의 차단효과
㉤ 비누화효과(제1종 분말)
㉥ 방진소화효과(제3종 분말)
㉦ 탈수탄화작용(제3종 분말)

정답 ④

082

분말소화약제에 관한 설명으로 옳지 않은 것은?

[23년 공개]

① 제2종 분말소화약제의 주성분은 $KHCO_3$이다.
② 제1·2·3종 분말소화약제는 열분해 반응에서 CO_2가 생성된다.
③ $NaHCO_3$이 주된 성분인 분말소화약제는 B·C급 화재에 사용하고 분말 색상은 백색이다.
④ $NH_4H_2PO_4$이 주된 성분인 분말소화약제는 A·B·C급 화재에 유효하고 비누화현상이 일어나지 않는다.

해설 분말소화약제
② 제1·2종 분말소화약제는 열분해 반응에서 이산화탄소(CO_2)가 생성된다. 제3종 분말소화약제(인산암모늄, $NH_4H_2PO_4$)의 열분해 반응 시에는 이산화탄소(CO_2)가 생성되지 않는다.

정답 ②

PART 4 | 건축방재 및 피난

CHAPTER 01 | 건축방재

001	002	003	004	005	006	007	008	009	010
③	④	④	③	③	①	②	④	⑤	⑤

001 🔥🔥🔥
다음 중 건축법에서 건축물의 주요구조부가 아닌 것은?
〔11년 제주〕

① 내력벽
② 바닥
③ 옥외계단
④ 보

[해설] 건축물의 주요구조부
㉠ 바닥
㉡ 보
㉢ 내력벽
㉣ 주계단
㉤ 기둥
㉥ 지붕틀
→ 최하층 바닥, 작은 보, 차양, 칸막이벽, 간벽, 보조계단, 옥외계단, 샛기둥은 포함되지 않는다.

[정답] ③

002 🔥🔥🔥
다음 중 건축법령상 건축물의 주요구조부들로만 구성된 것은?
〔13년 충북〕

① 보, 최하층 바닥, 주계단, 지붕틀
② 지붕, 주계단, 내력벽, 기둥
③ 기둥, 주계단, 작은 보, 내력벽
④ 지붕틀, 기둥, 바닥, 내력벽

[해설] 건축물의 주요구조부
㉠ 바닥
㉡ 보
㉢ 내력벽
㉣ 주계단
㉤ 기둥
㉥ 지붕틀

[암기법] 바보내 주기지
→ 최하층 바닥, 작은 보, 차양, 칸막이벽, 간벽, 보조계단, 옥외계단, 샛기둥은 포함되지 않는다.

[정답] ④

003 🔥🔥🔥
다음 중 방염성능 기준에 관하여 옳지 않은 것은?
〔12년 전북〕

① 버너의 불꽃을 제거한 때부터 불꽃을 올리며 연소하는 상태가 그칠 때까지 시간은 20초 이내일 것
② 탄화한 면적은 50cm² 이내, 탄화한 길이는 20cm 이내일 것
③ 불꽃에 의하여 완전히 녹을 때까지 불꽃의 접촉횟수는 3회 이상일 것
④ 발연량을 측정하는 경우 최대연기밀도는 500 이하일 것

[해설] 방염성능기준
㉠ 버너의 불꽃을 제거한 때부터 불꽃을 올리며 연소하는 상태가 그칠 때까지 시간은 20초 이내일 것
㉡ 버너의 불꽃을 제거한 때부터 불꽃을 올리지 아니하고 연소하는 상태가 그칠 때까지 시간은 30초 이내일 것
㉢ 탄화한 면적은 50제곱센티미터 이내, 탄화한 길이는 20센티미터 이내일 것
㉣ 불꽃에 의하여 완전히 녹을 때까지 불꽃의 접촉 횟수는 3회 이상일 것
㉤ 소방청장이 정하여 고시한 방법으로 발연량을 측정하는 경우 최대연기밀도는 400 이하일 것

[정답] ④

004 🔥🔥🔥

다음 중 방화구획에 대한 설명으로 가장 적합하지 않은 것은? 〔09년 제주〕

① 매층마다 구획할 것. 다만, 지하 1층에서 지상으로 직접 연결하는 경사로 부위는 제외한다.
② 필로티나 그 밖에 이와 비슷한 구조(벽면적의 2분의 1 이상이 그 층의 바닥면에서 위층 바닥 아래면까지 공간으로 된 것만 해당한다)의 부분을 주차장으로 사용하는 경우 그 부분은 건축물의 다른 부분과 구획할 것
③ 스프링클러 기타 이와 유사한 자동식 소화설비가 설치되어 있고 내장재가 불연재료로 된 11층 이상의 층은 600제곱미터 이내마다 구획할 것
④ 스프링클러 기타 이와 유사한 자동식 소화설비가 설치되어 있지 않은 10층 이하의 층은 바닥면적 1천제곱미터 이내마다 구획할 것

해설 방화구획

㉠ 10층 이하의 층은 바닥면적 1천제곱미터(스프링클러 기타 이와 유사한 자동식 소화설비를 설치한 경우에는 바닥면적 3천제곱미터)이내마다 구획할 것
㉡ 매층마다 구획할 것. 다만, 지하 1층에서 지상으로 직접 연결하는 경사로 부위는 제외한다.
㉢ 11층 이상의 층은 바닥면적 200제곱미터(스프링클러 기타 이와 유사한 자동식 소화설비를 설치한 경우에는 600제곱미터)이내마다 구획할 것. 다만, 벽 및 반자의 실내에 접하는 부분의 마감을 불연재료로 한 경우에는 바닥면적 500제곱미터(스프링클러 기타 이와 유사한 자동식 소화설비를 설치한 경우에는 1천500제곱미터)이내마다 구획하여야 한다.
㉣ 필로티나 그 밖에 이와 비슷한 구조(벽면적의 2분의 1 이상이 그 층의 바닥면에서 위층 바닥 아래면까지 공간으로 된 것만 해당한다)의 부분을 주차장으로 사용하는 경우 그 부분은 건축물의 다른 부분과 구획할 것
→ ③ 스프링클러 기타 이와 유사한 자동식 소화설비가 설치되어 있고 내장재가 불연재료로 된 11층 이상의 층은 1천500제곱미터 이내마다 구획하여야 한다.

정답 ③

005 🔥🔥🔥

다음 중 방화벽을 설치해야 하는 건축물로써 옳은 것은? 〔16년 충남〕

① 주요구조부가 내화구조로 된 연면적 1,000m² 이상의 건축물
② 불연재료로 된 연면적 1,000m² 이상의 건축물
③ 목조건축물로 된 연면적 1,000m² 이상의 건축물
④ 주요구조부가 내화구조로 된 연면적 3,000m² 이상의 건축물

해설 방화벽의 설치대상

주요구조부가 내화구조 또는 불연재료가 아닌 건축물로 연면적이 1,000m² 이상인 건축물

참고 방화벽의 구조

㉠ 내화구조로서 홀로 설 수 있는 구조일 것
㉡ 방화벽의 양쪽 끝과 윗쪽 끝을 건축물의 외벽면 및 지붕면으로부터 0.5미터 이상 튀어 나오게 할 것
㉢ 방화벽에 설치하는 출입문의 너비 및 높이는 각각 2.5미터 이하로 하고, 해당 출입문에는 60+방화문 또는 60분방화문을 설치할 것

참고 방화문

㉠ 60분+ 방화문: 연기 및 불꽃을 차단할 수 있는 시간이 60분 이상이고, 열을 차단할 수 있는 시간이 30분 이상인 방화문
㉡ 60분 방화문: 연기 및 불꽃을 차단할 수 있는 시간이 60분 이상인 방화문
㉢ 30분 방화문: 연기 및 불꽃을 차단할 수 있는 시간이 30분 이상 60분 미만인 방화문

정답 ③

006

다음은 「소방시설 설치 및 관리에 관한 법률 시행령」상 무창층의 개구부 조건으로 옳지 않은 것은?

[07년 광주]

① 개구부의 크기는 지름 20센티미터 이상의 원이 통과할 수 있을 것
② 해당 층의 바닥면으로부터 개구부 밑부분까지의 높이가 1.2미터 이내일 것
③ 도로 또는 차량이 진입할 수 있는 빈터를 향할 것
④ 화재 시 건축물로부터 쉽게 피난할 수 있도록 창살이나 그 밖의 장애물이 설치되지 아니할 것

해설 무창층

지상층 중 다음의 요건을 모두 갖춘 개구부(건축물에서 채광·환기·통풍 또는 출입 등을 위하여 만든 창·출입구, 그 밖에 이와 비슷한 것을 말한다)의 면적의 합계가 해당 층의 바닥면적의 30분의 1 이하가 되는 층을 말한다.
㉠ 크기는 지름 50센티미터 이상의 원이 통과할 수 있을 것
㉡ 해당 층의 바닥면으로부터 개구부 밑부분까지의 높이가 1.2미터 이내일 것
㉢ 도로 또는 차량이 진입할 수 있는 빈터를 향할 것
㉣ 화재 시 건축물로부터 쉽게 피난할 수 있도록 창살이나 그 밖의 장애물이 설치되지 아니할 것
㉤ 내부 또는 외부에서 쉽게 부수거나 열 수 있을 것

참고 피난층
곧바로 지상으로 갈 수 있는 출입구가 있는 층을 말한다.

정답 ①

007

다음은 「소방시설 설치 및 관리에 관한 법률 시행령」상 무창층이란 지상층 중 개구부 면적의 합계가 해당 층 바닥면적의 30분의 1 이하가 되는 층을 말한다. 이때 개구부가 갖추어야 할 요건으로 옳지 않은 것은?

[21년 소방간부]

① 크기는 지름 50센티미터 이상의 원이 통과할 수 있을 것
② 해당 층의 바닥면으로부터 개구부 밑부분까지의 높이가 0.8미터 이내일 것
③ 도로 또는 차량이 진입할 수 있는 빈터를 향할 것
④ 내부 또는 외부에서 쉽게 부수거나 열 수 있을 것

해설 무창층

지상층 중 다음의 요건을 모두 갖춘 개구부(건축물에서 채광·환기·통풍 또는 출입 등을 위하여 만든 창·출입구, 그 밖에 이와 비슷한 것을 말한다)의 면적의 합계가 해당 층의 바닥면적의 30분의 1 이하가 되는 층을 말한다.
㉠ 크기는 지름 50센티미터 이상의 원이 통과할 수 있을 것
㉡ 해당 층의 바닥면으로부터 개구부 밑부분까지의 높이가 1.2미터 이내일 것
㉢ 도로 또는 차량이 진입할 수 있는 빈터를 향할 것
㉣ 화재 시 건축물로부터 쉽게 피난할 수 있도록 창살이나 그 밖의 장애물이 설치되지 아니할 것
㉤ 내부 또는 외부에서 쉽게 부수거나 열 수 있을 것

정답 ②

008

다음은 건축방재 기능에 대한 설명이다. 공간적 대응에 대한 설명으로 옳지 않은 것은?

[10년 전남]

① 도피성
② 대항성
③ 회피성
④ 설비성

해설 건축물의 방재계획
㉠ 공간적 대응
  ⓐ 대항성
  ⓑ 회피성
  ⓒ 도피성
㉡ 설비적 대응 : 공간적 대응을 보완
  ⓐ 대항성
  ⓑ 도피성

암기법 공대도 회 설대(서울대)도!

정답 ④

009

벽의 내화구조에 해당하지 않는 것은? (단, 외벽 중 비내력벽인 경우는 제외한다.) 〔23년 소방간부〕

① 벽돌조로서 두께가 19cm 이상인 것
② 철근콘크리트조 또는 철골철근콘크리트조로서 두께가 10cm 이상인 것
③ 골구를 철골조로 하고 그 양면을 두께 4cm 이상의 철망모르타르(그 바름바탕을 불연재료로 한 것으로 한정)로 덮은 것
④ 철재로 보강된 콘크리트블록조·벽돌조 또는 석조로서 철재에 덮은 콘크리트블록 등의 두께가 5cm 이상인 것
⑤ 고온·고압의 증기로 양생된 경량기포 콘크리트패널 또는 경량기포 콘크리트 블록조로서 두께가 5cm 이상인 것

해설 내화구조

구분	기준
벽의 경우	① 철근콘크리트조 또는 철골철근콘크리트조로서 두께가 10[cm] 이상인 것 ② 골구를 철골조로 하고 그 양면을 두께 4[cm] 이상의 철망모르타르(그 바름바탕을 불연재료로 한 것으로 한정한다. 이하 이 조에서 같다) 또는 두께 5[cm] 이상의 콘크리트블록·벽돌 또는 석재로 덮은 것 ③ 철재로 보강된 콘크리트블록조·벽돌조 또는 석조로서 철재에 덮은 콘크리트블록 등의 두께가 5[cm] 이상인 것 ④ 벽돌조로서 두께가 19[cm] 이상인 것 ⑤ 고온·고압의 증기로 양생된 경량기포 콘크리트패널 또는 경량기포 콘크리트블록조로서 두께가 10[cm] 이상인 것 **암기법** 철근열포 오블록 철사모 벽돌조 19
외벽 중 비내력벽의 경우	① 철근콘크리트조 또는 철골철근콘크리트조로서 두께가 7[cm] 이상인 것 ② 골구를 철골조로 하고 그 양면을 두께 3[cm] 이상의 철망모르타르 또는 두께 4[cm] 이상의 콘크리트블록·벽돌 또는 석재로 덮은 것 ③ 철재로 보강된 콘크리트블록조·벽돌조 또는 석조로서 철재에 덮은 콘크리트블록 등의 두께가 4[cm] 이상인 것 ④ 무근콘크리트조·콘크리트블록조·벽돌조 또는 석조로서 그 두께가 7[cm] 이상인 것
기둥의 경우 (작은 지름이 25[cm] 이상인 것)	① 철근콘크리트조 또는 철골철근콘크리트조 ② 철골을 두께 6[cm](경량골재를 사용하는 경우에는 5[cm])이상의 철망모르타르 또는 두께 7[cm] 이상의 콘크리트블록·벽돌 또는 석재로 덮은 것 ③ 철골을 두께 5[cm] 이상의 콘크리트로 덮은 것
바닥의 경우	① 철근콘크리트조 또는 철골철근콘크리트조로서 두께가 10[cm] 이상인 것 ② 철재로 보강된 콘크리트블록조·벽돌조 또는 석조로서 철재에 덮은 콘크리트블록 등의 두께가 5[cm] 이상인 것 ③ 철재의 양면을 두께 5[cm] 이상의 철망모르타르 또는 콘크리트로 덮은 것
보 (지붕틀 포함)의 경우	① 철근콘크리트조 또는 철골철근콘크리트조 ② 철골을 두께 6[cm](경량골재를 사용하는 경우에는 5[cm])이상의 철망모르타르 또는 두께 5[cm] 이상의 콘크리트로 덮은 것 ③ 철골조의 지붕틀(바닥으로부터 그 아랫부분까지의 높이가 4[m] 이상인 것에 한한다)로서 바로 아래에 반자가 없거나 불연재료로 된 반자가 있는 것
지붕의 경우	① 철근콘크리트조 또는 철골철근콘크리트조 ② 철재로 보강된 콘크리트블록조·벽돌조 또는 석조 ③ 철재로 보강된 유리블록 또는 망입유리(두꺼운 판유리에 철망을 넣은 것을 말한다)로 된 것
계단의 경우	① 철근콘크리트조 또는 철골철근콘크리트조 ② 무근콘크리트조·콘크리트블록조·벽돌조 또는 석조 ③ 철재로 보강된 콘크리트블록조·벽돌조 또는 석조 ④ 철골조

⑤ 고온·고압의 증기로 양생된 경량기포 콘크리트패널 또는 경량기포 콘크리트 블록조로서 두께가 10cm 이상인 것

정답 ⑤

010 🔥🔥

「소방시설 설치 및 관리에 관한 법률 시행령」상 건축물 등의 신축·증축·개축·재축·이전·용도변경 또는 대수선의 허가·협의 및 사용승인을 할 때 미리 소방본부장 또는 소방서장의 동의를 받아야 하는 건축물 등의 범위로 옳은 것만을 〈보기〉에서 고른 것은?

[23년 소방간부]

| 보기 |

ㄱ. 노유자시설 및 수련시설: 100제곱미터 이상
ㄴ. 항공기 격납고, 관망탑, 항공관제탑, 방송용 송수신탑
ㄷ. 승강기 등 기계장치에 의한 주차시설로서 자동차 15대 이상을 주차할 수 있는 시설
ㄹ. 차고·주차장으로 사용되는 바닥면적이 200 제곱미터 이상인 층이 있는 건축물이나 주차시설
ㅁ. 지하층 또는 무창층이 있는 건축물로서 바닥면적이 150제곱미터(공연장의 경우에는 100제곱미터) 이상인 층이 있는 것

① ㄱ, ㄴ, ㄷ
② ㄱ, ㄴ, ㄹ
③ ㄱ, ㄷ, ㄹ
④ ㄴ, ㄷ, ㅁ
⑤ ㄴ, ㄹ, ㅁ

해설 건축허가등의 동의대상

구분	건축허가등의 동의대상물의 범위
층수	① 층수가 **6층 이상**인 건축물

면적	② 연면적이 **400제곱미터 이상**인 건축물이나 시설
	③ 건축등을 하려는 **학교시설**
	  : 연면적 **100제곱미터 이상**
	④ 노유자시설 및 수련시설
	  : 연면적 **200제곱미터 이상**
	⑤ 정신의료기관(입원실이 없는 정신건강의학과 의원은 제외하며, 이하 "정신의료기관"이라 한다), 장애인 의료재활시설(이하 "의료재활시설"이라 한다): 연면적 **300제곱미터 이상**
	⑥ **지하층** 또는 **무창층**이 있는 건축물로서 바닥면적이 **150제곱미터**(공연장의 경우에는 **100제곱미터**) 이상인 층이 있는 것
	⑦ **차고·주차장**으로 사용되는 바닥면적이 **200제곱미터 이상**인 층이 있는 건축물이나 주차시설(승강기 등 기계장치에 의한 주차시설로서 자동차 **20대 이상**을 주차할 수 있는 시설)
	암기법 연4, 학노정 123, 지무15공백, 차이(2)

용도	⑧ **항공기** 격납고, 관망**탑**, 항공관제**탑**, 방송용 송수신**탑**
	⑨ 특정소방대상물 중 **공동주택**, **의원**(입원실 또는 인공신장실이 있는 것으로 한정한다)·**조산원**·**산후조리원**, **숙박**시설, **위험**물 저장 및 처리 시설, 발전시설 중 **풍력발전소**·**전기저장시설**, **지**하**구** ⑩ **요**양병원(제외: 의료재활시설)
	⑪ "④"에 해당하지 않는 **노유**자시설 중 다음의 어느 하나에 해당하는 시설. 다만, ⑦의 2) 및 ⓒ부터 ⓑ까지의 시설 중 단독주택 또는 공동주택에 설치되는 시설은 제외한다.
	  ⓐ 노인 관련 시설 중 다음의 어느 하나에 해당하는 시설
	    1) 노인주거복지시설, 노인의료복지시설 및 재가노인복지시설
	    2) 학대피해노인 전용쉼터
	  ⓒ 아동복지시설(아동상담소, 아동전용시설 및 지역아동센터는 제외한다)
	  ⓒ 장애인 거주시설
	  ⓔ 정신질환자 관련 시설(공동생활가정을 제외한 재활훈련시설과 종합시설 중 24시간 주거를 제공하지 않는 시설은 제외한다.
	  ⓜ 노숙인 관련 시설 중 노숙인자활시설, 노숙인재활시설 및 노숙인요양시설
	  ⓑ 결핵환자나 한센인이 24시간 생활하는 노유자 시설
	암기법 항공기 탑쓰리(3) 요~ 유노! 전지구의 조산 위험풍 공동숙박

기타	⑫ 특정소방대상물 중 공장 또는 창고시설로서 「화재의 예방 및 안전관리에 관한 법률 시행령」 별표 2에서 정하는 수량의 **750배 이상**의 특수가연물을 저장·취급하는 것 ⑬ 가스시설로서 지상에 노출된 탱크의 저장용량의 합계가 **100톤 이상**인 것

ㄱ. 노유자시설 및 수련시설: **200제곱미터 이상**
ㄷ. 승강기 등 기계장치에 의한 주차시설로서 **자동차 20대 이상**을 주차할 수 있는 시설

참고 건축허가등의 동의대상물 제외대상

① 특정소방대상물에 설치되는 **소화기구**, **자동소화장치**, **누전경보기**, **단독경보형감지기**, **가스누설경보기** 및 **피난구조설비**(비상조명등은 제외한다)가 화재안전기준에 적합한 경우 해당 특정소방대상물
② 건축물의 증축 또는 용도변경으로 인하여 해당 특정소방대상물에 **추가**로 소방시설이 설치되지 않는 경우 해당 특정소방대상물
③ 소방시설공사의 **착공**신고 대상에 해당하지 **않는** 경우 해당 특정소방대상물

암기법 소누 피자단가 추가 착공X

정답 ⑤

PART 4 | 건축방재 및 피난

CHAPTER 02 | 피난

011	012	013	014	015	016
④	①	②	③	②	④

011 🔥🔥🔥

건축물의 피난계획에 대한 설명으로 옳은 것은?

〔14년 통합〕

① 피난수단은 복합적 방법에 의한 것을 원칙으로 한다.
② 모든 피난동선은 건물중심부 한 곳으로 향하고 중심부에서 지면 등 안전한 장소로 피난할 수 있도록 하여야 한다.
③ 피난동선은 그 말단이 길수록 좋다.
④ 어느 곳에서도 2개 이상의 방향으로 피난할 수 있으며, 그 말단은 화재로부터 안전한 장소이어야 한다.

해설 피난대책의 일반적 원칙
㉠ 피난경로는 단순(간단명료)해야 한다.
㉡ 2개 방향 이상의 피난경로를 확보하고, 그 통로의 말단은 안전한 장소이어야 한다.
㉢ 병목이 발생하지 않도록 수평동선과 수직동선으로 구분하여야 한다.
㉣ 피난수단은 원시적(최첨단, 복합적X) 방법에 의한 것을 원칙적으로 한다.
㉤ 피난설비는 고정식 설비를 위주로 하여야 한다.
㉥ 상호 반대방향으로 다수의 출구와 연결되는 것이 좋다.
㉦ 피난대책
  ⓐ 풀 프루프(Fool proof) : 누구라도 안전하게 사용할 수 있도록 원시적 방법으로 그림, 색채 등을 활용하는 것이다.
  ⓑ 페일 세이프(Fail safe) : 실패하여도 다음 대책에 의해 안전하도록 하여야 한다.

정답 ④

012 🔥🔥🔥

피난계획에 대한 설명으로 옳지 않은 것은?

〔16년 충남〕

① 모든 피난경로는 건축물의 중앙으로 집중시켜 누구나 쉽게 알 수 있도록 한다.
② 피난경로는 간단명료하게 해야 한다.
③ 피난수단은 원시적 방법에 의한 것을 원칙으로 한다.
④ 어느 곳에서도 2개 이상의 방향으로 피난할 수 있으며, 그 말단은 화재로부터 안전한 장소이어야 한다.

해설 피난대책의 일반적 원칙
㉠ 피난경로는 단순(간단명료)해야 한다.
㉡ 2개 방향 이상의 피난경로를 확보하고, 그 통로의 말단은 안전한 장소이어야 한다.
㉢ 병목이 발생하지 않도록 수평동선과 수직동선으로 구분하여야 한다.
㉣ 피난수단은 원시적(최첨단, 복합적X) 방법에 의한 것을 원칙적으로 한다.
㉤ 피난설비는 고정식 설비를 위주로 하여야 한다.
㉥ 상호 반대방향으로 다수의 출구와 연결되는 것이 좋다.
㉦ 피난대책
  ⓐ 풀 프루프(Fool proof) : 누구라도 안전하게 사용할 수 있도록 원시적 방법으로 그림, 색채 등을 활용하는 것이다.
  ⓑ 페일 세이프(Fail safe) : 실패하여도 다음 대책에 의해 안전하도록 하여야 한다.
→ ① 피난경로를 중앙집중식으로 할 경우 피난자의 집중으로 병목현상 및 패닉의 우려가 있다.

참고 병목현상, 패닉현상
㉠ 병목현상 : 다수의 피난자가 출구나 복도를 지나가려 하면 발생하는 현상으로 피난시간의 지연을 발생한다.
㉡ 패닉(Panic) : 화재 시 유독가스의 흡입 등으로 인한 호흡곤란 등이 발생하여 이성적인 판단을 하지 못하는 것으로서 피난자가 피난 시에 위험하다고 판단될 경우에 발생한다.

정답 ①

013

화재가 발생한 곳을 반사적으로 도망가려 하며 피하는 본성은? [11년 서울]

① 귀소본능 ② 퇴피본능
③ 좌회본능 ④ 지광본능

해설 인간의 피난본능
㉠ 추종본능 : 최초 행동개시자를 따라 전체가 움직이는 경향
㉡ 귀소본능 : 평소 자주 사용하는 통로 등을 사용하여 탈출을 도모하고자 하는 본능
㉢ 퇴피본능 : 화염, 연기 등 위험한 장소의 반대방향으로 이동하는 경향
㉣ 좌회본능 : 신체의 오른쪽이 발달하여 피난 시 좌회전하려는 경향
㉤ 지광본능 : 밝은 곳을 향하여 피난하려는 경향

정답 ②

014

화재가 발생하였을 때 평상시 사용하는 출입구나 통로를 사용하려는 경향을 이르는 용어는? [12년 세종]

① 추종본능 ② 지광본능
③ 귀소본능 ④ 퇴피본능

해설 인간의 피난본능
㉠ 추종본능 : 최초 행동개시자를 따라 전체가 움직이는 경향
㉡ 귀소본능 : 평소 자주 사용하는 통로 등을 사용하여 탈출을 도모하고자 하는 본능
㉢ 퇴피본능 : 화염, 연기 등 위험한 장소의 반대방향으로 이동하는 경향
㉣ 좌회본능 : 신체의 오른쪽이 발달하여 피난 시 좌회전하려는 경향
㉤ 지광본능 : 밝은 곳을 향하여 피난하려는 경향

정답 ③

015

다음 중 피난본능에 대한 설명으로 틀린 것은? [13년 전북]

① 추종본능 : 혼란 시 판단력 저하로 최초로 달리는 앞사람을 따르는 습성
② 우회본능 : 오른손잡이는 오른발을 축으로 우측으로 행동하는 습성
③ 지광본능 : 어두운 곳에서 밝은 불빛을 따라 행동하는 습성
④ 귀소본능 : 무의식 중에 평상시 사용한 길, 원래 온 길을 가려하는 본능

해설 인간의 피난본능
㉠ 추종본능 : 최초 행동개시자를 따라 전체가 움직이는 경향
㉡ 귀소본능 : 평소 자주 사용하는 통로 등을 사용하여 탈출을 도모하고자 하는 본능
㉢ 퇴피본능 : 화염, 연기 등 위험한 장소의 반대방향으로 이동하는 경향
㉣ 좌회본능 : 신체의 오른쪽이 발달하여 피난 시 좌회전하려는 경향
㉤ 지광본능 : 밝은 곳을 향하여 피난하려는 경향
→ ② 우회본능은 존재하지 않는다.

정답 ②

016

피난행동에서 말하는 인간의 본능 중 옳지 않은 것은? [11년 제주]

① 귀소본능 - 무의식 중에 평상 시 사용한 길, 원래 온 길로 가려고 하는 본능
② 퇴피본능 - 반사적으로 화염·연기 등 위험으로부터 멀리 하려는 본능
③ 좌회본능 - 오른손잡이는 오른발을 축으로 좌측으로 행동하는 습성
④ 추종본능 - 어두운 곳에서 밝은 불빛을 따라 행동하는 습성

해설 인간의 피난본능
㉠ 추종본능 : 최초 행동개시자를 따라 전체가 움직이는 경향
㉡ 귀소본능 : 평소 자주 사용하는 통로 등을 사용하여 탈출을 도모하고자 하는 본능
㉢ 퇴피본능 : 화염, 연기 등 위험한 장소의 반대방향으로 이동하는 경향
㉣ 좌회본능 : 신체의 오른쪽이 발달하여 피난 시 좌회전하려는 경향
㉤ 지광본능 : 밝은 곳을 향하여 피난하려는 경향
→ ④ 어두운 곳에서 밝은 불빛을 따라 행동하는 습성은 지광본능에 대한 설명이다.

정답 ④

PART 5 | 위험물 및 특수가연물

CHAPTER 01 | 위험물의 종류 및 특성

001	002	003	004	005	006	007	008	009	010
④	③	②	②	①	②	①	③	①	②
011	012	013	014	015	016	017	018	019	020
③	④	③	⑤	②	③	⑤	④	⑤	④
021	022	023	024	025	026	027	028	029	030
①	④	④	④	①	③	④	③	①	②
031	032	033	034	035	036	037	038	039	040
④	④	①	④	③	①	②	③	⑤	③
041	042	043	044	045	046	047	048	049	050
①	①	④	①	④	②	③	②	①	④
051	052	053	054	055	056	057	058	059	060
①	①	①	①	③	④	②	④	①	④

001

「위험물안전관리법」상 위험물에 대한 정의이다. ( ) 안에 들어갈 내용으로 옳은 것은?

[20년 소방간부]

> 위험물이라 함은 (ㄱ) 또는 (ㄴ) 등의 성질을 가지는 것으로서 (ㄷ)이 정하는 물품을 말한다.

	ㄱ	ㄴ	ㄷ
①	가연성	발화성	국무총리령
②	가연성	폭발성	대통령령
③	인화성	폭발성	대통령령
④	인화성	발화성	대통령령
⑤	인화성	발화성	국무총리령

해설 위험물의 정의
위험물이라 함은 (ㄱ: 인화성) 또는 (ㄴ: 발화성) 등의 성질을 가지는 것으로서 (ㄷ: 대통령령)이 정하는 물품을 말한다.

정답 ④

002

위험물의 성질에 대해서 올바른 것은?

[12년 울산] [13년 통합]

① 제1류 위험물 - 가연성고체
② 제2류 위험물 - 자기반응성물질
③ 제4류 위험물 - 인화성액체
④ 제6류 위험물 - 산화성고체

해설 위험물의 유별 및 성질
㉠ 제1류 위험물 : 산화성 고체
㉡ 제2류 위험물 : 가연성 고체
㉢ 제3류 위험물 : 자연발화성 물질 및 금수성 물질
㉣ 제4류 위험물 : 인화성 액체
㉤ 제5류 위험물 : 자기반응성물질
㉥ 제6류 위험물 : 산화성 액체
→ ③ 제4류 위험물 - 인화성액체

정답 ③

003

다음 중 위험물에 대한 설명 옳은 것은?

[15년 소방간부]

① 제3류 위험물은 자기반응성물질이다.
② 제1류 위험물에는 질산염류와 염소산염류가 있다.
③ 염소산염류는 제3류 위험물이다.
④ 과염소산은 제1류 위험물이다.
⑤ 가연성고체는 제3류 위험물이다.

해설 위험물의 유별 및 성질
① 제3류 위험물은 자연발화성 물질 및 금수성 물질이고, 자기반응성물질은 제5류 위험물이다.
③ 염소산염류는 제1류 위험물이다.
④ 과염소산은 제6류 위험물이다.
⑤ 가연성고체는 제2류 위험물이다.

정답 ②

004 🔥🔥🔥

다음 중 산소공급원 역할을 하는 위험물의 종류가 아닌 것은? 〔다수 출제〕

① 제1류 위험물
② 제2류 위험물
③ 제5류 위험물
④ 제6류 위험물

해설 산소공급원
① 제1류 위험물은 산화성 고체로 산화제의 역할을 할 수 있다.
② 제2류 위험물은 가연성고체로 산소공급원이 아닌 가연물(환원성 물질)의 역할을 한다.
③ 제5류 위험물은 자기반응성물질로 자기 자신이 연소에 필요한 산소를 가지고 있다.
④ 제6류 위험물은 산화성 액체로 산화제의 역할을 할 수 있다.

참고 산화제, 환원제
㉠ 산화제(산화성 물질)
   자신은 환원되고 다른 물질을 산화시키는 물질
㉡ 환원제(환원성 물질)
   자신은 산화되고 다른 물질을 환원시키는 물질

〔정답〕 ②

005 🔥🔥🔥

가연성고체에 대한 설명이다. 옳은 것은? 〔11년 서울〕

"가연성고체"라 함은 고체로서 (　　　　) 또는 (　　　　)을 판단하기 위하여 고시로 정하는 시험에서 고시로 정하는 성질과 상태를 나타내는 것을 말한다.

① 화염에 의한 발화의 위험성, 인화의 위험성
② 충격에 의한 충격의 위험성, 인화의 위험성
③ 화염에 의한 발화의 위험성, 충격의 위험성
④ 충격에 의한 발화의 위험성, 인화의 위험성

해설 가연성고체(제2류 위험물)
가연성고체라 함은 고체로서 (화염에 의한 발화의 위험) 또는 (인화의 위험성)을 판단하기 위하여 고시로 정하는 시험에서 고시로 정하는 성질과 상태를 나타내는 것을 말한다.

참고 정의
㉠ **산화성고체** : 고체로서 산화력의 잠재적인 위험성 또는 충격에 대한 민감성을 판단하기 위하여 소방청장이 정하여 고시하는 시험에서 고시로 정하는 성질과 상태를 나타내는 것을 말한다.
㉡ **가연성고체** : 고체로서 화염에 의한 발화의 위험성 또는 인화의 위험성을 판단하기 위하여 고시로 정하는 시험에서 고시로 정하는 성질과 상태를 나타내는 것을 말한다.
㉢ **자연발화성물질 및 금수성물질** : 고체 또는 액체로서 공기 중에서 발화의 위험성이 있거나 물과 접촉하여 발화하거나 가연성가스를 발생하는 위험성이 있는 것을 말한다.
㉣ **인화성액체** : 액체로서 인화의 위험성이 있는 것을 말한다.
㉤ **자기반응성물질** : 고체 또는 액체로서 폭발의 위험성 또는 가열분해의 격렬함을 판단하기 위하여 고시로 정하는 시험에서 고시로 정하는 성질과 상태를 나타내는 것을 말하며, 위험성 유무와 등급에 따라 제1종 또는 제2종으로 분류한다.
㉥ **산화성액체** : 액체로서 산화력의 잠재적인 위험성을 판단하기 위하여 고시로 정하는 시험에서 고시로 정하는 성질과 상태를 나타내는 것을 말한다.

〔정답〕 ①

006

「위험물안전관리법 시행령」 상 제1류 위험물에 관한 내용이다. ( ) 안에 들어갈 내용으로 옳은 것은?

22년 소방간부

고체로서 (㉠)의 잠재적인 위험성 또는 (㉡)에 대한 민감성을 판단하기 위하여 소방청장이 정하여 고시하는 시험에서 고시로 정하는 성질과 상태를 나타내는 것을 말한다.

	㉠	㉡
①	폭발력	발화
②	산화력	충격
③	환원력	분해
④	산화력	폭발
⑤	환원력	연소

해설 산화성고체(제1류 위험물)

고체로서 (㉠: 산화력)의 잠재적인 위험성 또는 (㉡: 충격)에 대한 민감성을 판단하기 위하여 소방청장이 정하여 고시하는 시험에서 고시로 정하는 성질과 상태를 나타내는 것을 말한다.

정답 ②

007

「위험물안전관리법 시행령」 상 제5류 위험물에 대한 정의이다. ( )안에 들어갈 내용으로 옳은 것은?

13년 대전

( ) 물질이라 함은 ( ) 또는 액체로서 폭발의 위험성 또는 ( )의 격렬함을 판단하기 위하여 고시로 정하는 시험에서 고시로 정하는 성질과 상태를 나타내는 것을 말하며, 위험성 유무와 등급에 따라 제1종 또는 제2종으로 분류한다.

① 자기반응성, 고체, 가열분해
② 산화성액체, 기체, 가열분해
③ 금수성, 고체, 폭발분해
④ 자연발화성, 고체, 폭발분해

해설 자기반응성물질(제5류 위험물)

(자기반응성) 물질이라 함은 (고체) 또는 액체로서 폭발의 위험성 또는 (가열분해)의 격렬함을 판단하기 위하여 고시로 정하는 시험에서 고시로 정하는 성질과 상태를 나타내는 것을 말하며, 위험성 유무와 등급에 따라 제1종 또는 제2종으로 분류한다.

정답 ①

008

「위험물안전관리법」 상 산화성고체에 맞는 위험물은?

13년 전북

① 유기과산화물　② 과염소산
③ 과염소산염류　④ 글리세린

해설 제1류 위험물(산화성 고체)
① 유기과산화물 — 제5류 위험물(자기반응성물질)
② 과염소산 — 제6류 위험물(산화성액체)
③ 과염소산염류 — 제1류 위험물(산화성고체)이다.
④ 글리세린 — 제4류 위험물 중 제3석유류(인화성액체)

정답 ③

009

「위험물안전관리법 시행령」 상 위험물의 분류 중 가연성 고체가 아닌 것은?

18년 공개

① 황린　② 적린
③ 황　④ 황화인

해설 가연성고체(제2류 위험물)

품명	지정수량
1. 황화인 2. 적린 3. 황	100kg
4. 철분 5. 금속분 6. 마그네슘	500kg
7. 인화성고체	1,000kg
8. 그 밖에 행정안전부령으로 정하는 것 9. 제1호 내지 제8호(제7호 제외)의 1에 해당하는 어느 하나 이상을 함유한 것	100kg 또는 500kg

① 황린은 제3류 자연발화성물질 및 금수성물질이다.

정답 ①

010

다음 제4류 위험물에 대한 설명 중 틀린 것은?
[13년 광주]

① 알코올류란 1분자를 구성하는 탄소원자의 수가 1개부터 3개까지인 포화1가 알코올을 말한다.
② 특수인화물이란 1기압에서 발화점이 50℃ 이하인 것을 말한다.
③ 제1석유류란 인화점이 섭씨 21℃ 미만인 것을 말한다.
④ 제3석유류란 1기압에서 인화점이 섭씨 70℃ 이상 200℃ 미만인 것을 말한다.

해설 제4류 위험물(인화성액체)

㉠ **특수인화물** : 이황화탄소, 디에틸에테르 그 밖에 1기압에서 발화점이 섭씨 100도 이하인 것 또는 인화점이 섭씨 영하 20도 이하이고 비점이 섭씨 40도 이하인 것을 말한다.
㉡ **제1석유류** : 아세톤, 휘발유 그 밖에 1기압에서 인화점이 섭씨 21도 미만인 것을 말한다.
㉢ **알코올류** : 1분자를 구성하는 탄소원자의 수가 1개부터 3개까지인 포화1가 알코올(변성알코올을 포함한다)을 말한다. 다만, 다음 각목의 1에 해당하는 것은 제외한다.
  ⓐ 1분자를 구성하는 탄소원자의 수가 1개 내지 3개의 포화1가 알코올의 함유량이 60중량퍼센트 미만인 수용액
  ⓑ 가연성액체량이 60중량퍼센트 미만이고 인화점 및 연소점이 에틸알코올 60중량퍼센트 수용액의 인화점 및 연소점을 초과하는 것
㉣ **제2석유류** : 등유, 경유 그 밖에 1기압에서 인화점이 섭씨 21도 이상 70도 미만인 것을 말한다. 다만, 도료류 그 밖의 물품에 있어서 가연성 액체량이 40중량퍼센트 이하이면서 인화점이 섭씨 40도 이상인 동시에 연소점이 섭씨 60도 이상인 것은 제외한다.
㉤ **제3석유류** : 중유, 크레오소트유 그 밖에 1기압에서 인화점이 섭씨 70도 이상 섭씨 200도 미만인 것을 말한다. 다만, 도료류 그 밖의 물품은 가연성 액체량이 40중량퍼센트 이하인 것은 제외한다.
㉥ **제4석유류** : 기어유, 실린더유 그 밖에 1기압에서 인화점이 섭씨 200도 이상 섭씨 250도 미만의 것을 말한다. 다만 도료류 그 밖의 물품은 가연성 액체량이 40중량퍼센트 이하인 것은 제외한다.
㉦ **동식물유류** : 동물의 지육 등 또는 식물의 종자나 과육으로부터 추출한 것으로서 1기압에서 인화점이 섭씨 250도 미만인 것을 말한다.

정답 ②

011

「위험물안전관리법 시행령」상 제1석유류로 옳은 것은?
[18년 소방간부]

① 경유 ② 등유
③ 휘발유 ④ 중유
⑤ 크레오소트유

해설 제4류 위험물(인화성액체)

구분	대표물질
특수인화물	이황화탄소, 디에틸에테르(다이에틸에테르), 산화프로필렌, 아세트알데히드(아세트알데하이드)
알코올류	메탄올, 에탄올, 프로판올
제1석유류	아세톤, 휘발유, 시안화수소, 톨루엔
제2석유류	등유, 경유, 히드라진(하이드라진)
제3석유류	중유, 크레오소트유, 글리세린
제4석유류	기어유, 실린더유, 윤활유
동식물유류	건성유, 반건성유, 불건성유

③ 제1석유류는 아세톤, 휘발유 그밖에 1기압에서 인화점이 섭씨 21도 미만인 것이다.

정답 ③

012

「위험물안전관리법 시행령」상 제3석유류에 해당되는 것은?
[11년 전남]

① 휘발유 ② 알코올
③ 동식물유류 ④ 중유

해설 제4류 위험물(인화성액체)

④ 제3석유류에 해당하는 것은 중유, 크레오소트유 등에 해당한다.

정답 ④

013

다음은 제1석유류에 대한 설명이다. ( ) 안에 들어갈 내용으로 옳은 것은?

[19년 공개]

제1석유류는 아세톤, 휘발유 그 밖에 1기압에서 (가)이 섭씨 (나)도 미만인 것이다.

	(가)	(나)
①	발화점	21
②	발화점	25
③	인화점	21
④	인화점	25

[해설] 제1석유류

제1석유류는 아세톤, 휘발유 그 밖에 1기압에서 (가: 인화점)이 섭씨 (나: 21)도 미만인 것이다.

구분	인화점
제1석유류	21℃ 미만
제2석유류	21℃ 이상 70℃ 미만
제3석유류	70℃ 이상 200℃ 미만
제4석유류	200℃ 이상 250℃ 미만
동식물유류	250℃ 미만

[정답] ③

014

제4류 위험물 중 제2석유류에 대한 설명이다. (ㄱ) ~ (ㄷ)에 알맞은 것은?

[19년 소방간부]

제2석유류는 등유, 경유 그 밖에 1기압에서 인화점이 섭씨 (ㄱ)도 이상 70도 미만인 것을 말한다. 다만, 도료류 그 밖의 물품에 있어서 가연성 액체량이 (ㄴ)중량퍼센트 이하이면서 인화점이 섭씨 40도 이상인 동시에 연소점이 섭씨 (ㄷ)도 이상인 것은 제외한다.

	ㄱ	ㄴ	ㄷ
①	18	10	40
②	20	10	45
③	20	25	50
④	21	30	55
⑤	21	40	60

[해설] 제2석유류

제2석유류는 등유, 경유 그 밖에 1기압에서 인화점이 섭씨 (ㄱ: 21)도 이상 70도 미만인 것을 말한다. 다만, 도료류 그 밖의 물품에 있어서 가연성 액체량이 (ㄴ: 40)중량퍼센트 이하이면서 인화점이 섭씨 40도 이상인 동시에 연소점이 섭씨 (ㄷ: 60)도 이상인 것은 제외한다.

[정답] ⑤

015

다음 중 위험물의 지정수량으로 옳은 것은?

[17년 공개]

① 다이크로뮴산염류 – 10kg
② 알킬리튬 – 10kg
③ 나이트로화합물(제1종) – 100kg
④ 질산 – 100kg

[해설] 위험물의 지정수량

① 다이크로뮴산염류(제1류 위험물) — 1,000kg
② 알킬리튬(제3류 위험물) — 10kg
③ 나이트로화합물(제1종) — 10kg
④ 질산(제6류 위험물) — 300kg

[정답] ②

016

위험물 지정수량이 다른 하나는?

[19년 공개]

① 탄화칼슘
② 과염소산
③ 마그네슘
④ 금속의 인화물

[해설] 위험물의 지정수량

① 탄화칼슘(제3류 위험물) : 지정수량 300kg
② 과염소산(제6류 위험물) : 지정수량 300kg
③ 마그네슘(제2류 위험물) : 지정수량 500kg
④ 금속의 인화물(제3류 위험물) : 지정수량 300kg

[정답] ③

017

「위험물안전관리법 시행령」 상 위험물 및 지정수량이 올바르게 짝지어진 것은? 〈19년 소방간부〉

유별	품명	지정수량
① 제1류	과망가니즈산염류	300kg
② 제2류	마그네슘	100kg
③ 제3류	과염소산	300kg
④ 제4류	알코올류	200kg
⑤ 제6류	과산화수소	300kg

해설 위험물의 지정수량

① 제1류(과망가니즈산염류) : 지정수량 1,000kg
② 제2류(마그네슘) : 지정수량 500kg
③ 제6류(과염소산) : 지정수량 300kg
④ 제4류(알코올류) : 지정수량 400L

정답 ⑤

018

「위험물안전관리법 시행령」 상 유별 위험물의 품명과 지정수량을 옳게 연결한 것은? 〈22년 소방간부〉

① 유별 : 제2류
   품명 : 적린, 황, 마그네슘
   지정수량 : 100kg
② 유별 : 제3류
   품명 : 알킬알루미늄, 유기금속화합물
   지정수량 : 10kg
③ 유별 : 제4류
   품명 : 제4석유류
   지정수량 : 10,000L
④ 유별 : 제5류
   품명 : 하이드록실아민, 하이드록실아민염류(제2종)
   지정수량 : 100kg
⑤ 유별 : 제6류
   품명 : 과염소산염류, 나트륨
   지정수량 : 200kg

해설 위험물의 지정수량

① 적린과 황(제2류, 지정수량 100kg), 마그네슘(제2류, 지정수량 500kg)
② 알킬알루미늄(제3류, 지정수량 10kg), 유기금속화합물(제3류, 지정수량 50kg)
③ 제4석유류(제4류, 지정수량 6,000L)
⑤ 과염소산염류(제1류, 지정수량 50kg), 나트륨(제3류, 지정수량 10kg)

정답 ④

019

「위험물안전관리법 시행령」 상 제3류 위험물의 품명 및 지정수량으로 옳은 것은? 〈20년 소방간부〉

① 나트륨 – 5kg
② 황린 – 10kg
③ 알칼리토금속 – 30kg
④ 알킬리튬 – 50kg
⑤ 금속의 인화물 – 300kg

해설 제3류 위험물(자연발화성 물질 및 금수성물질)

품명	지정수량
1. 칼륨 2. 나트륨 3. 알킬알루미늄 4. 알킬리튬	10kg
5. 황린	20kg
6. 알칼리금속(칼륨 및 나트륨 제외) 및 알칼리토금속 7. 유기금속화합물 (알킬알루미늄 및 알킬리튬 제외)	50kg
8. 금속의 수소화물, 금속의 인화물 9. 칼슘 또는 알루미늄의 탄화물	300kg
10. 그 밖에 행정안전부령으로 정하는 것 11. 제1호 내지 제10호의 1에 해당하는 어느 하나 이상을 함유한 것	10kg, 20kg, 50kg 또는 300kg

→ ①, ④ : 10kg, ② : 20kg, ③ : 50kg

정답 ⑤

020

「위험물안전관리법 시행령」상 지정수량이 가장 적은 것은? [24년 소방간부]

① 금속분
② 질산염류
③ 과산화수소
④ 무기과산화물
⑤ 하이드라진유도체(제2종)

해설 위험물별 지정수량
① 금속분 : 제2류 위험물, 500kg
② 질산염류 : 제1류 위험물, 300kg
③ 과산화수소 : 제6류 위험물, 300kg
④ 무기과산화물 : 제1류 위험물, 50kg
⑤ 하이드라진유도체(제2종) : 제5류 위험물, 100kg

정답 ④

021

「위험물안전관리법 시행령」상 자연발화성 물질 및 금수성 물질 중 지정수량이 다른 것은? [24년 소방간부]

① 황린
② 칼륨
③ 나트륨
④ 알킬리튬
⑤ 알킬알루미늄

해설 자연발화성 물질 및 금수성 물질
① 황린 - 지정수량 20kg, 위험등급 Ⅰ
② 칼륨 - 지정수량 10kg, 위험등급 Ⅰ
③ 나트륨 - 지정수량 10kg, 위험등급 Ⅰ
④ 알킬리튬 - 지정수량 10kg, 위험등급 Ⅰ
⑤ 알킬알루미늄 - 지정수량 10kg, 위험등급 Ⅰ

정답 ①

022

「위험물안전관리법」 및 같은 법 시행령, 시행규칙상 위험물의 지정수량과 위험등급의 연결이 옳지 않은 것은? [24년 공개]

① 황린 - 20kg - Ⅰ등급
② 마그네슘 - 500kg - Ⅲ등급
③ 유기금속화합물 - 50kg - Ⅱ등급
④ 과염소산 - 300kg - Ⅱ등급

해설 위험등급
① 황린(제3류 위험물) - 20kg - Ⅰ등급
② 마그네슘(제2류 위험물) - 500kg - Ⅲ등급
③ 유기금속화합물(제3류 위험물) - 50kg - Ⅱ등급
④ 과염소산(제6류 위험물) - 300kg - Ⅰ등급

정답 ④

023

「위험물안전관리법 시행령」상 위험물에 대한 규정으로 옳지 않은 것은? [23년 소방간부]

① "인화성고체"라 함은 고형알코올 그 밖에 1기압에서 인화점이 섭씨 40도 미만인 고체를 말한다.
② "철분"이라 함은 철의 분말로서 53마이크로미터의 표준체를 통과하는 것이 50중량퍼센트 미만인 것은 제외한다.
③ "황"은 순도가 60중량퍼센트 이상인 것을 말하며, 순도측정을 하는 경우 불순물은 활석 등 불연성물질과 수분으로 한정한다.
④ "금속분"이라 함은 알칼리금속·알칼리토류금속·철 및 구리외의 금속의 분말을 말하고, 마그네슘분·니켈분 및 150마이크로미터의 체를 통과하는 것이 50중량퍼센트 미만인 것은 제외한다.
⑤ "제3석유류"라 함은 중유, 크레오소트유 그 밖에 1기압에서 인화점이 섭씨 70도 이상 섭씨 200도 미만인 것을 말한다. 다만, 도료류 그 밖의 물품은 가연성 액체량이 40중량퍼센트 이하인 것은 제외한다.

[해설] 위험물

구분	정의
황	순도가 60중량퍼센트 이상인 것을 말하며, 순도측정을 하는 경우 불순물은 활석 등 불연성물질과 수분으로 한정한다.
철분	철의 분말로서 53마이크로미터의 표준체를 통과하는 것이 50중량퍼센트 미만인 것은 제외한다. [암기법] 철오(5)
금속분	알칼리금속·알칼리토류금속·철 및 마그네슘 외의 금속의 분말을 말하고, 구리분·니켈분 및 150마이크로미터의 체를 통과하는 것이 50중량퍼센트 미만인 것은 제외한다. [암기법] 금일오(15)
마그네슘	마그네슘 및 마그네슘을 함유한 것에 있어서는 다음의 1에 해당하는 것은 제외한다. ㉠ 2밀리미터의 체를 통과하지 아니하는 덩어리 상태의 것 ㉡ 지름 2밀리미터 이상의 막대 모양의 것 [암기법] 마이(2) 마이(2)
인화성고체	고형알코올 그 밖에 1기압에서 인화점이 섭씨 40도 미만인 고체를 말한다. [암기법] 인싸(4)!

④ "금속분"이라 함은 알칼리금속·알칼리토류금속·철 및 마그네슘외의 금속의 분말을 말하고, 구리분·니켈분 및 150마이크로미터의 체를 통과하는 것이 50중량퍼센트 미만인 것은 제외한다.

[정답] ④

024 🔥🔥🔥

위험물의 성질 및 품명의 정의로 옳지 않은 것은?

[25년 공개]

① "인화성고체"라 함은 고형알코올 그 밖에 1기압에서 인화점이 섭씨 40도 미만인 고체를 말한다.
② "제1석유류"라 함은 아세톤, 휘발유 그 밖에 1기압에서 인화점이 섭씨 21도 미만인 것을 말한다.
③ "특수인화물"이라 함은 이황화탄소, 디에틸에테르 그 밖에 1기압에서 발화점이 섭씨 100도 이하인 것 또는 인화점이 섭씨 영하 20도 이하이고 비점이 섭씨 40도 이하인 것을 말한다.
④ "자연발화성물질 및 금수성물질"이라 함은 고체 또는 액체로서 공기 중에서 발화의 위험성이 있거나 산과 접촉하여 발화하거나 고압 수증기를 발생하는 위험성이 있는 것을 말한다.

[해설] 위험물의 성질 및 품명의 정의
④ "자연발화성물질 및 금수성물질"이라 함은 고체 또는 액체로서 공기 중에서 발화의 위험성이 있거나 물과 접촉하여 발화하거나 가연성가스를 발생하는 위험성이 있는 것을 말한다.

[정답] ④

025

「위험물안전관리법 시행령」상 위험물에 관한 설명으로 옳지 않은 것은?

〔25년 소방간부〕

① "철분"이라 함은 철의 분말로서 53마이크로미터의 표준체를 통과하는 것이 50중량퍼센트 미만인 것은 제외한다.
② "인화성고체"라 함은 고형알코올 그 밖에 1기압에서 인화점이 섭씨 40도 미만인 고체를 말한다.
③ 1분자를 구성하는 탄소원자의 수가 1개부터 3개까지인 포화1가 알코올(변성알코올을 포함한다)의 함유량이 60중량퍼센트 미만인 수용액은 알코올류에서 제외한다.
④ 과산화수소는 그 농도가 36중량퍼센트 이상인 것에 한하며, 산화성액체의 성상이 있는 것으로 본다.
⑤ "제2석유류"라 함은 등유, 경유 그 밖에 1기압에서 인화점이 섭씨 21도 이상 70도 미만인 것을 말한다. 다만, 도료류 그 밖의 물품에 있어서 가연성 액체량이 40중량퍼센트 미만이면서 인화점이 섭씨 40도 이상인 동시에 연소점이 섭씨 50도 이상인 것은 제외한다.

해설 위험물의 성질 및 품명의 정의
⑤ "제2석유류"라 함은 등유, 경유 그 밖에 1기압에서 인화점이 섭씨 21도 이상 70도 미만인 것을 말한다. 다만, 도료류 그 밖의 물품에 있어서 가연성 액체량이 40중량퍼센트 이하이면서 인화점이 섭씨 40도 이상인 동시에 연소점이 섭씨 60도 이상인 것은 제외한다.

정답 ⑤

026

자기 자신이 연소에 필요한 산소를 가지고 있기 때문에 외부로부터 산소의 공급이 없어도 점화원만 있으면 연소 또는 폭발을 일으킬 수 있는 자기연소성물질은?

〔12년 경기〕

① 알코올
② 이황화탄소
③ 유기금속화합물
④ 질산에스테르류

해설 제5류 위험물
④ 제5류 위험물(자기연소성물질)은 외부로부터 산소를 공급받지 않고 내부에서 산소를 공급받아 연소하는 자기연소 형태를 갖으며, 유기과산화물, 질산에스테르류 등이 해당된다.
→ ①, ② : 제4류 위험물, ③ : 제3류위험물

정답 ④

027

다음은 염소산염류에 대한 설명이다. 옳지 않은 것은?

〔18년 공개〕

① 제1류 위험물에 해당한다.
② 지정수량은 50kg이다.
③ 산화성액체이다.
④ 가열·충격·강산과의 혼합으로 폭발한다.

해설 제1류 위험물
③ 염소산염류는 제1류 위험물이며 산화성 고체이다. 산화성 액체는 제6류 위험물이다.

정답 ③

028

제1류 위험물의 특징이 아닌 것은? [11년 전남]

① 모두 불연성이며, 그 자체에 산소를 가지고 있다.
② 가열·충격·마찰 등으로 분해되어 쉽게 산소를 발생한다.
③ 대부분 무색결정이거나 백색분말이다.
④ 무기과산화물 중 알칼리금속의 과산화물은 물과 반응하고 수소를 발생한다.

해설 제1류 위험물의 일반성질
㉠ 자체는 **불연성** 물질이지만 가연성 물질의 연소를 돕는 **조연성**의 성질이 있다.
㉡ 대부분 산소를 가지고 있는 **무기화합물**로서 강산화제(산화성 고체)이다.
㉢ **반응성**이 풍부하여 가열, 마찰, 충격 등에 의해 분해되어 산소를 방출한다.
㉣ 비중이 1보다 크고 물이 대체로 녹는 **수용성**의 성질을 갖는다.
㉤ 공기 중에 있는 수분을 흡수하여 스스로 녹는 **조해성**이 있다.
㉥ 무기과산화물 중 알칼리금속의 과산화물(과산화칼륨, 과산화나트륨 등)은 물과 반응하여 **산소**를 방출하고 발열한다.

정답 ④

029

다음 중 제1류 위험물에 대한 설명으로 가장 옳은 것은? [17년 공개]

① 산화성고체이며 대부분 물에 잘 녹는다.
② 가연성고체로서 강산화제로 작용을 한다.
③ 무기과산화물은 물 주수를 통한 냉각소화가 적합하다.
④ 과산화수소, 과염소산, 질산, 유기과산화물이 제1류 위험물에 해당한다.

해설 제1류 위험물의 일반성질
② 가연성고체는 제2류 위험물이고, 강환원제로 작용을 한다. 제1류 위험물은 강산화제이다.
③ 무기과산화물 중 알칼리 금속 과산화물은 물과 반응하여 산소(O_2)를 방출하고 발열한다. 주수소화를 통한 냉각소화가 아닌 마른모래, 팽창질석, 팽창진주암 등으로 질식소화를 하여야 한다.
④ 과산화수소, 과염소산, 질산은 제6류 위험물(지정수량 300kg)이고, 유기과산화물은 제5류 위험물에 해당한다.

정답 ①

030

제2류 위험물의 성질로 가장 옳은 것은? [13년 경기]

① 자신은 불연성이나 산소를 방출하여 다른 가연물의 연소를 돕는 조연성 물질이다.
② 산소를 가지고 있지 않은 강력한 환원성 물질이다.
③ 물과 접촉 시 조연성 가스가 발생한다.
④ 가열·충격·마찰에 의해 분해하고 주변 가연물이 혼합하고 있을 때는 연소·폭발할 수 있다.

해설 제2류 위험물의 일반성질
㉠ 자체는 **가연성 고체**이며 강한 환원성을 가진 고체이다.
㉡ 낮은 온도에 착화되는 **가연성**의 물질이다.
㉢ 산화제와의 접촉, 마찰 등에 의해 착화되면 급격히 연소한다.
㉣ 비중이 1보다 크며 물에 녹지 않는 **비수용성**이다.
㉤ 연소속도가 빠르고 연소 시 **유독가스**를 발생시킨다.
㉥ 철분, 금속분, 마그네슘은 물과 접촉 시 가연성 가스인 수소기체를 발생시킨다.
→ ① : 제1류, 제6류 위험물의 특징,
④ : 제1류 위험물의 특징

정답 ②

031

다음 중 제2류 위험물의 예방대책 및 진압대책으로 옳지 않은 것은? [12년 전북]

① 저장용기를 밀폐하고 위험물의 누출을 방지하며 통풍이 잘 되는 냉암소에 저장한다.
② 철분, 금속분, 마그네슘은 물로 주수소화하면 안 된다.
③ 금속분의 경우는 물 또는 묽은 산과의 접촉을 피한다.
④ 인화성고체는 위험물게시판에 주의사항으로 '화기주의'라고 표기를 한다.

해설 제2류 위험물
② 철분, 금속분, 마그네슘은 물로 주수소화할 경우 가연성 가스인 수소기체를 발생시킨다.
④ 인화성고체는 위험물게시판에 주의사항으로 **화기엄금**이라고 표기를 한다.

정답 ④

032 🔥🔥🔥

제2류 위험물 중 주수소화가 가능한 위험물은?

[16년 통합]

① 금속분   ② 철분
③ 마그네슘   ④ 적린

[해설] 제2류 위험물의 소화대책
㉠ 철분, 금속분, 마그네슘 : 마른모래(건조사), 팽창질석, 팽창진주암에 의한 질식소화
㉡ 황화인 : 마른모래(건조사), 팽창질석, 팽창진주암에 의한 질식소화
㉢ 적린, 황, 인화성 고체 : 대량의 물을 주수하는 냉각소화

[정답] ④

033 🔥🔥🔥

제3류 위험물(금수성 물질)의 특성으로 옳은 것은?

[12년 울산]

① 물과 접촉 시 가연성가스를 발생한다.
② 물과 반응하지 않는다.
③ 상온에서 액체상태로 존재한다.
④ 나트륨, 칼륨에 주수 시 산소가스가 발생한다.

[해설] 제3류 위험물(금수성 물질)
①, ② : 물과 접촉하면 수소, 아세틸렌, 메탄, 포스핀 등 가연성가스가 발생한다.
③ : 상온에서 고체상태로 존재한다.
④ : 나트륨, 칼륨에 주수 시 가연성 가스인 수소가스를 발생한다.

[정답] ①

034 🔥🔥🔥

위험물 중 황린(P_4)에 관한 설명으로 옳지 않은 것은?

[24년 공개]

① 제3류 위험물이다.
② 미분상의 발화점은 34℃이다.
③ 연소할 때 오산화인(P_2O_5)의 백색 연기를 낸다.
④ 물에 대해 위험한 반응을 초래하는 물질이다.
⑤ 백색 또는 담황색의 고체이다.

[해설] 황린(P_4)
① 제3류 위험물이다.
② 미분상의 발화점은 34℃이다.
③ 연소할 때 오산화인(P_2O_5)의 백색 연기를 낸다.
④ 물과 반응하지 않으며, 물 속에 저장한다.
⑤ 백색 또는 담황색의 고체이다.

[정답] ④

035 🔥🔥🔥

물과 반응하여 산소를 발생시키는 위험물로 옳은 것은?

[24년 공개]

① 칼륨
② 탄화칼슘
③ 과산화나트륨
④ 오황화인

[해설] 물과 반응 후 발생 가스
① 칼륨(K) + 물 → 수소(H_2)
② 탄화칼슘(CaC_2) + 물 → 아세틸렌(C_2H_2)
③ 과산화나트륨(Na_2O_2) + 물 → 산소(O_2)
④ 오황화인(P_2S_5) + 물 → 황화수소(H_2S)

[정답] ③

036

위험물과 물이 반응할 때 발생하는 가스로 옳지 않은 것은?
[22년 공개]

	위험물	가스
①	탄화알루미늄	아세틸렌
②	인화칼슘	포스핀
③	수소화알루미늄	수소
④	트리에틸알루미늄	에테인

해설 제3류 위험물
㉠ 나트륨, 칼륨, 철분, 금속분, 금속의 수소화물(수소화리튬)
   : 수소기체 발생
㉡ 탄화칼슘 : 아세틸렌기체 발생
㉢ 탄화알루미늄 : 메탄기체 발생
㉣ 금속의 인화물(인화칼슘, 인화알루미늄, 인화아연)
   : 포스핀기체 발생
㉤ 알킬알루미늄(트리에틸알루미늄) : 에탄
→ 제3류 위험물 중 황린을 제외한 물질은 물과 반응하여 가연성가스를 발생시키므로 주수소화가 불가하다.

정답 ①

037

화재진압 시 주수소화에 적응성이 있는 위험물로 옳은 것은?
[20년 공개]

① 황화인 ② 질산에스터류
③ 유기금속화합물 ④ 알칼리금속의 과산화물

해설 위험물의 주수소화
① 황화인(제2류 위험물)
   : 물과 반응하여 황화수소 발생(주수소화 불가)
③ 유기금속화합물(제3류 위험물)
   : 물과 반응하여 가연성 가스발생(주수소화 불가)
④ 알칼리금속의 과산화물(제1류 위험물)
   : 물과 반응하여 산소 발생(주수소화 불가)
→ 질산에스터류는 제5류 위험물로 다량의 주수소화가 적합하다.

정답 ②

038

「위험물안전관리법」에 의한 제4류 위험물의 공통성질에 대한 설명으로 옳지 않은 것은?
[12년 통합] [12년 경기]

① 물에 녹지 않는 것이 많다.
② 전기의 부도체로 정전기가 축적되기 쉽다.
③ 증기비중은 공기보다 작은 것이 많다.
④ 액체는 유동성이 있고 물보다 가벼운 것이 많다.

해설 제4류 위험물의 일반성질
㉠ 인화점이 낮고 연소하한이 낮아 공기와 약간만 혼합되어 있어도 가연성혼합기를 형성하여 쉽게 연소가능하다.
㉡ 일반적으로 전기의 부도체이므로 정전기가 축적되기 쉽고 정전기 방전 불꽃에 의하여 인화할 수 있다.
㉢ 대부분 비중이 1보다 작아 물보다 가볍다.
   (이황화탄소, 글리세린, 아세트산 등은 물보다 무겁다.)
㉣ 대부분 물에 녹지 않는 물질이 많다.
㉤ 대부분 증기비중이 1보다 커 공기보다 무겁다.
   (시안화수소는 공기보다 가볍다.)
㉥ 대부분 유기화합물이다.
㉦ 유동성의 액체로 화재의 확대가 빠르다.

정답 ③

039

「위험물안전관리법」에서 규정하고 있는 제4류 위험물의 공통성질이 아닌 것은?
[16년 소방간부]

① 전기적으로 부도체이므로 정전기 축적이 용이하며 정전기가 점화원으로 작용할 수 있다.
② 증기는 공기와 약간만 혼합되어도 연소의 우려가 있으며, 비교적 낮은 발화점을 가진다.
③ 대부분 물보다 가벼우며, 물에 잘 녹지 않는다.
④ 대부분 증기는 공기보다 무거우며 체류하기 쉽다. 단, 시안화수소는 제외한다.
⑤ 모두 가연성의 고체(결정이나 분말) 및 액체로서 연소할 때는 많은 가스를 발생한다.

해설 제4류 위험물의 일반성질
⑤ 제4류 위험물은 인화성액체이다.

정답 ⑤

040

제4류 위험물에 대한 설명으로 옳지 않은 것은?
[20년 공개]

① 물보다 가볍고 물에 녹지 않는 것이 많다.
② 일반적으로 부도체 성질이 강하여 정전기 축적이 쉽다.
③ 발생 증기는 가연성이며, 증기비중은 대부분 공기보다 가볍다.
④ 사용량이 많은 휘발유, 경유 등은 연소하한계가 낮아 매우 인화하기 쉽다.

해설 제4류 위험물의 일반성질
③ 증기비중은 대부분 공기보다 **무겁다**. (단, 시안화수소는 공기보다 가볍다)

정답 ③

041

다음 설명에 해당하는 위험물은?
[21년 소방간부]

- 물질 자체에 산소가 함유되어 있어 외부로부터 산소 공급이 없어도 점화원만 있으면 연소·폭발이 가능하다.
- 연소속도가 빠르며 폭발적이다.
- 가열, 충격, 타격, 마찰 등에 의해서 폭발할 위험성이 높으며 강산화제 또는 강산류와 접촉 시 연소·폭발 가능성이 현저히 증가한다.

① 유기과산화물 ② 이황화탄소
③ 과염소산   ④ 염소산염류
⑤ 알칼리금속

해설 제5류 위험물
① 유기과산화물 : **제5류 위험물**
② 이황화탄소 : 제4류 위험물
③ 과염소산 : 제6류 위험물
④ 염소산염류 : 제1류 위험물
⑤ 알칼리금속 : 제3류 위험물

정답 ①

042

제5류 위험물의 소화대책으로 옳지 않은 것은?
[18년 공개]

① 외부로부터의 산소 유입을 차단한다.
② 화재 초기에는 다량의 물로 냉각소화하는 것이 효과적이다.
③ 항상 안전거리를 유지하고 접근할 때에는 엄폐물을 이용한다.
④ 밀폐된 공간에서 화재 시 공기호흡기를 착용하여 질식되지 않도록 주의한다.

해설 제5류 위험물의 일반성질
㉠ 대부분 물과 반응하지 않으며, 물에 녹지 않는 성질을 가진다.
㉡ 가연성 물질로 자체 내 산소를 함유한 물질이다.
㉢ 연소 시 다량의 유독가스를 발생시킨다.
㉣ 연소 시 연소속도가 매우 빠른 폭발성 물질이다. 화약, 폭약의 원료로 많이 사용한다.
㉤ 가열, 마찰, 충격 등 외부에너지에 의해 폭발할 우려가 있다.
㉥ 대부분 유기화합물이다.
㉦ 불안정한 물질로 공기 중 장시간 저장 시 분해하여 분해열의 축적으로 자연발화의 위험이 있다.
→ 산소를 자체 내 함유하고 있으므로 질식소화는 불가하다.

정답 ①

043

다음에 해당하는 위험물은?
[11년 서울]

- 물질의 분해에 의해서 산소를 발생하는 산화성액체이며 불연성이다.
- 모두 산소를 함유하고 있으며 물보다 무겁다.

① 제1류 위험물   ② 제2류 위험물
③ 제3류 위험물   ④ 제6류 위험물

해설 제6류 위험물(산화성 액체)
㉠ 산소를 많이 함유하고 있는 강산화성 액체이다.
㉡ 과산화수소를 제외하고 산성물질로 염기와 반응하거나 물과 접촉하여 발열한다.
㉢ 비중이 1보다 커서 물보다 무겁고, 물에 잘 녹는다.
㉣ 모두 불연성 물질이며, 다른 가연물의 연소를 돕는 조연성(지연성)물질이다.

정답 ④

044 🔥🔥🔥

제6류 위험물에 관한 설명으로 옳지 않은 것은?

〔18년 소방간부〕

① 과산화수소는 물과 접촉하면서 심하게 발열한다.
② 불연성 물질이다.
③ 산소를 함유하고 있다.
④ 대표적 성질은 산화성 액체이다.
⑤ 물질의 액체 비중이 1보다 커서 물보다 무겁다.

해설 제6류 위험물(산화성 액체)
① 과산화수소를 제외하고 염기와 반응하거나 물과 접촉하여 발열한다. 과산화수소는 물과 접촉하여도 발열하지 않는다.

정답 ①

045 🔥🔥🔥

제6류 위험물의 일반적 성질로 옳지 않은 것은?

〔21년 소방간부〕

① 불연성물질로 산소공급원 역할을 한다.
② 증기는 유독하며 부식성이 강하다.
③ 물과 접촉하는 경우 모두 심하게 발열한다.
④ 비중이 1보다 크며 물에 잘 녹는다.
⑤ 다른 물질의 연소를 돕는 조연성 물질이다.

해설 제6류 위험물(산화성 액체)
③ 과산화수소를 제외하고 산성물질로 염기와 반응하거나 물과 접촉하여 발열한다. 과산화수소는 물과 접촉하여도 발열하지 않는다.

정답 ③

046 🔥🔥🔥

제6류 위험물의 취급 시 유의 사항으로 옳지 않은 것은?

〔25년 공개〕

① 유출사고 시에는 건조사 및 중화제를 사용한다.
② 불연성 물질로 분해 시 산소가 발생하며 대부분 염기성이다.
③ 저장하고 있는 용기는 파손되거나 액체가 누설되지 않도록 한다.
④ 소량 화재 시에는 다량의 물로 희석하는 소화방법을 사용할 수 있다.

해설 제6류 위험물의 취급 시 주의사항
① 유출사고 시에는 건조사 및 중화제를 사용한다.
② 불연성 물질로 분해 시 산소가 발생하며 대부분 산성이다.
 (과산화수소를 제외하고는 강산성 물질이다.)
③ 저장하고 있는 용기는 파손되거나 액체가 누설되지 않도록 한다.
④ 소량 화재 시에는 다량의 물로 희석하는 소화방법을 사용할 수 있다.

정답 ②

047 🔥🔥🔥

「위험물안전관리법 시행령」상 위험물에 관한 설명으로 옳은 것은?

〔22년 소방간부〕

① 제1류 위험물 중에 무기과산화물은 주수를 이용한 냉각소화가 적합하다.
② 제2류 위험물은 다른 가연물의 연소를 돕는 조연성 물질이다.
③ 제3류 위험물 중 황린은 공기 중 산화를 방지하기 위해 물 속에 저장한다.
④ 제4류 위험물은 수용성 액체로 물에 의한 희석소화가 적합하다.
⑤ 제5류 위험물은 포, 이산화탄소에 의한 질식소화가 적합하다.

해설 위험물의 특징
① 제1류 위험물 중에 무기과산화물은 주수를 할 경우 산소기체를 발생시키므로 냉각소화가 부적합하다.
② 제2류 위험물은 강한 환원성을 가진 고체이다.
 제1류 및 제6류 위험물은 조연성 물질이다.
③ 제3류 위험물 중 황린은 공기 중 산화를 방지하기 위해 물 속에 저장한다. 황린의 발화점은 34℃이다.
④ 제4류 위험물은 대부분 비수용성 액체로 물에 의한 희석소화가 부적합하다.
⑤ 제5류 위험물은 다량의 물을 사용한 주수소화가 적합하다. 자체 내 산소를 보유하고 있어 질식소화는 적합하지 않다.

정답 ③

048

다음 중 위험물 분류별 소화방법이 옳은 것은?

〔18년 공개〕

가. 제1류 위험물 중 무기과산화물은 마른모래 등을 사용한 질식소화가 적합하다.
나. 제2류 위험물 중 철분, 황화인은 주수소화가 가장 적합하다.
다. 제3류 위험물 중 황린을 제외한 제3류 위험물은 주수소화가 적합하다.
라. 제5류 위험물은 모두 다량의 물을 이용한 주수소화하는 것은 적당하지 않다.

① 가, 나
② 가, 나, 다
③ 가
④ 나, 다, 라

해설 위험물의 특징

나. 철분, 금속분, 마그네슘 등은 물과 반응하여 수소기체를 발생하며, 주수소화는 적합하지 않다. 철분, 금속분, 마그네슘 등은 마른모래, 건조분말에 의한 질식소화를 한다. (황화인(오황화인)은 물과 반응 시 황화수소를 발생시키므로, 주수소화가 적합하지 않다.)
다. 황린은 공기 중에서 산화되어 자연발화 되는 것을 피하기 위하여 물 속에 저장하며 주수소화가 가능하다. 기타 나트륨, 칼륨, 알킬알루미늄, 알킬리튬 등은 물과 반응하여 가연성 기체를 발생시키므로 주수소화가 불가능하다.
라. 제5류 위험물은 다량의 물을 이용한 주수소화하는 것이 적당하다. 자체 내 산소를 함유하고 있으므로 질식소화는 부적당하다.

정답 ③

049

위험물의 종류에 따른 소화방법으로 옳지 않은 것은?

〔21년 공개〕

① 제1류 위험물인 알칼리금속의 과산화물은 물을 사용한다.
② 제2류 위험물인 마그네슘은 건조사를 사용한다.
③ 제3류 위험물인 알킬알루미늄은 건조사를 사용한다.
④ 제4류 위험물인 알코올은 내알코올포를 사용한다.

해설 위험물의 소화방법

① 알칼리금속의 과산화물(무기과산화물)은 물과 반응하여 산소기체를 발생시키므로 주수소화가 불가능하고, 마른모래(건조사), 팽창질석, 팽창진주암 등을 사용하여 질식소화를 하여야 한다.

정답 ①

050

위험물의 소화방법에 관한 내용으로 옳은 것만을 〈보기〉에서 있는 대로 고른 것은?

〔24년 공개〕

| 보기 |

ㄱ. 황린 : 물을 이용한 냉각소화
ㄴ. 황 : 물을 이용한 냉각소화
ㄷ. 경유, 휘발유 : 포 소화약제를 이용한 질식소화
ㄹ. 탄화알루미늄, 알킬알루미늄 : 건조사, 팽창질석을 이용한 질식소화

① ㄱ, ㄷ
② ㄴ, ㄹ
③ ㄱ, ㄷ, ㄹ
④ ㄱ, ㄴ, ㄷ, ㄹ

해설 위험물의 소화방법

ㄱ. 황린(P_4) : 제3류 위험물 중 자연발화성물질에 해당하며, 물을 이용한 냉각소화를 한다.
ㄴ. 황(S) : 제2류 위험물에 해당하며, 물을 이용한 냉각소화를 한다.
ㄷ. 경유, 휘발유 : 제4류 위험물에 해당하며, 포 소화약제를 이용한 질식소화를 한다.
ㄹ. 탄화알루미늄, 알킬알루미늄 : 제3류 위험물에 해당하며, 물과 반응하여 가연성 가스를 발생하므로 건조사, 팽창질석을 이용한 질식소화를 한다. (탄화알루미늄은 물과 반응하여 메탄가스, 알킬알루미늄은 물과 반응하여 메탄, 에탄 또는 프로판가스를 발생시킬 수 있다.)

정답 ④

051

<보기>는 위험물과 해당 물질의 화재진압에 적응성이 있는 소화 방법을 연결한 것이다. 바르게 연결된 것만 모두 고른 것은?
〔25년 공개〕

| 보기 |

ㄱ. 황린(P_4) - 물을 사용한 냉각소화
ㄴ. 과산화나트륨(Na_2O_2) - 물을 사용한 냉각소화
ㄷ. 삼황화린(P_4S_3) - 팽창질석 등을 사용한 질식소화
ㄹ. 아세톤(CH_3COCH_3) - 알코올포소화약제에 의한 질식소화
ㅁ. 히드록실아민(NH_2OH) - 이산화탄소소화약제에 의한 질식소화
ㅂ. 과염소산($HClO_4$) - 다량의 물에 의한 희석소화(소량 화재 제외)

① ㄱ, ㄷ, ㄹ   ② ㄱ, ㄹ, ㅁ
③ ㄴ, ㄷ, ㅂ   ④ ㄴ, ㄷ, ㄹ, ㅂ

해설 위험물의 소화방법

ㄱ. 황린(P_4)[제3류 위험물] - 물을 사용한 냉각소화[O]
ㄴ. 과산화나트륨(Na_2O_2)[제1류 위험물(무기과산화물)] - 물과 반응하여 산소를 발생시키므로 마른모래, 팽창질석, 팽창진주암 등을 통한 질식소화
ㄷ. 삼황화린(P_4S_3)[제2류 위험물(황화인)] - 물과 반응하여 황화수소(H_2S)를 발생시키므로, 팽창질석 등을 사용한 질식소화[O]
ㄹ. 아세톤(CH_3COCH_3)[제4류 위험물(제1석유류, 수용성)] - 수용성 물질이므로 파포현상을 방지할 수 있는 알코올포소화약제에 의한 질식소화[O]
ㅁ. 히드록실아민(NH_2OH)[제5류 위험물(하이드록신아민)] - 산소를 포함하고 있으므로 질식소화는 불가능하며, 다량의 주수를 통한 냉각소화
ㅂ. 과염소산($HClO_4$)[제6류 위험물] - 소량의 위험물인 경우 무상주수 또는 다량의 물로 희석하여 소화할 수 있으나, 대형 화재의 경우 마른 모래(건조사), 팽창질석, 팽창진주암 또는 인산염류의 분말로 소화한다.

→ 옳은 보기는 "ㄱ, ㄷ, ㄹ"이다.

정답 ①

052

위험물의 소화방법으로 옳은 것만을 <보기>에서 고른 것은?
〔25년 소방간부〕

| 보기 |

ㄱ. 무기과산화물은 물과 반응하기 때문에 마른 모래(건조사) 등을 사용한 소화가 유효하다.
ㄴ. 적린 화재에는 물을 사용한 소화가 유효하다.
ㄷ. 황린 화재의 소화에는 물을 사용해서는 안 되며, 모래, 흙 등을 사용한 소화가 유효하다.
ㄹ. 알킬알루미늄은 물과 반응하며 이산화탄소를 활용한 소화가 유효하다.
ㅁ. 제5류 위험물 화재에는 이산화탄소를 활용한 소화가 유효하다.

① ㄱ, ㄴ   ② ㄱ, ㄷ
③ ㄴ, ㄹ   ④ ㄷ, ㅁ
⑤ ㄹ, ㅁ

해설 위험물의 소화방법

ㄱ. 제1류 위험물인 무기과산화물은 물과 반응하기 때문에 마른 모래(건조사) 등을 사용한 소화가 유효하다. [O]
ㄴ. 제2류 위험물인 적린 화재에는 물을 사용한 소화가 유효하다. [O]
ㄷ. 제3류 위험물인 황린 화재의 소화에는 물을 사용하여 소화한다.
ㄹ. 제3류 위험물인 알킬알루미늄은 물과 반응하며 마른 모래, 팽창질석, 팽창진주암 등을 사용한 소화가 유효하다. (이산화탄소소화약제는 제3류 위험물에 적응성이 없다.)
ㅁ. 제5류 위험물 화재에는 다량의 물을 통한 주수소화가 적합하다.

→ 옳은 보기는 "ㄱ, ㄴ"이다.

정답 ①

053

위험물의 유별 특성에 대한 설명으로 옳지 않은 것은?

17년 소방간부

① 제1류 위험물은 인화성액체로 인화위험이 높고, 비교적 발화점이 낮으며 증기비중이 공기보다 무겁다.
② 제2류 위험물은 가연성고체로 비교적 낮은 온도에서 착화하기 쉬운 환원성 물질이다.
③ 제3류 위험물은 자연발화성 및 금수성 물질로 자연발화성 물질 및 물과 반응하여 가연성 가스를 발생하는 물질이다.
④ 제5류 위험물은 자기반응성 물질로 외부로부터 산소의 공급 없이도 가열, 충격 등에 의해 연소폭발을 일으키는 물질이다.
⑤ 제6류 위험물은 산화성액체로 불연성이지만 산화성이 커서 다른 물질의 연소를 돕는다.

[해설] 위험물별 특징
① **제4류 위험물**은 인화성액체로 인화위험이 높고, 비교적 발화점이 낮으며 증기비중이 공기보다 무겁다.

정답 ①

054

다음 중 물질의 보관방법 중 틀린 것은?

13년 소방간부

① 칼륨, 나트륨은 등유 속에 저장한다.
② 황린은 수조의 물 속에 저장한다.
③ 이황화탄소는 등유 속에 저정한다.
④ 아세트알데히드 · 산화프로필렌은 알루미늄이나 철의 용기에 저장한다.
⑤ 아세틸렌은 다공성 용기의 용제에 넣고 아세톤, DMF에 용해시켜 저장한다.

[해설] 위험물의 저장 및 보관

물질	보호액 및 저장방법
이황화탄소, 황린	물 속 저장
나트륨, 칼륨(알칼리금속)	등유, 경유(석유) 속 저장
알킬리튬, 알킬알루미늄	벤젠, 헥산의 희석제 사용
아세트알데히드, 산화프로필렌	알루미늄이나 철 속에 보관 (수은, 은, 동, 마그네슘을 피함)
니트로셀룰로오스 (나이트로셀룰로오스)	알코올 또는 물 속 저장
아세틸렌	규조토, 목탄 등 고체입자에 따른 아세톤, DMF(다이메틸폼아마이드)에 용해시켜 저장

정답 ③

055

위험물의 소화방법 중 옳지 않은 것은?

13년 소방간부

① 황화인 및 금속분은 건조사, 건조분말로 질식소화한다.
② 제2류 위험물인 적린 및 제3류 위험물인 황린은 물로 냉각소화를 한다.
③ 알코올화재는 내알코올포로 질식소화하거나 다량의 물로 희석소화를 한다.
④ 중유 등 물보다 무거운 수용성 석유류 화재는 에멀전효과를 이용한 유화소화를 한다.
⑤ 칼륨, 나트륨은 초기에 마른모래, 건조석회 등의 성분으로 질식 및 피복소화를 한다.

[해설] 위험물의 소화방법
① 황화인 및 금속분은 주수소화 시 가연성가스를 발생시키므로 건조사, 건조분말로 질식소화한다.
② 제2류 위험물인 적린 및 제3류 위험물인 황린은 주수소화가 가능하다.
③ 알코올화재는 수용성 가연물질에 적응성을 가지는 내알코올포로 질식소화하거나 다량의 물로 희석소화를 한다.
④ 중유 등은 물보다 무거운 **비수용성 석유류**이므로 화재 시 에멀전효과를 이용한 유화소화를 한다.
⑤ 칼륨, 나트륨은 주수소화 시 수소기체를 발생시키므로 초기에 마른모래, 건조석회 등의 성분으로 질식 및 피복소화를 한다.

정답 ④

056

다음 위험물에 대한 설명 중 옳지 않은 것은?

〔17년 공개〕

① 제1류 위험물은 불연성이다.
② 제2류 위험물 중 마그네슘, 황, 적린은 주수소화한다.
③ 제3류 위험물에는 칼륨, 나트륨 등 자연발화성 물질이 있다.
④ 제4류 위험물에는 휘발유 등 인화성액체가 있다.

해설 위험물의 종류별 특징
① 제1류 위험물은 자체는 불연성 물질이지만, 다른 가연물의 연소를 돕는 조연성의 성질을 갖는다.
② 제2류 위험물 중 마그네슘에 주수소화를 할 경우 가연성가스인 수소기체가 생성되므로 주수소화는 불가능하다.
③ 제3류 위험물의 성질은 자연발화성 및 금수성 물질이다.
④ 제4류 위험물의 성질은 인화성 액체이다.

정답 ②

057

위험물의 종류에 따른 일반적 성상을 나타낸 것으로 옳은 것은?

〔19년 공개〕

① 산화성고체는 환원성물질이며 황린과 철분을 포함한다.
② 인화성액체는 전기 전도체이며 휘발유와 등유를 포함한다.
③ 가연성고체는 불연성물질이며 질산염류와 무기과산화물을 포함한다.
④ 자기반응성 물질은 연소 또는 폭발을 일으킬 수 있는 물질이며 유기과산화물, 질산에스터류를 포함한다.

해설 위험물의 종류별 특징
① 산화성고체는 불연성 및 산화성물질이다. 또한, 황린은 제3류 위험물, 철분은 제2류 위험물이다.
② 인화성액체는 전기적으로 부도체이며 휘발유(제1석유류)와 등유(제2석유류)를 포함한다.
③ 가연성고체는 강한 환원성물질이다. 또한, 질산염류와 무기과산화물은 제1류 위험물이다.

정답 ④

058

위험물에 대한 일반적인 설명으로 옳은 것은?

〔22년 공개〕

① 제1류 위험물 중 질산염류는 연소속도가 빨라 폭발적으로 연소한다.
② 제3류 위험물 중 황린은 가열, 충격, 마찰에 의해 분해되어 산소가 발생하므로 가연물과의 접촉을 피한다.
③ 제4류 위험물 중 제1석유류는 인화점 및 연소하한계가 낮아 적은 양으로도 화재의 위험이 있다.
④ 제5류 위험물 중 유기과산화물은 공기 중에 노출되거나 수분과 접촉하면 발화의 위험이 있다.

해설 위험물의 종류별 특징
① 제5류 위험물은 연소속도가 빨라 폭발적으로 연소한다.
② 제1류 위험물은 가열, 충격, 마찰에 의해 분해되어 산소가 발생하므로 가연물과의 접촉을 피한다.
④ 제3류 위험물은 공기 중에 노출되거나 수분과 접촉하면 발화의 위험이 있다.

정답 ③

059

위험물의 유별 소화방법으로 옳지 않은 것은?

〔23년 공개〕

① 탄화칼슘 화재 시 다량의 물로 냉각소화할 수 있다.
② 수용성 메틸알코올 화재에는 내알코올포를 사용한다.
③ 알킬알루미늄은 마른모래, 팽창질석, 팽창진주암으로 소화한다.
④ 적린은 다량의 물로 냉각소화하며, 소량의 적린인 경우에는 마른모래나 이산화탄소 소화약제도 일시적인 효과가 있다.

해설 위험물의 유별 소화방법
① 탄화칼슘($CaCO_3$) 화재 시 다량의 물을 방사할 경우 아세틸렌(C_2H_2) 가스를 발생시키므로 주수소화를 하여서는 아니 된다. 마른 모래(건조사), 팽창질석, 팽창진주암 등으로 질식소화를 해야 한다.

정답 ①

060

위험물의 유별 특성 중 옳은 것만을 〈보기〉에서 있는 대로 고른 것은? [23년 공개]

| 보기 |

ㄱ. 아염소산나트륨은 불연성, 조해성, 수용성이며, 무색 또는 백색의 결정성 분말 형태이다.
ㄴ. 마그네슘은 끓는 물과 접촉 시 수소가스를 발생시킨다.
ㄷ. 황린은 공기 중 상온에 노출되면 액화되면서 자연발화를 일으킨다.

① ㄱ, ㄴ
② ㄱ, ㄷ
③ ㄴ, ㄷ
④ ㄱ, ㄴ, ㄷ

[해설] 위험물의 유별 특성

ㄱ. 아염소산나트륨(제1류 위험물 중 아염소산염류에 해당한다)은 불연성, 조해성, 수용성이며, 무색 또는 백색의 결정성 분말 형태이다.
ㄴ. 마그네슘(제2류 위험물에 해당한다.)은 끓는 물과 접촉 시 수소(H_2)가스를 발생시킨다.
ㄷ. 황린(제3류 위험물에 해당한다.)은 공기 중 상온에 노출되면 액(체)화(고체 상태의 황린이 액체화되는 것을 의미한다.)되면서 산화열을 발생시키며 자연발화를 일으킨다.
→ 옳은 보기는 "ㄱ, ㄴ, ㄷ"이다.

[정답] ④

PART 5 | 위험물 및 특수가연물

CHAPTER 02 | 위험물제조소등의 관련 규정

061	062	063	064	065	066	067	068	069	070
③	③	④	③	②	②	④	④	①	③
071	072	073	074	075	076	077	078		
②	⑤	②	③	⑤	③	④	④		

061

다음은 위험물안전관리법의 용어에 대한 설명이다. 가장 옳지 않은 것은? [11년 서울]

① "지정수량"이라 함은 위험물의 종류별로 위험성을 고려하여 대통령령이 정하는 수량으로서 규정에 의한 제조소등의 설치허가 등에 있어서 최저의 기준이 되는 수량을 말한다.
② "제조소"라 함은 위험물을 제조할 목적으로 지정수량 이상의 위험물을 취급하기 위하여 허가를 받은 장소를 말한다.
③ "취급소"라 함은 지정수량 이상의 위험물을 저장 외의 목적으로 취급하기 위한 대통령령이 정하는 장소로서 규정에 따른 허가를 받은 장소를 말한다.
④ "저장소"라 함은 지정수량 이상의 위험물을 저장하기 위한 대통령령이 정하는 장소로서 규정에 따른 허가를 받은 장소를 말한다.

[해설] 위험물안전관리법의 용어

③ "취급소"라 함은 지정수량 이상의 위험물을 제조외의 목적으로 취급하기 위한 대통령령이 정하는 장소로서 규정에 따른 허가를 받은 장소를 말한다.

[정답] ③

062

「위험물안전관리법」상 제조소등의 종류로 옳게 짝지어진 것은? 〔06년 대전〕

① 제조소, 처리소, 저장소
② 제조소, 처리소, 운반소
③ 제조소, 저장소, 취급소
④ 제조소, 운반소, 운전소

해설 제조소등
③ 제조소, 저장소 및 취급소를 말한다.

정답 ③

063

「위험물안전관리법」상 취급소의 분류로 옳지 않은 것은? 〔14년 통합〕

① 주유취급소
② 일반취급소
③ 판매취급소
④ 이동취급소

해설 취급소
㉠ 주유취급소 : 고정된 주유설비에 의하여 자동차 등의 연료 탱크에 직접 주유하기 위하여 위험물을 취급하는 취급소
㉡ 판매취급소 : 점포에서 위험물을 용기에 담아 판매하기 위하여 지정수량 40배 이하의 위험물을 취급하는 취급소
㉢ 이송취급소 : 배관 및 이에 부속하는 설비에 의하여 위험물을 이송하는 취급소
㉣ 일반취급소 : 주유, 판매, 이송취급소에 해당되지 아니하는 취급소

암기법 주판이일

정답 ④

064

위험물시설의 허가를 받지 않고 위험물을 취급할 수 있는 곳이 아닌 것은? 〔11년 부산〕

① 수산용 난방시설을 위한 지정수량 20배 이하의 저장소
② 축산용 건조시설을 위한 지정수량 10배 이하의 저장소
③ 공동주택 중앙난방시설을 위한 저장소 또는 취급소
④ 주택의 난방시설을 위한 저장소 또는 취급소

해설 제조소등의 설치·변경허가 및 신고제외대상
㉠ 주택의 난방시설(공동주택의 중앙난방시설을 제외한다)을 위한 저장소 또는 취급소
㉡ 농예용·축산용 또는 수산용으로 필요한 난방시설 또는 건조시설을 위한 지정수량 20배 이하의 저장소

정답 ③

065

다음에 해당하는 제조소등의 경우에는 허가를 받지 아니하고 당해 제조소등을 설치할 수 있다. 다음에 해당하는 조건이 아닌 것은? 〔13년 대전〕

① 수산용으로 필요한 난방시설 또는 건조시설을 위한 지정수량 20배 이하의 저장소
② 축산용으로 필요한 난방시설 또는 건조시설을 위한 지정수량 20배 이하의 취급소
③ 농예용으로 필요한 난방시설 또는 건조시설을 위한 지정수량 20배 이하의 저장소
④ 주택의 난방시설(공동주택의 중앙난방시설을 제외한다)을 위한 저장소 또는 취급소

해설 제조소등의 설치·변경허가 및 신고제외대상
㉠ 주택의 난방시설(공동주택의 중앙난방시설을 제외한다)을 위한 저장소 또는 취급소
㉡ 농예용·축산용 또는 수산용으로 필요한 난방시설 또는 건조시설을 위한 지정수량 20배 이하의 저장소

정답 ②

066

「위험물안전관리법」상 위험물안전관리에 관한 설명으로 옳지 않은 것은? [13년 충북]

① 관계인은 그 안전관리자를 해임하거나 안전관리자가 퇴직한 때에는 해임하거나 퇴직한 날부터 30일 이내에 다시 안전관리자를 선임하여야 한다.
② 관계인은 안전관리자가 여행·질병 등으로 일시적으로 직무를 수행할 수 없거나 해임 또는 퇴직과 동시에 다른 안전관리자를 선임하지 못하는 경우에는 위험물의 취급에 관한 자격취득자나 또는 위험물안전에 관한 기본지식과 경험이 있는 자를 대리자로 지정하여 30일을 초과하는 범위에서 그 직무를 대행하여야 한다.
③ 제조소등의 관계인은 위험물의 안전관리에 관한 직무를 수행하기 위하여 제조소등마다 위험물안전관리자를 선임하여야 한다(단, 이동탱크저장소를 제외한다).
④ 제조소등의 관계인은 안전관리자를 선임한 경우에는 선임할 날부터 14일 이내에 소방본부장 또는 소방서장에게 신고하여야 한다.

해설 위험물안전관리자

② 관계인은 안전관리자가 여행·질병 등으로 일시적으로 직무를 수행할 수 없거나 해임 또는 퇴직과 동시에 다른 안전관리자를 선임하지 못하는 경우에는 위험물의 취급에 관한 자격취득자나 또는 위험물안전에 관한 기본지식과 경험이 있는 자를 대리자로 지정하여 30일을 초과할 수 없는 범위에서 그 직무를 대행하게 하여야 한다.

정답 ②

067

「위험물안전관리법」상 위험물안전관리자의 선임에 관한 내용이다. (ㄱ),(ㄴ)에 알맞은 것은? [19년 소방간부]

> 안전관리자를 선임한 제조소등의 관계인은 그 안전관리자를 해임하거나 안전관리자가 퇴직한 때에는 해임하거나 퇴직한 날부터 (ㄱ)일 이내에 다시 안전관리자를 선임하여야 한다. 안전관리자를 선임한 경우에 선임한 날부터 (ㄴ)일 이내에 행정안전부령으로 정하는 바에 따라 소방본부장 또는 소방서장에게 신고하여야 한다.

	ㄱ	ㄴ
①	7	14
②	14	7
③	30	7
④	30	14
⑤	30	30

해설 위험물안전관리자

안전관리자를 선임한 제조소등의 관계인은 그 안전관리자를 해임하거나 안전관리자가 퇴직한 때에는 해임하거나 퇴직한 날부터 (ㄱ: 30)일 이내에 다시 안전관리자를 선임하여야 한다. 안전 관리자를 선임한 경우에 선임한 날부터 (ㄴ: 14)일 이내에 행정안전부령으로 정하는 바에 따라 소방본부장 또는 소방서장에게 신고하여야 한다.

정답 ④

068

「위험물안전관리법」상 위험물안전관리자에 대한 내용으로 옳지 않은 것은? [21년 소방간부]

① 안전관리자를 선임한 제조소등의 관계인은 그 안전관리자를 해임하거나 안전관리자가 퇴직한 때에는 해임하거나 퇴직한 날부터 30일 이내에 다시 안전관리자를 선임하여야 한다.
② 제조소등의 관계인은 관련 법령에 따라 안전관리자를 선임한 경우에는 선임한 날부터 14일 이내에 행정안전부령으로 정하는 바에 따라 소방본부장 또는 소방서장에게 신고하여야 한다.
③ 제조소등의 관계인이 안전관리자를 해임하거나 안전관리자가 퇴직한 경우 그 관계인 또는 안전관리자는 소방본부장이나 소방서장에게 그 사실을 알려 해임되거나 퇴직한 사실을 확인받을 수 있다.
④ 안전관리자를 선임한 제조소등의 관계인은 안전관리자의 해임 또는 퇴직과 동시에 다른 안전관리자를 선임하지 못하는 경우에는 국가기술자격법에 따른 위험물의 취급에 관한 자격취득자 또는 위험물안전에 관한 기본지식과 경험이 있는 자로서 소방본부장이나 소방서장이 정하는 자를 대리자로 지정하여 그 직무를 대행하게 하여야 한다.
⑤ 제조소등의 종류 및 규모에 따라 선임하여야 하는 안전관리자의 자격은 대통령령으로 정한다.

해설 위험물안전관리자

④ 안전관리자를 선임한 제조소등의 관계인은 안전관리자의 해임 또는 퇴직과 동시에 다른 안전관리자를 선임하지 못하는 경우에는 국가기술자격법에 따른 위험물의 취급에 관한 자격취득자 또는 위험물안전에 관한 기본지식과 경험이 있는 자로서 행정안전부령이 정하는 자를 대리자로 지정하여 그 직무를 대행하게 하여야 한다.

정답 ④

069

위험물 제조소의 표지 및 게시판의 색으로 옳은 것은? [11년 통합]

① 백색바탕에 흑색문자
② 흑색바탕에 백색문자
③ 황색반사도료에 흑색문자
④ 황색바탕에 백색문자

해설 위험물제조소의 표지 및 게시판의 색상

① 위험물 제조소의 표지 및 게시판의 색상은 백색바탕에 흑색문자이다.

참고 표지색상

구분	색상
표지, 게시판	백색바탕에 흑색문자
물기엄금	청색바탕에 백색문자
화기주의, 화기엄금	적색바탕에 백색문자
주유중엔진정지	황색반사도료에 흑색문자

정답 ①

070

위험물의 운반에 관한 기준에서 제1류 위험물 중 알칼리금속의 과산화물 또는 이를 함유한 것에 있어서 수납하는 위험물에 따라 규정에 의한 주의사항으로 옳은 것은?

[13년 대전]

① 화기엄금
② 물기주의
③ 물기엄금
④ 공기접촉엄금

해설 위험물의 운반에 관한 기준

위험물		주의사항					
		물기엄금	화기주의	화기엄금	충격주의	가연물접촉주의	공기접촉엄금
제1류 위험물	알칼리금속의 과산화물	○	○		○	○	
	그 밖의 것		○		○	○	
제2류 위험물	철분·금속분·마그네슘	○					
	인화성 고체			○			
	그 밖의 것		○				
제3류 위험물	자연발화성 물질			○			○
	금수성 물질	○					
제4류 위험물				○			
제5류 위험물				○	○		
제6류 위험물						○	

정답 ③

071

위험물의 운반에 관한 기준에서 수납하는 위험물에 따라 규정에 의한 주의사항으로 화기엄금을 표기하지 아니할 수 있는 것은?

[13년 광주]

① 제2류 위험물 중 인화성고체
② 제3류 위험물 중 금수성물질
③ 제4류 위험물의 인화성액체
④ 제5류 위험물의 자기반응성물질

해설 위험물의 운반에 관한 기준

② 제3류 위험물 중 금수성물질은 물기엄금으로 표기한다.

정답 ②

072

「위험물안전관리법 시행규칙」상 수납하는 위험물의 종류에 따라 운반용기의 외부에 표시하여야 할 주의사항으로 옳지 않은 것은?

[21년 소방간부]

① 제1류 위험물 중 알칼리금속의 과산화물 또는 이를 함유한 것에 있어서는 "화기·충격주의", "물기엄금" 및 "가연물접촉주의"
② 제2류 위험물 중 철분·금속분·마그네슘 또는 이들 중 어느 하나 이상을 함유한 것에 있어서는 "물기엄금"
③ 제3류 위험물 중 자연발화성물질에 있어서는 "화기엄금" 및 "공기접촉엄금", 금수성물질에 있어서는 "물기엄금"
④ 제4류 위험물에 있어서는 "화기엄금"
⑤ 제5류 위험물에 있어서는 "화기주의" 및 "충격주의"

해설 위험물의 운반에 관한 기준

⑤ 제5류 위험물에 있어서는 "화기엄금" 및 "충격주의"의 주의사항을 표시한다.

정답 ⑤

073

「위험물안전관리법 시행령」상 운송책임자의 감독·지원을 받아 운송하여야 하는 위험물을 있는 대로 고르면?

[19년 소방간부]

㉠ 알킬알루미늄
㉡ 마그네슘
㉢ 하이드록실아민
㉣ 다이크로뮴산염류
㉤ 알킬리튬
㉥ 적린

① ㉠, ㉢
② ㉠, ㉤
③ ㉢, ㉣
④ ㉢, ㉤
⑤ ㉡, ㉥

해설 운송책임자의 감독·지원을 받아 운송하여야 하는 위험물

1. 알킬알루미늄(㉠)
2. 알킬리튬(㉤)
3. 제1호 또는 제2호의 물질을 함유하는 위험물

정답 ②

074

다음 중 「위험물안전관리법」 상 위험물제조소등에 지정수량 10배 이하일 경우 3m 이내에 반드시 건축물이 들어갈 수 없도록 한 공간에 해당하는 것은?

[11년 서울]

① 안전거리 ② 피난거리
③ 보유공지 ④ 피난구역

해설 보유공지
③ 위험물안전관리법에 따라 소방활동공간을 제공하고 피난상 필요한 공간제공 등을 위해 보유공지를 두어야 한다.

정답 ③

075

위험물 시설에 대한 탱크안전성능검사 중 기초·지반검사 대상이 되는 탱크의 기준으로 옳은 것은?

[16년 소방간부]

① 옥내저장소의 액체위험물탱크 중 그 용량이 100만리터 이상인 탱크
② 옥내탱크저장소의 액체위험물탱크 중 그 용량이 500만리터 이상인 탱크
③ 옥외탱크저장소의 액체위험물탱크 중 그 용량이 500만리터 이상인 탱크
④ 옥내탱크저장소의 액체위험물탱크 중 그 용량이 100만리터 이상인 탱크
⑤ 옥외탱크저장소의 액체위험물탱크 중 그 용량이 100만리터 이상인 탱크

해설 탱크안전성능검사의 대상이 되는 탱크

검사의 종류	검사의 대상
기초·지반 검사	옥외탱크저장소의 액체위험물탱크 중 그 용량이 100만리터 이상인 탱크
충수·수압 검사	액체위험물을 저장 또는 취급하는 탱크
용접부 검사	옥외탱크저장소의 액체위험물탱크 중 그 용량이 100만리터 이상인 탱크
암반탱크 검사	액체위험물을 저장 또는 취급하는 암반내의 공간을 이용한 탱크

정답 ⑤

076

「위험물안전관리법」 상 탱크안전성능검사의 종류로 옳지 않은 것은?

[11년 통합]

① 기초·지반검사
② 충수·수압검사
③ 재질·강도검사
④ 용접부검사

해설 탱크안전성능검사의 대상이 되는 탱크

검사의 종류	검사의 대상
기초·지반 검사	옥외탱크저장소의 액체위험물탱크 중 그 용량이 100만리터 이상인 탱크
충수·수압 검사	액체위험물을 저장 또는 취급하는 탱크
용접부 검사	옥외탱크저장소의 액체위험물탱크 중 그 용량이 100만리터 이상인 탱크
암반탱크 검사	액체위험물을 저장 또는 취급하는 암반내의 공간을 이용한 탱크

정답 ③

077

「위험물안전관리법」 상 관계인이 예방규정을 정하여야 하는 제조소등으로 옳지 않은 것은?

[13년 광주]

① 지정수량의 10배 이상의 위험물을 취급하는 제조소
② 암반탱크저장소
③ 지정수량의 150배 이상의 위험물을 저장하는 옥내저장소
④ 지정수량의 100배 이상의 위험물을 저장하는 옥내탱크저장소

해설 예방규정을 정하여야 하는 제조소등
㉠ 지정수량의 10배 이상의 위험물을 취급하는 제조소
㉡ 지정수량의 100배 이상의 위험물을 저장하는 옥외저장소
㉢ 지정수량의 150배 이상의 위험물을 저장하는 옥내저장소
㉣ 지정수량의 200배 이상의 위험물을 저장하는 옥외탱크저장소
㉤ 암반탱크저장소
㉥ 이송취급소
㉦ 지정수량의 10배 이상의 위험물을 취급하는 일반취급소. 다만, 제4류 위험물(특수인화물을 제외한다)만을 지정

수량의 50배 이하로 취급하는 일반취급소(제1석유류·알코올류의 취급량이 지정수량의 10배 이하인 경우에 한한다)로서 다음의 어느 하나에 해당하는 것을 제외한다.
ⓐ 보일러·버너 또는 이와 비슷한 것으로서 위험물을 소비하는 장치로 이루어진 일반취급소
ⓑ 위험물을 용기에 옮겨 담거나 차량에 고정된 탱크에 주입하는 일반취급소

정답 ④

PART 5 | 위험물 및 특수가연물

CHAPTER 03 | 특수가연물

079	080	081	082			
③	①	②	④			

078

위험물안전관리법령상 자체소방대를 설치하여야 하는 사업소로 옳은 것은?   24년 소방간부

① 용기에 위험물을 옮겨 담는 일반취급소
② 이동저장탱크 그 밖에 이와 유사한 것에 위험물을 주입하는 일반취급소
③ 보일러, 버너 그 밖에 이와 유사한 장치로 위험물을 소비하는 일반취급소
④ 제4류 위험물을 취급하는 제조소 또는 일반취급소에서 취급하는 제4류 위험물의 최대수량의 합이 지정수량의 3천배 이상인 경우
⑤ 제4류 위험물을 저장하는 옥외탱크저장소에 저장하는 제4류 위험물의 최대수량이 지정수량의 30만배 이상인 경우

해설 자체소방대를 설치하여야 하는 사업소

1. 자체소방대를 설치하여야 하는 사업소
   ㉠ 제4류 위험물을 취급하는 제조소 또는 일반취급소 중 취급하는 제4류 위험물의 최대수량의 합이 지정수량의 3,000배 이상
   ㉡ 제4류 위험물을 저장하는 옥외탱크저장소 중 저장하는 제4류 위험물의 최대수량이 지정수량의 50만배 이상
2. 자체소방대의 설치 제외 대상인 일반취급소
   ㉠ 보일러, 버너 그 밖에 이와 유사한 장치로 위험물을 소비하는 일반취급소
   ㉡ 이동저장탱크 그 밖에 이와 유사한 것에 위험물을 주입하는 일반취급소
   ㉢ 용기에 위험물을 옮겨 담는 일반취급소
   ㉣ 유압장치, 윤활유순환장치 그 밖에 이와 유사한 장치로 위험물을 취급하는 일반취급소
   ㉤ 「광산안전법」의 적용을 받는 일반취급소

정답 ④

079

「화재의 예방 및 안전관리에 관한 법률 시행령」상 화재가 발생하는 경우 불길이 빠르게 번지는 고무류·플라스틱류·석탄 및 목탄 등 대통령령으로 정하는 것을 무엇이라 하는가?   12년 세종 13년 충북

① 인화성물질
② 특수인화물
③ 특수가연물
④ 가연성물질

해설 특수가연물의 정의

화재가 발생하는 경우 불길이 빠르게 번지는 고무류·플라스틱류·석탄 및 목탄 등 대통령령으로 정하는 것

정답 ③

080 🔥🔥🔥

「화재의 예방 및 안전관리에 관한 법률 시행령」상 특수가연물에 속하지 않는 것은?   [11년 부산]

① 황
② 면화류
③ 석탄·목탄류
④ 목재가공품 및 나무부스러기

해설 특수가연물의 종류 및 수량

품명		수량
면화류		200[kg] 이상
나무껍질 및 대팻밥		400[kg] 이상
넝마 및 종이부스러기		1,000[kg] 이상
사류(絲類)		
볏짚류		
가연성고체류		3,000[kg] 이상
석탄·목탄류		10,000[kg] 이상
가연성 액체류		2[m³] 이상
목재가공품 및 나무부스러기		10[m³] 이상
고무류·플라스틱류	발포시킨 것	20[m³] 이상
	그 밖의 것	3,000[kg] 이상

암기법 면 200, 대나무 400, 넝사볏천, 가고삼, 석목만, 액이, 나무목 10그루, 이발

→ ① 황은 제2류 위험물(가연성 고체)에 해당한다.

참고 특수가연물의 품명별 정의

① 면화류 : 불연성 또는 난연성이 아닌 면상 또는 팽이모양의 섬유와 마사 원료를 말한다.
② 넝마 및 종이부스러기는 불연성 또는 난연성이 아닌 것(동물 또는 식물의 기름이 깊이 스며들어 있는 옷감·종이 및 이들의 제품을 포함한다)으로 한정한다.
③ 사류 : 불연성 또는 난연성이 아닌 실(실부스러기와 솜털을 포함한다)과 누에고치를 말한다.
④ 볏짚류 : 마른 볏짚·북데기와 이들의 제품 및 건초를 말한다. 다만, 축산용도로 사용하는 것은 제외한다.
⑤ 가연성 고체류 : 고체로서 다음에 해당하는 것을 말한다.
  ㉠ 인화점이 섭씨 40도 이상 100도 미만인 것
  ㉡ 인화점이 섭씨 100도 이상 200도 미만이고, 연소열량이 1그램당 8킬로칼로리 이상인 것
  ㉢ 인화점이 섭씨 200도 이상이고 연소열량이 1그램당 8킬로칼로리 이상인 것으로서 녹는점(융점)이 100도 미만인 것
  ㉣ 1기압과 섭씨 20도 초과 40도 이하에서 액상인 것으로서 인화점이 섭씨 70도 이상 섭씨 200도 미만이거나 ㉡ 또는 ㉢에 해당하는 것

가연성 고체류	인화점	연소열량	녹는점(융점)
㉠	40 ~ 100℃ 미만	–	–
㉡	100 ~ 200℃ 미만	8kcal/g 이상	–
㉢	200℃ 이상	8kcal/g 이상	100℃ 미만
㉣	1기압과 20 ~ 40℃ 이하에서 액상인 것으로서 인화점이 70 ~ 200℃ 미만이거나 ㉡ 또는 ㉢에 해당하는 것		

암기법 인연녹!

⑥ 석탄·목탄류 : 코크스, 석탄가루를 물에 갠 것, 마세크탄(조개탄), 연탄, 석유코크스, 활성탄 및 이와 유사한 것을 포함한다.
⑦ 가연성 액체류
  ㉠ 1기압과 섭씨 20도 이하에서 액상인 것으로서 가연성 액체량이 40중량퍼센트 이하이면서 인화점이 섭씨 40도 이상 섭씨 70도 미만이고 연소점이 섭씨 60도 이상인 것
  ㉡ 1기압과 섭씨 20도에서 액상인 것으로서 가연성 액체량이 40중량퍼센트 이하이고 인화점이 섭씨 70도 이상 섭씨 250도 미만인 것
  ㉢ 동물의 기름과 살코기 또는 식물의 씨나 과일의 살에서 추출한 것으로서 다음의 어느 하나에 해당하는 것
    ⓐ 기압과 섭씨 20도에서 액상이고 인화점이 250도 미만인 것으로서 「위험물안전관리법」에 따른 용기기준과 수납·저장기준에 적합하고 용기외부에 물품명·수량 및 "화기엄금" 등의 표시를 한 것
    ⓑ 1기압과 섭씨 20도에서 액상이고 인화점이 섭씨 250도 이상인 것

가연성 액체류	1기압, 20℃	가연성 액체량	인화점	연소점
㉠	액상	40wt% 이하	40~70℃ 미만	60℃ 이상
㉡	액상	40wt% 이하	70~250℃ 미만	–
㉢	동물의 기름기와 살코기 또는 식물의 씨나 과일의 살로부터 추출한 것으로서 다음에 해당하는 것 ⓐ 1기압과 20℃에서 액상이고 인화점이 250℃ 미만인 것으로서 「위험물안전관리법」의 규정에 의한 용기준과 수납·저장기준에 적합하고 용기외부에 물품명·수량 및 "화기엄금" 등의 표시를 한 것 ⓑ 1기압과 20℃에서 액상이고 인화점이 250℃ 이상인 것				
⑧ 고무류·플라스틱류 : 불연성 또는 난연성이 아닌 고체의 합성수지제품, 합성수지반제품, 원료합성수지 및 합성수지 부스러기(불연성 또는 난연성이 아닌 고무제품, 고무반제품, 원료고무 및 고무 부스러기를 포함한다)를 말한다. 다만, 합성수지의 섬유·옷감·종이 및 실과 이들의 넝마와 부스러기는 제외한다.				

정답 ①

081

「화재의 예방 및 안전관리에 관한 법률 시행령」상 화재의 확대가 빠른 특수가연물의 품명 및 수량으로 옳은 것은?

23년 소방간부

① 넝마 : 500킬로그램 이상
② 사류 : 1,000킬로그램 이상
③ 면화류 : 100킬로그램 이상
④ 가연성고체류 : 2,000킬로그램 이상
⑤ 석탄·목탄류 : 3,000킬로그램 이상

해설 특수가연물의 종류 및 수량
① 넝마 : 1,000킬로그램 이상
③ 면화류 : 200킬로그램 이상
④ 가연성고체류 : 3,000킬로그램 이상
⑤ 석탄·목탄류 : 10,000킬로그램 이상

정답 ②

082

「화재의 예방 및 안전관리에 관한 법률 시행령」상 특수가연물의 저장 및 취급기준으로 옳지 않은 것은? (단, 석탄·목탄류를 발전용으로 저장하는 경우는 제외하며, 살수설비 또는 대형수동식소화기는 설치하지 않은 것으로 가정한다.)

23년 소방간부

① 품명별로 구분하여 쌓는다.
② 쌓는 높이는 10m 이하가 되도록 한다.
③ 쌓는 부분의 바닥면적은 50m² (석탄·목탄류의 경우에는 200m²) 이하가 되도록 한다.
④ 쌓는 부분의 바닥면적 사이는 실내의 경우 3m 또는 쌓는 높이 중 큰 값 이상으로 간격을 두어야 한다.

해설 특수가연물의 저장 및 취급기준

특수가연물은 다음의 기준에 따라 쌓아 저장해야 한다. 다만, 석탄·목탄류를 발전용으로 저장하는 경우는 제외한다.
① 품명별로 구분하여 쌓을 것
② 다음의 기준에 맞게 쌓을 것

구분	살수설비를 설치하거나 방사능력 범위에 해당 특수가연물이 포함되도록 대형수동식소화기를 설치하는 경우	그 밖의 경우
높이	15m 이하	10m 이하
쌓는 부분의 바닥면적	200m² (석탄·목탄류의 경우에는 300m²) 이하	50m² (석탄·목탄류의 경우에는 200m²) 이하

③ 실외에 쌓아 저장하는 경우 쌓는 부분이 대지경계선, 도로 및 인접 건축물과 최소 6m 이상 간격을 둘 것. 다만, 쌓는 높이보다 0.9m 이상 높은 내화구조 벽체를 설치한 경우는 그렇지 않다.
④ 실내에 쌓아 저장하는 경우 주요구조부는 내화구조이면서 불연재료여야 하고, 다른 종류의 특수가연물과 같은 공간에 보관하지 않을 것. 다만, 내화구조의 벽으로 분리하는 경우는 그렇지 않다.
⑤ 쌓는 부분 바닥면적의 사이는 실내의 경우 1.2m 또는 쌓는 높이의 1/2 중 큰 값 이상으로 간격을 두어야 하며, 실외의 경우 3m 또는 쌓는 높이 중 큰 값 이상으로 간격을 둘 것

> **참고** 특수가연물의 표지

특수가연물	
화기엄금	
품 명	합성수지류
최대저장수량 (배수)	000톤(00배)
단위부피당 질량 (단위체적당 질량)	000kg/m²
관리책임자 (직 책)	홍길동 팀장
연락처	02-000-0000

① 특수가연물을 저장 또는 취급하는 장소에는 ㉠품명, ㉡최대저장수량, ㉢단위부피당 질량 또는 단위체적당 질량, ㉣관리책임자 성명·직책, ㉤연락처 및 ㉥화기취급의 금지표시가 포함된 특수가연물 표지를 설치해야 한다.
② 특수가연물 표지의 규격은 다음과 같다.
  ㉠ 특수가연물 표지는 한 변의 길이가 0.3m 이상, 다른 한 변의 길이가 0.6m 이상인 직사각형으로 할 것
  ㉡ 특수가연물 표지의 바탕은 흰색으로, 문자는 검은색으로 할 것. 다만, "화기엄금" 표시 부분은 제외한다.
  ㉢ 특수가연물 표지 중 화기엄금 표시 부분의 바탕은 붉은색으로, 문자는 백색으로 할 것
③ 특수가연물 표지는 특수가연물을 저장하거나 취급하는 장소 중 보기 쉬운 곳에 설치해야 한다.

정답 ④

PART 6 | 소방시설

CHAPTER 01 | 소방시설의 분류

001	002	003	004	005	006	007	008	009	010
③	①	④	①	②	②	③	①	①	①
011	012	013	014	015	016				
③	②	⑤	②	②	⑤				

001 🔥🔥🔥

다음 소방시설의 종류 중 설비가 다른 하나는?

〔14년 통합〕

① 비상방송설비
② 단독경보형감지기
③ 제연설비
④ 비상경보설비

해설 경보설비
㉠ 정의 : 화재발생 사실을 통보하는 기계·기구 또는 설비
㉡ 종류
  ⓐ 단독경보형감지기
  ⓑ 비상경보설비 : 비상벨설비 또는 자동식 사이렌설비
  ⓒ 시각경보기
  ⓓ 자동화재탐지설비
  ⓔ 비상방송설비
  ⓕ 자동화재속보설비
  ⓖ 통합감시시설
  ⓗ 누전경보기
  ⓘ 가스누설경보기
  ⓙ 화재알림설비
→ ③ 제연설비는 소화활동설비이다.

정답 ③

002

「소방시설 설치 및 관리에 관한 법률 시행령」상 소방시설의 설비 분류가 다른 것은? [다수 출제]

① 상수도소화용수설비
② 연결송수관설비
③ 연결살수설비
④ 연소방지설비
⑤ 무선통신보조설비

해설 소화용수설비
㉠ 정의 : 화재를 진압하는 데 필요한 물을 공급하거나 저장하는 설비
㉡ 종류
  ⓐ 상수도소화용수설비
  ⓑ 소화수조·저수조, 그 밖의 소화용수설비
→ ②, ③, ④, ⑤ : 소화활동설비이다.

정답 ①

003

소방시설의 종류에 따른 분류가 옳게 짝지어진 것은? [19년 공개]

① 경보설비 – 비상조명등
② 소화설비 – 연소방지설비
③ 피난구조설비 – 비상방송설비
④ 소화활동설비 – 비상콘센트설비

해설 소방시설의 분류
① **피난구조설비** – 비상조명등
② **소화활동설비** – 연소방지설비
③ **경보설비** – 비상방송설비

정답 ④

004

다음 중 물분무등소화설비에 해당하지 않은 것은? [다수 출제]

① 옥내소화전설비
② 강화액소화설비
③ 포소화설비
④ 분말소화설비
⑤ 할로겐화합물 및 불활성기체 소화설비

해설 물분무등소화설비
㉠ **물**분무소화설비
㉡ **미**분무소화설비
㉢ **포**소화설비
㉣ **이**산화탄소소화설비
㉤ **할**론소화설비
㉥ **할**로겐화합물 및 불활성기체 소화설비
㉦ **분**말소화설비
㉧ **강**화액소화설비
㉨ **고**체에어로졸소화설비

암기법 물미포 이할할분 강고

→ ① 옥내소화전설비는 물분무등소화설비에 해당하지 않는다.

정답 ①

005

「소방시설 설치 및 관리에 관한 법률 시행령」에 따라 경보설비가 아닌 것은?

[다수 출제]

① 가스누설경보기
② 비상콘센트설비
③ 비상방송설비
④ 비상경보설비

해설 경보설비

㉠ 정의 : 화재발생 사실을 통보하는 기계·기구 또는 설비
㉡ 종류
  ⓐ 단독경보형감지기
  ⓑ 비상경보설비 : 비상벨설비 또는 자동식 사이렌설비
  ⓒ 시각경보기
  ⓓ 자동화재탐지설비
  ⓔ 비상방송설비
  ⓕ 자동화재속보설비
  ⓖ 통합감시시설
  ⓗ 누전경보기
  ⓘ 가스누설경보기
  ⓙ 화재알림설비

→ ② 비상콘센트설비는 소화활동설비에 속한다.

정답 ②

006

〈보기〉에서 피난구조설비에 해당하는 것만 고른 것은?

[25년 공개]

| 보기 |
ㄱ. 방열복
ㄴ. 제연설비
ㄷ. 공기호흡기
ㄹ. 비상조명등
ㅁ. 연소방지설비

① ㄱ, ㄴ, ㄷ
② ㄱ, ㄷ, ㄹ
③ ㄴ, ㄷ, ㅁ
④ ㄴ, ㄹ, ㅁ

해설 소방시설

ㄱ. 방열복 : 피난구조설비 중 인명구조기구
ㄴ. 제연설비 : 소화활동설비
ㄷ. 공기호흡기 : 피난구조설비 중 인명구조기구
ㄹ. 비상조명등 : 피난구조설비
ㅁ. 연소방지설비 : 소화활동설비

→ 피난구조설비에 해당하는 것은 "ㄱ, ㄷ, ㄹ"이다.

정답 ②

007

피난구조설비 중 인명구조기구에 해당하지 않은 것은?

[12년 울산]

① 공기호흡기
② 방열복
③ 비상조명등
④ 인공소생기

해설 인명구조기구의 종류

㉠ 방열복, 방화복(안전모, 보호장갑 및 안전화 포함)
㉡ 공기호흡기
㉢ 인공소생기

정답 ③

008

화재를 진압하거나 인명구조활동을 위하여 사용하는 설비로서 옳은 것은?

[13년 경기]

① 연소방지설비
② 공기호흡기
③ 통합감시시설
④ 소화용수설비

해설 소화활동설비

화재를 진압하거나 인명구조활동을 위하여 사용하는 설비는 소화활동설비를 의미한다.
① 연소방지설비는 소화활동설비 중 하나이다.
② 공기호흡기는 피난구조설비 중 인명구조기구에 해당한다.
③ 통합감시시설은 경보설비이다.
④ 소화용수설비이다.

정답 ①

009 🔥🔥🔥

다음은 소방시설의 분류에 관한 설명에서 옳은 것은?

[11년 서울]

① 경보설비 – 비상벨설비 및 자동식 사이렌설비, 비상방송설비, 통합감시시설
② 피난구조설비 – 비상조명등, 유도등 및 유도표지, 피난기구, 제연설비
③ 소화용수설비 – 상수도소화용수설비, 저수조, 소화수조, 무선통신보조설비
④ 소화설비 – 소화기구, 옥내소화전설비, 스프링클러설비, 연결살수설비

해설 소방시설의 분류
② 제연설비는 소화활동설비에 해당한다.
③ 무선통신보조설비는 소화활동설비에 해당한다.
④ 연결살수설비는 소화활동설비에 해당한다.

정답 ①

010 🔥🔥🔥

소방시설의 분류와 해당 소방시설의 종류가 옳게 연결된 것은?

[20년 공개]

① 소화설비 – 옥내소화전설비, 포소화설비, 간이스프링클러설비
② 경보설비 – 자동화재속보설비, 자동화재탐지설비, 제연설비
③ 소화용수설비 – 상수도소화용수설비, 소화수조, 연결살수설비
④ 소화활동설비 – 시각경보기, 연결송수관설비, 무선통신보조설비

해설 소방시설의 분류
② 제연설비는 소화활동설비에 해당한다.
③ 연결살수설비는 소화활동설비에 해당한다.
④ 시각경보기는 경보설비에 해당한다.

정답 ①

011 🔥🔥🔥

「소방시설 설치 및 관리에 관한 법률 시행령」상 소방시설의 연결이 옳은 것만을 〈보기〉에서 있는 대로 고른 것은?

[22년 소방간부]

| 보기 |

ㄱ. 소화설비 : 자동소화장치, 옥내소화전설비, 물분무등소화설비
ㄴ. 경보설비 : 통합감시시설, 시각경보기, 단독경보형 감지기
ㄷ. 피난구조설비 : 피난기구, 인명구조기구, 제연설비
ㄹ. 소화활동설비 : 연결송수관설비, 비상콘센트설비, 무선통신보조설비

① ㄱ, ㄴ
② ㄷ, ㄹ
③ ㄱ, ㄴ, ㄹ
④ ㄴ, ㄷ, ㄹ
⑤ ㄱ, ㄴ, ㄷ, ㄹ

해설 소방시설의 종류
ㄷ. 피난구조설비 : 피난기구, 인명구조기구, 소화활동설비 : 제연설비

정답 ③

012 🔥🔥🔥

다음 중 소방시설에 대한 설명이다. 옳지 않은 것은?

[18년 공개]

가. 소화활동설비에는 연소방지설비, 제연설비, 비상콘센트설비, 비상경보설비 등이 있다.
나. 소화용수설비에는 상수도소화용수설비, 소화수조, 저수조, 정화조가 있다.
다. 피난구조설비 중 피난기구에는 피난사다리, 구조대, 완강기가 있다.
라. 소화설비에는 소화기구, 자동소화장치, 옥내소화전, 스프링클러설비 등이 있다.

① 가
② 가, 나
③ 가, 나, 다
④ 가, 나, 다, 라

해설 소방시설의 분류
가. 비상경보설비는 경보설비에 해당한다.
나. 정화조는 소방시설에 해당하지 않는다.

정답 ②

013

소방시설에 대한 설명으로 옳지 않은 것은?

[17년 소방간부]

① 소화설비란 물 또는 그 밖의 소화약제를 사용하여 소화하는 기계·기구 또는 설비로서 소화기구, 자동소화장치, 옥내·외소화전설비, 스프링클러설비 등이 있다.
② 경보설비란 화재발생 사실을 통보하는 기계·기구 또는 설비로서 단독경보형감지기, 비상경보설비, 자동화재탐지설비 등이 있다.
③ 피난구조설비란 화재가 발생할 경우 피난하기 위하여 사용하는 기구 또는 설비로서 피난기구, 인명구조기구, 유도등, 비상조명등 및 휴대용비상조명등이 있다.
④ 소화용수설비란 화재진압에 필요한 물을 공급하거나 저장하는 설비로서 상수도소화용수설비, 소화수조, 저수조 등이 있다.
⑤ 소화활동설비란 화재를 진압하거나 인명구조활동을 위하여 사용하는 설비로서 비상방송설비, 자동화재속보설비, 피난사다리, 완강기 등이 있다.

해설 소방시설의 분류
⑤ 비상방송설비와 자동화재속보설비는 경보설비에 해당하고, 피난사다리와 완강기는 피난구조설비에 해당한다.

정답 ⑤

014

「소방시설 설치 및 관리에 관한 법률 시행령」상 특정소방대상물에 설치하는 소방시설에 대한 설명으로 옳은 것은?

[20년 소방간부]

㉠ 주택용 소방시설이란 소화기 및 단독경보형감지기를 말한다.
㉡ 비상콘센트설비, 제연설비는 소방시설 중 소화활동설비에 포함된다.
㉢ 스프링클러설비, 연결송수관설비는 소방시설 중 소화설비에 포함된다.
㉣ 분말형태의 소화약제를 사용하는 소화기의 내용연수는 10년으로 한다.
㉤ 옥내소화전설비, 자동화재탐지설비, 스프링클러설비, 물분무등소화설비는 내진설계대상 소방시설이다.

① ㉠, ㉡, ㉢　② ㉠, ㉡, ㉣
③ ㉠, ㉣, ㉤　④ ㉡, ㉢, ㉣
⑤ ㉡, ㉣, ㉤

해설 소방시설의 종류
㉢ 연결송수관설비는 소화활동설비에 해당한다.
㉤ 자동화재탐지설비는 내진설계대상에 해당하지 않는다.

정답 ②

015

소방시설은 소화설비, 경보설비, 피난구조설비, 소화용수설비, 소화활동설비로 분류된다. 다음 정의로 분류되는 소방시설로 옳지 않은 것은? 〔23년 공개〕

> 화재를 진압하거나 인명구조활동을 위하여 사용하는 설비

① 제연설비
② 인명구조설비
③ 연결살수설비
④ 무선통신보조설비

해설 소화활동설비의 종류
㉠ 제연설비 [①]
㉡ 연결송수관설비
㉢ 연결살수설비 [③]
㉣ 비상콘센트설비
㉤ 무선통신보조설비 [④]
㉥ 연소방지설비
→ ② 인명구조설비는 소화활동설비에 해당하지 않는다. (인명구조기구는 피난구조설비에 해당한다.)

정답 ②

016

「소방시설 설치 및 관리에 관한 법률 시행령」상 소방시설의 내용으로 옳은 것만을 〈보기〉에서 고른 것은? 〔24년 소방간부〕

| 보기 |
ㄱ. 소화설비 : 소화기구, 스프링클러설비등, 연소방지설비 등
ㄴ. 경보설비 : 자동화재속보설비, 누전경보기, 가스누설경보기 등
ㄷ. 피난구조설비 : 유도등, 비상조명등 및 휴대용비상조명등, 비상방송설비 등
ㄹ. 소화용수설비 : 상수도소화용수설비, 소화수조·저수조, 그 밖의 소화용수설비
ㅁ. 소화활동설비 : 비상콘센트설비, 제연설비, 연결살수설비 등

① ㄱ, ㄴ, ㄷ   ② ㄱ, ㄴ, ㄹ
③ ㄱ, ㄷ, ㅁ   ④ ㄴ, ㄷ, ㅁ
⑤ ㄴ, ㄹ, ㅁ

해설 소방시설
ㄱ. 연소방지설비는 소화활동설비에 해당한다.
ㄷ. 비상방송설비는 경보설비에 해당한다.
→ 옳은 보기는 "ㄴ, ㄹ, ㅁ"이다.

정답 ⑤

PART 6 | 소방시설

CHAPTER 02 | 소화설비

						017	018	019	020
						④	②	②	④
021	022	023	024	025	026	027	028	029	030
②	①	④	④	④	①	④	①	③	④
031	032	033	034	035	036	037	038	039	040
④	④	④	④	④	①	①	④	④	①
041	042	043	044	045	046	047	048	049	050
③	③	④	①	④	⑤	③	④	⑤	③
051	052	053	054	055	056	057	058	059	060
②	③	⑤	④	②	②	④	⑤	②	②
061	062	063	064	065	066	067			
①	②	①	①	③	①	③			

017

다음 중 대형 소화기의 성능으로 옳은 것은?

[12년 통합]

① A급 1단위 이상, B급 5단위 이상
② A급 10단위 이상, B급 10단위 이상
③ A급 20단위 이상, B급 10단위 이상
④ A급 10단위 이상, B급 20단위 이상

해설 소화능력단위에 따른 소화기의 분류
㉠ 소형소화기 : 능력단위 1단위 이상이고 대형 소화기의 능력단위 미만인 소화기
㉡ 대형소화기 : 화재 시 사람이 운반할 수 있도록 운반대와 바퀴가 설치되어 있고, 능력단위가 A급 10단위 이상, B급 20단위 이상인 소화기

정답 ④

018

다음 중 대형소화기 약제 충전량으로서 옳은 것은?

[11년 울산]

① 물 소화기 : 50L
② 이산화탄소 소화기 : 50kg
③ 강화액 소화기 : 50L
④ 분말 소화기 : 10kg

해설 대형소화기의 소화약제 충전량

구분	충전량
포(기계포)	20ℓ 이상
강화액	60ℓ 이상
물	80ℓ 이상
분말	20kg 이상
할로겐화합물	30kg 이상
이산화탄소	50kg 이상

암기법 포강물 분할이 268 235

정답 ②

019

소화기의 설치기준에 대한 설명 중 옳지 않은 것은?

[16년 소방간부]

① 각 층마다 설치하되 특정소방대상물의 각 부분으로부터 1개의 소화기까지 보행거리가 소형소화기의 경우 20m 이내, 대형소화기의 경우에는 30m 이내가 되도록 배치한다.
② 소화기는 바닥으로부터 1.7m 이하의 높이에 설치할 것
③ 특정소방대상물의 각 층이 2이상의 거실로 구획된 경우에는 각 층마다 설치하는 것 외에 바닥면적이 33m² 이상으로 구획된 각 거실에도 배치한다.
④ 능력단위가 2단위 이상이 되도록 소화기를 설치하여야 할 특정소방대상물에는 간이소화용구의 능력단위가 전체 능력단위의 2분의 1을 초과하지 않도록 한다.
⑤ 대형소화기는 A급 10단위 이상, B급 20단위 이상으로 운반대와 바퀴가 설치된 것이다.

해설 소화기의 설치기준
② 소화기는 바닥으로부터 1.5m 이하의 높이에 설치할 것

정답 ②

020 🔥🔥🔥

소화기의 설치 및 유지관리에 대한 설명으로 가장 옳지 않은 것은?

〔11년 부산〕

① 소화기의 능력단위에 따라 보행거리를 고려하여 중요 위치에 분산시켜 배치한다.
② 손쉽게 사용할 수 있는 장소에 바닥으로부터 높이 1.5m 이하의 곳에 비치한다.
③ 사용할 때는 바람을 등지고 서서 호스를 불쪽으로 향하게 한다.
④ 소화기를 지정구역 내에 비치해두고 사람들의 통행에 방해되는 곳에 설치한다.

해설 소화기의 설치기준

④ 소화기를 지정구역 내에 비치해두고 사람들의 통행에 방해가 되지 않는 곳에 설치한다.

〔정답〕 ④

021 🔥🔥🔥

소화기구의 능력단위를 바닥면적 100제곱미터마다 1단위 이상으로 해야 할 특정소방대상물은?

〔23년 소방간부〕

① 문화재
② 판매시설
③ 의료시설
④ 장례식장
⑤ 위락시설

해설 소화기구의 능력단위

특정소방대상물	소화기구의 능력단위	주요구조부가 내화구조이고, 벽 및 반자의 실내에 면하는 부분이 불연·준불연·난연재료로 된 특정소방대상물
• 위락시설	30m²/단위	60m²/단위
• 관람장 • 장례식장 • 의료시설 • 공연장 • 문화재 • 집회장	50m²/단위	100m²/단위
암기법 5관장의 공문집		
• 근린생활시설 • 방송통신시설 • 공장 • 운수시설 • 전시장 • 판매시설 • 관광휴게시설 • 창고시설 • 노유자시설 • 숙박시설 • 항공기 및 자동차관련 시설 • 공동주택 • 업무시설	100m²/단위	200m²/단위
암기법 근방 공장 운전으로 판 관창으로 노숙에서 항공업		
• 그 밖의 것	200m²/단위	400m²/단위

①③④ : 바닥면적 50제곱미터마다 1단위 이상,
⑤ : 바닥면적 30제곱미터마다 1단위 이상,
② : 바닥면적 100제곱미터마다 1단위 이상

〔정답〕 ②

022

화재 발생 초기에 소방대상물의 관계인에 의하여 신속하게 화재를 진압할 수 있도록 건축물 내에 설치하는 고정식, 수동식 수계 소화설비의 종류로 옳은 것은?

[12년 세종]

① 옥내소화전설비
② 옥외소화전설비
③ 분말소화설비
④ 이산화탄소소화설비

해설 옥내소화전설비

① 옥내소화전설비란 화재 발생 초기에 소방대상물의 관계인에 의하여 신속하게 화재를 진압할 수 있도록 건축물 내에 설치하는 고정식, 수동식 수계 소화설비를 말한다.

참고 옥내소화전설비

㉠ 옥내소화전 노즐에서의 방사량 130ℓ/min, 방사압력 0.17MPa 이상 0.7MPa 이하
㉡ 펌프의 토출량 Q = 130ℓ/min × N
 (N : 가장 많이 설치된 층의 소화전 개수)
㉢ 수원의 양 V = 130ℓ/min × N × T
 (T: 방사시간)

구분	수원의 양	N
29층 이하	130ℓ/min × N × 20분	최대 2개
30~49층	130ℓ/min × N × 40분	최대 5개
50층 이상	130ℓ/min × N × 60분	최대 5개

정답 ①

023

지하층이 없는 지상 5층 건물이 있다. 1층에 옥내소화전이 6개, 2층에 5개, 3층에 4개, 4층에 3개, 5층에 1개가 설치되어 있다. 옥내소화전설비 수원의 양[m³]은 얼마인가?

[10년 경북]

① 15.6m³   ② 13m³
③ 10.4m³   ④ 5.2m³

해설 옥내소화전설비 수원의 양

→ 수원의 양[m³]
= 130ℓ/min × N × 20분
= 130ℓ/min × 2개 × 20분 (최대 2개 적용)
= 5,200ℓ
= 5.2m³

정답 ④

024

다음 중 옥내소화전의 가압송수방식 중 가장 일반적으로 가장 많이 사용되는 방식은 무엇인가?

[16년 충남]

① 가압수조   ② 고가수조
③ 압력수조   ④ 펌프

해설 가압송수장치

① **가압수조** : 가압원인 압축공기 또는 불연성 고압기체에 따라 소방용수를 가압시키는 구조를 말한다.
② **고가수조** : 특정소방대상물의 옥상 또는 높은 지점에서 수조를 설치하여 자연낙차압력을 이용하여 각 설비의 방수구에서 규정방수압력 및 규정방수량을 얻는 방식을 말한다.
③ **압력수조** : 탱크의 1/3은 자동식 공기압축기로 압축공기를 2/3은 급수펌프로 물을 가압시켜 각 설비의 방수구에서 규정방수압력 및 규정방수량을 얻는 방식을 말한다.
④ **펌프방식** : 펌프의 가압에 의하여 각 설비의 방수구에서 규정방수압력 및 규정방수량을 얻는 방식으로 가장 일반적인 방식이다.

정답 ④

025

다음 중 옥내소화전설비에 대한 설명으로 가장 적합하지 않은 것은?

[06년 전북]

① 가압송수장치에는 고가수조방식, 압력수조방식, 가압수조방식, 펌프방식이 있다.
② 각 소화전의 노즐 선단에서의 방수량은 130ℓ/min 이상이어야 한다.
③ 각 소화전의 노즐 선단에서의 방수압력은 0.17MPa 이상 0.7MPa 이하이어야 한다.
④ 펌프의 토출량은 옥내소화전이 가장 많이 설치된 층의 설치개수가 6개 이상 설치된 경우에는 6개에 130ℓ/min를 곱한 양 이상이 되도록 한다.

해설 **펌프의 토출량**

④ 펌프의 토출량은 옥내소화전이 가장 많이 설치된 층의 설치개수가 6개 이상 설치된 경우에는 2개에 130ℓ/min를 곱한 양 이상이 되도록 한다.
→ 펌프의 토출량[ℓ/min] = 130ℓ/min × N
= 130ℓ/min × 2
= 260ℓ/min

정답 ④

---

026 🔥🔥

다음 중 옥내소화전설비에 대한 설명으로 가장 옳은 것은?
07년 강원

① 펌프의 토출측에는 압력계를 흡입측에는 진공계 또는 연성계를 설치한다.
② 진공계는 펌프의 체절운전상태에서 배관의 정압을 측정하기 위하여 설치한다.
③ 기동용수압개폐장치를 압력챔버로 사용할 경우 그 용적은 50ℓ 이상의 것으로 한다.
④ 고가수조의 토출압력은 호스의 마찰손실수두와 배관의 마찰손실수두 그리고 낙차의 환산수두를 고려하여 결정한다.

해설 **펌프의 토출량**

② 압력계는 펌프의 체절운전상태에서 배관의 정압을 측정하기 위하여 설치한다.
③ 기동용수압개폐장치를 압력챔버로 사용할 경우 그 용적은 100ℓ 이상의 것으로 한다.
④ 고가수조의 토출압력은 호스의 마찰손실수두와 배관의 마찰손실수두 그리고 방사압력의 환산수두를 고려하여 결정한다.

참고 **진공계, 연성계, 압력계**

구분	측정 압력범위	설치위치
진공계	대기압 이하	흡입측 배관
연성계	대기압 이상, 이하	흡입측 배관
압력계	대기압 이상	토출측 배관

정답 ①

---

027 🔥🔥🔥

옥내소화전설비 가압송수장치의 체절운전 시 수온의 상승을 방지하기 위해 설치하는 것은?
21년 소방간부

① 연성계
② 물올림장치
③ 압력챔버
④ 순환배관
⑤ 스트레이너

해설 **각종 장치의 역할**

① 연성계 : 부압흡입방식일 때 펌프의 흡입측 배관에 설치하여 대기압 이하와 이상의 압력을 측정하는 것을 말한다.
② 물올림장치 : 부압흡입방식일 때 펌프의 토출측 배관에 연결하여 설치하는 것으로 펌프와 후드밸브 사이의 배관 내에 항상 물을 공급하여 펌프가 물을 송수할 수 있도록 하는 장치를 말한다.
③ 압력챔버 : 기동용 수압개폐장치의 종류 중 하나로 펌프의 토출측 배관에 설치하는 것으로 소화설비의 배관 내 압력 변동을 자동으로 검지하여 펌프를 자동기동 및 정지시키는 장치(자동기동방식일 때 설치함)를 말한다.
④ 순환배관 : 펌프의 토출측 배관에 설치하여 가압송수장치에는 체절운전 시 수온의 상승을 방지하기 위한 배관으로 구경 20mm 이상의 배관으로 해당 배관에는 체절압력 미만에서 개방되는 릴리프밸브를 설치한다.
⑤ 스트레이너 : 펌프의 흡입측 배관에 설치하여 이물질을 제거하는 여과장치를 말한다.

참고 **부압흡입방식과 정압흡입방식의 특징**

㉠ 부압흡입방식 : 수조의 위치가 펌프의 위치보다 낮은 경우
㉡ 정압흡입방식 : 수조의 위치가 펌프의 위치보다 높은 경우

정답 ④

028

가압송수장치인 소방펌프의 체절운전으로 인한 수온상승과 과압으로 배관이 파손되는 경우를 방지하기 위하여 설치하는 것은?

[12년 통합]

① 순환배관 및 릴리프밸브
② 물올림장치
③ 압력챔버
④ 수격방지기

해설 각종 장치의 역할

① 순환배관은 펌프의 토출측 배관에 설치하여 가압송수장치에는 체절운전시 수온의 상승을 방지하기 위한 배관으로 구경 20mm 이상의 배관으로 해당 배관에는 체절압력 미만에서 개방되는 릴리프밸브를 설치한다.

참고 수격방지기

펌프가 정지상태에서 갑자기 기동하였을 때 순간적으로 가해지는 압력의 수격현상을 방지하는 장치이다. 내부에 질소 등 채워 넣어 수격현상을 흡수한다.

정답 ①

029

옥내소화전설비의 가압송수장치 펌프성능시험에 관한 설명이다. ( ) 안에 들어갈 내용으로 옳은 것은?

[23년 소방간부]

펌프의 성능은 체절운전 시 정격토출압력의 (㉠)[%]를 초과하지 않고, 정격토출량의 (㉡)[%]로 운전 시 정격토출압력의 (㉢)[%] 이상이 되어야 하며, 펌프의 성능을 시험할 수 있는 성능시험배관을 설치할 것

	㉠	㉡	㉢
①	65	150	140
②	140	65	150
③	140	150	65
④	150	65	140
⑤	150	140	65

해설 펌프성능시험

펌프의 성능은 체절운전 시 정격토출압력의 (㉠: 140)[%]를 초과하지 않고, 정격토출량의 (㉡: 150)[%]로 운전 시 정격토출압력의 (㉢: 65)[%] 이상이 되어야 하며, 펌프의 성능을 시험할 수 있는 성능시험배관을 설치할 것

참고 성능시험배관의 설치기준

구분	내용
설치위치	성능시험배관은 펌프의 토출측에 설치된 개폐밸브 이전에서 분기하여 직선으로 설치하고, 유량측정장치를 기준으로 전단 직관부에는 개폐밸브를 후단 직관부에는 유량조절밸브를 설치할 것. 이 경우 개폐밸브와 유량측정장치 사이의 직관부 거리 및 유량측정장치와 유량조절밸브 사이의 직관부 거리는 해당 유량측정장치 제조사의 설치사양에 따르고, 성능시험배관의 호칭지름은 유량측정장치의 호칭지름에 따른다.
유량측정장치	유량측정장치는 펌프의 정격토출량의 175[%] 이상까지 측정할 수 있는 성능이 있을 것

정답 ③

030

다음 중 공동현상(Cavitation)의 대책으로 옳지 않은 것은?

[17년 공개]

① 흡입관의 길이를 짧게 하거나 배관의 굴곡부를 줄인다.
② 펌프의 흡입측 수두를 낮게 하여 마찰손실을 줄인다.
③ 펌프의 설치높이를 수원보다 낮게 설치한다.
④ 흡입관의 구경을 작게 한다.

해설 공동현상(캐비테이션)

④ 흡입관의 구경이 작을 때 공동현상이 발생된다.

정답 ④

031 🔥🔥🔥

〈보기〉의 현상을 방지하기 위한 대책으로 옳지 않은 것은?
[25년 공개]

| 보기 |

소방펌프 내부 유속의 급속한 변화 또는 와류의 발생 등에 의해 액체의 압력이 증기압 이하로 낮아져 기포가 생성되고, 이로 인해 펌프의 성능이 저하되고 진동과 소음이 발생하는 현상

① 흡입관의 마찰 손실을 최대한 적게 한다.
② 펌프의 임펠러의 회전 속도를 낮게 한다.
③ 펌프의 흡입관의 관경 크기를 크게 한다.
④ 펌프의 설치 위치를 수원보다 높게 한다.

해설 공동현상의 방지대책

〈보기〉= 공동현상(캐비테이션, Cavitation)

㉠ 펌프의 흡입 마찰손실 줄이기 [①]
㉡ 흡입측 배관의 길이 줄이기
㉢ 흡입측 배관의 유속을 늦추기
㉣ 펌프의 흡입측 관경 늘이기 [③]
㉤ 펌프의 흡입측 수두 낮추기
㉥ 흡입측 배관의 굴곡부 줄이기
㉦ 펌프의 임펠러 회전속도 늦추기 [②]
→ ④ 펌프의 설치 위치를 수원보다 낮게 하여 정압흡입방식으로 설치해야 공동현상을 방지할 수 있다.

정답 ④

032 🔥🔥🔥

소화펌프에서 공동현상(Cavitation)이 발생하였을 때 그 원인으로 볼 수 없는 것은?
[25년 소방간부]

① 펌프의 위치가 수원의 위치보다 높은 경우
② 펌프의 임펠러 회전속도가 큰 경우
③ 펌프의 흡입측 수두가 큰 경우
④ 펌프의 토출측 관경이 작은 경우
⑤ 펌프에 흡입되는 수원의 온도가 높은 경우

해설 공동현상(Cavitation)
④ 펌프의 토출측 관경은 공동현상의 발생과 관련이 없다.
(공동현상은 흡입측 배관의 관경이 작은 경우에 발생한다.)

정답 ④

033 🔥🔥🔥

소방펌프 및 관로에서 발생되는 수격현상(Water hammering)의 방지대책으로 옳지 않은 것은?
[23년 공개]

① 수격을 흡수하는 수격방지기를 설치한다.
② 관로에 서지 탱크(surge tank)를 설치한다.
③ 플라이휠(flywheel)을 부착하여 펌프의 급격한 속도 변화를 억제한다.
④ 관경의 축소를 통해 유체의 유속을 증가시켜 압력 변동치를 감소시킨다.

해설 수격현상의 방지대책
㉠ 관로의 관경을 크게 하여 유속 늦추기 [④]
㉡ 밸브의 개폐속도 늦추기
㉢ 수격방지기를 사용하여 완충작용으로 수격 방지 [①]
㉣ 유량을 감소하여 유속 낮추기
㉤ 관로에 서지 탱크(surge tank) 설치 [②]
㉥ 플라이휠(flywheel)을 부착하여 속도변화 억제 [③]

정답 ④

034 🔥🔥🔥

다음 중 펌프 운전 시 규칙적으로 양정, 토출량이 변화하는 현상에 해당하는 것은?
[13년 대전]

① 맥동현상
② 수격현상
③ 공동현상
④ 진공현상

해설 맥동현상(=서징, Surging)
㉠ 송출 압력과 송출 유량의 주기적인 변동이 발생하는 현상이다.
㉡ 공동현상 이후에 발생하며 유량이 단속적으로 변하여 펌프의 입구·출구에 설치된 진공계 및 압력계가 흔들리고 진동과 소음이 일어나며 펌프의 토출유량이 변하는 현상이다.

정답 ①

035

자동기동방식의 펌프가 수원의 수위보다 높은 곳에 설치된 옥내소화전설비의 구성요소를 있는 대로 모두 고른 것은?

[22년 공개]

> ㄱ. 기동용수압개폐장치
> ㄴ. 릴리프밸브
> ㄷ. 동력제어반
> ㄹ. 솔레노이드밸브
> ㅁ. 물올림장치

① ㄱ, ㄴ, ㅁ ② ㄷ, ㄹ, ㅁ
③ ㄱ, ㄴ, ㄷ, ㄹ ④ ㄱ, ㄴ, ㄷ, ㅁ

해설 각종 장치의 기능

ㄱ. **기동용 수압개폐장치** : 흡입방식과 관계없이 자동기동방식의 경우 반드시 설치하는 장치이다. 펌프를 자동으로 기동 또는 정지하는 장치로 압력챔버, 전자식 기동용압력스위치, 부르돈관식 압력스위치가 존재한다.

ㄴ. **릴리프밸브** : 흡입방식과 관계없이 펌프의 토출측 배관에 반드시 설치하는 밸브이다. 펌프의 체절압력 미만에서 개방되어 물을 일부 배수해줌으로써 압력을 낮춰주는 밸브이다.

ㄷ. **동력제어반** : 흡입방식과 관계없이 반드시 설치하여야 하는 장치이다. 펌프를 기동시키는 제어반이다.

ㄹ. **솔레노이드밸브** : 준비작동식, 일제살수식, 부압식 스프링클러설비의 구성요소 또는 가스압력식 가스계 소화설비의 구성요소이다. 스프링클러설비에서는 프리액션밸브 또는 일제개방밸브를 동작시키는 역할을 하고, 가스계 소화설비에서는 저장용기 및 선택밸브를 개방시키는 역할을 한다.

ㅁ. **물올림장치** : 수원의 수위가 펌프보다 낮은 위치에 있는 부압흡입방식일 경우 설치하는 장치로서 펌프와 후드밸브 사이의 배관 내에 항상 물을 공급하여 펌프가 물을 송수할 수 있도록 하는 장치를 말한다. 그 외에 부압흡입방식에 설치하여야 하는 장치로는 풋밸브(=후드밸브, foot valve), 연성계 또는 진공계가 존재한다.

[정답] ④

036

「소방시설 설치 및 관리에 관한 법률 시행령」상 옥내소화전설비를 설치하여야 하는 특정소방대상물에 해당하지 않는 것은?

[20년 소방간부]

① 연면적 1,000m² 이상인 판매시설
② 연면적 1,500m² 복합건축물
③ 길이 1,000m 이상인 터널
④ 지하층, 무창층 또는 4층 이상 층의 바닥면적이 300m² 이상인 숙박시설
⑤ 건축물 옥상에 설치된 차고로서 차고 용도로 사용되는 부분의 면적이 200m² 이상인 시설

해설 옥내소화전설비의 설치대상

① 다음의 어느 하나에 해당하는 경우에는 모든 층
  ㉠ 연면적 3천㎡ 이상인 것(지하가 중 터널은 제외한다)
  ㉡ 지하층·무창층(축사는 제외한다)으로서 바닥면적이 600㎡ 이상인 층이 있는 것
  ㉢ 층수가 4층 이상인 층 중 바닥면적이 600㎡ 이상인 층이 있는 것

② ①에 해당하지 않는 근린생활시설, 판매시설, 운수시설, 의료시설, 노유자시설, 업무시설, 숙박시설, 위락시설, 공장, 창고시설, 항공기 및 자동차 관련 시설, 교정 및 군사시설 중 국방·군사시설, 방송통신시설, 발전시설, 장례시설 또는 복합건축물로서 다음의 어느 하나에 해당하는 경우에는 모든 층
  ㉠ 연면적 1천5백㎡ 이상인 것
  ㉡ 지하층·무창층으로서 바닥면적이 300㎡ 이상인 층이 있는 것
  ㉢ 층수가 4층 이상인 층 중 바닥면적이 300㎡ 이상인 층이 있는 것

③ 건축물의 옥상에 설치된 차고·주차장으로서 사용되는 면적이 200㎡ 이상인 경우 해당 부분

④ 다음에 해당하는 터널
  ㉠ 길이가 1천미터 이상인 터널
  ㉡ 예상교통량, 경사도 등 터널의 특성을 고려하여 행정안전부령으로 정하는 터널

⑤ ① 및 ②에 해당하지 않는 공장 또는 창고시설로서 수량의 750배 이상의 특수가연물을 저장·취급하는 것

[정답] ①

037

옥외소화전설비의 화재안전기준에서 소화전함은 옥외소화전마다 그로부터 몇 미터 이내의 장소에 설치하여야 하는가? 〔11년 통합〕

① 5m
② 10m
③ 20m
④ 30m

해설 옥외소화전함의 배치기준

옥외소화전설비에는 옥외소화전마다 그로부터 **5m 이내의 장소**에 소화전함을 다음 각 호의 기준에 따라 설치하여야 한다.
㉠ 옥외소화전이 10개 이하 설치된 때에는 옥외소화전마다 5m 이내의 장소에 1개 이상의 소화전함을 설치하여야 한다.
㉡ 옥외소화전이 11개 이상 30개 이하 설치된 때에는 11개 이상의 소화전함을 각각 분산하여 설치하여야 한다.
㉢ 옥외소화전이 31개 이상 설치된 때에는 옥외소화전 3개마다 1개 이상의 소화전함을 설치하여야 한다.

정답 ①

038

스프링클러설비의 가압송수장치에 대한 설명 중 옳지 않은 것은? 〔11년 통합〕

① 펌프의 토출측에는 압력계를 체크밸브 이전에 펌프 토출측 플랜지에 가까운 곳에 설치하고, 흡입측에는 연성계 또는 진공계를 설치할 것. 다만, 수원의 수위가 펌프의 위치보다 높거나 수직회전축 펌프의 경우에는 연성계 또는 진공계를 설치하지 아니할 수 있다.
② 가압송수장치에는 정격부하 운전 시 펌프의 성능을 시험하기 위한 배관을 설치할 것. 다만, 충압펌프의 경우에는 그러하지 아니하다.
③ 가압송수장치에는 체절운전 시 수온의 상승을 방지하기 위한 순환배관을 설치할 것. 다만, 충압펌프의 경우에는 그러하지 아니하다.
④ 기동용수압개폐장치(압력챔버)를 사용할 경우 그 용적은 100L 이하로 한다.

해설 스프링클러설비
④ 기동용수압개폐장치(압력챔버)를 사용할 경우 그 용적은 **100L 이상**으로 한다.

정답 ④

039

다음은 스프링클러설비에 대한 설명이다. 가장 옳지 않은 것은? 〔11년 서울〕

① 스프링클러설비는 타설비에 비하여 신뢰성이 매우 뛰어나다.
② 스프링클러헤드는 자동확산소화용구처럼 자동으로 열에 의해 소화되는 설비이다.
③ 준비작동식 스프링클러는 감지기의 동작으로 헤드까지 소화용수가 송수되어 헤드가열에 따라 개방되는 방식이다.
④ 스프링클러설비는 초기 설치비용은 크지만 소화 후 수손피해가 적다.

해설 스프링클러설비의 장점 및 단점
1. 장점
 • 초기 소화에 절대적인 효과가 있다.
 • 소화약제가 물로서 가격이 싸며 소화 후 복구가 용이하다.
 • 감지부의 구조가 기계적이므로 오동작, 오보가 없다.
 • 조작이 쉽고 안전하다.
 • 사람이 없는 야간에도 자동적으로 화재를 감지하여 소화 및 경보를 해준다.
2. 단점
 • 시공비가 많이 든다.
 • 시공이 타 소화설비보다 복잡하다.
 • 물로 인한 피해가 심하다(수손피해가 많다).
→ ④ 스프링클러설비는 초기 설치비용이 크고 소화 후 수손피해도 크다.

정답 ④

040

다음에 해당하는 스프링클러설비는? `15년 통합`

가압송수장치에서 폐쇄형스프링클러헤드까지 배관 내에 항상 물이 가압되어 있다가 화재로 인한 열로 폐쇄형스프링클러헤드가 개방되면 배관 내에 유수가 발생하여 작동하게 되는 설비

① 습식 스프링클러설비
② 건식 스프링클러설비
③ 준비작동식 스프링클러설비
④ 일제살수식 스프링클러설비

해설 습식 스프링클러설비

① 습식 스프링클러설비 : 유수검지장치의 1, 2차 배관에 가압수가 충만되어 있다가 헤드의 감열부가 화재로 인해 개방되면 가압수가 방출됨으로서 압력의 균형이 깨지고 이로 인한 기동용수압개폐장치의 압력스위치 작동에 의하여 가압송수장치가 기동하게 되고 연속하여 방수됨으로 소화하게 되는 소화설비

참고 스프링클러설비의 종류

㉠ 습식 스프링클러설비 : 가압송수장치에서 폐쇄형 스프링클러헤드까지 배관 내에 항상 물이 가압되어 있다가 화재로 인한 열로 폐쇄형 스프링클러헤드가 개방되면 배관 내에 유수가 발생하여 습식 유수검지장치가 작동하게 되는 스프링클러설비를 말한다.

㉡ 건식 스프링클러설비 : 건식유수검지장치 2차측에 압축공기 또는 질소 등의 기체로 충전된 배관에 폐쇄형 스프링클러헤드가 부착된 스프링클러설비로서, 폐쇄형 스프링클러헤드가 개방되어 배관내의 압축공기 등이 방출되면 건식유수검지장치 1차측의 수압에 의하여 건식유수검지장치가 작동하게 되는 스프링클러설비를 말한다.

㉢ 준비작동식 스프링클러설비 : 가압송수장치에서 준비작동식 유수검지장치 1차측까지 배관 내에 항상 물이 가압되어 있고 2차측에서 폐쇄형 스프링클러헤드까지 대기압 또는 저압으로 있다가 화재발생시 감지기의 작동으로 준비작동식 유수검지장치가 작동하여 폐쇄형 스프링클러헤드까지 소화용수가 송수되어 폐쇄형 스프링클러헤드가 열에 따라 개방되는 방식의 스프링클러설비를 말한다.

㉣ 일제살수식 스프링클러설비 : 가압송수장치에서 일제개방밸브 1차측까지 배관 내에 항상 물이 가압되어 있고 2차측에서 개방형 스프링클러헤드까지 대기압으로 있다가 화재발생 시 자동감지장치 또는 수동식 기동장치의 작동으로 일제개방밸브가 개방되면 스프링클러헤드까지 소화용수가 송수되는 방식의 스프링클러설비를 말한다.

㉤ 부압식 스프링클러설비 : 가압송수장치에서 준비작동식 유수검지장치의 1차측까지는 항상 정압의 물이 가압되고, 2차측 폐쇄형 스프링클러헤드까지는 소화수가 부압으로 되어 있다가 화재 시 감지기의 작동에 의해 정압으로 변하여 유수가 발생하면 작동하는 스프링클러설비를 말한다.

정답 ①

041

다음에서 설명하는 스프링클러설비의 종류를 고르면? `17년 공개`

1차측에는 가압수를 2차측에는 저압 또는 대기압상태로 화재가 발생하면 먼저 방호구역에 설치되어 있는 감지기의 작동에 의해 헤드까지 송수되어 있다가 화재온도에 의해 폐쇄형헤드가 개방되면 살수가 이루어져 2단계로 소화가 이루어지는 시스템이다.

① 습식   ② 건식
③ 준비작동식   ④ 일제살수식

해설 준비작동식 스프링클러설비

③ 1차측에는 가압수를 2차측에는 저압 또는 대기압상태로 화재가 발생하면 먼저 방호구역에 설치되어 있는 감지기의 작동에 의해 헤드까지 송수되어 있다가 화재온도에 의해 폐쇄형헤드가 개방되면 살수가 이루어져 2단계로 소화가 이루어지는 시스템은 준비작동식이다.

정답 ③

042

다음에서 설명하고 있는 스프링클러설비는 무엇인가?

[17년 소방간부]

주로 난방이 되지 않는 장소에 설치하는 스프링클러설비로서 유수검지장치 1차측까지 배관 내에 항상 물이 가압되어 있고, 2차측에서 스프링클러헤드까지 대기압 상태로 폐쇄형헤드가 설치되어 있다.

① 습식 스프링클러설비
② 건식 스프링클러설비
③ 준비작동식 스프링클러설비
④ 부압식 스프링클러설비
⑤ 일제살수식 스프링클러설비

해설 스프링클러설비의 종류

구 분		습식	건식	준비작동식	일제살수식	부압식
사용 헤드		폐쇄형	폐쇄형	폐쇄형	개방형	폐쇄형
배관	1차측	가압수	가압수	가압수	가압수	가압수
	2차측	가압수	압축공기	대기압, 저압공기	대기압	부압
밸브		습식밸브, 알람체크밸브	건식밸브, 드라이밸브	준비작동밸브, 프리액션밸브	일제개방밸브, 델류지밸브	준비작동밸브, 프리액션밸브
감지기		없다	없다	있다	있다	있다
시험장치		필요	필요	불필요	불필요	필요

정답 ③

043

다음 내용에 해당하는 스프링클러설비 방식은?

[24년 소방간부]

• 가압송수장치에서 유수검지장치 1차 측까지 배관 내에 항상 물이 가압되어 있고, 2차 측에서 폐쇄형스프링클러헤드까지 대기압 또는 저압으로 있다.
• 화재발생 시 감지기의 작동으로 밸브가 개방되면 폐쇄형스프링클러헤드까지 소화수가 송수되고, 폐쇄형스프링클러헤드가 열에 의해 개방되면 방수가 된다.

① 습식
② 건식
③ 부압식
④ 준비작동식
⑤ 일제살수식

해설 스프링클러설비의 종류
① 습식 : 2차측 소화수, 폐쇄형 헤드
② 건식 : 2차측 압축공기 또는 압축질소, 폐쇄형 헤드
③ 부압식 : 2차측 부압수, 폐쇄형 헤드
④ 준비작동식 : 2차측 대기압 또는 저압, 폐쇄형 헤드
⑤ 일제살수식 : 2차측 대기압, 개방형 헤드

정답 ④

44

스프링클러설비의 종류별 1차측 배관과 2차측 배관상태로 옳지 않은 것은?

[12년 경기]

① 건식 스프링클러설비
   − 1차 : 가압수, 2차 : 대기압
② 습식 스프링클러설비
   − 1차 : 가압수, 2차 : 가압수
③ 준비작동식 스프링클러설비
   − 1차 : 가압수, 2차 : 대기압
④ 일제살수식 스프링클러설비
   − 1차 : 가압수, 2차 : 대기압

해설 건식 스프링클러설비
㉠ 배관의 상태 : 1차측(가압수), 2차측(압축공기)
㉡ 헤드의 종류 : 폐쇄형 헤드

ⓒ 구성품 : 폐쇄형 스프링클러헤드, 엑셀레이터, 익죠스터, 자동식 공기압축기, 에어레귤레이터, 로우 알람스위치, 건식 유수검지장치(건식밸브, 드라이밸브) 등

정답 ①

045

폐쇄형 스프링클러헤드를 사용하는 스프링클러설비를 〈보기〉에서 있는 대로 고른 것은?

18년 공개 | 21년 소방간부

| 보기 |

ㄱ. 일제살수식 스프링클러설비
ㄴ. 부압식 스프링클러설비
ㄷ. 준비작동식 스프링클러설비
ㄹ. 건식 스프링클러설비
ㅁ. 습식 스프링클러설비

① ㄱ
② ㄱ, ㄴ
③ ㄴ, ㄷ, ㄹ
④ ㄴ, ㄷ, ㄹ, ㅁ
⑤ ㄱ, ㄴ, ㄷ, ㄹ, ㅁ

해설 폐쇄형 스프링클러헤드를 사용하는 스프링클러설비
일제살수식 스프링클러설비(ㄱ)을 제외한 기타 스프링클러설비(ㄴ, ㄷ, ㄹ, ㅁ)는 모두 폐쇄형 스프링클러헤드를 사용한다.

정답 ④

046

스프링클러설비의 종류 중에서 2차측 헤드로 개방형 헤드를 사용하는 것은?

16년 소방간부

① 준비작동식   ② 가압수조식
③ 습식   ④ 건식
⑤ 일제살수식

해설 폐쇄형 스프링클러헤드를 사용하는 스프링클러설비
일제살수식 스프링클러설비(⑤)을 제외한 기타 스프링클러설비(①, ②, ③, ④)는 모두 폐쇄형 스프링클러헤드를 사용한다.

정답 ⑤

047

다음 중 스프링클러설비 중 감지기를 별도로 설치하지 않아도 되는 설비로 옳은 것은?

12년 전북

㉮ Wet pipe systems
㉯ Deluge systems
㉰ Pre-action systems
㉱ Dry pipe systems

① ㉰, ㉱
② ㉰, ㉯
③ ㉮, ㉱
④ ㉮, ㉰

해설 스프링클러설비의 감지기
습식 스프링클러설비(Wet pipe systems, ㉮)과 건식 스프링클러설비(Dry pipe systems, ㉱)는 폐쇄형 스프링클러헤드에 의해 설비가 동작하므로 감지기를 별도로 설치하지 않아도 된다.
→ ㉯ : 일제살수식 스프링클러설비,
　㉰ : 준비작동식 스프링클러설비를 의미한다.

정답 ③

048

스프링클러설비 중 감지기와 연동하여 작동하는 것만을 모두 고른 것은?

13년 광주 | 19년 공개

ㄱ. 습식 스프링클러설비
ㄴ. 건식 스프링클러설비
ㄷ. 준비작동식 스프링클러설비
ㄹ. 일제살수식 스프링클러설비
ㅁ. 부압식 스프링클러설비

① ㄱ, ㄴ, ㄷ
② ㄱ, ㄹ, ㅁ
③ ㄴ, ㄷ, ㄹ
④ ㄷ, ㄹ, ㅁ

해설 스프링클러설비의 감지기

구 분		습식	건식	준비작동식	일제살수식	부압식
사용 헤드		폐쇄형	폐쇄형	폐쇄형	개방형	폐쇄형
배관	1차측	가압수	가압수	가압수	가압수	가압수
	2차측	가압수	압축공기	대기압, 저압공기	대기압	부압
밸브		습식밸브, 알람체크밸브	건식밸브, 드라이밸브	준비작동밸브, 프리액션밸브	일제개방밸브, 델류지밸브	준비작동밸브, 프리액션밸브
감지기		없다	없다	있다	있다	있다
시험장치		필요	필요	불필요	불필요	필요

정답 ④

049

스프링클러설비의 종류별 특징에 대한 설명으로 옳은 것은? `19년 소방간부`

① 일제살수식의 경우 폐쇄형 스프링클러헤드가 설치된다.
② 건식의 경우 2차측 배관에 가압수를 충전시킨다.
③ 습식과 일제살수식의 경우 감지기가 설치된다.
④ 습식의 경우 슈퍼비조리판넬(Supervisory Panel)이 설치된다.
⑤ 준비작동식의 경우 감지기와 폐쇄형 스프링클러헤드가 설치된다.

해설 스프링클러설비의 종류별 특징

① 일제살수식 스프링클러설비의 경우 개방형 스프링클러헤드가 설치된다.
② 건식 스프링클러설비의 경우 2차측 배관에 압축공기를 충전시킨다.
③ 습식 스프링클러설비는 감지기가 설치되지 않는다. 감지기는 준비작동식, 일제살수식, 부압식 스프링클러설비에 설치된다.
④ 준비작동식, 일제살수식, 부압식 스프링클러설비의 경우 슈퍼비조리판넬(수동조작함, Supervisory Panel)이 설치된다.

정답 ⑤

050

스프링클러설비의 구성품 중 리타딩 챔버(retarding chamber)의 기능으로 옳은 것은? `20년 공개`

① 역류방지
② 가압송수
③ 오작동방지
④ 동파방지

해설 리타딩 챔버

자동경보밸브에 설치되어 누수로 인한 습식 유수검지장치의 오작동을 방지하기 위한 장치이다.

정답 ③

051

스프링클러설비 종류별 주요 구성품의 연결이 옳은 것만을 〈보기〉에서 있는 대로 고른 것은? `22년 소방간부`

| 보기 |

ㄱ. 습식 스프링클러설비
 : 알람밸브, 개방형 헤드
ㄴ. 건식 스프링클러설비
 : 익조스터(Exhauster), 공기 압축기
ㄷ. 준비작동식 스프링클러설비
 : 선택밸브, SVP (Super-visory Panel)
ㄹ. 일제살수식 스프링클러설비
 : 일제개방밸브, 개방형 헤드

① ㄱ, ㄷ
② ㄴ, ㄹ
③ ㄱ, ㄴ, ㄷ
④ ㄴ, ㄷ, ㄹ
⑤ ㄱ, ㄴ, ㄷ, ㄹ

해설 스프링클러설비 종류별 구성품의 연결

ㄱ. 습식 스프링클러설비 : 알람밸브, 폐쇄형 헤드
 → 개방형 헤드를 사용하는 것은 일제살수식 스프링클러설비이다.
ㄴ. 건식 스프링클러설비 : 익조스터(Exhauster), 공기 압축기
 → 건식 스프링클러설비는 방수지연시간을 보완하기 위해 익조스터(Exhauster) 또는 엑셀레이터의 긴급개방장치를 사용한다.

ㄷ. 준비작동식 스프링클러설비 : 솔레노이드밸브, SVP (Super-visory Panel)
  → 선택밸브는 가스계 소화설비의 구성요소이다.
ㄹ. 일제살수식 스프링클러설비 : 일제개방밸브, 개방형 헤드

정답 ②

052 🔥🔥🔥

다음 중 스프링클러설비를 구성하는 배관 중 헤드가 설치된 가장 가느다란 배관은? `13년 충북`

① 교차배관
② 수평주행배관
③ 가지배관
④ 입상배관

해설 스프링클러설비의 배관
③ 가지배관은 스프링클러헤드가 설치되어 있는 배관으로 가장 가느다란(25mm) 배관이다.

> **참고** 배관
> ㉠ 가지배관 : 헤드가 설치되어 있는 배관을 말한다.
> ㉡ 교차배관 : 가지배관에 급수하는 배관을 말한다.
> ㉢ 주배관 : 가압송수장치 또는 송수구 등과 직접 연결되어 소화수를 이송하는 주된 배관을 말한다.
> ㉣ 신축배관 : 가지배관과 스프링클러헤드를 연결하는 배관으로 구부림이 용이하고 유연성을 가진 것을 말한다.
> ㉤ 급수배관 : 수원, 송수구 등으로부터 소화설비에 급수하는 배관을 말한다.

정답 ③

053 🔥🔥🔥

스프링클러헤드를 설치하지 아니할 수 있는 장소에 해당하지 않는 것은? `21년 소방간부`

① 고온의 노(爐)가 설치된 장소
② 영하의 냉장창고의 냉장실 또는 냉동창고의 냉동실
③ 현관 또는 로비 등으로서 바닥으로부터 높이가 20m 이상인 장소
④ 펌프실·물탱크실, 엘리베이터 권상기실
⑤ 천장·반자 중 한쪽이 불연재료로 되어있고 천장과 반자사이의 거리가 2m 미만인 부분

해설 스프링클러헤드의 설치제외장소
1. 계단실(특별피난계단의 부속실을 포함한다)·경사로·승강기의 승강로·비상용승강기의 승강장·파이프덕트 및 덕트피트(파이프·덕트를 통과시키기 위한 구획된 구멍에 한한다)·목욕실·수영장(관람석부분을 제외한다)·화장실·직접 외기에 개방되어 있는 복도 그 밖에 이와 유사한 장소
2. 통신기기실·전자기기실 그 밖에 이와 유사한 장소
3. 발전실·변전실·변압기 그 밖에 이와 유사한 전기설비가 설치되어 있는 장소
4. 병원의 수술실·응급처치실 그 밖에 이와 유사한 장소
5. 천장과 반자 양쪽이 불연재료로 되어 있는 경우로서 그 사이의 거리 및 구조가 다음 각 목의 어느 하나에 해당하는 부분
   가. 천장과 반자사이의 거리가 2m 미만인 부분
   나. 천장과 반자사이의 벽이 불연재료이고 천장과 반자사이의 거리가 2m 이상으로서 그 사이에 가연물이 존재하지 않는 부분
6. 천장·반자 중 한쪽이 불연재료로 되어 있고 천장과 반자사이의 거리가 1m 미만인 부분
7. 천장 및 반자가 불연재료가 아닌 것으로 되어 있고 천장과 반자사이의 거리가 0.5m 미만인 부분
8. 펌프실·물탱크실 엘리베이터 권상기실 그 밖의 이와 비슷한 장소
9. 현관 또는 로비 등으로서 바닥으로부터 높이가 20m 이상인 장소
10. 영하의 냉장창고의 냉장실 또는 냉동창고의 냉동실
11. 고온의 노가 설치된 장소 또는 물과 격렬하게 반응하는 물품의 저장 또는 취급장소
12. 불연재료로 된 특정소방대상물 또는 그 부분으로서 다음 각 목의 어느 하나에 해당하는 장소
    가. 정수장·오물처리장 그 밖의 이와 비슷한 장소
    나. 펄프공장의 작업장·음료수공장의 세정 또는 충전하는 작업장 그 밖의 이와 비슷한 장소

다. 불연성의 금속·석재 등의 가공공장으로서 가연성물질을 저장 또는 취급하지 않는 장소
라. 가연성 물질이 존재하지 않는 「건축물의 에너지절약설계기준」에 따른 방풍실
13. 실내에 설치된 테니스장·게이트볼장·정구장 또는 이와 비슷한 장소로서 실내 바닥·벽·천장이 불연재료 또는 준불연재료로 구성되어 있고 가연물이 존재하지 않는 장소로서 관람석이 없는 운동시설(지하층은 제외한다)

정답 ⑤

054 🔥🔥🔥

스프링클러설비의 헤드 수평거리로서 알맞은 것은?

[11년 울산]

① 내화구조 : 2.5m 이하
② 기타구조 : 2.3m 이하
③ 랙크식 창고 : 2.1m 이하
④ 무대부 : 1.7m 이하

해설 스프링클러헤드의 수평거리

구분	수평거리
무대부·특수가연물을 저장 또는 취급하는 장소	1.7m 이하
기타구조	2.1m 이하
내화구조	2.3m 이하

정답 ④

055 🔥🔥🔥

「소방시설 설치 및 관리에 관한 법률 시행령」상 스프링클러설비를 설치하여야 하는 특정소방대상물이 아닌 것은?

[21년 소방간부]

① 수용인원이 200명인 박물관
② 지하층에 있는 바닥면적이 300m^2인 영화상영관
③ 바닥면적 합계가 1,000m^2인 한방병원
④ 바닥면적 합계가 6,000m^2인 물류터미널
⑤ 바닥면적 합계가 10,000m^2인 농수산물공판장

해설 스프링클러설비의 설치대상

① 층수가 6층 이상인 특정소방대상물의 경우에는 모든 층. 다만, 다음의 어느 하나에 해당하는 경우에는 제외한다.
  ㉠ 주택 관련 법령에 따라 기존의 아파트등을 리모델링하는 경우로서 건축물의 연면적 및 층의 높이가 변경되지 않는 경우. 이 경우 해당 아파트등의 사용검사 당시의 소방시설의 설치에 관한 대통령령 또는 화재안전기준을 적용한다.
  ㉡ 스프링클러설비가 없는 기존의 특정소방대상물을 용도변경하는 경우. 다만, ②·③·④·⑤·⑥ 및 ⑧부터 ⑬까지의 규정에 해당하는 특정소방대상물로 용도변경하는 경우에는 해당 규정에 따라 스프링클러설비를 설치한다.
② 기숙사(교육연구시설·수련시설 내에 있는 학생 수용을 위한 것을 말한다) 또는 복합건축물로서 연면적 5천m^2 이상인 경우에는 모든 층
③ 문화 및 집회시설(동·식물원은 제외한다), 종교시설(주요구조부가 목조인 것은 제외한다), 운동시설(물놀이형 시설 및 관람석이 없는 운동시설은 제외한다)로서 다음의 어느 하나에 해당하는 경우에는 모든 층
  ㉠ 수용인원이 100명 이상인 것
  ㉡ 영화상영관의 용도로 쓰이는 층의 바닥면적이 지하층 또는 무창층인 경우에는 500m^2 이상, 그 밖의 층의 경우에는 1천m^2 이상인 것
  ㉢ 무대부가 지하층·무창층 또는 4층 이상의 층에 있는 경우에는 무대부의 면적이 300m^2 이상인 것
  ㉣ 무대부가 ㉢ 외의 층에 있는 경우에는 무대부의 면적이 500m^2 이상인 것
④ 판매시설, 운수시설 및 창고시설(물류터미널에 한정한다)로서 바닥면적의 합계가 5천m^2 이상이거나 수용인원이 500명 이상인 경우에는 모든 층
⑤ 다음의 어느 하나에 해당하는 용도로 사용되는 시설의 바닥면적의 합계가 600m^2 이상인 것은 모든 층
  ㉠ 근린생활시설 중 조산원 및 산후조리원
  ㉡ 의료시설 중 정신의료기관
  ㉢ 의료시설 중 종합병원, 병원, 치과병원, 한방병원 및 요양병원(정신병원은 제외한다)
  ㉣ 노유자시설
  ㉤ 숙박시설
  ㉥ 숙박이 가능한 수련시설
⑥ 창고시설(물류터미널은 제외한다)로서 바닥면적의 합계가 5천m^2 이상인 경우에는 모든 층
⑦ ①부터 ⑥까지의 특정소방대상물에 해당하지 않는 특정소방대상물의 지하층·무창층(축사는 제외한다) 또는 층수가 4층 이상인 층으로서 바닥면적이 1천m^2 이상인 층
⑧ 물건을 수납할 수 있는 선반이나 이와 비슷한 것을 갖춘 창고시설로서 천장 또는 반자(반자가 없는 경우에는 지붕의 옥내에 면하는 부분)의 높이가 10m를 초과하고, 랙이 설치된 층의 합계가 1천5백m^2 이상인 경우에는 모든 층

⑨ 공장 또는 창고시설로서 다음의 어느 하나에 해당하는 시설
  ㉠ 수량의 1천배 이상의 특수가연물을 저장·취급하는 시설
  ㉡ 중·저준위방사성폐기물의 저장시설 중 소화수를 수집·처리하는 설비가 있는 저장시설
⑩ 지붕 또는 외벽이 불연재료가 아니거나 내화구조가 아닌 공장 또는 창고시설로서 다음의 어느 하나에 해당하는 것
  ㉠ 창고시설(물류터미널에 한정한다) 중 ④에 해당하지 않는 것으로서 바닥면적의 합계가 2천5백㎡ 이상이거나 수용인원이 250명 이상인 경우에는 모든 층
  ㉡ 창고시설(물류터미널은 제외한다) 중 ⑥에 해당하지 않는 것으로서 바닥면적의 합계가 2천5백㎡ 이상인 경우에는 모든 층
  ㉢ 공장 또는 창고시설 중 ⑦에 해당하지 않는 것으로서 지하층·무창층 또는 층수가 4층 이상인 층으로서 바닥면적이 500㎡ 이상인 경우에는 모든 층
  ㉣ 랙식 창고시설 중 ⑧에 해당하지 않는 것으로서 바닥면적의 합계가 750㎡ 이상인 경우에는 모든 층
  ㉤ 공장 또는 창고시설 중 ⑨의 ㉠에 해당하지 않는 것으로서 수량의 500배 이상의 특수가연물을 저장·취급하는 시설
⑪ 지하상가로서 연면적 1천㎡ 이상인 것
⑫ 교정 및 군사시설 중 다음의 어느 하나에 해당하는 경우에는 해당 장소
  ㉠ 보호감호소, 교도소, 구치소 및 그 지소, 보호관찰소, 갱생보호시설, 치료감호시설, 소년원 및 소년분류심사원의 수용거실
  ㉡ 보호시설(외국인보호소의 경우에는 보호대상자의 생활공간으로 한정한다. 이하 같다)로 사용하는 부분. 다만, 보호시설이 임차건물에 있는 경우는 제외한다.
  ㉢ 유치장
⑬ 발전시설 중 전기저장시설
⑭ ①부터 ⑬까지의 특정소방대상물에 부속된 보일러실 또는 연결통로 등

정답 ②

056

소방청장이 정하는 내진설계기준에 맞게 소방시설을 설치해야 하는 경우 대통령령으로 정하는 소방시설에 해당하지 않는 것은? 19년 소방간부

① 옥내소화전설비 ② 옥외소화전설비
③ 물분무소화설비 ④ 스프링클러설비
⑤ 포소화설비

해설 내진설계를 하여야 하는 소방시설의 종류
㉠ 옥내소화전설비
㉡ 스프링클러설비
㉢ 물분무등소화설비

정답 ②

057

물분무소화설비와 같은 방수형태는? 13년 전북
① 적상 ② 봉상
③ 포상 ④ 무상

해설 방수형태
옥내소화전설비 및 옥외소화전설비는 봉상주수의 형태를 갖고, 스프링클러설비는 적상주수의 형태를 갖으며, 물분무소화설비 및 미분무소화설비는 무상주수(분무주수)의 형태를 갖는다.

정답 ④

058

「포소화설비의 화재안전성능기준」상 포 소화약제 혼합장치 중 '프레셔사이드 프로포셔너방식'에 대한 설명으로 옳은 것은? [25년 소방간부]

① 펌프와 발포기의 중간에 설치된 벤추리관의 벤추리 작용과 펌프 가압수의 포 소화약제 저장탱크에 대한 압력에 따라 포 소화약제를 흡입·혼합하는 방식을 말한다.
② 펌프와 발포기의 중간에 설치된 벤추리관의 벤추리 작용에 따라 포 소화약제를 흡입·혼합하는 방식을 말한다.
③ 펌프의 토출관과 흡입관 사이의 배관 도중에 설치한 흡입기에 펌프에서 토출된 물의 일부를 보내고, 농도 조정밸브에서 조정된 포 소화약제의 필요량을 포 소화약제 저장탱크에서 펌프 흡입측으로 보내어 이를 혼합하는 방식을 말한다.
④ 물, 포 소화약제 및 공기를 믹싱챔버로 강제주입시켜 챔버 내에서 포수용액을 생성한 후 포를 방사하는 방식을 말한다.
⑤ 펌프의 토출관에 압입기를 설치하여 포 소화약제 압입용펌프로 포 소화약제를 압입시켜 혼합하는 방식을 말한다.

해설 포 소화약제의 혼합장치
① 프레져 프로포셔너방식에 대한 설명이다.
② 라인 프로포셔너방식에 대한 설명이다.
③ 펌프 프로포셔너방식에 대한 설명이다.
④ 압축공기포 믹싱챔버방식에 대한 설명이다.
⑤ 프레져사이드 프로포셔너방식에 대한 설명이다.

정답 ⑤

059

포혼합장치 중 펌프 프로포셔너(pump proportioner)방식에 해당하는 것은? [21년 공개]

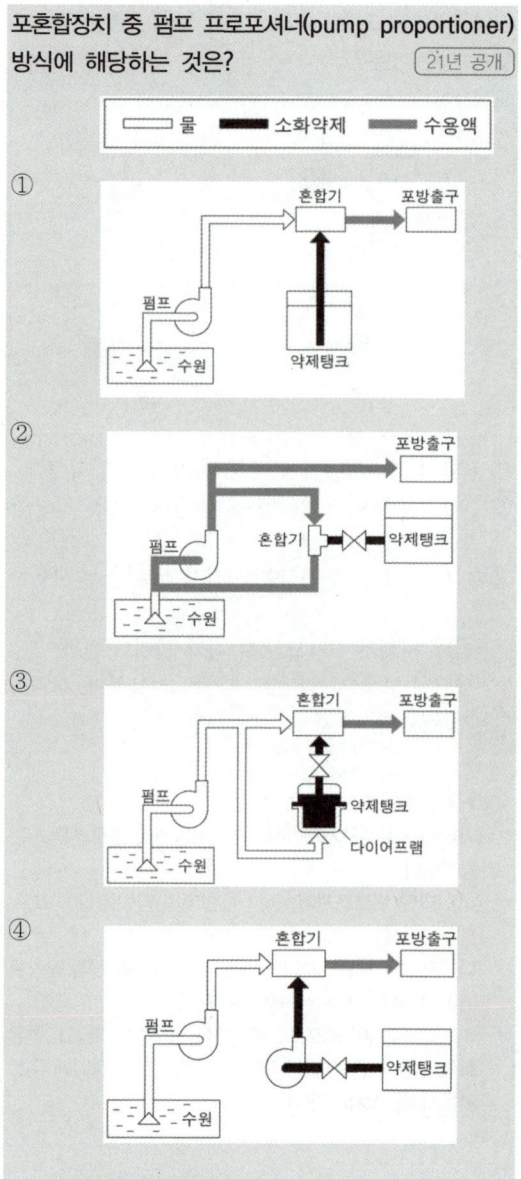

해설 포혼합장치의 종류
① 라인 프로포셔너 방식
② 펌프 프로포셔너방식
③ 프레져 프로포셔너 방식
④ 프레져사이드 프로포셔너 방식

정답 ②

060 🔥🔥🔥

(가) ~ (라)의 포소화약제 혼합방식에 관한 설명으로 옳지 않은 것은? [25년 공개]

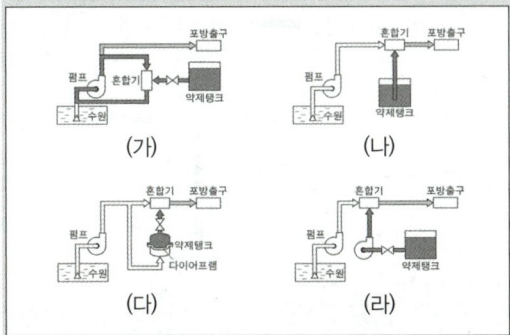

① (가) : 화학소방차에 주로 사용하는 방식이다.
② (나) : 혼합기의 압력손실이 적고, 흡입 가능한 유량의 범위가 넓다.
③ (다) : 약제 원액 잔량을 버리지 않고 계속 사용할 수 있다.
④ (라) : 비행기 격납고, 석유화학 플랜트 등과 같은 대단위 고정식 소화설비에 주로 사용하며, 설치비가 비싸다.

해설 포혼합장치
① (가), 펌프 프로포셔너방식 : 화학소방차에 주로 사용하는 방식이다.
② (나), 라인 프로포셔너방식 : 혼합기의 압력손실이 크고, 흡입 가능한 유량의 범위가 좁다.
③ (다), 프레져 프로포셔너방식(압송식) : 약제 원액 잔량을 버리지 않고 계속 사용할 수 있다.
④ (라), 프레져사이드 프로포셔너방식 : 비행기 격납고, 석유화학 플랜트 등과 같은 대단위 고정식 소화설비에 주로 사용하며, 설치비가 비싸다.

참고 포혼합장치의 특징

구분	적용	특징
펌프	소방자동차 (화학소방차)	• 보수가 용이한 편이다. • 혼합기의 압력손실이 적다. • 압력손실이 발생할 경우 약제탱크 쪽으로 물이 역류할 우려가 있다.
라인	포소화전 소규모 또는 이동식 소화설비	• 가격이 저렴하다. • 혼합기의 압력손실이 크다. • 흡입할 수 있는 유량범위가 좁은 편이다. • 흡입할 수 있는 높이(1.8m 이하)가 제한적이다.
프레져	위험물 제조소, 대부분의 건물에 적용	• 혼합기의 압력손실이 적다. • 흡입할 수 있는 유량범위가 넓은 편이다. • 다이어프램이 설치된 압송식의 경우 약제 원액 잔량을 버리지 않고 사용할 수 있다.
프레져 사이드	비행기 격납고, 석유화학 플랜트 등과 같은 대단위 고정식 소화설비	• 시설 거대화로 설치비가 비싸다. • 혼합기의 압력손실이 적다. • 흡입할 수 있는 유량범위가 넓은 편이다. • 운전 후 소화약제를 다시 사용할 수 있다. • 약제탱크의 토출압력이 급수펌프의 토출압력보다 낮으면 원액이 유입되지 않는다.

정답 ②

061

포소화설비에 관한 설명으로 옳지 않은 것은? [23년 공개]

① 팽창비란 최종 발생한 포 수용액 체적을 원래 포 체적으로 나눈 값을 말한다.
② 연성계란 대기압 이상의 압력과 대기압 이하의 압력을 측정할 수 있는 계측기를 말한다.
③ 국소방출방식이란 소화약제 공급장치에 배관 및 분사 헤드 등을 설치하여 직접 화점에 소화약제를 방출하는 방식을 말한다.
④ 프레셔사이드 프로포셔너방식이란 펌프의 토출 관에 압입기를 설치하여 포 소화약제 압입용펌프로 포 소화약제를 압입시켜 혼합하는 방식을 말한다.

[해설] 포소화설비

① 팽창비란 최종 발생한 포 체적을 원래 포수용액 체적으로 나눈 값을 말한다.

→ 팽창비(발포배율) = $\dfrac{\text{최종 발생한 포 체적}}{\text{원래 포수용액 체적}}$

② 연성계란 펌프의 흡입측 배관에 설치하며, 대기압 이상의 압력과 대기압 이하의 압력을 측정할 수 있는 계측기를 말한다.

구분	진공계	연성계	압력계
설치 위치	펌프의 흡입측 배관	펌프의 흡입측 배관	펌프의 토출측 배관
측정 압력	대기압 이하	대기압 이하/이상	대기압 이상
흡입 방식	부압흡입방식일 경우 설치	부압흡입방식일 경우 설치	펌프의 흡입방식과 관계 없이 설치

③ 국소방출방식이란 소화약제 공급장치에 배관 및 분사 헤드 등을 설치하여 직접 화점에 소화약제를 방출하는 방식을 말한다.

구분	내용
전역방출 방식	소화약제 공급장치에 배관 및 분사헤드 등을 고정 설치하여 밀폐 방호구역 내에 소화약제를 방출하는 방식
국소방출 방식	소화약제 공급장치에 배관 및 분사헤드를 등을 설치하여 직접 화점에 소화약제를 방출하는 방식
호스릴 방식	호스릴포방수구·호스릴 및 이동식 포노즐을 사용하는 설비

④ 프레셔사이드 프로포셔너방식이란 펌프의 토출관에 압입기를 설치하여 포 소화약제 압입용펌프로 포 소화약제를 압입시켜 혼합하는 방식을 말한다.

[정답] ①

062

소화설비에 대한 설명으로 옳은 것은? [21년 공개]

① 산·알칼리 소화기는 가스계 소화기로 분류된다.
② CO_2 소화설비는 화재감지기, 선택밸브, 방출표시 등, 압력스위치 등으로 구성된다.
③ 슈퍼바이저리패널(supervisory panel)은 습식 스프링클러설비의 구성요소이다.
④ 순환배관은 옥내소화전설비의 펌프 체절운전 시 수온 하강 방지를 위해 설치한다.

[해설] 소화설비

① 산·알칼리 소화기는 수계 소화기로 분류된다.
③ 슈퍼바이저리패널(supervisory panel)은 준비작동식, 일 제살수식, 부압식 스프링클러설비의 구성요소이다.
④ 순환배관은 옥내소화전설비의 펌프 체절운전 시 수온의 상승 방지를 위해 설치한다.

[정답] ②

063

이산화탄소 소화설비에 관하여 가장 옳지 않은 것은? [11년 서울]

① 이산화탄소 소화설비는 수계소화설비이다.
② 이산화탄소 소화약제는 가격이 저렴하다.
③ 침투성이 좋고 심부화재에 적합하다.
④ 이산화탄소는 비전도성으로 전기화재 등에 적합하다.

[해설] 이산화탄소소화설비

① 이산화탄소 소화설비는 가스계 소화설비에 해당한다.

[정답] ①

064

〈보기〉의 이산화탄소 소화설비의 작동 단계를 순서대로 바르게 나열한 것은?   `25년 공개`

| 보기 |

ㄱ. 기동용기 솔레노이드 동작
ㄴ. 분사헤드 가스 방출
ㄷ. 선택밸브 개방
ㄹ. 저장용기밸브 개방

① ㄱ → ㄷ → ㄹ → ㄴ
② ㄱ → ㄹ → ㄷ → ㄴ
③ ㄷ → ㄱ → ㄴ → ㄹ
④ ㄷ → ㄹ → ㄱ → ㄴ

해설 이산화탄소 소화설비의 작동단계

㉠ 가스계 소화설비 교차회로 중 A 회로가 작동하면 오보의 유무 및 소화설비가 작동할 수 있음을 알리는 주의경보를 발한다.
㉡ B회로의 화재감지기가 작동하거나, 수동조작함의 수동스위치가 눌러지면 이산화탄소소화설비 제어반(수신기)에 주화재신호가 발생하고 방호구역내의 대피경보와 솔레노이드가 작동한다. (지연시간을 설정한 경우에는 설정된 시간만큼 지연한 다음 솔레노이드를 작동시킨다)
㉢ 솔레노이드밸브가 작동[ㄱ]하여 솔레노이드밸브의 공이에 의해 기동용기의 봉판이 뚫리며, 기동용기의 가스가 동관으로 방출된다.
㉣ 기동용기의 가스가 동관으로 이동하여 해당 방호구역의 선택밸브를 개방[ㄷ]시키고 소화약제 저장용기밸브의 니들밸브를 가압하면 니들핀이 저장용기밸브의 봉판을 뚫는다. [ㄹ]
㉤ 첫 번째 저장용기의 가스가 집합관으로 방출되며, 열려진 선택밸브를 통과하여 헤드로 가스가 방출된다. 선택밸브를 통과하는 저장용기의 가스 중 일부의 가스가 동관으로 이동하며, 기동용 가스의 동관으로 들어온 가스와 저장용기 가스가 동관으로 들어온 가스와 합세하여 나머지 저장용기를 개방한다.
㉥ 저장용기의 가스가 선택밸브를 통과하면서 일부의 가스가 동배관으로 들어와 압력스위치를 작동시켜 방출표시등이 점등되게 한다.
㉦ 분사헤드로 소화가스가 방출[ㄴ]된다. 분사헤드로 약제 방출 전 개구부는 전동 댐퍼 또는 피스톤릴리즈 댐퍼로 폐쇄된다.

→ 이산화탄소 소화설비의 작동단계는 "ㄱ → ㄷ → ㄹ → ㄴ"이다.

정답 ①

065

다음 보기는 자동식 이산화탄소소화설비의 작동원리를 순서 없이 나열한 것이다. 이를 순서대로 나열한 것은?   `12년 전북`

감지기에 의한 화재 감지 →
가. 기동용 이산화탄소가스 방출
나. 방출표시등 점등
다. 경보장치 작동 및 화재지구 표시등 점등
라. 선택밸브 및 해당 구역의 저장용기 밸브 개방
→ 분사헤드를 통한 이산화탄소가스 방출

① 가 - 다 - 라 - 나
② 가 - 나 - 라 - 다
③ 다 - 가 - 라 - 나
④ 다 - 가 - 나 - 라

해설 이산화탄소소화설비의 작동흐름

화재발생
↓
교차회로방식의 A, B감지기 동작 또는 수동기동장치 동작
↓
경보장치 작동 및 표시등 점등 [다]
↓
(지연시간 후) 솔레노이드밸브 동작
↓
기동용기 개방 [가]
↓
저장용기 및 선택밸브 개방 [라]
↓
압력스위치 동작
↓
방출표시등 점등 [나]
↓
(환기장치 등 정지 후) 소화약제 방출

정답 ③

066

이산화탄소소화설비에 대한 일반적인 설명으로 옳지 않은 것은? [22년 공개]

① 기동용기의 가스는 압력스위치 및 자동폐쇄장치를 작동시키는 역할을 한다.
② 저장용기는 직사광선 및 빗물이 침투할 우려가 없는 곳에 설치한다.
③ 전역방출방식에서 환기장치는 이산화탄소가 방사되기 전에 정지되어야 한다.
④ 전역방출방식에서 음향경보장치와 방출표시등이 필요하다.

해설 이산화탄소소화설비의 작동흐름

① 기동용기의 가스는 저장용기 및 선택밸브를 작동시키는 역할을 한다.

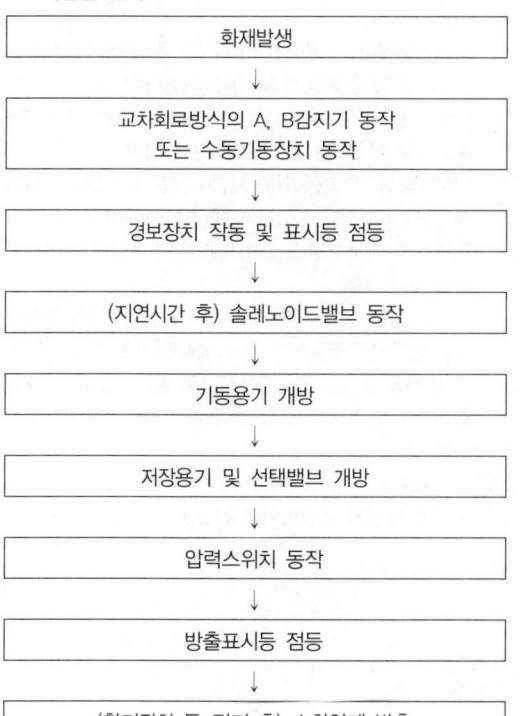

정답 ①

067

다음 중 이산화탄소소화설비에 관하여 옳지 않은 것은? [13년 소방간부]

① 전역방출방식에서 심부화재는 7분 이내 방사, 표면화재는 1분 이내에 방사한다.
② 나트륨, 칼륨 등 활성금속물질에는 소화약제의 사용을 피하여야 한다.
③ 전시장 등의 관람을 위하여 다수인이 출입·통행하는 실내의 통로에 설치하도록 한다.
④ 화재 시 실내 인원을 실외로 대피시키기 위하여 1분 이상 경보를 울려야 한다.
⑤ 줄톰슨효과에 의하여 온도가 급강하하면서 드라이아이스가 생성되어 냉각효과도 생기게 된다.

해설 이산화탄소 소화설비의 분사헤드 설치제외장소

이산화탄소소화설비의 분사헤드는 다음 각 호의 장소에 설치하여서는 아니 된다.

㉠ 방재실·제어실 등 사람이 상시 근무하는 장소
㉡ 니트로셀룰로스·셀룰로이드제품 등 자기연소성물질을 저장·취급하는 장소
㉢ 나트륨·칼륨·칼슘 등 활성금속물질을 저장·취급하는 장소
㉣ 전시장 등의 관람을 위하여 다수인이 출입·통행하는 통로 및 전시실 등

정답 ③

PART 6 | 소방시설

CHAPTER 03 | 경보설비

							068	069	070
							③	④	④
071	072	073	074	075	076	077	078	079	080
④	④	③	④	②	④	④	④	③	④
081	082	083	084	085	086	087	088		
①	③	④	①	③	①	②	③		

068

다음 중 경보설비에 대한 설명으로 맞는 것은?

12년 울산

① 자동화재속보설비는 자동화재탐지설비로부터 화재신호를 받아 통신망 음성 등의 방법으로 관계인에게 자동적으로 화재발생 위치를 신속하게 통보해주는 설비이다.
② 단독경보형감지기는 별도의 수신기를 통해 화재발생 상황을 알린다.
③ 자동화재탐지설비는 감지기, 발신기, 수신기, 음향장치 등으로 구성되어 있다.
④ 비상벨설비는 항상 자동으로 건물 내·외에 있는 사람에게 화재사실을 알린다.

해설 경보설비의 종류

① 자동화재속보설비는 자동화재탐지설비로부터 화재신호를 받아 통신망 음성 등의 방법으로 소방관서에게 자동적으로 화재발생 위치를 신속하게 통보해주는 설비이다.
② 단독경보형감지기는 별도의 수신기를 필요로 하지 않으며 자체 내장된 음향장치에 의해 단독으로 화재발생상황을 알린다.
③ 자동화재탐지설비는 전원, 감지기, 표시등, 배선, 수신기, 발신기, 중계기, 음향장치 등으로 구성되어 있다.
④ 비상벨설비는 수동으로 건물 내에 있는 사람에게 화재발생상황을 알린다.

정답 ③

069

자동화재탐지설비 수신기의 화재신호와 연동으로 작동하여 관계인에게 화재발생을 경보함과 동시에 소방관서에 자동적으로 통신망을 통한 당해 화재발생 및 당해 소방대상물의 위치 등을 음성으로 통보하여 주는 것은?

22년 소방간부

① 통합감시시설
② 비상경보설비
③ 비상방송설비
④ 자동화재속보설비
⑤ 단독경보형 감지기

해설 경보설비

① 통합감시시설 : 소방관서와 지하구의 통제실 간에 화재 등 소방활동과 관련된 정보를 상시 교환할 수 있는 정보통신망
② 비상경보설비 : 비상벨설비(화재발생 상황을 경종으로 경보하는 설비), 자동식 사이렌설비(화재발생 상황을 사이렌으로 경보하는 설비), 발신기(화재발생 신호를 수신기에 수동으로 발신하는 장치)로 구성된 설비
③ 비상방송설비 : 자동화재탐지설비 또는 소화설비에 의해서 감지된 화재를 신속하게 해당 특정소방대상물 내에 있는 사람에게 방송으로 화재를 알려 피난을 용이하게 하기 위한 설비
④ 자동화재속보설비 : 자동화재탐지설비 수신기의 화재신호와 연동으로 작동하여 관계인에게 화재발생을 경보함과 동시에 소방관서에 자동적으로 통신망을 통한 당해 화재발생 및 당해 소방대상물의 위치 등을 음성으로 통보하여 주는 것
⑤ 단독경보형감지기: 화재발생 상황을 단독으로 감지하여 자체에 내장된 음향장치로 경보하는 감지기

정답 ④

070

다음 중 자동화재탐지설비의 구성요소가 아닌 것은?

[13년 충북] [17년 공개]

① 감지기 ② 수신기
③ 발신기 ④ 송신기

해설 자동화재탐지설비의 구성요소
㉠ 수신기
㉡ 발신기
㉢ 중계기
㉣ 감지기
㉤ 경보장치(음향장치)
㉥ 시각경보기
㉦ 전원 및 배선 등
→ ④ 송신기는 해당하지 않는다.

정답 ④

071

자동화재탐지설비의 감지기가 하는 기능이 아닌 것은?

[11년 서울]

① 센서기능 ② 판단기능
③ 발신기능 ④ 수신기능

해설 감지기의 기능
㉠ 센서기능
㉡ 판단기능
㉢ 발신기능

정답 ④

072

특정소방대상물 중 화재신호를 발신하고 그 신호를 수신 및 유효하게 제어할 수 있는 구역을 무엇이라고 하는가?

[13년 소방간부]

① 제어구역 ② 자동화재탐지구역
③ 수신구역 ④ 경계구역
⑤ 발신구역

해설 경계구역의 정의
④ 경계구역이란 소방대상물 중 화재신호를 발신하고 그 신호를 수신 및 유효하게 제어할 수 있는 구역을 말한다.

정답 ④

073

소방대상물에서 화재신호를 발신하고 그 신호를 수신 및 유효하게 제어할 수 있는 경계구역의 설정기준으로 옳지 않은 것은?

[16년 소방간부]

① 하나의 경계구역이 2개 이상의 건축물에 미치지 아니하도록 한다.
② 하나의 경계구역이 2개 이상의 층에 미치지 아니하도록 한다. 다만 500m^2 이하의 범위 안에서는 2개의 층을 하나의 경계구역으로 할 수 있다.
③ 하나의 경계구역의 면적은 500m^2 이하로 하고 한 변의 길이는 50m 이하로 한다.
④ 지하층의 계단 및 경사로(지하층의 층수가 1일 경우는 제외)는 별도로 하나의 경계구역으로 하여야 한다.
⑤ 외기에 면하여 상시 개방된 부분이 있는 차고, 주차장, 창고 등에 있어서는 외기에 면하는 각 부분으로부터 5m 미만의 범위 안에 있는 부분은 경계구역의 면적에 산입하지 않는다.

해설 경계구역의 기준

1. 수평적 경계구역
   ㉠ 하나의 경계구역이 2개 이상의 건축물에 미치지 아니하도록 할 것
   ㉡ 하나의 경계구역이 2개 이상의 층에 미치지 아니하도록 할 것. 다만, 500㎡ 이하의 범위 안에서는 2개의 층을 하나의 경계구역으로 할 수 있다
   ㉢ 하나의 경계구역의 면적은 600㎡ 이하로 하고 한 변의 길이는 50m 이하로 할 것. 다만, 해당 특정소방대상물의 주된 출입구에서 그 내부 전체가 보이는 것에 있어서는 한 변의 길이가 50m의 범위에서 1,000㎡ 이하로 할 수 있다.

2. 수직적 경계구역
   ㉠ 계단(직통계단외의 것에 있어서는 떨어져 있는 상하계단의 상호간의 수평거리가 5m 이하로서 서로 간에 구획되지 아니한 것에 한한다. 이하 같다)·경사로(에스컬레이터경사로 포함)·엘리베이터 승강로(권상기실이 있는 경우에는 권상기실)·린넨슈트·파이프 피트 및 덕트 그 밖의 이와 유사한 부분에 대하여는 별도로 경계구역을 설정할 것

ⓒ 하나의 경계구역은 높이 45m 이하(계단 및 경사로에 한한다)로 하고, 지하층의 계단 및 경사로(지하층의 층수가 1일 경우는 제외한다)는 별도로 하나의 경계구역으로 하여야 한다.

3. 기타 경계구역 기준
   ㄱ) 외기에 면하여 상시 개방된 부분이 있는 차고·주차장·창고 등에 있어서는 외기에 면하는 각 부분으로부터 5m 미만의 범위안에 있는 부분은 경계구역의 면적에 산입하지 않는다.
   ㄴ) 스프링클러설비·물분무등소화설비 또는 제연설비의 화재감지장치로서 화재감지기를 설치한 경우의 경계구역은 해당 소화설비의 방사구역 또는 제연구역과 동일하게 설정할 수 있다.

정답 ③

074 🔥🔥🔥

자동화재탐지설비의 경계구역 설정에 대한 기준이다. ( ) 안에 들어갈 내용으로 옳은 것은?

20년 소방간부

하나의 경계구역의 면적은 (ㄱ)m² 이하로 하고 한 변의 길이는 (ㄴ)m 이하로 할 것. 다만, 해당 특정소방대상물의 주된 출입구에서 그 내부전체가 보이는 것에 있어서는 한 변의 길이가 (ㄷ)m의 범위 내에서 (ㄹ)m² 이하로 할 수 있다.

	ㄱ	ㄴ	ㄷ	ㄹ
①	500	50	60	800
②	500	60	50	1,000
③	600	50	50	800
④	600	50	50	1,000
⑤	600	60	60	1,000

해설 수평적 경계구역의 기준

하나의 경계구역의 면적은 (ㄱ: 600)m² 이하로 하고 한 변의 길이는 (ㄴ: 50)m 이하로 할 것. 다만, 해당 특정소방대상물의 주된 출입구에서 그 내부전체가 보이는 것에 있어서는 한 변의 길이가 (ㄷ: 50)m의 범위 내에서 (ㄹ: 1,000)m² 이하로 할 수 있다.

정답 ④

075 🔥🔥🔥

자동화재탐지설비에 대한 설명 중 옳지 않은 것은?

15년 통합

① 발신기는 화재발생 신고를 수신기 또는 중계기에 수동으로 발신하는 것을 말한다.
② 수신기는 화재 시 발신기 또는 감지기로부터 신호를 직접 또는 중계기를 거쳐 수신하는 건물 관계자에게 표시 및 음향장치로 알려주는 설비이며 P형은 고유신호를 수신하고 R형은 공통신호를 수신한다.
③ 경계구역이란 소방대상물 중 화재신호를 발신하고 그 신호를 수신 및 유효하게 제어할 수 있는 구역을 말한다.
④ 자동화재탐지설비는 화재발생을 자동으로 감지하여 해당 소방대상물의 관계자에게 통보하는 설비로 자동화재속보설비와 연동하여 작동할 수 있다.

해설 수신기의 종류

② 수신기는 화재 시 발신기 또는 감지기로부터 신호를 직접 또는 중계기를 거쳐 수신하는 건물 관계자에게 표시 및 음향장치로 알려주는 설비이며 P형은 공통신호를 수신하고 R형은 고유신호를 수신한다.

참고 P형 수신기, R형 수신기

구분	P형 수신기	R형 수신기
시스템 구성	수신기, 감지기, 발신기	수신기, 중계기, 감지기, 발신기
전송방식	개별전송방식 (1:1 접점방식)	다중전송방식
신호종류	공통신호	고유신호
배선	선로수가 많다.	선로수가 적다.
건물규모	소규모	대규모

정답 ②

076

다음 중 R형 수신기와 P형 수신기에 대한 설명으로 옳지 않은 것은? [14년 소방간부]

① 대형 건축물이나 다수의 동이 있는 건축물에 P형 수신기보다 R형 수신기가 적합하다.
② R형 수신기는 P형 수신기에 비해 증설 및 이설이 용이하다.
③ R형 수신기는 회로 또는 기기 이상, 고장 등을 판단하는 자가진단 기능이 있다.
④ P형 수신기는 화재신호를 접점신호인 고유신호로 수신하기 때문에 각 경계구역마다 별도의 실선 배선으로 연결한다.
⑤ R형 수신기는 하나의 선로를 통하여 많은 신호를 주고 받을 수 있어 선로수를 획기적으로 감소할 수 있다.

해설 수신기의 종류
④ P형 수신기는 화재신호를 접점신호인 **공통신호**로 수신하기 때문에 각 경계구역마다 별도의 실선배선으로 연결한다.

참고 P형 수신기, R형 수신기

구분	P형 수신기	R형 수신기
시스템 구성	수신기, 감지기, 발신기	수신기, 중계기, 감지기, 발신기
전송방식	개별전송방식 (1:1 접점방식)	다중전송방식
신호종류	공통신호	고유신호
배선	선로수가 많다.	선로수가 적다.
건물규모	소규모	대규모

정답 ④

077

자동화재탐지설비의 화재안전기준에 따라 고층건축물에서 2층 이상의 층에서 화재가 발생했을 때 우선적으로 경보를 발할 수 있는 범위는? [14년 통합]

① 발화층 및 직상층 1개층
② 발화층 및 직상층 2개층
③ 발화층 및 직상층 3개층
④ 발화층 및 직상층 4개층

해설 우선경보방식
㉠ 적용대상 : 층수가 11층(공동주택의 경우에는 16층) 이상의 특정소방대상물
㉡ 우선 경보

화재층	우선경보층
2층 이상	발화층 및 그 직상 4개층
1층	발화층, 그 직상 4개층 및 지하층
지하층	발화층, 그 직상층 및 기타의 지하층

→ 고층건축물(30층 이상)이므로 층수 11층 이상인 특정소방대상물에 해당하여 우선경보방식을 적용하여야 한다. 2층 이상의 층에서 화재가 발생하였을 경우 우선경보하여야 하는 층은 발화층 및 그 직상 4개층이다.

참고 고층건축물, 초고층건축물
- 고층건축물 : 층수가 30층 이상인 건축물
- 초고층건축물 : 층수가 50층 이상인 건축물

정답 ④

078

〈보기〉에 제시된 건축물 1층에서 화재가 발생한 경우 우선경보방식으로 발하여야 하는 해당 층을 모두 나타낸 것은? [20년 소방간부]

| 보기 |
지하 3층, 지상 35층, 업무시설, 연면적 10,000m²

① 1층, 2층
② 1층, 2층, 지하층 전체
③ 1층, 2층, 3층, 4층, 5층
④ 1층, 2층, 3층, 4층, 5층, 지하층 전체
⑤ 건물 전체 층

해설 우선경보방식

㉠ 적용대상 : 층수가 11층(공동주택의 경우에는 16층) 이상의 특정소방대상물
㉡ 우선 경보

화재층	우선경보층
2층 이상	발화층 및 그 직상 4개층
1층	발화층, 그 직상 4개층 및 지하층
지하층	발화층, 그 직상층 및 기타의 지하층

→ 층수가 11층 이상인 업무시설이므로 1층에서 화재가 발생한 경우 우선경보하여야 하는 층은 발화층인 1층, 그 직상 4개층은 2층, 3층, 4층, 5층 및 지하층 전체인 지하1층, 지하2층, 지하3층이다.

정답 ④

079

열감지기의 종류가 아닌 것은? [18년 공개]

① 보상식   ② 정온식
③ 광전식   ④ 차동식

해설 열감지기의 종류

㉠ 차동식 : 스포트형, 분포형
㉡ 정온식 : 스포트형, 감지선형
㉢ 보상식 : 차동식 스포트형 감지기 + 정온식 스포트형 감지기

암기법 차보정

→ ③ 광전식은 연기감지기에 해당한다.

정답 ③

080

차동식 분포형 감지기의 종류에 해당하지 않는 것은? [23년 공개]

① 공기관식
② 열전대식
③ 반도체식
④ 광전식

해설 감지기의 종류

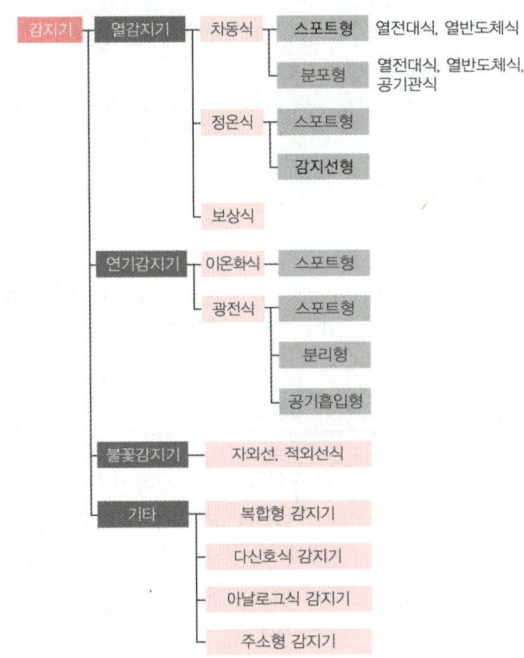

→ ④ "광전식"은 연기감지기의 종류에 해당한다.

정답 ④

081
다음 중 연기감지기의 종류로 옳은 것은?

〔17년 공개〕

① 광전식 분리형 감지기
② 보상식 감지기
③ 차동식 분포형 감지기
④ 정온식 감지선형 감지기

해설 연기감지기의 종류
㉠ 광전식 : 스포트형, 분리형, 공기흡입형
㉡ 이온화식 : 스포트형

정답 ①

082
자동화재탐지설비에서 열감지기의 종류가 아닌 것은?

〔12년 통합〕

① 넓은 범위 내에서의 열효과 누적에 의하여 작동되는 감지기
② 열기전력을 이용한 감지기
③ 이온전류가 변화하여 작동하는 감지기
④ 공기팽창을 이용한 감지기

해설 열감지기
① (열) 차동식 분포형 감지기 : 넓은 범위 내에서의 열효과 누적에 의하여 작동되는 감지기
② (열) 차동식 스포트형 열전대식 감지기 : 열기전력을 이용한 감지기
③ (연기) 이온화식 스포트형 감지기 : 이온전류가 변화하여 작동하는 감지기
④ (열) 차동식 스포트형, 분포형 감지기 : 공기팽창을 이용한 감지기

정답 ③

083
차동식 스포트형과 정온식 스포트형 감지기의 성능을 겸한 것으로서 둘 중 어느 한 기능이 작동되면 화재신호를 발하는 감지기는?

〔19년 소방간부〕

① 다신호식
② 아날로그식
③ 광전식 스포트형
④ 보상식 스포트형
⑤ 이온화식 스포트형

해설 보상식 스포트형 감지기
차동식 스포트형 감지기와 정온식 스포트형 감지기의 성능을 겸한 것으로서 차동식 스포트형 감지기의 성능 또는 정온식 스포트형 감지기의 성능 중 어느 한 기능이 작동되면 작동신호를 발하는 것을 말한다.

참고 기타 감지기의 정의

- 다신호식 감지기 : 1개의 감지기 내에 서로 다른 종별 또는 감도 등의 기능을 갖춘 것으로서 일정시간 간격을 두고 각각 다른 2개 이상의 화재신호를 발하는 감지기를 말한다.
- 아날로그식 감지기 : 주위의 온도 또는 연기의 양의 변화에 따라 각각 다른 전류치 또는 전압치 등의 출력을 발하는 방식의 감지기를 말한다. 화재여부를 발신하지 않으며, 검출된 온도·연기의 농도에 대한 정보만을 수신기에 송출하여 화재여부는 수신기가 판단하는 감지기이다.
- 광전식 스포트형 감지기 : 주위의 공기가 일정한 농도의 연기를 포함하게 되는 경우에 작동하는 것으로서 일국소의 연기에 의하여 광전소자에 접하는 광량의 변화를 작동하는 것을 말한다.
- 이온화식 스포트형 감지기 : 주위의 공기가 일정한 농도의 연기를 포함하게 되는 경우에 작동하는 것으로서 일국소의 연기에 의하여 이온전류가 변화하여 작동하는 것을 말한다.

정답 ④

084

주위 온도가 일정 상승률 이상 되는 경우에 작동하는 감지기로서 넓은 범위 내에서 열효과 누적에 의해 작동하는 것은?

24년 공개

① 차동식 분포형 감지기
② 차동식 스포트형 감지기
③ 정온식 스포트형 감지기
④ 정온식 감지선형 감지기

해설 감지기

① **차동식 분포형 감지기** : 주위 온도가 일정 상승률 이상 되는 경우에 작동하는 감지기로서 넓은 범위 내에서 열효과 누적에 의해 작동하는 것
② 차동식 스포트형 감지기 : 주위온도 변화가 일정 상승률 이상이 되는 경우에 동작하는 것으로서 일국소의 열 효과에 의하여 동작하는 감지기
③ 정온식 스포트형 감지기 : 일국소의 주위온도가 일정한 온도 이상이 되는 경우에 동작하는 것으로서 외관이 전선으로 되어 있지 않은 감지기
④ 정온식 감지선형 감지기 : 일국소의 주위온도가 일정한 온도 이상이 되는 경우에 동작하는 것으로서 외관이 전선으로 되어 있는 감지기

정답 ①

085

자동화재탐지설비 감지기의 종류에 대한 설명이다. ( ) 안에 들어갈 내용으로 옳은 것은?

21년 소방간부

주위온도가 일정 상승률 이상이 되는 경우에 작동하는 것으로서 일국소의 열효과에 의하여 작동하는 것을 (㉠) 감지기라 하고, 일국소의 주위온도가 일정한 온도 이상이 되는 경우에 작동하는 것으로서 외관이 전선으로 되어 있지 아니한 것을 (㉡) 감지기라 한다. 이들 두 감지기의 성능을 겸한 것으로서 두 성능 중 어느 하나가 작동되면 화재신호를 발하는 것을 (㉢) 감지기 라고 한다.

① ㉠ 정온식 스포트형
  ㉡ 차동식 스포트형
  ㉢ 보상식 스포트형
② ㉠ 정온식 분포형
  ㉡ 차동식 분포형
  ㉢ 열복합식
③ ㉠ 차동식 스포트형
  ㉡ 정온식 스포트형
  ㉢ 보상식 스포트형
④ ㉠ 차동식 분포형
  ㉡ 정온식 분포형
  ㉢ 열복합식
⑤ ㉠ 차동식 감지선형
  ㉡ 정온식 감지선형
  ㉢ 열연복합식

해설 감지기의 종류

주위온도가 일정 상승률 이상이 되는 경우에 작동하는 것으로서 일국소의 열효과에 의하여 작동하는 것을 (㉠: **차동식 스포트형**) 감지기라 하고, 일국소의 주위온도가 일정한 온도 이상이 되는 경우에 작동하는 것으로서 외관이 전선으로 되어 있지 아니한 것을 (㉡: **정온식 스포트형**) 감지기라 한다. 이들 두 감지기의 성능을 겸한 것으로서 두 성능 중 어느 하나가 작동되면 화재신호를 발하는 것을 (㉢: **보상식 스포트형**) 감지기 라고 한다.

정답 ③

086

자동화재탐지설비에서 부착 높이에 따른 감지기로 옳은 것만을 〈보기〉에서 있는 대로 고른 것은?

23년 소방간부

| 보기 |

ㄱ. 부착 높이 4m 미만
  : 광전식 스포트형 감지기
ㄴ. 부착 높이 4m 이상 8m 미만
  : 정온식 감지선형 1종 감지기
ㄷ. 부착 높이 8m 이상 15m 미만
  : 차동식 스포트형 감지기
ㄹ. 부착 높이 15m 이상 20m 미만
  : 보상식 스포트형 감지기

① ㄱ, ㄴ
② ㄱ, ㄷ
③ ㄴ, ㄹ
④ ㄱ, ㄷ, ㄹ
⑤ ㄴ, ㄷ, ㄹ

해설 부착높이에 따른 감지기의 종류

부착 높이	감지기의 종류
4m 미만	• 차동식(스포트형, 분포형) • 보상식 스포트형 • 정온식(스포트형, 감지선형) • 이온화식 또는 광전식(스포트형, 분리형, 공기흡입형) • 열복합형 • 연기복합형 • 열연기복합형 • 불꽃감지기
4m 이상 8m 미만	• 차동식(스포트형, 분포형) • 보상식 스포트형 • 정온식(스포트형, 감지선형) 특종 또는 1종 • 이온화식 또는 광전식(스포트형, 분리형, 공기흡입형) 1종 또는 2종 • 열복합형 • 연기복합형 • 열연기복합형 • 불꽃감지기
8m 이상 15m 미만	• 차동식 분포형 • 이온화식 1종 또는 2종 • 광전식(스포트형, 분리형, 공기흡입형) 1종 또는 2종 • 연기복합형 • 불꽃감지기 암기법 광연 이불차
15m 이상 20m 미만	• 이온화식 1종 • 광전식(스포트형, 분리형, 공기흡입형) 1종 • 연기복합형 • 불꽃감지기 암기법 광연 이불(2종 삭제)
20m 이상	• 불꽃감지기 • 광전식(분리형, 공기흡입형) 중 아날로그방식

[비고]
1) 감지기별 부착 높이 등에 대하여 별도의 형식승인을 받은 경우에는 그 성능인정 범위 내에서 사용할 수 있다.
2) 부착 높이 20m 이상에 설치되는 광전식 중 아날로그방식의 감지기는 공칭감지농도 하한값이 감광율 5%/m 미만인 것으로 한다.

ㄷ. 부착 높이 8m 이상 15m 미만 : 차동식 분포형 감지기
ㄹ. 부착 높이 15m 이상 20m 미만 : 이온화식 1종 감지기, 광전식(스포트형, 분리형, 공기흡입형) 1종, 연기복합형, 불꽃감지기

정답 ①

087 🔥🔥🔥

소방시설 중 경보설비에 관한 설명으로 옳지 않은 것은?
24년 공개

① 시각경보기는 청각장애인에게 점멸 형태로 시각경보를 하는 장치이다.
② R형 수신기는 감지기 또는 발신기에서 1 : 1 접점방식으로 전송된 신호를 수신한다.
③ 비상방송설비는 수신기에 화재신호가 도달하면 방송으로 화재 사실을 알리는 설비이다.
④ 이온화식 감지기와 광전식 감지기는 연기를 감지하여 화재신호를 발하는 장치이다.

해설 경보설비
② P형 수신기는 감지기 또는 발신기에서 1 : 1 접점방식으로 전송된 신호를 수신한다. (R형 수신기 : 다중전송방식)

정답 ②

088 🔥🔥🔥

화재알림설비에 대한 설명으로 옳지 않은 것은?
25년 공개

① "발신기"란 수동누름버튼 등의 작동으로 화재신호를 수신기에 발신하는 장치를 말한다.
② "원격감시서버"란 원격지에서 각각의 화재알림설비로부터 수신한 화재정보값 및 화재신호, 상태신호 등을 원격으로 감시하기 위한 서버를 말한다.
③ "화재알림형 비상경보장치"란 화재알림형 감지기, 발신기, 표시등, 지구음향장치(경종 또는 사이렌 등)를 내장한 것으로 화재발생 상황을 경보하는 장치를 말한다.
④ "화재알림형 중계기"란 화재알림형 감지기, 발신기 또는 전기적인 접점 등의 작동에 따른 화재정보값 또는 화재신호 등을 받아 이를 화재알림형 수신기에 전송하는 장치를 말한다.

해설 화재알림설비
③ "화재알림형 비상경보장치"란 발신기, 표시등, 지구음향장치(경종 또는 사이렌 등)를 내장한 것으로 화재발생 상황을 경보하는 장치를 말한다. (화재알림형 감지기는 해당하지 않는다.)

> **참고** 화재알림설비의 각종 정의

㉠ 화재알림형 감지기 : 화재 시 발생하는 열, 연기, 불꽃을 자동적으로 감지하는 기능 중 두 가지 이상의 성능을 가진 열·연기 또는 열·연기·불꽃 복합형 감지기로서 화재알림형 수신기에 주위의 온도 또는 연기의 양의 변화에 따라 각각 다른 전류 또는 전압 등(이하 "화재정보값"이라 한다)의 출력을 발하고, 불꽃을 감지하는 경우 화재신호를 발신하며, 자체 내장된 음향장치에 의하여 경보하는 것
㉡ 화재알림형 중계기 : 화재알림형 감지기, 발신기 또는 전기적인 접점 등의 작동에 따른 화재정보값 또는 화재신호 등을 받아 이를 화재알림형 수신기에 전송하는 장치
㉢ 화재알림형 수신기 : 화재알림형 감지기나 발신기에서 발하는 화재정보값 또는 화재신호 등을 직접 수신하거나 화재알림형 중계기를 통해 수신하여 화재의 발생을 표시 및 경보하고, 화재정보값 등을 자동으로 저장하여, 자체 내장된 속보기능에 의해 화재신호를 통신망을 통하여 소방관서에는 음성 등의 방법으로 통보하고, 관계인에게는 문자로 전달할 수 있는 장치
㉣ 발신기 : 수동누름버튼 등의 작동으로 화재신호를 수신기에 발신하는 장치
㉤ 화재알림형 비상경보장치 : 발신기, 표시등, 지구음향장치(경종 또는 사이렌 등)를 내장한 것으로 화재발생 상황을 경보하는 장치
㉥ 원격감시서버 : 원격지에서 각각의 화재알림설비로부터 수신한 화재정보값 및 화재신호, 상태신호 등을 원격으로 감시하기 위한 서버

정답 ③

PART 6 | 소방시설

CHAPTER 04 | 피난구조설비, 소화용수설비, 소화활동설비

089	090	091	092.	093	094	095
①	②	④	④	⑤	④	③

096	097
①	②

089

다음 중 〈보기〉에 해당하는 내용으로 옳은 것은?

`11년 부산`

• 사용자의 몸무게에 따라 자동적으로 내려올 수 있는 기구 중 사용자가 교대하여 연속적으로 사용할 수 있는 것을 말한다.
• 조속기, 후크, 연결금속구, 벨트, 로프로 구성되어 있다.

① 완강기　　　　② 구조대
③ 간이완강기　　④ 피난사다리

해설 완강기

① 완강기는 사용자의 몸무게에 따라 자동적으로 내려올 수 있는 기구 중 사용자가 교대하여 연속적으로 사용할 수 있는 것을 말한다. 조속기, 후크, 연결금속구, 벨트, 로프로 구성되어 있다.
② 구조대는 포지 등을 사용하여 자루형태로 만든 것으로서 화재시 사용자가 그 내부에 들어가서 내려옴으로써 대피할 수 있는 것을 말한다.
③ 간이완강기는 사용자의 몸무게에 따라 자동적으로 내려올 수 있는 기구 중 사용자가 연속적으로 사용할 수 없는 것을 말한다.
④ 피난사다리는 화재 시 긴급대피를 위해 사용하는 사다리를 말한다.

> **참고** 기타 피난기구

• 간이완강기 : 사용자의 몸무게에 따라 자동적으로 내려올 수 있는 기구 중 사용자가 연속적으로 사용할 수 없는 것을 말한다.
• 공기안전매트 : 화재 발생시 사람이 건축물 내에서 외부로 긴급히 뛰어 내릴 때 충격을 흡수하여 안전하게 지상에 도달할 수 있도록 포지에 공기 등을 주입하는 구조로 되어 있는 것을 말한다.

- 다수인피난장비 : 화재 시 2인 이상의 피난자가 동시에 해당층에서 지상 또는 피난층으로 하강하는 피난기구를 말한다.
- 승강식 피난기 : 사용자의 몸무게에 의하여 자동으로 하강하고 내려서면 스스로 상승하여 연속적으로 사용할 수 있는 무동력 승강식피난기를 말한다.
- 하향식 피난구용 내림식사다리 : 하향식 피난구 해치에 격납하여 보관하고 사용 시에는 사다리 등이 소방대상물과 접촉되지 아니하는 내림식 사다리를 말한다.

정답 ①

091

소방시설의 설치 및 관리에 관한 법률에 관한 설명으로 옳은 것은? [18년 소방간부]

① 무창층에 설치되는 개구부의 크기는 지름 70cm의 원이 통과할 수 있어야 한다.
② 지하구란 곧바로 지상으로 갈 수 있는 출입구가 있는 층을 말한다.
③ 화재를 진압하는 데 필요한 물을 공급하거나 저장하는 설비를 소화활동설비라 한다.
④ 방열복, 공기호흡기, 공기안전매트는 피난구조설비이다.
⑤ 옥내소화전설비, 포소화설비, 소화기구, 연결송수관설비 등은 소화설비에 해당한다.

해설 소방시설
① 무창층에 설치되는 개구부의 크기는 지름 50cm 이상의 원이 통과할 수 있어야 한다.
② 피난층이란 곧바로 지상으로 갈 수 있는 출입구가 있는 층을 말한다.
③ 화재를 진압하는 데 필요한 물을 공급하거나 저장하는 설비를 소화용수설비라 한다.
⑤ 연결송수관설비는 소화활동설비에 해당한다.

정답 ④

090

다음은 피난구조설비에 대한 설명이다. 가장 옳지 않은 것은? [15년 전북]

① 휴대용 비상조명등의 설치는 대규모점포와 영화상영관은 보행거리 50m 이내마다 3개 이상 설치하며 지하상가 및 지하역사에는 보행거리 25m 이내마다 3개 이상 설치한다.
② 인명구조기구에는 인공소생기, 방열복, 방화복, 공기안전매트가 있다.
③ 완강기란 사용자의 몸무게에 따라 자동적으로 내려올 수 있는 기구 중 사용자가 교대하여 연속적으로 사용할 수 있는 것을 말한다.
④ 구조대란 포지 등을 사용하여 자루형태로 만든 것으로서 화재시 사용자가 그 내부에 들어가서 내려옴으로써 대피할 수 있을 것을 말한다.

해설 피난구조설비
② 인명구조기구에는 인공소생기, 방열복, 방화복, 공기호흡기가 있으며, 공기안전매트는 피난기구에 해당한다.

정답 ②

092

피난구조설비에 대한 설명으로 옳지 않은 것은? [21년 공개]

① 인공소생기란 호흡 부전 상태인 사람에게 인공호흡을 시켜 환자를 보호하거나 구급하는 기구를 말한다.
② 피난구유도등이란 피난구 또는 피난경로로 사용되는 출입구를 표시하여 피난을 유도하는 등을 말한다.
③ 복도통로유도등이란 피난통로가 되는 복도에 설치하는 통로유도등으로서 피난구의 방향을 명시하는 것을 말한다.
④ 구조대란 사용자의 몸무게에 의하여 자동으로 하강하고 내려서면 스스로 상승하여 연속적으로 사용할 수 있는 무동력 피난기구를 말한다.

해설 피난구조설비
④ 승강식 피난기란 사용자의 몸무게에 의하여 자동으로 하강하고 내려서면 스스로 상승하여 연속적으로 사용할 수 있는 무동력 피난기구를 말한다.

정답 ④

093

피난기구의 화재안전성능기준(NFPC 301)에서 피난기구의 설치기준으로 옳지 않은 것은?

[23년 소방간부]

① 피난기구를 설치하는 개구부는 서로 동일직선상이 아닌 위치에 있을 것
② 구조대의 길이는 피난 상 지장이 없고 안정한 강하 속도를 유지할 수 있는 길이로 할 것
③ 다수인 피난장비는 사용 시에 보관실 외측 문이 먼저 열리고 탑승기가 외측으로 자동으로 전개될 것
④ 피난기구는 특정소방대상물의 기둥·바닥 및 보 등 구조상 견고한 부분에 볼트조임·매입 및 용접 등의 방법으로 견고하게 부착할 것
⑤ 4층 이상의 층에 하향식 피난구용 내림식사다리를 설치하는 경우에는 금속성 고정사다리를 설치하고, 당해 고정사다리에는 쉽게 피난할 수 있는 구조의 노대를 설치할 것

해설 피난기구의 설치기준

⑤ 4층 이상의 층에 피난사다리(하향식 피난구용 내림식사다리는 제외한다)를 설치하는 경우에는 금속성 고정사다리를 설치하고, 당해 고정사다리에는 쉽게 피난할 수 있는 구조의 노대를 설치할 것

정답 ⑤

094

다음 중 객석유도등의 설치 위치가 아닌 것은?

[11년 전남]

① 통로 ② 바닥
③ 벽   ④ 기둥

해설 객석유도등

④ 객석유도등은 객석의 통로, 바닥 또는 벽에 설치하여야 한다.

참고 유도등 및 유도표지 정의

- "유도등"이란 화재 시에 피난을 유도하기 위한 등으로서 정상상태에서는 상용전원에 따라 켜지고 상용전원이 정전되는 경우에는 비상전원으로 자동전환되어 켜지는 등을 말한다.
- "피난구유도등"이란 피난구 또는 피난경로로 사용되는 출입구를 표시하여 피난을 유도하는 등을 말한다.
- "통로유도등"이란 피난통로를 안내하기 위한 유도등으로 복도통로유도등, 거실통로유도등, 계단통로유도등을 말한다.
- "복도통로유도등"이란 피난통로가 되는 복도에 설치하는 통로유도등으로서 피난구의 방향을 명시하는 것을 말한다.
- "거실통로유도등"이란 거주, 집무, 작업, 집회, 오락 그 밖에 이와 유사한 목적을 위하여 계속적으로 사용하는 거실, 주차장 등 개방된 통로에 설치하는 유도등으로 피난의 방향을 명시하는 것을 말한다.
- "계단통로유도등"이란 피난통로가 되는 계단이나 경사로에 설치하는 통로유도등으로 바닥면 및 디딤바닥면을 비추는 것을 말한다.
- "객석유도등"이란 객석의 통로, 바닥 또는 벽에 설치하는 유도등을 말한다.
- "피난구유도표지"란 피난구 또는 피난경로로 사용되는 출입구를 표시하여 피난을 유도하는 표지를 말한다.
- "통로유도표지"란 피난통로가 되는 복도, 계단등에 설치하는 것으로서 피난구의 방향을 표시하는 유도표지를 말한다.
- "피난유도선"이란 햇빛이나 전등불에 따라 축광(이하 "축광방식"이라 한다)하거나 전류에 따라 빛을 발하는 (이하 "광원점등방식"이라 한다) 유도체로서 어두운 상태에서 피난을 유도할 수 있도록 띠 형태로 설치되는 피난유도시설을 말한다.
- "입체형"이란 유도등 표시면을 2면 이상으로 하고 각 면마다 피난유도표시가 있는 것을 말한다.

정답 ④

095

다음 중 제연설비의 제연구역에 대한 설명으로 옳지 않은 것은? [11년 통합]

① 거실과 통로(복도를 포함한다.)는 각각 제연구획 한다.
② 통로상의 제연구역은 보행중심선의 길이가 60m를 초과하지 아니하여야 한다.
③ 하나의 제연구역의 면적은 1,500m² 이내로 하여야 한다.
④ 하나의 제연구역은 2개 이상 층에 미치지 아니하도록 할 것. 다만, 층의 구분이 불분명한 부분은 그 부분을 다른 부분과 별도로 제연구획 하여야 한다.

해설 제연구역
1. 하나의 제연구역의 면적은 1,000m² 이내로 할 것
2. 거실과 통로(복도를 포함한다.)는 각각 제연구획 할 것
3. 통로상의 제연구역은 보행중심선의 길이가 60m를 초과하지 아니할 것
4. 하나의 제연구역은 직경 60m 원내에 들어갈 수 있을 것
5. 하나의 제연구역은 2개 이상 층에 미치지 아니하도록 할 것. 다만, 층의 구분이 불분명한 부분은 그 부분을 다른 부분과 별도로 제연구획 하여야 한다.

정답 ③

096

건물 화재 시 연기는 인명손실과 피난활동, 소방대의 활동에 가장 장애가 되는 요소이다. 이 연기 제어방법으로 가장 옳지 않은 것은? [17년 공개]

① 연소
② 희석
③ 배기
④ 차단

해설 연기의 제어방법
㉠ 희석 : 화재실의 연기를 외부로 배출시키면서 다량의 신선한 공기를 유입시켜 연기의 농도를 위험수준 이하로 희석하는 제어방법을 말한다.
㉡ 배기 : 배연샤프트에 의한 굴뚝효과(연돌효과)나 배풍기 등에 의한 유동력으로 화재실의 연기를 배출하는 방법이다.
㉢ 차단 : 일정한 장소 내에 연기가 침입하지 못하도록 하거나 연기의 확산을 억제시키는 것으로 방화셔터, 제연경계벽 등을 설치하여 연기 유입을 차단하는 방법이다.

정답 ①

097

다음은 비상콘센트설비의 전원회로 기준에 관한 것이다. ( ) 안에 들어갈 내용으로 옳은 것은? [23년 소방간부]

> 비상콘센트설비의 전원회로는 (㉠)교류 (㉡)볼트인 것으로서, 그 공급용량은 (㉢)킬로볼트암페어 이상인 것으로 할 것

	㉠	㉡	㉢
①	단상	24	1.5
②	단상	220	1.5
③	단상	380	3.0
④	3상	220	3.0
⑤	3상	380	3.0

해설 비상콘센트설비
㉠ 비상콘센트설비의 전원회로는 단상교류 220V인 것으로서, 그 공급용량은 1.5kVA 이상인 것으로 할 것
㉡ 전원회로는 각층에 2 이상이 되도록 설치할 것. 다만, 설치해야 할 층의 비상콘센트가 1개인 때에는 하나의 회로로 할 수 있다.
㉢ 전원회로는 주배전반에서 전용회로로 할 것. 다만, 다른 설비회로의 사고에 따른 영향을 받지 않도록 되어 있는 것은 그렇지 않다.
㉣ 전원으로부터 각 층의 비상콘센트에 분기되는 경우에는 분기배선용 차단기를 보호함 안에 설치할 것
㉤ 콘센트마다 배선용 차단기(KS C 8321)를 설치해야 하며, 충전부가 노출되지 않도록 할 것
㉥ 개폐기에는 "비상콘센트"라고 표시한 표지를 할 것
㉦ 비상콘센트용의 풀박스 등은 방청도장을 한 것으로서, 두께 1.6㎜ 이상의 철판으로 할 것
㉧ 하나의 전용회로에 설치하는 비상콘센트는 10개 이하로 할 것. 이 경우 전선의 용량은 각 비상콘센트(비상콘센트가 3개 이상인 경우에는 3개)의 공급용량을 합한 용량 이상의 것으로 해야 한다.

→ ② 비상콘센트설비의 전원회로는 (㉠: 단상)교류 (㉡: 220)볼트인 것으로서, 그 공급용량은 (㉢: 1.5)킬로볼트암페어 이상인 것으로 할 것

정답 ②

PART 7 | 소방행정 및 조직

CHAPTER 01 | 우리나라 소방의 시대별 발전과정

001	002	003	004	005	006	007	008	009	010
③	④	②	②	②	⑤	②	①	③	③
011	012	013	014	015	016	017	018	019	020
④	④	①	③	①	①	④	⑤	③	③
021	022	023							
①	⑤	②							

001
소방이라는 용어를 최초로 사용한 시대는?

[13년 광주]

① 조선시대 초   ② 일제 강점기
③ 갑오개혁   ④ 미군정

해설 소방의 용어
㉠ 고려시대 : 소재(消災)
㉡ 조선시대 : 금화(禁火)
㉢ 갑오개혁 : 소방(消防)
→ ③ 1895년 갑오개혁 때 최초로 소방의 용어를 사용하였다.

정답 ③

002
우리나라의 최초의 소방조직은?

[11년 전남]

① 멸화도감   ② 한성도감
③ 소방도감   ④ 금화도감

해설 우리나라 최초의 소방조직
④ 우리나라 최초의 소방조직은 세종 8년 2월(1426년)에서 설치한 병조소속의 금화도감이다.

정답 ④

003
다음 중 금화조직(금화도감)의 창설시기로 옳은 것은?

[11년 울산]

① 고려시대   ② 조선시대
③ 일제 강점기   ④ 통일신라시대

해설 금화조직(금화도감)
② 금화조직은 조선시대 세종 8년에 창설되었다.

참고 조선시대의 소방
㉠ 금화(禁火) : 소방을 "금화"라 하였다.
㉡ 금화령 : 태종 17년에 우리나라 최초의 소방법규를 만들었다.
㉢ 금화조건 : 세종 5년에 궁궐에 화재가 발생한 경우 화재를 진압하는 방법을 규정하는 금화조건을 만들었다.
㉣ 금화도감 : 세종 8년(1426.2.)에 병조소속의 우리나라 최초의 소방기구를 설치하였다.
㉤ 수성금화도감 : 세종 8년(1426.6.)에 성문도감과 금화도감을 합친 공조소속의 수성금화도감을 설치하였다.
㉥ 금화군 : 세종 13년에 노비로 구성된 우리나라 최초의 소방대를 편성하였다.
㉦ 멸화군 : 세조 13년에 금화군을 멸화군으로 개편하여 상시인원 50명의 구화조직을 구성하였다.
㉧ 수총기 : 경종 3년에 최초의 소방장비인 수총기를 중국에서 수입하였다.

정답 ②

004
우리나라 최초로 독립된 자치소방체제가 성립된 시기는?

[11년 부산]

① 1971년 ~ 1992년
② 1945년 ~ 1948년
③ 1992년 ~ 2003년
④ 1948년 ~ 1970년

해설 우리나라 소방체제
㉠ 과도기 미군정시대(1945~1948년) : 자치소방체제
㉡ 정부수립(1948~1970년) : 국가소방체제
㉢ 발전기(1970~1992년) : 국가 및 자치의 이원화체제
㉣ 시·도 자치소방체제(1992~2020년) : 광역자치소방체제
  ⓐ 소방방재청(2004 ~ 2014.11)
  ⓑ 국민안전처(2014.11 ~ 2017.7)
  ⓒ 소방청(2017.7 ~ 2020.3)
㉤ 국가소방체제(2020.4.~)
→ 우리나라 최초의 자치소방체제는 "과도기 미군정시대 (1945~1948년)"이다.

정답 ②

536 정답 및 해설

005

소방역사의 변천과정 순서로서 옳은 것은? [12년 울산]

㉮ 소방법 제정
㉯ 소방위원회
㉰ 시·도 광역자치소방체제 개편
㉱ 소방방재청 개청

① ㉱ - ㉰ - ㉮ - ㉯
② ㉯ - ㉮ - ㉰ - ㉱
③ ㉱ - ㉮ - ㉰ - ㉯
④ ㉯ - ㉱ - ㉰ - ㉮

해설 소방의 역사
㉯ 소방위원회(과도기 미군정시대, 1946년)
㉮ 소방법 제정(정부수립 이후, 1958년)
㉰ 시·도 광역자치소방체제 개편(모든 시·도에 소방본부 설치, 1992년)
㉱ 소방방재청 개청(대구 지하철 화재사고를 계기로 독립기관 설치, 2004년)

정답 ②

006

소방역사에 대한 설명으로 옳은 것은? [15년 소방간부]

① 1426년 병조에 금화도감이 만들어지면서 멸화군으로 개편하였다.
② 1948년 정부수립 직후 소방공무원법의 제정으로 소방공무원의 신분이 독립되었다.
③ 1992년 소방이 광역소방행정체제로 전환되면서 처음으로 소방본부가 설치되었다.
④ 2003년 3월 재난 및 안전관리 기본법이 제정되고 2004년 소방법이 폐지되고 소방기본법 등 소방 4분법이 제정되었다.
⑤ 2004년 6월에 소방업무, 민방위 업무 등을 담당하는 소방방재청이 설립되었다.

해설 소방의 역사
① 1431년 세종 13년에 금화군(우리나라 최초의 소방대)이 만들어지면서 멸화군으로 개편하였다.
② 1977년 소방공무원법의 제정으로 소방공무원의 신분이 독립되었다.
③ 1992년 소방이 광역소방행정체제로 전환되었다. 처음으로 소방본부가 설치된 것은 1972년 서울과 부산에 소방본부가 설치되면서부터이다.
④ 2004년 3월 재난 및 안전관리 기본법이 제정되고 2003년 소방법이 폐지되고 소방기본법 등 소방 4분법이 제정되었다.

정답 ⑤

007

소방의 역사에 대하여 옳지 않은 것은? [15년 통합]

① 1426년 세종 8년에 금화도감이 설치되었다.
② 1925년 최초의 소방서인 경성소방서가 설치됨과 동시에 소방법이 제정되었다.
③ 1972년 서울과 부산 이원적 소방행정체제가 시행되었다.
④ 2004년 재난 및 안전관리기본법을 공포하였다.

해설 소방의 역사
① 1426년 세종 8년에 우리나라 최초의 소방관서(소방기구, 소방기관)인 금화도감이 설치되었다.
② 1925년 우리나라 최초의 소방서가 경성에 설치되었다. 소방법 제정 및 공포는 그 이후인 1958년이다.
③ 1972년 발전기(국가 및 자치의 이원화)에 서울과 부산 이원적 소방행정체제가 시행되었다.
④ 1995년에 제정한 재난관리법을 2004년 재난 및 안전관리 기본법을 공포하였다.

정답 ②

008

1948년 ~ 1970년의 소방체제로 옳은 것은? [15년 소방간부] [17년 공개]

① 국가소방체제
② 자치소방체제
③ 광역소방체제
④ 이원적소방체제
⑤ 군사소방체제

해설 우리나라 소방체제
㉠ 과도기 미군정시대(1945~1948년) : 자치소방체제
㉡ 정부수립(1948~1970년) : 국가소방체제
㉢ 발전기(1970~1992년) : 국가 및 자치의 이원화체제
㉣ 시·도 자치소방체제(1992~2020년) : 광역자치소방체제

ⓐ 소방방재청(2004 ~ 2014.11)
ⓑ 국민안전처(2014.11 ~ 2017.7)
ⓒ 소방청(2017.7 ~ 2020.3)
ⓓ 국가소방체제(2020.4.~)
→ 1948년 ~ 1970년의 소방체제는 **국가소방체제**이다.

정답 ①

009

미군정시대부터의 우리나라 소방의 역사에 대한 설명으로 옳지 않은 것은?
〔18년 소방간부〕

① 미군정기에 최초의 독립된 자치소방행정체제를 실시하였다.
② 1958년에 「소방법」이 제정되었다.
③ 1970년에 전국 시·도에 소방본부를 설치하였다.
④ 1977년에 국가·지방소방공무원에 대한 단일신분법이 제정되었다.
⑤ 2017년에 소방청이 설립되었다.

해설 우리나라 소방의 역사
③ 1972년 서울과 부산은 소방본부를 설치하였고, 전국 시·도에 소방본부가 설치된 시기는 **1992년 이후**이다.

정답 ③

010

다음의 소방행정에 대한 설명으로 옳지 않은 것은?
〔17년 소방간부〕

① 소방조직은 화재를 비롯한 각종 재난과 사고로부터 국민의 생명·신체 및 재산을 보호함으로써 공공의 안녕 및 질서 유지와 복리증진에 이바지함을 목적으로 하는 공익조직이다.
② 도시의 인구집중화 현상, 건물의 고층화와 대형화, 지하생활공간의 확대, 가스·위험물 시설 및 사용량의 증가, 불특정다수가 운집하는 백화점이나 영화관의 증가 등 생활환경의 변화로 인해 소방의 역할은 날로 증가하고 있다.
③ 우리나라 소방은 1948년 정부수립부터 시·도 광역자치소방체제를 운용하고 있다.
④ 소방행정은 위급한 재난에 대응하는 위기관리(emergency management)의 성격을 지니므로 일반 행정과는 다소 다른 특징도 갖는다.
⑤ 오늘날 소방행정은 소방 서비스의 양적 확대 및 질적 고도화로 인해 전문적인 기술과 훈련을 통한 전문인력의 양성과 다양한 분야의 전문적 지식을 활용하는 응용과학적 지식체계를 필요로 한다.

해설 우리나라 소방의 역사
③ 우리나라의 소방은 1948년 정부수립부터 **국가소방체제**로 운용되었다. **시·도 광역자치소방체제**는 1992년부터 모든 시도에 소방본부가 설치되어 시·도 광역자치소방체제가 운용하고 있다.

정답 ③

011

우리나라 소방의 발전과정에 대한 설명 중 옳지 않은 것은?
〔18년 공개〕

① 최초의 소방관서는 금화도감이다.
② 일제강점기에 최초의 소방서가 설치되었다.
③ 갑오개혁 이후 '소방'이라는 용어를 처음 사용하였다.
④ 대한민국 정부수립과 동시에 소방본부가 설치되었다.

해설 우리나라 소방의 발전과정
① 우리나라 최초의 소방관서는 세종 8년의 금화도감이다.
② 일제강점기 1925년에 우리나라 최초의 소방서인 경성소방서가 설치되었다.
③ 갑오개혁 이후 소방이라는 용어를 처음 사용하였다.
④ **1948년 대한민국 정부수립**과 함께 국가소방으로 전환되었고, **소방본부는 1972년**에 서울 및 부산에 설치되었다. 이 시기의 서울과 부산을 제외한 기타지역은 국가소방체제였다.

정답 ④

012

다음은 소방의 역사적 발전과정에 대한 설명이다. 옳은 것을 모두 것은?

[18년 공개]

가. 세종 8년 금화도감이 설치되었다.
나. 일제시대에는 상비소방수제도가 있었다.
다. 정부수립 후 1958년 소방법이 제정되었다.
라. 2004년 소방방재청이 신설되었다.

① 가, 나
② 가, 나, 다
③ 가, 나, 라
④ 가, 나, 다, 라

해설 우리나라 소방의 역사
가. 세종 8년 금화도감이 설치되었다.
나. 일제시대에는 상비소방수제도가 있었다.
다. 정부수립 후 1958년 소방법이 제정되었다.
라. 2004년 소방방재청이 신설되었다.
→ 모두 옳은 보기에 해당한다.

정답 ④

013

해방 이후의 소방조직 변천과정을 과거부터 현재까지 옳게 나열한 것은?

[19년 공개]

㉠ 중앙에는 중앙소방위원회를 두고, 지방에는 도소방위원회를 두어 독립된 자치소방제도를 시행하였다.
㉡ 소방행정이 경찰행정 사무에 포함되어 시·군까지 일괄적으로 관리하는 국가소방체제로 전환되었다.
㉢ 서울과 부산은 소방본부를 설치하였고, 다른 지역은 국가소방체제로 국가소방과 자치소방의 이원화시기였다.
㉣ 소방사무가 시·도 사무로 전환되어 전국 시·도에 소방본부가 설치되었다.

① ㉠ → ㉡ → ㉢ → ㉣
② ㉠ → ㉡ → ㉣ → ㉢
③ ㉡ → ㉠ → ㉢ → ㉣
④ ㉡ → ㉠ → ㉣ → ㉢

해설 우리나라 소방의 역사
㉠ 과도기 미군정시대(1945 ~ 1948년)에 대한 설명으로 자치소방체제를 운용하였다.
㉡ 정부수립 이후(1948 ~ 1970년)에 대한 설명으로 국가소방체제를 운용하였다.
㉢ 발전기(1970 ~ 1992년)에 대한 설명으로 국가 및 자치의 이원화체제를 운용하였다.
㉣ 시·도자치소방체제(1992 ~ 2020년)에 대한 설명으로 광역자치소방체제를 운용하였다.

정답 ①

014

우리나라 소방 역사에 대한 설명으로 옳지 않은 것은?

[20년 공개]

① 조선 시대인 1426년(세종 8년) 금화도감이 설치되었다.
② 일제강점기인 1925년 최초의 소방서가 설치되었다.
③ 미군정 시대인 1946년 중앙소방위원회가 설치되었다.
④ 대한민국 정부수립 이후인 1948년 소방법이 제정·공포되었다.

해설 우리나라 소방의 역사
④ 대한민국 정부수립 이후인 1958년 소방법이 제정·공포되었으며, 화재뿐만 아니라 풍수해, 설해의 예방·경계·진압·방어까지 소방의 업무로 규정되었다.

정답 ④

015

우리나라 소방행정에 관한 설명으로 옳은 것은?

[20년 공개]

① 미군정시대에는 소방행정을 경찰에서 분리하여 자치소방행정체제를 도입하였다.
② 1972년 전국 시·도에 소방본부를 설치·운영하고 광역소방행정체제로 전환하였다.
③ 소방공무원은 공무원 분류상 경력직 공무원 중 특수경력직 공무원에 해당한다.
④ 소방공무원의 징계 중 경징계에는 정직, 감봉, 견책이 있다.

해설 **우리나라 소방행정**
① 미군정시대에는 소방행정을 경찰에서 분리하여 자치 소방행정체제를 도입하였다.
② 1992년 전국 시·도에 소방본부를 설치·운영하고 광역소방행정체제로 전환하였다.
  → 1972년에는 서울과 부산에 최초 소방본부가 신설되어 국가와 자치 이원화체제를 유지하였다.
③ 소방공무원은 공무원 분류상 경력직 공무원 중 특정직 공무원에 해당한다.
④ 소방공무원의 징계 중 경징계에는 감봉, 견책이 있고, 정직은 중징계에 해당한다.

정답 ①

017

우리나라 소방행정체제의 변천과정에 관한 내용으로 옳지 않은 것은? [23년 공개]

① 중앙소방위원회 설치(1946) 당시에는 자치소방체제였다.
② 정부수립(1948) 당시에는 국가소방체제였다.
③ 중앙소방학교 설립(1978) 당시에는 국가소방과 자치소방의 이원적 체제였다.
④ 대구지하철 화재 발생(2003) 당시에는 국가소방체제였다.

해설 **우리나라 소방의 시대별 발전과정**
④ 대구지하철 화재 발생(2003) 당시에는 광역자치소방체제(1992 ~ 2020년)였다.

정답 ④

016

우리나라 소방 역사에 대한 설명으로 옳은 것만을 모두 고른 것은? [21년 공개]

| 보기 |
ㄱ. 고려시대에는 소방을 소재(消災)라 하였으며, 화통도감을 신설하였다.
ㄴ. 조선시대 세종 8년에 금화도감을 설치하였다.
ㄷ. 1915년에 우리나라 최초 소방본부인 경성소방서를 설치하였다.
ㄹ. 1945년에 중앙소방위원회 및 중앙소방청을 설치하였다.

① ㄱ, ㄴ
② ㄱ, ㄴ, ㄷ
③ ㄴ, ㄷ, ㄹ
③ ㄱ, ㄴ, ㄷ, ㄹ

해설 **우리나라 소방의 역사**
ㄷ. 1925년에 우리나라 최초 소방서인 경성소방서를 설치하였다.
ㄹ. 1946년에 중앙소방위원회를 설치하고, 1947년 중앙소방청(중앙소방위원회의 집행기구)을 설치하였다.

정답 ①

018

우리나라 소방의 시대별 발전과정에 관한 내용으로 옳은 것만을 〈보기〉에서 고른 것은? [23년 소방간부]

| 보기 |
ㄱ. 고려시대 : 금화도감을 설치하였다.
ㄴ. 조선시대 : 일본에서 들여온 수총기를 궁정소방대에 처음으로 구비하였다.
ㄷ. 일제강점기 : 우리나라 최초로 소방서를 설치하였다.
ㄹ. 미군정시대 : 소방을 경찰에서 분리하여 최초로 독립된 자치적 소방제도를 시행하였다.

① ㄱ, ㄴ
② ㄱ, ㄹ
③ ㄴ, ㄷ
④ ㄴ, ㄹ
⑤ ㄷ, ㄹ

해설 **우리나라 소방의 시대별 발전과정**
ㄱ. 조선시대 : 금화도감을 설치하였다.
ㄴ. 조선시대 : 중국에서 들여온 수총기를 궁정소방대에 처음으로 구비하였다.
ㄷ. 일제강점기 : 우리나라 최초로 소방서인 경성소방서(1925년)를 설치하였다. [O]
ㄹ. 미군정시대 : 소방을 경찰에서 분리하여 최초로 독립된 자치적 소방제도(자치소방체제)를 시행하였다. [O]

정답 ⑤

019

소방행정조직의 발전 과정에 관한 설명으로 옳지 않은 것은? [24년 공개]

① 1426년(세종 8년)에 독자적인 소방 관리를 위해 금화도감을 설치하였으며 이후 성문도감과 병합하여 수성금화도감으로 개편하였다.
② 1894년에 경무청이 설치되고, '소방'이란 용어가 처음으로 사용되었다.
③ 1948년에 대한민국 정부가 수립되고 국가 소방체제로 전환하면서 소방행정조직이 경찰에서 분리되었다.
④ 2017년에 「정부조직법」 개정으로 국민안전처를 해체하고 소방청을 개설하였다.

해설 소방행정조직의 발전 과정
③ 1948년에 대한민국 정부가 수립되고 국가 소방체제로 전환하면서 정부수립과 동시에 다시 소방은 경찰기구에 포함되어 운영되었다.

정답 ③

020

우리나라 소방의 변천 과정에 대한 설명으로 옳지 않은 것은? [25년 공개]

① 고려 시대 : 소방을 소재(消災)라 하였고, 우리나라 소방행정의 근원이라 볼 수 있는 금화원 제도를 시행하였다.
② 조선 시대 : 5가를 1통으로 묶어 우물을 파고 물통을 준비하도록 하는 5가 작통제를 시행하였다. 아울러 세종 8년(1426년) 2월에 금화도감을 설치하였고, 6월에는 수성금화도감으로 개편하였다.
③ 일제 강점기 : 1925년 최초의 소방서인 경성소방서가 설치되었다. 이후 1938년 부산 및 평양에 소방서가 개소되었으며, 1944년 용산·인천·함흥에 소방서가 증설되었다.
④ 미군정 시대 : 1946년 소방부 및 소방위원회를 설치하고, 소방조직 및 업무를 경찰로부터 독립하여 자치소방체제로 전환하였다. 1947년 중앙소방위원회의 집행기구로 소방청이 설치되었다.

해설 우리나라 소방의 역사
③ 일제 강점기 : 1925년 최초의 소방서인 경성소방서가 설치되었다. 이후 1939년 4월 1일에는 부산 및 평양에 소방서가 개소되었으며, 1945년 광복까지는 청진, 용산, 인천, 함흥, 성동소방서 등 모두 8개의 소방서가 설치되기에 이르렀다.

정답 ③

021

소방조직의 변천 과정을 시간 순서대로 나열한 것으로 옳은 것은? [25년 소방간부]

① 금화도감 → 경성소방서 → 소방방재청 → 국민안전처 중앙소방본부
② 금화도감 → 경성소방서 → 국민안전처 중앙소방본부 → 소방방재청
③ 경성소방서 → 금화도감 → 소방방재청 → 국민안전처 중앙소방본부
④ 경성소방서 → 금화도감 → 국민안전처 중앙소방본부 → 소방방재청
⑤ 경성소방서 → 소방방재청 → 금화도감 → 국민안전처 중앙소방본부

해설 소방조직의 변천 과정
① 금화도감(1426년 2월) → 경성소방서(1925년) → 소방방재청(2004년) → 국민안전처 중앙소방본부(2014년)

정답 ①

022

대한민국 정부 수립 이후 중앙소방조직의 변천 과정을 시간적 순서대로 옳게 나열한 것은? [24년 소방간부]

① 소방방재청 – 내무부 소방국 – 내무부 치안국 소방과 – 국민안전처 중앙소방본부 – 소방청
② 소방방재청 – 내무부 치안국 소방과 – 내무부 소방국 – 국민안전처 중앙소방본부 – 소방청
③ 내무부 소방국 – 내무부 치안국 소방과 – 국민안전처 중앙소방본부 – 소방방재청 – 소방청
④ 내무부 경찰국 소방과 – 내무부 소방국 – 소방청 – 국민안전처 중앙소방본부 – 소방방재청
⑤ 내무부 치안국 소방과 – 내무부 소방국 – 소방방재청 – 국민안전처 중앙소방본부 – 소방청

해설 중앙소방조직의 변천 과정
내무부 치안국 소방과(1948년) – 내무부 소방국(1975년) – 소방방재청(2004년) – 국민안전처 중앙소방본부(2014년) – 소방청(2017년)

정답 ⑤

023

소방 조직의 설치가 시기순으로 옳게 나열된 것은? [24년 공개]

① 내무부 소방과 – 내무부 소방국 – 도 소방위원회 – 시·도 소방본부
② 도 소방위원회 – 내무부 소방국 – 시·도 소방본부 – 소방방재청
③ 중앙소방위원회 – 내무부 소방국 – 도 소방위원회 – 소방방재청
④ 내무부 소방국 – 중앙소방위원회 – 소방방재청 – 소방청

해설 소방 조직의 설치 시기
중앙소방위원회, 도소방위원회(1946년) – 내무부 소방과(1948년) – 내무부 소방국(1975년) – 시·도 소방본부(1992년) – 소방방재청(2004년) – 국민안전처(2014년) – 소방청(2017년)

정답 ②

PART 7 | 소방행정 및 조직

CHAPTER 02 | 소방행정체제 및 소방조직

024	025	026	027	028	029	030
⑤	③	③	①	④	①	②

031	032	033	034	035	036	037	038
⑤	③	④	④	③	③	①	④

024

우리나라 소방조직에 대한 구분으로 옳지 않은 것은? [18년 소방간부]

① 중앙소방행정조직 – 중앙119구조본부
② 지방소방행정조직 – 서울특별시소방학교
③ 민간소방조직 – 자체소방대
④ 지방소방행정조직 – 소방서
⑤ 중앙소방행정조직 – 의용소방대

해설 소방행정조직

1. 중앙소방행정조직
   ㉠ 직접적 소방행정조직
      ⓐ 소방청
      ⓑ 중앙소방학교
      ⓒ 중앙119구조본부
      ⓓ 국립소방연구원
   ㉡ 간접적 소방행정조직
      ⓐ 한국소방안전원
      ⓑ 대한소방공제회
      ⓒ 한국소방산업기술원
      ⓓ 소방산업공제조합

2. 지방소방행정조직
   ㉠ 소방본부
   ㉡ 소방서
   ㉢ 119안전센터, 구조·구급센터
   ㉣ 소방정대, 구조대, 구급대
   ㉤ 지방소방학교
   ㉥ 서울종합방재센터
   ㉦ 의무소방대
   ㉧ 119특수대응단
   ㉨ 소방체험관

3. 민간소방조직
   ㉠ 의용소방대
   ㉡ 자위소방대, 소방안전관리자
   ㉢ 자체소방대, 위험물안전관리자
   ㉣ 소방시설, 소방시설관리업
   ㉤ 탱크안전성능시험자(탱크시험자)
   ㉥ 위험물안전관리대행기관
→ ⑤ 의용소방대는 민간소방조직에 해당한다.

정답 ⑤

025 🔥🔥🔥

우리나라 소방조직체계 중 지방소방행정조직에 해당하는 것은? [16년 소방간부]

① 의용소방대   ② 자체소방대
③ 의무소방대   ④ 자위소방대
⑤ 중앙소방학교

해설 소방행정조직
①, ②, ④ : 민간소방조직에 해당한다.
⑤ : 직접적 소방행정조직에 해당한다.

정답 ③

026 🔥🔥🔥

간접적 소방행정기관의 설명 중 틀린 것은? [12년 전북]

① 한국소방산업기술원은 소방산업의 진흥·발전을 효율적으로 지원하기 위하여 설립하며 기술원은 법인으로 하되 민법의 재단법인에 관한 규정을 준용한다.
② 한국소방안전원은 법인으로 하되, 협회에 관하여 일반적으로 민법 가운데 재단법인 규정을 준용한다.
③ 대한소방공제회는 직무수행 중 사망하거나 상이를 입은 사람에 대한 지원 사업을 하며 소방기본법에 명시되어 있다.
④ 소방공무원에 대한 효율적인 공제제도를 확립·운영하고, 직무수행 중 사망하거나 상이를 입은 사람에 대한 지원사업을 함으로써 이들의 생활안정과 복지증진에 이바지함을 목적으로 하여 대한소방공제회를 설립한다.

해설 소방행정기관
③ 대한소방공제회는 직무수행 중 사망하거나 상이를 입은 사람에 대한 지원 사업을 하며 대한소방공제회법에 명시되어 있다.

정답 ③

027 🔥🔥🔥

소방조직에 대한 설명 중 틀린 것은? [11년 부산]

① 현재 소방행정조직은 자치소방체제이다.
② 소방대는 소방공무원, 의무소방원, 의용소방대원으로 구성되어 있다.
③ 소방본부장은 시·도지사의 지휘, 감독을 받는다.
④ 소방방재청은 대구 지하철화재를 계기로 2004년 개청되었다.

해설 소방조직
① 현재 소방행정조직은 국가소방체제이다.

정답 ①

028 🔥🔥🔥

민간 소방행정조직의 설치에 관한 설명으로 옳지 않은 것은? [18년 공개]

① 주유취급소에는 위험물안전관리자를 선임해야 한다.
② 소방안전관리대상물에는 소방안전관리자를 선임해야 한다.
③ 소방업무를 체계적으로 보조하기 위해 의용소방대를 설치한다.
④ 제4류 위험물을 저장·취급하는 제조소에는 반드시 자체소방대를 설치해야 한다.

해설 민간 소방행정조직
① 민간 소방행정조직 : 위험물안전관리자에 대한 설명이다.
② 민간 소방행정조직 : 소방안전관리자에 대한 설명이다.
③ 민간 소방행정조직 : 의용소방대에 대한 설명이다.
④ 자체소방대의 설치대상은 다음과 같다.
   ㉠ 취급하는 제4류 위험물의 최대수량의 합이 지정수량의 3,000배 이상인 제조소 또는 일반취급소
   ㉡ 저장하는 제4류 위험물의 최대수량이 지정수량의 50만배 이상인 옥외탱크저장소

정답 ④

029

민간 소방조직은 지속적으로 변천되어 왔다. 민간 소방조직의 변천 순서로 옳은 것은? [25년 공개]

① 경방단 → 소방대 → 방공단 → 청원소방원
② 방공단 → 청원소방원 → 경방단 → 소방대
③ 소방대 → 방공단 → 청원소방원 → 경방단
④ 청원소방원 → 경방단 → 소방대 → 방공단

해설 민간 소방조직

㉠ 경방단[1939년] : 경방단 규칙을 공포하고 소방조와 수방단을 통합하여 경방단을 설치하였다. 또한, 현재의 의용소방대는 일제강점기인 1939년 마을단위의 소방조를 통합하여 도지사 감독하에 경찰서장이 지휘하는 경방단을 설치하면서 시작되었다. 경방단은 평시에는 수화재, 전시에는 공습에 의한 화재를 경계, 방어하는 업무를 수행하게 했으며, 제2차 세계대전에서의 패배로 일제의 통치가 종결되자 경방단은 자동적으로 해체되었다.

㉡ 소방대[1946년] : 일제 통치의 종결로 경방단이 자동적으로 해체되고, 각 시·도에는 소방대를 조직, 소방과 수방 및 전후 복구 업무를 담당하는 등 정부 시책에 적극 협조하였다.

㉢ 방공단 : 1950년 6·25 전쟁 후 방공의 중요성을 인식하여 방공법(1951년 3월) 및 방공단 규칙(1952년 8월) 제정을 계기로 소방대가 방공단에 흡수되었다. 직접 방공에 당하여야 할 일반 가정의 각성과 유대 강화를 위한 지도를 실시하고자 "가정 방공지도 기구 조직 규정"을 1951년 7월에 제정·시행하였으며, 산업시설의 방공 태세를 강화하기 위해 "직장 방공단 규칙"을 1952년 2월에 제정·시행하였다. 1953년 휴전협정이 체결됨에 따라 방공단이 해체되어 일시적으로 민간소방조직이 존재하지 않았다

㉣ 청원소방원[1983년] : 오늘날 우리의 소방 환경은 산업의 고도화에 따른 인구 집중, 건물의 고층 및 지하화와 화학제품의 대량 사용, 유류, 가스 등 각종 에너지원 사용으로 대형 화재 위험성이 날로 증가하였다. 이에 대규모 시장, 공장, 호텔, 병원 등 중요 소방대상물에 대하여 자율적인 소방 태세를 확보하기 위하여 시설주 책임하에 자체 시설에 대한 화재 예방·경계 및 초기 진화 활동에 임하도록 하는 제도적 장치의 필요성이 대두되었다. 그리하여 1983년에 청원소방원 제도를 도입하게 되었으며, 청원소방원은 방화관리자(현. 소방안전관리자)와 위험물 안전관리자의 업무를 보조하고 화재 현장에서 사람을 구출하고 불을 끄거나 불이 번지지 않도록 조치, 소방서장이 화재의 예방·경계 및 진압상 필요하다고 인정하여 명하는 직무를 담당하였다. (이후 1999년 2월 소방법의 개정으로 청원소방원 제도는 폐지되었다.)

정답 ①

030

「소방기본법」에서 정의하는 소방대의 구성으로 옳지 않은 것은? [12년 울산]

① 소방공무원
② 자위소방대원
③ 의용소방대원
④ 의무소방원

해설 소방대

㉠ 정의 : 화재를 진압하고 화재, 재난·재해, 그 밖의 위급한 상황에서 구조·구급 활동 등을 하기 위하여 다음의 사람으로 구성된 조직체를 말한다.

㉡ 구성
 ⓐ 「소방공무원법」에 따른 소방공무원
 ⓑ 「의무소방대설치법」에 따라 임용된 의무소방원
 ⓒ 「의용소방대 설치 및 운영에 관한 법률」에 따른 의용소방대원

→ 자위소방대원, 자체소방대원, 사회복무요원 등은 해당하지 않는다.

정답 ②

031

의용소방대에 대한 설명으로 옳지 않은 것은? [17년 소방간부]

① 1958년 소방법 제정 시 의용소방대 설치 규정이 마련되었다.
② 지역에 거주 또는 상주하는 주민 가운데 희망하는 사람으로서 간호사 자격자는 의용소방대원으로 임명될 수 있다.
③ 서울특별시장은 서울특별시에 의용소방대를 둔다.
④ 의용소방대원의 정년은 65세로 한다.
⑤ 의용소방대의 대장 및 부대장은 관할 소방서장이 임명한다.

해설 의용소방대

① 1958년 3월 11일 소방법 제정 시 의용소방대 설치 규정이 마련되었다. 이를 적용하여 의용소방대의 날이 3월 19일로 지정되었다.
② 지역에 거주 또는 상주하는 주민 가운데 희망하는 사람으로서 간호사 자격자는 의용소방대원으로 임명될 수 있다.
③ 서울특별시장은 서울특별시에 의용소방대를 둔다.
④ 의용소방대원의 정년은 65세로 한다.
⑤ 의용소방대의 대장 및 부대장은 관할 소방서장의 추천에 따라 시·도지사가 임명한다.

참고 **의용소방대의 조직**

① 의용소방대에는 대장·부대장·부장·반장 또는 대원을 둔다.
② 대장 및 부대장은 의용소방대원 중 관할 소방서장의 추천에 따라 시·도지사가 임명한다.
③ 그 밖에 의용소방대의 조직 등에 필요한 사항은 행정안전부령으로 정한다.

정답 ⑤

032

「의용소방대 설치 및 운영에 관한 법률」상 의용소방대의 임무로 옳지 않은 것은?

19년 소방간부

① 화재예방업무의 보조
② 구조·구급 업무의 보조
③ 소방시설 점검업무의 보조
④ 화재의 경계와 진압업무의 보조
⑤ 화재 등 재난 발생 시 대피 및 구호업무의 보조

해설 **의용소방대의 임무**

㉠ 화재의 경계와 진압업무의 보조 [④]
㉡ 구조·구급 업무의 보조 [②]
㉢ 화재 등 재난 발생 시 대피 및 구호업무의 보조 [⑤]
㉣ 화재예방업무의 보조 [①]
㉤ 그 밖에 행정안전부령으로 정하는 사항
　ⓐ 집회, 공연 등 각종 행사장의 안전을 위한 지원활동
　ⓑ 주민생활의 안전을 위한 지원활동
　ⓒ 그 밖에 화재예방 홍보 등 소방서장이 필요하다고 인정하는 사항

정답 ③

033

다음 중 의용소방대에 대하여 옳지 않은 것은?

13년 전북

① 의용소방대는 그 지역에 거주 또는 상주하는 주민 가운데 희망하는 사람으로 구성하되, 의용소방대의 설치 등에 필요한 세부적인 사항은 시·도의 조례로 정한다.
② 의용소방대의 운영과 활동 등에 필요한 경비는 해당 시·도지사가 부담한다.
③ 시·도지사 또는 소방서장은 소방업무를 보조하기 위하여 시·도, 시·읍 또는 면의 의용소방대를 둔다.
④ 의용소방대원은 비상근으로 하며, 시·도지사는 소방업무를 하게 하기 위하여 필요한 때에는 의용소방대원을 소집해야 한다.

해설 **의용소방대원의 근무**

① 의용소방대원은 비상근(非常勤)으로 한다.
② 소방본부장 또는 소방서장은 소방업무를 보조하게 하기 위하여 필요한 때에는 의용소방대원을 소집할 수 있다.

참고 **의용소방대의 설치 등**

① 시·도지사 또는 소방서장은 재난현장에서 화재진압, 구조·구급 등의 활동과 화재예방활동에 관한 업무(소방업무)를 보조하기 위하여 의용소방대를 설치할 수 있다.
② 의용소방대는 시·도, 시·읍 또는 면에 둔다.
③ 시·도지사 또는 소방서장은 필요한 경우 관할 구역을 따로 정하여 그 지역에 의용소방대를 설치할 수 있다.
④ 시·도지사 또는 소방서장은 필요한 경우 의용소방대를 화재진압 등을 전담하는 의용소방대로 운영할 수 있다. 이 경우 관할 구역의 특성과 관할 면적 또는 출동거리 등을 고려하여야 한다.
⑤ 그 밖에 의용소방대의 설치 등에 필요한 사항은 행정안전부령으로 정한다.

참고 **경비의 부담**

① 의용소방대의 운영과 활동 등에 필요한 경비는 해당 시·도지사가 부담한다.
② 국가는 경비의 일부를 예산의 범위에서 지원할 수 있다.

정답 ④

034

「위험물안전관리법 시행령」상 제조소에서 취급하는 제4류 위험물의 최대수량의 합이 지정수량의 50만 배인 사업소의 경우, 자체소방대에 두는 화학소방자동차와 자체소방대원의 수로 옳은 것은? [23년 소방간부]

	화학소방자동차	자체소방대원
①	1대	5인
②	2대	10인
③	3대	15인
④	4대	20인
⑤	5대	10인

해설 자체소방대

사업소의 구분	화학소방 자동차	자체소방 대원의 수
• 제조소 또는 일반취급소에서 취급하는 제4류 위험물의 최대수량의 합이 지정수량의 3천배 이상 12만배 미만인 사업소	1대	5인
• 제조소 또는 일반취급소에서 취급하는 제4류 위험물의 최대수량의 합이 지정수량의 12만배 이상 24만배 미만인 사업소	2대	10인
• 제조소 또는 일반취급소에서 취급하는 제4류 위험물의 최대수량의 합이 지정수량의 24만배 이상 48만배 미만인 사업소	3대	15인
• 제조소 또는 일반취급소에서 취급하는 제4류 위험물의 최대수량의 합이 지정수량의 48만배 이상인 사업소	4대	20인
• 옥외탱크저장소에 저장하는 제4류 위험물의 최대수량이 지정수량의 50만배 이상인 사업소	2대	10인

[비고] 화학소방자동차에는 행정안전부령으로 정하는 소화능력 및 설비를 갖추어야 하고, 소화활동에 필요한 소화약제 및 기구(방열복 등 개인장구 포함)를 비치하여야 한다.

정답 ④

035

매슬로우(Maslow)에 해당하지 않는 것은? [08년 경북]

① 안전욕구
② 자아실현의 욕구
③ 생활적 욕구
④ 존경의 욕구
⑤ 사회적 욕구

해설 매슬로우(Maslow)의 욕구이론

㉠ 생리적 욕구 : 인간의 가장 기본적인 욕구(의식주)
㉡ 존경의 욕구 : 스스로 자신을 중요하다고 느낄 뿐만 아니라 다른 사람들로부터도 인정받고자 하는 욕구
㉢ 안전의 욕구 : 안전과 보호, 경제적 안정, 질서 등에 대한 것(일종의 자기 보전적 욕구)
㉣ 사회적 욕구 : 인간은 사회적 동물로서 일정 집단에 소속되어 집단으로부터 받아들여지기를 원하는 욕구(소속의 욕구)
㉤ 자아실현의 욕구 : 자아실현 등을 통해 자신의 잠재 가능성을 실현하려는 욕구

→ ③ 생활적 욕구는 매슬로우의 욕구이론에 존재하지 않는다.

정답 ③

036

소방조직의 원리에 해당하지 않는 것은? [21년 공개]

① 조정의 원리
② 계층제의 원리
③ 명령 분산의 원리
④ 통솔 범위의 원리

해설 소방조직의 원리

원리의 구분	내용
계층의 원리	구성원들 간에 상하의 계층을 설정하여 명령, 지휘, 감독 체계를 확립하는 원리
조정의 원리	조직의 공동목표를 달성하기 위해 구성원의 노력을 통합하고 조정하는 원리
명령통일의 원리	한 사람의 부하는 한 사람의 상관으로부터만 명령을 받아야 한다는 원리
통솔범위의 원리	한 사람의 상관이 감독하는 부하의 수는 그 상관의 통제능력 범위 내로 한정되어야 한다는 원리
분업의 원리	조직의 업무를 성질별로 나누어 조직구성원에게 한 가지의 주된 업무를 전담시킴으로써 조직의 능률을 향상시키는 원리
계선의 원리	특정 사안에 대한 결정에 있어 의사결정과정에서는 개인의 의견이 참여되지만 결정을 내리는 것은 개인이 아닌 소속기관의 장

③ 명령 분산의 원리가 아닌 명령 통일의 원리이다.

정답 ③

037

다음 설명하는 소방조직의 원리로 가장 옳은 것은?
17년 공개

특정 사안에 대한 결정에 있어서 의사결정과정에서는 개인의 의견이 참여되지만 결정을 내리는 것은 개인이 아닌 소속 기관의 장이다.

① 계선의 원리
② 업무조정의 원리
③ 계층제의 원리
④ 명령통일의 원리

해설 계선의 원리
특정 사안에 대한 결정에 있어서 의사결정과정에서는 개인의 의견이 참여되지만 결정을 내리는 것은 개인이 아닌 소속 기관의 장이다.

정답 ①

038

소방행정조직의 업무적 특성을 〈보기〉에서 모두 고른 것은?
25년 공개

| 보기 |
ㄱ. 가외성   ㄴ. 긴급성
ㄷ. 신속·대응성   ㄹ. 전문성

① ㄱ, ㄷ
② ㄱ, ㄴ
③ ㄴ, ㄷ, ㄹ
④ ㄱ, ㄴ, ㄷ, ㄹ

해설 소방업무의 특성

구분	내용
긴급성 (신속·대응성) [ㄴ, ㄷ]	각종 사고발생 시 한정된 시간 내에 신속하고 정확하게 대처를 해야 한다.
위험성	각종 사고발생 시 현장에서 항상 돌발적인 위험성을 내재하고 있다. 단, 위해성을 의미하지 않는다.
현장성	주로 화재현장에서 직접 화재에 대응하여야 하는 현장 중심의 업무이다.
결과성	대형재난으로 인명 및 재산 피해가 발생하였을 때 그 책임을 면하기 어렵다는 특성상 과정이나 절차를 중시하는 일반 행정과 달리 상대적으로 결과를 중요시한다.
전문성 [ㄹ]	건축, 전기, 가스, 위험물 등 다양한 분야의 전문성이 요구되는 전문기술업무이다.
일체성	각종 사고에 대해 신속, 효과적으로 대처하기 위해 지휘·명령권이 확립된 지휘체계조직이다.
대기성	각종 사고는 예측할 수 없으므로 상시 대응태세를 갖추어야 하며, 5분 대기조로 출동대기상태를 유지하여야 한다.
가외성 [ㄱ]	불확실한 사고에 대비하기 위해 충분한 인력 및 장비의 여유자원을 갖추어져 충분해야 한다.
계층성	소방조직은 비상사태에 대응하기 위하여 엄격한 상명하복의 계층적 계급구조를 가지고 있다.
규제성	소방업무의 특성상 구조·구급 및 각종 서비스의 제공뿐만 아니라 화재발생시 안전을 확보하기 위하여 인·허가 업무처리 등 규제의 기능도 수업함으로써 업무의 효율성 및 처리과정의 합리성을 추구한다.

→ 소방행정조직의 업무적 특성에 해당하는 것은 "ㄱ, ㄴ, ㄷ, ㄹ"이다.

정답 ④

PART 7 | 소방행정 및 조직

CHAPTER 03 | 소방자원관리

							039	040
							①	②
041	042	043	044	045	046	047	048	049	050
①	④	①	③	①	③	④	②	①	③
051	052	053	054	055	056	057	058
④	②	④	③	①	④	③	⑤

039

다음 중 소방공무원은 국가공무원법상 어디에 속하는가? [17년 공개]

① 특정직 공무원 ② 별정직 공무원
③ 특수경력직 공무원 ④ 일반직 공무원

해설 소방공무원
① 소방공무원은 경력직 중 **특정직 공무원**이다.

> **참고** 소방공무원 신분의 변천과정
> ㉠ 국가공무원법(1949 ~ 1969년) : 일반직 공무원
> ㉡ 경찰공무원법(1969 ~ 1978년) : 별정직 공무원
> ㉢ 지방소방공무원법(1973 ~ 1978년) : 별정직 공무원 (서울, 부산)
> ㉣ 소방공무원법(1978 ~ 1982년) : 별정직 공무원
> ㉤ 소방공무원법(1983년 ~ 현재) : 특정직 공무원
> ㉥ 국가공무원법(1981년 ~ 현재) : 특정직 공무원

정답 ①

040

다음 중 소방조직에 관한 설명을 잘못한 것은? [11년 통합]

① 소방공무원은 단계에 따라 연령정년과 계급정년이 있다.
② 소방공무원은 별정직 공무원이다.
③ 소방공무원의 계급 단계는 11단계이다.
④ 소방공무원 중징계에는 파면, 해임, 정직 등이 있다.

해설 소방조직
① 소방공무원은 단계에 따라 연령정년 60세와 계급정년이 존재한다.

② 소방공무원은 경력직 공무원 중 **특정직 공무원**에 속한다.
③ 소방공무원의 계급 단계는 소방사, 소방교, 소방장, 소방위, 소방경, 소방령, 소방정, 소방준감, 소방감, 소방정감, 소방총감으로 11단계로 존재한다.
④ 소방공무원 중징계에는 파면, 해임, 정직 등이 있고, 경징계에는 감봉, 견책이 있다.

정답 ②

041

다음 중 용어의 뜻으로 옳지 않은 것은? [13년 광주]

① "직위해제"란 휴직·직위해제 또는 정직(강등에 따른 정직을 포함한다) 중에 있는 소방공무원을 직위에 복귀시키는 것을 말한다.
② "임용"이란 신규채용·승진·전보·파견·강임·휴직·직위해제·정직·강등·복직·면직·해임 및 파면을 말한다.
③ "강임"이란 동종의 직무 내에서 하위의 직위에 임명하는 것을 말한다.
④ "전보"란 소방공무원의 같은 계급 및 자격 내에서의 근무기관이나 부서를 달리하는 임용을 말한다.

해설 용어의 뜻
① **복직**이란 휴직·직위해제 또는 정직(강등에 따른 정직을 포함한다) 중에 있는 소방공무원을 직위에 복귀시키는 것을 말한다.

정답 ①

042

다음 중 높은 계급 순으로 옳은 것은? [16년 통합]

① 소방총감 – 소방준감 – 소방정감 – 소방정 – 소방감
② 소방총감 – 소방감 – 소방준감 – 소방정 – 소방정감
③ 소방총감 – 소방준감 – 소방정 – 소방감 – 소방정감
④ 소방총감 – 소방정감 – 소방감 – 소방준감 – 소방정

해설 소방공무원의 계급
소방총감 – 소방정감 – 소방감 – 소방준감 – 소방령 – 소방경 – 소방위 – 소방장 – 소방교 – 소방사

정답 ④

043

「소방공무원법」상 근속승진과 계급정년의 내용으로 옳은 것은? [24년 소방간부]

	근속승진	계급정년
①	소방사를 소방교로 : 해당 계급에서 4년 이상 근속자	소방령 : 14년
②	소방장을 소방위로 : 해당 계급에서 7년 6개월 이상 근속자	소방준감 : 6년
③	소방위를 소방경으로 : 해당 계급에서 8년 이상 근속자	소방경 : 18년
④	소방교를 소방장으로 : 해당 계급에서 6년 이상 근속자	소방감 : 5년
⑤	소방경을 소방령으로 : 해당 계급에서 10년 이상 근속자	소방정 : 18년

해설 근속승진, 계급정년

	근속승진	계급정년
②	소방장을 소방위로: 해당 계급에서 6년 6개월 이상 근속자	소방준감 : 6년
③	소방위를 소방경으로 : 해당 계급에서 8년 이상 근속자	계급정년이 없다.
④	소방교를 소방장으로 : 해당 계급에서 5년 이상 근속자	소방감 : 4년
⑤	근속승진 연수가 없다.	소방정 : 11년

정답 ①

044

소방공무원 임용제도에 대한 설명으로서, (ㄱ)과 (ㄴ)에 해당하는 임용권자는? [16년 소방간부]

- 소방령 이상의 소방공무원은 (ㄱ)(이)가 임용한다.
- 소방경 이하의 소방공무원은 (ㄴ)(이)가 임용한다.

① (ㄱ) 시·도지사, (ㄴ) 시·도지사
② (ㄱ) 시·도지사, (ㄴ) 소방청장
③ (ㄱ) 대통령, (ㄴ) 소방청장
④ (ㄱ) 소방청장, (ㄴ) 소방청장
⑤ (ㄱ) 소방청장, (ㄴ) 시·도지사

해설 소방공무원법 제6조(임용권자)
- 소방령 이상의 소방공무원은 (ㄱ: 대통령)(이)가 임용한다.
- 소방경 이하의 소방공무원은 (ㄴ: 소방청장)(이)가 임용한다.

정답 ③

045

소방공무원 중 소방령 이상의 임용권자는? [11년 전남]

① 대통령 ② 국무총리
③ 소방청장 ④ 시·도지사

해설 소방공무원의 임용
① 소방공무원 중 소방령 이상은 소방청장의 제청으로 국무총리를 경유하여 대통령이 임용한다.
→ 소방경 이하의 소방공무원은 소방청장이 임용한다.

정답 ①

046

소방공무원 임용 등에 관하여 옳지 않은 것은? [11년 통합]

① 소방경 이하는 소방청장이 임용한다.
② 소방령 이상은 대통령이 임용한다.
③ 소방청장은 임용권의 일부를 대통령령으로 정하는 바에 따라 소방본부장에게 위임할 수 있다.
④ 소방령 이상 소방준감 이하의 소방공무원에 대한 전보, 휴직, 직위해제, 강등, 정직 및 복직은 소방청장이 한다.

해설 소방공무원의 임용
③ 소방청장은 임용권의 일부를 대통령령으로 정하는 바에 따라 시·도지사 및 소방청 소속기관의 장에게 위임할 수 있다.

정답 ③

047

다음 중 울산광역시 동부소방서 소방서장의 임용권을 가진 사람은 누구인가? [12년 울산]

① 소방청장 ② 소방본부장
③ 대통령   ④ 울산광역시장

해설 소방공무원의 임용권

① 소방령 이상의 소방공무원은 소방청장의 제청으로 국무총리를 거쳐 대통령이 임용한다. 다만, 소방총감은 대통령이 임명하고, 소방령 이상 소방준감 이하의 소방공무원에 대한 전보, 휴직, 직위해제, 강등, 정직 및 복직은 소방청장이 한다.
② 소방경 이하의 소방공무원은 소방청장이 임용한다.
③ 대통령은 임용권의 일부를 대통령령으로 정하는 바에 따라 소방청장 또는 시·도지사에게 위임할 수 있다.
→ 대통령은 소방청과 그 소속기관의 소방정 및 소방령에 대한 임용권과 소방정인 지방소방학교장에 대한 임용권을 소방청장에게 위임하고, 시·도 소속 소방령 이상의 소방공무원(소방본부장 및 지방소방학교장은 제외한다)에 대한 임용권을 시·도지사에게 위임한다.

정답 ④

048

소방공무원에 대한 설명으로 옳은 것은? [18년 소방간부]

① 소방공무원은 특수경력직 공무원이다.
② 소방경 이하의 소방공무원은 소방청장이 임용한다.
③ 「소방공무원법」상 임용에는 신규채용, 파견, 정직, 퇴직 등이 있다.
④ 소방공무원 중징계에는 파면, 해임, 감봉, 정직 등이 있다.
⑤ 소방령 이상의 소방공무원은 시·도지사의 제청으로 국무총리를 거쳐 대통령이 임용한다.

해설 소방공무원

① 소방공무원은 경력직 중 특정직 공무원이다.
③ 「소방공무원법」상 임용에는 신규채용·승진·전보·파견·강임·휴직·직위해제·정직·복직·면직·해임 및 파면을 말한다. 퇴직은 해당하지 않는다.
④ 소방공무원 "중징계"에는 파면, 해임, 강등 또는 정직을 말한다. 감봉은 경징계에 해당한다.
⑤ 소방령 이상의 소방공무원은 소방청장의 제청으로 국무총리를 거쳐 대통령이 임명한다.

정답 ②

049

다음 소방공무원에 대한 설명 중 옳지 않은 것은? [11년 제주]

① 소방공무원 중 소방령 이상 소방준감 이하의 소방공무원에 대한 정직·복직·직위해제·전보·휴직·강등은 대통령이 행한다.
② 소방공무원의 계급 순은 소방총감, 소방정감, 소방감, 소방준감, 소방정, 소방령, 소방경, 소방위, 소방장, 소방교, 소방사이다.
③ 소방령 이상의 소방공무원은 소방청장의 제청으로 국무총리를 거쳐 대통령이 임용한다. 소방경 이하의 소방공무원은 소방청장이 임용한다.
④ 소방청장은 소방공무원의 능력을 발전시키고 소방사무의 연계성을 높이기 위하여 소방청과 시·도간 및 시·도 상호간에 인사교류가 필요하다고 인정하면 인사교류계획을 수립하여 이를 실시할 수 있다.

해설 소방공무원의 임용

① 소방공무원 중 소방령 이상 소방준감 이하의 소방공무원에 대한 정직·복직·직위해제·전보·휴직·강등은 소방청장이 행한다.

정답 ①

50

「소방공무원법」에 관한 설명으로 옳지 않은 것은?

25년 소방간부

① 소방공무원의 인사(人事)에 관한 중요사항에 대하여 소방청장의 자문에 응하게 하기 위하여 소방청에 소방공무원인사위원회를 둔다. 다만, 제6조제3항 및 제4항에 따라 특별시장·광역시장·특별자치시장·도지사·특별자치도지사가 임용권을 행사하는 경우에는 특별시·광역시·특별자치시·도·특별자치도에 인사위원회를 둔다.
② 소방청장은 소방공무원의 능력을 발전시키고 소방사무의 연계성을 높이기 위하여 소방청과 시·도 간 및 시·도 상호 간에 인사교류가 필요하다고 인정하면 인사교류계획을 수립하여 이를 실시할 수 있다.
③ 소방공무원을 신규채용할 때에는 소방장 이하는 3개월 간 시보로 임용하고, 소방위 이상은 6개월 간 시보로 임용하며, 그 기간이 만료된 다음 날에 정규 소방공무원으로 임용한다. 다만, 대통령령으로 정하는 경우에는 시보임용을 면제하거나 그 기간을 단축할 수 있다.
④ 소방공무원의 신규채용시험 및 승진시험과 소방간부후보생 선발시험은 소방청장이 실시한다. 다만, 소방청장이 필요하다고 인정할 때에는 대통령령으로 정하는 바에 따라 그 권한의 일부를 시·도지사 또는 소방청 소속기관의 장에게 위임할 수 있다.
⑤ 소방공무원은 제복을 착용하여야 한다. 소방공무원의 복제(服制)에 관한 사항은 행정안전부령으로 정한다.

해설 시보(소방공무원법)
③ 소방공무원을 신규채용할 때에는 소방장 이하는 6개월 간 시보로 임용하고, 소방위 이상은 1년 간 시보로 임용하며, 그 기간이 만료된 다음 날에 정규 소방공무원으로 임용한다. 다만, 대통령령으로 정하는 경우에는 시보임용을 면제하거나 그 기간을 단축할 수 있다.

정답 ③

51

「국가공무원법」 및 「소방공무원 징계령」에서 정하고 있는 소방공무원의 징계에 관한 내용으로 옳은 것은?

22년 소방간부

① 중징계의 종류에는 파면, 해임, 강등, 정직, 감봉이 있다.
② 경징계의 종류에는 견책, 훈계, 경고가 있다.
③ 소방정인 지방소방학교장에 관한 징계는 시·도에 설치된 징계위원회에서 심의·의결한다.
④ 정직은 1개월 이상 3개월 이하의 기간으로 하고, 정직 처분을 받은 자는 그 기간 중 공무원의 신분은 보유하나 직무에 종사하지 못하며 보수는 전액을 감한다.
⑤ 감봉은 1개월 이상 3개월 이하의 기간 동안 보수의 2분의 1을 감한다.

해설 소방공무원의 징계
① 중징계의 종류에는 파면, 해임, 강등, 정직이 있다. 감봉은 경징계에 해당한다.
② 경징계의 종류에는 감봉, 견책이 있다. 훈계, 경고는 해당하지 않는다.
③ 소방정인 지방소방학교장에 관한 징계는 소방청에 설치된 소방공무원 징계위원회에서 심의·의결한다.
⑤ 감봉은 1개월 이상 3개월 이하의 기간 동안 보수의 3분의 1을 감한다.

정답 ④

052

다음 중 징계의 종류에 해당하지 않는 것은?

[11년 울산]

① 정직 ② 훈계
③ 감봉 ④ 견책

해설 소방공무원의 징계

구분	징계의 효력
파면	공무원 관계로부터 배제하고 처분일로부터 5년간 공직재임용 제한한다.
해임	공무원 관계로부터 배제하고 처분일로부터 3년간 공직재임용 제한한다.
강등	1계급 아래로 직급을 내리고 공무원신분은 보유하나 3개월간 직무에 종사하지 못하며 그 기간 중 보수는 전액을 감한다.
정직	1개월 이상 3개월 이하의 기간으로 하고, 정직 처분을 받은 자는 그 기간 중 공무원의 신분은 보유하나 직무에 종사하지 못하며 보수는 전액을 감한다.
감봉	1개월 이상 3개월 이하의 기간 동안 보수의 1/3을 감한다.
견책	전과에 대하여 훈계하고 회개하게 한다.

② 훈계는 소방공무원의 징계에 해당하지는 않는다.

정답 ②

053

다음은 소방공무원의 징계에서 중징계에 해당하지 않는 것은?

[18년 공개]

① 파면 ② 해임
③ 정직 ④ 견책

해설 소방공무원의 징계

1. "중징계"란 파면, 해임, 강등 또는 정직을 말한다.
2. "경징계"란 감봉 또는 견책을 말한다.

정답 ④

054

소방용수시설 중 저수조에 대한 설치기준으로 옳지 않은 것은?

[13년 경기]

① 흡수부분의 수심이 0.5미터 이상으로 한다.
② 흡수관의 투입구가 사각형의 경우에는 한 변의 길이가 60센티미터 이상, 원형의 경우에는 지름이 60센티미터 이상으로 한다.
③ 지면으로부터의 낙차가 4.5미터 이상으로 한다.
④ 저수조에 물을 공급하는 방법은 상수도에 연결하여 자동으로 급수되는 구조로 한다.

해설 소방용수시설

1. 공통기준
   ㉠ 국토의 계획 및 이용에 관한 법률의 규정에 의한 주거지역·상업지역 및 공업지역에 설치하는 경우 : 소방대상물과의 수평거리를 100미터 이하가 되도록 할 것
   ㉡ ㉠ 외의 지역에 설치하는 경우 : 소방대상물과의 수평거리를 140미터 이하가 되도록 할 것
2. 소방용수시설별 설치기준
   ㉠ 소화전의 설치기준 : 상수도와 연결하여 지하식 또는 지상식의 구조로 하고, 소방용호스와 연결하는 소화전의 연결금속구의 구경은 65밀리미터로 할 것
   ㉡ 급수탑의 설치기준 : 급수배관의 구경은 100밀리미터 이상으로 하고, 개폐밸브는 지상에서 1.5미터 이상 1.7미터 이하의 위치에 설치하도록 할 것
   ㉢ 저수조의 설치기준
   ⓐ 지면으로부터의 낙차가 4.5미터 이하일 것
   ⓑ 흡수부분의 수심이 0.5미터 이상일 것
   ⓒ 소방펌프자동차가 쉽게 접근할 수 있도록 할 것
   ⓓ 흡수에 지장이 없도록 토사 및 쓰레기 등을 제거할 수 있는 설비를 갖출 것
   ⓔ 흡수관의 투입구가 사각형의 경우에는 한 변의 길이가 60센티미터 이상, 원형의 경우에는 지름이 60센티미터 이상일 것
   ⓕ 저수조에 물을 공급하는 방법은 상수도에 연결하여 자동으로 급수되는 구조일 것

정답 ③

055

다음 중 소방력의 3요소로 가장 옳지 않은 것은?

13년 대전

① 소방계획 ② 소방장비
③ 소방공무원 ④ 소방용수

해설 소방력

소방력의 3요소는 인력(소방공무원), 소방장비, 소방용수이다.

정답 ①

056

다음 중 119구조장비의 국고보조율은 몇 % 이상의 지원에 해당하는가?

13년 대전

① 20% ② 30%
③ 40% ④ 50%

해설 국고보조율

④ 「보조금관리에 관한 법률 시행령」상 119 구조장비의 확충을 위한 국고보조비율은 50% 이상이다.

정답 ④

057

국고보조에 관한 설명으로 옳지 않은 것은?

11년 제주

① 국내조달품은 정부고시가격으로 한다.
② 수입물품은 조달청에서 조사한 해외시장의 시가로 한다.
③ 소방순찰차, 소방의복, A4 용지는 국고보조 대상이다.
④ 국고보조 대상 사업의 범위와 기준보조율은 대통령령으로 한다.

해설 국고보조대상 사업범위

③ 소방순찰차, 소방의복, A4용지는 국고보조 대상에 해당하지 않는다.

정답 ③

058

「소방기본법 시행령」상 국고보조 대상사업의 범위에 해당하지 않는 것은?

19년 소방간부

① 소방자동차 구입
② 소방헬리콥터 및 소방정 구입
③ 소방전용통신설비 전산설비 설치
④ 방화복 등 소방활동에 필요한 소방장비 구입
⑤ 소방관서용 청사의 대수선

해설 국고보조 대상사업의 범위와 기준보조율

㉠ 다음의 소방활동장비와 설비의 구입 및 설치
  ⓐ 소방자동차
  ⓑ 소방헬리콥터 및 소방정
  ⓒ 소방전용통신설비 및 전산설비
  ⓓ 그 밖에 방화복 등 소방활동에 필요한 소방장비
㉡ 소방관서용 청사의 건축(신축, 증축, 개축, 재축, 이전)
→ ⑤ 소방관서용 청사의 대수선은 해당하지 않는다.

정답 ⑤

PART 8 | 소방기능

CHAPTER 01 | 소방활동, 화재의 예방·경계·진압

001	002	003	004	005	006	007	008	009	010
⑤	②	④	④	④	①	②	①	②	①
011	012	013	014						
⑤	②	⑤	④						

001 🔥🔥🔥

다음 중 소방지원활동으로 옳지 않은 것은?   〔다수 출제〕

① 산불에 대한 예방·진압 등 지원활동
② 자연재해에 따른 급수·배수 및 제설 등 지원활동
③ 집회·공연 등 각종 행사 시 사고에 대비한 근접 대기 등 지원활동
④ 화재, 재난·재해로 인한 피해복구 지원활동
⑤ 단전사고 시 비상전원 또는 조명의 공급

해설 생활안전활동

㉠ 붕괴, 낙하 등이 우려되는 고드름, 나무, 위험 구조물 등의 제거활동
㉡ 위해동물, 벌 등의 포획 및 퇴치 활동
㉢ 끼임, 고립 등에 따른 위험제거 및 구출 활동
㉣ 단전사고 시 비상전원 또는 조명의 공급
㉤ 그 밖에 방치하면 급박해질 우려가 있는 위험을 예방하기 위한 활동

정답 ⑤

002 🔥🔥🔥

「소방기본법」에서 소방본부장, 소방서장, 소방대장의 기준으로 할 수 없는 행위는?   〔13년 대전〕

① 화재가 발생하거나 불이 번질 우려가 있는 토지 일부의 일시적 사용
② 화재, 재난·재해, 그 밖의 위급한 상황이 발생한 현장에 소방활동구역을 정하여 소방활동에 필요한 사람으로서 대통령으로 정하는 사람 외에는 그 구역에 출입하는 것을 제한
③ 화재가 발생하거나 불이 번질 우려가 있는 소방대상물 및 토지의 사용제한
④ 소방활동에 방해가 되는 주차 또는 정차된 차량 및 물건 등을 제거하거나 이동

해설 소방대의 활동

①, ③, ④ 강제처분에 관한 내용으로 소방본부장, 소방서장 또는 소방대장의 권한이다.
② 소방활동구역의 설정권자는 소방대장이다.

정답 ②

003 🔥🔥🔥

「소방기본법」에서 소방활동 종사명령을 할 수 있는 설명에 해당하지 않는 사람은?   〔11년 울산〕

① 소방본부장
② 소방대장
③ 소방서장
④ 시장·군수·구청장

해설 소방활동 종사명령

④ 시장·군수는 소방활동 종사 명령을 할 수 없다.

참고 소방활동 종사명령

① 소방본부장, 소방서장 또는 소방대장은 화재, 재난·재해, 그 밖의 위급한 상황이 발생한 현장에서 소방활동을 위하여 필요할 때에는 그 관할구역에 사는 사람 또는 그 현장에 있는 사람으로 하여금 사람을 구출하는 일 또는 불을 끄거나 불이 번지지 아니하도록 하는 일을 하게 할 수 있다. 이 경우 소방본부장, 소방서장 또는 소방대장은 소방활동에 필요한 보호장구를 지급하는 등 안전을 위한 조치를 하여야 한다.
② 명령에 따라 소방활동에 종사한 사람은 시·도지사로부터 소방활동의 비용을 지급받을 수 있다. 다만, 다음의 어느 하나에 해당하는 사람의 경우에는 그러하지 아니하다.
  1. 소방대상물에 화재, 재난·재해, 그 밖의 위급한 상황이 발생한 경우 그 관계인
  2. 고의 또는 과실로 화재 또는 구조·구급 활동이 필요한 상황을 발생시킨 사람
  3. 화재 또는 구조·구급 현장에서 물건을 가져간 사람

정답 ④

004

다음 중 「소방기본법」상 소방활동 중 강제처분의 내용으로 옳은 것은?
[12년 울산]

① 주차장에 주차되어 있는 차량을 소방서장이 파손하면 소방서장이 보상을 한다.
② 소방서장은 긴급하게 출동할 때 소방자동차의 통행과 소방활동에 방해가 되는 주차된 차량 및 물건 등을 이동시킬 수 없다.
③ 소방서장은 소방자동차의 통행과 소방활동에 방해가 되는 정차된 차량 등을 제거시킬 수 없다.
④ 소화전에 주차된 차량은 소방활동에 방해가 되어 소방서장이 차량을 파손하여도 보상을 하지 않아도 된다.

해설 강제처분
④ 소화전에 주차하는 것은 법령위반사항에 해당하므로 보상을 하지 않아도 된다.

참고 강제처분
① 소방본부장, 소방서장 또는 소방대장은 사람을 구출하거나 불이 번지는 것을 막기 위하여 필요할 때에는 화재가 발생하거나 불이 번질 우려가 있는 소방대상물 및 토지를 일시적으로 사용하거나 그 사용의 제한 또는 소방활동에 필요한 처분을 할 수 있다.
② 소방본부장, 소방서장 또는 소방대장은 사람을 구출하거나 불이 번지는 것을 막기 위하여 긴급하다고 인정할 때에는 ①에 따른 소방대상물 또는 토지 외의 소방대상물과 토지에 대하여 ①에 따른 처분을 할 수 있다.
③ 소방본부장, 소방서장 또는 소방대장은 소방활동을 위하여 긴급하게 출동할 때에는 소방자동차의 통행과 소방활동에 방해가 되는 주차 또는 정차된 차량 및 물건 등을 제거하거나 이동시킬 수 있다.
④ 소방본부장, 소방서장 또는 소방대장은 ③에 따른 소방활동에 방해가 되는 주차 또는 정차된 차량의 제거나 이동을 위하여 관할 지방자치단체 등 관련 기관에 견인차량과 인력 등에 대한 지원을 요청할 수 있고, 요청을 받은 관련 기관의 장은 정당한 사유가 없으면 이에 협조하여야 한다.
⑤ 시·도지사는 견인차량과 인력 등을 지원한 자에게 시·도의 조례로 정하는 바에 따라 비용을 지급할 수 있다.

정답 ④

005

다음 「소방기본법」에 관한 설명 중 옳지 않은 것은?
[11년 제주]

① 모든 차와 사람은 소방자동차가 화재진압 및 구조·구급을 위하여 출동하는 때에는 이를 방해해서는 안 된다.
② 소방자동차의 우선통행에 관하여는 도로교통법에 따른다.
③ 관계인은 소방대가 현장에 도착할 때까지 경보를 울리거나 대피유도를 하는 등의 방법으로 사람을 구출하는 인명구조 또는 불이 번지지 아니하도록 소화작업 등의 필요한 조치를 하여야 한다.
④ 사이렌은 화재진압 및 구조·구급활동을 위한 출동시가 아니면 사용할 수 없다.

해설 소방자동차의 우선통행
④ 사이렌은 출동시가 아닌 훈련 시에도 사용할 수 있다.

참고 소방자동차의 우선통행
① 모든 차와 사람은 소방자동차(지휘를 위한 자동차와 구조·구급차를 포함한다. 이하 같다)가 화재진압 및 구조·구급 활동을 위하여 출동을 할 때에는 이를 방해하여서는 아니 된다.
② 소방자동차가 화재진압 및 구조·구급 활동을 위하여 출동하거나 훈련을 위하여 필요할 때에는 사이렌을 사용할 수 있다.
③ 모든 차와 사람은 소방자동차가 화재진압 및 구조·구급 활동을 위하여 ②에 따라 사이렌을 사용하여 출동하는 경우에는 다음 각 호의 행위를 하여서는 아니 된다.
 1. 소방자동차에 진로를 양보하지 아니하는 행위
 2. 소방자동차 앞에 끼어들거나 소방자동차를 가로막는 행위
 3. 그 밖에 소방자동차의 출동에 지장을 주는 행위
④ ③의 경우를 제외하고 소방자동차의 우선 통행에 관하여는 「도로교통법」에서 정하는 바에 따른다.

정답 ④

006 🔥🔥🔥

「소방기본법 시행령」상 소방활동구역을 설정하여 화재 시 출입할 수 없는 사람은?
〔11년 부산〕

① 전기·가스·경찰·교통업무 종사자
② 소방대장이 소방활동을 위하여 출입을 허가한 자
③ 소방활동구역 안의 소유자, 관리자, 점유자
④ 의사, 간호사, 구조, 구급, 수사, 보도업무 종사자

해설 소방활동구역

㉠ 소방활동구역 안에 있는 소방대상물의 소유자·관리자 또는 점유자
㉡ 전기·가스·수도·통신·교통의 업무에 종사하는 사람으로서 원활한 소방활동을 위하여 필요한 사람
㉢ 의사·간호사 그 밖의 구조·구급업무에 종사하는 사람
㉣ 취재인력 등 보도업무에 종사하는 사람
㉤ 수사업무에 종사하는 사람
㉥ 그 밖에 소방대장이 소방활동을 위하여 출입을 허가한 사람

정답 ①

007 🔥🔥🔥

「소방기본법」상 아래의 내용을 설명하는 것으로 가장 옳은 것은?
〔09년 강원〕

> 시·도지사는 소방업무의 응원을 요청하는 경우를 대비하여 출동 대상지역 및 규모와 필요한 경비의 부담 등에 관하여 필요한 사항을 행정안전부령으로 정하는 바에 따라 이웃하는 시·도지사와 협의하여 미리 규약(規約)으로 정하여야 한다.

① 상호협력지침
② 상호응원협정
③ 상호응원계획
④ 소방활동계획

해설 소방업무의 응원(상호응원협정)

① 소방본부장이나 소방서장은 소방활동을 할 때에 긴급한 경우에는 이웃한 소방본부장 또는 소방서장에게 소방업무의 응원(應援)을 요청할 수 있다.
② 소방업무의 응원 요청을 받은 소방본부장 또는 소방서장은 정당한 사유 없이 그 요청을 거절하여서는 아니 된다.
③ 소방업무의 응원을 위하여 파견된 소방대원은 응원을 요청한 소방본부장 또는 소방서장의 지휘에 따라야 한다.

④ 시·도지사는 소방업무의 응원을 요청하는 경우를 대비하여 출동 대상지역 및 규모와 필요한 경비의 부담 등에 관하여 필요한 사항을 행정안전부령으로 정하는 바에 따라 이웃하는 시·도지사와 협의하여 미리 규약(規約)으로 정하여야 한다.

정답 ②

008 🔥🔥🔥

다음 중 소방신호의 종류가 아닌 것은?
〔다수 출제〕

① 경방신호
② 훈련신호
③ 발화신호
④ 해제신호

해설 소방신호

㉠ 경계신호 : 화재예방상 필요하다고 인정되거나 화재위험 경보시 발령
㉡ 발화신호 : 화재가 발생한 때 발령
㉢ 해제신호 : 소화활동이 필요없다고 인정되는 때 발령
㉣ 훈련신호 : 훈련상 필요하다고 인정되는 때 발령

암기법 경발해훈

→ ① 경방신호는 소방신호의 종류에 포함되지 않는다.

정답 ①

009

「소방기본법」 및 같은 법 시행규칙상 화재예방, 소방활동 또는 소방훈련을 위하여 사용되는 소방신호의 종류와 방법에 관한 내용으로 옳은 것은? [23년 공개]

① 소방신호의 방법으로는 타종신호, 싸이렌신호, 음성신호가 있다.
② 소방대의 비상소집을 하는 경우에는 훈련신호를 사용할 수 있다.
③ 타종신호로 하는 경우 경계신호는 5초 간격을 두고 30초씩 3회로 한다.
④ 소방신호의 종류에는 비상신호, 훈련신호, 해제신호, 경계신호가 있다.

해설 소방신호의 종류와 방법

신호방법 종별	타종신호	사이렌신호
경계신호	1타와 연 2타를 반복	5초 간격을 두고 30초씩 3회
발화신호	난타	5초 간격을 두고 5초씩 3회
해제신호	상당한 간격을 두고 1타씩 반복	1분간 1회
훈련신호	연 3타를 반복	10초 간격을 두고 1분씩 3회
그 밖의 신호	통풍대(적색/백색)	게시판(화재경보발령중), 기(적색/백색)

[비고]
1. 소방신호의 방법은 그 전부 또는 일부를 함께 사용할 수 있다.
2. 게시판을 철거하거나 통풍대 또는 기를 내리는 것으로 소방활동이 해제되었음을 알린다.
3. 소방대의 비상소집을 하는 경우에는 훈련신호를 사용할 수 있다.

① 소방신호의 방법으로는 타종신호, 싸이렌신호가 있다. (음성신호는 해당하지 않는다.)
③ 타종신호로 하는 경우 경계신호는 1타와 연 2타를 반복한다.
④ 소방신호의 종류에는 발화신호, 훈련신호, 해제신호, 경계신호가 있다.

정답 ②

010

「화재의 예방 및 안전관리에 관한 법률」상 시·도지사가 화재발생 우려가 크거나 화재가 발생할 경우 피해가 클 것으로 예상되는 지역에 대하여 화재의 예방 및 안전관리를 강화하기 위해 지정·관리하는 지역을 무엇이라고 하는가? [12년 세종]

① 화재예방강화지구
② 화재강화지구
③ 특별화재지구
④ 화재위험지구

해설 화재예방강화지구
시·도지사가 화재발생 우려가 크거나 화재가 발생할 경우 피해가 클 것으로 예상되는 지역에 대하여 화재의 예방 및 안전관리를 강화하기 위해 지정·관리하는 지역을 말한다.

정답 ①

011

「화재의 예방 및 안전관리에 관한 법률」상 시·도지사가 화재예방강화지구로 지정하여 관리해야 하는 지역으로 옳은 것만을 〈보기〉에서 있는 대로 고른 것은? [23년 소방간부]

| 보기 |

ㄱ. 시장지역
ㄴ. 공장·창고가 밀집한 지역
ㄷ. 노후·불량건축물이 밀집한 지역
ㄹ. 위험물의 저장 및 처리 시설이 밀집한 지역

① ㄱ, ㄴ
② ㄱ, ㄷ
③ ㄴ, ㄹ
④ ㄱ, ㄴ, ㄹ
⑤ ㄱ, ㄴ, ㄷ, ㄹ

해설 화재예방강화지구의 종류
① 시장지역 [ㄱ]
② 공장·창고가 밀집한 지역 [ㄴ]
③ 목조건물이 밀집한 지역
④ 노후·불량건축물이 밀집한 지역 [ㄷ]
⑤ 위험물의 저장 및 처리 시설이 밀집한 지역 [ㄹ]
⑥ 석유화학제품을 생산하는 공장이 있는 지역
⑦ 「산업입지 및 개발에 관한 법률」에 따른 산업단지
⑧ 소방시설·소방용수시설 또는 소방출동로가 없는 지역
⑨ 「물류시설의 개발 및 운영에 관한 법률」에 따른 물류단지
⑩ 그 밖에 ①부터 ⑨까지에 준하는 지역으로서 소방관서장이 화재예방강화지구로 지정할 필요가 있다고 인정하는 지역

암기법 시공창 목노위 석산 소방물

정답 ⑤

013

다음의 소방에 관한 규정 중 옳지 않은 것은?

17년 소방간부

① 시·도의 소방업무를 수행하는 소방기관의 설치에 필요한 사항은 대통령령으로 정한다.
② 소방업무를 수행하는 소방본부장 또는 소방서장은 시·도지사의 지휘와 감독을 받는다.
③ 소방청장, 소방본부장 및 소방서장은 119종합상황실을 설치·운영하여야 하며, 이때 필요한 사항은 행정안전부령으로 정한다.
④ 소방기관이 소방업무를 수행하는데 필요한 인력과 장비 등에 관한 기준은 행정안전부령으로 정한다.
⑤ 소방본부장 또는 소방서장은 화재발생 우려가 크거나 화재가 발생할 경우 피해가 클 것으로 예상되는 지역에 대하여 화재의 예방 및 안전관리를 강화하기 위해 지정·관리하는 지역을 화재예방강화지구로 지정할 수 있다.

해설 화재예방강화지구
⑤ 시·도지사는 화재발생 우려가 크거나 화재가 발생할 경우 피해가 클 것으로 예상되는 지역에 대하여 화재의 예방 및 안전관리를 강화하기 위해 지정·관리하는 지역을 화재예방강화지구로 지정할 수 있다.

정답 ⑤

012

「화재의 예방 및 안전관리에 관한 법률」 상 화재예방강화지구에 대한 설명 중 틀린 것은?

12년 전북

① 화재예방강화지구 안에서 소방청장, 소방본부장, 소방서장의 업무는 화재안전조사 및 소방훈련·교육이 있다.
② 화재예방강화지구는 소방본부장이 지정한다.
③ 화재안전조사는 소방대상물의 위치·구조·설비 등에 대해 연 1회 이상 실시한다.
④ 소방청장, 소방본부장 또는 소방서장은 화재예방강화지구 안의 관계인에 대하여 소방상 필요한 훈련 및 교육을 연 1회 이상 실시할 수 있다.

해설 화재예방강화지구의 지정
② 화재예방강화지구는 시·도지사가 지정한다. 시·도지사가 화재예방강화지구로 지정할 필요가 있는 지역을 화재예방강화지구로 지정하지 아니하는 경우 소방청장은 해당 시·도지사에게 해당 지역의 화재예방강화지구 지정을 요청할 수 있다.

정답 ②

014

「소방기본법 시행령」상 소방자동차 전용구역 방해 행위의 기준에 해당하지 않는 것은? [20년 소방간부]

① 전용구역에 물건 등을 쌓는 행위
② 전용구역 노면표지를 훼손하는 행위
③ 전용구역으로의 진입을 가로막는 행위
④ 전용구역의 앞면, 뒷면에 주차하는 행위
⑤ 「주차장법」 제19조에 따른 부설주차장의 주차구획 내에 주차하는 행위

해설 전용구역 방해행위의 기준

1. 전용구역에 물건 등을 쌓거나 주차하는 행위
2. 전용구역의 앞면, 뒷면 또는 양 측면에 물건 등을 쌓거나 주차하는 행위. 다만, 「주차장법」 제19조에 따른 부설주차장의 주차구획 내에 주차하는 경우는 제외한다.
3. 전용구역 진입로에 물건 등을 쌓거나 주차하여 전용구역으로의 진입을 가로막는 행위
4. 전용구역 노면표지를 지우거나 훼손하는 행위
5. 그 밖의 방법으로 소방자동차가 전용구역에 주차하는 것을 방해하거나 전용구역으로 진입하는 것을 방해하는 행위

참고 소방자동차 전용구역

1. 설치대상
   ① 「건축법」 제2조제2항제2호에 따른 공동주택 중 대통령령으로 정하는 공동주택의 건축주는 소방활동의 원활한 수행을 위하여 공동주택에 소방자동차 전용구역(이하 "전용구역"이라 한다)을 설치하여야 한다.
   ② 누구든지 전용구역에 차를 주차하거나 전용구역에의 진입을 가로막는 등의 방해행위를 하여서는 아니 된다.
   ③ 전용구역의 설치 기준·방법, ②에 따른 방해행위의 기준, 그 밖의 필요한 사항은 대통령령으로 정한다.
      → "대통령령으로 정하는 공동주택"이란 다음 각 호의 주택을 말한다. 다만, 하나의 대지에 하나의 동(棟)으로 구성되고 「도로교통법」 제32조 또는 제33조에 따라 정차 또는 주차가 금지된 편도 2차선 이상의 도로에 직접 접하여 소방자동차가 도로에서 직접 소방활동이 가능한 공동주택은 제외한다.
      ㉠ 「건축법 시행령」 별표 1 제2호가목의 아파트 중 세대수가 100세대 이상인 아파트
      ㉡ 「건축법 시행령」 별표 1 제2호라목의 기숙사 중 3층 이상의 기숙사

2. 설치기준 : 공동주택의 건축주는 소방자동차가 접근하기 쉽고 소방활동이 원활하게 수행될 수 있도록 각 동별 전면 또는 후면에 소방자동차 전용구역을 1개소 이상 설치해야 한다. 다만, 하나의 전용구역에서 여러 동에 접근하여 소방활동이 가능한 경우로서 소방청장이 정하는 경우에는 각 동별로 설치하지 않을 수 있다.

3. 설치방법
   ① 전용구역 노면표지의 외곽선은 빗금무늬로 표시하되, 빗금은 두께를 30센티미터로 하여 50센티미터 간격으로 표시한다.
   ② 전용구역 노면표지 도료의 색채는 황색을 기본으로 하되, 문자(P, 소방차 전용)는 백색으로 표시한다.

정답 ⑤

PART 8 | 소방기능

CHAPTER 02 | 화재진압 및 소방전술, 화재조사

			015	016	017	018	019
			④	②	②	②	②

015

화재진압 단계별 활동에서의 활동순서 중 옳지 않은 것은? [11년 제주]

① 화재인지 → 화재출동 → 현장도착 → 상황판단
② 화재출동 → 인명구조 → 수관연장 → 노즐배치
③ 현장도착 → 상황판단 → 인명구조 → 수관연장
④ 인명구조 → 수관연장 → 파괴활동 → 노즐배치

해설 화재진압 단계별 활동순서

화재인지 → 화재출동 → 현장도착 → 상황판단 → 인명구조 → 수관연장 → 노즐배치 → 파괴활동 → 방수활동 그 외 진입활동, 잔화처리, 소방용설비의 활용 순으로 활동하여야 한다.

④ 인명구조 → 수관연장 → <u>노즐배치</u> → <u>파괴활동</u>

정답 ④

016

다음 중 선착대의 임무가 아닌 것은? [11년 부산]

① 사전에 경방계획을 충분히 고려하여 행동하고 신속한 상황보고 및 정보제공을 한다.
② 건축물의 비화경계에 주력하도록 한다.
③ 도착 즉시 인명검색과 요구조자의 구조활동에 우선한다.
④ 화점 직근의 소방용수시설을 점령하도록 한다.

해설 선착대의 임무

② 비화경계는 후착대의 임무이다. 후착대의 임무로 비화경계 외 수손방지, 급수중계 등이 있다.

참고 선착대 및 후착대의 임무

1. 선착대의 임무
   - 인명검색 및 구조활동을 우선시한다.
   - 연소위험이 가장 큰 방면에 포위 부서한다.
   - 화점 근처의 소방용수시설을 점령한다.
   - 사전 경방계획을 충분히 고려하여 행동한다.
   - 재해실태, 인명위험, 소방활동상 위험요인, 확대위험 등을 파악하여 신속히 상황보고 및 정보를 제공한다.

2. 후착대의 임무
   - 인명구조활동 등 중요임무 수행을 지원한다.
   - 화재방어는 인접건물 및 선착대가 진입하지 않는 곳을 우선한다.
   - 급수 및 비화경계, 수손방지 등의 업무를 수행한다.
   - 불필요한 파괴는 하지 않는다.

정답 ②

017

화재조사에 대한 내용으로 틀린 것은? 〔12년 경기〕

① 강제성이 있다.
② 경제성이 있다.
③ 현장성이 있다.
④ 프리즘식이 있다.

해설 화재조사의 특징
㉠ 현장성 : 화재조사에 도움이 되는 정보는 주로 현장에서 얻어짐
㉡ 신속성 : 시간이 지나갈수록 현장보존이 어려워지므로 신속성 필요
㉢ 안전성 : 돌발상황 등 안전사고 발생에 대한 경계심 필요
㉣ 강제성 : 소방기본법에 의한 법률적 행위로 강제성을 띰
㉤ 보존성 : 발화원과 연소확대요인 등을 판별할 수 있는 많은 증거물을 보존
㉥ 정밀과학성 : 체계적이고 전문적인 요소가 밑바탕이 되어야 함
㉦ 프리즘식 : 여러 각도에서 화재조사를 하여 정확한 조사가 이루어져야 함
→ ② 화재조사의 특징에는 경제성이 없다.

정답 ②

018

화재조사의 특징으로 옳지 않은 것은? 〔11년 통합〕

① 현장성
② 일체성
③ 강제성
④ 프리즘식

해설 화재조사의 특징
② 화재조사의 특징은 일체성은 포함되지 않는다.

정답 ②

019

인화성 액체에 의한 화재는 액체 가연물이 바닥에서 흐르거나, 살포된 부위가 집중적으로 소훼되고 탄화경계가 뚜렷이 나타나는 특징이 있다. 〈보기〉에서 설명하는 화재패턴으로 옳은 것은? 〔25년 공개〕

| 보기 |

인화성 액체가 쏟아지면서 주변으로 튀거나, 연소되면서 발생하는 열에 의해 가열되어 액면에서 끓고, 주변으로 튄 액체가 포어패턴(Pour pattern)의 미연소 부분에서 국부적으로 점처럼 연소된 흔적

① 도넛패턴(Doughnut pattern)
② 스플래시패턴(Splash pattern)
③ 원형패턴(Circular shaped pattern)
④ 틈새연소패턴(Seam burn pattern)

해설 가연성 액체 화재에 나타나는 연소패턴

〈보기〉 = 스플래시패턴(Splash pattern)

① 도넛패턴(Doughnut pattern) : 고리모양으로 연소된 부분(화염의 복사열로 인해 연소된 가장자리 부분)이 덜 연소된 부분(가연성 액체가 증발하며 기화열로 냉각)을 둘러싸고 있는 도넛모양 형태로 가연성 액체가 웅덩이처럼 고여있을 경우 발생
② 스플래시패턴(Splash pattern) : 쏟아진 가연성 액체가 연소하면서 열에 의해 스스로 가열되어 액면이 끓으면서 주변으로 튄 액체가 국부적으로 점처럼 연소된 흔적
③ 원형패턴(Circular shaped pattern) : 천장, 테이블 상판, 선반과 같은 수평면의 아래쪽에 생긴 패턴은 대략적으로 원형을 나타낼 수 있다. 벽으로부터 열원이 멀수록 더 둥근 패턴으로 나타나는 특징이 있다.
④ 틈새연소패턴(Seam burn pattern) : 고스트마크와 유사하나 벽과 바닥의 틈새 또는 목재마루 바닥면 사이의 틈새 등에 가연성 액체가 뿌려진 경우 틈새를 따라 액체가 고임으로써 다른 곳보다 강하게 오래 연소하여 나타나는 연소패턴

정답 ②

PART 8 | 소방기능

CHAPTER 03 | 구조·구급의 행정관리

								020
								④
021	022	023	024	025	026	027	028	029	030
④	①	④	④	④	①	④	①	②	③
031	032	033	034	035	036	037			
①	②	④	②	②	①	④			

020 🔥🔥🔥

다음 중 특수구조대가 아닌 것은?

[12년 울산] [13년 통합]

① 산악구조대   ② 수난구조대
③ 화학구조대   ④ 해양구조대

해설 119구조대의 편성과 운영

1. 일반구조대 : 시·도의 규칙으로 정하는 바에 따라 소방서마다 1개 대 이상 설치하되, 소방서가 없는 시·군·구(자치구를 말한다)의 경우에는 해당 시·군·구 지역의 중심지에 있는 119안전센터에 설치할 수 있다.
2. 특수구조대 : 소방대상물, 지역 특성, 재난 발생 유형 및 빈도 등을 고려하여 시·도의 규칙으로 정하는 바에 따라 다음 각 목의 구분에 따른 지역을 관할하는 소방서에 다음 각 목의 구분에 따라 설치한다. 다만, ㉣에 따른 고속국도구조대는 직할구조대에 설치할 수 있다.
   ㉠ 화학구조대 : 화학공장이 밀집한 지역
   ㉡ 수난구조대 : 내수면지역
   ㉢ 산악구조대 : 자연공원 등 산악지역
   ㉣ 고속국도구조대 : 고속국도
   ㉤ 지하철구조대 : 도시철도의 역사 및 역 시설
   암기법 화난고수지
3. 직할구조대 : 대형·특수 재난사고의 구조, 현장 지휘 및 테러현장 등의 지원 등을 위하여 소방청 또는 시·도 소방본부에 설치하되, 시·도 소방본부에 설치하는 경우에는 시·도의 규칙으로 정하는 바에 따른다.
4. 테러대응구조대 : 테러 및 특수재난에 전문적으로 대응하기 위하여 소방청과 시·도 소방본부에 각각 설치하며, 시·도 소방본부에 설치하는 경우에는 시·도의 규칙으로 정하는 바에 따른다.

정답 ④

021 🔥🔥🔥

「119 구조·구급에 관한 법률 시행령」상 특수구조대에 해당하는 것을 〈보기〉에서 있는 대로 고른 것은?

[21년 소방간부] [15년 소방간부]

| 보기 |
㉠ 화학구조대
㉡ 수난구조대
㉢ 산악구조대
㉣ 고속국도구조대
㉤ 지하철구조대
㉥ 테러대응구조대

① ㉠
② ㉠, ㉡
③ ㉠, ㉡, ㉢, ㉣
④ ㉠, ㉡, ㉢, ㉣, ㉤
⑤ ㉠, ㉡, ㉢, ㉣, ㉤, ㉥

해설 특수구조대

가. 화학구조대[㉠] : 화학공장이 밀집한 지역
나. 수난구조대[㉡] : 내수면지역
다. 산악구조대[㉢] : 자연공원 등 산악지역
라. 고속국도구조대[㉣] : 고속국도
마. 지하철구조대[㉤] : 도시철도의 역사 및 역 시설

정답 ④

022 🔥🔥🔥

구조대의 편성·운영을 할 수 있는 권한자로 옳은 것은?

[11년 울산]

① 소방청장, 소방본부장, 소방서장
② 소방대장, 소방청장, 소방본부장
③ 대통령, 소방청장, 소방본부장
④ 소방대장, 소방본부장, 소방서장

해설 구조대의 편성 및 운영권자

소방청장·소방본부장 또는 **소방서장**은 위급상황에서 요구조자의 생명 등을 신속하고 안전하게 구조하는 업무를 수행하기 위하여 대통령령으로 정하는 바에 따라 119구조대를 편성하여 운영하여야 한다.

정답 ①

023

다음 중 국제구조대의 임무로서 가장 옳은 것은?

11년 서울

① 응급이송, 시설관리, 통역, 안전평가, 탐색, 구조
② 시설관리, 안전평가, 탐색, 구조, 공보연락, 통역
③ 응급이송, 시설관리, 통역, 탐색, 구조, 공보연락
④ 공보연락, 안전평가, 시설관리, 상담, 인명탐색 및 구조

해설 국제구조대의 임무
㉠ 인명 탐색 및 구조
㉡ 안전평가
㉢ 상담
㉣ 응급처치
㉤ 응급이송
㉥ 시설관리
㉦ 공보연락

암기법 공평한 상처 이송시설 탐구

정답 ④

024

다음 중 구조·구급에 관한 설명으로 맞는 것은?

11년 서울

① 특수구조대로는 화학구조대, 수난구조대, 고속국도구조대, 119항공대가 있다.
② 일반구조대는 119구조대 또는 119안전센터·119지역대마다 각각 1대 이상 설치한다.
③ 고속국도구급대는 소방대장, 소방본부장, 소방서장이 교통사고의 발생빈도 등을 고려하여 설치한다.
④ 소방청과 소방본부에 119항공대를 설치할 수 있다.

해설 구조대 및 구급대
① 특수구조대에는 산악구조대, 화학구조대, 수난구조대, 고속국도구조대, 지하철구조대가 있다.
② 일반구조대는 소방서마다 1개 대 이상, 소방서가 없는 시·군·구의 경우에는 해당 시·군·구 지역의 중심지에 있는 119안전센터에 설치할 수 있다.
③ 고속국도구급대는 교통사고 발생 빈도 등을 고려하여 소방청, 시·도 소방본부 또는 고속국도를 관할하는 소방서에 설치한다.

참고 119항공대

1. 정의
   ① 119항공대 : 항공기, 구조·구급 장비 및 119항공대원으로 구성된 단위조직을 말한다.
   ② 119항공대원 : 구조·구급을 위한 119항공대에 근무하는 조종사, 정비사, 항공교통관제사, 운항관리사, 119구조·구급대원을 말한다.

2. 119항공대의 편성과 운영
   ① 소방청장 또는 소방본부장은 초고층 건축물 등에서 요구조자의 생명을 안전하게 구조하거나 도서·벽지에서 발생한 응급환자를 의료기관에 긴급히 이송하기 위하여 119항공대(이하 "항공대"라 한다)를 편성하여 운영한다.
   ② 항공대의 편성과 운영, 업무 및 항공대원의 자격기준, 그 밖에 필요한 사항은 대통령령으로 정한다.
   ③ 항공대는 행정안전부령으로 정하는 장비를 구비하여야 한다.

3. 119항공대의 업무
   ① 인명구조 및 응급환자의 이송(의사가 동승한 응급환자의 병원 간 이송을 포함한다)
   ② 화재 진압
   ③ 장기이식환자 및 장기의 이송
   ④ 항공 수색 및 구조 활동
   ⑤ 공중 소방 지휘통제 및 소방에 필요한 인력·장비 등의 운반
   ⑥ 방역 또는 방재 업무의 지원
   ⑦ 그 밖에 재난관리를 위하여 필요한 업무

4. 항공기의 운항
   ① 119항공대의 항공기는 조종사 2명이 탑승하되, 해상비행·계기비행(計器飛行) 및 긴급 구조·구급 활동을 위하여 필요한 경우에는 정비사 1명을 추가로 탑승시킬 수 있다.
   ② 조종사의 비행시간은 1일 8시간을 초과할 수 없다. 다만, 구조·구급 및 화재 진압 등을 위하여 필요한 경우로서 소방청장 또는 소방본부장이 비행시간의 연장을 승인한 경우에는 그러하지 아니하다.
   ③ 조종사는 항공기의 안전을 확보하기 위하여 탑승자의 위험물 소지 여부를 점검해야 하며, 탑승자는 119항공대원의 지시에 따라야 한다.
   ④ 항공기의 검사 등 유지·관리에 필요한 사항은 소방청장이 정한다.
   ⑤ 소방청장 및 소방본부장은 항공기의 안전운항을 위하여 운항통제관을 둔다.

정답 ④

025

다음 중 구조 활동의 우선순위를 옳게 배열한 것은?
  [12년 전북] [16년 소방간부]

㉠ 요구조자의 구명에 필요한 조치를 한다.
㉡ 위험현장에서 격리하여 재산을 보전한다.
㉢ 요구조자의 상태 악화 방지에 필요한 조치를 한다.
㉣ 안전구역으로 구출활동을 침착히 개시한다.

① ㉠ - ㉢ - ㉣ - ㉡
② ㉠ - ㉡ - ㉢ - ㉣
③ ㉢ - ㉠ - ㉣ - ㉡
④ ㉠ - ㉣ - ㉢ - ㉡

해설 구조활동의 우선순위
㉠ 구명 : 요구조자의 구명에 필요한 조치를 한다.
㉣ 신체구출 : 안전구역으로 구출활동을 침착히 개시한다.
㉢ 정신적, 육체적 고통경감 : 요구조자의 상태 악화 방지에 필요한 조치를 한다.
㉡ 피해의 최소화(재산보호) : 위험현장에서 격리하여 재산을 보전한다.

정답 ④

026

다음은 구조에서 매듭에 관한 설명이다. 가장 잘못된 설명은?
  [11년 서울]

① 매듭법은 여러 가지 방법을 숙지 하는 것이 중요하다.
② 기계나 장치의 좁은 곳 등 통과를 원활하게 하기 위하여 매듭을 작게 한다.
③ 로프의 강도가 약한 곳, 힘을 많이 받는 매듭 쪽을 임무 중에 수시로 확인한다.
④ 매듭의 뒤처리를 깔끔히 하여 줄이 길게 늘어지지 않도록 한다.

해설 로프 매듭시에 주의사항
- 매듭법을 아는 것보다 잘 쓰이는 매듭을 정확히 숙지하는 것이 더욱 중요하다.
- 매듭은 정확한 형태를 만들고 단단하게 하여 하중을 지탱할 수 있다.
- 매듭의 크기가 작은 방법을 선택한다.
- 매듭의 끝 부분은 충분한 길이를 남겨두고 엄지매듭으로 묶어 준다.

정답 ①

027

다음 중 응급처치에 대한 일반원칙이 아닌 것은?
  [11년 울산]

① 환자의 쇼크를 예방한다.
② 피가 나는 상처부위의 지혈을 처리한다.
③ 신속하고 침착하게 그리고 질서있게 대처한다.
④ 어떠한 경우라도 본인보다 환자보호를 우선한다.

해설 응급처치
④ 어떠한 경우라도 구조자는 환자를 무리하게 구조하지 않고 자신의 안정을 최우선해야 한다.

정답 ④

028

119구급대가 의료행위를 하기 위해 갖춰야 할 자격기준으로 옳지 않은 것은?
  [13년 통합] [16년 충남]

① 적십자사 총재가 실시하는 구급업무의 교육을 받은 자
② 「응급의료에 관한 법률」에 따라 1급 응급구조사 자격을 취득한 자
③ 「응급의료에 관한 법률」에 따라 2급 응급구조사 자격을 취득한 자
④ 「의료법」 제2조 제1항에 따른 의료인

해설 구급대원의 자격기준
구급대원은 소방공무원으로서 다음의 어느 하나에 해당하는 자격을 갖추어야 한다. 다만, ㉣에 해당하는 구급대원은 구급차 운전과 구급에 관한 보조업무만 할 수 있다.
㉠ 「의료법」에 따른 의료인
㉡ 「응급의료에 관한 법률」에 따라 1급 응급구조사 자격을 취득한 사람
㉢ 「응급의료에 관한 법률」에 따라 2급 응급구조사 자격을 취득한 사람
㉣ 소방청장이 실시하는 구급업무에 관한 교육을 받은 사람

정답 ①

029　11년 서울

다음 중 구급대의 자격이 아닌 것은?

① 의료인
② 약사
③ 응급구조사의 자격을 취득한 사람
④ 소방청장이 실시하는 구급업무에 관한 교육을 받은 사람

해설　구급대원의 자격기준

구급대원은 소방공무원으로서 다음의 어느 하나에 해당하는 자격을 갖추어야 한다. 다만, ㉣에 해당하는 구급대원은 구급차 운전과 구급에 관한 보조업무만 할 수 있다.
㉠ 「의료법」에 따른 의료인
㉡ 「응급의료에 관한 법률」에 따라 1급 응급구조사 자격을 취득한 사람
㉢ 「응급의료에 관한 법률」에 따라 2급 응급구조사 자격을 취득한 사람
㉣ 소방청장이 실시하는 구급업무에 관한 교육을 받은 사람

정답　②

030　14년 통합

다음 중 구급출동 요청을 거절할 수 있는 사항 중 이송요청 거절사유가 아닌 것은?

① 단순열상 또는 찰과상으로 지속적인 출혈이 없는 외상환자
② 만성질환자로서 검진 또는 입원목적의 이송 요청자
③ 술에 취한자가 강한 자극에도 의식회복이 없을 경우
④ 단순 치통 환자

해설　구급활동 요청의 거절 사유

구급대원은 구급대상자가 다음의 어느 하나에 해당하는 비응급환자인 경우에는 구급출동 요청을 거절할 수 있다. 이 경우 구급대원은 구급대상자의 병력·증상 및 주변 상황을 종합적으로 평가하여 구급대상자의 응급 여부를 판단하여야 한다.
㉠ 단순 치통환자
㉡ 단순 감기환자. 다만, 섭씨 38도 이상의 고열 또는 호흡곤란이 있는 경우는 제외한다.
㉢ 혈압 등 생체징후가 안정된 타박상 환자
㉣ 술에 취한 사람. 다만, 강한 자극에도 의식이 회복되지 아니하거나 외상이 있는 경우는 제외한다.
㉤ 만성질환자로서 검진 또는 입원 목적의 이송 요청자
㉥ 단순 열상 또는 찰과상으로 지속적인 출혈이 없는 외상환자
㉦ 병원 간 이송 또는 자택으로의 이송 요청자. 다만, 의사가 동승한 응급환자의 병원 간 이송은 제외한다.

정답　③

031　11년 통합

구급요청 시 구급대원이 거절할 수 있는 사유에 해당하지 않는 것은?

① 38도 이상의 고열이 있거나 호흡곤란이 동반되는 경우
② 술에 취한 사람으로서 만취자
③ 만성질환자로서 검진 또는 입원 목적의 이송요청자
④ 병원 간 이송 또는 자택으로의 이송요청자

해설　구급활동 요청의 거절 사유

① 38도 이상의 고열이 있거나 호흡곤란이 동반되는 경우는 위급한 경우로 거절사유에 해당되지 않는다.

정답　①

032　19년 소방간부

「119구조·구급에 관한 법률 시행령」상 구조 또는 구급 요청을 거절할 수 있는 경우에 해당하지 않는 것은?

① 동물의 단순 처리·포획·구조 요청을 받은 경우
② 섭씨 38도 이상의 고열 감기 환자
③ 혈압 등 생체징후가 안정된 타박상 환자
④ 술에 취했으나 외상이 없고 강한 자극에 의식을 회복한 사람
⑤ 요구조자 또는 응급환자가 구조·구급대원에게 폭력을 행사하는 등 구조·구급활동을 방해하는 경우

해설　구급활동 요청의 거절 사유

② 단순 감기환자는 거절사유에 해당한다. 다만, 섭씨 38도 이상의 고열 또는 호흡곤란이 있는 경우는 제외한다.

> **참고** 구조활동 요청의 거절 사유
>
> 구조대원은 다음의 어느 하나에 해당하는 경우에는 구조출동 요청을 거절할 수 있다. 다만, 다른 수단으로 조치하는 것이 불가능한 경우에는 그러하지 아니하다.
> ㉠ 단순 문 개방의 요청을 받은 경우
> ㉡ 시설물에 대한 단순 안전조치 및 장애물 단순 제거의 요청을 받은 경우
> ㉢ 동물의 단순 처리·포획·구조 요청을 받은 경우
> ㉣ 그 밖에 주민생활 불편해소 차원의 단순 민원 등 구조활동의 필요성이 없다고 인정되는 경우

ⓒ 기본 심폐소생술
ⓓ 산소투여
ⓔ 부목·척추고정기·공기 등을 이용한 사지 및 척추 등의 고정
ⓕ 외부출혈의 지혈 및 창상의 응급처치
ⓖ 심박·체온 및 혈압 등의 측정
ⓗ 쇼크방지용 하의 등을 이용한 혈압의 유지
ⓘ 자동제세동기를 이용한 규칙적 심박동 유도
ⓙ 흉통시 니트로글리세린의 혀아래 투여 및 천식발작기 기관지확장제 흡입

정답 ④

정답 ②

033 🔥🔥🔥

2급 응급구조사의 업무범위에 해당하지 않는 것은?

16년 통합

① 산소 투여
② 기본 심폐소생술
③ 구강 내 이물질 제거
④ 인공호흡기를 이용한 호흡유지

해설 응급구조사의 업무범위
㉠ 1급 응급구조사의 업무범위
　ⓐ 응급 분만 시 탯줄 결찰 및 절단(현장 및 이송 중에 한하며, 지도의사의 실시간 영상의료지도 하에서만 수행)
　ⓑ 심전도 측정 및 전송(의료기관 안에서는 응급실 내에 한함)
　ⓒ 인공호흡기를 이용한 호흡의 유지
　ⓓ 약물투여 : 저혈당성 혼수시 포도당의 주입, 흉통 시 니트로글리세린의 혀아래(설하) 투여, 쇼크시 일정량의 수액투여, 천식발작시 기관지확장제 흡입
　ⓔ 심폐소생술의 시행을 위한 기도유지(기도기(airway)의 삽입, 기도삽관(intubation), 후두마스크 삽관 등을 포함한다)
　ⓕ 정맥로의 확보
　ⓖ 정맥로의 확보 시 정맥혈 채혈
　ⓗ 심정지 시 에피네프린 투여
　ⓘ 아나필락시스 쇼크 시 자동주입펜을 이용한 에피네프린 투여
　ⓙ 2급 응급구조사의 업무
㉡ 2급 응급구조사의 업무범위
　ⓐ 구강 내 이물질의 제거
　ⓑ 기도기를 이용한 기도유지

034 🔥🔥🔥

응급환자의 평가 중 2차 평가의 단계로 옳은 것은?

18년 소방간부

① 의식상태 평가
② 활력징후 평가
③ 기도유지 평가
④ 순환 평가
⑤ 이송의 우선순위 결정

해설 응급환자의 평가
㉠ 1차평가

절차	증상
기도확인 (Airway)	• 환자의 기도가 개방되고 깨끗한지 확인해야 한다. • 기도 개방을 위해서는 머리기울임/턱 들어올리기법 등을 사용할 수 있다.
호흡 (Breathing)	• 환자의 호흡을 관찰하여 비정상적인 숨소리나 호흡곤란 증세가 있는지 살핀다. • 비정상적인 호흡이라면 산소 공급 또는 포켓마스크나 BVM을 통해 인공호흡을 실시해야 한다.
순환 (Circulation)	• 인체 조직이 제기능을 하는데 적절한 혈액량을 공급하는지를 평가하는 것 • 맥박 유무, 외부출혈 유무, 피부를 통한 순환평가
기능장애평가 (Disability)	• 척추손상 여부를 환자의 손가락과 발가락을 만질 때 반응하는 움직임을 확인하는 방법으로 확인한다.
노출 (Exposure)	• 외상환자는 외상의 유무를 확인하기 위해 옷을 제거하여 노출한다.

> **참고** 의식상태평가(AVPU)
>
> - 의식명료(Alert) : 질문에 적절한 반응이나 대답을 할 수 있는 상태
> - 언어지시반응(Verbal) : 질문에 적절한 반응이나 대답은 할 수 없으나 소리나 고함에 반응하는 상태(신음 소리도 가능)
> - 통증자극반응(Pain) : 언어지시에는 반응하지 않고 자극에는 반응하는 상태
> - 무반응(Unresponse) : 어떠한 자극에도 반응하지 않는 상태

ⓒ 2차평가
① 1차평가 후 머리에서 발끝까지 자세한 평가를 실시하는 것을 말함
② 과거병력(SAMPLE)
- S(Symptoms) : 징후 및 증상
- A(Allergies) : 알레르기
- M(Medications) : 투약 중인 약물
- P(Previous illness) : 과거의 질병
- L(Last meal or drink) : 마지막 음식물 섭취
- E(Events) : 질병, 외상의 유발상황

정답 ②

035

환자의 아래턱을 전방으로 올린 뒤 앞으로 당겨주는 일반적인 기도유지 방법은? `11년 전남`

① 하임리히법 ② 하악거상법
③ 하악견인법 ④ 하임거상법

해설 하악거상법
② 환자의 아래턱을(하악) 전방으로 올린 뒤 앞으로 당겨주는 (거상) 일반적인 기도유지 방법은 (두부후굴) 하악거상법으로 가장 많이 사용하는 기도유지 방법이다.

정답 ②

036

병원으로 이송을 위한 환자의 중증도 분류가 옳지 않은 것은? `15년 통합`

① 사망 또는 생존의 가능성이 없는 환자 – 지연환자 – 흰색
② 수시간 이내 응급처치를 요하는 환자 – 응급환자 – 황색
③ 수시간, 수일 후 치료해도 생명에 지장이 없는 환자 – 비응급환자 – 녹색
④ 수분, 수시간 이내 응급처치를 요구하는 단계 – 긴급환자 – 적색

해설 응급환자의 중증도 분류

분류	치료순서	색깔	심볼	증상
긴급환자 (Critical)	1	적색	토끼	수분, 수시간 이내의 응급처치를 요하는 중증환자
응급환자 (Urgent)	2	황색	거북이	수시간 이내의 응급처치를 요하는 중증환자
비응급환자 (Minor)	3	녹색	구급차 그림에 ×표시	수시간, 수일 후 치료해도 생명에 관계가 없는 환자
지연환자 (Dead)	4	흑색	십자가 표시	사망하였거나 생존의 가능성이 없는 환자

정답 ①

037

「긴급구조대응활동 및 현장지휘에 관한 규칙」상 중증도 분류별 표시방법으로 옳은 것은? `23년 소방간부`

① 사망 : 적색, 십자가 표시
② 긴급 : 녹색, 토끼 그림
③ 응급 : 적색, 거북이 그림
④ 비응급 : 녹색, 구급차 그림에 × 표시
⑤ 대기 : 황색, 구급차 그림에 × 표시

해설 중증도 분류별 표시방법
① 사망 : 흑색, 십자가 표시
② 긴급 : 적색, 토끼 그림
③ 응급 : 황색, 거북이 그림
⑤ 중증도의 분류에 해당하지 않는다.

정답 ④

PART 9 | 재난관리론

CHAPTER 01 | 재난관리이론

001	002	003	004	005	006	007	008	009	010
③	②	②	③	④	①	①	④	②	③

011	012	013	014	015
④	③	③	②	④

001 🔥🔥🔥

존스(Jones)의 재해분류 중 기상학적 재해가 아닌 것은?
〔19년 공개〕

① 번개   ② 폭풍
③ 쓰나미 ④ 토네이도

해설 존스(Jones)의 재해분류
㉠ 자연재해
  ⓐ 지구물리학적 재해
    • 지질학적 재해 : 지진, 화산, 쓰나미 등
    • 지형학적 재해 : 산사태, 염수토양 등
    • 기상학적 재해 : 안개, 눈, 해일, 번개, 토네이도, 폭풍, 태풍, 가뭄, 이상기온 등
  암기법 물질형상
  ⓑ 생물학적재해 : 세균, 질병, 유독식물, 유독동물
㉡ 준자연재해 : 스모그현상, 온난화현상, 사막화현상, 염수화현상, 눈사태, 산성화, 홍수, 토양침식 등
㉢ 인위재해 : 공해, 광화학연무, 폭동, 교통사고, 폭발사고, 태업, 전쟁 등
→ ③ 쓰나미는 지질학적 재해에 해당한다.

참고 아네스의 재해분류
㉠ 자연재해
  ⓐ 기후성 재해 : 태풍
  ⓑ 지진성 재해 : 지진, 화산폭발, 해일
㉡ 인위재해
  ⓐ 사고성 재해 : 교통사고, 산업사고, 폭발사고, 화재사고, 생물학적 재해, 화학적 재해, 방사능재해
  ⓑ 계획적 재해 : 테러, 폭동, 전쟁
암기법 후진 사고 계획

정답 ③

002 🔥🔥🔥

다음 중「재난 및 안전관리 기본법」상 자연재난의 분류로 옳지 않은 것은?
〔17년 공개〕

① 화산활동   ② 가축전염병의 확산
③ 황사   ④ 자연우주물체의 추락

해설 재난의 분류
㉠ 자연재난 : 태풍, 홍수, 호우, 강풍, 풍랑, 해일, 대설, 한파, 낙뢰, 가뭄, 폭염, 지진, 황사, 조류 대발생, 조수, 화산활동, 자연우주물체의 추락·충돌, 그 밖에 이에 준하는 자연현상으로 인하여 발생하는 재해
㉡ 사회재난 : 화재·붕괴·폭발·교통사고(항공사고 및 해상사고를 포함한다)·화생방사고·환경오염사고·다중운집인파사고 등으로 인하여 발생하는 대통령령으로 정하는 규모 이상의 피해와 국가핵심기반의 마비,「감염병의 예방 및 관리에 관한 법률」에 따른 감염병 또는「가축전염병예방법」에 따른 가축전염병의 확산,「미세먼지 저감 및 관리에 관한 특별법」에 따른 미세먼지, 인공우주물체의 추락·충돌 등으로 인한 피해
→ ② : 사회재난에 속한다.

정답 ②

003 🔥🔥🔥

「재난 및 안전관리 기본법」상 재난의 분류가 다른 하나는?
〔20년 공개〕

①「감염병의 예방 및 관리에 관한 법률」에 따른 감염병의 확산
② 황사로 인하여 발생하는 재해
③ 환경오염사고로 인하여 발생하는 대통령령으로 정하는 규모 이상의 피해
④「미세먼지 저감 및 관리에 관한 특별법」에 따른 미세먼지 등으로 인한 피해

해설 재난의 분류
㉠ 자연재난 : 태풍, 홍수, 호우, 강풍, 풍랑, 해일, 대설, 한파, 낙뢰, 가뭄, 폭염, 지진, 황사, 조류 대발생, 조수, 화산활동, 자연우주물체의 추락·충돌, 그 밖에 이에 준하는 자연현상으로 인하여 발생하는 재해

ⓒ **사회재난** : 화재·붕괴·폭발·교통사고(항공사고 및 해상사고를 포함한다)·화생방사고·환경오염사고·다중운집인파사고 등으로 인하여 발생하는 대통령령으로 정하는 규모 이상의 피해와 국가핵심기반의 마비, 「감염병의 예방 및 관리에 관한 법률」에 따른 감염병 또는 「가축전염병예방법」에 따른 가축전염병의 확산, 「미세먼지 저감 및 관리에 관한 특별법」에 따른 미세먼지, 인공우주물체의 추락·충돌 등으로 인한 피해

→ ①, ③, ④는 사회재난에 속하고, ②는 자연재난에 속한다.

정답 ②

004 🔥🔥🔥

「재난 및 안전관리 기본법」상 자연재난에 해당하지 않는 것은?

[15년 소방간부] [22년 소방간부]

① 가뭄
② 폭염
③ 미세먼지
④ 황사(黃砂)
⑤ 조류(藻類) 대발생

해설 재난의 분류

ⓐ **자연재난** : 태풍, 홍수, 호우, 강풍, 풍랑, 해일, 대설, 한파, 낙뢰, 가뭄, 폭염, 지진, 황사, 조류 대발생, 조수, 화산활동, 자연우주물체의 추락·충돌, 그 밖에 이에 준하는 자연현상으로 인하여 발생하는 재해

ⓑ **사회재난** : 화재·붕괴·폭발·교통사고(항공사고 및 해상사고를 포함한다)·화생방사고·환경오염사고·다중운집인파사고 등으로 인하여 발생하는 대통령령으로 정하는 규모 이상의 피해와 국가핵심기반의 마비, 「감염병의 예방 및 관리에 관한 법률」에 따른 감염병 또는 「가축전염병예방법」에 따른 가축전염병의 확산, 「미세먼지 저감 및 관리에 관한 특별법」에 따른 미세먼지, 인공우주물체의 추락·충돌 등으로 인한 피해

→ ①, ②, ④, ⑤는 자연재난에 속하고, ③는 사회재난에 속한다.

정답 ③

005 🔥🔥🔥

「재난 및 안전관리 기본법」상 사회재난에 해당하지 않는 것은?

[다수 출제]

① 다중운집인파사고로 인하여 발생하는 대통령령으로 정하는 규모 이상의 피해
② 「감염병의 예방 및 관리에 관한 법률」에 따른 감염병 확산으로 인한 피해
③ 환경오염사고로 인하여 발생하는 대통령령으로 정하는 규모 이상의 피해
④ 황사(黃砂)로 인하여 발생하는 재해
⑤ 「우주개발 진흥법」에 따른 인공우주물체의 추락·충돌로 인한 피해

해설 정의(재난)

① (사회재난) 다중운집인파사고로 인하여 발생하는 대통령령으로 정하는 규모 이상의 피해
② (사회재난) 「감염병의 예방 및 관리에 관한 법률」에 따른 감염병 확산으로 인한 피해
③ (사회재난) 환경오염사고로 인하여 발생하는 대통령령으로 정하는 규모 이상의 피해
④ (자연재난) 황사(黃砂)로 인하여 발생하는 재해
⑤ (사회재난) 「우주개발 진흥법」에 따른 인공우주물체의 추락·충돌로 인한 피해

정답 ④

006 🔥🔥🔥

다음은 자연재난과 인적재난의 설명이다. 가장 옳지 않은 것은?

[15년 전북]

① 자연재난은 인적재난에 비해 모두 갑작스럽고 돌풍적으로 일어나지만 모두 예방이 가능하다.
② 자연재난의 피해는 광범위한 지역에서 발생하고 인적재난의 피해는 국소지역에서 집중적으로 발생한다.
③ 자연재난은 인적재난에 비해 장기간에 걸쳐 완만하게 진행된다.
④ 자연재난은 인적재난에 비해 광범위한 지역에서 발생할 수 있으나 피해규모를 최소화할 수 있는 여지가 있다.

해설 **자연재난과 인적재난의 비교**

구분	자연재난	인적재난(사회재난)
예측 가능성	어느 정도의 사전예측이 가능	사전예측이 거의 불가능
발생 규모	광범위한 지역 발생	국소지역에서 발생
통제 인식성	통제 불가능한 것으로 인식	통제 가능한 것으로 인식
발생 기간	장기적, 완만	단기적, 급격

① 자연재난은 인적재난에 비해 장기적으로 발생하고 통제 불가능한 것으로 인식하였다.

정답 ①

007

하인리히의 도미노이론 중 2단계, 1단계 원인 내용으로 옳은 것은? 12년 전북

① 개인적 결함 – 유전적 요인 및 사회적 환경
② 유전적 요인 및 사회적 환경 – 개인적 결함
③ 개인적 결함 – 불안전 행동 및 불안전 상태
④ 불안전 행동 및 불안전 상태 – 개인적 결함

해설 **하인리히의 도미노이론**
㉠ 고전적(전통적) 도미노 이론이다.
㉡ 발생순서 : 사회적 또는 가정적(유전자적) 결함 – 개인적 결함 – 불안전 상태 또는 거동 – 사고 – 재해
㉢ 사고예방조건 : 불안전 상태 또는 거동의 제거
㉣ 재해발생비(1:29:300) : 사고 330건 중 사망 또는 중상 1건, 경상 29건, 무상해 사고 300건의 비율로 발생한다.

정답 ①

008

하인리히(H. W. Heinrich)의 안전사고 연쇄성이론의 5단계 순서를 올바르게 배열한 것은? 16년 소방간부

① 사고 – 사회적 환경 및 유전적 요소 – 불안전 행동 및 상태 – 상해 – 개인적 결함
② 개인적 결함 – 사회적 환경 및 유전적 요소 – 불안전 행동 및 상태 – 상해 – 사고
③ 불안전 행동 및 상태 – 사회적 환경 및 유전적 요소 – 개인적 결함 – 사고 – 상해
④ 사회적 환경 및 유전적 요소 – 개인적 결함 – 불안전 행동 및 상태 – 사고 – 상해
⑤ 사회적 환경 및 유전적 요소 – 불안전 행동 및 상태 – 개인적 결함 – 상해 – 사고

해설 **하인리히의 도미노이론**
㉠ 고전적(전통적) 도미노 이론이다.
㉡ 발생순서 : 사회적 또는 가정적(유전자적) 결함 – 개인적 결함 – 불안전 상태 또는 거동 – 사고 – 재해
㉢ 사고예방조건 : 불안전 상태 또는 거동의 제거
㉣ 재해발생비(1:29:300) : 사고 330건 중 사망 또는 중상 1건, 경상 29건, 무상해 사고 300건의 비율로 발생한다.

정답 ④

009

하인리히(H. W. Heinrich)의 도미노이론의 5단계 중 사고의 직접원인이 되는 3번째 단계에 해당하는 것은? 21년 소방간부

① 유전적 요소   ② 불안전한 행동
③ 사회적 환경요소   ④ 인적, 물적 손실
⑤ 개인적 결함

해설 **하인리히의 도미노이론**
㉠ 고전적(전통적) 도미노 이론이다.
㉡ 발생순서 : 사회적 또는 가정적(유전자적) 결함 – 개인적 결함 – 불안전 상태 또는 거동 – 사고 – 재해
㉢ 사고예방조건 : 불안전 상태 또는 거동의 제거
㉣ 재해발생비(1:29:300) : 사고 330건 중 사망 또는 중상 1건, 경상 29건, 무상해 사고 300건의 비율로 발생한다.

정답 ②

010

재난재해에 관한 설명으로 옳지 않은 것은?

[23년 공개]

① 아네스(Br. J. Anesth)는 재난을 크게 자연재난과 인적(인위)재난으로 구분하였다.
② 존스(David K. Jones)는 재난을 크게 자연재난, 준자연재난, 인적(인위)재난으로 구분하였다.
③ 「재난 및 안전관리 기본법」 제3조 제1호에 따른 재난은 자연재난, 사회재난, 해외재난으로 구분된다.
④ 하인리히(H. W. Heinrich)의 도미노 이론은 재해발생과정을 유전적 요인 및 사회적 환경 → 개인적 결함 → 불안전 행동 및 불안전 상태 → 사고 → 재해(상해)라는 5개 요인의 연쇄작용으로 설명하였다.

해설 재난의 분류

③ 「재난 및 안전관리 기본법」 제3조 제1호에 따른 재난은 자연재난, 사회재난, 해외재난으로 구분된다.

정답 ③

011

다음은 재해 발생 과정에 관한 이론이다. 각 이론에서 재해발생을 방지하기 위해 제거해야 하는 단계가 옳게 나열된 것은?

[24년 공개]

ㄱ. 하인리히(H. W. Heinrich)의 도미노 이론 : 사회적 환경 및 유전적 요소 → 개인적 결함 → 불안전한 행동 및 상태 → 사고 → 재해
ㄴ. 버드(F. Bird)의 수정 도미노 이론 : 제어의 부족 → 기본원인 → 직접원인 → 사고 → 재해

	ㄱ	ㄴ
①	개인적 결함	직접원인
②	개인적 결함	기본원인
③	불안전한 행동 및 상태	직접원인
④	불안전한 행동 및 상태	기본원인

해설 재해발생이론

ㄱ. 하인리히(H. W. Heinrich)의 도미노 이론 : 사회적 환경 및 유전적 요소 → 개인적 결함 → 불안전한 행동 및 상태(제거) → 사고 → 재해 (재해발생비율 = 사망 또는 중상 : 경상 : 무상해 하고 = 1 : 29 : 300)
ㄴ. 버드(F. Bird)의 수정 도미노 이론 : 제어의 부족 → 기본원인(제거) → 직접원인 → 사고 → 재해 (재해발생비율 = 중상 : 경상 : 물적 손실 : 위험한 순간 = 1 : 10 : 30 : 600)

정답 ④

012

재해원인 분석방법 중 하나인 4M 분석방법에 관한 설명으로 옳은 것은?

[24년 소방간부]

① 재해의 원인을 Man, Machine, Manner, Management 요인으로 구분하여 분석한다.
② 기계·설비의 설계상 결함은 관리적 요인에 해당한다.
③ 작업정보의 부적절은 작업·환경적 요인에 해당한다.
④ 표준화의 부족은 인적 요인에 해당한다.
⑤ 심리적 요인은 작업·환경적 요인에 해당한다.

해설 기본원인(4M)

구분	예시
Man (인간적 요인)	• 심리적 요인 : 걱정, 망각, 착오 등 • 생리적 요인 : 피로, 수면부족 등 • 조직적 요인 : 직장 내 대인관계, 의사소통 등
Machine (기계설비적 요인)	• 기계설비의 설계 결함 • 근본적인 안전화 미흡 • 표준화의 부족 • 점검 및 정비의 부족 • 위험방호의 불량
Media (작업·환경적 요인)	• 작업자세, 동작의 결함 • 작업정보의 부적절 • 작업공간의 불량 • 작업방법의 부적절
Management (관리적 요인)	• 안전관리조직 결함 • 교육, 훈련의 부족 • 감독, 지도의 부족 • 적성배치의 불충분 • 안전관리계획의 미수립, 미흡 • 안전관리 규정의 미흡

① 재해의 원인을 Man, Machine, Media, Management 요인으로 구분하여 분석한다.
② 기계·설비의 설계상 결함은 기계·설비적 요인(Machine)에 해당한다.
③ 작업정보의 부적절은 작업·환경적 요인(Media)에 해당한다.
④ 표준화의 부족은 기계·설비적 요인(Machine)에 해당한다.
⑤ 심리적 요인은 인적 요인(Man)에 해당한다.

정답 ③

013 🔥🔥🔥

재난관리 활동 중 재난현장에서 재난 및 인명보호를 위해 소방이 주도적인 역할을 하는 단계는?

17년 공개

① 예방　　② 대비
③ 복구　　④ 대응

해설 페탁(Petak)의 재난관리단계

㉠ 예방(완화)단계 : 재난발생 전
  • 재난관리의 4단계 중 가장 근복적인 대책
  • 위험성 분석 및 위험지도 작성, 건축법 정비 및 제정, 재난보험, 토지의 이용관리, 안전관련법 제정, 조세유도(행정·이론적 행위)
㉡ 대비(계획)단계 : 재난발생 전
  • 재난발생확률이 높아진 경우, 재난발생 시 대응능력을 향상시키기 위해 취해지는 사전준비단계
  • 재난대응계획의 수립, 비상경보체계의 구축, 통합대응체계의 구축, 비상통신망의 구축, 대응자원의 준비, 교육과 훈련 및 연습
㉢ 대응 : 재난발생 시
  • 재난발생 시 소방이 주도적인 역할을 하는 활동단계로서 복구의 효과성을 높이기 위한 일련의 활동
  • 인명 및 재산피해를 최소화하고, 재난의 확산을 방지하는 단계
  • 재난대응계획의 적용, 재난 진압, 구조 및 구급, 주민 홍보 및 교육, 응급의료체계의 운영, 사고대책본부의 가동, 환자 수용, 간호, 보호 및 후송
㉣ 복구 : 재난발생 후
  • 재난상황이 어느 정도 안정된 후 취하는 활동 단계
  • 잔해물의 제거, 전염 예방, 이재민의 지원, 임시주거지의 마련, 시설 복구

→ ④ 소방이 주도적인 역할을 하는 단계는 대응단계이다.

정답 ④

014 🔥🔥🔥

다음 중 재난사태 관리단계에 대한 내용과 관계없는 것은?

16년 소방간부

① 예방단계 : 재난을 사전에 예방하고 재난발생 가능성을 감소시키며, 발생 가능한 재난의 피해를 최소화시키기 위한 활동을 한다.
② 완화단계 : 각종 재난관리계획의 실행, 재해대책본부의 활동개시, 긴급대피계획의 실천, 긴급의약품 조달, 생필품 공급, 피난처 제공 등의 활동을 한다.
③ 대비(준비)단계 : 재난의 피해를 최소화시키기 위한 제반활동에도 불구하고 재난발생확률이 높아진 경우, 재해발생 후에 효과적으로 대응할 수 있도록 비상방송시스템 구축 등 운영적인 장치들을 준비하는 단계이다.
④ 대응단계 : 일단 재해가 발생한 경우 신속한 대응활동을 통하여 재해로 인한 인명 및 재산 피해를 최소화하고, 재해의 확산을 방지하며, 순조롭게 복구가 이루어질 수 있도록 활동하는 단계이다.
⑤ 복구단계 : 재해 상황이 어느 정도 안정된 후 취하는 활동단계로, 재해로 인한 피해지역의 토지를 재해 이전의 상태로 복구시켜 이용이 가능하도록 회복시키는 활동을 포함한다.

해설 재난관리단계
② 대응단계에 대한 설명이다.

정답 ②

015

재난관리 방식 중 분산관리에 대한 일반적인 설명으로 옳지 않은 것은? [22년 공개]

① 재난의 종류에 따라 대응방식의 차이와 대응계획 및 책임기관이 각각 다르게 배정된다.
② 재난 시 유관기관 간의 중복적 대응이 있을 수 있다.
③ 재난의 발생 유형에 따라 소관부처별로 업무가 나뉜다.
④ 재난 시 유사한 자원동원 체계와 자원유형이 필요하다.

해설 재난관리의 방식

구분	분산관리방식	통합관리방식
재난관리의 특징	• 전통적 재난관리 제도 • 재난의 유형별 특징을 강조 • 재난의 차이를 강조	• 하나의 기관이 재난을 조정·통제하는 방식 • 재난의 유사성을 강조
관련기관	다수기관(다수 부처)	소수기관(단일 부처)
책임 범위	책임 및 부담 분산	책임 및 부담 집중
지휘체계	다양화	단일화
재난에 대한 인지능력	미약, 단편적	강력, 종합적
장점	• 경험축적 용이 • 구체적 관리계획 수립가능 • 업무의 완결성 • 적정수준의 업무량 • 업무의 전문성 향상	• 종합적인 접근가능 • 복합적 성격의 재난에 대한 효율적인 대처가능 • 재정, 인력, 자원 이용의 효율성 도모 • 전문기술의 지원 용이
단점	• 복합적 성격의 재난에 대한 대처능력 한계 • 부처간 업무의 중복발생 • 부처간 연계미흡	• 초기 체제구축의 어려움 • 과도한 책임소지 • 유사한 자원동원체계와 자원유형 필요 • 부처간 이기주의 및 기존 조직의 반대 가능성 높음
대표국가	일본	미국

정답 ④

PART 9 | 재난관리론

CHAPTER 02 | 재난 및 안전관리 기본법

					016	017	018	019	020
					②	③	②	⑤	②
021	022	023	024	025	026	027	028	029	030
④	①	②	②	③	①	②	③	②	④
031	032	033	034	035	036	037	038	039	040
⑤	①	⑤	⑤	④	①	①	④	③	④
041	042	043	044	045	046	047	048	049	050
①	④	①	①	④	②	②	②	①	②
051	052	053	054	055	056	057	058	059	060
③	③	④	③	③	①	①	②	②	④
061	062	063	064	065	066	067	068	069	070
⑤	②	②	④	⑤	②	⑤	②	④	④
071	072	073	074	075	076	077	078	079	080
④	②	①	④	③	①	④	②	③	③
081	082	083	084	085	086	087	088	089	090
⑤	③	①	②	②	②	②	②	⑤	③
091	092	093							
②	①	④							

016

「재난 및 안전관리 기본법」에서 정의하는 내용으로 옳지 않은 것은? [12년 울산]

① 해외재난 – 대한민국의 영역 밖에서 대한민국 국민의 생명·신체 및 재산에 피해를 주거나 줄 수 있는 재난으로서 정부차원에서 대처할 필요가 있는 재난
② 긴급구조기관 – 소방청, 소방본부, 소방서, 경찰청, 지방경찰청, 경찰서
③ 안전관리 – 재난이나 그 밖의 각종 사고로부터 사람의 생명·신체 및 재산의 안전을 확보하기 위하여 하는 모든 활동
④ 재난관리책임기관 – 중앙행정기관 및 지방자치단체(행정시 포함), 지방행정기관·공공기관·공공단체(공공기관 및 공공단체의 지부 등 지방조직을 포함) 및 재난관리의 대상이 되는 중요시설의 관리기관 등으로서 대통령령으로 정하는 기관

해설 정의
② "긴급구조기관"이란 소방청·소방본부 및 소방서를 말한다. 다만, 해양에서 발생한 재난의 경우에는 해양경찰청·지방해양경찰청 및 해양경찰서를 말한다.

정답 ②

017

다음 중 긴급구조에 대한 설명으로 옳지 않은 것은?

17년 공개

① "긴급구조"란 재난이 발생할 우려가 현저하거나 재난이 발생하였을 때에 국민의 생명·신체 및 재산을 보호하기 위하여 긴급구조기관과 긴급구조지원기관이 하는 인명구조, 응급처치, 그 밖에 필요한 모든 긴급한 조치를 말한다.
② 재난 현장에서 긴급구조통제단장이 긴급구조활동에 대한 지휘를 한다.
③ "긴급구조기관"이란 행정안전부·소방본부 및 소방서를 말한다. 다만, 해양에서 발생한 재난의 경우에는 행정안전부·지방해양경비안전본부 및 해양경비안전서를 말한다.
④ "긴급구조지원기관"이란 긴급구조에 필요한 인력·시설 및 장비, 운영체계 등 긴급구조능력을 보유한 기관이나 단체로서 대통령령으로 정하는 기관과 단체를 말한다.

해설 정의

③ "긴급구조기관"이란 소방청·소방본부 및 소방서를 말한다. 다만, 해양에서 발생한 재난의 경우에는 해양경찰청·지방해양경찰청 및 해양경찰서를 말한다.

정답 ③

018

「재난 및 안전관리 기본법」 상 용어의 정의로 옳지 않은 것은?

22년 소방간부

① "국가재난관리기준"이란 모든 유형의 재난에 공통적으로 활용할 수 있도록 재난관리의 전 과정을 통일적으로 단순화·체계화한 것으로서 행정안전부장관이 고시한 것을 말한다.
② "재난관리"란 재난이나 그 밖의 각종 사고로부터 사람의 생명·신체 및 재산의 안전을 확보하기 위하여 하는 모든 활동을 말한다.
③ "안전기준"이란 각종 시설 및 물질 등의 제작, 유지관리 과정에서 안전을 확보할 수 있도록 적용하여야 할 기술적 기준을 체계화한 것을 말한다.
④ "긴급구조"란 재난이 발생할 우려가 현저하거나 재난이 발생하였을 때에 국민의 생명·신체 및 재산을 보호하기 위하여 긴급구조기관과 긴급구조지원기관이 하는 인명구조, 응급처치, 그 밖에 필요한 모든 긴급한 조치를 말한다.
⑤ "안전취약계층"이란 어린이, 노인, 장애인, 저소득층 등 신체적·사회적·경제적 요인으로 인하여 재난에 취약한 사람을 말한다.

해설 정의

② "안전관리"란 재난이나 그 밖의 각종 사고로부터 사람의 생명·신체 및 재산의 안전을 확보하기 위하여 하는 모든 활동을 말한다.
→ "재난관리" : 재난의 예방·대비·대응 및 복구를 위하여 하는 모든 활동

정답 ②

019

「재난 및 안전관리 기본법」상 재난관리를 위하여 필요한 재난관리정보에 해당하는 것만을 있는 대로 고른 것은?

[19년 소방간부]

| ㉠ 재난상황정보 | ㉡ 동원가능 자원정보 |
| ㉢ 시설물정보 | ㉣ 지리정보 |

① ㉠
② ㉠, ㉢
③ ㉠, ㉡, ㉣
④ ㉡, ㉢, ㉣
⑤ ㉠, ㉡, ㉢, ㉣

해설 재난관리정보
"재난관리정보"란 재난관리를 위하여 필요한 재난상황정보[㉠], 동원가능 자원정보[㉡], 시설물정보[㉢], 지리정보[㉣]를 말한다.

암기법 동상지시

정답 ⑤

020

다음 중 「재난 및 안전관리 기본법」상 긴급구조기관의 종류가 아닌 것은?

[13년 충북] [16년 통합]

① 소방청
② 경찰청
③ 소방본부
④ 소방서

해설 긴급구조기관
"긴급구조기관"이란 소방청·소방본부 및 소방서를 말한다. 다만, 해양에서 발생한 재난의 경우에는 해양경찰청·지방해양경찰청 및 해양경찰서를 말한다.
→ ② 경찰청은 포함되지 않는다.

정답 ②

021

다음 중 「재난 및 안전관리 기본법」상 긴급구조기관이 아닌 것은?

[12년 울산] [15년 소방간부]

① 소방청
② 해양경찰서
③ 해양경찰청
④ 해양수산부
⑤ 소방서

해설 긴급구조기관
"긴급구조기관"이란 소방청·소방본부 및 소방서를 말한다. 다만, 해양에서 발생한 재난의 경우에는 해양경찰청·지방해양경찰청 및 해양경찰서를 말한다.
→ ④ 해양수산부는 포함되지 않는다.

정답 ④

022

「재난 및 안전관리 기본법 시행령」상 재난 및 사고 유형에 따른 재난관리주관기관으로 옳지 않은 것은?

[20년 소방간부]

① 가축전염병의 확산으로 인한 피해 - 보건복지부
② 항공기 사고, 경량항공기사고 및 초경량비행장치 사고로 인해 발생하는 대규모 피해 - 국토교통부
③ 청사(행정안전부장관이 관리하지 않는 청사는 제외한다)의 화재등으로 인해 발생하는 대규모 피해 - 행정안전부
④ 보호관찰소 및 갱생보호시설의 화재등으로 인해 발생하는 대규모 피해 - 법무부
⑤ 교육시설(연구시설은 제외한다)의 화재등으로 인해 발생하는 대규모 피해 - 교육부

해설 재난관리주관기관
① 가축전염병의 확산으로 인한 피해 - 농림축산식품부
  ㉠ 가축전염병의 확산으로 인한 피해
  ㉡ 농업생산기반시설 중 저수지의 붕괴·파손 등으로 인해 발생하는 대규모 피해
  ㉢ 농수산물도매시장(축산물도매시장은 포함하며, 수산물도매시장은 제외한다) 및 농수산물종합유통센터(수산물종합유통센터는 제외한다)의 화재등으로 인해 발생하는 대규모 피해
② 항공기 사고, 경량항공기사고 및 초경량비행장치 사고로 인해 발생하는 대규모 피해 - 국토교통부
  ㉠ 건축물의 붕괴·전도 등으로 인해 발생하는 대규모 피해
  ㉡ 공항의 화재등으로 인해 발생하는 대규모 피해

ⓒ 공동구의 화재등으로 인해 발생하는 대규모 피해
ⓔ 도로의 화재등으로 인해 발생하는 대규모 피해
ⓜ 국토교통부장관에게 등록한 복합물류터미널사업자 및 물류창고업자가 관리하는 물류시설(다른 중앙행정기관 소관의 시설은 제외한다)의 화재등으로 인해 발생하는 대규모 피해
ⓑ 철도사고로 인해 발생하는 대규모 피해
ⓢ 항공기사고, 경량항공기사고 및 초경량비행장치사고로 인해 발생하는 대규모 피해
③ 청사(행정안전부장관이 관리하지 않는 청사는 제외한다)의 화재등으로 인해 발생하는 대규모 피해 - 행정안전부
　㉠ 승강기의 사고 또는 고장으로 인해 발생하는 대규모 피해
　㉡ 「유도 및 도선 사업법」에 따른 사고로 인해 발생하는 대규모 피해
　㉢ 정보시스템(행정안전부장관이 구축·운영하는 정보시스템으로 한정한다)의 장애로 인해 발생하는 대규모 피해
　㉣ 정보시스템(행정안전부장관이 구축·운영하는 정보시스템은 제외한다)의 장애로 인해 발생하는 대규모 피해
　㉤ 청사(ⓑ에 따른 청사는 제외한다)의 화재등으로 인해 발생하는 대규모 피해
　㉥ 행정안전부장관이 관리하지 않는 청사의 화재등으로 인해 발생하는 대규모 피해
④ 보호관찰소 및 갱생보호시설의 화재등으로 인해 발생하는 대규모 피해 - 법무부
　㉠ 다음의 어느 하나에 해당하는 시설 및 그 밖에 이와 유사한 시설의 화재등으로 인해 발생하는 대규모 피해
　　- 교정시설
　　- 보호관찰소 및 갱생보호시설
　　- 소년원 및 소년분류심사원
　　- 치료감호시설
　㉡ 다음의 어느 하나에 해당하는 시설 및 그 밖에 이와 유사한 시설의 화재등으로 인해 발생하는 대규모 피해
　　- 난민신청자의 주거시설 및 난민지원시설
　　- 외국인보호실 및 외국인보호소
⑤ 교육시설(연구시설은 제외한다)의 화재등으로 인해 발생하는 대규모 피해 - 교육부
　㉠ 교육시설(연구실은 제외한다)으로 인해 발생하는 대규모 피해
　㉡ 어린이집의 화재등으로 인해 발생하는 대규모 피해

정답 ①

023

「재난 및 안전관리 기본법 시행령」상 재난 및 사고 유형에 따른 재난관리주관기관으로 옳게 짝지어진 것은?

21년 소방간부

① 도로의 화재등으로 인해 발생하는 대규모 피해 - 행정안전부
② 가스사고로 인해 발생하는 대규모 피해 - 산업통상자원부
③ 해양오염으로 인해 발생하는 대규모 피해 - 환경부
④ 정보통신기반시설을 관리하는 금융기관의 화재등으로 인해 발생하는 대규모 피해 - 과학기술정보통신부
⑤ 공연장의 화재등으로 인해 발생하는 대규모 피해 - 소방청

해설 재난관리주관기관
① 도로의 화재등으로 인해 발생하는 대규모 피해 - 국토교통부
② 가스사고로 인해 발생하는 대규모 피해 - 산업통상자원부
　㉠ 가스사고로 인해 발생하는 대규모 피해
　㉡ 석유의 정제시설·비축시설 및 주유소의 화재등으로 인해 발생하는 대규모 피해
　㉢ 에너지의 중대한 수급 차질로 인해 발생하는 대규모 피해
　㉣ 대규모점포의 화재등으로 인해 발생하는 대규모 피해
　㉤ 전기사고로 인해 발생하는 대규모 피해
　㉥ 제품사고(안전관리대상어린이제품 및 안전관리대상제품으로 인한 사고로 한정한다)로 인해 발생하는 대규모 피해
③ 해양오염으로 인해 발생하는 대규모 피해
　- 해양수산부 및 해양경찰청
④ 정보통신기반시설을 관리하는 금융기관의 화재등으로 인해 발생하는 대규모 피해 - 금융위원회
⑤ 공연장의 화재등으로 인해 발생하는 대규모 피해
　- 문화체육관광부
　㉠ 야영장업의 등록을 한 자가 관리하는 야영장의 화재등으로 인해 발생하는 대규모 피해
　㉡ 테마파크시설의 중대한 사고로 인해 발생하는 대규모 피해
　㉢ 공연장의 화재등으로 인해 발생하는 대규모 피해
　㉣ 전문체육시설 및 생활체육시설의 화재등으로 인해 발생하는 대규모 피해

정답 ②

024 🔥🔥🔥

「재난 및 안전관리 기본법 시행령」상 재난 및 사고 유형에 따른 재난관리주관기관의 연결이 옳지 않은 것은?

19년 소방간부

① 산업재해 및 중대산업사고로 인해 발생하는 대규모 피해 - 고용노동부
② 자연우주물체의 추락·충돌 등으로 인해 발생하는 재해 - 국토교통부
③ 「유도 및 도선 사업법」에 따른 사고로 인해 발생하는 대규모 피해 - 행정안전부
④ 가스사고로 인해 발생하는 대규모 피해 - 산업통상자원부
⑤ 소방대상물의 화재로 인해 발생하는 대규모 피해 - 행정안전부 및 소방청

해설 재난관리주관기관
① 산업재해 및 중대산업사고로 인해 발생하는 대규모 피해
  - 고용노동부
② 자연우주물체의 추락·충돌 등으로 인해 발생하는 재해
  - 과학기술정보통신부 및 우주항공청
  ㉠ 자연우주물체의 추락·충돌 등으로 인해 발생하는 재해
  ㉡ 우주전파재난
③ 「유도 및 도선 사업법」에 따른 사고로 인해 발생하는 대규모 피해 - 행정안전부
  ㉠ 승강기의 사고 또는 고장으로 인해 발생하는 대규모 피해
  ㉡ 「유도 및 도선 사업법」에 따른 사고로 인해 발생하는 대규모 피해
  ㉢ 정보시스템(행정안전부장관이 구축·운영하는 정보시스템으로 한정한다)의 장애로 인해 발생하는 대규모 피해
  ㉣ 정보시스템(행정안전부장관이 구축·운영하는 정보시스템은 제외한다)의 장애로 인해 발생하는 대규모 피해
  ㉤ 청사(㉥에 따른 청사는 제외한다)의 화재등으로 인해 발생하는 대규모 피해
  ㉥ 행정안전부장관이 관리하지 않는 청사의 화재등으로 인해 발생하는 대규모 피해
④ 가스사고로 인해 발생하는 대규모 피해 - 산업통상자원부
  ㉠ 가스사고로 인해 발생하는 대규모 피해
  ㉡ 석유의 정제시설·비축시설 및 주유소의 화재등으로 인해 발생하는 대규모 피해
  ㉢ 에너지의 중대한 수급 차질로 인해 발생하는 대규모 피해
  ㉣ 대규모점포의 화재등으로 인해 발생하는 대규모 피해
  ㉤ 전기사고로 인해 발생하는 대규모 피해
  ㉥ 제품사고(안전관리대상어린이제품 및 안전관리대상제품으로 인한 사고로 한정한다)로 인해 발생하는 대규모 피해
⑤ 소방대상물의 화재로 인해 발생하는 대규모 피해
  - 행정안전부 및 소방청
  ㉠ 소방대상물의 화재로 인해 발생하는 대규모 피해
  ㉡ 위험물의 누출·화재·폭발 등으로 인해 발생하는 대규모 피해

정답 ②

025 🔥🔥🔥

「재난 및 안전관리 기본법 시행령」상 재난 및 사고 유형과 재난관리주관기관의 연결이 옳지 않은 것은?

24년 공개

① 농업생산기반시설 중 저수지의 붕괴·파손 등으로 인해 발생하는 대규모 피해 - 농림축산식품부
② 자연우주물체의 추락·충돌 등으로 인해 발생하는 재해 - 과학기술정보통신부 및 우주항공청
③ 승강기의 사고 또는 고장으로 인해 발생하는 대규모 피해 - 국토교통부
④ 에너지의 중대한 수급 차질로 인해 발생하는 대규모 피해 - 산업통상자원부

해설 재난관리주관기관
③ 승강기의 사고 또는 고장으로 인해 발생하는 대규모 피해
  - 행정안전부

정답 ③

026

「재난 및 안전관리 기본법 시행령」상 재난 및 사고의 유형에 따른 재난관리주관기관의 연결로 옳지 않은 것은?

[24년 소방간부]

① 유선 및 도선 사업법에 따른 사고로 인해 발생하는 대규모 피해 : 해양수산부
② 해외재난 : 외교부
③ 대규모점포의 화재등으로 인해 발생하는 대규모 피해 : 산업통상자원부
④ 오염물질등으로 인한 환경오염(먹는물의 수질오염은 제외한다)으로 인해 발생하는 대규모 피해 : 환경부
⑤ 해수욕장의 안전사고로 발생하는 대규모 피해 : 해양수산부

해설 재난관리주관기관

① 청사(행정안전부장관이 관리하지 않는 청사는 제외한다)의 화재등으로 인해 발생하는 대규모 피해 : 행정안전부
  ㉠ 승강기의 사고 또는 고장으로 인해 발생하는 대규모 피해
  ㉡ 「유도 및 도선 사업법」에 따른 사고로 인해 발생하는 대규모 피해
  ㉢ 정보시스템(행정안전부장관이 구축·운영하는 정보시스템으로 한정한다)의 장애로 인해 발생하는 대규모 피해
  ㉣ 정보시스템(행정안전부장관이 구축·운영하는 정보시스템은 제외한다)의 장애로 인해 발생하는 대규모 피해
  ㉤ 청사(㉥에 따른 청사는 제외한다)의 화재등으로 인해 발생하는 대규모 피해
  ㉥ 행정안전부장관이 관리하지 않는 청사의 화재등으로 인해 발생하는 대규모 피해
② 해외재난 : 외교부
③ 대규모점포의 화재등으로 인해 발생하는 대규모 피해 : 산업통상자원부
  ㉠ 가스사고로 인해 발생하는 대규모 피해
  ㉡ 석유의 정제시설·비축시설 및 주유소의 화재등으로 인해 발생하는 대규모 피해
  ㉢ 에너지의 중대한 수급 차질로 인해 발생하는 대규모 피해
  ㉣ 대규모점포의 화재등으로 인해 발생하는 대규모 피해
  ㉤ 전기사고로 인해 발생하는 대규모 피해
  ㉥ 제품사고(안전관리대상어린이제품 및 안전관리대상제품으로 인한 사고로 한정한다)로 인해 발생하는 대규모 피해
④ 오염물질등으로 인한 환경오염(먹는물의 수질오염은 제외한다)으로 인해 발생하는 대규모 피해 : 환경부
  ㉠ 댐[산업통상자원부 소관의 발전(電)용 댐은 제외한다]의 붕괴·파손 등으로 인해 발생하는 대규모 피해
  ㉡ 미세먼지로 인한 피해
  ㉢ 수도의 화재등으로 발생하는 대규모 피해
  ㉣ 먹는물의 수질오염으로 인해 발생하는 대규모 피해
  ㉤ 안전확인대상생활화학제품 및 살생물제 관련 사고(제품사고에 해당하는 경우로 한정한다)로 인해 발생하는 대규모 피해
  ㉥ 화학사고로 인해 발생하는 대규모 피해
  ㉦ 오염물질등으로 인한 환경오염(먹는물의 수질오염은 제외한다)으로 인해 발생하는 대규모 피해
⑤ 해수욕장의 안전사고로 발생하는 대규모 피해 : 해양수산부
  ㉠ 농수산물도매시장(수산물도매시장으로 한정한다) 및 농수산물종합유통센터(수산물종합유통센터로 한정한다)의 화재등으로인해 발생하는 대규모 피해
  ㉡ 항만의 화재등으로 인해 발생하는 대규모 피해
  ㉢ 해수욕장의 안전사고로 인해 발생하는 대규모 피해
  ㉣ 해양사고(해양에서 발생한 사고로 한정하며, 해양오염은 제외한다)로 인해 발생하는 대규모 피해

정답 ①

027

「재난 및 안전관리 기본법 시행령」상 재난의 유형과 재난관리주관기관의 연결이 옳지 않은 것은?

[25년 소방간부]

① 「지진·화산재해대책법」 제2조제2호에 따른 화산재해
  - 행정안전부
② 「먹는물관리법」 제3조제1호에 따른 먹는물의 수질오염으로 인해 발생하는 대규모 피해
  - 농림축산식품부
③ 「자연재해대책법」 제2조제3호에 따른 풍수해 중 조수로 인해 발생하는 재해
  - 해양수산부
④ 「공연법」 제2조제4호에 따른 공연장의 화재 등으로 인해 발생하는 대규모 피해
  - 문화체육관광부
⑤ 「해양환경관리법」 제2조제2호에 따른 해양오염으로 인해 발생하는 대규모 피해
  - 해양수산부 및 해양경찰청

해설 **재난관리주관기관**

① 「지진·화산재해대책법」 제2조제2호에 따른 화산재해
   - 행정안전부
② 「먹는물관리법」 제3조제1호에 따른 먹는물의 수질오염으로 인해 발생하는 대규모 피해
   - 환경부
③ 「자연재해대책법」 제2조제3호에 따른 풍수해 중 조수로 인해 발생하는 재해
   - 해양수산부
④ 「공연법」 제2조제4호에 따른 공연장의 화재 등으로 인해 발생하는 대규모 피해
   - 문화체육관광부
⑤ 「해양환경관리법」 제2조제2호에 따른 해양오염으로 인해 발생하는 대규모 피해
   - 해양수산부 및 해양경찰청

정답 ②

028 🔥🔥🔥

「재난 및 안전관리 기본법」상 우리나라 재난관리체계에 관한 설명으로 옳지 않은 것은? 20년 공개

① 재난 및 안전관리에 관한 중요 정책을 심의하기 위하여 국무총리 소속으로 중앙안전관리위원회를 둔다.
② 대통령령으로 정하는 대규모 재난의 대응·복구를 총괄하기 위하여 행정안전부에 중앙재난안전대책본부를 둔다.
③ 소방서는 인명구조, 응급처치 등 긴급 조치를 담당하는 긴급구조지원기관에 해당한다.
④ 시·군·구 재난안전대책본부장은 시장·군수·구청장이며, 시·군·구 긴급구조통제단장은 소방서장이다.

해설 **긴급구조기관**

① 중앙안전관리위원회 [재난안전법 제9조]
   재난 및 안전관리에 관한 중요 정책에 관한 사항을 심의하기 위하여 국무총리 소속으로 중앙안전관리위원회를 둔다.
② 중앙재난안전대책본부 [재난안전법 제14조]
   대통령령으로 정하는 대규모 재난의 대응·복구(이하 "수습"이라 한다) 등에 관한 사항을 총괄·조정하고 필요한 조치를 하기 위하여 행정안전부에 중앙재난안전대책본부(이하 "중앙대책본부"라 한다)를 둔다.
③ 긴급구조기관 [재난안전법 제2조]
   "긴급구조기관"이란 소방청·소방본부 및 소방서를 말한다. 다만, 해양에서 발생한 재난의 경우에는 해양경찰청·지방해양경찰청 및 해양경찰서를 말한다.
   → 소방서는 긴급구조기관에 해당한다.

④ 지역재난안전대책본부 [재난안전법 제16조], 지역긴급구조통제단[재난안전법 제50조]
   ㉠ 시·도대책본부 또는 시·군·구대책본부의 본부장은 시·도지사 또는 시장·군수·구청장이 된다.
   ㉡ 시·도 긴급구조통제단의 단장은 소방본부장이 되고 시·군·구 긴급구조통제단의 단장은 소방서장이 된다.

정답 ③

029 🔥🔥🔥

「재난 및 안전관리 기본법」상 중앙안전관리위원회와 안전정책조정위원회에 대한 설명으로 옳지 않은 것은? 19년 공개

① 중앙안전관리위원회는 국무총리 소속으로 국무총리가 위원장이다.
② 중앙안전관리위원회는 재난사태의 선포에 관한 사항을 심의하고, 안전정책조정위원회는 특별재난지역의 선포에 관한 사항을 심의한다.
③ 안전정책조정위원회는 중앙위원회에 상정될 안건을 사전에 검토한다.
④ 안전정책조정위원회의 위원장은 행정안전부장관이 된다.

해설 **중앙안전관리위원회(중앙위원회)**

① 재난 및 안전관리에 관한 다음 각 호의 사항을 심의하기 위하여 국무총리 소속으로 중앙안전관리위원회(이하 "중앙위원회"라 한다)를 둔다.
   ㉠ 재난 및 안전관리에 관한 중요 정책에 관한 사항
   ㉡ 국가안전관리기본계획에 관한 사항
   ㉢ 재난 및 안전관리 사업 관련 중기사업계획서, 투자우선순위 의견 및 예산요구서에 관한 사항
   ㉣ 중앙행정기관의 장이 수립·시행하는 계획, 점검·검사, 교육·훈련, 평가 등 재난 및 안전관리 업무의 조정에 관한 사항
   ㉤ 안전기준관리에 관한 사항
   ㉥ 재난사태의 선포에 관한 사항
   ㉦ 특별재난지역의 선포에 관한 사항
   ㉧ 재난이나 그 밖의 각종 사고가 발생하거나 발생할 우려가 있는 경우 이를 수습하기 위한 관계 기관 간 협력에 관한 중요 사항
   ㉨ 재난안전의무보험의 관리·운용 등에 관한 사항
   ㉩ 중앙행정기관의 장이 시행하는 대통령령으로 정하는 재난 및 사고의 예방사업 추진에 관한 사항
   ㉪ 「재난안전산업 진흥법」에 따른 기본계획에 관한 사항
   ㉫ 그 밖에 위원장이 회의에 부치는 사항

암기법 중기중기 특별 재난

② 중앙위원회의 위원장은 국무총리가 되고, 위원은 대통령령으로 정하는 중앙행정기관 또는 관계 기관·단체의 장이 된다.
③ 중앙위원회의 위원장은 중앙위원회를 대표하며, 중앙위원회의 업무를 총괄한다.
④ 중앙위원회에 간사 1명을 두며, 간사는 행정안전부장관이 된다.
⑤ 중앙위원회의 위원장이 사고 또는 부득이한 사유로 직무를 수행할 수 없을 때에는 행정안전부장관, 대통령령으로 정하는 중앙행정기관의 장 순으로 위원장의 직무를 대행한다.
⑥ ⑤에 따라 행정안전부장관 등이 중앙위원회 위원장의 직무를 대행할 때에는 행정안전부의 재난안전관리사무를 담당하는 본부장이 중앙위원회 간사의 직무를 대행한다.
⑦ 중앙위원회는 ① 각 호의 사무가 국가안전보장과 관련된 경우에는 국가안전보장회의와 협의하여야 한다.
⑧ 중앙위원회의 위원장은 그 소관 사무에 관하여 재난관리책임기관의 장이나 관계인에게 자료의 제출, 의견 진술, 그 밖에 필요한 사항에 대하여 협조를 요청할 수 있다. 이 경우 요청을 받은 사람은 특별한 사유가 없으면 요청에 따라야 한다.
⑨ 중앙위원회의 구성과 운영 등에 필요한 사항은 대통령령으로 정한다.
→ ② 재난사태의 선포에 관한 사항과 특별재난지역의 선포에 관한 사항은 중앙안전관리위원회의 심의사항이다.

> **참고** 안전정책조정위원회
>
> ① 중앙위원회에 상정될 안건을 사전에 검토하고 다음의 사무를 수행하기 위하여 중앙위원회에 안전정책조정위원회(이하 "조정위원회"라 한다)를 둔다.
>   1. 중앙위원회의 심의사항에 대한 사전 조정
>   ㉠ 중앙행정기관의 장이 수립·시행하는 계획, 점검·검사, 교육·훈련, 평가 등 재난 및 안전관리업무의 조정에 관한 사항
>   ㉡ 안전기준관리에 관한 사항
>   ㉢ 재난이나 그 밖의 각종 사고가 발생하거나 발생할 우려가 있는 경우 이를 수습하기 위한 관계 기관 간 협력에 관한 중요 사항
>   ㉣ 재난안전의무보험의 관리·운용 등에 관한 사항
>   ㉤ 중앙행정기관의 장이 시행하는 대통령령으로 정하는 재난 및 사고의 예방사업 추진에 관한 사항
>   2. 집행계획의 심의
>   3. 국가핵심기반의 지정에 관한 사항의 심의
>   4. 재난 및 안전관리기술 종합계획의 심의
>   5. 그 밖에 중앙위원회가 위임한 사항
> ② 조정위원회의 위원장은 행정안전부장관이 되고, 위원은 대통령령으로 정하는 중앙행정기관의 차관 또는 차관급 공무원과 재난 및 안전관리에 관한 지식과 경험이 풍부한 사람 중에서 위원장이 임명하거나 위촉하는 사람이 된다.
> ③ 조정위원회에 간사위원 1명을 두며, 간사위원은 행정안전부의 재난안전관리사무를 담당하는 본부장이 된다.
> ④ 조정위원회의 업무를 효율적으로 처리하기 위하여 조정위원회에 실무위원회를 둘 수 있다.
> ⑤ 조정위원회의 위원장은 조정위원회에서 심의·조정된 사항 중 대통령령으로 정하는 중요 사항에 대해서는 조정위원회의 심의·조정 결과를 중앙위원회의 위원장에게 보고하여야 한다.
> ⑥ 조정위원회의 위원장은 중앙위원회 또는 조정위원회에서 심의·조정된 사항에 대한 이행상황을 점검하고, 그 결과를 중앙위원회에 보고할 수 있다.
> ⑦ 조정위원회 및 실무위원회의 구성 및 운영 등에 필요한 사항은 대통령령으로 정한다.

정답 ②

030

「재난 및 안전관리 기본법」상 중앙안전관리위원회의 심의사항으로 옳지 않은 것은? [15년 경기]

① 재난 및 안전관리에 관한 중요 정책의 사항
② 재난사태의 선포에 관한 사항
③ 특별재난지역의 선포에 관한 사항
④ 재난의 대응·복구에 관한 사항

해설 중앙안전관리위원회(중앙위원회)
① 위원장 : 국무총리
② 간사 : 행정안전부장관
③ 심의사항
 ㉠ 재난 및 안전관리에 관한 중요 정책에 관한 사항
 ㉡ 국가안전관리기본계획에 관한 사항
 ㉢ 재난 및 안전관리 사업 관련 중기사업계획서, 투자우선순위 의견 및 예산요구서에 관한 사항
 ㉣ 중앙행정기관의 장이 수립·시행하는 계획, 점검·검사, 교육·훈련, 평가 등 재난 및 안전관리 업무의 조정에 관한 사항
 ㉤ 안전기준관리에 관한 사항
 ㉥ 재난사태의 선포에 관한 사항
 ㉦ 특별재난지역의 선포에 관한 사항
 ㉧ 재난이나 그 밖의 각종 사고가 발생하거나 발생할 우려가 있는 경우 이를 수습하기 위한 관계 기관 간 협력에 관한 중요 사항
 ㉨ 재난안전의무보험의 관리·운용 등에 관한 사항
 ㉩ 중앙행정기관의 장이 시행하는 대통령령으로 정하는 재난 및 사고의 예방사업 추진에 관한 사항
 ㉪ 「재난안전산업 진흥법」에 따른 기본계획에 관한 사항
 ㉫ 그 밖에 위원장이 회의에 부치는 사항
→ ④ 중앙재난안전대책본부에 관한 사항이다.

정답 ④

031

다음 중 「재난 및 안전관리 기본법」에 근거한 안전관리기구 및 기능에 대한 설명으로 옳지 않은 것은? [17년 소방간부]

① 재난 및 안전관리에 관한 중요정책에 관한 사항은 국무총리 소속으로 중앙안전관리위원회에서 심의한다.
② 중앙안전관리위원회에 상정될 안건을 사전에 검토하기 위해 중앙안전관리위원회에 안전정책조정위원회를 둔다.
③ 행정안전부장관은 매년 재난 및 안전관리 사업의 효과성 및 효율성을 평가하고 그 결과를 관계 중앙행정기관의 장에게 통보하여야 한다.
④ 지역별 재난 및 안전관리에 관한 사항을 심의조정하기 위하여 시·도지사 소속으로 시·도 안전관리위원회를 둔다.
⑤ 중앙재난방송협의회의 구성 및 운영에 필요한 사항은 행정안전부령으로 정한다.

해설 재난방송협의회
① 재난에 관한 예보·경보·통지나 응급조치 및 재난관리를 위한 재난방송이 원활히 수행될 수 있도록 중앙위원회에 중앙재난방송협의회를 두어야 한다.
② 지역 차원에서 재난에 대한 예보·경보·통지나 응급조치 및 재난방송이 원활히 수행될 수 있도록 시·도위원회에 시·도 재난방송협의회를 두어야 하고, 필요한 경우 시·군·구위원회에 시·군·구 재난방송협의회를 둘 수 있다.
③ 중앙재난방송협의회의 구성 및 운영에 필요한 사항은 대통령령으로 정하고, 시·도 재난방송협의회와 시·군·구 재난방송협의회의 구성 및 운영에 필요한 사항은 해당 지방자치단체의 조례로 정한다.

정답 ⑤

032

「재난 및 안전관리 기본법」상 중앙안전관리위원회(중앙위원회)에 관한 설명으로 옳은 것은?

13년 충북

① 중앙위원회의 위원장은 국무총리가 되고, 위원은 대통령령으로 정하는 중앙행정기관의 장이 된다.
② 중앙위원회의 의결은 재적의원 2/3 출석과 1/2 찬성으로 한다.
③ 중앙위원회의 간사는 소방본부장이 된다.
④ 특별재난지역의 선포에 관한 사항을 심의하기 위하여 행정안전부 소속으로 중앙안전관리위원회를 둔다.

해설 중앙안전관리위원회(중앙위원회)
② 중앙위원회의 회의는 과반수 출석으로 개의하고, 과반수의 찬성으로 의결한다.
③ 중앙위원회의 간사는 행정안전부장관이 된다.
④ 특별재난지역의 선포에 관한 사항을 심의하기 위하여 국무총리 소속으로 중앙안전관리위원회를 둔다.

참고 위원장, 간사

구분	위원장	간사
중앙안전관리위원회(중앙위원회)	국무총리	행정안전부장관
안전정책조정위원회(조정위원회)	행정안전부장관	행정안전부의 재난안전관리사무를 담당하는 본부장
실무위원회	행정안전부의 재난안전관리사무를 담당하는 본부장	-
중앙재난방송협의회	과학기술정보통신부장관이 지명하는 사람	-
중앙안전관리민관협력위원회	행정안전부의 재난안전관리사무를 담당하는 본부장과 위촉된 민간위원 중에서 중앙민관협력위원회의 의결을 거쳐 행정안전부장관이 지명하는 사람	

정답 ①

033

재난 및 안전관리 기본법령상 대통령령으로 정하는 중앙안전관리위원회 위원에 해당하지 않는 것은? (단, 그 밖에 중앙안전관리위원회의 위원장이 지정하는 기관 및 단체의 장은 제외한다)

25년 소방간부

① 국가유산청장
② 통일부장관
③ 국무조정실장
④ 여성가족부장관
⑤ 국가보훈부장관

해설 중앙안전관리위원회의 위원
㉠ 기획재정부장관, 교육부장관, 과학기술정보통신부장관, 외교부장관, 통일부장관[2], 법무부장관, 국방부장관, 행정안전부장관, 문화체육관광부장관, 농림축산식품부장관, 산업통상자원부장관, 보건복지부장관, 환경부장관, 고용노동부장관, 여성가족부장관[4], 국토교통부장관, 해양수산부장관 및 중소벤처기업부장관
㉡ 국가정보원장, 방송통신위원회위원장, 국무조정실장[3], 식품의약품안전처장, 금융위원회위원장 및 원자력안전위원회위원장
㉢ 경찰청장, 소방청장, 국가유산청장[1], 산림청장, 질병관리청장, 기상청장 및 해양경찰청장
㉣ 그 밖에 중앙안전관리위원회의 위원장이 지정하는 기관 및 단체의 장

암기법 재난관리주관기관 + 통일 기획 장관이 가상하자마자 의약품 정보를 방송에 조정!

정답 ⑤

034

「재난 및 안전관리 기본법」상 대통령령으로 정하는 대규모 재난의 대응·복구 등에 관한 사항을 총괄·조정하고 필요한 조치를 하기 위하여 행정안전부에 두는 조직은?

[23년 소방간부]

① 안전관리자문단
② 중앙안전관리위원회
③ 안전정책조정위원회
④ 중앙긴급구조통제단
⑤ 중앙재난안전대책본부

해설 중앙재난안전대책본부

① 대통령령으로 정하는 대규모 재난의 대응·복구(수습) 등에 관한 사항을 총괄·조정하고 필요한 조치를 하기 위하여 행정안전부에 중앙재난안전대책본부(중앙대책본부)를 둔다.
② 중앙대책본부에 본부장과 차장을 둔다.
③ 중앙대책본부의 본부장(중앙대책본부장)은 행정안전부장관이 되며, 중앙대책본부장은 중앙대책본부의 업무를 총괄하고 필요하다고 인정하면 중앙재난안전대책본부회의를 소집할 수 있다. 다만, 해외재난의 경우에는 외교부장관이, 「원자력시설 등의 방호 및 방사능 방재 대책법」에 따른 방사능재난의 경우에는 중앙방사능방재대책본부의 장이 각각 중앙대책본부장의 권한을 행사한다.
④ ③에도 불구하고 재난의 효과적인 수습을 위하여 다음의 어느 하나에 해당하는 경우에는 국무총리가 중앙대책본부장의 권한을 행사할 수 있다. 이 경우 행정안전부장관, 외교부장관(해외재난의 경우에 한정한다) 또는 원자력안전위원회 위원장(방사능 재난의 경우에 한정한다)이 차장이 된다.
  1. 국무총리가 범정부적 차원의 통합 대응이 필요하다고 인정하는 경우
  2. 행정안전부장관이 국무총리에게 건의하거나 수습본부장의 요청을 받아 행정안전부장관이 국무총리에게 건의하는 경우
⑤ ④에도 불구하고 국무총리가 필요하다고 인정하여 지명하는 중앙행정기관의 장은 행정안전부장관, 외교부장관(해외재난의 경우에 한정한다) 또는 원자력안전위원회 위원장(방사능 재난의 경우에 한정한다)과 공동으로 차장이 된다.
⑥ 중앙대책본부장은 대규모재난이 발생하거나 발생할 우려가 있는 경우에는 대통령령으로 정하는 바에 따라 실무반을 편성하고, 중앙재난안전대책본부상황실을 설치하는 등 해당 대규모재난에 대하여 효율적으로 대응하기 위한 체계를 갖추어야 한다. 이 경우 중앙재난안전상황실과 인력, 장비, 시설 등을 통합·운영할 수 있다.
⑦ 중앙대책본부, 중앙재난안전대책본부회의의 구성과 운영에 필요한 사항은 대통령령으로 정한다.

정답 ⑤

035

「재난 및 안전관리 기본법」상 대통령령으로 정하는 대규모 재난이 발생 시 중앙재난안전대책본부장은 누가 되는가?

[14년 통합]

① 소방본부장
② 국무총리
③ 대통령
④ 행정안전부장관

해설 중앙안전대책본부

④ 중앙재난안전대책본부의 장은 행정안전부장관이 된다.

참고 중앙재난안전대책본부

① 대통령령으로 정하는 대규모 재난의 대응·복구(이하 "수습"이라 한다) 등에 관한 사항을 총괄·조정하고 필요한 조치를 하기 위하여 행정안전부에 중앙재난안전대책본부(이하 "중앙대책본부"라 한다)를 둔다.
② 중앙대책본부에 본부장과 차장을 둔다.
③ 중앙대책본부의 본부장(이하 "중앙대책본부장"이라 한다)은 행정안전부장관이 되며, 중앙대책본부장은 중앙대책본부의 업무를 총괄하고 필요하다고 인정하면 중앙재난안전대책본부회의를 소집할 수 있다. 다만, 해외재난의 경우에는 외교부장관이, 「원자력시설 등의 방호 및 방사능 방재 대책법」에 따른 방사능재난의 경우에는 중앙방사능방재대책본부의 장이 각각 중앙대책본부장의 권한을 행사한다.
④ ③에도 불구하고 재난의 효과적인 수습을 위하여 다음의 어느 하나에 해당하는 경우에는 국무총리가 중앙대책본부장의 권한을 행사할 수 있다. 이 경우 행정안전부장관, 외교부장관(해외재난의 경우에 한정한다) 또는 원자력안전위원회 위원장(방사능 재난의 경우에 한정한다)이 차장이 된다.
  1. 국무총리가 범정부적 차원의 통합 대응이 필요하다고 인정하는 경우
  2. 행정안전부장관이 국무총리에게 건의하거나 수습본부장의 요청을 받아 행정안전부장관이 국무총리에게 건의하는 경우
⑤ ④에도 불구하고 국무총리가 필요하다고 인정하여 지명하는 중앙행정기관의 장은 행정안전부장관, 외교부장관(해외재난의 경우에 한정한다) 또는 원자력안전위원회 위원장(방사능 재난의 경우에 한정한다)과 공동으로 차장이 된다.
⑥ 중앙대책본부장은 대규모재난이 발생하거나 발생할 우려가 있는 경우에는 대통령령으로 정하는 바에 따라 실무반을 편성하고, 중앙재난안전대책본부상황실을 설치하는 등 해당 대규모재난에 대하여 효율적으로

대응하기 위한 체계를 갖추어야 한다. 이 경우 중앙재난안전상황실과 인력, 장비, 시설 등을 통합·운영할 수 있다.
⑦ ①에 따른 중앙대책본부, ③에 따른 중앙재난안전대책본부회의의 구성과 운영에 필요한 사항은 대통령령으로 정한다.

정답 ④

037

「재난 및 안전관리 기본법」상 중앙재난안전대책본부의 책임자로 올바른 것은?   12년 세종

① 중앙재난안전대책본부장은 행정안전부장관이 된다.
② 중앙재난안전대책본부장은 소방청장이 된다.
③ 중앙재난안전대책본부장은 국무총리가 된다.
④ 중앙재난안전대책본부장은 행정안전부의 재난안전관리사무를 담당하는 본부장이 된다.

해설 중앙재난안전대책본부
① 중앙재난안전대책본부장은 행정안전부장관이 된다.

정답 ①

036

「재난 및 안전관리 기본법」상 중앙재난안전대책본부에 관한 내용으로 옳지 않은 것은?   22년 소방간부

① 재난의 효과적인 수습을 위하여 국무총리가 범정부적 차원의 통합 대응이 필요하다고 인정하는 경우에는 대통령이 중앙대책본부장의 권한을 행사한다.
② 해외재난의 경우에는 외교부장관이 중앙대책본부장의 권한을 행사한다.
③ 대통령령으로 정하는 대규모 재난의 대응·복구 등에 관한 사항을 총괄·조정하고 필요한 조치를 하기 위하여 행정안전부에 중앙재난안전대책본부를 둔다.
④ 「원자력시설 등의 방호 및 방사능 방재 대책법」에 따른 방사능재난의 경우에는 중앙방사능방재대책본부의 장이 중앙대책본부장의 권한을 행사한다.
⑤ 행정안전부장관이 국무총리에게 건의하거나 수습본부장의 요청을 받아 행정안전부장관이 국무총리에 건의하는 경우에는 국무총리가 중앙대책본부장의 권한을 행사할 수 있다.

해설 중앙안전대책본부
① 재난의 효과적인 수습을 위하여 국무총리가 범정부적 차원의 통합 대응이 필요하다고 인정하는 경우에는 국무총리가 중앙대책본부장의 권한을 행사할 수 있다.

정답 ①

038

다음 중 「재난 및 안전관리 기본법」에 관한 설명으로 옳은 것은?   11년 서울

① 중앙재난안전대책본부는 국무총리 소속하에 둔다.
② 대통령 소속으로 중앙안전관리위원회를 둔다.
③ 시·도지사 소속으로 시·군·구위원회를 둔다.
④ 해외재난 시 외교부장관이 중앙대책본부장의 권한을 행사한다.

해설 중앙재난안전대책본부
① 중앙재난안전대책본부는 행정안전부 소속이다.
② 국무총리 소속으로 중앙안전관리위원회를 둔다.
③ 시·도지사 소속으로 시·도 안전관리위원회, 시장·군수·구청장 소속으로 시·군·구 안전관리위원회를 둔다.
④ 해외재난의 경우에는 외교부장관이 중앙대책본부장의 권한을 행사한다.

정답 ④

039

다음 중 「재난 및 안전관리 기본법」상 위원회 및 본부의 장과의 연결이 옳지 않은 것은?

[14년 소방간부]

① 중앙안전관리위원회 위원장 – 국무총리
② 중앙재난안전대책본부장 – 행정안전부장관
③ 중앙사고수습본부장 – 소방청장
④ 시·도 재난안전대책본부장 – 시·도지사
⑤ 시·군·구 긴급구조통제단장 – 소방서장

해설 위원장 및 본부의 장
③ 중앙사고수습본부장 – 재난관리주관기관의 장

참고 위원장 및 본부의 장

㉠ 중앙안전관리위원회(중앙위원회)
 • 위원장 : 국무총리
 • 간사 : 행정안전부장관
㉡ 안전정책조정위원회(조정위원회)
 • 위원장 : 행정안전부장관
 • 간사 : 재난관리사무를 담당하는 본부장
㉢ 지방안전관리위원회(지방위원회)
 • 시·도 안전관리위원회 위원장 : 시·도지사
 • 시·군·구 안전관리위원회 위원장
  : 시·군·구청장
㉣ 중앙재난안전대책본부
 • 본부장 : 행정안전부장관
 • 차장 : 행정안전부 소속 공무원 중에서 행정안전부장관이 지명하는 사람
㉤ 지방재난안전대책본부
 • 시·도 재난안전대책본부장 : 시·도지사
 • 시·군·구 재난안전대책본부장
  : 시·군·구청장
㉥ 중앙긴급구조통제단의 단장 : 소방청장
㉦ 지방긴급구조통제단
 • 시·도 긴급구조통제단장 : 소방본부장
 • 시·군·구 긴급구조통제단장 : 소방서장

정답 ③

040

다음 중 「재난 및 안전관리 기본법」상 재난에 관한 내용으로 옳지 않은 것은?

[13년 통합]

① 중앙통제단장은 소방청장이 된다.
② 매월 4일은 안전점검의 날이다.
③ 긴급구조기관은 소방청, 소방본부, 소방서이다.
④ 행정안전부장관은 국가안전관리기본계획을 5년마다 수립한다.

해설 국가안전관리기본계획의 수립

㉠ 국무총리는 재난 및 사고로부터 국민의 생명·신체 및 재산을 보호하기 위하여 5년마다 국가의 재난 및 안전관리업무에 관한 기본계획("국가안전관리기본계획")을 수립하여야 한다.
㉡ 국무총리는 행정안전부장관으로 하여금 국가안전관리기본계획의 수립지침을 작성하여 관계 중앙행정기관의 장에게 통보하도록 하여야 한다.
㉢ 관계 중앙행정기관의 장은 수립지침에 따라 5년마다 그 소관에 속하는 재난 및 안전관리업무에 관한 기본계획을 작성한 후 행정안전부장관에게 제출하여야 한다.
㉣ 행정안전부장관은 관계 중앙행정기관의 장이 제출한 기본계획을 종합하여 국가안전관리기본계획안을 작성한 후 국무총리에게 제출하고, 국무총리는 중앙위원회의 심의를 거쳐 국가안전관리기본계획을 확정한다.
㉤ 행정안전부장관은 확정된 국가안전관리기본계획을 지체 없이 관계 중앙행정기관의 장에게 통보하여야 한다.
㉥ 관계 중앙행정기관의 장은 통보받은 국가안전관리기본계획 중 그 소관 사항을 관계 재난관리책임기관(중앙행정기관과 지방자치단체는 제외한다)의 장에게 통보하여야 한다.

참고 국가안전관리기본계획의 포함사항

국가안전관리기본계획에는 다음의 사항이 포함되어야 한다.
① 재난 및 안전관리의 중장기 목표 및 기본방향
② 재난 및 안전관리 현황 및 여건 변화, 전망에 관한 사항
③ 재난 및 안전관리를 위한 법령·제도의 마련 등 재난 및 안전관리체계 확립에 관한 사항
④ 재난의 예방·대비·대응 및 복구에 필요한 기반 조성에 관한 사항
⑤ 그 밖에 재난 및 안전관리에 관한 사항으로서 대통령령으로 정하는 사항

암기법 전망 체중 기반

정답 ④

041

다음은 「재난 및 안전관리 기본법」상 안전관리기본계획, 재난의 예방·대비·대응·복구 등에 관한 사항이다. 옳지 않은 것은? [17년 소방간부]

① 행정안전부장관은 국가안전관리기본계획을 5년마다 수립하여야 한다.
② 관계 중앙행정기관의 장은 소관 분야의 국가핵심기반을 안전정책조정위원회의 심의를 거쳐 지정할 수 있다.
③ 재난관리책임기관의 장은 재난관리를 위하여 필요한 물품, 재산 및 인력 등의 물적·인적자원을 비축하거나 지정하는 등 체계적이고 효율적으로 관리하여야 한다.
④ 소방청장은 긴급구조기관이 긴급구조지원기관에 대한 능력을 평가하는데 필요한 평가지침을 매년 수립하여 다른 긴급구조기관의 장에게 통보하여야 한다.
⑤ 자연재난으로서 「자연재난 구호 및 복구 비용 부담기준 등에 관한 규정」에 따른 국고지원 대상 피해 기준금액의 2.5배를 초과하는 피해가 발생한 재난은 특별재난지역의 범위에 포함한다.

해설 국가안전관리기본계획

① **국무총리**는 국가안전관리기본계획을 5년마다 수립해야 한다.

참고 안전관리계획

㉠ 국가안전관리 기본계획의 작성
: 국무총리, 5년마다
(중앙위원회 심의)
㉡ 국가안전관리 집행계획의 작성
: 관계 중앙행정기관, 매년
(조정위원회 심의)
㉢ 국가안전관리 세부집행계획의 작성
: 재난관리책임기관의 장, 매년
시·도지사와 협의, (소속 중앙행정기관의 장 승인)

정답 ①

042

「재난 및 안전관리 기본법」및 동법 시행령에 따라 수립해야 하는 계획의 내용이다. (   ) 안에 들어갈 내용으로 옳은 것은? [22년 소방간부]

(가) (㉠)은/는 재난 및 안전관리에 관한 과학기술의 진흥을 위하여 (㉡)년마다 관계중앙행정기관의 재난 및 안전관리기술개발에 관한 계획을 종합하여 조정위원회의 심의와 「국가과학기술자문회의법」에 따른 국가과학기술자문회의 심의를 거쳐 재난 및 안전관리기술개발 종합계획을 수립하여야 한다.

(나) (㉢)은/는 재난 및 사고로부터 국민의 생명·신체 및 재난을 보호하기 위하여 (㉣)년마다 국가안전관리기본계획을 수립하여야 한다.

① ㉠ 국무총리, ㉡ 1,
㉢ 행정안전부장관, ㉣ 1
② ㉠ 과학기술정보통신부장관, ㉡ 5,
㉢ 행정안전부장관, ㉣ 5
③ ㉠ 행정안전부장관, ㉡ 1,
㉢ 국무총리, ㉣ 1
④ ㉠ 국무총리, ㉡ 5,
㉢ 국무총리, ㉣ 5
⑤ ㉠ 행정안전부장관, ㉡ 5,
㉢ 국무총리, ㉣ 5

해설 국가안전관리기본계획, 재난 및 안전관리기술개발 종합계획

(가) (㉠: **행정안전부장관**)은/는 재난 및 안전관리에 관한 과학기술의 진흥을 위하여 (㉡: **5**)년마다 관계중앙행정기관의 재난 및 안전관리기술개발에 관한 계획을 종합하여 조정위원회의 심의와 「국가과학기술자문회의법」에 따른 국가과학기술자문회의 심의를 거쳐 재난 및 안전관리기술개발 종합계획을 수립하여야 한다.
→「재난 및 안전관리 기본법」제71조의2

(나) (㉢: **국무총리**)은/는 재난 및 사고로부터 국민의 생명·신체 및 재난을 보호하기 위하여 (㉣: **5**)년마다 국가안전관리기본계획을 수립하여야 한다.
→「재난 및 안전관리 기본법」제22조

정답 ⑤

043

「재난 및 안전관리 기본법 시행령」상 특정관리대상지역에 대한 안전등급의 평가기준에 따라 실시하여야 하는 정기안전점검 실시기준으로 옳지 않은 것은?

[19년 소방간부]

① 안전등급 A등급 : 반기별 1회 이상
② 안전등급 B등급 : 반기별 1회 이상
③ 안전등급 C등급 : 반기별 2회 이상
④ 안전등급 D등급 : 월 1회 이상
⑤ 안전등급 E등급 : 월 2회 이상

해설 특정관리대상지역의 안전등급 및 안전점검 등

재난관리책임기관의 장은 다음의 구분에 따라 특정관리대상지역에 대한 안전점검을 실시하여야 한다.
1. 정기안전점검
    가. A등급, B등급 또는 C등급에 해당하는 특정관리대상지역: 반기별 1회 이상
    나. D등급에 해당하는 특정관리대상지역
        : 월 1회 이상
    다. E등급에 해당하는 특정관리대상지역
        : 월 2회 이상
2. 수시안전점검
    : 재난관리책임기관의 장이 필요하다고 인정하는 경우
→ ③ 안전등급 C등급 : 반기별 1회 이상

정답 ③

044

재난 및 안전관리 기본법령상 재난관리책임기관의 장이 관계 법령 또는 안전관리계획에서 정하는 바에 따라 점검·관리하여야 하는 대통령령으로 정한 재난방지시설에 해당하지 않는 것은? (단, 그 밖에 행정안전부장관이 정하여 고시하는 재난을 예방하기 위하여 설치한 시설은 제외한다)

[25년 소방간부]

① 「기상법」 제2조제13호에 따른 기상시설
② 「국토의 계획 및 이용에 관한 법률」 제2조제6호마목에 따른 방재시설
③ 「사방사업법」 제2조제3호에 따른 사방시설
④ 「하수도법」 제2조제3호에 따른 하수도 중 하수관로 및 공공하수처리시설
⑤ 「항만법」 제2조제5호에 따른 항만시설

해설 재난방지시설의 범위

㉠ 「소하천정비법」에 따른 소하천부속물 중 제방·호안(기슭·둑 침식 방지시설)·보 및 수문
㉡ 「하천법」에 따른 하천시설 중 댐·하구둑·제방·호안·수제·보·갑문·수문·수로터널·운하 및 「수자원의 조사·계획 및 관리에 관한 법률 시행령」 제2조제2호에 따른 수문조사시설 중 홍수발생의 예보를 위한 시설
㉢ 「국토의 계획 및 이용에 관한 법률」에 따른 방재시설 [②]
㉣ 「하수도법」에 따른 하수도 중 하수관로 및 공공하수처리시설 [④]
㉤ 「농어촌정비법」에 따른 농업생산기반시설 중 저수지, 양수장, 우물 등 지하수이용시설, 배수장, 취입보(取入洑), 용수로, 배수로, 웅덩이, 방조제, 제방
㉥ 「사방사업법」에 따른 사방시설 [③]
㉦ 「댐건설·관리 및 주변지역지원 등에 관한 법률」에 따른 댐
㉧ 「어촌·어항법」에 따른 유람선·낚시어선·모터보트·요트 또는 윈드서핑 등의 수용을 위한 레저용 기반시설
㉨ 「도로법」에 따른 도로의 부속물 중 방설·제설시설, 토사유출·낙석 방지 시설, 공동구(共同溝), 터널·교량·지하도 및 육교
㉩ 법 제38조에 따른 재난 예보·경보시설
㉪ 「항만법」에 따른 항만시설 [⑤]
㉫ 그 밖에 행정안전부장관이 정하여 고시하는 재난을 예방하기 위하여 설치한 시설

정답 ①

045

「재난 및 안전관리 기본법」상 행정안전부장관과 재난관리책임기관의 장은 긴급안전점검 결과 재난 발생의 위험이 높다고 인정되는 시설 또는 지역에 대하여는 대통령령으로 정하는 바에 따라 그 소유자·관리자 또는 점유자에게 재난예방을 위한 긴급안전조치를 할 것을 명할 수 있다. 긴급안전조치의 내용으로 옳지 않은 것은?

〔13년 전북〕

① 즉시 퇴피명령
② 보수 또는 보강 등 정비
③ 재난을 발생시킬 위험요인의 제거
④ 정밀안전진단

해설 재난예방을 위한 안전조치

행정안전부장관 또는 재난관리책임기관(행정기관만을 말한다.)의 장은 긴급안전점검 결과 재난 발생의 위험이 높다고 인정되는 시설 또는 지역에 대하여는 대통령령으로 정하는 바에 따라 그 소유자·관리자 또는 점유자에게 다음의 안전조치를 할 것을 명할 수 있다.

㉠ 정밀안전진단(시설만 해당한다). 이 경우 다른 법령에 시설의 정밀안전진단에 관한 기준이 있는 경우에는 그 기준에 따르고, 다른 법령의 적용을 받지 아니하는 시설에 대하여는 행정안전부령으로 정하는 기준에 따른다.
㉡ 보수 또는 보강 등 정비
㉢ 재난을 발생시킬 위험요인의 제거
→ ① 즉시 퇴피명령은 해당하지 않는다.

정답 ①

046

「재난 및 안전관리 기본법」상 실제 재난 발생 시의 대응 매뉴얼로 맞는 것은?

〔16년 충남〕

① 위기관리 표준매뉴얼
② 위기대응 실무매뉴얼
③ 현장조치 행동매뉴얼
④ 위기상황 매뉴얼

해설 재난분야 위기관리 매뉴얼 작성·운용

㉠ 위기관리 표준매뉴얼
국가적 차원에서 관리가 필요한 재난에 대하여 재난관리체계와 관계 기관의 임무와 역할을 규정한 문서로 위기대응 실무매뉴얼의 작성 기준이 되며, 재난관리주관기관의 장이 작성한다. 다만, 다수의 재난관리주관기관이 관련되는 재난에 대해서는 관계 재난관리주관기관의 장과 협의하여 행정안전부장관이 위기관리 표준매뉴얼을 작성할 수 있다.

㉡ 위기대응 실무매뉴얼
위기관리 표준매뉴얼에서 규정하는 기능과 역할에 따라 실제 재난대응에 필요한 조치사항 및 절차를 규정한 문서로 재난관리주관기관의 장과 관계 기관의 장이 작성한다. 이 경우 재난관리주관기관의 장은 위기대응 실무매뉴얼과 위기관리 표준매뉴얼을 통합하여 작성할 수 있다.

㉢ 현장조치 행동매뉴얼
재난현장에서 임무를 직접 수행하는 기관의 행동조치 절차를 구체적으로 수록한 문서로 위기대응 실무매뉴얼을 작성한 기관의 장이 지정한 기관의 장이 작성하되, 시장·군수·구청장은 재난유형별 현장조치 행동매뉴얼을 통합하여 작성할 수 있다. 다만, 현장조치 행동매뉴얼 작성 기관의 장이 다른 법령에 따라 작성한 계획·매뉴얼 등에 재난유형별 현장조치 행동매뉴얼에 포함될 사항이 모두 포함되어 있는 경우 해당 재난유형에 대해서는 현장조치 행동매뉴얼이 작성된 것으로 본다.

정답 ②

047

「재난 및 안전관리 기본법」상 재난관리책임기관의 장은 재난을 효율적으로 관리하기 위하여 재난유형에 따라 위기관리 매뉴얼을 작성·운용하여야 한다. ( )안에 들어갈 내용으로 옳은 것은?

[21년 소방간부]

(㉠)은 국가적 차원에서 관리가 필요한 재난에 대하여 재난관리 체계와 관계 기관의 임무와 역할을 규정한 문서이고, (㉡)은 재난현장에서 임무를 직접 수행하는 기관의 행동조치 절차를 구체적으로 수록한 문서이다.

① ㉠ 위기관리 표준매뉴얼
　㉡ 위기대응 실무매뉴얼
② ㉠ 위기관리 표준매뉴얼
　㉡ 현장조치 행동매뉴얼
③ ㉠ 위기대응 실무매뉴얼
　㉡ 현장조치 행동매뉴얼
④ ㉠ 위기대응 실무매뉴얼
　㉡ 위기관리 표준매뉴얼
⑤ ㉠ 현장조치 행동매뉴얼
　㉡ 위기관리 표준매뉴얼

해설 재난분야 위기관리 매뉴얼 작성·운용
(㉠: 위기관리 표준매뉴얼)은 국가적 차원에서 관리가 필요한 재난에 대하여 재난관리 체계와 관계 기관의 임무와 역할을 규정한 문서이고, (㉡: 현장조치 행동매뉴얼)은 재난현장에서 임무를 직접 수행하는 기관의 행동조치 절차를 구체적으로 수록한 문서이다.

정답 ②

048

「재난 및 안전관리 기본법」상 재난현장에서 임무를 직접 수행하는 기관의 행동조치 절차를 구체적으로 수록한 문서는?

[22년 공개]

① 재난대응 활동계획
② 현장조치 행동매뉴얼
③ 위기대응 실무매뉴얼
④ 위기관리 표준매뉴얼

해설 재난분야 위기관리 매뉴얼 작성·운용

㉠ 위기관리 표준매뉴얼
국가적 차원에서 관리가 필요한 재난에 대하여 재난관리 체계와 관계 기관의 임무와 역할을 규정한 문서로 위기대응 실무매뉴얼의 작성 기준이 되며, 재난관리주관기관의 장이 작성한다. 다만, 다수의 재난관리주관기관이 관련되는 재난에 대해서는 관계 재난관리주관기관의 장과 협의하여 행정안전부장관이 위기관리 표준매뉴얼을 작성할 수 있다.

㉡ 위기대응 실무매뉴얼
위기관리 표준매뉴얼에서 규정하는 기능과 역할에 따라 실제 재난대응에 필요한 조치사항 및 절차를 규정한 문서로 재난관리주관기관의 장과 관계 기관의 장이 작성한다. 이 경우 재난관리주관기관의 장은 위기대응 실무매뉴얼과 위기관리 표준매뉴얼을 통합하여 작성할 수 있다.

㉢ 현장조치 행동매뉴얼
재난현장에서 임무를 직접 수행하는 기관의 행동조치 절차를 구체적으로 수록한 문서로 위기대응 실무매뉴얼을 작성한 기관의 장이 지정한 기관의 장이 작성하되, 시장·군수·구청장은 재난유형별 현장조치 행동매뉴얼을 통합하여 작성할 수 있다. 다만, 현장조치 행동매뉴얼 작성 기관의 장이 다른 법령에 따라 작성한 계획·매뉴얼 등에 재난유형별 현장조치 행동매뉴얼에 포함될 사항이 모두 포함되어 있는 경우 해당 재난유형에 대해서는 현장조치 행동매뉴얼이 작성된 것으로 본다.

정답 ②

049

「재난 및 안전관리 기본법 시행령」상 다중이용시설의 관계인이 위기상황에 대비한 매뉴얼을 작성하여 이에 따른 훈련을 주기적으로 실시해야 하는 건축물 또는 시설에 해당하지 않는 것은?

[19년 소방간부]

① 바닥면적의 합계가 4,000m²인 판매시설
② 바닥면적의 합계가 5,000m²인 운수시설 중 여객용시설
③ 바닥면적의 합계가 6,000m²인 숙박시설 중 관광숙박시설
④ 바닥면적의 합계가 7,000m²인 의료시설 중 종합병원
⑤ 바닥면적의 합계가 8,000m²인 문화 및 집회시설 (동물원 및 식물원은 제외)

해설 위기상황 매뉴얼을 작성하여야 하는 다중이용건축물
다음의 어느 하나에 해당하는 용도로 쓰는 바닥면적의 합계가 5천제곱미터 이상인 건축물
㉠ 문화 집회시설(동물원 및 식물원은 제외)
㉡ 종교시설
㉢ 판매시설
㉣ 운수시설 중 여객용 시설
㉤ 의료시설 중 종합병원
㉥ 숙박시설 중 관광숙박시설
→ ① 바닥면적의 합계가 5,000m² 이상인 판매시설

정답 ①

050

「재난 및 안전관리 기본법」에 대한 내용이다. ( )안에 들어갈 용어로 옳은 것은?

[21년 공개]

(가)은 대통령령으로 정하는 재난이 발생하거나 발생할 우려가 있는 경우 사람의 생명·신체 및 재산에 미치는 중대한 영향이나 피해를 줄이기 위하여 긴급한 조치가 필요하다고 인정하면 (나)의 심의를 거쳐 (다)을/를 선포할 수 있다.

① (가) 중앙재난안전대책본부장
   (나) 안전정책조정위원회
   (다) 재난사태
② (가) 행정안전부장관
   (나) 중앙안전관리위원회
   (다) 재난사태
③ (가) 중앙재난안전대책본부장
   (나) 중앙안전관리위원회
   (다) 특별재난지역
④ (가) 행정안전부장관
   (나) 안전정책조정위원회
   (다) 특별재난지역

해설 재난사태의 선포
(가: 행정안전부장관)은 대통령령으로 정하는 재난이 발생하거나 발생할 우려가 있는 경우 사람의 생명·신체 및 재산에 미치는 중대한 영향이나 피해를 줄이기 위하여 긴급한 조치가 필요하다고 인정하면 (나: 중앙안전관리위원회)의 심의를 거쳐 (다: 재난사태)을/를 선포할 수 있다.

정답 ②

051

「재난 및 안전관리 기본법」상 행정안전부장관·지방자치단체의 장이 재난사태가 선포된 지역에 할 수 있는 조치가 아닌 것은? [12년 전북]

① 재난예방에 필요한 조치
② 해당 지역에 근무하는 행정기관 소속공무원의 비상소집
③ 해당 지역에 대한 여행 등의 금지
④ 재난경보의 발령, 재난관리자원의 동원, 위험구역 설정, 대피명령, 응급지원 등을 할 수 있다.

해설 재난사태 선포지역에 대한 조치
㉠ 재난경보의 발령, 재난관리자원의 동원, 위험구역 설정, 대피명령, 응급지원 등 이 법에 따른 응급조치
㉡ 해당 지역에 소재하는 행정기관 소속 공무원의 비상소집
㉢ 해당 지역에 대한 여행 등 이동 자제 권고
㉣ 「유아교육법」, 「초·중등교육법」 및 「고등교육법」에 따른 휴업명령 및 휴원·휴교 처분의 요청
㉤ 그 밖에 재난예방에 필요한 조치
→ ③ 해당 지역에 대한 여행 등 이동 자제 권고를 할 수 있다.

정답 ③

052

「재난 및 안전관리 기본법」상 지역통제단장의 응급조치에 관한 것이 아닌 것은? [15년 소방간부] [17년 공개]

① 진화
② 긴급수송
③ 경보발령
④ 구조수단의 확보
⑤ 현장지휘통신체계의 확보

해설 응급조치
시·도 긴급구조통제단 및 시·군·구 긴급구조통제단의 단장(이하 "지역통제단장"이라 한다)과 시장·군수·구청장은 재난이 발생할 우려가 있거나 재난이 발생하였을 때에는 즉시 관계 법령이나 재난대응활동계획 및 위기관리 매뉴얼에서 정하는 바에 따라 수방·진화·구조 및 구난, 그 밖에 재난 발생을 예방하거나 피해를 줄이기 위하여 필요한 다음의 응급조치를 하여야 한다. 다만, 지역통제단장의 경우에는 ㉢ 중 진화에 관한 응급조치와 ㉤ 및 ㉥의 응급조치만 하여야 한다.

㉠ 경보의 발령 또는 전달이나 피난의 권고 또는 지시
㉡ 안전조치
㉢ 진화·수방·지진방재, 그 밖의 응급조치와 구호
㉣ 피해시설의 응급복구 및 방역과 방범, 그 밖의 질서 유지
㉤ 긴급수송 및 구조 수단의 확보
㉥ 급수 수단의 확보, 긴급피난처 및 구호품 등 재난관리자원의 확보
㉦ 현장지휘통신체계의 확보
㉧ 그 밖에 재난 발생을 예방하거나 줄이기 위하여 필요한 사항으로서 대통령령으로 정하는 사항

암기법 안경 피질 급구 + 긴급 통신 진화

정답 ③

053

「재난 및 안전관리 기본법」상 재난이 발생할 우려가 있거나 재난이 발생하였을 때에 즉시 취해야 하는 응급조치로 옳지 않은 것은? [18년 소방간부]

① 응급지원에 필요한 비용부담
② 피해시설의 응급복구 및 방역과 방범, 그 밖의 질서 유지
③ 긴급수송 및 구조 수단의 확보
④ 급수 수단의 확보, 긴급피난처 및 구호품 등 재난관리자원의 확보
⑤ 현장지휘통신체계의 확보

해설 응급조치
시·도 긴급구조통제단 및 시·군·구 긴급구조통제단의 장(이하 "지역통제단장"이라 한다)과 시장·군수·구청장은 재난이 발생할 우려가 있거나 재난이 발생하였을 때에는 즉시 관계 법령이나 재난대응활동계획 및 위기관리 매뉴얼에서 정하는 바에 따라 수방·진화·구조 및 구난, 그 밖에 재난 발생을 예방하거나 피해를 줄이기 위하여 필요한 다음의 응급조치를 하여야 한다. 다만, 지역통제단장의 경우에는 ㉢ 중 진화에 관한 응급조치와 ㉤ 및 ㉦의 응급조치만 하여야 한다.

㉠ 경보의 발령 또는 전달이나 피난의 권고 또는 지시
㉡ 안전조치
㉢ 진화·수방·지진방재, 그 밖의 응급조치와 구호
㉣ 피해시설의 응급복구 및 방역과 방범, 그 밖의 질서 유지
㉤ 긴급수송 및 구조 수단의 확보
㉥ 급수 수단의 확보, 긴급피난처 및 구호품 등 재난관리자원의 확보
㉦ 현장지휘통신체계의 확보
㉧ 그 밖에 재난 발생을 예방하거나 줄이기 위하여 필요한 사항으로서 대통령령으로 정하는 사항

정답 ①

054

「재난 및 안전관리 기본법」상 재난의 대응 단계에서 지역통제단장과 시장·군수·구청장은 재난이 발생할 우려가 있거나 재난이 발생하였을 때에는 즉시 관계 법령 등이 정하는 바에 따라 수방(水防) 및 그 밖에 재난 발생을 예방하거나 피해를 줄이기 위하여 필요한 응급조치를 하여야 한다. 이때 지역통제단장이 하여야 하는 응급조치로 옳지 않은 것은? 〔25년 공개〕

① 진화에 관한 응급조치
② 현장지휘통신체계의 확보
③ 재난을 발생시킬 요인의 제거
④ 긴급수송 및 구조 수단의 확보

해설 응급조치(재난 및 안전관리 기본법 제37조)

시·도긴급구조통제단 및 시·군·구긴급구조통제단의 단장("지역통제단장")과 시장·군수·구청장은 재난이 발생할 우려가 있거나 재난이 발생하였을 때에는 즉시 관계 법령이나 재난대응활동계획 및 위기관리 매뉴얼에서 정하는 바에 따라 수방(水防)·진화·구조 및 구난(救難), 그 밖에 재난 발생을 예방하거나 피해를 줄이기 위하여 필요한 다음의 응급조치를 하여야 한다. 다만, 지역통제단장의 경우에는 ⓒ 중 진화에 관한 응급조치와 ⓜ 및 ⓢ의 응급조치만 하여야 한다.

㉠ 경보의 발령 또는 전달이나 피난의 권고 또는 지시
㉡ 안전조치
㉢ 진화[①]·수방·지진방재, 그 밖의 응급조치와 구호
㉣ 피해시설의 응급복구 및 방역과 방범, 그 밖의 질서 유지
㉤ 긴급수송 및 구조 수단의 확보 [④]
㉥ 급수 수단의 확보, 긴급피난처 및 구호품 등 재난관리자원의 확보
㉦ 현장지휘통신체계의 확보 [②]
㉧ 그 밖에 재난 발생을 예방하거나 줄이기 위하여 필요한 사항으로서 대통령령으로 정하는 사항

정답 ③

055

다음 중 「재난 및 안전관리 기본법」상 연결이 옳지 않은 것은? 〔15년 소방간부〕

① 국무총리 – 중앙안전관리위원회 위원장
② 행정안전부장관 – 중앙재난안전대책본부장
③ 소방본부장 – 중앙통제단의 단장
④ 시·도지사 – 시·도 재난안전대책본부장
⑤ 소방서장 – 시·군·구 긴급구조통제단장

해설 위원장 및 본부의 장

㉠ 중앙안전관리위원회(중앙위원회)
  • 위원장 : 국무총리
  • 간사 : 행정안전부장관
㉡ 안전정책조정위원회(조정위원회)
  • 위원장 : 행정안전부장관
  • 간사 : 재난관리사무를 담당하는 본부장
㉢ 지방안전관리위원회(지방위원회)
  • 시·도 안전관리위원회 위원장 : 시·도지사
  • 시·군·구 안전관리위원회 위원장
    : 시·군·구청장
㉣ 중앙재난안전대책본부
  • 본부장 : 행정안전부장관
  • 차장 : 행정안전부 소속 공무원 중에서 행정안전부장관이 지명하는 사람
㉤ 지방재난안전대책본부
  • 시·도 재난안전대책본부장 : 시·도지사
  • 시·군·구 재난안전대책본부장
    : 시·군·구청장
㉥ 중앙긴급구조통제단의 단장 : 소방청장
㉦ 지방긴급구조통제단
  • 시·도 긴급구조통제단장 : 소방본부장
  • 시·군·구 긴급구조통제단장 : 소방서장

정답 ③

056

「재난 및 안전관리 기본법」 상 중앙긴급구조통제단에 관한 설명 중 옳지 않은 것은? 〔16년 통합〕

① 중앙(긴급구조)통제단의 단장은 행정안전부장관이다.
② 중앙통제단은 소방청에 설치한다.
③ 중앙통제단의 구성·기능 및 운영에 필요한 사항은 대통령령으로 정한다.
④ 긴급구조지원기관 간의 공조체제를 유지하기 위하여 관계 기관·단체의 장에게 소속 직원의 파견을 요청할 수 있다.

해설 중앙긴급구조통제단

① 긴급구조에 관한 사항의 총괄·조정, 긴급구조기관 및 긴급구조지원기관이 하는 긴급구조활동의 역할 분담과 지휘·통제를 위하여 소방청에 중앙긴급구조통제단(이하 "중앙통제단"이라 한다)을 둔다.
② 중앙통제단의 단장은 소방청장이 된다.
③ 중앙통제단장은 긴급구조를 위하여 필요하면 긴급구조지원기관 간의 공조체제를 유지하기 위하여 관계 기관·단체의 장에게 소속 직원의 파견을 요청할 수 있다. 이 경우 요청을 받은 기관·단체의 장은 특별한 사유가 없으면 요청에 따라야 한다.
④ 중앙통제단의 구성·기능 및 운영에 필요한 사항은 대통령령으로 정한다.

정답 ①

057

「재난 및 안전관리 기본법」 및 같은 법 시행령상 대한 설명으로 옳지 않은 것은? 〔16년 충남〕

① 시·군·구 긴급구조통제단장은 시장·군수·구청장이다.
② 안전점검의 날은 매월 4일로 한다.
③ 재난사태가 선포된 지역에 여행 등 이동자제 권고를 할 수 있다.
④ 긴급구조기관이란 소방청·소방본부·소방서·해양경찰청·지방해양경찰청 및 해양경찰서를 말한다.

해설 지역긴급구조통제단(지역통제단)

① 지역별 긴급구조에 관한 사항의 총괄·조정, 해당 지역에 소재하는 긴급구조기관 및 긴급구조지원기관 간의 역할분담과 재난현장에서의 지휘·통제를 위하여 시·도의 소방본부에 시·도 긴급구조통제단을 두고, 시·군·구의 소방서에 시·군·구 긴급구조통제단을 둔다.
② 시·도 긴급구조통제단과 시·군·구 긴급구조통제단(이하 "지역통제단"이라 한다)에는 각각 단장 1명을 두되, 시·도 긴급구조통제단의 단장은 소방본부장이 되고 시·군·구 긴급구조통제단의 단장은 소방서장이 된다.
③ 지역통제단장은 긴급구조를 위하여 필요하면 긴급구조지원기관 간의 공조체제를 유지하기 위하여 관계 기관·단체의 장에게 소속 직원의 파견을 요청할 수 있다. 이 경우 요청을 받은 기관·단체의 장은 특별한 사유가 없으면 요청에 따라야 한다.
④ 지역통제단의 기능과 운영에 관한 사항은 대통령령으로 정한다.

정답 ①

058

다음 중 「재난 및 안전관리 기본법」상 시·도 긴급구조통제단장이 될 수 있는 자는? 〔12년 울산〕

① 소방청장   ② 소방본부장
③ 소방서장   ④ 소방대장

해설 긴급구조통제단장

㉠ 중앙긴급구조통제단의 단장 : 소방청장
㉡ 지방긴급구조통제단
  • 시·도 긴급구조통제단장 : 소방본부장
  • 시·군·구 긴급구조통제단장 : 소방서장

정답 ②

059

다음 중 「재난 및 안전관리 기본법」 상 재난현장에서 긴급구조 통제단장으로 옳은 것은? [12년 울산]

① 중앙통제단장 – 대통령, 시·도 통제단장 – 소방서장, 시·군·구 통제단장 – 소방본부장
② 중앙통제단장 – 소방청장, 시·도 통제단장 – 소방본부장, 시·군·구 통제단장 – 소방서장
③ 중앙통제단장 – 소방청장, 시·도 통제단장 – 소방서장, 시·군·구 통제단장 – 소방본부장
④ 중앙통제단장 – 국무총리, 시·도 통제단장 – 소방서장, 시·군·구 통제단장 – 소방본부장

해설 긴급구조통제단장
㉠ 중앙긴급구조통제단의 단장 : 소방청장
㉡ 지방긴급구조통제단
  • 시·도 긴급구조통제단장 : 소방본부장
  • 시·군·구 긴급구조통제단장 : 소방서장

정답 ②

060

다음 중 「재난 및 안전관리 기본법」 상 긴급구조통제단장으로 옳게 짝지어진 것은? [12년 통합]

① 소방서장, 소방본부장, 시·도지사
② 소방본부장, 소방서장, 시·도지사
③ 소방서장, 시·도지사, 시장·군수·구청장
④ 소방서장, 소방본부장, 소방청장

해설 긴급구조통제단장
㉠ 중앙긴급구조통제단의 단장 : 소방청장
㉡ 지방긴급구조통제단
  • 시·도 긴급구조통제단장 : 소방본부장
  • 시·군·구 긴급구조통제단장 : 소방서장

정답 ④

061

「재난 및 안전관리 기본법」 및 같은 법 시행령상 효율적인 재난관리를 위해 실시하는 예방, 대비, 대응 및 복구 활동에 관한 내용으로 옳지 않은 것은? [20년 소방간부]

① 국무총리는 국가안전관리기본계획을 5년마다 수립하여야 한다.
② 안전점검의 날은 매월 4일로 하고, 방재의 날은 매년 5월 25일로 한다.
③ 훈련주관기관의 장은 관계 기관과 합동으로 참여하는 재난대비훈련을 각각 소관분야별로 주관하여 연 1회 이상 실시하여야 한다.
④ 행정안전부장관은 5년마다 재난 및 안전관리에 관한 과학기술의 진흥을 위하여 재난 및 안전관리 기술개발종합계획을 수립하여야 한다.
⑤ 긴급구조지원기관에서 긴급구조업무와 재난관리 업무를 담당하는 부서의 담당자 및 관리자는 신규교육을 받은 후 3년마다 정기적으로 긴급구조교육을 받아야 한다.

해설 긴급구조에 관한 교육
① 긴급구조지원기관에서 긴급구조업무와 재난관리업무를 담당하는 부서의 담당자 및 관리자는 다음의 구분에 따른 긴급구조에 관한 교육(이하 "긴급구조교육"이라 한다)을 받아야 한다.
  1. 신규교육 : 해당 업무를 맡은 후 1년 이내에 받는 긴급구조교육
  2. 정기교육 : 신규교육을 받은 후 2년마다 받는 긴급구조교육
② ①에서 규정한 사항 외에 재난관리업무에 종사하는 사람의 교육에 필요한 세부 사항은 행정안전부령으로 정한다.

정답 ⑤

062

「재난 및 안전관리 기본법」상 긴급구조통제단에 관한 설명으로 옳지 않은 것은?   [18년 소방간부]

① 재난현장에서는 시·군·구 긴급구조통제단장이 긴급구조활동을 지휘한다.
② 시·도 긴급구조통제단장은 긴급구조지원요원을 현장에 출동시키거나 긴급구조에 필요한 재난관리자원을 지원하는 등 긴급구조활동의 지원을 명령할 수 있다.
③ 시·도 긴급구조통제단의 단장은 소방본부장이 된다.
④ 중앙긴급구조통제단의 단장은 소방청장이 된다.
⑤ 시·군·구의 소방서에 시·군·구 긴급구조통제단을 두고 단장은 소방서장이 된다.

해설 긴급구조

① 지역통제단장은 재난이 발생하면 소속 긴급구조요원을 재난현장에 신속히 출동시켜 필요한 긴급구조활동을 하게 하여야 한다.
② 지역통제단장은 긴급구조를 위하여 필요하면 긴급구조지원기관의 장에게 소속 긴급구조지원요원을 현장에 출동시키거나 긴급구조에 필요한 재난관리자원을 지원하는 등 긴급구조활동을 지원할 것을 요청할 수 있다. 이 경우 요청을 받은 기관의 장은 특별한 사유가 없으면 즉시 요청에 따라야 한다.
③ 요청에 따라 긴급구조활동에 참여한 민간 긴급구조지원기관에 대하여는 대통령령으로 정하는 바에 따라 그 경비의 전부 또는 일부를 지원할 수 있다.
④ 긴급구조활동을 하기 위하여 회전익항공기(이하 이 항에서 "헬기"라 한다)를 운항할 필요가 있으면 긴급구조기관의 장이 헬기의 운항과 관련되는 사항을 헬기운항통제기관에 통보하고 헬기를 운항할 수 있다. 이 경우 관계 법령에 따라 해당 헬기의 운항이 승인된 것으로 본다.

정답 ②

063

「재난 및 안전관리 기본법」상 긴급구조에 대한 설명으로 옳지 않은 것은?   [19년 공개]

① 중앙긴급구조통제단의 단장은 행정안전부장관이 된다.
② 시·도 긴급구조통제단의 단장은 소방본부장이 된다.
③ 시·군·구 긴급구조통제단의 단장은 소방서장이 된다.
④ 재난현장에서는 시·군·구 긴급구조통제단장이 긴급구조활동을 지휘한다.

해설 중앙긴급구조통제단

① 중앙긴급구조통제단의 단장은 소방청장이 된다.

참고 긴급구조 현장지휘

① 재난현장에서는 시·군·구 긴급구조통제단장이 긴급구조활동을 지휘한다. 다만, 치안활동과 관련된 사항은 관할 경찰서의 장과 협의하여야 한다.
② 현장지휘는 다음의 사항에 관하여 한다.
  1. 재난현장에서 인명의 탐색·구조
  2. 긴급구조기관 및 긴급구조지원기관의 긴급구조요원·긴급구조지원요원 및 재난관리자원 인력·장비의 배치와 운용
  3. 추가 재난의 방지를 위한 응급조치
  4. 긴급구조지원기관 및 자원봉사자 등에 대한 임무의 부여
  5. 사상자의 응급처치 및 의료기관으로의 이송
  6. 긴급구조에 필요한 재난관리자원의 관리
  7. 현장접근 통제, 현장 주변의 교통정리, 그 밖에 긴급구조활동을 효율적으로 하기 위하여 필요한 사항
③ 시·도 긴급구조통제단장은 필요하다고 인정하면 ①에도 불구하고 직접 현장지휘를 할 수 있다.
④ 중앙통제단장은 대통령령으로 정하는 대규모 재난이 발생하거나 그 밖에 필요하다고 인정하면 ① 및 ③에도 불구하고 직접 현장지휘를 할 수 있다.
⑤ 재난현장에서 긴급구조활동을 하는 긴급구조요원과 긴급구조지원기관의 인력·장비·물자에 대한 운용은 ①·③ 및 ④에 따라 현장지휘를 하는 긴급구조통제단장(이하 "각급통제단장"이라 한다)의 지휘·통제에 따라야 한다.
⑥ 지역대책본부장은 각급통제단장이 수행하는 긴급구조활동에 적극 협력하여야 한다.
⑦ 시·군·구 긴급구조통제단장은 설치·합지원본부의 장에게 긴급구조에 필요한 인력이나 물자 등의 지원을 요청할 수 있다. 이 경우 요청받은 기관의 장은 최대한 협조하여야 한다.

⑧ 재난현장의 구조활동 등 초동 조치상황에 대한 언론 발표 등은 각급통제단장이 지명하는 자가 한다.
⑨ 각급통제단장은 재난현장의 긴급구조 등 현장지휘를 효과적으로 하기 위하여 재난현장에 현장지휘소를 설치·운영할 수 있다. 이 경우 긴급구조활동에 참여하는 긴급구조지원기관의 현장지휘자는 현장지휘소에 대통령령으로 정하는 바에 따라 연락관을 파견하여야 한다.
⑩ 각급통제단장은 긴급구조 활동을 종료하려는 때에는 재난현장에 참여한 지역사고수습본부장, 통합지원본부의 장 등과 협의를 거쳐 결정하여야 한다. 이 경우 각급통제단장은 긴급구조 활동 종료 사실을 지역대책본부장 및 ⑤에 따른 긴급구조지원기관의 장에게 통보하여야 한다.
⑪ 해양에서 발생한 재난의 긴급구조활동에 관하여는 ①부터 ⑩까지의 규정을 준용한다. 이 경우 시·군·구 긴급구조통제단장, 시·도 긴급구조통제단장, 중앙긴급구조통제단장은 「수상에서의 수색·구조 등에 관한 법률」 제7조에 따른 지역구조본부의 장, 광역구조본부의 장, 중앙구조본부의 장으로 각각 본다.

[정답] ①

064

「재난 및 안전관리 기본법」상 재난 현장에서 긴급구조 현장지휘 내용으로 옳지 않은 것은? [18년 공개]

① 추가 재난의 방지를 위한 응급조치
② 긴급구조지원기관 및 자원봉사자 등에 임무부여
③ 사상자의 응급처치 및 의료기관으로의 이송
④ 재난관리책임기관 및 긴급구조지원기관 간의 인력장비의 배치와 운용

해설 긴급구조 현장지휘
㉠ 재난현장에서 인명의 탐색·구조
㉡ 긴급구조기관 및 긴급구조지원기관의 긴급구조요원·긴급구조지원요원 및 재난관리자원의 배치와 운용
㉢ 추가 재난의 방지를 위한 응급조치
㉣ 긴급구조지원기관 및 자원봉사자 등에 대한 임무의 부여
㉤ 사상자의 응급처치 및 의료기관으로의 이송
㉥ 긴급구조에 필요한 재난관리자원의 관리
㉦ 현장접근 통제, 현장 주변의 교통정리, 그 밖에 긴급구조활동을 효율적으로 하기 위하여 필요한 사항

[정답] ④

065

「재난 및 안전관리 기본법」상 재난현장에서 시·군·구 긴급구조통제단장의 긴급구조 현장지휘 사항을 모두 고른 것은? [21년 공개]

㉠ 재난현장에서 인명의 탐색·구조
㉡ 추가 재난의 방지를 위한 응급조치
㉢ 사상자의 응급처치 및 의료기관으로의 이송
㉣ 긴급구조에 필요한 재난관리자원의 관리

① ㉠, ㉡
② ㉠, ㉡, ㉢
③ ㉡, ㉢, ㉣
④ ㉠, ㉡, ㉢, ㉣

해설 긴급구조 현장지휘
1. 재난현장에서 인명의 탐색·구조 [㉠]
2. 긴급구조기관 및 긴급구조지원기관의 긴급구조요원·긴급구조지원요원 및 재난관리자원의 배치와 운용
3. 추가 재난의 방지를 위한 응급조치 [㉡]
4. 긴급구조지원기관 및 자원봉사자 등에 대한 임무의 부여
5. 사상자의 응급처치 및 의료기관으로의 이송 [㉢]
6. 긴급구조에 필요한 재난관리자원의 관리 [㉣]
7. 현장접근 통제, 현장 주변의 교통정리, 그 밖에 긴급구조활동을 효율적으로 하기 위하여 필요한 사항

[정답] ④

066

「재난 및 안전관리 기본법」상 중앙긴급구조통제단의 기능으로 옳지 않은 것은? [16년 충남]

① 긴급구조활동의 지휘·통제
② 중앙구조대장이 지시하는 사항
③ 국가 긴급구조대책의 총괄·조정
④ 긴급구조대응계획의 집행

해설 중앙긴급구조통제단의 기능
㉠ 국가 긴급구조대책의 총괄·조정 [③]
㉡ 긴급구조활동의 지휘·통제(긴급구조활동에 필요한 긴급구조기관의 인력과 장비 등의 동원을 포함한다) [①]
㉢ 긴급구조지원기관간의 역할분담 등 긴급구조를 위한 현장활동계획의 수립
㉣ 긴급구조대응계획의 집행 [④]
㉤ 그 밖에 중앙통제단의 장이 필요하다고 인정하는 사항

| 참고 | 중앙통제단의 구성 및 운영 |

① 중앙통제단장은 중앙통제단을 대표하고, 그 업무를 총괄한다.
② 중앙통제단에는 부단장을 두고 부단장은 중앙통제단장을 보좌하며 중앙통제단장이 부득이한 사유로 직무를 수행할 수 없을 경우에는 그 직무를 대행한다.
③ ②에 따른 부단장은 소방청 차장이 되며, 중앙통제단에는 대응계획부·현장지휘부 및 자원지원부를 둔다.
④ ①부터 ③까지에서 규정한 사항 외에 중앙통제단의 구성 및 운영에 필요한 사항은 행정안전부령으로 정한다.

정답 ②

067 🔥🔥🔥

「재난 및 안전관리 기본법」상 긴급구조에 대한 설명으로 옳지 않은 것은? 〔17년 소방간부〕

① 긴급구조에 관한 사항의 총괄·조정, 긴급구조기관 및 긴급구조지원기관이 하는 긴급구조활동의 역할 분담과 지휘·통제를 위하여 소방청에 중앙긴급구조통제단을 두며, 단장은 소방청장이 된다.
② 재난현장에서는 시·군·구 긴급구조통제단장이 긴급구조활동을 지휘한다. 다만, 치안활동과 관련된 사항은 관할 경찰관서의 장과 협의하여야 한다.
③ 해상에서 발생한 선박이나 항공기 등의 조난사고의 긴급구조활동에 관하여는 수상에서의 수색·구조 등에 관한 법률 등 관계 법령에 따른다.
④ 지역통제단장은 긴급구조를 위하여 필요하면 긴급구조지원기관 간의 공조체제를 유지하기 위하여 관계 기관·단체의 장에게 소속직원의 파견을 요청할 수 있다.
⑤ 소방청, 소방본부, 소방서, 대한적십자사는 긴급구조기관에 해당하는 기관이다.

해설 긴급구조
⑤ 대한적십자사는 긴급구조기관에 해당하지 않는다.

정답 ⑤

068 🔥🔥🔥

「재난 및 안전관리 기본법 시행령」상 긴급구조기관의 장이 수립하는 재난유형별 긴급구조대응계획에 포함되어야 할 내용으로 옳은 것은? 〔20년 소방간부〕

㉠ 긴급구조대응계획의 기본방침과 절차
㉡ 긴급구조대응계획의 목적 및 적용범위
㉢ 주요 재난유형별 대응 매뉴얼에 관한 사항
㉣ 비상경고 방송메시지 작성 등에 관한 사항
㉤ 긴급구조대응계획의 운영책임에 관한 사항
㉥ 재난 발생 단계별 중 긴급구조 대응활동 사항

① ㉠, ㉡, ㉢
② ㉠, ㉡, ㉤
③ ㉡, ㉣, ㉥
④ ㉢, ㉣, ㉤
⑤ ㉢, ㉣, ㉥

해설 긴급구조대응계획의 수립
1. 기본계획
   가. 긴급구조대응계획의 목적 및 적용범위 [㉡]
   나. 긴급구조대응계획의 기본방침과 절차 [㉠]
   다. 긴급구조대응계획의 운영책임에 관한 사항 [㉤]

   암기법 목적 기절 운

2. 기능별 긴급구조대응계획
   가. 지휘통제: 긴급구조체제 및 중앙통제단과 지역통제단의 운영체계 등에 관한 사항
   나. 비상경고: 긴급대피, 상황 전파, 비상연락 등에 관한 사항
   다. 대중정보: 주민보호를 위한 비상방송시스템 가동 등 긴급 공공정보 제공에 관한 사항 및 재난상황 등에 관한 정보 통제에 관한 사항
   라. 피해상황분석: 재난현장상황 및 피해정보의 수집·분석·보고에 관한 사항
   마. 구조·진압: 인명 수색 및 구조, 화재진압 등에 관한 사항
   바. 응급의료: 대량 사상자 발생 시 응급의료서비스 제공에 관한 사항
   사. 긴급오염통제: 오염 노출 통제, 긴급 감염병 방제 등 재난현장 공중보건에 관한 사항
   아. 현장통제: 재난현장 접근 통제 및 치안 유지 등에 관한 사항
   자. 긴급복구: 긴급구조활동을 원활하게 하기 위한 긴급구조차량 접근 도로 복구 등에 관한 사항
   차. 긴급구호: 긴급구조요원 및 긴급대피 수용주민에 대한 위기 상담, 임시 의식주 제공 등에 관한 사항
   카. 재난통신: 긴급구조기관 및 긴급구조지원기관 간 정보통신체계 운영 등에 관한 사항

3. 재난유형별 긴급구조대응계획
  가. 재난 발생 단계별 주요 긴급구조 대응활동 사항 [ㅂ]
  나. 주요 재난유형별 대응 매뉴얼에 관한 사항 [ㄷ]
  다. 비상경고 방송메시지 작성 등에 관한 사항 [ㄹ]

[암기법] 방유단

정답 ⑤

069 🔥🔥🔥

「재난 및 안전관리 기본법」상 재난현장에서 긴급대피, 상황 전파, 비상연락 등을 담당하는 기능별 긴급구조대응계획으로 옳지 않은 것은?   13년 경기

① 피해상황분석   ② 대중정보
③ 지휘통제   ④ 비상경보

[해설] 기능별 긴급구조대응계획
㉠ 지휘통제 : 긴급구조체제 및 중앙통제단과 지역통제단의 운영체계 등에 관한 사항
㉡ 비상경고 : 긴급대피, 상황 전파, 비상연락 등에 관한 사항
㉢ 대중정보 : 주민보호를 위한 비상방송시스템 가동 등 긴급공공정보 제공에 관한 사항 및 재난상황 등에 관한 정보통제에 관한 사항
㉣ 피해상황분석 : 재난현장상황 및 피해정보의 수집·분석·보고에 관한 사항
㉤ 구조·진압 : 인명 수색 및 구조, 화재진압 등에 관한 사항
㉥ 응급의료 : 대량 사상자 발생 시 응급의료서비스 제공에 관한 사항
㉦ 긴급오염통제 : 오염 노출 통제, 긴급 감염병 방제 등 재난현장 공중보건에 관한 사항
㉧ 현장통제 : 재난현장 접근 통제 및 치안 유지 등에 관한 사항
㉨ 긴급복구 : 긴급구조활동을 원활하게 하기 위한 긴급구조차량 접근 도로 복구 등에 관한 사항
㉩ 긴급구호 : 긴급구조요원 및 긴급대피 수용주민에 대한 위기 상담, 임시 의식주 제공 등에 관한 사항
㉪ 재난통신 : 긴급구조기관 및 긴급구조지원기관 간 정보통신체계 운영 등에 관한 사항
→ ④ 비상경보가 아닌 비상경고가 해당된다.

정답 ④

070 🔥🔥🔥

「재난 및 안전관리 기본법」상 긴급구조기관의 장이 수립하는 긴급구조대응계획 중 기능별 긴급구조대응계획에 포함되지 않는 것은?   17년 소방간부

① 대중정보계획   ② 재난통신계획
③ 긴급오염통제계획 ④ 위험지역설정계획
⑤ 피해상황분석계획

[해설] 기능별 긴급구조대응계획
④ 위험지역설정은 해당하지 않는다.

정답 ④

071 🔥🔥🔥

「재난 및 안전관리 기본법」상 긴급구조지휘대의 구성원이 아닌 것은?   13년 경기

① 안전관리요원
② 자원지원요원
③ 현장지휘요원
④ 연락담당요원

[해설] 긴급구조지휘대 구성·운영
① 긴급구조지휘대는 다음의 사람으로 구성하여야 한다.
  1. 현장지휘요원 [③]
  2. 자원지원요원 [②]
  3. 통신지원요원
  4. 안전관리요원 [①]
  5. 상황조사요원
  6. 구급지휘요원
[암기법] 현자통 안상구
② 긴급구조지휘대는 소방서현장지휘대, 방면현장지휘대, 소방본부현장지휘대 및 권역현장지휘대로 구분하되, 구분된 긴급구조지휘대의 설치기준은 다음 각 호와 같다.
  1. 소방서현장지휘대 : 소방서별로 설치·운영
  2. 방면현장지휘대 : 2개 이상 4개 이하의 소방서별로 소방본부장이 1개를 설치·운영
  3. 소방본부현장지휘대 : 소방본부별로 현장지휘대 설치·운영
  4. 권역현장지휘대 : 2개 이상 4개 이하의 소방본부별로 소방청장이 1개를 설치·운영
③ 규정한 사항 외에 긴급구조지휘대의 세부 운영기준은 행정안전부령으로 정한다.

정답 ④

072

「재난 및 안전관리 기본법」상 긴급구조지휘대의 구성 및 기능에서 긴급구조지휘대 구성에 해당하는 자는 통제단이 설치·운영되는 경우 구분에 따라 해당부서에 배치되는데 대응계획부와 가장 관계가 있는 요원은?

〔13년 통합〕

① 자원지원요원 ② 안전관리요원
③ 상황조사요원 ④ 현장지휘요원

해설 긴급구조지휘대의 구성 및 기능

① 긴급구조지휘대의 기능
  ㉠ 통제단이 가동되기 전 재난초기시 현장지휘
  ㉡ 주요 긴급구조지원기관과의 합동으로 현장지휘의 조정·통제
  ㉢ 광범위한 지역에 걸친 재난발생 시 전진지휘
  ㉣ 화재 등 일상적 사고의 발생시 현장지휘
② 긴급구조지휘대를 구성하는 사람은 통제단이 설치·운영되는 경우 다음의 구분에 따라 통제단의 해당부서에 배치된다.

지휘대 →	통제단
현장지휘요원	현장지휘부
자원지원요원	자원지원부
통신지원요원	현장지휘부
안전관리요원	현장지휘부
상황조사요원	대응계획부
구급지휘요원	현장지휘부

암기법 현자통 안상구

정답 ③

073

「긴급구조대응활동 및 현장지휘에 관한 규칙」상 통제단이 설치·운영되는 경우에 긴급구조지휘대를 구성하는 사람과 배치되는 해당 부서의 연결이 옳은 것만 〈보기〉에서 있는 대로 고른 것은?

〔22년 소방간부〕

| 보기 |
ㄱ. 상황조사요원 – 대응계획부
ㄴ. 통신지원요원 – 현장지휘부
ㄷ. 안전관리요원 – 대응계획부
ㄹ. 구급지휘요원 – 대응계획부

① ㄱ, ㄴ ② ㄱ, ㄷ
③ ㄱ, ㄴ, ㄹ ④ ㄴ, ㄷ, ㄹ
⑤ ㄱ, ㄴ, ㄷ, ㄹ

해설 긴급구조지휘대의 구성 및 기능

지휘대 →	통제단
현장지휘요원	현장지휘부
자원지원요원	자원지원부
통신지원요원	현장지휘부
안전관리요원	현장지휘부
상황조사요원	대응계획부
구급지휘요원	현장지휘부

암기법 현자통 안상구

정답 ①

074

다음은 「재난 및 안전관리 기본법」상 특별재난지역의 선포와 관련된 내용이다. ( ) 안에 들어갈 내용으로 옳은 것은?

〔18년 공개〕

(㉠)은(는) 대통령령으로 정하는 규모의 재난이 발생하여 국가의 안녕 및 사회질서의 유지에 중대한 영향을 미치거나 피해를 효과적으로 수습하기 위하여 특별한 조치가 필요하다고 인정하거나 지역대책본부장의 요청이 타당하다고 인정하는 경우에는 (㉡)의 심의를 거쳐 해당 지역을 특별재난지역으로 선포할 것을 대통령에게 건의할 수 있다.

① ㉠ 중앙재난안전대책본부장
  ㉡ 안전정책조정위원회
② ㉠ 중앙안전관리위원회
  ㉡ 중앙사고수습본부
③ ㉠ 중앙안전관리위원회
  ㉡ 중앙재난안전대책본부장
④ ㉠ 중앙재난안전대책본부장
  ㉡ 중앙안전관리위원회

해설 특별재난지역의 선포

(㉠: 중앙재난안전대책본부장)은(는) 대통령령으로 정하는 규모의 재난이 발생하여 국가의 안녕 및 사회질서의 유지에 중대한 영향을 미치거나 피해를 효과적으로 수습하기 위하여 특별한 조치가 필요하다고 인정하거나 지역대책본부장의 요청이 타당하다고 인정하는 경우에는 (㉡: 중앙안전관리위원회)의 심의를 거쳐 해당 지역을 특별재난지역으로 선포할 것을 대통령에게 건의할 수 있다.

정답 ④

075

「재난 및 안전관리 기본법」상 국가의 안녕 및 사회질서의 유지에 중대한 영향을 미치거나 그 재난으로 인한 피해를 효과적으로 수습 및 복구하기 위하여 특별한 조치가 필요하다고 인정하면 중앙안전관리위원회의 심의를 거쳐 해당 지역을 특별재난지역으로 선포할 수 있는 자는?   [다수 출제]

① 소방본부장   ② 행정안전부장관
③ 대통령   ④ 시·도지사

해설 특별재난지역의 선포
③ 특별재난지역의 선포 : 중앙재난안전대책본부장이 건의, 대통령이 선포

정답 ③

076

「재난 및 안전관리 기본법」상 특별재난지역의 선포에 관련하여 옳은 것은?   [17년 공개]

① 특별재난지역의 선포권자는 대통령이다.
② 어떠한 경우에도 중앙위원회의 심의를 사후에 받을 수 없다.
③ 재정상의 지원이 추가되며, 심리상담 등에 대한 지원이 배제된다.
④ 선포는 재난발생이 예상될 때도 가능하다.

해설 특별재난지역의 선포
② 대규모 인명피해가 발생하는 등 시급하게 특별재난지역으로 선포할 필요가 있는 경우로서 중앙대책본부장의 요청(국무총리가 중앙대책본부장의 권한을 행사하는 경우는 제외한다)을 받아 중앙위원회의 심의를 거칠 시간적 여유가 없다고 중앙위원회의 위원장이 인정하는 경우 중앙대책본부장은 중앙위원회의 심의를 거치지 아니하고 해당 지역을 특별재난지역으로 선포할 것을 대통령에게 건의할 수 있다.
③ 심리상담 등에 대한 지원도 포함된다.
④ 재난이 발생하여 국가의 안녕 및 사회질서의 유지에 중대한 영향을 미치거나 피해를 효과적으로 수습하기 위하여 특별한 조치가 필요하다고 인정될 때 선포된다.

참고 특별재난지역의 선포
① 중앙대책본부장은 대통령령으로 정하는 규모의 재난이 발생하여 국가의 안녕 및 사회질서의 유지에 중대한 영향을 미치거나 피해를 효과적으로 수습하기 위하여 특별한 조치가 필요하다고 인정하거나 ⑤에 따른 지역대책본부장의 요청이 타당하다고 인정하는 경우에는 중앙위원회의 심의를 거쳐 해당 지역을 특별재난지역으로 선포할 것을 대통령에게 건의할 수 있다.
② ①에도 불구하고 대규모 인명피해가 발생하는 등 시급하게 특별재난지역으로 선포할 필요가 있는 경우로서 중앙대책본부장의 요청(국무총리가 중앙대책본부장의 권한을 행사하는 경우는 제외한다)을 받아 중앙위원회의 심의를 거칠 시간적 여유가 없다고 중앙위원회의 위원장이 인정하는 경우 중앙대책본부장은 중앙위원회의 심의를 거치지 아니하고 해당 지역을 특별재난지역으로 선포할 것을 대통령에게 건의할 수 있다.
③ 대통령령으로 재난의 규모를 정할 때에는 다음의 사항을 고려하여야 한다.
  ㉠ 인명 또는 재산의 피해 정도
  ㉡ 재난지역 관할 지방자치단체의 재정 능력
  ㉢ 재난으로 피해를 입은 구역의 범위
④ 특별재난지역의 선포를 건의받은 대통령은 해당 지역을 특별재난지역으로 선포할 수 있다.
⑤ 지역대책본부장은 관할지역에서 발생한 재난으로 인하여 ①에 따른 사유가 발생한 경우에는 중앙대책본부장에게 특별재난지역의 선포 건의를 요청할 수 있다.

참고 특별재난지역에 대한 지원
국가나 지방자치단체는 특별재난지역으로 선포된 지역에 대하여는 지원을 하는 외에 대통령령으로 정하는 바에 따라 응급대책 및 재난구호와 복구에 필요한 행정상·재정상·금융상·의료상의 특별지원을 할 수 있다.

정답 ①

077

「재난 및 안전관리 기본법」에 관한 설명으로 옳은 것은?

[15년 소방간부]

① 특별재난지역의 선포는 대통령이 한다.
② 중앙위원회의 위원장은 행정안전부장관이다.
③ 조정위원회의 위원장은 국무총리이다.
④ 중앙통제단장은 행정안전부장관이다.
⑤ 시·도 통제단장은 중앙소방본부이다.

해설 권한자
① 재난사태 및 특별재난지역의 선포
  ㉠ 재난사태 : 행정안전부장관, 중앙위원회 심의를 거쳐 선포
  ㉡ 특별재난지역 : 중앙대책본부장이 중앙위원회 심의를 거쳐 대통령에게 건의, 대통령이 선포
② 중앙위원회의 위원장은 국무총리이다.
③ 조정위원회의 위원장은 행정안전부장관이다.
④ 중앙통제단장은 소방청장이 된다.
⑤ 시·도 긴급구조통제단의 단장은 소방본부장이 되고 시·군·구 긴급구조통제단의 단장은 소방서장이 된다.

정답 ①

078

재난 및 안전관리 기본법령상 재난사태 선포와 특별재난지역의 선포에 관한 설명으로 옳지 않은 것은?

[24년 소방간부]

① 재난사태 선포는 재난의 대응 활동에 해당된다.
② 특별재난지역의 선포는 재난의 복구 활동에 해당된다.
③ 재난사태 선포권자는 국무총리이다.
④ 재난사태 선포대상 재난은 재난 중 극심한 인명 또는 재산의 피해가 발생하거나 발생할 것으로 예상되어 시·도지사가 행정안전부장관에게 재난사태의 선포를 건의하거나 행정안전부장관이 재난사태의 선포가 필요하다고 인정하는 재난(「노동조합 및 노동관계조정법」 제4장에 따른 쟁의행위로 인한 국가핵심기반의 일시 정지는 제외한다)을 말한다.
⑤ 행정안전부장관 및 지방자치단체의 장은 재난사태가 선포된 지역에 대하여 재난경보의 발령, 인력·장비 및 물자의 동원, 위험구역 설정, 대피명령, 응급지원 등 이 법에 따른 응급조치, 해당 지역에 소재하는 행정기관 소속 공무원의 비상소집, 해당 지역에 대한 여행 등 이동 자제 권고 등의 조치를 할 수 있다.

해설 재난사태의 선포, 특별재난지역의 선포
③ 재난사태 선포권자는 행정안전부장관 또는 시·도지사이다.

참고 재난사태의 선포
① 행정안전부장관은 대통령령으로 정하는 재난이 발생하거나 발생할 우려가 있는 경우 사람의 생명·신체 및 재산에 미치는 중대한 영향이나 피해를 줄이기 위하여 긴급한 조치가 필요하다고 인정하면 중앙위원회의 심의를 거쳐 재난사태를 선포할 수 있다. 다만, 행정안전부장관은 재난상황이 긴급하여 중앙위원회의 심의를 거칠 시간적 여유가 없다고 인정하는 경우에는 중앙위원회의 심의를 거치지 아니하고 재난사태를 선포할 수 있다.
② 행정안전부장관은 ① 단서에 따라 재난사태를 선포한 경우에는 지체 없이 중앙위원회의 승인을 받아야 하고, 승인을 받지 못하면 선포된 재난사태를 즉시 해제하여야 한다.

③ ①에도 불구하고 시·도지사는 관할 구역에서 재난이 발생하거나 발생할 우려가 있는 등 대통령령으로 정하는 경우 사람의 생명·신체 및 재산에 미치는 중대한 영향이나 피해를 줄이기 위하여 긴급한 조치가 필요하다고 인정하면 시·도위원회의 심의를 거쳐 재난사태를 선포할 수 있다. 이 경우 시·도지사는 지체 없이 그 사실을 행정안전부장관에게 통보하여야 한다.

④ ③에 따른 재난사태 선포에 대한 시·도위원회 심의의 생략 및 승인 등에 관하여는 ① 단서 및 ②을 준용한다. 이 경우 "행정안전부장관"은 "시·도지사"로, "중앙위원회"는 "시·도위원회"로 본다.

⑤ 행정안전부장관 및 지방자치단체의 장은 재난사태가 선포된 지역에 대하여 다음의 조치를 할 수 있다.
  ㉠ 재난경보의 발령, 재난관리자원의 동원, 위험구역 설정, 대피명령, 응급지원 등 이 법에 따른 응급조치
  ㉡ 해당 지역에 소재하는 행정기관 소속 공무원의 비상소집
  ㉢ 해당 지역에 대한 여행 등 이동 자제 권고
  ㉣ 「유아교육법」, 「초·중등교육법」 및 「고등교육법」에 따른 휴업명령 및 휴원·휴교 처분의 요청
  ㉤ 그 밖에 재난예방에 필요한 조치

⑥ 행정안전부장관 또는 시·도지사는 재난으로 인한 위험이 해소되었다고 인정하는 경우 또는 재난이 추가적으로 발생할 우려가 없어진 경우에는 선포된 재난사태를 즉시 해제하여야 한다.

정답 ③

---

079 🔥🔥🔥

재난 및 안전관리 기본법령상 **특별재난지역 선포**에 관한 사항으로 옳지 않은 것은? `24년 소방간부`

① 특별재난지역의 선포권자는 대통령이다.
② 중앙대책본부장은 특별재난지역의 선포를 대통령에게 건의할 수 있다.
③ 특별재난지역의 선포를 위해서는 중앙대책본부의 심의를 거쳐야 한다.
④ 지역대책본부장은 관할지역에서 발생한 재난에 대해 중앙대책본부장에게 특별재난지역의 선포 건의를 요청할 수 있다.
⑤ 특별재난지역을 선포하는 경우에 중앙대책본부장은 특별재난지역의 구체적인 범위를 정하여 공고하여야 한다.

해설 특별재난지역

③ 특별재난지역의 선포를 위해서는 중앙안전관리위원회의 심의를 거쳐야 한다.

정답 ③

---

080 🔥🔥🔥

「재난 및 안전관리 기본법」과 「수상에서의 수색·구조 등에 관한 법률」상 해상에서의 긴급구조 및 항공기 등 조난사고 시의 긴급구조에 관한 설명으로 옳지 않은 것은? `24년 소방간부`

① 해상에서 발생한 선박이나 항공기 등의 조난사고의 긴급구조활동에 관하여는 「수상에서의 수색·구조 등에 관한 법률」 등 관계 법령에 따른다.
② 해수면에서의 수난구호는 구조본부의 장이 수행하고, 내수면에서의 수난구호는 소방관서의 장이 수행한다.
③ 국방부장관은 항공기 조난사고가 발생한 경우 항공기 수색과 인명구조를 위하여 항공기 수색·구조계획을 수립·시행하여야 한다.
④ 국방부장관은 항공기나 선박의 조난사고가 발생하면 관계 법령에 따라 긴급구조업무에 책임이 있는 기관의 긴급구조활동에 대한 군의 지원을 신속하게 할 수 있도록 조치를 취하여야 한다.
⑤ 국방부장관이 설치하는 탐색구조본부의 구성과 운영에 필요한 사항은 국방부령으로 정한다.

해설 항공기 등 조난사고 시의 긴급구조

① 소방청장은 항공기 조난사고가 발생한 경우 항공기 수색과 인명구조를 위하여 항공기 수색·구조계획을 수립·시행하여야 한다. 다만, 다른 법령에 항공기의 수색·구조에 관한 특별한 규정이 있는 경우에는 그 법령에 따른다.
② 항공기의 수색·구조에 필요한 사항은 대통령령으로 정한다.
③ 국방부장관은 항공기나 선박의 조난사고가 발생하면 관계 법령에 따라 긴급구조업무에 책임이 있는 기관의 긴급구조활동에 대한 군의 지원을 신속하게 할 수 있도록 다음의 조치를 취하여야 한다.
  ㉠ 탐색구조본부의 설치·운영
  ㉡ 탐색구조부대의 지정 및 출동대기태세의 유지
  ㉢ 조난 항공기에 관한 정보 제공
④ 탐색구조본부의 구성과 운영에 필요한 사항은 국방부령으로 정한다.

정답 ③

081

「재난 및 안전관리 기본법」상 재난지역에 대한 국고보조 등의 지원에 대한 내용으로 옳지 않은 것은?

18년 소방간부

① 국가는 자연재난의 원활한 복구를 위하여 필요하면 대통령령으로 정하는 바에 따라 그 비용의 전부 또는 일부를 국고에서 부담하거나 지방자치단체, 그 밖의 재난 관리책임자에게 보조할 수 있다.
② 국가와 지방자치단체는 재난으로 피해를 입은 시설의 복구와 피해주민의 생계 안정을 위하여 주거용 건축물의 복구비를 지원할 수 있다.
③ 국가와 지방자치단체는 재난으로 피해를 입은 사람에 대하여 심리적 안정과 사회적응을 위한 상담 활동을 지원할 수 있다.
④ 재난복구사업의 재원은 대통령령으로 정하는 재난의 구호 및 재난의 복구 비용 부담기준에 따라 국고의 부담금 또는 보조금과 지방자치단체의 부담금·의연금 등으로 충당한다.
⑤ 국가와 지방자치단체로부터 재난으로 피해를 입은 시설의 복구와 피해주민의 생계 안정을 위해 지원되는 금품 또는 이를 지급받을 권리는 양도하거나 담보로 제공할 수 있다.

[해설] 재난지역에 대한 국고보조 등의 지원

⑤ 국가와 지방자치단체로부터 재난으로 피해를 입은 시설의 복구와 피해주민의 생계 안정을 위해 지원되는 금품 또는 이를 지급받을 권리는 양도하거나 담보로 제공할 수 없다.

[참고] 재난지역에 대한 국고보조 등의 지원

① 국가는 다음의 어느 하나에 해당하는 재난의 원활한 복구를 위하여 필요하면 대통령령으로 정하는 바에 따라 그 비용(보상금을 포함한다)의 전부 또는 일부를 국고에서 부담하거나 지방자치단체, 그 밖의 재난관리책임자에게 보조할 수 있다. 다만, 대피명령을 방해하거나 위반하여 발생한 피해에 대하여는 그러하지 아니하다.
  1. 자연재난
  2. 사회재난 중 특별재난지역으로 선포된 지역의 재난
② ①에 따른 재난복구사업의 재원은 대통령령으로 정하는 재난의 구호 및 재난의 복구비용 부담기준에 따라 국고의 부담금 또는 보조금과 지방자치단체의 부담금·의연금 등으로 충당하되, 지방자치단체의 부담금 중 시·도 및 시·군·구가 부담하는 기준은 행정안전부령으로 정한다.
③ 국가와 지방자치단체는 재난으로 피해를 입은 시설의 복구와 피해주민의 생계 안정 및 피해기업의 경영 안정을 위하여 다음 각 호의 지원을 할 수 있다. 다만, 다른 법령에 따라 국가 또는 지방자치단체가 같은 종류의 보상금 또는 지원금을 지급하거나, 제3조제1호나목에 해당하는 재난으로 피해를 유발한 원인자가 보험금 등을 지급하는 경우에는 그 보상금, 지원금 또는 보험금 등에 상당하는 금액은 지급하지 아니한다.
  1. 사망자·실종자·부상자 등 피해주민에 대한 구호
  2. 주거용 건축물의 복구비 지원
  3. 고등학생의 학자금 면제
  4. 자금의 융자, 보증, 상환기한의 연기, 그 이자의 감면 등 관계 법령에서 정하는 금융지원
  5. 세입자 보조 등 생계안정 지원
  6. 소상공인에 대한 지원
  7. 관계 법령에서 정하는 바에 따라 국세·지방세, 건강보험료·연금보험료, 통신요금, 전기요금 등의 경감 또는 납부유예 등의 간접지원
  8. 주 생계수단인 농업·어업·임업·염생산업에 피해를 입은 경우에 해당 시설의 복구를 위한 지원
  9. 공공시설 피해에 대한 복구사업비 지원
  10. 그 밖에 중앙재난안전대책본부회의에서 결정한 지원 또는 지역재난안전대책본부회의에서 결정한 지원
④ 지원의 기준은 ①의 어느 하나에 해당하는 재난에 대해서는 대통령령으로 정하고, 사회재난으로서 특별재난지역으로 선포되지 아니한 지역의 재난에 대해서는 해당 지방자치단체의 조례로 정한다.
⑤ 국가와 지방자치단체는 재난으로 피해를 입은 사람에 대하여 심리적 안정과 사회 적응을 위한 상담 활동을 지원할 수 있다. 이 경우 구체적인 지원절차와 그 밖에 필요한 사항은 대통령령으로 정한다.
⑥ 국가 또는 지방자치단체는 ③ 각 호에 따른 지원의 원인이 되는 사회재난에 대하여 그 원인을 제공한 자가 따로 있는 경우에는 그 원인제공자에게 국가 또는 지방자치단체가 부담한 비용의 전부 또는 일부를 청구할 수 있다.
⑦ ③ 각 호에 따라 지원되는 금품 또는 이를 지급받을 권리는 양도·압류하거나 담보로 제공할 수 없다.

082

「재난 및 안전관리 기본법」및 같은법 시행령상 국민의 안전의식 수준을 높이기 위하여 지정한 국민안전의 날, 안전점검의 날, 방재의 날을 순서대로 바르게 나열한 것은?

[15년 충남]

① 매년 4월 26일, 매월 4일, 매년 10월 25일
② 매년 4월 26일, 매월 5일, 매년 10월 25일
③ 매년 4월 16일, 매월 4일, 매년 5월 25일
④ 매년 4월 16일, 매월 5일, 매년 5월 25일

해설 국민안전의 날
㉠ 국민안전의 날 : 매년 4월 16일
㉡ 안전점검의 날 : 매월 4일
㉢ 방재의 날 : 매년 5월 25일

정답 ③

083

「재난 및 안전관리 기본법」상 재난관리기금에 대한 설명이다. 괄호 안에 들어갈 내용으로 옳은 것은?

[16년 충남]

재난관리기금의 매년도 최저적립액은 최근 (가) 동안의 「지방세법」에 의한 보통세의 수입결산액의 평균연액의 (나)에 해당하는 금액으로 한다.

① 가 : 3년, 나 : 100분의 1
② 가 : 5년, 나 : 100분의 3
③ 가 : 5년, 나 : 100분의 1
④ 가 : 3년, 나 : 100분의 3

해설 재난관리기금의 적립
재난관리기금의 매년도 최저적립액은 최근 (가: 3년) 동안의 「지방세법」에 의한 보통세의 수입결산액의 평균연액의 (나: 100분의 1)에 해당하는 금액으로 한다.

정답 ①

084

「재난 및 안전관리 기본법」상 재난관리의 단계별 주요 활동 중 '긴급통신수단의 구축'이 해당되는 단계로 옳은 것은?

[18년 공개]

① 대응단계   ② 대비단계
③ 예방단계   ④ 복구단계

해설 재난관리의 단계
② 긴급통신수단의 구축은 대비단계, 긴급통신수단은 대응단계에서 사용한다.

정답 ②

085

「재난 및 안전관리 기본법」상 재난관리 단계별 조치사항의 연결이 옳지 않은 것은?

[21년 공개]

① 예방단계 - 재난방지시설의 관리
② 대비단계 - 재난현장 긴급통신수단의 마련
③ 대응단계 - 특별재난지역의 선포
④ 복구단계 - 피해조사 및 복구계획 수립·시행

해설 재난관리의 단계
③ 특별재난지역의 선포는 복구단계에 해당한다.

정답 ③

086

다음 중 「재난 및 안전관리 기본법」상 재난관리의 단계에서 대응단계에 해당하지 않는 것은?

[13년 소방간부]

① 긴급의약품 조달 및 생필품 공급
② 비상방송경보시스템 구축
③ 재해대책본부의 활동개시
④ 응급의료시스템 가동
⑤ 이재민 수용 및 보호, 후송, 탐색 및 구조 등의 활동

해설 재난관리의 단계
② 비상방송경보시스템 구축은 대비단계에서 구축해야 한다.

정답 ②

087

「재난 및 안전관리 기본법」상 재난관리의 대비단계 관리사항을 있는 대로 모두 고른 것은? [22년 공개]

ㄱ. 국가재난관리기준의 제정·운용
ㄴ. 재난 예보·경보체계 구축·운영
ㄷ. 재난안전분야 종사자 교육
ㄹ. 재난안전통신망의 구축·운영

① ㄱ, ㄴ
② ㄱ, ㄹ
③ ㄱ, ㄴ, ㄹ
④ ㄴ, ㄷ, ㄹ

해설 재난관리의 단계
ㄱ. 국가재난관리기준의 제정·운용 [대비단계]
ㄴ. 재난 예보·경보체계 구축·운영 [대응단계]
ㄷ. 재난안전분야 종사자 교육 [예방단계]
ㄹ. 재난안전통신망의 구축·운영 [대비단계]

정답 ②

088

「재난 및 안전관리 기본법」상 재난관리에 관한 내용으로 옳은 것은? [20년 공개]

① 예방 – 재난 발생을 사전에 방지하기 위하여 매년 재난대비훈련 계획을 수립하고, 관계 기관과 합동으로 재난대비훈련을 실시한다.
② 대비 – 재난을 효율적으로 관리하기 위하여 재난 유형에 따라 위기관리매뉴얼을 작성·운용한다.
③ 대응 – 재난 피해지역을 재해 이전 상태로 회복시키기 위하여 피해상황을 조사하고, 자체복구계획을 수립·시행한다.
④ 복구 – 재난의 수습활동을 효율적으로 하기 위하여 재난관리자원의 비축·관리 및 긴급통신수단을 마련한다.

해설 재난관리의 단계
① 대비단계이다.
③ 복구단계이다.
④ 대비단계이다.

정답 ②

089

「재난 및 안전관리 기본법」상 재난관리 단계별 활동내용 중 예방단계에 포함되어야 할 내용으로 〈보기〉에서 있는대로 고른 것은? [21년 소방간부]

| 보기 |
㉠ 재난에 대응할 조직의 구성 및 정비
㉡ 재난의 예측 및 예측정보 등의 제공·이용에 관한 체계의 구축
㉢ 재난 발생에 대비한 교육·훈련과 재난관리예방에 관한 홍보
㉣ 재난이 발생할 위험이 높은 분야에 대한 안전관리체계의 구축 및 안전관리규정의 제정

① ㉠
② ㉠, ㉡
③ ㉠, ㉡, ㉢
④ ㉠, ㉢, ㉣
⑤ ㉠, ㉡, ㉢, ㉣

해설 재난관리책임기관의 장의 재난예방조치
재난관리책임기관의 장은 소관 관리대상 업무의 분야에서 재난 발생을 사전에 방지하기 위하여 다음의 조치를 하여야 한다.
1. 재난에 대응할 조직의 구성 및 정비 [㉠]
2. 재난의 예측 및 예측정보 등의 제공·이용에 관한 체계의 구축 [㉡]
3. 재난 발생에 대비한 교육·훈련과 재난관리예방에 관한 홍보 [㉢]
4. 재난이 발생할 위험이 높은 분야에 대한 안전관리체계의 구축 및 안전관리규정의 제정 [㉣]
5. 지정된 국가핵심기반의 관리
6. 특정관리대상지역에 관한 조치
7. 재난방지시설의 점검·관리
8. 재난관리자원의 관리
9. 그 밖에 재난을 예방하기 위하여 필요하다고 인정되는 사항

정답 ⑤

090 🔥🔥🔥

다음 중 「재난 및 안전관리 기본법」상 재난에 대한 예방, 대비, 대응 및 복구 중에 종류가 다른 하나는?
[15년 통합]

① 재난 유형별 사전교육 및 훈련실시
② 비상방송 경보시스템 구축
③ 이재민 지원
④ 자원 관리 체계 구축

해설 재난관리의 단계

①, ②, ④는 대비단계에 해당한다.
③은 복구단계에 해당한다.

정답 ③

091 🔥🔥🔥

「재난 및 안전관리 기본법」 중 "준비단계"에 대한 설명으로 옳은 것은?
[11년 제주]

① 미래에 발생할 가능성이 있는 재난을 사전에 예방하기 위한 활동
② 재난발생확률이 높아진 경우, 재해발생 후에 효과적으로 대응할 수 있도록 사전에 대응활동을 위한 메커니즘을 구성하는 등 운영적인 장치들을 갖추는 단계
③ 신속한 활동을 통하여 재해로 인한 인명 및 재산피해를 최소화하고, 재해의 확산을 방지하며, 순조롭게 복구가 이루어질 수 있도록 활동하는 단계
④ 재해상황이 어느 정도 안정된 후 취하는 활동단계로 재해로 인한 피해지역을 재해 이전의 상태로 회복시키는 활동을 포함한다.

해설 재난관리의 단계

① 예방단계에 대한 설명이다.
② **준비단계(대비단계)**에 대한 설명이다.
③ 대응단계에 대한 설명이다.
④ 복구단계에 대한 설명이다.

정답 ②

092 🔥🔥🔥

「재난 및 안전관리 기본법」상 재난관리 단계와 활동내용의 연결이 옳지 않은 것은?
[23년 공개]

① 예방 단계 - 위험구역의 설정
② 대비 단계 - 재난현장 긴급통신수단의 마련
③ 대응 단계 - 재난 예보·경보체계 구축·운영
④ 복구 단계 - 특별재난지역 선포 및 지원

해설 재난의 단계

① **대응 단계** - 위험구역의 설정
[재난 및 안전관리 기본법 제41조]

> **시장·군수·구청장**과 **지역통제단장**(대통령령으로 정하는 권한을 행사하는 경우에만 해당한다.)은 재난이 발생하거나 발생할 우려가 있는 경우에 사람의 생명 또는 신체에 대한 위해 방지나 질서의 유지를 위하여 필요하면 **위험구역을 설정하고**, 응급조치에 종사하지 아니하는 사람에게 다음의 조치를 명할 수 있다.
> 1. 위험구역에 출입하는 행위나 그 밖의 행위의 금지 또는 제한
> 2. 위험구역에서의 퇴거 또는 대피

② 대비 단계 - 재난현장 긴급통신수단의 마련
[재난 및 안전관리 기본법 제34조의2]

> ① **재난관리책임기관의 장**은 재난의 발생으로 인하여 통신이 끊기는 상황에 대비하여 **미리 유선**이나 **무선** 또는 **위성통신망**을 활용할 수 있도록 **긴급통신수단**을 마련하여야 한다.
> ② 행정안전부장관은 재난현장에서 긴급통신수단이 공동 활용될 수 있도록 하기 위하여 **재난관리책임기관, 긴급구조기관** 및 **긴급구조지원기관**에서 보유하고 있는 긴급통신수단의 보유 현황 등을 조사하고, 긴급통신수단을 관리하기 위한 체계를 구축·운영할 수 있다.

③ 대응 단계 - 재난 예보·경보체계 구축·운영
[재난 및 안전관리 기본법 제38조의2]

> ① 재난관리책임기관의 장은 사람의 생명·신체 및 재산에 대한 피해가 예상되면 그 피해를 예방하거나 줄이기 위하여 **재난에 관한 예보 또는 경보 체계를 구축·운영**할 수 있다.
> ② 재난관리책임기관의 장은 재난에 관한 예보 또는 경보가 신속하게 실시될 수 있도록 재난과 관련한 위험정보를 얻으면 즉시 행정안전부장관, 재난관리주관기관의 장, 시·도지사 및 시장·군수·구청장에게 통보하여야 한다.

④ 복구 단계 - 특별재난지역 선포 및 지원
　　　　　[재난 및 안전관리 기본법 제60조]

> 중앙대책본부장은 대통령령으로 정하는 규모의 재난이 발생하여 국가의 안녕 및 사회질서의 유지에 중대한 영향을 미치거나 피해를 효과적으로 수습하기 위하여 특별한 조치가 필요하다고 인정하거나 지역대책본부장의 요청이 타당하다고 인정하는 경우에는 중앙위원회의 심의를 거쳐 해당 지역을 특별재난지역으로 선포할 것을 대통령에게 건의할 수 있다.

정답 ①

093 🔥🔥🔥

「재난 및 안전관리 기본법」상 재난의 대비에 포함 되어야 할 내용으로 옳은 것만을 〈보기〉에서 있는 대로 고른 것은?

[23년 소방간부]

| 보기 |
ㄱ. 국가핵심기반의 지정
ㄴ. 재난안전분야 종사자 교육
ㄷ. 지방자치단체에 대한 지원
ㄹ. 재난현장 긴급통신수단의 마련
ㅁ. 재난분야 위기관리 매뉴얼 작성·운용

① ㄱ, ㄴ　　② ㄴ, ㄷ
③ ㄷ, ㄹ　　④ ㄹ, ㅁ
⑤ ㄱ, ㄹ, ㅁ

해설 재난 단계의 분류

ㄱ. 국가핵심기반의 지정 [재난 및 안전관리 기본법 제26조]
　- 예방단계

> 관계 중앙행정기관의 장은 소관 분야의 국가핵심기반을 다음의 기준에 따라 조정위원회의 심의를 거쳐 지정할 수 있다.
> 1. 다른 국가핵심기반 등에 미치는 연쇄효과
> 2. 둘 이상의 중앙행정기관의 공동대응 필요성
> 3. 재난이 발생하는 경우 국가안전보장과 경제·사회에 미치는 피해 규모 및 범위
> 4. 재난의 발생 가능성 또는 그 복구의 용이성

ㄴ. 재난안전분야 종사자 교육 [재난 및 안전관리 기본법 제29조의2] - 예방단계

> 재난관리책임기관에서 재난 및 안전관리업무를 담당하는 공무원이나 직원은 행정안전부장관이 실시하는 전문교육을 행정안전부령으로 정하는 바에 따라 정기적으로 또는 수시로 받아야 한다.

ㄷ. 지방자치단체에 대한 지원 [재난 및 안전관리 기본법 제28조] - 예방단계

> 행정안전부장관은 지방자치단체의 조치 등에 필요한 지원 및 지도를 할 수 있고, 관계 중앙행정기관의 장에게 협조를 요청할 수 있다.

ㄹ. 재난현장 긴급통신수단의 마련 [재난 및 안전관리 기본법 제34조의2] - 대비단계

> ① 재난관리책임기관의 장은 재난의 발생으로 인하여 통신이 끊기는 상황에 대비하여 미리 유선이나 무선 또는 위성통신망을 활용할 수 있도록 긴급통신수단을 마련하여야 한다.
> ② 행정안전부장관은 재난현장에서 긴급통신수단이 공동 활용될 수 있도록 하기 위하여 재난관리책임기관, 긴급구조기관 및 긴급구조지원기관에서 보유하고 있는 긴급통신수단의 보유 현황 등을 조사하고, 긴급통신수단을 관리하기 위한 체계를 구축·운영할 수 있다.

ㅁ. 재난분야 위기관리 매뉴얼 작성·운용 [재난 및 안전관리 기본법 제34조의5] - 대비단계

> 재난관리책임기관의 장은 재난을 효율적으로 관리하기 위하여 재난유형에 따라 위기관리 매뉴얼을 작성·운용하여야 한다. 이 경우 재난대응활동계획과 위기관리 매뉴얼이 서로 연계되도록 하여야 한다.

정답 ④

[부록] 전범위 기출모의고사

제1회 전범위 기출모의고사

01	02	03	04	05	06	07	08	09	10
①	②	②	②	③	①	④	④	④	③
11	12	13	14	15	16	17	18	19	20
①	①	①	①	①	②	③	④	④	③
21	22	23	24	25					
②	③	④	③	①					

01.

해설 폭굉유도거리(DID)
㉠ 관의 내경이 가늘수록 폭굉유도거리는 짧아진다.
㉡ 초기 압력 및 온도가 높을수록 폭굉유도거리는 짧아진다.
㉢ 연소속도가 빠른 가스일수록 폭굉유도거리는 짧아진다.
㉣ 혼합기체의 반응성이 클수록 폭굉유도거리는 짧아진다.
㉤ 점화에너지(= 점화원의 크기)가 클수록 폭굉유도거리는 짧아진다.
㉥ 관 속의 이물질이 있을수록 폭굉유도거리는 짧아진다.
㉦ 관 속의 표면이 거칠수록 폭굉유도거리는 짧아진다.
→ 폭굉유도거리는 짧을수록 위험성이 높아진다.

정답 ①

02.

해설 연소의 정의
연소란 가연물이 공기 중에서 (㉠: 산소)와 화합하여 (㉡: 열)과 (㉢: 빛)을 수반하는 (㉣: 산화)반응이다.

정답 ②

03.

해설 소방의 역사
① 1426년 세종8년에 우리나라 최초의 소방관서(소방기구, 소방기관)인 금화도감이 설치되었다.
② 1925년 우리나라 최초의 소방서가 경성에 설치되었다. 소방법 제정 및 공포는 그 이후인 1958년이다.
③ 1972년 발전기(국가 및 자치의 이원화)에 서울과 부산 이원적 소방행정체제가 시행되었다.
④ 1995년에 제정한 재난관리법을 2004년 재난 및 안전관리 기본법을 공포하였다.

정답 ②

04.

해설 질식소화
㉠ 정의 : 일반적으로 공기 중의 산소농도 21%를 15% 이하로 희석하거나 차단시키면 연소 중인 가연물은 연소의 3요소 중 산소의 양이 부족하여 연소가 중단된다.
㉡ 특징 : 제5류 위험물(자기반응성물질)은 물질 자체가 산소를 포함하고 있으므로 질식소화가 불가능하다.
㉢ 예시
  ⓐ 불이 난 곳에 담요를 덮어 소화한다.
  ⓑ 위험물 저장탱크에 화재발생 시 포를 방사하여 소화한다.
  ⓒ 마그네슘 화재 시 팽창 진주암을 사용하여 소화한다.
  ⓓ 물을 무상으로 분무하여 산소공급을 차단한다.

정답 ②

05.

해설 산소농도(산소분압)의 증가
㉠ 연소속도가 빨라진다.
㉡ 발화점이 낮아진다.
㉢ 화염의 온도가 높아진다.
㉣ 폭발범위(연소범위, 폭발한계)가 넓어진다.
㉤ (최소)점화에너지가 작아진다.

정답 ③

06.

해설 소화용수설비
㉠ 정의 : 화재를 진압하는 데 필요한 물을 공급하거나 저장하는 설비
㉡ 종류
  ⓐ 상수도소화용수설비
  ⓑ 소화수조·저수조, 그 밖의 소화용수설비
→ ②, ③, ④ : 소화활동설비이다.

정답 ①

07.

해설 위험물의 정의
위험물이라 함은 (ㄱ: 인화성) 또는 (ㄴ: 발화성) 등의 성질을 가지는 것으로서 (ㄷ: 대통령령)이 정하는 물품을 말한다.

정답 ④

8.
해설 공동현상(캐비테이션)

④ 흡입관의 구경이 작을 때(유속이 빨라지고 마찰 손실이 커져) 공동현상이 발생된다.

정답 ④

9.
해설 이상기체상태방정식

$$PV = \frac{W}{M}RT$$

이산화황(SO_2)의 발생량(V)를 구하기 위해서는 이상기체상태방정식의 다른 수치를 모두 확인하여야 한다.
㉠ 압력(P) : 1기압
㉡ 질량(W) : 황(S) 1kg이 완전연소할 때 생성되는 이산화황(SO_2)의 질량을 계산한다.

$$S + O_2 \rightarrow SO_2$$

"황(S) : 산소(O_2) : 이산화황(SO_2)"의 질량비는
32 : (16 × 2) : 64 = 1 : 1 : 2 이다.
즉, 황 1kg이 완전연소하면 생성되는 이산화황의 질량은 2kg이다. (W=2kg)
㉢ 분자량(M) : 이산화황의 분자량은
S 32 + O 16 × 2개 = 64이다.
㉣ 기체상수(R) : 0.082(일정 상수)이다.
㉤ 절대온도(T) : 800℃ 이므로 절대온도로 환산하면 (800 + 273)K = 1,073K이다.
→ 각 조건들을 이상기체상태방정식에 적용하여 이산화황의 발생량을 계산한다.

$1기압 \times V = \dfrac{2kg}{64kg/mol} \times 0.082 \times 1,073K$

→ $V = \dfrac{2 \times 0.082 \times 1,073}{64}$

$= \dfrac{0.082 \times 1,073}{32}$

$= \dfrac{0.041 \times 1,073}{16}$

$= \dfrac{43.993}{16} ≒ \dfrac{44}{16} = 2.75 m^3$

정답 ④

10.
해설 물의 첨가제

㉠ 침투제(침윤제, Wetting agent) : 표면장력을 작게 하여 침투력을 높이는 것으로 심부화재, 산불화재 중 지표화, 지중화에 적응성을 갖는다.
㉡ 증점제(Viscosity water agent) : 점착성(부착력)과 점도를 높여 표면에 오랫동안 잔류하며 산림화재에 사용된다. 부착력이 증가함에 따라 상대적으로 부착력에 비해 표면장력은 작다. 또한, 산불화재 중 수간화, 수관화에 적응성을 갖는다.
㉢ 동결방지제(부동액, 부동제, Antifreeze agent) : 부동액을 넣어 동결을 방지하는 것으로 주로 에틸렌글리콜, 프로필렌글리콜, 염화칼슘, 염화나트륨 등을 사용한다.
㉣ 강화액 : 동결점을 낮추고 소화성능을 높인 것이다.
㉤ 유화제 : 고비점 유류 등의 화재 시 포소화약제 등을 사용하는 것으로 유화층 형성을 도와준다.

정답 ③

11.
해설 가연성고체(제2류 위험물)

품명		지정수량
1. 황화인 3. 황	2. 적린	100kg
4. 철분 6. 마그네슘	5. 금속분	500kg
7. 인화성고체		1,000kg
8. 그 밖에 행정안전부령으로 정하는 것 9. 제1호 내지 제8호(제7호 제외)의 1에 해당하는 어느 하나 이상을 함유한 것		100kg 또는 500kg

→ ① 황린은 제3류 자연발화성물질 및 금수성물질이다.

정답 ①

12.

해설 **발화점이 낮아지는 조건**
㉠ 직쇄탄화수소의 길이가 늘여질 때
㉡ 탄소쇄 길이가 늘여질 때
㉢ 분자구조가 복잡할 때
㉣ 발열량, 산소친화력, 농도가 클수록
㉤ 최소발화에너지가 작을수록
㉥ 열전도율이 작을수록
㉦ 화학반응에너지가 클수록
㉧ 산소와 친화력이 좋을수록
㉨ 압력 및 화학적 활성도가 클수록
㉩ 습도 및 증기압이 낮을수록

정답 ①

13.

해설 **습식 스프링클러설비**
① 습식 스프링클러설비 : 유수검지장치의 1, 2차 배관에 가압수가 충만되어 있다가 헤드의 감열부가 화재로 인해 개방되면 가압수가 방출됨으로서 압력의 균형이 깨지고 이로 인한 기동용수압개폐장치의 압력스위치 작동에 의하여 가압송수장치가 기동하게 되고 연속하여 방수됨으로 소화하게 되는 소화설비

정답 ①

14.

해설 **불활성기체**

소화약제	화학식
IG—01	Ar : 100%
IG—100	N_2 : 100%
IG—541	N_2 : 52%, Ar : 40%, CO_2 : 8%
IG—55	N_2 : 50%, Ar : 50%

정답 ③

15.

해설 **중앙안전대책본부**
① 재난의 효과적인 수습을 위하여 국무총리가 범정부적 차원의 통합 대응이 필요하다고 인정하는 경우에는 국무총리가 중앙대책본부장의 권한을 행사할 수 있다.

정답 ①

16.

해설 **특정관리대상지역의 안전등급 및 안전점검 등**
재난관리책임기관의 장은 다음의 구분에 따라 특정관리대상지역에 대한 안전점검을 실시하여야 한다.
1. 정기안전점검
  가. A등급, B등급 또는 C등급에 해당하는 특정관리대상지역 : 반기별 1회 이상
  나. D등급에 해당하는 특정관리대상지역
      : 월 1회 이상
  다. E등급에 해당하는 특정관리대상지역
      : 월 2회 이상
2. 수시안전점검
  재난관리책임기관의 장이 필요하다고 인정하는 경우
→ ② 안전등급 C등급 : 반기별 1회 이상

정답 ②

17.

해설 **소방공무원의 임용**
③ 소방청장은 임용권의 일부를 대통령령으로 정하는 바에 따라 시·도지사 및 소방청 소속기관의 장에게 위임할 수 있다.

정답 ③

18.

해설 **실내건축물의 화재 특수현상 발생시기**
㉠ 플래임오버(Flame over),
㉡ 백드래프트(Back draft),
㉢ 롤오버(Roll over),
㉣ 플래시오버(Flash over),
㉤ 백드래프트(Back draft)

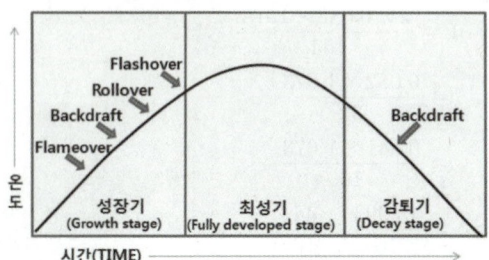

정답 ④

19.
해설 자동화재탐지설비의 구성요소
㉠ 수신기
㉡ 발신기
㉢ 중계기
㉣ 감지기
㉤ 경보장치(음향장치)
㉥ 시각경보기
㉦ 전원 및 배선 등
→ ④ 송신기는 해당하지 않는다.

정답 ④

20.
해설 제1석유류
제1석유류는 아세톤, 휘발유 그 밖에 1기압에서 (가: 인화점)이 섭씨 (나: 21)도 미만인 것이다.

구분	인화점
제1석유류	21℃ 미만
제2석유류	21℃ 이상 70℃ 미만
제3석유류	70℃ 이상 200℃ 미만
제4석유류	200℃ 이상 250℃ 미만
동식물유류	250℃ 미만

정답 ③

21.
해설 재난사태의 선포
(가: 행정안전부장관)은 대통령령으로 정하는 재난이 발생하거나 발생할 우려가 있는 경우 사람의 생명·신체 및 재산에 미치는 중대한 영향이나 피해를 줄이기 위하여 긴급한 조치가 필요하다고 인정하면 (나: 중앙안전관리위원회)의 심의를 거쳐 (다: 재난사태)을/를 선포할 수 있다.

정답 ②

22.
해설 플래시오버와 백드래프트
① 플래시오버는 롤오버현상 다음에 발생하고, 백드래프트는 훈소현상 다음에 발생한다.
② 플래시오버는 성장기에서 발생하지만, 백드래프트는 성장기와 감쇠기(감퇴기)에 발생할 수 있다.
④ 플래시오버의 악화원인은 복사열의 공급이지만, 백드래프트의 악화원인은 급격한 공기(산소)의 공급이다.

정답 ③

23.
해설 화재조사 및 보고규정의 정의

화재조사 관련	정의
감식	화재원인의 판정을 위하여 전문적인 지식, 기술 및 경험을 활용하여 주로 시각에 의한 종합적인 판단으로 구체적인 사실관계를 명확하게 규명하는 것을 말한다.
감정	화재와 관계되는 물건의 형상, 구조, 재질, 성분, 성질 등 이와 관련된 모든 현상에 대하여 과학적 방법에 의한 필요한 실험을 행하고 그 결과를 근거로 화재원인을 밝히는 자료를 얻는 것을 말한다.
발화	열원에 의하여 가연물질에 지속적으로 불이 붙는 현상을 말한다.
발화열원	발화의 최초 원인이 된 불꽃 또는 열을 말한다.
발화지점	열원과 가연물이 상호작용하여 화재가 시작된 지점을 말한다.
발화장소	화재가 발생한 장소를 말한다.
최초착화물	발화열원에 의해 불이 붙은 최초의 가연물을 말한다.
발화요인	발화열원에 의하여 발화로 이어진 연소현상에 영향을 준 인적·물적·자연적인 요인을 말한다.
발화관련 기기	발화에 관련된 불꽃 또는 열을 발생시킨 기기 또는 장치나 제품을 말한다.
동력원	발화관련 기기나 제품을 작동 또는 연소시킬 때 사용되어진 연료 또는 에너지를 말한다.
연소확대물	연소가 확대되는데 있어 결정적 영향을 미친 가연물을 말한다.
비용 관련	**정의**
재구입비	화재 당시의 피해물과 같거나 비슷한 것을 재건축(설계 감리비를 포함한다) 또는 재취득하는데 필요한 금액을 말한다.
내용연수	고정자산을 경제적으로 사용할 수 있는 연수를 말한다.
손해율	피해물의 종류, 손상 상태 및 정도에 따라 피해금액을 적정화시키는 일정한 비율을 말한다.
잔가율	화재 당시에 피해물의 재구입비에 대한 현재가의 비율을 말한다.
최종잔가율	피해물의 내용연수가 다한 경우 잔존하는 가치의 재구입비에 대한 비율을 말한다. • 건물, 부대설비, 구축물, 기재도구 : 20% • 이외의 자산 : 10%

소방활동 관련	정의
화재현장	화재가 발생하여 소방대 및 관계인 등에 의해 소화활동이 행하여지고 있거나 행하여진 장소를 말한다.
접수	119종합상황실(이하 "상황실"이라 한다)에서 유·무선 전화 또는 다매체를 통하여 화재 등의 신고를 받는 것을 말한다.
출동	화재를 접수하고 상황실로부터 출동지령을 받아 소방대가 차고 등에서 출발하는 것을 말한다.
도착	출동지령을 받고 출동한 소방대가 현장에 도착하는 것을 말한다.
선착대	화재현장에 가장 먼저 도착한 소방대를 말한다.
초진	소방대의 소화활동으로 화재확대의 위험이 현저하게 줄어들거나 없어진 상태를 말한다.
잔불정리	화재 초진 후 잔불을 점검하고 처리하는 것을 말한다. 이 단계에서는 열에 의한 수증기나 화염 없이 연기만 발생하는 연소현상이 포함될 수 있다.
완진	소방대에 의한 소화활동의 필요성이 사라진 것을 말한다.
철수	진화가 끝난 후, 소방대가 화재현장에서 복귀하는 것을 말한다.
재발화감시	화재를 진화한 후 화재가 재발되지 않도록 감시조를 편성하여 일정 시간 동안 감시하는 것을 말한다.

정답 ④

24.

해설 프로판(C_3H_8)의 연소반응식

	C_3H_8	+	$5O_2$	→	$3CO_2$	+	$4H_2O$
반응비	1	:	5	→	3	:	4
부피비	1	:	5	→	3	:	4
몰수비	1	:	5	→	3	:	4
계수비	1	:	5	→	3	:	4

따라서, 프로판 $1m^3$이 완전연소 할 때 필요한 산소의 몰수는 $5m^3$이다.

정답 ③

25.

해설 **불완전연소의 원인**

완전연소 되지 못할 때 황염이나 그을음, 일산화탄소(CO)가 발생하면서 연소하는 현상

㉠ 공급되는 공기량이 부족할 경우
㉡ 연소되는 가스량이 많을 경우
㉢ 연소생성물의 배기가 불량할 경우
㉣ 불꽃이 저온의 물체와 접촉하여 온도가 내려갈 경우

정답 ①

[부록] 전범위 기출모의고사

제2회 전범위 기출모의고사

01	02	03	04	05	06	07	08	09	10
④	③	②	④	②	③	④	②	①	①
11	12	13	14	15	16	17	18	19	20
④	④	②	③	①	①	③	④	④	②
21	22	23	24	25					
②	③	④	①	③					

01.

해설 재난지역에 대한 국고보조 등의 지원

④ 국가와 지방자치단체로부터 재난으로 피해를 입은 시설의 복구와 피해주민의 생계 안정을 위해 지원되는 금품 또는 이를 지급받을 권리는 양도하거나 담보로 제공할 수 없다.

정답 ④

02.

해설 자연발화의 발생조건

자연발화가 발생하기 위해서는 열축적이 용이한 조건을 갖추어야 한다.
㉠ 주위의 온도가 높은 경우
㉡ 발열량이 큰 경우
㉢ 열전도율이 작은 경우
㉣ 공기의 유동이 불량한 경우
㉤ 습도(수분)이 높은 경우
㉥ 표면적(산소 접촉면적)이 넓은 경우

정답 ③

03.

해설 위험물의 주수소화

① 황화인(제2류 위험물)
  : 물과 반응하여 황화수소 발생(주수소화 불가)
③ 유기금속화합물(제3류 위험물)
  : 물과 반응하여 가연성 가스발생(주수소화 불가)
④ 알칼리금속의 과산화물(제1류 위험물)
  : 물과 반응하여 산소 발생(주수소화 불가)

정답 ②

04.

해설 물리적 폭발과 화학적 폭발
㉡ 수증기폭발은 물리적 폭발에 해당한다.

정답 ④

05.

해설 긴급구조지휘대의 구성 및 기능

지휘대 →	통제단
현장지휘요원	현장지휘부
자원지원요원	자원지원부
통신지원요원	현장지휘부 [ㄹ]
안전관리요원	현장지휘부
상황조사요원	대응계획부 [ㄴ]
구급지휘요원	현장지휘부

암기법 현자통 안상구

정답 ②

06.

해설 프로스오버(Froth over)
㉠ 점성을 가진 뜨거운 유류 표면의 아래 부분에서 물이 비등할 경우 비등하는 물이 저장탱크 내의 유류를 외부로 넘쳐흐르게 하는 현상이다.
㉡ 다른 이상현상보다는 위험성이 적으며, 발생 횟수가 많으나 직접적으로 화재를 발생시키지는 않는다.
㉢ 화재 이외의 경우에도 물이 고점도 유류 아래서 비등할 때 탱크 밖으로 물과 기름이 거품과 같은 상태로 넘치는 현상을 말한다.

정답 ③

07.

해설 분말소화약제의 종류

종별	주성분	색상	소화대상
제1종 분말	탄산수소나트륨 ($NaHCO_3$)	백색	B급, C급, K급
제2종 분말	탄산수소칼륨 ($KHCO_3$)	담자색	B급, C급
제3종 분말	제1인산암모늄 ($NH_4H_2PO_4$)	담홍색	A급, B급, C급
제4종 분말	탄산수소칼륨 + 요소($KHCO_3$ + $(NH_2)_2CO$)	회색	B급, C급

정답 ④

08.

해설 마그네슘(Mg)의 연소반응식

	Mg	+	$\frac{1}{2}O_2$	→	MgO
반응비 (부피비)	1	:	0.5	→	1
질량비	24g	:	0.5×32g	→	24+16

마그네슘의 연소반응식이란 마그네슘과 산소의 반응식을 작성함을 의미한다. 반응식을 작성한 후 이론 산소량[g]을 질량으로 구하여야 하므로 질량비를 확인한다. 질량비는 24g : 16g : 40g 이므로, 문제에서 마그네슘 24g이 완전 연소하기 위해 필요한 산소량은 16g임을 알 수 있다.

정답 ②

09.

해설 응급조치

시 · 도 긴급구조통제단 및 시 · 군 · 구 긴급구조통제단의 단장(이하 "지역통제단장"이라 한다)과 시장 · 군수 · 구청장은 재난이 발생할 우려가 있거나 재난이 발생하였을 때에는 즉시 관계 법령이나 재난대응활동계획 및 위기관리 매뉴얼에서 정하는 바에 따라 수방 · 진화 · 구조 및 구난, 그 밖에 재난 발생을 예방하거나 피해를 줄이기 위하여 필요한 다음의 응급조치를 하여야 한다. 다만, 지역통제단장의 경우에는 ⓒ 중 진화에 관한 응급조치와 ⑩ 및 ㉅의 응급조치만 하여야 한다.
㉠ 경보의 발령 또는 전달이나 피난의 권고 또는 지시
㉡ 안전조치
㉢ 진화 · 수방 · 지진방재, 그 밖의 응급조치와 구호

㉣ 피해시설의 응급복구 및 방역과 방범, 그 밖의 질서 유지
㉤ 긴급수송 및 구조 수단의 확보
㉥ 급수 수단의 확보, 긴급피난처 및 구호품 등 재난관리자원의 확보
㉦ 현장지휘통신체계의 확보
㉧ 그 밖에 재난 발생을 예방하거나 줄이기 위하여 필요한 사항으로서 대통령령으로 정하는 사항

정답 ①

10.

해설 우리나라 소방의 역사
㉠ 과도기 미군정시대(1945 ~ 1948년)에 대한 설명으로 자치소방체제를 운용하였다.
㉡ 정부수립 이후(1948 ~ 1970년)에 대한 설명으로 국가소방체제를 운용하였다.
㉢ 발전기(1970 ~ 1992년)에 대한 설명으로 국가 및 자치의 이원화체제를 운용하였다.
㉣ 시 · 도자치소방체제(1992 ~ 2020년)에 대한 설명으로 광역자치소방체제를 운용하였다.

정답 ①

11.

해설 프레져사이드 프로포셔너
(Pressure Side ProPortioner)
펌프의 토출관에 압입기를 설치하여 포소화약제 압입용 펌프로 포소화약제를 압입시켜 혼합하는 방식을 말한다.

정답 ④

12.

해설 염화수소(HCl)
㉠ 염소성분이 함유되어 있는 염화비닐수지(PVC), 건축물에 설치된 전선의 피복이 연소할 때 발생한다.
㉡ 유독성이 있어 독성가스로 취급하고 있으며, 물에 녹아 염산이 된다.
㉢ 향료 · 염료 · 의약 · 농약 등의 제조에 이용되고 있으며, 부식성이 강하여 철근콘크리트 내의 철근을 녹슬게도 한다.
㉣ 독성의 허용농도는 5ppm이다.
→ ④ : 아크로레인(CH_2CHCHO)에 대한 설명이다.

정답 ④

13.
해설 수성막포(Aqueous Film Forming Foam, AFFF)
② (제3종) 분말소화약제와 함께 사용하는 포소화약제는 수성막포이며, Twin Agent System을 적용한다.

정답 ②

14.
해설 인화점(유도발화점, Flash point)
㉠ 외부점화원을 가했을 때 불이 붙을 수 있는 최저온도
㉡ 가연성 액체로부터 발생한 증기가 액체표면에서 연소범위의 하한계에 도달할 수 있는 최저온도
㉢ 가연성 액체의 위험도 기준
  (제4류 위험물의 위험성 지표)
㉣ 물질적 조건과 에너지 조건이 만나는 최저연소온도
㉤ 가연성 혼합기를 형성하는 최저연소온도

정답 ③

15.
해설 계선의 원리
특정 사안에 대한 결정에 있어서 의사결정과정에서는 개인의 의견이 참여되지만 결정을 내리는 것은 개인이 아닌 소속기관의 장이다.

정답 ①

16.
해설 산화성고체(제1류 위험물)
고체로서 (㉠: 산화력)의 잠재적인 위험성 또는 (㉡: 충격)에 대한 민감성을 판단하기 위하여 소방청장이 정하여 고시하는 시험에서 고시로 정하는 성질과 상태를 나타내는 것을 말한다.

정답 ①

17.
해설 리타팅 챔버
자동경보밸브에 설치되어 누수로 인한 경보밸브의 오작동을 방지하기 위한 장치이다.

정답 ③

18.
해설 소방공무원의 계급
소방총감 − 소방정감 − 소방감 − 소방준감 − 소방정 − 소방령 − 소방경 − 소방위 − 소방장 − 소방교 − 소방사

정답 ④

19.
해설 화재의 용어
① 화재가혹도는 화재강도 × 화재하중이므로 영향을 받는다.
② 화재가혹도는 최고온도 × 지속시간으로 산정되므로 중요인자이다.
③ 화재실의 환기요소가 커질 경우 연소가 활발히 진행되어 열발생량이 커지고, 화재가혹도에 영향을 준다.
④ 화재실이나 화재구획의 단열성이 좋을 경우 열손실량이 적어져 화재강도가 커지고, 화재가혹도의 크기도 커진다.

정답 ④

20.
해설 위험물의 지정수량
① 다이크로뮴산염류(제1류 위험물) — 1,000kg
② 알킬리튬(제3류 위험물) — 10kg
③ 나이트로화합물(제5류 위험물, 제2종) — 100kg
④ 질산(제6류 위험물) — 300kg

정답 ②

21.
해설 대류(열대류, Convection)
㉠ 공기의 이동이나 유체의 흐름에 의해 열에너지를 전달하는 현상을 말한다.
㉡ 스프링클러헤드, 열감지기의 화재감지 등에 작용되는 열전달을 말한다.
㉢ 뉴턴의 냉각법칙에 따른다.
→ 체육관의 층고가 높아 열대류에 의한 기류가 천정에 도달하지 않기 때문에 발생하는 것이다.

정답 ②

22.

해설 이상기체상태방정식

$$PV = \frac{W}{M}RT$$

㉠ 밀폐된 지하실 : 일정한 부피(V)를 의미한다.
㉡ 공기와 기체의 분자량은 동일하다.
  : 분자량(M)이 동일하다.
㉢ 반응 전과 반응 후의 질량은 변화하지 않는다. 또한, 문제조건에서 물질이 외부로 이동한 내용은 없다.
  : 질량(W)이 동일하다.
㉣ 기체상수(R)는 일정한 상수이다.
  : 반응 전, 후에 변화가 없다.
→ 각 조건들을 이상기체상태방정식에 적용하면, 압력(P)는 절대온도(T)에 비례함을 알 수 있다. [P ∝ T]
즉, 반응 전 압력(P_1)은 1기압, 반응 전 절대온도(T_1)는 (0+273)K 이고, 반응 후 절대온도(T_2)는 (400+273)K 일 때, 압력을 구한다.

$$P_1 : T_1 = P_2 : T_2$$

1기압 : 273K = P_2 : 673K

273P_2 = 673

P_2 = $\frac{673}{273}$ = 2.465

소수점 둘째자리에서 반올림하면, 약 **2.5기압**이 된다.

정답 ③

23.

해설 화재조사
④ 사상자가 20명 이상 발생한 화재의 경우 소방본부장이 화재합동조사단을 구성하여 운영하는 것을 원칙으로 한다.

정답 ④

24.

해설 연기(smoke)
② 수소가 많으면 백색 연기, 탄소수가 많으면 흑색 연기가 발생된다.
③ 연기는 가연물이 연소할 때 생성되는 물질로서 고체 및 액체상의 탄소미립자이다.
④ 연기의 이동시키는 요인에는 온도에 의한 팽창, 부력, 연돌효과(굴뚝효과), 바람의 영향(wind effect), 공조설비(HVAC), 건물 내·외 온도차, 비중차, 피스톤효과(piston effect)가 있다.

정답 ①

25.

해설 연소범위(=폭발범위, 연소한계)
① 메탄 : 5 ~ 15%
암기법 5월 15일
② 프로판 : 2.1 ~ 9.5%
암기법 이하나씨는 95년생
③ 일산화탄소 : 12.5 ~ 74%
암기법 일탄 이리와~ 찍사!
④ 암모니아 : 15 ~ 28%
암기법 28청춘은 암씨롱안해

정답 ③

[부록] 전범위 기출모의고사

제3회 전범위 기출모의고사

01	02	03	04	05	06	07	08	09	10
④	③	③	②	④	④	①	①	①	②
11	12	13	14	15	16	17	18	19	20
④	②	④	④	④	④	①	③	④	①
21	22	23	24	25					
①	④	②	④	④					

01.
해설 분무폭발
가연성 액체의 무적(霧滴, mist)이 일정농도 이상으로 조연성 가스 중에 분산되어 있을 때 착화하여 발생한다.

정답 ④

02.
해설 하인리히의 도미노이론
㉠ 고전적(전통적) 도미노 이론이다.
㉡ 발생순서 : 사회적 또는 가정적(유전자적) 결함 – 개인적 결함 – 불안전 상태 또는 거동 – 사고 – 재해
㉢ 사고예방조건 : 불안전 상태 또는 거동의 제거
㉣ 재해발생비(1:29:300) : 사고 330건 중 사망 또는 중상 1건, 경상 29건, 무상해 사고 300건의 비율로 발생한다.

정답 ③

03.
해설 연기(smoke)
③ 중성대는 실내 화재 시 실내와 실외의 압력이 같은 면을 의미한다.

정답 ③

04.
해설 질식소화, 유화소화
유화소화는 비중이 물보다 큰 중유 등 비수용성 유류화재 시 무상 주수하거나 포소화약제를 방사하여 유류 표면에 엷은 층이 형성되어 공기 중의 산소공급을 차단시켜 소화하는 방법을 말하며, 에멀젼(Emulsion) 효과를 이용하는 것이다. 이는 질식소화의 일종이다.

정답 ②

05.
해설 스프링클러설비의 감지기

구 분		습식	건식	준비작동식	일제살수식	부압식
사용 헤드		폐쇄형	폐쇄형	폐쇄형	개방형	폐쇄형
배관	1차측	가압수	가압수	가압수	가압수	가압수
	2차측	가압수	압축공기	대기압, 저압공기	대기압	부압
밸브		습식밸브, 알람체크밸브	건식밸브, 드라이밸브	준비작동밸브, 프리액션밸브	일제개방밸브, 델류지밸브	준비작동밸브, 프리액션밸브
감지기		없다	없다	있다	있다	있다
시험장치		필요	필요	불필요	불필요	필요

정답 ④

06.
해설 우리나라 소방의 역사
가. 세종 8년 금화도감(1426년 2월)이 설치되었다.
나. 일제시대에는 상비소방수제도(1910년)가 있었다.
다. 정부수립 후 1958년 소방법이 제정되었다.
라. 2004년 소방방재청이 신설되었다.
→ 모두 옳은 보기에 해당한다.

정답 ④

07.
해설 전도, 대류
가. 일반적으로 화재의 초기단계에서 열의 전달은 (㉠ : 전도)에 기인한다.
나. 화재 시 연기가 위로 향하는 것이라 화로에 의해 실내의 공기가 따뜻해지는 것은 (㉡ : 대류)에 의한 현상이다.

정답 ①

08.
해설 연소가스(Fire gas)
① 일산화탄소(CO)는 가연물이 불완전연소할 때 발생하는 것으로 유독성 기체이며 가연성이 있다. 또한, 환원성 물질에 해당한다.

정답 ①

9.
[해설] 각종 장치의 역할
① 순환배관은 펌프의 토출측 배관에 설치하여 가압송수장치에는 체절운전 시 수온의 상승을 방지하기 위한 배관으로 구경 20mm 이상의 배관으로 해당 배관에는 체절압력 미만에서 개방되는 릴리프밸브를 설치한다.

[정답] ①

10.
[해설] 물소화약제
① 물소화약제는 무상으로 분무하여 질식소화에 적응성이 있으며, B급 및 C급 화재에도 적응성을 갖는다.
③ 물은 비열과 기화열 값이 커 냉각소화 효과가 우수하다.
④ 수용성 가연물질인 알코올, 에테르, 에스테르 등으로 인한 화재에도 다량으로 물을 투입하여 농도를 희석하는 희석소화를 할 수 있다.

[정답] ②

11.
[해설] 최소점화에너지(최소발화에너지, MIE)
④ 열전도율이 높으면 최소발화에너지가 증가한다.

[정답] ④

12.
[해설] 제1류 위험물의 일반성질
② 제1류 위험물은 대부분 산소를 가지고 있는 무기화합물로서 산화제로 작용한다.

[정답] ②

13.
[해설] 파라핀계 탄화수소화합물의 특징
탄소수가 많을수록
㉠ 인화점이 높아진다.
㉡ 발열량이 높아진다.
㉢ 끓는점(비점)이 높아진다.
㉣ 발화점이 낮아진다.(열축적 유리)
㉤ 증기압은 낮아진다.
㉥ 연소속도는 느려진다.

[정답] ④

14.
[해설] 분말소화약제의 소화효과
㉠ 부촉매소화
㉡ 질식소화
㉢ 냉각소화
㉣ 방사열의 차단효과
㉤ 비누화효과(제1종 분말)
㉥ 방진소화효과(제3종 분말)
㉦ 탈수탄화작용(제3종 분말)

[정답] ④

15.
[해설] 긴급구조대응계획의 수립
1. 기본계획
   가. 긴급구조대응계획의 목적 및 적용범위 [㉡]
   나. 긴급구조대응계획의 기본방침과 절차 [㉠]
   다. 긴급구조대응계획의 운영책임에 관한 사항 [㉤]

   [암기법] 목적 기절 운

2. 기능별 긴급구조대응계획
   가. 지휘통제: 긴급구조체제 및 중앙통제단과 지역통제단의 운영체계 등에 관한 사항
   나. 비상경고: 긴급대피, 상황 전파, 비상연락 등에 관한 사항
   다. 대중정보: 주민보호를 위한 비상방송시스템 가동 등 긴급 공공정보 제공에 관한 사항 및 재난상황 등에 관한 정보 통제에 관한 사항
   라. 피해상황분석: 재난현장상황 및 피해정보의 수집·분석·보고에 관한 사항
   마. 구조·진압: 인명 수색 및 구조, 화재진압 등에 관한 사항
   바. 응급의료: 대량 사상자 발생 시 응급의료서비스 제공에 관한 사항
   사. 긴급오염통제: 오염 노출 통제, 긴급 감염병 방제 등 재난현장 공중보건에 관한 사항
   아. 현장통제: 재난현장 접근 통제 및 치안 유지 등에 관한 사항
   자. 긴급복구: 긴급구조활동을 원활하게 하기 위한 긴급구조차량 접근 도로 복구 등에 관한 사항
   차. 긴급구호: 긴급구조요원 및 긴급대피 수용주민에 대한 위기 상담, 임시 의식주 제공 등에 관한 사항
   카. 재난통신: 긴급구조기관 및 긴급구조지원기관 간 정보통신체계 운영 등에 관한 사항

3. 재난유형별 긴급구조대응계획
　가. 재난 발생 단계별 주요 긴급구조 대응활동 사항 [ㅂ]
　나. 주요 재난유형별 대응 매뉴얼에 관한 사항 [ㄷ]
　다. 비상경고 방송메시지 작성 등에 관한 사항 [ㅁ]
　[암기법] 방유단

정답 ④

16.
[해설] 경보설비
① 통합감시시설 : 소방관서와 지하구의 통제실 간에 화재 등 소방활동과 관련된 정보를 상시 교환할 수 있는 정보통신망
② 비상경보설비 : 비상벨설비(화재발생 상황을 경종으로 경보하는 설비), 자동식 사이렌설비(화재발생 상황을 사이렌으로 경보하는 설비), 발신기(화재발생 신호를 수신기에 수동으로 발신하는 장치)로 구성된 설비
③ 비상방송설비 : 자동화재탐지설비 또는 소화설비에 의해서 감지된 화재를 신속하게 해당 특정소방대상물 내에 있는 사람에게 방송으로 화재를 알려 피난을 용이하게 하기 위한 설비
④ 자동화재속보설비 : 자동화재탐지설비 수신기의 화재신호와 연동으로 작동하여 관계인에게 화재발생을 경보함과 동시에 소방관서에 자동적으로 통신망을 통한 당해 화재발생 및 당해 소방대상물의 위치 등을 음성으로 통보하여 주는 것

정답 ④

17.
[해설] 제3류 위험물
㉠ 나트륨, 칼륨, 철분, 금속분, 금속의 수소화물(수소화리튬) : 수소기체 발생
㉡ 탄화칼슘 : 아세틸렌기체 발생
㉢ 탄화알루미늄 : 메탄기체 발생
㉣ 금속의 인화물(인화칼슘, 인화알루미늄, 인화아연) : 포스핀기체 발생
㉤ 트리에틸알루미늄 : 에탄(에테인)
→ 제3류 위험물 중 황린을 제외한 물질은 물과 반응하여 가연성가스를 발생시키므로 주수소화가 불가하다.

정답 ①

18.
[해설] 물질의 현열, 잠열
㉠ 0℃ 얼음 1kg → 0℃ 물 1kg (잠열)
　Q_1 = 80kcal/kg × 1kg = 80kcal
㉡ 0℃ 물 1kg → 100℃ 물 1kg (현열)
　Q_2 = 1kcal/kg·℃ × 1kg × (100 − 0)℃
　　 = 100kcal
㉢ 100℃ 물 1kg → 100℃ 수증기 1kg (잠열)
　Q_3 = 539kcal/kg × 1kg = 539kcal
→ Q = Q_1 + Q_2 + Q_3
　　 = 80 + 100 + 539
　　 = 719kcal

정답 ③

19.
[해설] 피난구조설비
④ 승강식 피난기란 사용자의 몸무게에 의하여 자동으로 하강하고 내려서면 스스로 상승하여 연속적으로 사용할 수 있는 무동력 피난기구를 말한다.

정답 ④

20.
[해설] 굴뚝효과(연돌효과, Stack effect)의 영향인자
㉠ 건물의 내부와 외부의 온도차 : 온도차이가 클수록 굴뚝효과는 잘 발생한다.
㉡ 건물의 높이 : 높이가 높을수록 굴뚝효과는 잘 발생한다.
㉢ 외벽의 기밀도 : 기밀도가 낮을수록 굴뚝효과는 잘 발생한다.
㉣ 층간 공기누설 : 건물의 층간 공기누설이 잘 일어날수록 굴뚝효과는 잘 발생한다.
→ 층의 면적은 굴뚝효과에 영향을 주지 않는다.

정답 ①

21.
[해설] 유류화재의 이상현상
② 오일오버(oil over)에 대한 설명이다.
③ 보일오버(boil over)에 대한 설명이다.
④ 슬롭오버(slop over)에 대한 설명이다.

정답 ①

22.

해설 기상폭발과 응상폭발

기상폭발	응상폭발
• 가스폭발 • 분무폭발 • 분진폭발 • 분해폭발 • 증기운폭발	• 수증기폭발 • 증기폭발 • 보일러폭발 • 전선폭발 • 고상간 전이에 의한 폭발 • 위험물 혼촉 폭발

→ ④ 증기폭발은 응상폭발에 해당한다.

정답 ④

23.

해설 국가안전관리기본계획, 재난 및 안전관리기술개발 종합계획

(가) (㉠: 행정안전부장관)은/는 재난 및 안전관리에 관한 과학기술의 진흥을 위하여 (㉡: 5)년마다 관계중앙행정기관의 재난 및 안전관리기술개발에 관한 계획을 종합하여 조정위원회의 심의와 「국가과학기술자문회의법」에 따른 국가과학기술자문회의 심의를 거쳐 재난 및 안전관리기술개발 종합계획을 수립하여야 한다.
→ 「재난 및 안전관리 기본법」제71조의2

(나) (㉢: 국무총리)은/는 재난 및 사고로부터 국민의 생명·신체 및 재산을 보호하기 위하여 (㉣: 5)년마다 국가안전관리기본계획을 수립하여야 한다.
→ 「재난 및 안전관리 기본법」제22조

정답 ④

24.

해설 연소속도의 영향인자

㉠ 조성 : 가연성가스와 공기 중의 산소의 비율(당량비)이 완전연소에 적정한 조성상태(양론농도)에서 연소속도는 최대이다.
㉡ 온도 : 온도가 높을수록 연소속도는 빨라진다.
㉢ 압력 : 압력이 증가할수록 입자간격이 좁아져 연소속도는 빨라진다.
㉣ 난류 : 에너지가 커질수록 연소속도는 빨라진다.
㉤ 억제제(부촉매) : 이산화탄소, 질소 등 반응성이 없는 물질(부촉매)을 첨가할 경우 연소속도는 느려진다.
㉥ 물질 : 기화열 및 비열이 작은 물질일수록 연소속도는 빨라진다.
㉦ 공기 중의 산소농도(산소량)

정답 ④

25.

해설 재난관리의 방식

구분	분산관리방식	통합관리방식
재난 관리의 특징	• 전통적 재난관리제도 • 재난의 유형별 특징을 강조 • 재난의 차이를 강조	• 하나의 기관이 재난을 조정·통제하는 방식 • 재난의 유사성을 강조
관련 기관	다수기관(다수 부처)	소수기관(단일 부처)
책임 범위	책임 및 부담 분산	책임 및 부담 집중
지휘 체계	다양화	단일화
장점	• 경험축적 용이 • 구체적 관리계획 수립 가능 • 업무의 완결성 • 적정수준의 업무량 • 업무의 전문성 향상	• 종합적인 접근가능 • 복합적 성격의 재난에 대한 효율적인 대처 가능 • 재정, 인력, 자원 이용의 효율성 도모 • 전문기술의 지원 용이
단점	• 복합적 성격의 재난에 대한 대처능력 한계 • 부처간 업무의 중복발생 • 부처간 연계미흡	• 초기 체제구축의 어려움 • 과도한 책임소지 • 유사한 자원동원체계와 자원유형 필요 • 부처간 이기주의 및 기존 조직의 반대 가능성 높음
대표 국가	일본	미국

정답 ④

[부록] 최신 기출문제

2022년 소방공무원 공채/경채 기출문제

01	02	03	04	05	06	07	08	09	10
④	②	③	④	③	①	③	③	④	②
11	12	13	14	15	16	17	18	19	20
①	④	②	④	③	③	②	③	①	①

01.

해설 화재합동조사단

소방관서장은 화재합동조사단을 구성할 수 있는 대형화재가 발생한 경우 다음에 따라 화재합동조사단을 구성하여 운영하는 것을 원칙으로 한다.

구분	화재합동조사단의 구성범위
소방청장	사상자가 30명 이상이거나 2개 시·도 이상에 걸쳐 발생한 화재(임야화재는 제외한다.)
소방본부장	사상자가 20명 이상이거나 2개 시·군·구 이상에 발생한 화재(임야화재는 제외한다.)
소방서장	사망자가 5명 이상이거나 사상자가 10명 이상 또는 재산피해액이 100억원 이상 발생한 화재(임야화재는 제외한다.)

정답 ④

02.

해설 재난분야 위기관리 매뉴얼 작성·운용

① 위기관리 표준매뉴얼 : 국가적 차원에서 관리가 필요한 재난에 대하여 재난관리 체계와 관계 기관의 임무와 역할을 규정한 문서로 위기대응 실무매뉴얼의 작성 기준이 됨
② 위기대응 실무매뉴얼 : 위기관리 표준매뉴얼에서 규정하는 기능과 역할에 따라 실제 재난대응에 필요한 조치사항 및 절차를 규정한 문서
③ 현장조치 행동매뉴얼 : 재난현장에서 임무를 직접 수행하는 기관의 행동조치 절차를 구체적으로 수록한 문서

정답 ②

03.

해설 인화점

㉠ 외부에너지를 점화원으로 가했을 때 불이 붙을 수 있는 최저 온도
㉡ 가연성액체로부터 발생한 증기가 액체표면에서 연소범위의 하한계에 도달할 수 있는 최저 온도
㉢ 물(질)적조건과 에너지조건이 만나는 최저 연소온도
㉣ 제4류 위험물(인화성 액체)의 위험성 지표

정답 ③

04.

해설 화재가혹도(Fire Severity)

④ 화재가혹도는 화재실이나 화재구획의 단열성에 영향을 받는다.
→ 화재강도는 화재실이나 화재구획의 단열성이 클수록 화재강도는 커지며, 화재강도에 영향을 받는 화재가혹도 또한 영향을 받는다.

정답 ④

05.

해설 최소산소농도(MOC)

메틸알코올의 완전연소반응식

$$2CH_3OH + 3O_2 \rightarrow 2CO_2 + 4H_2O$$

→ 최소산소농도(MOC) = LFL × (산소몰수/연료몰수)
　　　　　　　　　 = (37-30)[%] × (3몰/2몰)
　　　　　　　　　 = 21/2 [%]
　　　　　　　　　 = 10.5 [%]

정답 ③

06.

해설 폭발

② 상온에서 탱크에 저장된 액화석유가스가 유출되면 자유공간 증기운폭발이 일어난다.
③ 밀폐공간에서 가연성가스가 폭발범위를 형성하면 점화원에 의해 가스폭발이 일어난다.
④ 다량의 고온물질이 물 속에 투입되었을 때 물의 갑작스러운 상변화에 의한 폭발현상을 수증기폭발이라 한다.

정답 ①

07.
해설 소화방법
① 탄화칼슘의 주수소화 시 아세틸렌 가스가 발생한다.
③ 나트륨 등의 금속화재는 팽창질석, 팽창진주암 등을 이용한 질식소화를 실시하여야 한다.
④ 마그네슘에 이산화탄소 소화약제 방사 시 가연성의 탄소가 방출(탈탄작용)되므로, 팽창질석 또는 팽창진주암 등으로 질식소화를 실시하여야 한다.

정답 ②

08.
해설 위험물의 특성
① 제5류 위험물(자기반응성물질)은 연소속도가 빨라 폭발적으로 연소한다.
② 제1류 위험물(산화성고체)은 가열, 충격, 마찰에 의해 분해되어 산소가 발생하므로 가연물과의 접촉을 피한다.
④ 제3류 위험물(자연발화성물질 및 금수성물질)은 공기 중에 노출되거나 수분과 접촉하면 발화의 위험이 있다.

정답 ③

09.
해설 소방시설(옥내소화전설비)
ㄱ. 기동용수압개폐장치 : 자동기동방식의 펌프방식이므로 설치하여야 한다.
ㄴ. 릴리프밸브 : 펌프방식이므로 펌프의 체절운전 시 수온의 상승을 방지할 수 있는 밸브를 설치하여야 한다.
ㄷ. 동력제어반 : 펌프방식에 전기를 공급해주는 제어반으로 설치하여야 한다.
ㄹ. 솔레노이드밸브 : 옥내소화전설비의 구성요소에 해당하지 않는다. 준비작동식, 일제살수식 및 부압식 스프링클러설비, 가스계 소화설비의 구성요소이다.
ㅁ. 물올림장치 : 펌프가 수원의 수위보다 높은 곳에 설치되었으므로 부압흡입방식에 해당하며, 펌프의 공회전을 방지하기 위하여 물올림장치를 설치하여야 한다. (부압흡입방식의 추가 설치장치 : 풋밸브, 진공계 또는 연성계, 물올림장치)
→ ④ ㄱ, ㄴ, ㄷ, ㅁ

정답 ④

10.
해설 재난 및 안전관리 기본법
ㄱ. 국가재난관리기준의 제정·운용 : 대비단계
ㄴ. 재난 예보·경보체계 구축·운영 : 대응단계
ㄷ. 재난안전분야 종사자 교육 : 예방단계
ㄹ. 재난안전통신망의 구축·운영 : 대비단계

정답 ②

11.
해설 제3류 위험물의 주수소화 시 발생 가스
① 탄화알루미늄(Al_4C_3)은 주수소화 시 "메탄(CH_4)" 가스를 발생시킨다. 아세틸렌(C_2H_2) 가스를 발생시키는 것은 "탄화칼슘($CaCO_3$)"이다.

정답 ①

12.
해설 이상기체상태방정식

$$PV = \frac{W}{M}RT$$

여기서, P : 절대압력[atm],
V : 부피[m³],
W : 질량[kg],
M : 분자량[kg/kmol],
R : 기체상수(0.082),
T : 절대온도[K]

문제의 조건을 정리하면, 황 1kg이 연소하면 이산화황은 2kg이 생성된다.

$$S + O_2 \rightarrow SO_2$$

그에 따라 각 온도, 압력 조건을 고려하여 이산화황의 발생 부피를 산정하면,
T = 273 + 800 = 1,073K, P = 1기압, W = 2kg, M = 32 + (2 × 16) = 64 이므로,

$$\rightarrow V = \frac{WRT}{PM} = \frac{2kg \times 0.082 \times 1,073K}{1기압 \times 64kg/kmol} = 2.75m^3$$

정답 ④

13.
해설 물리적 소화

② 유화소화 : 유류 등 화재 시 무상 분무하거나 포소화약제를 방사하여 유류표면에 얇은 층(유화막, 유화층)을 형성함으로서 공기 중 산소공급을 차단하는 소화(에멀젼 효과)
→ 질식소화의 일종

정답 ②

15.
해설 가연성 물질의 화재 위험성

① 비열, 연소열, 비점이 작거나 낮을수록 위험하다.
  → 연소열은 클수록 위험하다.
② 증발열, 연소열, 연소속도가 크거나 빠를수록 위험하다.
  → 증발열은 작을수록 위험하다.
④ 비중, 압력, 융점이 크거나 높을수록 위험하다.
  → 비중, 융점(녹는점)은 낮을수록 위험하다.

정답 ③

14.
해설 재난관리의 방식

구분	분산관리방식	통합관리방식
재난관리의 특징	• 전통적 재난관리제도 • 재난의 유형별 특징을 강조 • 재난의 차이를 강조	• 하나의 기관이 재난을 조정·통제하는 방식 • 재난의 유사성을 강조
관련기관	다수기관 (다수 부처)	소수기관 (단일 부처)
책임 범위	책임 및 부담 분산	책임 및 부담 집중
지휘체계	다양화	단일화
장점	• 경험축적 용이 • 구체적 관리계획 수립가능 • 업무의 완결성 • 적정수준의 업무량 • 업무의 전문성 향상	• 종합적인 접근가능 • 복합적 성격의 재난에 대한 효율적인 대처가능 • 재정, 인력, 자원 이용의 효율성 도모 • 전문기술의 지원 용이
단점	• 복합적 성격의 재난에 대한 대처능력 한계 • 부처간 업무의 중복발생 • 부처간 연계미흡	• 초기 체제구축의 어려움 • 과도한 책임소지 • 유사한 자원동원 체계와 자원유형 필요 • 부처간 이기주의 및 기존 조직의 반대 가능성 높음

정답 ④

16.
해설 연소 시 이상현상

ㄹ. 연료노즐에서 흐름이 난류(turbulent)인 경우, 확산연소에서 화염의 높이는 분출 속도에 영향을 받지 않는다.
→ 연료노즐에서 흐름이 층류인 경우, 확산연소에서 화염의 높이는 분출 속도에 비례한다.

정답 ③

17.
해설 화재조사 및 보고규정(화재건수의 결정)

① 1개의 발화지점에서 확대된 것은 "1건의 화재"로 분류한다.
② 누전점이 다른 누전에 의한 화재로서 발화점이 2개소 이상인 것은 누전점이 다르므로 "각각 별건의 화재"로 분류한다.
③ 지진, 낙뢰 등 자연현상에 의해 발생한 다발 화재로서 발화점이 2개소 이상인 것은 "1건의 화재"로 분류한다.
④ 동일범에 의한 방화 또는 불장난으로 발생한 화재는 "1건의 화재"로 분류한다. (동일범이 아닌 각기 다른 사람에 의한 방화, 불장난은 동일 대상물에서 발화했더라도 "각각 별건의 화재"로 분류한다.)

※ 해당연도에 문제오류로 전원정답 처리된 문항으로, 저자가 임의로 문제 내용을 일부 수정하였습니다.

정답 ②

18.

해설 할로겐화합물 및 불활성기체 소화약제의 구비조건
① 소화성능이 우수할 것
② 인체에 독성이 낮을 것
③ 오존파괴지수(ODP)가 낮을 것
④ 지구온난화지수(GWP)가 낮을 것
⑤ 대기잔존시간(ALT)이 낮을 것
⑥ 저장안정성이 좋을 것

정답 ③

19.

해설 포소화약제 - 표면하주입방식
㉠ 내유성이 좋은 소화약제를 사용하여야 한다.
㉡ 수성막포 및 불화단백포소화약제를 적용한다.

정답 ①

20.

해설 이산화탄소소화설비의 기동방식
① 기동용기의 가스는 저장용기 및 선택밸브를 개방시키는 역할을 한다.

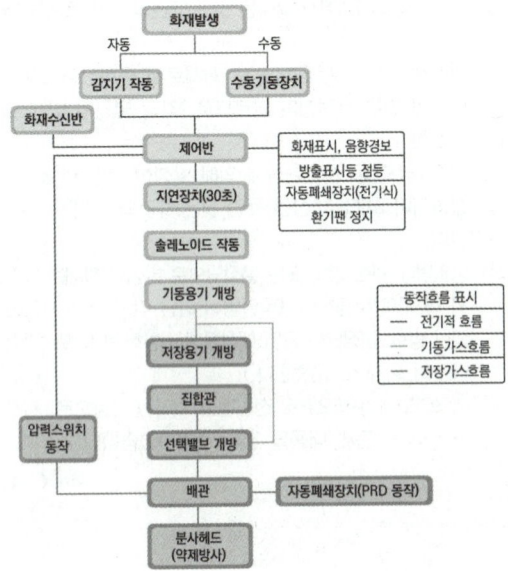

정답 ①

[부록] 최신 기출문제

2023년 소방공무원 공채/경채 기출문제

01	02	03	04	05	06	07	08	09	10
④	②	③	①	③	②	④	④	④	②
11	12	13	14	15	16	17	18	19	20
④	③	③	③	②	④	①	①	①	②
21	22	23	24	25					
①	②	④	②	①					

01.

해설 우리나라 소방의 역사
④ 대구지하철 화재 발생(2003) 당시에는 광역자치소방체제 (1992 ~ 2020년)였다.

정답 ④

02.

해설 소방신호

신호방법 종별	타종신호	사이렌신호
경계신호	1타와 연 2타를 반복	5초 간격을 두고 30초씩 3회
발화신호	난타	5초 간격을 두고 5초씩 3회
해제신호	상당한 간격을 두고 1타씩 반복	1분간 1회
훈련신호	연 3타를 반복	10초 간격을 두고 1분씩 3회

[비고]
1. 소방신호의 방법은 그 전부 또는 일부를 함께 사용할 수 있다.
2. 게시판을 철거하거나 통풍대 또는 기를 내리는 것으로 소방활동이 해제되었음을 알린다.
3. 소방대의 비상소집을 하는 경우에는 훈련신호를 사용할 수 있다.

① 소방신호의 방법으로는 타종신호, 싸이렌신호, 음성신호가 있다.
③ 싸이렌신호로 하는 경우 경제신호는 5초 간격을 두고 30초씩 3회로 한다.
④ 소방신호의 종류에는 발화신호, 훈련신호, 해제신호, 경계신호가 있다.

정답 ②

3.
해설 재난관리론
③ 「재난 및 안전관리 기본법」 제3조 제1호에 따른 재난은 자연재난, 사회재난, 해외재난으로 구분된다.

정답 ③

4.
해설 재난 및 안전관리 기본법
① 대응 단계 - 위험구역의 설정

정답 ①

5.
해설 최소발화에너지(MIE)
③ 열전도율이 낮아지면 최소발화에너지는 작아진다.

정답 ③

6.
해설 화재
② 인화점과 발화점이 가까운 액체일수록 재점화가 용이하다. (식용유 화재 특성과 연결)

정답 ②

7.
해설 수격현상(워터해머, Water Hammer)
④ 관경의 확대를 통해 유체의 유속을 감소시켜 압력 변동치를 감소시킨다.

정답 ④

8.
해설 연소가스의 독성
④ TLV(Threshold Limit Value)로 측정한 독성가스의 허용 농도는 암모니아(25ppm), 시안화수소(10ppm), 불화수소(3ppm), 포스겐(0.1ppm) 순으로 높다.

정답 ④

9.
해설 폭발
ㄴ. 가스폭발은 분진폭발보다 최소발화에너지가 작다.

정답 ④

10.
해설 폭연과 폭굉
① 예혼합가스의 초기압력이 높을수록 폭굉 유도거리가 짧아진다. (폭굉유도거리는 짧아질수록 위험도가 높다.)
③ 폭연은 폭굉으로 전이될 수 있으며 이 거리를 폭굉유도거리라 한다.
④ 폭굉은 화염면에서 온도, 압력, 밀도의 변화가 불연속적으로 나타난다.

정답 ②

11.
해설 분진폭발
③ 분진폭발은 분진의 입자직경에 영향을 받으며, 입자의 직경이 작을수록 분진폭발에 용이하다.
④ 분진의 단위체적당 표면적이 커지면 산소와 접촉이 용이해져 폭발이 용이해진다.

정답 ④

12.
해설 전기(C급)화재와 주방(K급)화재
③ 식용유로 인한 화재 시 유면상의 화염을 제거하면 복사열에 의한 기화를 차단하여 재발화를 방지할 수 없다. 식용유 화재는 재발화가 잘 발생하므로 냉각소화와 질식소화를 함께 하여야 한다.

정답 ③

13.
해설 플래시오버(Flash over)와 백드래프트(Back draft)
① 개구부의 크기는 플래시오버 발생과 관련이 있다.
② 구획실의 창문과 문손잡이의 온도로 백드래프트의 발생 가능성을 예측할 수 있다.
④ 구획실 내의 산소가 부족하여 훈소 상태에서 공기가 갑자기 다량 공급될 때 가연성 가스가 순간적으로 폭발하듯 발화하는 현상은 백드래프트이다.

정답 ③

14.
해설 화재하중

→ $q = \dfrac{\sum G_i \times H_i}{H_o \times A}$

→ $q = \dfrac{2{,}000\,kcal/kg \times 200kg + 9{,}000\,kcal/kg \times 100kg}{4{,}500\,kcal/kg \times 10m \times 8m}$

→ $q = \dfrac{2 \times 200 + 9 \times 100}{45 \times 8} = \dfrac{1{,}300}{360} = \dfrac{130}{36} = \dfrac{65}{18} = 3.611$

정답 ③

15.
해설 연료지배형 화재와 환기지배형 화재
② 환기가 잘되지 않으면 연료지배형 화재(연료량 < 환기량)에서 환기지배형 화재(연료량 > 환기량)로 바뀌며 연기 발생이 많아진다.

정답 ②

16.
해설 위험물의 특성
ㄱ. 아염소산나트륨(제1류 위험물 중 아염소산염류에 해당한다.)은 불연성, 조해성, 수용성이며, 무색 또는 백색의 결정성 분말 형태이다. [○]
ㄴ. 마그네슘(제2류 위험물에 해당한다.)은 끓는 물과 접촉시 수소(H_2)가스를 발생시킨다. [○]
ㄷ. 황린(제3류 위험물에 해당한다.)은 공기 중 상온에 노출되면 액(체)화(고체 상태의 황린이 액체화되는 것을 의미한다.)되면서 산화열을 발생시키며 자연발화를 일으킨다. [○]

정답 ④

17.
해설 위험물의 소화방법
① 탄화칼슘($CaCO_3$) 화재 시 다량의 물을 방사할 경우 아세틸렌(C_2H_2) 가스를 발생시키므로 주수소화를 하여서는 아니 된다. 마른 모래(건조사), 팽창질석, 팽창진주암 등으로 질식소화를 해야 한다.

정답 ①

18.
해설 화재조사 및 보고규정
① 건물의 소실면적 산정은 소실 바닥면적으로 산정한다.

정답 ①

19.
해설 소화방법
ㄴ. 물은 비열, 증발잠열의 값이 커서 주로 냉각소화에 사용된다.
ㅁ. 물에 침투제를 첨가하는 이유는 표면장력을 감소시켜 소화능력을 향상하기 위함이다.

정답 ①

20.
해설 분말소화약제
② 제1·2종 분말소화약제는 열분해 반응에서 CO_2가 생성된다. 제3종 분말소화약제는 열분해 반응에서 CO_2가 생성되지 않는다.

정답 ②

21.
해설 할로겐화합물 및 불활성기체 소화약제
① IG-01(Ar 100%), IG-55(N_2 50%, Ar 50%), IG-100(N_2 100%), IG-541(N_2 52%, Ar 40%, CO_2 8%) 중 질소를 포함하지 않은 약제는 IG-01(Ar 100%)이다.
② 할로겐화합물 소화약제 중 HFC-23(트리플루오르메탄)의 화학식은 "023"의 탄소 C "0+1 = 1개"이고, 수소 H "2-1 = 1개"이고, 불소 F "3개"이므로, CHF_3로 작성한다. [C+1, H-1, F]
③ 부촉매 소화효과(=억제소화)는 불활성기체 소화약제에는 없으나 할로겐화합물 소화약제는 있다.

정답 ①

22.
해설 포소화약제
그림에서 표현하는 주입방식은 콘루프탱크의 Ⅲ형 방출구에 의한 "표면하(下) 주입방식"이다. 표면하(下) 주입방식은 내유성이 좋은 "수성막포"와 "불화단백포"가 적응성이 있다.

정답 ②

23.

해설 화재감지기의 종류

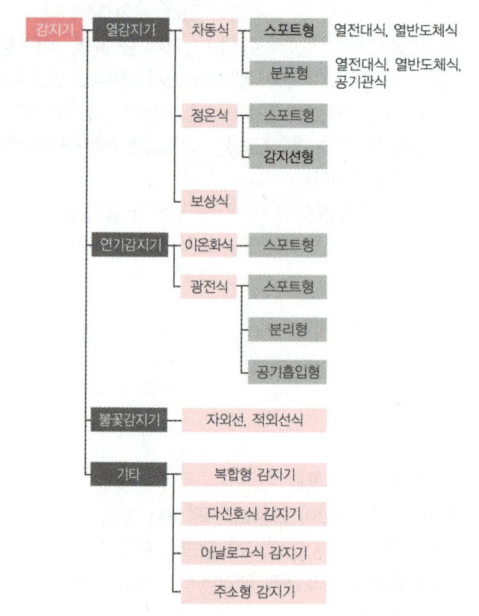

→ ④ "광전식"은 연기감지기의 종류에 해당한다.

정답 ④

24.

해설 소방시설

〈보기〉 소화활동설비
㉠ 제연설비
㉡ 연결송수관설비
㉢ 연결살수설비
㉣ 비상콘센트설비
㉤ 무선통신보조설비
㉥ 연소방지설비

→ ② 인명구조설비는 소화활동설비에 해당하지 않는다.
(인명구조기구는 피난구조설비에 해당한다.)

정답 ②

25.

해설 포소화설비

① 팽창비란 최종 발생한 포 체적을 원래 포수용액 체적으로 나눈 값을 말한다.

→ 팽창비(발포배율) = $\dfrac{\text{최종 발생한 포 체적}}{\text{원래 포수용액 체적}}$

② 연성계란 펌프의 흡입측 배관에 설치하며, 대기압 이상의 압력과 대기압 이하의 압력을 측정할 수 있는 계측기를 말한다.

구분	진공계	연성계	압력계
설치 위치	펌프의 흡입측 배관	펌프의 흡입측 배관	펌프의 토출측 배관
측정 압력	대기압 이하	대기압 이하/이상	대기압 이상
흡입 방식	부압흡입 방식일 경우 설치	부압흡입 방식일 경우 설치	펌프의 흡입방식과 관계없이 설치

③ 국소방출방식이란 소화약제 공급장치에 배관 및 분사 헤드 등을 설치하여 직접 화점에 소화약제를 방출하는 방식을 말한다.

구분	내용
전역방출방식	소화약제 공급장치에 배관 및 분사헤드 등을 고정 설치하여 밀폐 방호구역 내에 소화약제를 방출하는 방식
국소방출방식	소화약제 공급장치에 배관 및 분사헤드를 등을 설치하여 직접 화점에 소화약제를 방출하는 방식
호스릴방식	호스릴포방수구·호스릴 및 이동식 포노즐을 사용하는 설비

④ 프레셔사이드 프로포셔너방식이란 펌프의 토출관에 압입기를 설치하여 포 소화약제 압입용펌프로 포 소화약제를 압입시켜 혼합하는 방식을 말한다.

구분	내용
펌프프로 포셔너방식 (펌프혼합방식)	펌프의 토출관과 흡입관 사이의 배관도중에 설치한 흡입기에 펌프에서 토출된 물의 일부를 보내고, 농도조정밸브에서 조정된 포소화약제의 필요량을 포소화약제 저장탱크에서 펌프 흡입측으로 보내어 이를 혼합하는 방식을 말하며, 소방펌프차에 주로 사용하는 방식이다.
라인프로 포셔너방식 (관로혼합방식)	펌프와 발포기의 중간에 설치된 벤추리관의 벤추리작용에 따라 포 소화약제를 흡입·혼합하는 방식을 말한다.
프레져프로 포셔너방식 (차압혼합방식)	펌프와 발포기의 중간에 설치된 벤추리관의 벤추리작용과 펌프 가압수의 포 소화약제 저장탱크에 대한 압력에 따라 포소화약제를 흡입·혼합하는 방식을 말하며, 위험물제조소에서 가장 많이 사용하는 방식이다.

정답 ①

[부록] 최신 기출문제

2024 소방공무원 공채/경채 기출문제

01	02	03	04	05	06	07	08	09	10
②	③	③	④	①	③	③	①	④	②
11	12	13	14	15	16	17	18	19	20
④	①	②	①	③	①	①	②	④	②
21	22	23	24	25					
④	③	④	②	③					

01.
해설 소방 조직의 설치 시기

중앙소방위원회, 도소방위원회(1946년) – 내무부 소방과(1948년) – 내무부 소방국(1975년) – 시·도 소방본부(1992년) – 소방방재청(2004년) – 국민안전처(2014년) – 소방청(2017년)

정답 ②

02.
해설 소방행정조직의 발전 과정

③ 1948년에 대한민국 정부가 수립되고 국가 소방체제로 전환하면서 정부수립과 동시에 다시 소방은 경찰기구에 포함되어 운영되었다.

정답 ③

03.
해설 재난관리주관기관

③ 승강기의 사고 또는 고장으로 인해 발생하는 대규모 피해 – 행정안전부

정답 ③

04.
해설 재해발생이론

ㄱ. 하인리히(H. W. Heinrich)의 도미노 이론 : 사회적 환경 및 유전적 요소 → 개인적 결함 → 불안전한 행동 및 상태(제거) → 사고 → 재해 (재해발생비율 = 사망 또는 중상 : 경상 : 무상해 하고 = 1 : 29 : 300)

ㄴ. 버드(F. Bird)의 수정 도미노 이론 : 제어의 부족 → 기본원인(제거) → 직접원인 → 사고 → 재해 (재해발생비율 = 중상 : 경상 : 물적 손실 : 위험한 순간 = 1 : 10 : 30 : 600)

정답 ④

05.
해설 가연물의 성상에 따른 연소의 분류

① 작열연소(고체연소) : 화염이 없는 표면연소이다.
② 분해연소(고체연소, 액체연소) : 고체 중 목재, 석탄 등, 액체 중 중유, 원유 등이 열분해되면서 일어나는 연소이다. (황이나 나프탈렌은 액체연소 중 증발연소에 해당한다.)
③ 증발연소(고체연소, 액체연소) : 고체 또는 액체에서 발생하는 연소형태이다.
④ 자기연소(고체연소) : 제5류 위험물과 같이 물질 자체 내의 산소를 소모하는 연소로서 연소속도가 빠르다.

정답 ①

06.
해설 블레비(BLEVE)

③ 저장탱크의 균열이 발생하기 전까지 액상, 기상의 동적 평형 상태가 유지되며, 저장탱크의 균열이 발생하고 난 뒤에 액상, 기상의 동적 평형상태가 깨지고 액체가 급격하게 기화한다.

정답 ③

07.
해설 실내 일반화재 진행 과정

① 화재 초기(발화기, 제1성장기)에는 실내 온도가 서서히 상승하기 시작한다.
② 성장기(화재중기, 제2성장기)에는 급속한 연소 진행으로 연료지배형 화재(연료량 < 환기량) 양상이 나타난다. (최성기에는 일반적으로 환기지배형 화재 양상이 나타난다.)
④ 감쇠기(감퇴기, 화재종기)에는 화염의 급격한 소멸로 훈소 상태가 되어 산소가 급격하게 유입될 경우 백드래프트(back draft)의 위험이 있다. (백드래프트는 성장기, 감쇠기에 발생할 수 있다.)

정답 ③

08.
해설 불완전연소

① 산소 부족한 상태에서 발생한다.

정답 ①

09.
해설 위험등급
① 황린(제3류 위험물) − 20kg − Ⅰ등급
② 마그네슘(제2류 위험물) − 500kg − Ⅲ등급
③ 유기금속화합물(제3류 위험물) − 50kg − Ⅱ등급
④ 과염소산(제6류 위험물) − 300kg − Ⅰ등급

정답 ④

10.
해설 발화온도, 발화에너지
① 발화점(ignition point)이란 외부점화원과 직접적인 접촉없이 주위로부터 충분한 에너지를 받아서 스스로 점화되는 최저온도를 말한다. (별도의 외부점화원이 가해지지 않는다.)
③ 가연물의 최소발화에너지(연소범위 내에서 점화시킬 경우 발화하는데 필요한 최소한의 에너지)가 작을수록 더 위험하다.
④ 가연물의 연소점은 발화점보다 낮다. (일반적으로 "인화점 < 연소점 < 발화점"으로 나타난다.)

정답 ②

11.
해설 백드래프트의 발생징후
④ 건물 안으로 빨려 들어가는 현상이 발생한 경우 (백드래프트는 구획실 내부에 산소가 부족한 상태로 공기 등이 내부로 빨려 들어가는 현상을 나타낸다.)

참고 백드래프트의 발생징후

구분	관찰현상
건물 외부 관찰	① 연기가 균열된 틈이나 작은 구멍을 통하여 빠져나오고 건물 안으로 연기가 빨려 들어가는 현상이 발생한 경우 ② 화염은 보이지 않으나 창문이나 문이 뜨거운 경우 ③ 유리창의 안쪽으로 타르와 유사한 기름성분의 물질이 흘러내리는 경우 ④ 창문을 통해 보았을 때 건물 내에서 연기가 소용돌이치고 있는 경우
건물 내부 관찰	① 압력차이로 인해 공기가 내부로 빨려 들어가는 듯한 특이한 소리(호각소리와 유사)가 들리는 경우 ② 연기가 건물 내로 되돌아가거나 맴도는 경우 ③ 연기가 아주 빠르게 소용돌이치는 경우 ④ 훈소 상태에 있는 뜨거운 화재인 경우 ⑤ 산소공급의 감소로 약화된 불꽃이 관찰될 경우

정답 ④

12.
해설 폭연에서 폭굉으로 전이되는 과정(DDT)

착화 → (ㄱ: 화염전파) → (ㄴ: 압축파) → (ㄷ: 충격파) → 폭굉파

① 밀폐된 배관 또는 덕트 내부(최소 직경 12mm 이상, 길이는 최소 직경의 10배 이상)에서 폭발범위 내 미연소 혼합가스가 착화한다.
② 난류에 의해 화염면이 커지게 되어 연소열이 많아지고, 이때 발생하는 연소열에 의해 미연소 혼합가스가 팽창하면서 화염이 전파한다.
③ 전방으로 화염이 전파되며 압축파(압력파)가 발생한다.
④ 화염전방에 생기는 약한 압축파가 중첩되어 강한 압축파의 형태인 충격파가 발생한다.
⑤ 충격파의 영향으로 화염전파의 혼합물은 단열 압축되어 발화점(AIT) 이상의 온도로 상승하여 폭발적으로 연소하는데, 이때 발생하는 급격한 팽창압력을 폭굉파라 한다.

정답 ①

13.
해설 일반화재(A급 화재)
ㄱ. 전기화재(C급 화재)에 해당한다.
ㄴ. 전원이 차단되어 있으므로 전기가 흐르고 있지 않는 기기에서 발생한 화재이다. 따라서 일반화재(A급 화재)에 해당한다.
ㄷ. 석유에서 발생한 화재로 유류화재(B급 화재)에 해당한다.
ㄹ. 나트륨 분말에서 발생한 화재로 금속화재(D급 화재)에 해당한다.
→ 일반화재에 해당하는 것은 "ㄴ"이다.

정답 ②

14.
해설 보일오버(Boil over)
유류저장탱크 내 유류 표면에 화재 발생 시 뜨거운 열류층이 형성되고 그 열파가 장시간에 걸쳐 바닥까지 전달되어 하부의 물이 비점 이상으로 가열되면서 부피가 팽창해 저장된 유류가 탱크 외부로 분출되는 현상을 말한다.

정답 ①

15.

해설 구획실 화재

① 플래시오버(flash over)는 성장기와 최성기 사이에서 발생하며 충격파를 수반하지 않는다.
② 굴뚝효과가 발생할 때는 개구부에 형성된 중성대 상부에서 연기가 유출되고, 중성대 하부에서 공기가 유입된다.
④ 롤오버(Roll over)는 실내 공기의 압력 차이로 가연성가스가 천장을 따라 화재가 발생하지 않은 복도 쪽으로 굴러다니는 것처럼 뿜어져 나오는 현상이다.

정답 ③

16.

해설 위험도(H)

$$H = \frac{U-L}{L}$$

여기서, U : 연소상한계[vol%], L : 연소하한계[vol%]

가연성 가스 A = $\frac{22-2}{2}$ = 10

가연성 가스 B = $\frac{75-4}{4}$ = 17.75

가연성 가스 C = $\frac{44-1}{1}$ = 43

→ 위험도 : A(10) < B(17.75) < C(43)

정답 ①

17.

해설 감지기

① 차동식 분포형 감지기 : 주위 온도가 일정 상승률 이상 되는 경우에 작동하는 감지기로서 넓은 범위 내에서 열효과 누적에 의해 작동하는 것
② 차동식 스포트형 감지기 : 주위온도 변화가 일정 상승률 이상이 되는 경우에 동작하는 것으로서 일국소의 열 효과에 의하여 동작하는 감지기
③ 정온식 스포트형 감지기 : 일국소의 주위온도가 일정한 온도 이상이 되는 경우에 동작하는 것으로서 외관이 전선으로 되어 있지 않은 감지기
④ 정온식 감지선형 감지기 : 일국소의 주위온도가 일정한 온도 이상이 되는 경우에 동작하는 것으로서 외관이 전선으로 되어 있는 감지기

정답 ①

18.

해설 경보설비

② P형 수신기는 감지기 또는 발신기에서 1:1 접점방식으로 전송된 신호를 수신한다. (R형 수신기 : 다중전송방식)

정답 ②

19.

해설 위험물의 소화방법

ㄱ. 황린(P_4) : 제3류 위험물 중 자연발화성물질에 해당하며, 물을 이용한 냉각소화를 한다.
ㄴ. 황(S) : 제2류 위험물에 해당하며, 물을 이용한 냉각소화를 한다.
ㄷ. 경유, 휘발유 : 제4류 위험물에 해당하며, 포 소화약제를 이용한 질식소화를 한다.
ㄹ. 탄화알루미늄, 알킬알루미늄 : 제3류 위험물에 해당하며, 물과 반응하여 가연성 가스를 발생하므로 건조사, 팽창질석을 이용한 질식소화를 한다. (탄화알루미늄은 물과 반응하여 메탄가스, 알킬알루미늄은 물과 반응하여 메탄, 에탄 또는 프로판가스를 발생시킬 수 있다.)

정답 ④

20.

해설 이산화탄소 소화약제

① 무색, 무취로 비전도성이며 자체는 독성이 없다.
③ 제3류 위험물, 제5류 위험물이 있는 장소에는 이산화탄소 소화약제를 설치할 수 없다.
④ 자체 증기압이 매우 높아 별도의 가압원이 필요하지 않다.

정답 ②

21.

해설 할론소화약제

① 지방족 탄화수소, 메테인, 에테인 등의 수소 원자 일부 또는 전부가 할로젠 원소(F, Cl, Br, I)로 치환된 화합물이다. 단, 메테인, 에테인과 물리·화학적 성질은 다르다.
② Halon 1301과 Halon 1211은 모두 상온, 상압에서 기체로 존재하며, 유류화재, 전기화재에 적응성이 있다. 단, 금속의 수소화합물(제3류), 유기과산화물(제5류)에 적응성이 없다.
③ Halon 2402는 상온, 상압에서 액체로 존재한다. 단, Halon 2420는 독성을 가지고 있어 사람이 없는 옥외위험물탱크, 옥외시설물에 국한하여 사용한다.

→ 출제범위 오류로 전원 정답처리 되었습니다.

정답 ④

22.

해설 포소화약제

③ 단백포 소화약제는 단백질을 가수분해 한 것을 주원료로 하며 유동성이 떨어져 소화속도가 느리다.

정답 ③

23.

해설 복사열유속

$$q'' = \frac{Q \cdot X_L}{4\pi R^2}$$

여기서, q'' : 목표물이 받는 단위면적당 열유속[kW/m²],
Q : 화재 시 연소에너지 방출속도[kW]
X_L : 총 발열량 중 복사에너지로 방출되는 비율
R : 목표물까지의 거리[m]

목표물이 화염직경(0.1m)의 2배 이상 떨어진 위치에 있으므로 Modak' simple method를 적용하여 풀이한다.

㉠ Q = 120kW
㉡ X_L = 0.5
㉢ R = 1

→ $q'' = \frac{120 \times 0.5}{4 \times 3 \times 1^2} = \frac{120 \times 0.5}{12} = 5.0 kW/m^2$

정답 ④

24.

해설 르샤틀리에의 법칙

$$L = \frac{V_1 + V_2 + V_3 + \cdots}{\frac{V_1}{L_1} + \frac{V_2}{L_2} + \frac{V_3}{L_3} + \cdots}$$

여기서, L : 혼합가스의 연소하한계 또는 상한계[vol%],
V_1, V_2, V_3 : 해당 가스별 부피[vol%],
L_1, L_2, L_3 : 해당 가스별 연소하한계 또는 상한계[vol%]

$L = \frac{20+40+40}{\frac{20}{4}+\frac{40}{20}+\frac{40}{10}} = \frac{100}{5+2+4} = \frac{100}{11} =$ 약 9.1

정답 ②

25.

해설 물과 반응 후 발생 가스

① 칼륨(K) + 물 → 수소(H_2)
② 탄화칼슘(CaC_2) + 물 → 아세틸렌(C_2H_2)
③ 과산화나트륨(Na_2O_2) + 물 → 산소(O_2)
④ 오황화인(P_2S_5) + 물 → 황화수소(H_2S)

정답 ③

[부록] 최신 기출문제

2025 소방공무원 공채/경채 기출문제

01	02	03	04	05	06	07	08	09	10
③	④	④	①	③	②	③	④	②	①
11	12	13	14	15	16	17	18	19	20
①	④	②	③	④	②	②	③	①	②
21	22	23	24	25					
③	②	④	①	③					

01.
해설 우리나라 소방의 역사

③ 일제 강점기 : 1925년 최초의 소방서인 경성소방서가 설치되었다. 이후 1939년 4월 1일에는 부산 및 평양에 소방서가 개소되었으며, 1945년 광복까지는 청진, 용산, 인천, 함흥, 성동소방서 등 모두 8개의 소방서가 설치되기에 이르렀다.

정답 ③

02.
해설 물소화약제의 첨가제

〈보기〉 = 부동액, 동결방지제(Antifreeze agent)

① 염화칼슘(Calcium Chloride, $CaCl_2$) : 동결방지제(무기물)
② 글리세린(Glycerin) : 동결방지제(유기물)
③ 프로필렌글리콜(Propylene Glycol) : 동결방지제(유기물)
④ 폴리에틸렌옥사이드(Polyethylene Oxide) : 유동성 보강제 (Rapid water)

정답 ④

03.
해설 소방업무의 특성

구분	내용
긴급성 (신속·대응성) [ㄴ, ㄷ]	각종 사고발생 시 한정된 시간 내에 신속하고 정확하게 대처를 해야 한다.
위험성	각종 사고발생 시 현장에서 항상 돌발적인 위험성을 내재하고 있다. 단, 위해성을 의미하지 않는다.
현장성	주로 화재현장에서 직접 화재에 대응하여야 하는 현장 중심의 업무이다.
결과성	대형재난으로 인명 및 재산 피해가 발생하였을 때 그 책임을 면하기 어렵다는 특성상 과정이나 절차를 중시하는 일반 행정과 달리 상대적으로 결과를 중요시한다.
전문성 [ㄹ]	건축, 전기, 가스, 위험물 등 다양한 분야의 전문성이 요구되는 전문기술업무이다.
일체성	각종 사고에 대해 신속, 효과적으로 대처하기 위해 지휘·명령권이 확립된 지휘체계조직이다.
대기성	각종 사고는 예측할 수 없으므로 상시 대응태세를 갖추어야 하며, 5분 대기조로 출동대기상태를 유지하여야 한다.
가외성 [ㄱ]	불확실한 사고에 대비하기 위해 충분한 인력 및 장비의 여유자원을 갖추어져 충분해야 한다.
계층성	소방조직은 비상사태에 대응하기 위하여 엄격한 상명하복의 계층적 계급구조를 가지고 있다.
규제성	소방업무의 특성상 구조·구급 및 각종 서비스의 제공뿐만 아니라 화재발생시 안전을 확보하기 위하여 인·허가 업무처리 등 규제의 기능도 수업함으로써 업무의 효율성 및 처리과정의 합리성을 추구한다.

→ 소방행정조직의 업무적 특성에 해당하는 것은 "ㄱ, ㄴ, ㄷ, ㄹ"이다.

정답 ④

04.

해설 민간 소방조직

㉠ **경방단[1939년]** : 경방단 규칙을 공포하고 소방조와 수방단을 통합하여 경방단을 설치하였다. 또한, 현재의 의용소방대는 일제강점기인 1939년 마을단위의 소방조를 통합하여 도지사 감독하에 경찰서장이 지휘하는 경방단을 설치하면서 시작되었다. 경방단은 평시에는 수화재, 전시에는 공습에 의한 화재를 경계, 방어하는 업무를 수행하게 했으며, 제2차 세계대전에서의 패배로 일제의 통치가 종결되자 경방단은 자동적으로 해체되었다.

㉡ **소방대 [1946년]** : 일제 통치의 종결로 경방단이 자동적으로 해체되고, 각 시·도에는 소방대를 조직, 소방과 수방 및 전후 복구 업무를 담당하는 등 정부 시책에 적극 협조하였다.

㉢ **방공단** : 1950년 6·25 전쟁 후 방공의 중요성을 인식하여 방공법(1951년 3월) 및 방공단 규칙(1952년 8월) 제정을 계기로 소방대가 방공단에 흡수되었다. 직접 방공에 당하여야 할 일반 가정의 각성과 유대 강화를 위한 지도를 실시하고자 "가정 방공지도 기구 조직 규정"을 1951년 7월에 제정·시행하였으며, 산업시설의 방공 태세를 강화하기 위하여 "직장 방공단 규칙"을 1952년 2월에 제정·시행하였다. 1953년 휴전협정이 체결됨에 따라 방공단이 해체되어 일시적으로 민간소방조직이 존재하지 않았다

㉣ **청원소방원[1983년]** : 오늘날 우리의 소방 환경은 산업의 고도화에 따른 인구 집중, 건물의 고층 및 지하화와 화학제품의 대량 사용, 유류, 가스 등 각종 에너지원 사용으로 대형 화재 위험성이 날로 증가하였다. 이에 대규모 시장, 공장, 호텔, 병원 등 중요 소방대상물에 대하여 자율적인 소방 태세를 확보하기 위하여 시설주 책임하에 자체 시설에 대한 화재 예방·경계 및 초기 진화 활동에 임하도록 하는 제도적 장치의 필요성이 대두되었다. 그리하여 1983년에 청원소방원 제도를 도입하게 되었으며, 청원소방원은 방화관리자(현. 소방안전관리자)와 위험물 안전관리자의 업무를 보조하고 화재 현장에서 사람을 구출하고 불을 끄거나 불이 번지지 않도록 조치, 소방서장이 화재의 예방·경계 및 진압상 필요하다고 인정하여 명하는 직무를 담당하였다. (이후 1999년 2월 소방법의 개정으로 청원소방원 제도는 폐지되었다.)

정답 ①

05.

해설 응급조치(재난 및 안전관리 기본법 제37조)

시·도긴급구조통제단 및 시·군·구긴급구조통제단의 단장("지역통제단장")과 시장·군수·구청장은 재난이 발생할 우려가 있거나 재난이 발생하였을 때에는 즉시 관계 법령이나 재난대응활동계획 및 위기관리 매뉴얼에서 정하는 바에 따라 수방(水防)·진화·구조 및 구난(救難), 그 밖에 재난 발생을 예방하거나 피해를 줄이기 위하여 필요한 다음의 응급조치를 하여야 한다. 다만, 지역통제단장의 경우에는 ㉢ 중 진화에 관한 응급조치와 ㉤ 및 ㉥의 응급조치만 하여야 한다.

㉠ 경보의 발령 또는 전달이나 피난의 권고 또는 지시
㉡ 안전조치
㉢ 진화[①]·수방·지진방재, 그 밖의 응급조치와 구호
㉣ 피해시설의 응급복구 및 방역과 방범, 그 밖의 질서 유지
㉤ 긴급수송 및 구조 수단의 확보[④]
㉥ 급수 수단의 확보, 긴급피난처 및 구호품 등 재난관리자원의 확보
㉦ 현장지휘통신체계의 확보[②]
㉧ 그 밖에 재난 발생을 예방하거나 줄이기 위하여 필요한 사항으로서 대통령령으로 정하는 사항

정답 ③

06.

해설 가연성 액체 화재에 나타나는 연소패턴

〈보기〉 = 스플래시패턴(Splash pattern)

① 도넛패턴(Doughnut pattern) : 고리모양으로 연소된 부분(화염의 복사열로 인해 연소된 가장자리 부분)이 덜 연소된 부분(가연성 액체가 증발하며 기화열로 냉각)을 둘러싸고 있는 도넛모양 형태로 가연성 액체가 웅덩이처럼 고여 있을 경우 발생

② 스플래시패턴(Splash pattern) : 쏟아진 가연성 액체가 연소하면서 열에 의해 스스로 가열되어 액면이 끓으면서 주변으로 튄 액체가 국부적으로 점처럼 연소된 흔적

③ 원형패턴(Circular shaped pattern) : 천장, 테이블 상판, 선반과 같은 수평면의 아래쪽에 생긴 패턴은 대략적으로 원형을 나타낼 수 있다. 벽으로부터 열원이 멀수록 더 둥근 패턴으로 나타나는 특징이 있다.

④ 틈새연소패턴(Seam burn pattern) : 고스트마크와 유사하나 벽과 바닥의 틈새 또는 목재마루 바닥면 사이의 틈새 등에 가연성 액체가 뿌려진 경우 틈새를 따라 액체가 고임으로써 다른 곳보다 강하게 오래 연소하여 나타나는 연소패턴

정답 ②

07.

해설 존스(Jones) 식

> LFL = 0.55Cst, UFL = 3.5Cst

① 화학적 양론농도(Cst)를 완전연소반응식을 통해 산출하여 연소범위를 추정할 수 있는 식이다.
② 연소하한계(LFL)는 유사하게 산출되나, 연소상한계(UFL)는 정확하지 않은 특징을 갖는다.
→ 에테인의 연소범위는 "3 ~ 12.5[%]"이며, 존스의 식은 연소하한계가 유사하게 산출되므로 3[%]에 가까운 "3.1[%]"이 정답이 된다.

정답 ③

08.

해설 위험도(H)

$$H = \frac{UFL - LFL}{LFL}$$

ㄱ. 수소(H_2) : 연소범위 4 ~ 75[%]
→ $H = \dfrac{75-4}{4} = \dfrac{71}{4}$ = 17.75 (17.8)

ㄴ. 프로페인(C_3H_8) : 연소범위 2.1 ~ 9.5[%]
→ $H = \dfrac{9.5-2.1}{2.1} = \dfrac{7.4}{2.1} = \dfrac{74}{21}$ = 3.52 (3.5)

ㄷ. 일산화탄소(CO) : 연소범위 12.5 ~ 74[%]
→ $H = \dfrac{74-12.5}{12.5} = \dfrac{61.5}{12.5} = \dfrac{615}{125}$ = 4.92 (4.9)

ㄹ. 아세틸렌(C_2H_2) : 연소범위 2.5 ~ 81[%]
→ $H = \dfrac{81-2.5}{2.5} = \dfrac{78.5}{2.5} = \dfrac{785}{25}$ = 31.4

정답 ④

09.

해설 자기연소(내부연소)

① 내부에 산소를 함유하고 있는 물질의 연소
② 별도의 산소 공급 없이 연소
③ 예시 : 제5류 위험물 : 유기과산화물, 셀룰로이드류, 질산에스터류(질산메틸, 질산에틸, 나이트로셀룰로오스, 나이트로글리세린 등), 하이드라진 유도체, 나이트로화합물[트리나이트로톨루엔(TNT), 트리나이트로페놀(TNP, 피크르산)] 등 등

정답 ②

10.

해설 푸리에(Fourier)의 열전도법칙

$$\dot{q} = \frac{kA(T_{고온} - T_{저온})}{l}$$

여기서, $\dot{q}$: 전도열[W], k : 열전도율[W/m·K], A : 면적[m^2], $T_{고온} - T_{저온}$: 온도차(온도구배)[K], l : 벽의 두께[m]

① 물질의 두께(l)에 반비례한다.
② 물질의 전열면적(A)에 비례한다.
③ 물질 양면의 온도차($T_{고온} - T_{저온}$)에 비례한다.
④ 물질의 열전도율(k)에 비례한다.

정답 ①

11.

해설 연소가스

① 황화수소(H_2S) : 계란 썩은 냄새가 나는 가연성가스이다.
② 포스겐($COCl_2$) : 폴리염화비닐 등이 연소할 때 발생되는 맹독성가스이다.
③ 시안화수소(HCN) : 청산가스라고도 하며 동물의 털이 불완전연소할 때 발생한다.
④ 이산화황(아황산가스, SO_2) : 황(S)을 포함하고 있는 유기화합물이 완전연소할 때 발생한다.

정답 ①

12.

해설 연소방정식

> $CH_4 + 2O_2 \rightarrow CO_2 + 2H_2O$

① 1mole의 메테인이 연소할 때 필요한 산소의 몰수는 2mole이다. 즉, 2mole의 메테인이 연소할 때 필요한 산소의 몰수는 4mole이다.
② 아보가드로의 법칙에 따라 표준상태(0℃, 1기압)에서 1mole이 차지하는 체적은 22.4[L]이다. 즉, 4mole의 산소가 차지하는 체적은 22.4[L] × 4mole = 89.6[L]가 된다.

정답 ④

13.
해설 화재지속시간(지속시간인자)

$$\frac{A_F}{A\sqrt{H}}$$

여기서, A_F : 실의 바닥면적[m²], $A\sqrt{H}$: 환기인자,
A : 개구부의 면적[m²], H : 개구부의 높이[m]

① 환기인자↑ ~ 연소활발 ~ 시간인자↓
② 개구부의 크기보다 실의 바닥면적↑ ~ 환기↓ ~ 시간인자↑

정답 ②

14.
해설 화재하중

$$q = \frac{\sum G_i \cdot H_i}{H \cdot A} = \frac{\sum Q_t}{4,500A}$$

여기서, q : 화재하중[kg/m²], $\sum G_t$: 가연물의 양[kg][ㄱ],
H_i : 단위중량당 발열량[kcal/kg][ㄹ],
H : 목재의 단위중량당 발열량[4,500kcal/kg],
A : 화재실의 바닥면적[m²],
$\sum Q_t$: 화재실 내 가연물의 전체 발열량[kcal]

→ 화재하중 산정 시 필요하지 않은 항목은 "ㄴ, ㄷ"이다.

정답 ③

15.
해설 위험물의 성질 및 품명의 정의
④ "자연발화성물질 및 금수성물질"이라 함은 고체 또는 액체로서 공기 중에서 발화의 위험성이 있거나 물과 접촉하여 발화하거나 가연성가스를 발생하는 위험성이 있는 것을 말한다.

정답 ④

16.
해설 제6류 위험물의 취급 시 주의사항
① 유출사고 시에는 건조사 및 중화제를 사용한다.
② 불연성 물질로 분해 시 산소가 발생하며 대부분 산성이다. (과산화수소를 제외하고는 강산성 물질이다.)
③ 저장하고 있는 용기는 파손되거나 액체가 누설되지 않도록 한다.
④ 소량 화재 시에는 다량의 물로 희석하는 소화방법을 사용할 수 있다.

정답 ②

17.
해설 화재피해금액 산정기준 - 건물

건물 = 신축단가(m²당) × 소실면적
     × [1−(0.8×경과연수/내용연수)] × 손해율

※ 신축단가 : 한국감정원이 최근 발표한 건물신축단가표에 의함

→ 건물
= 1,000,000원 × 50m² × [1−(0.8× $\frac{10년}{40년}$)] × 0.5
= 20,000,000원

정답 ②

18.
해설 화재합동조사단의 단원(화재조사법 시행령 제7조)
㉠ 화재조사관
㉡ 화재조사 업무에 관한 경력이 3년 이상인 소방공무원
㉢ 「고등교육법」에 따른 학교 또는 이에 준하는 교육기관에서 화재조사, 소방 또는 안전관리 등 관련 분야 조교수 이상의 직에 3년 이상 재직한 사람
㉣ 「국가기술자격법」에 따른 국가기술자격의 직무분야 중 안전관리 분야에서 산업기사 이상의 자격을 취득한 사람
㉤ 그 밖에 건축·안전 분야 또는 화재조사에 관한 학식과 경험이 풍부한 사람

정답 ③

19.

해설 위험물의 소화방법

ㄱ. 황린(P_4)[제3류 위험물] - 물을 사용한 냉각소화 [O]
ㄴ. 과산화나트륨(Na_2O_2)[제1류 위험물(무기과산화물)] - 물과 반응하여 산소를 발생시키므로 마른모래, 팽창질석, 팽창진주암 등을 통한 질식소화
ㄷ. 삼황화린(P_4S_3)[제2류 위험물(황화인)] - 물과 반응하여 황화수소(H_2S)를 발생시키므로, 팽창질석 등을 사용한 질식소화 [O]
ㄹ. 아세톤(CH_3COCH_3)[제4류 위험물(제1석유류, 수용성)] - 수용성 물질이므로 파포현상을 방지할 수 있는 알코올포 소화약제에 의한 질식소화 [O]
ㅁ. 히드록실아민(NH_2OH)[제5류 위험물(하이드록실아민)] - 산소를 포함하고 있으므로 질식소화는 불가능하며, 다량의 주수를 통한 냉각소화
ㅂ. 과염소산($HClO_4$)[제6류 위험물] - 소량의 위험물인 경우 무상주수 또는 다량의 물로 희석하여 소화할 수 있으나, 대형 화재의 경우 마른 모래(건조사), 팽창질석, 팽창진주암 또는 인산염류의 분말로 소화한다.

→ 옳은 보기는 "ㄱ, ㄷ, ㄹ"이다.

정답 ①

20.

해설 소방시설

ㄱ. 방열복 : 피난구조설비 중 인명구조기구
ㄴ. 제연설비 : 소화활동설비
ㄷ. 공기호흡기 : 피난구조설비 중 인명구조기구
ㄹ. 비상조명등 : 피난구조설비
ㅁ. 연소방지설비 : 소화활동설비

→ 피난구조설비에 해당하는 것은 "ㄱ, ㄷ, ㄹ"이다.

정답 ②

21.

해설 제3종 분말소화약제의 열분해

① H_2O (수증기) : 냉각, 질식작용
② HPO_3 (메타인산) : 방진작용
③ NH_4^+ (암모늄이온) : 부촉매작용
④ H_3PO_4 (올쏘인산) : 탈수탄화작용

정답 ③

22.

해설 포혼합장치

① (가), 펌프 프로포셔너방식 : 화학소방차에 주로 사용하는 방식이다.
② (나), 라인 프로포셔너방식 : 혼합기의 압력손실이 크고, 흡입 가능한 유량의 범위가 좁다.
③ (다), 프레져 프로포셔너방식(압송식) : 약제 원액 잔량을 버리지 않고 계속 사용할 수 있다.
④ (라), 프레져사이드 프로포셔너방식 : 비행기 격납고, 석유화학 플랜트 등과 같은 대단위 고정식 소화설비에 주로 사용하며, 설치비가 비싸다.

정답 ②

23.

해설 공동현상의 방지대책

〈보기〉 = 공동현상(캐비테이션, Cavitation)

㉠ 펌프의 흡입 마찰손실 줄이기 [①]
㉡ 흡입측 배관의 길이 줄이기
㉢ 흡입측 배관의 유속을 늦추기
㉣ 펌프의 흡입측 관경 늘이기 [③]
㉤ 펌프의 흡입측 수두 낮추기
㉥ 흡입측 배관의 굴곡부 줄이기
㉦ 펌프의 임펠러 회전속도 늦추기 [②]

→ ④ 펌프의 설치 위치를 수원보다 낮게 하여 정압흡입방식으로 설치해야 공동현상을 방지할 수 있다.

정답 ④

24.

해설 이산화탄소 소화설비의 작동단계

㉠ 가스계 소화설비 교차회로 중 A 회로가 작동하면 오보의 유무 및 소화설비가 작동할 수 있음을 알리는 주의경보를 발한다.
㉡ B회로의 화재감지기가 작동하거나, 수동조작함의 수동스위치가 눌러지면 이산화탄소소화설비 제어반(수신기)에 주화재신호가 발생하고 방호구역내의 대피경보와 솔레노이드가 작동한다.(지연시간을 설정한 경우에는 설정된 시간만큼 지연한 다음 솔레노이드를 작동시킨다)
㉢ 솔레노이드밸브가 작동[ㄱ]하여 솔레노이드밸브의 공이에 의해 기동용기의 봉판이 뚫리며, 기동용기의 가스가 동관으로 방출된다.
㉣ 기동용기의 가스가 동관으로 이동하여 해당 방호구역의 선택밸브를 개방[ㄷ]시키고 소화약제 저장용기밸브의 니들밸브를 가압하면 니들핀이 저장용기밸브의 봉판을 뚫는다. [ㄹ]
㉤ 첫 번째 저장용기의 가스가 집합관으로 방출되며, 열려진 선택밸브를 통과하여 헤드로 가스가 방출된다. 선택밸브를 통과하는 저장용기의 가스 중 일부의 가스가 동관으로 이동하며, 기동용 가스의 동관으로 들어온 가스와 저장용기 가스가 동관으로 들어온 가스와 합세하여 나머지 저장용기를 개방한다.
㉥ 저장용기의 가스가 선택밸브를 통과하면서 일부의 가스가 동배관으로 들어와 압력스위치를 작동시켜 방출표시등이 점등되게 한다.
㉦ 분사헤드로 소화가스가 방출[ㄴ]된다. 분사헤드로 약제 방출 전 개구부는 전동 댐퍼 또는 피스톤릴리즈 댐퍼로 폐쇄된다.
→ 이산화탄소 소화설비의 작동단계는 "ㄱ → ㄷ → ㄹ → ㄴ"이다.

정답 ①

25.

해설 화재알림설비

③ "화재알림형 비상경보장치"란 발신기, 표시등, 지구음향장치(경종 또는 사이렌 등)를 내장한 것으로 화재발생 상황을 경보하는 장치를 말한다. (화재알림형 감지기는 해당하지 않는다.)

정답 ③

[부록] 최신 기출문제

2022년 소방공무원 간부후보생 기출문제

01	02	03	04	05	06	07	08	09	10
④	⑤	③	③	①	③	④	⑤	②	③
11	12	13	14	15	16	17	18	19	20
④	④	②	③	③	④	⑤	③	⑤	⑤
21	22	23	24	25					
②	①	①	②	④					

01.

해설 불연성 물질

① 18족 원소(0족 원소) : He(헬륨), Ne(네온), Ar(아르곤), Kr(크립톤), Xe(크세논), Rn(라돈)
② 이미 산소와 결합한 물질 : 물(H_2O), 이산화탄소(CO_2), 오산화인(P_2O_5), 산화알루미늄(Al_2O_3), 삼산화황(SO_3), 이산화규소(SiO_2) 등
③ 흡열반응 물질 : 질소(N_2)
④ 불연재료 : 콘크리트, 석재, 벽돌, 철강, 알루미늄, 유리 등
→ 시안화수소(HCN) : 허용농도 10ppm으로 청산가스라고도 하며 헤모글로빈(Hb)와 결합하지 않고도 호흡의 저해를 통한 질식을 유발하는 가스를 말함

정답 ④

02.

해설 긴급구조지휘대 및 긴급구조통제단

① 긴급구조지휘대의 기능
  ㉠ 통제단이 가동되기 전 재난초기시 현장지휘
  ㉡ 주요 긴급구조지원기관과의 합동으로 현장지휘의 조정·통제
  ㉢ 광범위한 지역에 걸친 재난발생 시 전진지휘
  ㉣ 화재 등 일상적 사고의 발생시 현장지휘
② 긴급구조지휘대를 구성하는 사람은 통제단이 설치·운영되는 경우 다음의 구분에 따라 통제단의 해당부서에 배치된다.

지휘대	→	통제단
현장지휘요원		현장지휘부
자원지원요원		자원지원부
통신지원요원	→	현장지휘부
안전관리요원		현장지휘부
상황조사요원		대응계획부
구급지휘요원		현장지휘부

암기법 현자통 안상구

정답 ⑤

03.

해설 연소범위

① 연소범위는 물적 조건(농도, 압력 등)과 에너지 조건(온도 등)에 관련이 있으며, 연쇄반응(연소의 4요소)과는 관련이 없다.
  ㉠ 가연물 + 산소 = "가연성 혼합기" (물적 조건)
  ㉡ 점화원 = "온도" (에너지 조건)
  ㉢ 연쇄반응 → 관련 없음

② 연소범위의 영향인자

영향인자	인자의 변화	연소 하한계	연소 상한계	연소범위
산소농도	증가	변화X	↑	넓어짐 (위험)
온도	상승	↓	↑	넓어짐 (위험)
압력	상승	변화X	↑	넓어짐 (위험)
비활성기체 (불활성기체)	투입	변화X	↓	좁아짐

※ 틀린 보기
ㄷ. 일산화탄소(CO)는 압력이 증가하면 연소범위가 좁아진다.

정답 ③

04.

해설 위험도(H)

① 연소범위
  - ㉠ 수소(H_2) : 4 ~ 75[%]
  - ㉡ 아세틸렌(C_2H_2) : 2.5 ~ 81[%]
  - ㉢ 메탄(CH_4) : 5 ~ 15[%]
  - ㉣ 프로판(C_3H_8) : 2.1 ~ 9.5[%]

② 위험도(H) $\left[H = \dfrac{U-L}{L} \right]$

  여기서, U : 연소상한계[%], L : 연소하한계[%]
  - ㉠ 수소(H_2) : $\dfrac{75-4}{4} = 17.75$
  - ㉡ 아세틸렌(C_2H_2) : $\dfrac{81-2.5}{2.5} = 32.4$
  - ㉢ 메탄(CH_4) : $\dfrac{15-5}{5} = 2$
  - ㉣ 프로판(C_3H_8) : $\dfrac{9.5-2.1}{2.1} = 3.52$

정답 ③

05.

해설 복사(Radiation)

② 전도(Conduction)는 푸리에의 법칙을 따른다.
③ 전도(Conduction)는 열전달이 고체 또는 정지상태의 유체 내에서 매질을 통해 이루어진다.
④ 대류(Convection)는 유체입자의 유동에 의해 열에너지가 전달되는 현상이다.
⑤ 진공상태에서는 복사열은 전달된다. (예시 : 멀리 떨어져 있는 태양열은 진공상태의 우주를 통과하여 지구에 전달된다.)

정답 ①

06.

해설 위험물

① 제1류 위험물 중에 무기과산화물은 물과 접촉 시 급격한 발열반응을 하여 산소(O_2)를 방출하므로 주수소화를 불가하다.
② 제1류 위험물(산화성 고체), 제6류 위험물(산화성 액체)은 다른 가연물의 연소를 돕는 조연성 물질이다.
④ 제4류 위험물(인화성 액체)는 대부분 비수용액 액체로 포소화설비를 통한 질식 및 냉각소화가 적합하다.

⑤ 제5류 위험물은 다량의 주수소화가 적합하다. 또한, 이미 물질 자체에 산소를 함유하고 있어 질식소화가 불가능하다.

정답 ③

07.

해설 위험물의 종류

① 제2류 위험물(가연성 고체)
  : 적린, 황(100kg), 마그네슘(500kg)
② 제3류 위험물(자연발화성물질 및 금수성물질)
  : 알킬알루미늄(10kg)
  → 제5류 위험물(자기반응성물질)
    : 유기과산화물(제1종, 10kg)
③ 제4류 위험물(인화성 액체) : 제4석유류(6,000L)
⑤ 제1류 위험물(산화성 고체) : 과염소산염류(50kg)
  → 제3류 위험물(자연발화성물질 및 금수성물질)
    : 나트륨(10kg)

정답 ④

08.

해설 포소화약제의 종류

수성막포(Aqueous Film Forming Foam, AFFF)의 특징
① 유동성↑ : 초기소화속도 빠름, 유출화재 적합
② 안정성↑ : 장기보존가능
③ 내약품성↑ : 분말소화약제와 겸용가능(CDC 분말소화약제)
④ 내유성↑ : 표면하주입방식 적용가능
⑤ 내열성↓ : 링파이어(Ring Fire, 윤화현상) 발생가능
⑥ 질식, 냉각성능(소화효과)↑

정답 ⑤

09.

해설 할로겐화합물 및 불활성기체 소화약제

할로겐화합물 소화약제(9가지) 중 "HCFC BLEND A"
① $C_{10}H_{16}$: 3.75[%]
② HCFC-123 : 4.75[%]
③ HCFC-124 : 9.5[%]
④ HCFC-22 : 82[%]

정답 ②

10.

해설 소방시설의 종류

ㄷ. 피난구조설비 : 피난기구, 인명구조기구
  → 소화활동설비 : 제연설비

정답 ③

11.
해설 소방공무원의 징계
① 중징계의 종류에는 파면, 해임, 강등, 정직이 있다.
② 경징계의 종류에는 감봉, 견책이 있다.
③ 소방정인 지방소방학교장에 관한 징계는 소방청에 설치된 소방공무원 징계위원회에서 심의·의결한다.
⑤ 감봉은 1개월 이상 3개월 이하의 기간 동안 보수의 3분의 1을 감한다.

정답 ④

12.
해설 제3종 분말(제1인산암모늄)
① 제3종 분말 열분해 반응식
- 166℃ : $NH_4H_2PO_4 \rightarrow NH_3 + H_3PO_4$ (올쏘인산)
- 216℃ : $2H_3PO_4 \rightarrow H_2O + H_4P_2O_7$ (피로인산)
- 360℃ : $H_4P_2O_7 \rightarrow H_2O + 2HPO_3$ (메타인산)
- 360℃ 이상 : $2HPO_3 \rightarrow H_2O + P_2O_5$ (오산화인)

② 방진효과
- 정의 : 숯 등에 융착하여 유리상의 피막을 형성하여 방진(차단)하므로 재연소를 방지
- 화재적응성 : A급 화재 적응
  (차고, 주차장 등 사용)
- 물질 : 메타인산(HPO_3)

정답 ④

13.
해설 재난 및 안전관리 기본법
② "안전관리"란 재난이나 그 밖의 각종 사고로부터 사람의 생명·신체 및 재산의 안전을 확보하기 위하여 하는 모든 활동을 말한다.
→ "재난관리" : 재난의 예방·대비·대응 및 복구를 위하여 하는 모든 활동

정답 ②

14.
해설 재난 및 안전관리 기본법(재난의 종류)
① 자연재난 : 태풍, 홍수, 호우, 강풍, 풍랑, 해일, 대설, 한파, 낙뢰, 가뭄, 폭염, 지진, 황사, 조류 대발생, 조수, 화산활동, 자연우주물체의 추락·충돌, 그 밖에 이에 준하는 자연현상으로 인하여 발생하는 재해

② 사회재난 : 화재·붕괴·폭발·교통사고(항공사고 및 해상사고 포함)·화생방사고·환경오염사고·다중운집인파사고 등으로 인하여 발생하는 대통령령으로 정하는 규모 이상의 피해와 국가핵심기반의 마비, 감염병 또는 가축전염병의 확산, 미세먼지, 인공우주물체의 추락·충돌 등으로 인한 피해

정답 ③

15.
해설 르샤틀리에의 법칙

$$L = \frac{V_1 + V_2 + V_3 + \cdots}{\frac{V_1}{L_1} + \frac{V_2}{L_2} + \frac{V_3}{L_3} + \cdots}$$

여기서,
L : 혼합가스의 연소하한계 또는 상한계[vol%],
V_1, V_2, V_3 : 해당 가스별 부피[vol%],
L_1, L_2, L_3 : 해당 가스별 연소하한계 또는 상한계[vol%]

$$\rightarrow L = \frac{V_1 + V_2 + V_3 + \cdots}{\frac{V_1}{L_1} + \frac{V_2}{L_2} + \frac{V_3}{L_3} + \cdots}$$

$$= \frac{60\% + 30\% + 10\%}{\frac{60\%}{3\%} + \frac{30\%}{1.5\%} + \frac{10\%}{1.0\%}}$$

$$= \frac{100\%}{20 + 20 + 10} = \frac{100\%}{50} = 2\%$$

정답 ③

16.
해설 경보설비의 종류
① 통합감시시설 : 소방관서와 지하구의 통제실 간에 화재 등 소방활동과 관련된 정보를 상시 교환할 수 있는 정보통신망
② 비상경보설비 : 비상벨설비(화재발생 상황을 경종으로 경보하는 설비), 자동식 사이렌설비(화재발생 상황을 사이렌으로 경보하는 설비), 발신기(화재발생 신호를 수신기에 수동으로 발신하는 장치)로 구성된 설비
③ 비상방송설비 : 자동화재탐지설비 또는 소화설비에 의해서 감지된 화재를 신속하게 해당 특정소방대상물 내에 있는 사람에게 방송으로 화재를 알려 피난을 용이하게 하기 위한 설비
⑤ 단독경보형 감지기 : 화재발생 상황을 단독으로 감지하여 자체에 내장된 음향장치로 경보하는 감지기

정답 ④

17.

해설 **화재합동조사단**

소방관서장(소방청장, 소방본부장, 소방서장)은 다음에 해당하는 화재에 대하여 화재합동조사단을 구성하여 운영할 수 있다.

- ㉠ 사망자가 5인 이상 발생하거나 사상자가 10인 이상 발생한 화재
- ㉡ 이재민이 100인 이상 발생한 화재
- ㉢ 재산피해액이 50억원 이상 발생한 화재
- ㉣ 관공서·학교·정부미도정공장·문화재·지하철 또는 지하구의 화재
- ㉤ 관광호텔, 층수가 11층 이상인 건축물, 지하상가, 시장, 백화점에서 발생한 화재
- ㉥ 지정수량의 3천배 이상의 위험물의 제조소·저장소·취급소에서 발생한 화재
- ㉦ 층수가 5층 이상이거나 객실이 30실 이상인 숙박시설, 층수가 5층 이상이거나 병상이 30개 이상인 종합병원·정신병원·한방병원·요양소에서 발생한 화재
- ㉧ 연면적 1만5천제곱미터 이상인 공장 또는 화재예방강화지구에서 발생한 화재
- ㉨ 철도차량, 항구에 매어둔 총 톤수가 1천톤 이상인 선박, 항공기, 발전소 또는 변전소에서 발생한 화재
- ㉩ 가스 및 화약류의 폭발에 의한 화재
- ㉪ 「다중이용업소의 안전관리에 관한 특별법」 제2조에 따른 다중이용업소의 화재

※ 화재조사 및 보고규정의 개정으로 문제내용을 일부 수정하였습니다.

정답 ⑤

18.

해설 **정전기의 예방대책**

① 공기를 이온화하는 방법 [ㄱ]
② 공기 중 상대습도를 70[%] 이상으로 하는 방법
③ 접지(Earthing) : 접지시설을 설치하는 방법
④ 본딩(Bonding) : 도체와 연결하여 방전시키는 방법
⑤ 마찰의 감소 : 배관 내 유속의 제한(1m/s 이하), 정치시간
⑥ 정전기 중화 : 제전기의 사용
⑦ 접촉하는 전기의 전위차를 작게 하는 방법 [ㄷ]
⑧ 전도성이 큰 물체(도체)를 사용하는 방법 [ㄴ]

정답 ③

19.

해설 **재난 및 안전관리기본법**

(가) 「재난 및 안전관리 기본법」 제71조의2(재난 및 안전관리기술개발 종합계획의 수립 등) : (㉠ 행정안전부장관)은/는 재난 및 안전관리에 관한 과학기술의 진흥을 위하여 (㉡ 5)년마다 관계중앙행정기관의 재난 및 안전관리기술개발에 관한 계획을 종합하여 조정위원회의 심의와 「국가과학기술자문회의법」에 따른 국가과학기술자문회의 심의를 거쳐 재난 및 안전관리기술개발 종합계획을 수립하여야 한다.

(나) (㉢ 국무총리)은/는 재난 및 사고로부터 국민의 생명·신체 및 재난을 보호하기 위하여 (㉣ : 5)년마다 국가안전관리기본계획을 수립하여야 한다.

정답 ⑤

20.

해설 **전기방폭구조**

구분	내용
압력방폭구조	용기 내 불활성가스(보호가스)를 넣어 내부압력을 유지하고 외부로부터 폭발성 가스의 침투를 막는 방폭구조
내압방폭구조	용기 내부에서 가연성 가스의 폭발이 발생할 경우 용기가 폭발압력에 파손되지 않고 견뎌 화염이 용기 외부로 전파되는 것을 막는 방폭구조
유입방폭구조	점화원이 될 우려가 있는 기기 자체 또는 그 일부를 보호액(절연유) 속에 넣어 보호한 방폭구조
안전증(가)방폭구조	정상 시 전기기기의 과도한 온도상승 등 추가적인 안전조치를 취해 안전도를 증가시킨 방폭구조
본질안전방폭구조	정상 시 또는 이상 상태(단선, 단락, 지락 등)에서 발생하는 전기불꽃 또는 가열효과를 점화에너지 이하 수준까지 제한한 방폭구조

정답 ⑤

21.
해설 스프링클러설비의 종류
ㄱ. 습식 스프링클러설비 : 알람밸브, 폐쇄형 헤드
ㄷ. 준비작동식 스프링클러설비 : 솔레노이드밸브, SVP (Supervisory Panel, 슈퍼비조리판넬)
→ 선택밸브 : 가스계 소화설비의 구성부품으로 정해진 방호구역으로 소화약제가 방사될 수 있는 기능을 가진 밸브

정답 ②

22.
해설 중앙재난안전대책본부
① 재난의 효과적인 수습을 위하여 국무총리가 범정부적 차원의 통합 대응이 필요하다고 인정하는 경우에는 국무총리가 중앙대책본부장의 권한을 행사한다.

정답 ①

23.
해설 화학적 폭발
㉠ 산화폭발
㉡ 분해폭발
㉢ 중합폭발
㉣ 촉매폭발
㉤ 반응폭주 등에 의한 폭발
㉥ 박막폭발

암기법 산분반 중 촉박

정답 ①

24.
해설 제1류 위험물(산화성 고체)
"산화성 고체"란, 고체로서 (㉠ : 산화력)의 잠재적인 위험성 또는 (㉡ : 충격)에 대한 민감성을 판단하기 위하여 소방청장이 정하여 고시하는 시험에서 고시로 정하는 성질과 상태를 나타내는 것

정답 ②

25.
해설 화재안전조사위원회
① 화재안전조사위원회는 위원장 1명을 포함하여 7명 이내의 위원으로 성별을 고려하여 구성한다.
② 위원회의 위원장은 소방관서장이 된다.
③ 위원회의 위원은 다음의 어느 하나에 해당하는 사람 중에서 소방관서장이 임명하거나 위촉한다.
  1. 과장급 직위 이상의 소방공무원
  2. 소방기술사
  3. 소방시설관리사
  4. 소방 관련 분야의 석사 이상 학위를 취득한 사람
  5. 소방 관련 법인 또는 단체에서 소방 관련 업무에 5년 이상 종사한 사람
  6. 「소방공무원 교육훈련규정」 제3조제2항에 따른 소방공무원 교육훈련기관, 「고등교육법」 제2조의 학교 또는 연구소에서 소방과 관련한 교육 또는 연구에 5년 이상 종사한 사람
④ 위촉위원의 임기는 2년으로 하며, 한 차례만 연임할 수 있다.

정답 ④

[부록] 최신 기출문제

2023년 소방공무원 간부후보생 기출문제

01	02	03	04	05	06	07	08	09	10
③	④	①	②	⑤	⑤	②	③	⑤	③
11	12	13	14	15	16	17	18	19	20
②	④	②	①	③	⑤	④	④	⑤	⑤
21	22	23	24	25					
④	②	④	②	⑤					

01.

해설 펌프의 성능시험

펌프의 성능은 체절운전 시 정격토출압력의 (⊙: 140)[%]를 초과하지 않고, 정격토출량의 (⊙: 150)[%]로 운전 시 정격토출압력의 (⊙: 65)% 이상이 되어야 하며, 펌프의 성능을 시험할 수 있는 성능시험배관을 설치할 것

정답 ③

02.

해설 위험물별 지정수량

① 금속분 : 제2류 위험물, 500kg
② 질산염류 : 제1류 위험물, 300kg
③ 과산화수소 : 제6류 위험물, 300kg
④ 무기과산화물 : 제1류 위험물, 50kg
⑤ 하이드라진유도체(제2종) : 제5류 위험물, 100kg

정답 ④

03.

해설 포방출구

구분	방출구	적응 탱크	내용
상부 주입	Ⅰ형 방출구	CRT	위험물과 혼합되지 않고 탱크 안으로 들어가도록 통, 튜브 등 부속설비가 있는 포방출구
	Ⅱ형 방출구	CRT	방출된 포가 디플렉터(반사판)에 의해 탱크 측판 내면을 따라 흘러 들어가 액면에 전개되어 소화작용을 하는 포방출구
	특형 방출구	FRT	탱크 내측으로부터 1.2m 떨어진 곳에 높이 0.9m 이상의 금속제 굽도리판을 설치하고 양쪽 사이의 환상부위에 포를 방사하는 구조의 포방출구
하부 주입	Ⅲ형 방출구 (표면하 주입)	CRT	탱크 하부에서 포를 방출하여 포가 유류를 지나 표면으로 떠올라 소화작용을 하는 포방출구 (내유성이 큰 수성막포와 불화단백포가 적합)
	Ⅳ형 방출구 (반표면 하주입)	CRT	호스 컨테이너 내부의 호스가 작동 시 포의 부력에 의해 액체 표면으로 떠올라 호스가 펼쳐지면서 호스 앞부분이 액면까지 도달한 후 포를 방출하는 방출구

정답 ①

04.

해설 폭연(Deflagration)

② 에너지 방출속도가 물질전달속도(전도, 대류, 복사)에 영향받는다.

정답 ②

05.

해설 내화구조(벽의 경우)

⊙ 철근콘크리트조 또는 철골철근콘크리트조로서 두께가 10[cm] 이상인 것 [②]
⊙ 골구를 철골조로 하고 그 양면을 두께 4[cm] 이상의 철망모르타르(그 바름바탕을 불연재료로 한 것으로 한정한다. 이하 이 조에서 같다) 또는 두께 5[cm] 이상의 콘크리트블록·벽돌 또는 석재로 덮은 것 [③]
⊙ 철재로 보강된 콘크리트블록조·벽돌조 또는 석조로서 철재에 덮은 콘크리트블록 등의 두께가 5[cm] 이상인 것 [④]
⊙ 벽돌조로서 두께가 19[cm] 이상인 것 [①]
⊙ 고온·고압의 증기로 양생된 경량기포 콘크리트패널 또는 경량기포 콘크리트블록조로서 두께가 10[cm] 이상인 것 [⑤]

정답 ⑤

06.

해설 **중앙재난안전대책본부**

① 대통령령으로 정하는 대규모 재난의 대응·복구(수습) 등에 관한 사항을 총괄·조정하고 필요한 조치를 하기 위하여 행정안전부에 중앙재난안전대책본부(중앙대책본부)를 둔다.

② 중앙대책본부에 본부장과 차장을 둔다.

③ 중앙대책본부의 본부장(중앙대책본부장)은 행정안전부장관이 되며, 중앙대책본부장은 중앙대책본부의 업무를 총괄하고 필요하다고 인정하면 중앙재난안전대책본부회의를 소집할 수 있다. 다만, 해외재난의 경우에는 외교부장관이, 「원자력시설 등의 방호 및 방사능 방재 대책법」에 따른 방사능재난의 경우에는 중앙방사능방재대책본부의 장이 각각 중앙대책본부장의 권한을 행사한다.

④ ③에도 불구하고 재난의 효과적인 수습을 위하여 다음의 어느 하나에 해당하는 경우에는 국무총리가 중앙대책본부장의 권한을 행사할 수 있다. 이 경우 행정안전부장관, 외교부장관(해외재난의 경우에 한정한다) 또는 원자력안전위원회 위원장(방사능 재난의 경우에 한정한다)이 차장이 된다.
  1. 국무총리가 범정부적 차원의 통합 대응이 필요하다고 인정하는 경우
  2. 행정안전부장관이 국무총리에게 건의하거나 수습본부장의 요청을 받아 행정안전부장관이 국무총리에게 건의하는 경우

⑤ ④에도 불구하고 국무총리가 필요하다고 인정하여 지명하는 중앙행정기관의 장은 행정안전부장관, 외교부장관(해외재난의 경우에 한정한다) 또는 원자력안전위원회 위원장(방사능 재난의 경우에 한정한다)과 공동으로 차장이 된다.

⑥ 중앙대책본부장은 대규모재난이 발생하거나 발생할 우려가 있는 경우에는 대통령령으로 정하는 바에 따라 실무반을 편성하고, 중앙재난안전대책본부상황실을 설치하는 등 해당 대규모재난에 대하여 효율적으로 대응하기 위한 체계를 갖추어야 한다. 이 경우 중앙재난안전상황실과 인력, 장비, 시설 등을 통합·운영할 수 있다.

⑦ 중앙대책본부, 중앙재난안전대책본부회의의 구성과 운영에 필요한 사항은 대통령령으로 정한다.

정답 ⑤

07.

해설 **응상폭발**

① 수증기 폭발
② 보일러 폭발
③ 증기폭발 [ㄱ]
④ 전선폭발 [ㄹ]
⑤ 고상간 전이에 의한 폭발
⑥ 불안정한 물질의 폭발
⑦ 위험물 혼합, 혼촉에 의한 폭발

정답 ②

08.

해설 **가연성물질이 되기 쉬운 조건**

③ 활성화에너지(화학반응을 일으키는데 필요한 최소한의 에너지)는 작고, 발열량(단위질량의 연료가 완전연소했을 때 방출하는 열량)은 커야 한다.

정답 ③

09.

해설 **우리나라 소방의 시대별 발전과정**

ㄱ. 조선시대 : 금화도감을 설치하였다.
ㄴ. 조선시대 : 중국에서 들여온 수총기를 궁정소방대에 처음으로 구비하였다.
ㄷ. 일제강점기 : 우리나라 최초로 소방서인 경성소방서(1925년)를 설치하였다. [O]
ㄹ. 미군정시대 : 소방을 경찰에서 분리하여 최초로 독립된 자치적 소방제도(자치소방체제)를 시행하였다. [O]

정답 ⑤

10.

해설 **에틸알코올의 최소산소농도(MOC)**

$$C_2H_5OH + 3O_2 \rightarrow 2CO_2 + 3H_2O$$

→ 최소산소농도(MOC)
= LFL × $\frac{산소몰수}{연료몰수}$ = 4.3 × $\frac{3mol}{1mol}$
= 12.9%

정답 ③

11.

[해설] 소화기구의 능력단위

특정소방대상물		소화기구의 능력단위
• 위락시설		30m²/단위
• 관람장 • 장례식장 • 의료시설	• 공연장 • 문화재 • 집회장	50m²/단위

[암기법] 5관장의 공문집

| • 근린생활시설
• 방송통신시설
• 공장
• 운수시설
• 전시장
• 판매시설
• 관광휴게시설 | • 창고시설
• 노유자시설
• 숙박시설
• 항공기 및 자동차관련시설
• 공동주택
• 업무시설 | 100m²/단위 |

[암기법] 근방 공장 운전으로 판 관창으로 노숙에서 항공업

| • 그 밖의 것 | | 200m²/단위 |

→ ①③④ : 바닥면적 50제곱미터마다 1단위 이상,
⑤ : 바닥면적 30제곱미터마다 1단위 이상,
② : 바닥면적 100제곱미터마다 1단위 이상

[정답] ②

12.

[해설] 중증도 분류별 표시방법
① 사망 : 흑색, 십자가 표시
② 긴급 : 적색, 토끼 그림
③ 응급 : 황색, 거북이 그림
⑤ 중증도의 분류에 해당하지 않는다.

[정답] ④

13.

[해설] 비상콘센트의 전원회로
㉠ 비상콘센트설비의 전원회로는 단상교류 220V인 것으로서, 그 공급용량은 1.5kVA 이상인 것으로 할 것
㉡ 전원회로는 각층에 2 이상이 되도록 설치할 것. 다만, 설치해야 할 층의 비상콘센트가 1개인 때에는 하나의 회로로 할 수 있다.
㉢ 전원회로는 주배전반에서 전용회로로 할 것. 다만, 다른 설비회로의 사고에 따른 영향을 받지 않도록 되어 있는 것은 그렇지 않다.
㉣ 전원으로부터 각 층의 비상콘센트에 분기되는 경우에는 분기배선용 차단기를 보호함 안에 설치할 것
㉤ 콘센트마다 배선용 차단기(KS C 8321)를 설치해야 하며, 충전부가 노출되지 않도록 할 것
㉥ 개폐기에는 "비상콘센트"라고 표시한 표지를 할 것
㉦ 비상콘센트용의 풀박스 등은 방청도장을 한 것으로서, 두께 1.6㎜ 이상의 철판으로 할 것
㉧ 하나의 전용회로에 설치하는 비상콘센트는 10개 이하로 할 것. 이 경우 전선의 용량은 각 비상콘센트(비상콘센트가 3개 이상인 경우에는 3개)의 공급용량을 합한 용량 이상의 것으로 해야 한다.

→ ② 비상콘센트설비의 전원회로는 (㉠: 단상)교류 (㉡: 220)볼트인 것으로서, 그 공급용량은 (㉢: 1.5) 킬로볼트암페어 이상인 것으로 할 것

[정답] ②

14.

[해설] 부착높이에 따른 감지기의 종류

부착높이	감지기의 종류
4m 미만	• 차동식(스포트형, 분포형) • 보상식 스포트형 • 정온식(스포트형, 감지선형) • 이온화식 또는 광전식(스포트형, 분리형, 공기흡입형) • 열복합형 • 연기복합형 • 열연기복합형 • 불꽃감지기
4m 이상 8m 미만	• 차동식(스포트형, 분포형) • 보상식 스포트형 • 정온식(스포트형, 감지선형) 특종 또는 1종 • 이온화식 또는 광전식(스포트형, 분리형, 공기흡입형) 1종 또는 2종 • 열복합형 • 연기복합형 • 열연기복합형 • 불꽃감지기
8m 이상 15m 미만	• 차동식 분포형 • 이온화식 1종 또는 2종 • 광전식(스포트형, 분리형, 공기흡입형) 1종 또는 2종 • 연기복합형 • 불꽃감지기

[암기법] 광연 이불차

15m 이상 20m 미만	• 이온화식 1종 • 광전식(스포트형, 분리형, 공기흡입형) 1종 • 연기복합형 • 불꽃감지기 **암기법** 광연 이불(2종 삭제)
20m 이상	• 불꽃감지기 • 광전식(분리형, 공기흡입형) 중 아날로그방식

[비고]
1) 감지기별 부착 높이 등에 대하여 별도의 형식승인을 받은 경우에는 그 성능인정 범위 내에서 사용할 수 있다.
2) 부착 높이 20m 이상에 설치되는 광전식 중 아날로그방식의 감지기는 공칭감지농도 하한값이 감광율 5%/m 미만인 것으로 한다.

ㄷ. 부착 높이 8m 이상 15m 미만 : 차동식 분포형 감지기
ㄹ. 부착 높이 15m 이상 20m 미만 : 이온화식 1종 감지기, 광전식(스포트형, 분리형, 공기흡입형) 1종, 연기복합형, 불꽃감지기

정답 ①

15.

해설 건축허가등의 동의

구분	건축허가등의 동의대상물의 범위
층수	① 층수가 6층 이상인 건축물
면적	② 연면적이 400제곱미터 이상인 건축물이나 시설 ③ 건축등을 하려는 학교시설 : 연면적 100제곱미터 이상 ④ 노유자시설 및 수련시설: 연면적 200제곱미터 이상 ⑤ 정신의료기관(입원실이 없는 정신건강의학과 의원은 제외하며, 이하 "정신의료기관"이라 한다), 장애인 의료재활시설(이하 "의료재활시설"이라 한다): 연면적 300제곱미터 이상 ⑥ 지하층 또는 무창층이 있는 건축물로서 바닥면적이 150제곱미터(공연장의 경우에는 100제곱미터) 이상인 층이 있는 것 ⑦ 차고·주차장으로 사용되는 바닥면적이 200제곱미터 이상인 층이 있는 건축물이나 주차시설(승강기 등 기계장치에 의한 주차시설로서 자동차 20대 이상을 주차할 수 있는 시설) **암기법** 연4, 학노정 123, 지무15공백, 차이(2)

용도	⑧ 항공기 격납고, 관망탑, 항공관제탑, 방송용 송수신탑
	⑨ 특정소방대상물 중 공동주택, 의원(입원실 또는 인공신장실이 있는 것으로 한정한다)·조산원·산후조리원, 숙박시설, 위험물 저장 및 처리 시설, 발전시설 중 풍력발전소·전기저장시설, 지하구
	⑩ 요양병원(제외: 의료재활시설)
	⑪ "④"에 해당하지 않는 노유자시설 중 다음의 어느 하나에 해당하는 시설. 다만, ㉠의 2) 및 ㉡부터 ㉾까지의 시설 중 단독주택 또는 공동주택에 설치되는 시설은 제외한다.
	㉠ 노인 관련 시설 중 다음의 어느 하나에 해당하는 시설
	  1) 노인주거복지시설, 노인의료복지시설 및 재가노인복지시설
	  2) 학대피해노인 전용쉼터
	㉡ 아동복지시설(아동상담소, 아동전용시설 및 지역아동센터는 제외한다)
	㉢ 장애인 거주시설
	㉣ 정신질환자 관련 시설(공동생활가정을 제외한 재활훈련시설과 종합시설 중 24시간 주거를 제공하지 않는 시설은 제외한다.
	㉤ 노숙인 관련 시설 중 노숙인자활시설, 노숙인재활시설 및 노숙인요양시설
	㉥ 결핵환자나 한센인이 24시간 생활하는 노유자 시설
	암기법 항공기 탑쓰리(3) 요~ 유노!
	    전지구의 조산 위험풍 공동숙박

기타	⑫ 특정소방대상물 중 공장 또는 창고시설로서「화재의 예방 및 안전관리에 관한 법률 시행령」별표 2에서 정하는 수량의 750배 이상의 특수가연물을 저장·취급하는 것 ⑬ 가스시설로서 지상에 노출된 탱크의 저장용량의 합계가 100톤 이상인 것

ㄱ. 노유자시설 및 수련시설: 200제곱미터 이상
ㄷ. 승강기 등 기계장치에 의한 주차시설로서 자동차 20대 이상을 주차할 수 있는 시설

정답 ⑤

16.
해설 재난관리의 단계별 분류

ㄱ. 국가핵심기반의 지정 [재난 및 안전관리 기본법 제26조] - 예방단계

> 관계 중앙행정기관의 장은 소관 분야의 국가핵심기반을 다음의 기준에 따라 조정위원회의 심의를 거쳐 지정할 수 있다.
> 1. 다른 국가핵심기반 등에 미치는 연쇄효과
> 2. 둘 이상의 중앙행정기관의 공동대응 필요성
> 3. 재난이 발생하는 경우 국가안전보장과 경제·사회에 미치는 피해 규모 및 범위
> 4. 재난의 발생 가능성 또는 그 복구의 용이성

ㄴ. 재난안전분야 종사자 교육 [재난 및 안전관리 기본법 제29조의2] - 예방단계

> 재난관리책임기관에서 재난 및 안전관리업무를 담당하는 공무원이나 직원은 행정안전부장관이 실시하는 전문교육을 행정안전부령으로 정하는 바에 따라 정기적으로 또는 수시로 받아야 한다.

ㄷ. 지방자치단체에 대한 지원 [재난 및 안전관리 기본법 제28조] - 예방단계

> 행정안전부장관은 지방자치단체의 조치 등에 필요한 지원 및 지도를 할 수 있고, 관계 중앙행정기관의 장에게 협조를 요청할 수 있다.

ㄹ. 재난현장 긴급통신수단의 마련 [재난 및 안전관리 기본법 제34조의2] - 대비단계

> ① 재난관리책임기관의 장은 재난의 발생으로 인하여 통신이 끊기는 상황에 대비하여 미리 유선이나 무선 또는 위성통신망을 활용할 수 있도록 긴급통신수단을 마련하여야 한다.
> ② 행정안전부장관은 재난현장에서 긴급통신수단이 공동 활용될 수 있도록 하기 위하여 재난관리책임기관, 긴급구조기관 및 긴급구조지원기관에서 보유하고 있는 긴급통신수단의 보유 현황 등을 조사하고, 긴급통신수단을 관리하기 위한 체계를 구축·운영할 수 있다.

ㅁ. 재난분야 위기관리 매뉴얼 작성·운용 [재난 및 안전관리 기본법 제34조의5] - 대비단계

> 재난관리책임기관의 장은 재난을 효율적으로 관리하기 위하여 재난유형에 따라 위기관리 매뉴얼을 작성·운용하여야 한다. 이 경우 재난대응활동계획과 위기관리 매뉴얼이 서로 연계되도록 하여야 한다.

정답 ④

17.
해설 인화점
- ⑩ 다이에틸에터 : 제4류 위험물 중 특수인화물 (-45℃)
- ⓒ 이황화탄소 : 제4류 위험물 중 특수인화물 (-30℃)
- ㉠ 아세톤 : 제4류 위험물 중 제1석유류 (-18℃)
- ㉢ 메틸알코올 : 제4류 위험물 중 알코올류 (11℃)
- ⓒ 글리세린 : 제4류 위험물 중 제3석유류 (160℃)

정답 ⑤

18.
해설 수성막포 소화약제
ㄴ. (나)알코올포 소화약제에 대한 설명이다.

정답 ④

19.

해설 위험물

구분	정의
황	순도가 60중량퍼센트 이상인 것을 말하며, 이 경우 순도측정을 하는 경우 불순물은 활석 등 불연성물질과 수분으로 한정한다.
철분	철의 분말로서 53마이크로미터의 표준체를 통과하는 것이 50중량퍼센트 미만인 것은 제외한다. **암기법** 철오(5)
금속분	알칼리금속·알칼리토류금속·철 및 마그네슘 외의 금속의 분말을 말하고, 구리분·니켈분 및 150마이크로미터의 체를 통과하는 것이 50중량퍼센트 미만인 것은 제외한다. **암기법** 금일오(15)
마그네슘	마그네슘 및 마그네슘을 함유한 것에 있어서는 다음의 1에 해당하는 것은 제외한다. ㉠ 2밀리미터의 체를 통과하지 아니하는 덩어리 상태의 것 ㉡ 지름 2밀리미터 이상의 막대 모양의 것 **암기법** 마이(2) 마이(2)
인화성 고체	고형알코올 그 밖에 1기압에서 인화점이 섭씨 40도 미만인 고체를 말한다. **암기법** 인싸(4)!

④ "금속분"이라 함은 알칼리금속·알칼리토류금속·철 및 마그네슘외의 금속의 분말을 말하고, 구리분·니켈분 및 150마이크로미터의 체를 통과하는 것이 50중량퍼센트 미만인 것은 제외한다.

정답 ④

20.

해설 피난기구의 설치기준

⑤ 4층 이상의 층에 피난사다리(하향식 피난구용 내림식사다리는 제외한다)를 설치하는 경우에는 금속성 고정사다리를 설치하고, 당해 고정사다리에는 쉽게 피난할 수 있는 구조의 노대를 설치할 것

정답 ⑤

21.

해설 화학적 점화원(화학열)

ㄱ. 분해열 : 화학열에 해당한다.
ㄴ. 연소열 : 화학열에 해당한다.
ㄷ. 압축열(단열압축) : 기계열(기계적 점화원)에 해당한다.
ㄹ. 산화열 : 산화반응을 하며 발생하는 열이다. 연소열과 같은 의미로, 화학열에 해당한다.

정답 ④

22.

해설 위험도(H)

$$H = \frac{U-L}{L}$$

여기서, H : 위험도, U : 상한계[vol%], L : 하한계[vol%]

① 수소 : 4 ~ 75%
→ $H = \dfrac{U-L}{L} = \dfrac{75-4}{4} = 17.75$

② 메탄 : 5 ~ 15%
→ $H = \dfrac{U-L}{L} = \dfrac{15-5}{5} = 2$

③ 아세틸렌 : 2.5 ~ 81%
→ $H = \dfrac{U-L}{L} = \dfrac{81-2.5}{2.5} = 31.4$

④ 이황화탄소 : 1(1.2) ~ 44%
→ $H = \dfrac{U-L}{L} = \dfrac{44-1}{1} = 43$

⑤ 산화에틸렌 : 3 ~ 80%
→ $H = \dfrac{U-L}{L} = \dfrac{80-3}{3} = 25.66$

정답 ④

23.

해설 자체소방대

사업소의 구분	화학소방 자동차	자체소방 대원의 수
• 제조소 또는 일반취급소에서 취급하는 제4류 위험물의 최대수량의 합이 지정수량의 3천배 이상 12만배 미만인 사업소	1대	5인
• 제조소 또는 일반취급소에서 취급하는 제4류 위험물의 최대수량의 합이 지정수량의 12만배 이상 24만배 미만인 사업소	2대	10인
• 제조소 또는 일반취급소에서 취급하는 제4류 위험물의 최대수량의 합이 지정수량의 24만배 이상 48만배 미만인 사업소	3대	15인
• 제조소 또는 일반취급소에서 취급하는 제4류 위험물의 최대수량의 합이 지정수량의 48만배 이상인 사업소	4대	20인
• 옥외탱크저장소에 저장하는 제4류 위험물의 최대수량이 지정수량의 50만배 이상인 사업소	2대	10인

[비고] 화학소방자동차에는 행정안전부령으로 정하는 소화능력 및 설비를 갖추어야 하고, 소화활동에 필요한 소화약제 및 기구(방열복 등 개인장구 포함)를 비치하여야 한다.

정답 ④

24.

해설 특수가연물의 종류

품명		수량
면화류		200[kg] 이상
나무껍질 및 대팻밥		400[kg] 이상
넝마 및 종이부스러기		1,000[kg] 이상
사류(絲類)		1,000[kg] 이상
볏짚류		1,000[kg] 이상
가연성고체류		3,000[kg] 이상
석탄·목탄류		10,000[kg] 이상
가연성 액체류		2[m³] 이상
목재가공품 및 나무부스러기		10[m³] 이상
고무류· 플라스틱류	발포시킨 것	20[m³] 이상
	그 밖의 것	3,000[kg] 이상

암기법 면 200, 대나무 400, 넝사볏천, 가고삼, 석목만, 액이, 나무목 10그루, 이발

※ 틀린 보기
① 넝마: 1,000킬로그램 이상
③ 면화류: 200킬로그램 이상
④ 가연성고체류: 3,000킬로그램 이상
⑤ 석탄·목탄류: 10,000킬로그램 이상

정답 ②

25.

해설 화재예방강화지구의 종류
① 시장지역 [ㄱ]
② 공장·창고가 밀집한 지역 [ㄴ]
③ 목조건물이 밀집한 지역
④ 노후·불량건축물이 밀집한 지역 [ㄷ]
⑤ 위험물의 저장 및 처리 시설이 밀집한 지역 [ㄹ]
⑥ 석유화학제품을 생산하는 공장이 있는 지역
⑦ 「산업입지 및 개발에 관한 법률」에 따른 산업단지
⑧ 소방시설·소방용수시설 또는 소방출동로가 없는 지역
⑨ 「물류시설의 개발 및 운영에 관한 법률」에 따른 물류단지
⑩ 그 밖에 ①부터 ⑨까지에 준하는 지역으로서 소방관서장이 화재예방강화지구로 지정할 필요가 있다고 인정하는 지역

암기법 시공창 목노위 석산 소방물

정답 ⑤

[부록] 최신 기출문제

2024 소방간부후보생 채용시험 기출문제

01	02	03	04	05	06	07	08	09	10
②	①	④	②	④	⑤	④	③	④	②
11	12	13	14	15	16	17	18	19	20
④	④	①	⑤	⑤	①	③	③	③	①
21	22	23	24	25					
②	⑤	②	①	⑤					

01.
해설 단백포 소화약제
ㄱ. 유동성이 나빠, 소화시간이 길다.
ㄴ. 내열성이 좋아, 윤화현상이 발생하지 않는다.
ㄷ. 유류를 오염시킨다. (=내유성이 좋지 않아, 표면하 주입방식을 적용할 수 없다.) [O]
ㄹ. 유면 봉쇄성(밀봉성)이 좋다. [O]
→ 옳은 보기는 "ㄷ, ㄹ"이다.

정답 ②

02.
해설 자연발화성 물질 및 금수성 물질
① 황린 - 지정수량 20kg, 위험등급 Ⅰ
② 칼륨 - 지정수량 10kg, 위험등급 Ⅰ
③ 나트륨 - 지정수량 10kg, 위험등급 Ⅰ
④ 알킬리튬 - 지정수량 10kg, 위험등급 Ⅰ
⑤ 알킬알루미늄 - 지정수량 10kg, 위험등급 Ⅰ

정답 ①

03.
해설 목조건축물의 화재
① 무염착화 : 가연물이 불꽃 없이 연소하는 시기이다.
② 발염착화 : 무염착화로 연소하는 가연물에 산소가 공급되면서 불꽃을 발생시키며 연소하는 시기이다. 이 단계는 화재 발생 장소, 가연물의 종류, 바람의 상태, 연소속도, 연소시간, 연소방향 등이 화재진행을 결정한다.

③ 출화

구분	내용
옥내출화 시기	• 천장 또는 벽 속에서 발염착화 하는 경우 • 불연천장이나 불연벽체의 경우 실내의 뒷면에서 발염착화 하는 경우 • 가옥구조의 천장면에서 발염착화 하는 경우
옥외출화 시기	• 창, 개구부 등에서 발염착화 하는 경우 • 외부의 벽 또는 지붕 등에서 발염착화 하는 경우

④ 최성기 : 연기의 색상이 백색에서 흑색으로 변하는 시기이며, 최고온도는 약 1,300℃에 도달하는 시기이다. 개구부가 파괴되어 공기가 공급되면서 급격한 연소가 이루어지며 연기가 개구부로 분출되는 시기이다.
⑤ 연소낙하 : 천장, 지붕, 벽 등이 무너져 내리면서 화세가 약해지는 시기이다.

정답 ④

04.
해설 분진폭발
② 입자의 크기가 작고 밀도가 작을수록 표면적이 크고 산소와 접촉면적이 넓어져 폭발이 용이해진다.

정답 ②

05.
해설 가연물의 성상에 따른 연소의 분류
①②③⑤ 고체의 연소 중 "분해연소"에 해당한다.
④ 고체의 연소 중 "증발연소(융해성 고체)"에 해당한다.

정답 ④

06.

해설 연소반응식

$$C_3H_8 + 5O_2 \rightarrow 3CO_2 + 4H_2O$$

① 프로페인 1mol이 완전연소하면 물(H_2O)는 4mol 생성되며, 4 × 18g = 72g이 생성된다.
② 프로페인 0.5mol이 완전연소하는 데 산소(O_2)는 2.5mol이 필요하다.
③ 프로페인 44g(1mol)이 완전연소하면 이산화탄소(CO_2)는 3몰 생성되며, 3 × 44g = 132g이 생성된다.
④ 프로페인 1mol이 완전연소하는 데 산소(O_2)는 5mol이 필요하며, 공기(=산소/21%)는 5/0.21 = 23.8mol이 필요하다.
⑤ 프로페인 0.5mol이 완전연소하는 데 산소(O_2)는 2.5mol이 필요하며, 공기(=산소/21%)는 2.5/0.21 = 11.9mol이 필요하다. 또한, 문제의 단서조건에 의해 공기 중 79%는 질소, 21%는 산소이므로, 11.9mol의 공기 중 2.5mol는 산소이고 11.9mol - 2.5mol = 9.4mol이 존재함을 알 수 있다.

정답 ⑤

07.

해설 자체소방대를 설치하여야 하는 사업소

1. 자체소방대를 설치하여야 하는 사업소
   ㉠ 제4류 위험물을 취급하는 제조소 또는 일반취급소 중 취급하는 제4류 위험물의 최대수량의 합이지정수량의 3,000배 이상
   ㉡ 제4류 위험물을 저장하는 옥외탱크저장소 중 저장하는 제4류 위험물의 최대수량이 지정수량의 50만배 이상

2. 자체소방대의 설치 제외 대상인 일반취급소
   ㉠ 보일러, 버너 그 밖에 이와 유사한 장치로 위험물을 소비하는 일반취급소
   ㉡ 이동저장탱크 그 밖에 이와 유사한 것에 위험물을 주입하는 일반취급소
   ㉢ 용기에 위험물을 옮겨 담는 일반취급소
   ㉣ 유압장치, 윤활유순환장치 그 밖에 이와 유사한 장치로 위험물을 취급하는 일반취급소
   ㉤ 「광산안전법」의 적용을 받는 일반취급소

암기법 용광 보이유~

정답 ④

08.

해설 특별재난지역

③ 특별재난지역의 선포를 위해서는 중앙안전관리위원회의 심의를 거쳐야 한다.

정답 ③

09.

해설 위험도(H)

$$H = \frac{U-L}{L}$$

여기서, U : 연소상한계[vol%], L : 연소하한계[vol%]

가연성 가스 A = $\frac{12.5-3}{3}$ = 3.17

가연성 가스 B = $\frac{75-4}{4}$ = 17.75

가연성 가스 C = $\frac{15-5}{5}$ = 2

가연성 가스 D = $\frac{44-1.2}{1.2}$ = 35.67

가연성 가스 E = $\frac{81-2.5}{2.5}$ = 31.4

→ 위험도 : C < A < B < E < D

정답 ④

10.

해설 가연물의 성상에 따른 분류
ㄱ. 표면연소 : 고체의 연소
ㄴ. 분무연소 : 액체의 연소
ㄷ. 폭발연소 : 기체의 연소
ㄹ. 자기연소 : 고체의 연소
ㅁ. 예혼합연소 : 기체의 연소

정답 ②

11.

해설 황린(P_4)
① 제3류 위험물이다.
② 미분상의 발화점은 34℃이다.
③ 연소할 때 오산화인(P_2O_5)의 백색 연기를 낸다.
④ 물과 반응하지 않으며, 물 속에 저장한다.
⑤ 백색 또는 담황색의 고체이다.

정답 ④

12.
해설 스프링클러설비
① 습식 : 2차측 소화수, 폐쇄형 헤드
② 건식 : 2차측 압축공기 또는 압축질소, 폐쇄형 헤드
③ 부압식 : 2차측 부압수, 폐쇄형 헤드
④ 준비작동식 : 2차측 대기압 또는 저압, 폐쇄형 헤드
⑤ 일제살수식 : 2차측 대기압, 개방형 헤드

정답 ④

13.
해설 근속승진, 계급정년

	근속승진	계급정년
②	소방장을 소방위로: 해당 계급에서 6년 6개월 이상 근속자	소방준감 : 6년
③	소방위를 소방경으로 : 해당 계급에서 8년 이상 근속자	계급정년이 없다.
④	소방교를 소방장으로 : 해당 계급에서 5년 이상 근속자	소방감 : 4년
⑤	근속승진 연수가 없다.	소방정 : 11년

정답 ①

14.
해설 중앙소방조직의 변천 과정
내무부 치안국 소방과(1948년) - 내무부 소방국(1975년) - 소방방재청(2004년) - 국민안전처 중앙소방본부(2014년) - 소방청(2017년)

정답 ⑤

15.
해설 화재건수 결정
① 1건의 화재란 1개의 발화지점에서 확대된 것으로 발화부터 진화까지를 말한다.
② 동일범이 아닌 각기 다른 사람에 의한 방화, 불장난은 동일 대상물에서 발화했더라도 각각 별건의 화재로 한다.
③ 동일 소방대상물의 발화점이 2개소 이상 있는 다음의 화재는 1건의 화재로 한다.
　㉠ 누전점이 동일한 누전에 의한 화재
　㉡ 지진, 낙뢰 등 자연현상에 의한 다발화재
④ 발화지점이 한 곳인 화재현장이 둘 이상의 관할구역에 걸친 화재는 발화지점이 속한 소방서에서 1건의 화재로 산정한다. 다만, 발화지점 확인이 어려운 경우에는 화재피해금액이 큰 관할구역 소방서의 화재 건수로 산정한다.

정답 ⑤

16.
해설 재난관리주관기관
② 해외재난 : 외교부
③ 대규모점포의 화재등으로 인해 발생하는 대규모 피해 : 산업통상자원부
　㉠ 가스사고로 인해 발생하는 대규모 피해
　㉡ 석유의 정제시설·비축시설 및 주유소의 화재등으로 인해 발생하는 대규모 피해
　㉢ 에너지의 중대한 수급 차질로 인해 발생하는 대규모 피해
　㉣ 대규모점포의 화재등으로 인해 발생하는 대규모 피해
　㉤ 전기사고로 인해 발생하는 대규모 피해
　㉥ 제품사고(안전관리대상어린이제품 및 안전관리대상제품으로 인한 사고로 한정한다)로 인해 발생하는 대규모 피해
④ 오염물질등으로 인한 환경오염(먹는물의 수질오염은 제외한다)으로 인해 발생하는 대규모 피해 : 환경부
　㉠ 댐[산업통상자원부 소관의 발전(電)용 댐은 제외한다]의 붕괴·파손 등으로 인해 발생하는 대규모 피해
　㉡ 미세먼지로 인한 피해
　㉢ 수도의 화재등으로 발생하는 대규모 피해
　㉣ 먹는물의 수질오염으로 인해 발생하는 대규모 피해
　㉤ 안전확인대상생활화학제품 및 살생물제 관련 사고(제품사고에 해당하는 경우로 한정한다)로 인해 발생하는 대규모 피해
　㉥ 화학사고로 인해 발생하는 대규모 피해
　㉦ 오염물질등으로 인한 환경오염(먹는물의 수질오염은 제외한다)으로 인해 발생하는 대규모 피해
⑤ 해수욕장의 안전사고로 발생하는 대규모 피해 : 해양수산부
　㉠ 농수산물도매시장(수산물도매시장으로 한정한다) 및 농수산물종합유통센터(수산물종합유통센터로 한정한다)의 화재등으로인해 발생하는 대규모 피해
　㉡ 항만의 화재등으로 인해 발생하는 대규모 피해
　㉢ 해수욕장의 안전사고로 인해 발생하는 대규모 피해
　㉣ 해양사고(해양에서 발생한 사고로 한정하며, 해양오염은 제외한다)로 인해 발생하는 대규모 피해

정답 ①

17.

해설 재난사태의 선포, 특별재난지역의 선포

③ 재난사태 선포권자는 행정안전부장관 또는 시·도지사 이다.

> **참고** 재난사태의 선포
>
> ① 행정안전부장관은 대통령령으로 정하는 재난이 발생하거나 발생할 우려가 있는 경우 사람의 생명·신체 및 재산에 미치는 중대한 영향이나 피해를 줄이기 위하여 긴급한 조치가 필요하다고 인정하면 중앙위원회의 심의를 거쳐 재난사태를 선포할 수 있다. 다만, 행정안전부장관은 재난상황이 긴급하여 중앙위원회의 심의를 거칠 시간적 여유가 없다고 인정하는 경우에는 중앙위원회의 심의를 거치지 아니하고 재난사태를 선포할 수 있다.
> ② 행정안전부장관은 ① 단서에 따라 재난사태를 선포한 경우에는 지체 없이 중앙위원회의 승인을 받아야 하고, 승인을 받지 못하면 선포된 재난사태를 즉시 해제하여야 한다.
> ③ ①에도 불구하고 시·도지사는 관할 구역에서 재난이 발생하거나 발생할 우려가 있는 등 대통령령으로 정하는 경우 사람의 생명·신체 및 재산에 미치는 중대한 영향이나 피해를 줄이기 위하여 긴급한 조치가 필요하다고 인정하면 시·도위원회의 심의를 거쳐 재난사태를 선포할 수 있다. 이 경우 시·도지사는 지체 없이 그 사실을 행정안전부장관에게 통보하여야 한다.
> ④ ③에 따른 재난사태 선포에 대한 시·도위원회 심의의 생략 및 승인 등에 관하여는 ① 단서 및 ②을 준용한다. 이 경우 "행정안전부장관"은 "시·도지사"로, "중앙위원회"는 "시·도위원회"로 본다.
> ⑤ 행정안전부장관 및 지방자치단체의 장은 재난사태가 선포된 지역에 대하여 다음의 조치를 할 수 있다.
>   ㉠ 재난경보의 발령, 재난관리자원의 동원, 위험구역 설정, 대피명령, 응급지원 등 이 법에 따른 응급조치
>   ㉡ 해당 지역에 소재하는 행정기관 소속 공무원의 비상소집
>   ㉢ 해당 지역에 대한 여행 등 이동 자제 권고
>   ㉣ 「유아교육법」, 「초·중등교육법」 및 「고등교육법」에 따른 휴업명령 및 휴원·휴교 처분의 요청
>   ㉤ 그 밖에 재난예방에 필요한 조치
> ⑥ 행정안전부장관 또는 시·도지사는 재난으로 인한 위험이 해소되었다고 인정하는 경우 또는 재난이 추가적으로 발생할 우려가 없어진 경우에는 선포된 재난사태를 즉시 해제하여야 한다.

정답 ③

18.

해설 기본원인(4M)

구분	예시
Man (인간적 요인)	• 심리적 요인 : 걱정, 망각, 착오 등 • 생리적 요인 : 피로, 수면부족 등 • 조직적 요인 : 직장 내 대인관계, 의사소통 등
Machine (기계설비적 요인)	• 기계설비의 설계 결함 • 근본적인 안전화 미흡 • 표준화의 부족 • 점검 및 정비의 부족 • 위험방호의 불량
Media (작업·환경적 요인)	• 작업자세, 동작의 결함 • 작업정보의 부적절 • 작업공간의 불량 • 작업방법의 부적절
Management (관리적 요인)	• 안전관리조직 결함 • 교육, 훈련의 부족 • 감독, 지도의 부족 • 적성배치의 불충분 • 안전관리계획의 미수립, 미흡 • 안전관리 규정의 미흡

① 재해의 원인을 Man, Machine, Media, Management 요인으로 구분하여 분석한다.
② 기계·설비의 설계상 결함은 기계·설비적 요인 (Machine)에 해당한다.
③ 작업정보의 부적절은 작업·환경적 요인(Media)에 해당한다.
④ 표준화의 부족은 기계·설비적 요인(Machine)에 해당한다.
⑤ 심리적 요인은 인적 요인(Man)에 해당한다.

정답 ③

19.
해설 **항공기 등 조난사고 시의 긴급구조**
① 소방청장은 항공기 조난사고가 발생한 경우 항공기 수색과 인명구조를 위하여 항공기 수색·구조계획을 수립·시행하여야 한다. 다만, 다른 법령에 항공기의 수색·구조에 관한 특별한 규정이 있는 경우에는 그 법령에 따른다.
② 항공기의 수색·구조에 필요한 사항은 대통령령으로 정한다.
③ 국방부장관은 항공기나 선박의 조난사고가 발생하면 관계 법령에 따라 긴급구조업무에 책임이 있는 기관의 긴급구조활동에 대한 군의 지원을 신속하게 할 수 있도록 다음의 조치를 취하여야 한다.
  ㉠ 탐색구조본부의 설치·운영
  ㉡ 탐색구조부대의 지정 및 출동대기태세의 유지
  ㉢ 조난 항공기에 관한 정보 제공
④ 탐색구조본부의 구성과 운영에 필요한 사항은 국방부령으로 정한다.

정답 ③

20.
해설 **폭굉(Detonation)**
① 폭굉은 급격한 압력의 상승 또는 개방에 의해 가스가 격한 음을 내면서 팽창하는 현상이고, 화염의 전파속도는 약 1,000 ~ 3,500m/s (초음속)이다.
→ 폭연 : 0.1 ~ 10m/s (아음속)

정답 ①

21.
해설 **발화점, 최소발화에너지(M.I.E.)**
② 파라핀계 탄화수소는 분자량이 클수록(탄소수가 많아질수록) 분자구조가 복잡해지며, 열을 축적하기 유리해지므로 발화온도(발화점)가 낮아진다.

정답 ②

22.
해설 **기상폭발, 응상폭발**
① 분무 폭발 : 기상폭발
② 분진 폭발 : 기상폭발
③ 분해 폭발 : 기상폭발
④ 증기운 폭발 : 기상폭발
⑤ 증기 폭발 : 응상폭발

정답 ⑤

23.
해설 **소화방법**
① 물리적소화 중 제거소화에 해당한다.
② 물리적소화 중 냉각소화, 질식소화(잎이 넓은 야채 등)에 해당한다.
③ 물리적소화 중 제거소화에 해당한다.
④ 물리적소화 중 제거소화에 해당한다.
⑤ 물리적소화 중 제거소화에 해당한다.

정답 ②

24.
해설 **물 소화약제**
① 물은 분자 내에서는 극성공유결합을, 분자 간에는 수소결합을 하여 소화약제로써의 효과가 뛰어나다.

> 참고
> • 공유결합 : 비금속원소와 비금속원소가 서로 전자를 내놓아 전자를 공유하며 결합
> • 수소결합 : F, O, N 등 전기음성도가 강한 2개의 원자 사이에 수소 H가 들어감으로써 생기는 강한 분자 간의 인력을 말함

정답 ①

25.
해설 **소방시설**
ㄱ. 연소방지설비는 소화활동설비에 해당한다.
ㄷ. 비상방송설비는 경보설비에 해당한다.
→ 옳은 보기는 "ㄴ, ㄹ, ㅁ"이다.

정답 ⑤

[부록] 최신 기출문제

2025년 소방공무원 간부후보생 기출문제

01	02	03	04	05	06	07	08	09	10
①	④	⑤	①	②	③	④	⑤	②	⑤
11	12	13	14	15	16	17	18	19	20
⑤	④	④	①	①	③	⑤	④	②	②
21	22	23	24	25					
②	③	③	⑤	④					

01.
해설 소방조직의 변천 과정
① 금화도감(1426년 2월) → 경성소방서(1925년) → 소방방재청(2004년) → 국민안전처 중앙소방본부(2014년)

정답 ①

02.
해설 정의(재난)
① (사회재난) 다중운집인파사고로 인하여 발생하는 대통령령으로 정하는 규모 이상의 피해
② (사회재난) 「감염병의 예방 및 관리에 관한 법률」에 따른 감염병 확산으로 인한 피해
③ (사회재난) 환경오염사고로 인하여 발생하는 대통령령으로 정하는 규모 이상의 피해
④ (자연재난) 황사(黃砂)로 인하여 발생하는 재해
⑤ (사회재난) 「우주개발 진흥법」에 따른 인공우주물체의 추락·충돌로 인한 피해

정답 ④

03.
해설 중앙안전관리위원회의 위원
㉠ 기획재정부장관, 교육부장관, 과학기술정보통신부장관, 외교부장관, 통일부장관[2], 법무부장관, 국방부장관, 행정안전부장관, 문화체육관광부장관, 농림축산식품부장관, 산업통상자원부장관, 보건복지부장관, 환경부장관, 고용노동부장관, 여성가족부장관[4], 국토교통부장관, 해양수산부장관 및 중소벤처기업부장관
㉡ 국가정보원장, 방송통신위원회위원장, 국무조정실장[3], 식품의약품안전처장, 금융위원회위원장 및 원자력안전위원회위원장
㉢ 경찰청장, 소방청장, 국가유산청장[1], 산림청장, 질병관리청장, 기상청장 및 해양경찰청장
㉣ 그 밖에 중앙안전관리위원회의 위원장이 지정하는 기관 및 단체의 장

암기법 재난관리주관기관 + 통일 기획 장관이 기상하자마자 의약품 정보를 방송에 조정!

정답 ⑤

04.
해설 재난방지시설의 범위
㉠ 「소하천정비법」에 따른 소하천부속물 중 제방·호안(기슭·둑 침식 방지시설)·보 및 수문
㉡ 「하천법」에 따른 하천시설 중 댐·하구둑·제방·호안·수제·보·갑문·수문·수로터널·운하 및 「수자원의 조사·계획 및 관리에 관한 법률 시행령」 제2조제2호에 따른 수문조사시설 중 홍수발생의 예보를 위한 시설
㉢ 「국토의 계획 및 이용에 관한 법률」에 따른 방재시설 [2]
㉣ 「하수도법」에 따른 하수도 중 하수관로 및 공공하수처리시설 [4]
㉤ 「농어촌정비법」에 따른 농업생산기반시설 중 저수지, 양수장, 우물 등 지하수이용시설, 배수장, 취입보(取入洑), 용수로, 배수로, 웅덩이, 방조제, 제방
㉥ 「사방사업법」에 따른 사방시설 [3]
㉦ 「댐건설·관리 및 주변지역지원 등에 관한 법률」에 따른 댐
㉧ 「어촌·어항법」에 따른 유람선·낚시어선·모터보트·요트 또는 윈드서핑 등의 수용을 위한 레저용 기반시설
㉨ 「도로법」에 따른 도로의 부속물 중 방설·제설시설, 토사유출·낙석 방지 시설, 공동구(共同溝), 터널·교량·지하도 및 육교
㉩ 법 제38조에 따른 재난 예보·경보시설
㉪ 「항만법」에 따른 항만시설 [5]
㉫ 그 밖에 행정안전부장관이 정하여 고시하는 재난을 예방하기 위하여 설치한 시설

정답 ①

05.
해설 재난관리주관기관
① 「지진·화산재해대책법」 제2조제2호에 따른 화산재해
- 행정안전부
② 「먹는물관리법」 제3조제1호에 따른 먹는물의 수질오염으로 인해 발생하는 대규모 피해
- 환경부
③ 「자연재해대책법」 제2조제3호에 따른 풍수해 중 조수로 인해 발생하는 재해
- 해양수산부

④ 「공연법」 제2조제4호에 따른 공연장의 화재 등으로 인해 발생하는 대규모 피해
   - 문화체육관광부
⑤ 「해양환경관리법」 제2조제2호에 따른 해양오염으로 인해 발생하는 대규모 피해
   - 해양수산부 및 해양경찰청

정답 ②

06.
해설 시보(소방공무원법)
③ 소방공무원을 신규채용할 때에는 소방장 이하는 6개월 간 시보로 임용하고, 소방위 이상은 1년 간 시보로 임용하며, 그 기간이 만료된 다음 날에 정규 소방공무원으로 임용한다. 다만, 대통령령으로 정하는 경우에는 시보임용을 면제하거나 그 기간을 단축할 수 있다.

정답 ③

07.
해설 자연발화
④ 유지류의 경우 아이오딘값(Iodine value)이 클수록 자연발화하기 쉽다.
(요오드값↑ ~ 불포화도↑ ~ 반응성↑ ~ 산화반응↑ ~ 자연발화성↑)

정답 ④

08.
해설 기체연소와 액체연소
ㄱ. 증발연소하는 물질로는 아세톤, 휘발유, 알코올류 등이 있다.
ㄴ. 확산연소는 예혼합연소에 비해 연소속도가 느리다.
ㄷ. 확산연소는 예혼합연소에 비해 화염온도가 낮다. [O]
ㄹ. 예혼합연소는 역화(back fire)가 발생할 우려가 있다. [O]
→ 옳은 보기는 "ㄷ, ㄹ"이다.

정답 ⑤

09.
해설 열전달 방법
② 대류는 뉴턴의 냉각법칙을 따르며, 고체 표면과 움직이는 유체 사이에서 일어난다.

정답 ②

10.
해설 중성대
ㄱ. 중성대의 하부 개구부로 외부 공기가 유입되면, 연소가 활발해져 연기층이 많이 쌓이고 중성대는 아래쪽으로 하강한다.
ㄴ. 중성대의 상부 면적이 커질수록(=상부 길이가 길어질수록, 중성대가 하강할수록) 대피자들의 활동공간과 시야가 확보되지 않아 신속히 대피할 수 없다.
ㄷ. 중성대의 상부에서는 실내에서 외부로 기체가 유출되고, 중성대의 하부에서는 외부에서 실내로 기체가 유입된다. [O]
ㄹ. 중성대의 상부 개구부를 개방한다면 연기가 배출되고, 중성대 하부에서 공기가 유입됨에 따라 연소는 확대될 수 있지만, 연기가 빠른 속도로 상승하여 외부로 배출되므로, 중성대의 상부 면적은 감소하고(=중성대의 상부 길이는 짧아지고, 중성대는 상승하고) 중성대의 하부 면적은 증가한다. [O]
→ 옳은 보기는 "ㄷ, ㄹ"이다.

정답 ⑤

11.
해설 연소 시 발생하는 이상현상
⑤ 역화(back fire) : 연료가 연소될 때 연료의 분출속도가 연소속도보다 느려 불꽃이 염공(炎孔) 속으로 빨려 들어가 혼합관 속에서 연소하는 현상

정답 ⑤

12.
해설 유류저장탱크 및 위험물 이송배관

④ 오일오버(oil over)는 저장된 유류 저장량이 내용적의 50% 이하로 충전되어 있는 저장탱크에서 발생한다.

참고 폭발재해 형태

구분			내용
물리적 폭발	과열 액체 증발	열이동형	저비점의 액체가 고온의 물질과 접촉하여 순간적인 상태변화에 의한 폭발(예: 수증기폭발)
		평형파괴형	고압의 액체가 담겨 있는 고압용기가 파손되어 급격한 증발에 의한 폭발(예: BLEVE)
화학적 폭발	착화원	누설착화형	용기에서 가스가 누설되어 주위 착화원에 의해 착화되어 폭발(예: 증기운폭발)
		착화파괴형	용기, 배관에 가스가 충만되어 주위 착화원에 의해 착화되어 압력이 상승하는 파괴형 폭발
	반응열	자연발화형	반응열이 축적되어 자연발화 온도 이상이 되었을 때 폭발 (예: Na, K)
		반응폭주형	반응열의 급격한 축적에 의한 폭발

정답 ④

13.
해설 화재의 용어

④ 화재하중은 바닥면적(m^2)당 중량(kg)이다.

정답 ④

14.
해설 백드래프트(back draft)와 플래시오버(flash over)

② 백드래프트는 환기지배형 화재에서 발생한다.
③ 플래시오버가 백드래프트보다 발생 빈도가 높다.
④ 백드래프트는 폭발의 일종이지만 플래시오버는 폭발이 아니다.
⑤ 플래시오버의 발생원인은 열이며, 백드래프트는 공기가 원인으로 작용한다.

정답 ①

15.
해설 위험물의 성질 및 품명의 정의

⑤ "제2석유류"라 함은 등유, 경유 그 밖에 1기압에서 인화점이 섭씨 21도 이상 70도 미만인 것을 말한다. 다만, 도료류 그 밖의 물품에 있어서 가연성 액체량이 40중량퍼센트 이하이면서 인화점이 섭씨 40도 이상인 동시에 연소점이 섭씨 60도 이상인 것은 제외한다.

정답 ⑤

16.
해설 위험물의 소화방법

ㄱ. 제1류 위험물인 무기과산화물은 물과 반응하기 때문에 마른 모래(건조사) 등을 사용한 소화가 유효하다. [O]
ㄴ. 제2류 위험물인 적린 화재에는 물을 사용한 소화가 유효하다. [O]
ㄷ. 제3류 위험물인 황린 화재의 소화에는 물을 사용하여 소화한다.
ㄹ. 제3류 위험물인 알킬알루미늄은 물과 반응하며 마른 모래, 팽창질석, 팽창진주암 등을 사용한 소화가 유효하다. (이산화탄소소화약제는 제3류 위험물에 적응성이 없다.)
ㅁ. 제5류 위험물 화재에는 다량의 물을 통한 주수소화가 적합하다.
→ 옳은 보기는 "ㄱ, ㄴ"이다.

정답 ①

17.

해설 화재피해금액 산정(화재조사 및 보고규정)

① 화재피해금액은 화재 당시의 피해물과 동일한 구조, 용도, 질, 규모를 재건축 또는 재구입하는데 소요되는 가액에서 경과연수 등에 따른 감가공제를 하고 현재가액을 산정하는 실질적·구체적 방식에 따른다. 다만, 회계장부상 현재가액이 입증된 경우에는 그에 따른다.
② 정확한 피해물품을 확인하기 곤란한 경우에는 소방청장이 정하는 「화재피해금액 산정매뉴얼」의 간이평가방식으로 산정할 수 있다.
④ 건물 등 자산에 대한 최종잔가율은 건물·부대설비·구축물·가재도구는 20%로 하며, 그 이외의 자산은 10%로 정한다.
⑤ 관계인은 화재피해금액 산정에 이의가 있는 경우 별지 서식에 따라 관할 소방관서장에게 재산피해신고를 할 수 있으며, 신고서를 접수한 관할 소방관서장은 화재피해금액을 재산정해야 한다.

정답 ③

18.

해설 화재합동조사단(화재조사 및 보고규정)

- 소방서장 : 사망자가 5명 이상 이거나 사상자가 (가: 10)명 이상 또는 재산피해액이 100억원 이상 발생한 화재(임야화재 제외)
- 소방본부장 : 사상자가 (나: 20)명 이상이거나 2개 시·군·구 이상에 발생한 화재(임야화재 제외)
- 소방청장 : 사상자가 (다: 30)명 이상이거나 2개 시·도 이상에 걸쳐 발생한 화재(임야화재 제외)

정답 ③

19.

해설 연기

④ 건축물 내에서 연기의 유동속도는 수평방향(0.5 ~ 1[m/s])보다 수직방향(2 ~ 3[m/s])이 빠르다.

정답 ④

20.

해설 물 소화약제

ㄱ. 물은 수소 원자 2개와 산소 원자 1개가 극성공유결합을 하고 있다. [O]
ㄴ. 물의 밀도는 1기압, 4℃에서 1[g/mL]로 가장 크며, 물의 비중은 1기압, 4℃에서 1로 가장 크다.
ㄷ. 온도가 상승하면 분자운동이 활발해지므로 표면에서 분자 간의 인력은 약해지고 표면장력은 작아진다. [O]
ㄹ. 물의 비열은 대기압 상태에서 1[cal/g·℃]이다.
→ 옳은 보기는 "ㄱ, ㄷ"이다.

정답 ②

21.

해설 제3종 분말소화약제의 열분해

① $KHCO_3$: 제2종 분말 소화약제, 탄산수소칼륨
② $NaHCO_3$: 제1종 분말 소화약제, 탄산수소나트륨
③ NH_4HCO_3 : 중탄산암모늄은 분말소화약제의 종류에 해당하지 않는다.
④ $NH_4H_2PO_4$: 제3종 분말 소화약제, 제1인산암모늄
⑤ $KHCO_3 + (NH_2)_2CO$: 제4종 분말 소화약제, 탄산수소칼륨+요소

정답 ②

22.

해설 이산화탄소 소화약제의 농도

$$CO_2 = \frac{21 - O_2}{21} \times 100$$

여기서, CO_2 : 이산화탄소의 농도[%],
O_2 : 이산화탄소 방사 후 산소의 농도[%]

㉠ 문제해석 및 접근
연소하한계(LFL)가 2.1[vol%]인 프로페인(C_3H_8)가스 화재 시 소화할 때 산소의 농도는 "최소산소농도(MOC)"를 통해 산출할 수 있다. 최소산소농도란 가연성 물질과 산소가 혼합된 상태에서 자력으로 화염전파를 위한 최소한의 산소농도를 의미하므로, 이 농도보다 산소농도는 저하시킬 경우 화염이 자력으로 전파되지 않는다. 즉, 소화가 가능함을 의미한다.

㉡ 최소산소농도(MOC)

$$MOC = LFL \times \frac{O_2[mol]}{연료[mol]}$$

$$C_3H_8 + 5O_2 \rightarrow 3CO_2 + 4H_2O$$

프로페인 1몰이 연소할 때 필요한 산소몰수는 5몰이다.
→ 최소산소농도(MOC)
$= 2.1[vol\%] \times \frac{5몰}{1몰} = 10.5[vol\%]$

㉢ 이산화탄소 소화약제의 농도 $= \frac{21 - 10.5}{21} \times 100$

$= \frac{10.5}{21} \times 100 = \frac{1,050}{21} = 50[vol\%]$

정답 ③

23.
해설 **소방시설**
ㄱ. 소화설비 - 소화기구 [O]
ㄴ. 소화활동설비 - 무선통신보조설비
ㄷ. 피난구조설비 - 휴대용비상조명등 [O]
ㄹ. 소화용수설비 - 소화수조 [O]
ㅁ. 소화활동설비 - 연소방지설비 [O]
→ 옳은 보기는 "ㄱ, ㄷ, ㄹ, ㅁ"이다.

정답 ③

24.
해설 **포 소화약제의 혼합장치**
① 프레져 프로포셔너방식에 대한 설명이다.
② 라인 프로포셔너방식에 대한 설명이다.
③ 펌프 프로포셔너방식에 대한 설명이다.
④ 압축공기포 믹싱챔버방식에 대한 설명이다.
⑤ 프레져사이드 프로포셔너방식에 대한 설명이다.

정답 ⑤

25.
해설 **공동현상(cavitation)**
④ 펌프의 토출측 관경은 공동현상의 발생과 관련이 없다.
 (공동현상은 흡입측 배관의 관경이 작은 경우에 발생한다.)

정답 ④

MEMO

힘들 때 스스로에게 반드시 되뇌어야 할 말.
난 무조건 승리한다.
난 꼭 된다.
반드시 보여준다. 내가 성공할 사람이라는 걸.